Cuba

2022/23

Cofondateurs : Philippe GLOAGUEN et Michel DUVAL

Directeur de collection et auteur
Philippe GLOAGUEN

Secrétaire général
Gavin's CLEMENTE-RUIZ

Rédacteurs en chef adjoints
Amanda KERAVEL (France)
et Benoît LUCCHINI (Étranger)

Directrice administrative
Bénédicte GLOAGUEN

Conseiller à la rédaction
Pierre JOSSE

Responsable voyages
Carole BORDES

Direction éditoriale
Élise ERNEST

Rédaction
Isabelle AL SUBAIHI
Emmanuelle BAUQUIS
Mathilde de BOISGROLLIER
Thierry BROUARD
Marie BURIN des ROZIERS
Diane CAPRON
Véronique de CHARDON
Laura CHARLIER
Florence CHARMETANT
Fiona DEBRABANDER
Anne-Caroline DUMAS
Éléonore FRIESS
Géraldine LEMAUF-BEAUVOIS
Olivier PAGE
Alain PALLIER
Anne POINSOT
André PONCELET

hachette

TABLE DES MATIÈRES

PRÉAMBULE

COMMENT Y ALLER ? 37

CUBA UTILE 48

UNE PANDÉMIE INOUÏE !

Depuis toujours, ***Le Routard* se plaît à dénicher hôteliers et restaurateurs** qui accueillent nos lecteurs avec sourire et professionnalisme. Malgré toute notre vigilance, certains d'entre eux auront malheureusement fermé quand ce livre sortira. De même, les horaires et modalités d'accueil de certains sites et musées auront été momentanément modifiés. Cette terrible **pandémie de Coronavirus** a, on le sait, des conséquences importantes pour tous les professionnels du tourisme. **Nous sommes de tout cœur avec eux !**

Important : dernière minute

Entre deux parutions du *Routard,* des événements fortuits (conditions sanitaines, catastrophes naturelles mais aussi formalités, taux de change, conditions d'accès aux sites, fermetures inopinées, etc.) peuvent modifier vos projets de voyage. Pour éviter les déconvenues, nous vous recommandons de consulter la rubrique « Guide » par pays de notre site • **routard.com** • et plus particulièrement les dernières ***Actus voyageurs.***

Fabrication de cigares artisanaux, province de Pinar del Río

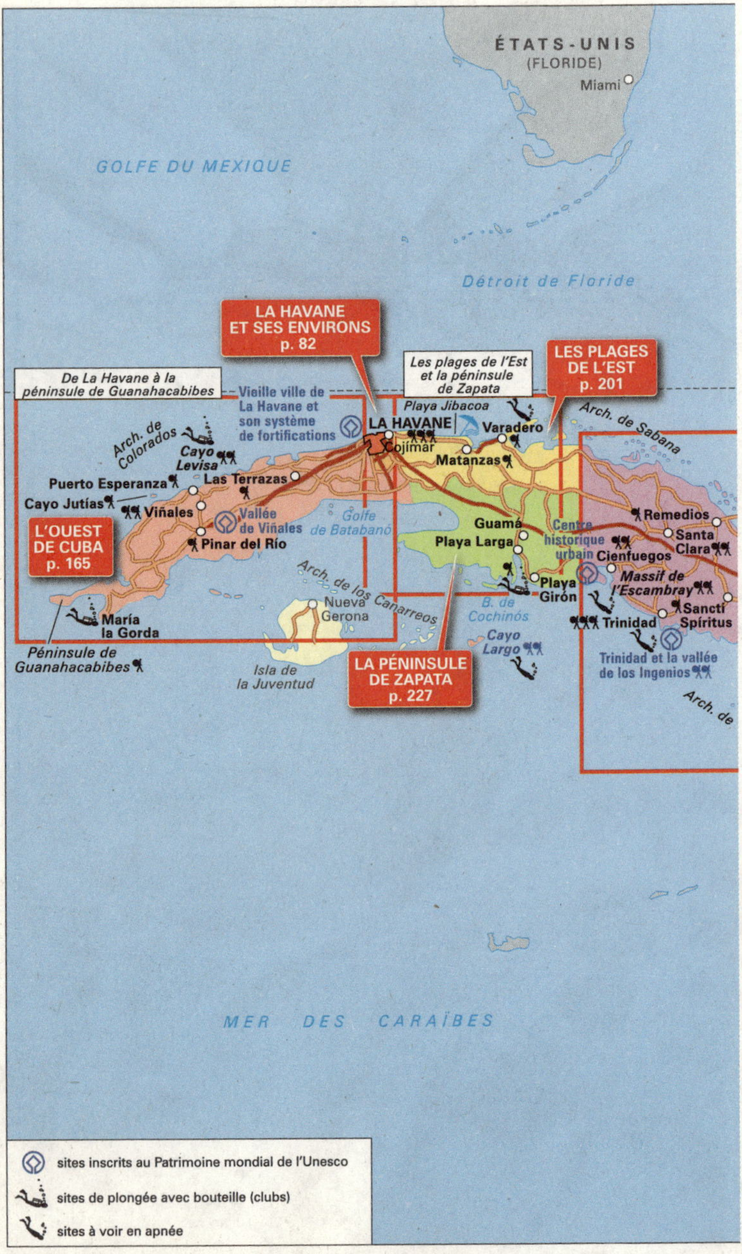
ÉTATS-UNIS
(FLORIDE)
Miami
GOLFE DU MEXIQUE
Détroit de Floride
LA HAVANE ET SES ENVIRONS p. 82
Les plages de l'Est et la péninsule de Zapata
LES PLAGES DE L'EST p. 201
De La Havane à la péninsule de Guanahacabibes
Vieille ville de La Havane et son système de fortifications
LA HAVANE
Playa Jibacoa
Varadero
Arch. de Sabana
Cojímar
Matanzas
Arch. de Colorados
Cayo Levisa
Las Terrazas
Puerto Esperanza
Cayo Jutías
Viñales
Vallée de Viñales
Golfe de Batabanó
L'OUEST DE CUBA p. 165
Pinar del Río
Guamá
Playa Larga
Centre historique urbain
Remedios
Santa Clara
Cienfuegos
Massif de l'Escambray
Playa Girón
Arch. de los Canarreos
Nueva Gerona
B. de Cochinos
Trinidad
Sancti Spíritus
María la Gorda
Cayo Largo
Trinidad et la vallée de los Ingenios
Péninsule de Guanahacabibes
Isla de la Juventud
LA PÉNINSULE DE ZAPATA p. 227
Arch. de
MER DES CARAÏBES
sites inscrits au Patrimoine mondial de l'Unesco
sites de plongée avec bouteille (clubs)
sites à voir en apnée

NORD
OCÉAN
ATLANTIQUE
Nassau
BAHAMAS
Tropique du Cancer
Le centre de l'île
Cayo Santa María
Cayo Guillermo
Arch.
Cayo Coco
de
Cayo Cruz
Cayo Romano
Camagüey
Morón
LE CENTRE DE L'ÎLE p. 237
L'Oriente
Golfe de Ana María
Camagüey
Centre historique
Puerto Padre
Gibara
Guardalavaca
Chorro de Maíta
Banes
Parc national Alejandro de Humboldt
Holguín
Santa Cruz del Sur
los Jardines de la Reina
Golfe de Guacanayabo
L'ORIENTE p. 315
Birán
Sierra del Cristal
La région de Baracoa
Baracoa
Manzanillo
Bayamo
Santiago de Cuba
Guantánamo
Sierra Maestra
Chivirico
À l'est de Santiago
La sierra Maestra
Parc national Desembarco del Granma
Castillo del Morro et Paysage archéologique des premières plantations de café du Sud-Est
HAÏTI
JAMAÏQUE
Kingston
0 50 100 km

CUBA

LA RÉDACTION DU ROUTARD

(sans oublier nos 50 enquêteurs, aussi sur le terrain)

© R. Delalande et E. Dessons

Jean-Sébastien, Olivier, Mathilde, Alain, Gavin's, Éléonore, Anne-Caroline, André, Laura, Florence, Véronique, Isabelle, Géraldine, Fiona, Amanda, Benoît, Emmanuelle, Bénédicte, Philippe, Carole, Diane, Anne, Marie.

La saga du *Routard* : en 1971, deux étudiants, Philippe et Michel, avaient une furieuse envie de découvrir le monde. De retour du Népal germe l'idée d'un guide différent qui regrouperait tuyaux malins et itinéraires sympa, destiné aux jeunes fauchés en quête de liberté. 1973. Après 19 refus d'éditeurs et la faillite de leur première maison d'édition, l'aventure commence vraiment avec Hachette. Aujourd'hui, le *Routard*, c'est plus d'une cinquantaine d'enquêteurs impliqués et sincères. Ils parcourent le monde toute l'année dans l'anonymat et s'acharnent à restituer leurs coups de cœur avec passion.

Merci à tous les Routards qui sont solidaires de nos convictions : liberté et indépendance d'esprit ; découverte et partage ; sincérité, tolérance et respect des autres.

NOS SPÉCIALISTES CUBA

Fiona Debrabander : franco-britannique, passionnée d'histoire, de musique et de cinéma, elle apprécie autant prendre le thé après un trek qu'un café au comptoir, les bains de foule sur les marchés et les bains de minuit en bord de mer. Avide de rencontres et de nature, au coin de la rue ou au bout du monde, elle sillonne la planète avec l'envie de partager ses découvertes.

David Giason : rédacteur assoiffé de découverte, baroudeur à gros godillots, amateur de vieilles pierres, de bonne chère et de coins paumés, adepte d'échanges fructueux entre gens que tout devrait opposer. Pour lui, la curiosité est le plus indispensable des défauts. Mais surtout, il est convaincu qu'il faut savoir dépasser les bornes. Car être voyageur, c'est être libre.

Benoît Lucchini : corse, élevé au grain du 9-3, il a commencé avec une carte Interrail à 17 ans. Il arpente les terres chaudes avec passion 2 ans plus tard, puis les mers froides comme pêcheur (illégal) de saumon sur un chalutier américain, avant un grand tour du monde. Son credo depuis 30 ans au Routard : multiplier les rencontres, s'émerveiller et écrire pour partager ses émotions.

UN GRAND MERCI À NOS AMI(E)S SUR PLACE ET EN FRANCE

Pour cette nouvelle édition, nous remercions particulièrement :

- **Bernard Hilaire** ainsi que **Réjane Le Dolédec,** pour leurs bonnes infos de terrain ;
- **Cerise Plisson,** pour son aide efficace.

Pictogrammes du Routard

Établissements

- Hôtel, auberge, chambre d'hôtes
- Camping
- Restaurant
- Terrasse
- Pizzeria
- Boulangerie, sandwicherie
- Pâtisserie
- Glacier
- Café, salon de thé
- Café, bar
- Bar musical
- Club, boîte de nuit
- Salle de spectacle
- Boutique, magasin, marché

Infos pratiques

- Office de tourisme
- Poste
- Accès Internet
- Hôpital, urgences
- Adapté aux personnes handicapées

Sites

- Présente un intérêt touristique
- Point de vue
- Plage
- Spot de surf
- Site de plongée
- Recommandé pour les enfants
- Inscrit au Patrimoine mondial de l'Unesco
- Pas de côté

Transports

- Aéroport
- Gare ferroviaire
- Gare routière, arrêt de bus
- Station de métro
- Station de tramway
- Parking
- Taxi
- Taxi collectif
- Bateau
- Bateau fluvial
- Piste cyclable, parcours à vélo

« OSONS LE PAS DE CÔTÉ »

Le surtourisme ? Tous concernés. Et pourtant, à l'écart des grands flux touristiques, il existe plein de pépites méconnues, souvent oubliées des circuits trop encombrés. Ici un site ignoré ; là un quartier secret ; plus loin un village caché au charme discret, avec un troquet d'une autre époque. Il existe une infinité de lieux peinards que l'on a envie de mettre en avant avec ce pictogramme. Un vagabondage enfin calme favorisé aussi par les **visites aux heures creuses.** Vive le *slow trip* !

#osonslepasdecote

Le *Routard* est imprimé sur un papier issu de forêts gérées.

I.S.B.N. 978-2-01-787127-9

Plage à Varadero

« Le plus important pour tenter une interprétation de la réalité et de la vie cubaines, c'est de les vivre, car alors seulement vous pourrez commencer à comprendre quelque chose, même si vous n'aurez jamais tout compris. »
Leonardo Padura

Cuba, c'est un mode de vie unique au Nouveau Monde. Ses kilomètres de **plages bordées de récifs coralliens** ont la couleur de la nacre, ses **chaînes de montagnes** se teintent du vert profond des forêts tropicales, ses villes se parent d'une **architecture hispano-coloniale** aux couleurs souvent débridées, et son peuple, comme aspiré dans une parenthèse temporelle, entre belles américaines et carrioles à chaval, ne lasse pas de séduire…

Le passé a laissé sa marque remarquable dans la vieille Havane, mais aussi à Cienfuegos, Trinidad et, dans une moindre mesure, à Santiago et Camagüey… Il y a ce que l'on voit et ce je-ne-sais-quoi qui flotte dans l'air, **envoûtant comme une salsa, une rumba ou un mambo** : autant de rythmes cubains qui enchanteront vos oreilles au détour des rues, dans les cafés… et jusque sous les cocotiers de quelque plage de rêve.

***¡ Hay que luchar !* (« Il faut lutter ! »)** Dans cette exclamation reposent toute la résolution et la débrouillardise cubaines. Cuba aujourd'hui, c'est encore une économie de survie, même si les conditions de vie évoluent lentement sous l'effet des réformes distillées au compte-gouttes et de l'allègement de l'embargo.

La plupart des Cubains doivent se contenter d'un salaire mensuel moyen de 30 CUP… C'est peu, très peu. Trop peu à en juger par les conditions de vie de milliers de foyers, au cœur même de La Havane ou dans les campagnes. Et ce n'est pas la *libreta* (carnet de rationnement) qui permet de se nourrir décemment – même si, rappelons-le, beaucoup de services publics sont très bon marché (transports, électricité, loyers, etc.), voire totalement gratuits (médecine, éducation).

Avec le tourisme et l'ouverture de certains secteurs économiques, ceux qui sont en contact avec les étrangers tirent leur épingle du jeu. Résultat : on voit se développer **une société à 2 vitesses.**

Si l'on constate toujours un attachement d'une partie des Cubains aux leaders historiques, certains aimeraient des changements plus rapides, et **beaucoup rêvent d'un ailleurs…** La jeunesse, qui n'a pas connu la révolution, regarde vers d'autres horizons. **Tous aspirent à plus de liberté, à une vie meilleure.** Mais nul ne le dit trop fort : une dénonciation par un voisin « héroïquement patriote » est si vite arrivée. Et les conséquences bien lourdes pour celui qui devient alors, et parfois pour une broutille, un « déviant » aux yeux du système.

Le dégel entre les USA et Cuba ainsi que la perspective d'une levée de l'embargo instauré en 1962 ont fait espérer beaucoup. Les espoirs ont été déçus. Cuba reste **une destination pas comme les autres, à l'atmosphère très particulière,** où se mêlent tout à la fois la difficulté et la joie de vivre, le présent et le passé. Une vie en sommeil et un dynamisme fou. **On vient ici pour goûter à la chaleur et à la gentillesse du peuple cubain** qui, s'il a perdu son idéal, n'a jamais perdu ni l'espoir, ni le sourire, ni la gentillesse.

NOS COUPS DE CŒUR

1 **Flâner dans la vieille ville de La Havane et siroter un mojito dans le patio d'un ancien palais colonial.**

Le centre historique de La Havane possède un charme fou avec ses musées, ses palais lézardés ou repeints de frais qui abritent de superbes patios aux vénérables arcades de pierre, ses artères vivantes, ses bars d'anthologie que fréquentait Hemingway, son ballet de vieilles Buick et Chevrolet… On se sent projeté dans un vieux film hollywoodien : le décor est là, quasi intact. *p. 133*

Bon à savoir : Habana Vieja est classée au Patrimoine mondial de l'Unesco. C'est dans ce quartier que l'on conseille de séjourner.

© Guillaume Soularue/Onlyworld.net

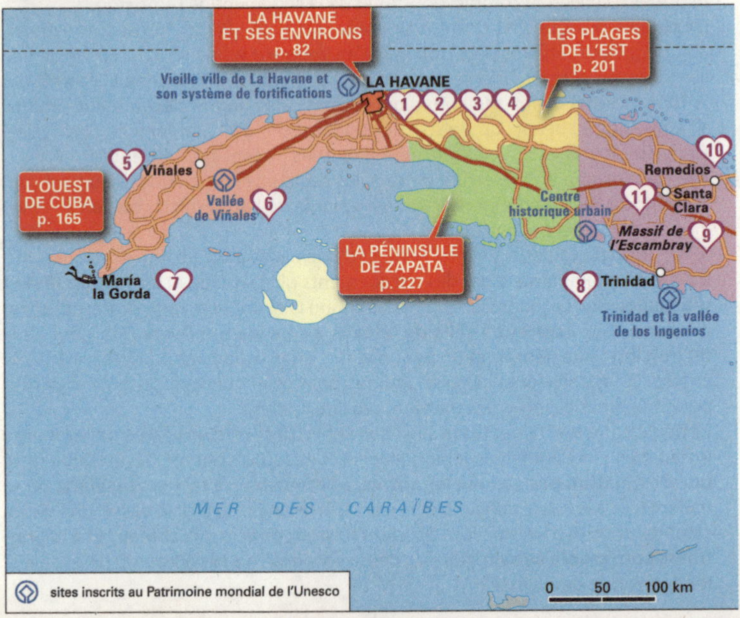

© Phil Clarke-Hill/Age fotostock

2 **Passer une soirée au club de jazz *La Zorra y el Cuervo.***

La Renarde et le Corbeau est un club de jazz latino très réputé. Il faut y aller tôt, car il y a toujours du monde, et la place est limitée, mais on n'apprécie que mieux la musique, toujours excellente. Les meilleurs musiciens du pays s'y sont produits, tels Chucho Valdés ou Roberto Fonseca. C'est le temple de la musique cubaine ! *p. 129*

***Bon à savoir :** ouvert tlj de 22h à 2h. Le lieu est petit, venir tôt.*

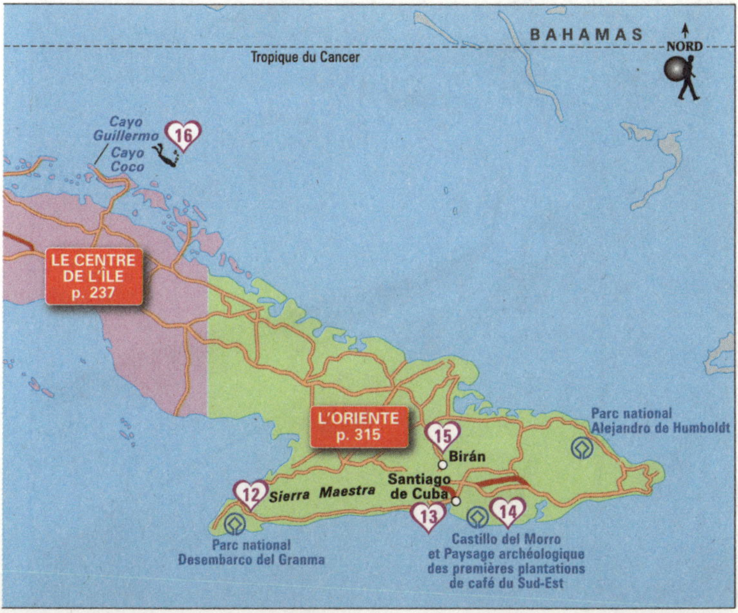

3 **Parcourir le Malecón à bord d'une voiture américaine décapotable des années 1950.**

Le Malecón, cette longue promenade en corniche qui sépare la ville de la mer, c'est un peu l'âme de La Havane. En fin de journée, c'est le rendez-vous des amoureux et autres flâneurs. Lieu de rencontres, de fête, de vie, où l'on arrive et revient toujours, comme ces vagues hivernales qui éclatent avec entêtement contre le parapet en gerbes folles… *p. 155*

Bon à savoir : *les belles américaines, appelées* almendrones, *se prennent devant le grand théâtre de La Havane. Compter 40-50 CUP pour 1h de balade.*

© Jon Arnold Images/hemis.fr

4 **Assister à une représentation du Ballet national de Cuba, un des meilleurs au monde.**

Le Ballet national de Cuba existe depuis 1955. La compagnie était dirigée jusqu'à sa mort (octobre 2019) par sa fondatrice, Alicia Alonso, la « *prima ballerina assoluta* » dont le décès à 98 ans fit l'objet d'un deuil national. Connue mondialement, la compagnie travaille avec les plus grands chorégraphes du monde et continue de présenter régulièrement des spectacles au Gran Teatro de La Havane. Si la compagnie se produit en ville lors de votre passage, ne loupez pas le spectacle ! *p. 131*

***Bon à savoir :** programmation sur • balletcuba.cult.cu • Le prix des billets est dérisoire compte tenu de la qualité des spectacles.*

© Forget-Sagaphoto/Onlyworld.net

5 **À Viñales, prendre le petit déjeuner dans une des *casas particulares* face aux *mogotes* (collines), et profiter d'un spectacle presque unique au monde.**

Viñales, village charmant et très accueillant, est un endroit tout indiqué pour poser son sac quelques jours. Ça tombe bien, les *casas particulares* y abondent ! Certaines sont au pied des champs de tabac et avec vue sur les *mogotes,* ces étonnantes protubérances (collines calcaires) recouvertes de végétation. Un spectacle superbe et surréaliste au petit matin, lorsqu'ils émergent de la brume. *p. 172*

***Bon à savoir :** on trouve quantité de* casas *à Viñales, mais avec l'explosion du tourisme, il est prudent de réserver.*

6 **Entreprendre une randonnée pédestre dans la vallée de Viñales, à la rencontre des planteurs de tabac.**

La vallée de Viñales possède un paysage enchanteur avec ses arbres fleuris, et ses petites maisons en bois aux couleurs joyeuses. C'est aussi ici qu'est cultivé le meilleur tabac du monde ! En toile de fond surgissent les *mogotes,* collines qui donnent toute leur magie à ces paysages propices à de chouettes balades, à pied, ou à cheval. *p. 183*

Bon à savoir : *une belle manière d'appréhender la vallée, classée parmi les sites naturels protégés de l'Unesco, est de s'y promener à cheval, accompagné par un paysan local.*

7 **Plonger dans les eaux limpides de María la Gorda, à l'extrémité ouest de l'île.**

María la Gorda est un site totalement isolé en bord de mer. Il n'y a qu'un seul hôtel, quelques habitations disséminées aux alentours, et surtout plusieurs petites criques de sable blanc bordées d'une eau turquoise. Le spectacle est sous l'eau… véritable aquarium tropical ! Un spot idéal pour les plongeurs et amateurs de *snorkelling*. p. 192

Bon à savoir : on peut faire dans la journée l'aller-retour depuis Viñales, mais on conseille d'y passer la nuit. Dans un autre registre, l'été, les moustiques abondent et sont voraces. Répulsif indispensable !

(8) Séjourner dans une maison coloniale à Trinidad et, le soir, passer d'un lieu de concert à un autre pour s'enivrer de musique.

S'il y a un moment privilégié à Trinidad, c'est celui où l'on déambule le soir dans les ruelles pavées, au gré de petits concerts organisés dans les bars ou en plein air. Ici, chacun cherche son cha-cha-cha, et se laisse porter par les rythmes de la musique cubaine, en dansant jusqu'au bout de la nuit ! *p. 250*

Bon à savoir : assurez le coup avec 2 ou 3h de cours de salsa, histoire de pouvoir vous trémousser honorablement au milieu des experts.

9 **Explorer le massif de l'Escambray, refuge historique des guérilleros du Che.** Outre la vallée de los Ingenios, classée au Patrimoine mondial de l'Unesco, la sierra de l'Escambray, l'un des 3 principaux massifs montagneux de l'île, offre la possibilité de prendre un vrai bol d'air avec divers sentiers de randonnée. La belle balade jusqu'à la cascade de Caburní se fait au cœur d'une végétation luxuriante, qui s'épanouit à 800 m d'altitude : orchidées, eucalyptus, hortensias… *p. 270*

Bon à savoir : *ceux qui sont véhiculés peuvent faire l'excursion seuls. Sinon, les agences de Trinidad organisent le transport et la balade à la journée.*

10 **Passer la nuit de Noël à Remedios, en pleines *Parrandas*, une des fêtes les plus truculentes qui soit.**

Cette fête débridée, rythmée par la polka et la rumba, donne l'occasion aux habitants de défiler avec d'énormes chars très colorés atteignant jusqu'à 30 m de haut ! Atmosphère assez folle, qui reste familiale et bon enfant. Les touristes y sont accueillis avec une grande bienveillance. *p. 288*

Bon à savoir : *les* Parrandas *ont lieu chaque année, le 24 décembre. Un petit musée leur est consacré (tlj 8h-12h, 13h30-17h).*

11 **Faire étape à Santa Clara, pour son célèbre train blindé.**
Santa Clara est une étape incontournable pour les amateurs d'histoire révolutionnaire cubaine. Après une courte visite du Train blindé, dont la prise par le Che au cours des dernières heures de la dictature Batista reste gravée dans les mémoires, on rejoint la plaza de la Revolución, où se dresse une statue de près de 7 m du héros (controversé). Sa dépouille, retrouvée en Bolivie, repose dans le mausolée situé sur l'arrière, avec 38 autres révolutionnaires. p. 294

Bon à savoir : musée et mémorial de la plaza de la Revolución sont ouv tlj sauf lun 8h-18h (17h dim). Entrée gratuite ; photos interdites.

12 Randonner dans la sierra Maestra, vers la *comandancia* de Castro ou le pico Turquino.

La sierra Maestra, la plus imposante des petites chaînes de montagnes cubaines, fut le principal théâtre de la guérilla castriste. Le très sauvage parc national Turquino ravira les marcheurs. Les randos les plus prisées mènent à la *comandancia* de La Plata, ancien quartier général de Fidel Castro (4h aller-retour, sans difficulté particulière) ou au sommet du pic Turquino (1 974 m), un trek de 2 ou 3 jours. *p. 338*

***Bon à savoir :** les départs se font du petit village de Santo Domingo, où se trouvent l'entrée du parc et le bureau des guides (obligatoires).*

13 Partir à l'assaut de la caserne de la Moncada, à Santiago, où naquit la révolution cubaine.

Santiago est une jolie ville coloniale très attachante, mais c'est aussi un haut lieu de l'histoire cubaine. Le 26 juillet 1953, Fidel Castro et ses hommes attaquèrent la caserne Moncada, pour s'y procurer de l'armement. L'opération fut un cuisant échec, habilement transformé en quasi victoire. Ce fut le 1er mouvement insurrectionnel qui mit en marche la révolution. Les bâtiments ont été transformés en école, mais quelques salles accueillent un musée, dont l'entrée se repère aux impacts de balles sur la façade, minutieusement reconstitués ! *p. 370*

***Bon à savoir :** l'entrée au musée comprend une intéressante visite guidée.*

© Jon Arnold Images/hemis.fr

14 Parcourir les terrasses du castillo del Morro, posté à l'entrée de la baie de Santiago.

1re ville d'importance sous la domination espagnole, Santiago a grandi au fond d'une baie protégée. Sa richesse, issue du commerce des esclaves et de l'économie de plantation, a très tôt attiré les boucaniers. À partir de 1638, les autorités firent édifier le castillo de San Pedro de la Roca (nom officiel) sur le promontoire rocheux dominant l'orée de la baie. Fort bien restauré, il est classé au Patrimoine mondial de l'Unesco. *p. 374*

Bon à savoir : le midi, le restaurant El Morro, *à l'entrée du site, dispose d'une agréable terrasse.*

15 Visiter la surprenante *finca* familiale de Birán, perdue dans la campagne de l'Oriente.

Ancien militaire sans le sou, Angel Castro créa de toutes pièces, à la force du poignet, une *finca* (exploitation agricole) qui compta jusqu'à 11 000 ha de terres et 200 habitants ! C'est là que grandirent Fidel, Raúl Castro et leurs 5 frères et sœurs. On y découvre une quinzaine de bâtiments, dont les 2 maisons familiales et toute une série de photos retraçant une enfance plutôt privilégiée. *p. 321*

Bon à savoir : Birán est situé à 80 km au nord de Santiago et 70 km au sud-est d'Holguín.

© Marka/Alamy/Hemis

© Morandi Tuul et Bruno/hemis.fr

16 Buller sur la plage autour des cayos Coco et Guillermo.

Ces 2 cayos – îlots – sont reliés à la côte nord de Cuba par une incroyable route-digue de 17 km de long. Le cayo Coco, le plus grand, possède 8 plages totalisant 22 km de sable fin. Nettement plus petit, le cayo Guillermo n'en a que 3, dont la remarquable Playa Pilar. Beaucoup voient en elle la plus jolie de tout Cuba. Ce n'est pas vrai, il y en a d'autres ! *p. 283*

Bon à savoir : hormis quelques adresses isolées, on ne trouve ici qu'une série de complexes hôteliers fonctionnant sur le principe du todo incluido *(formule « tout compris »).*

Gran Teatro, La Havane

ITINÉRAIRES CONSEILLÉS

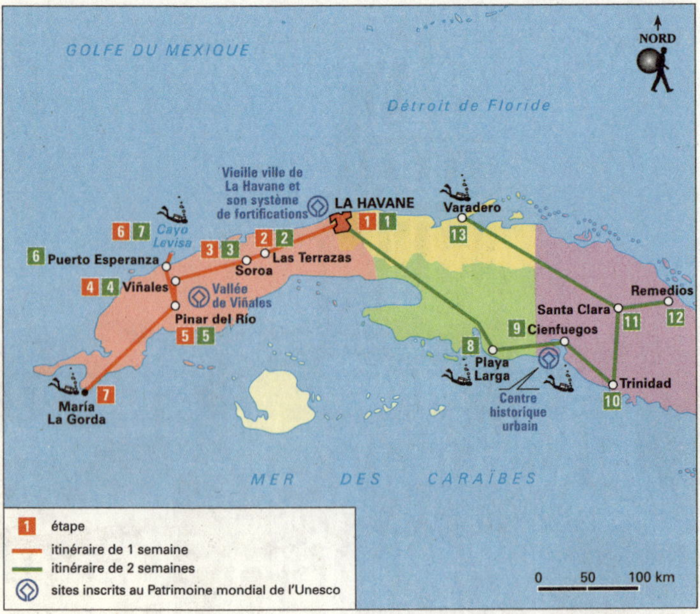

1 semaine

- 1er et 2e jours, **La Havane (1)** : la vieille Havane (1er jour), les forteresses, une fabrique de cigares et un petit tour dans le Vedado (2e jour).
- 3e et 4e jours : **l'ouest de Cuba,** avec un rapide arrêt à **Las Terrazas (2)** et **Soroa (3).** Étape de quelques jours à **Viñales (4)** et visite des environs, dont les paysages sont classés au Patrimoine mondial de l'Unesco.
- 4e jour : cap vers **Pinar del Río (5)** et visite d'une plantation de tabac dans le **Vuelta Abajo.** Retour à Viñales.
- 5e et 6e jours : séjour sur la côte nord, à **cayo Levisa (6).** Les amateurs de plongée opteront pour une étape à **María la Gorda (7),** site réputé pour ses fonds marins.
- 7e jour : retour à La Havane.

2 semaines

- 1re semaine : **La Havane (1).** Visite de la vieille Havane (1er jour) ; les forteresses, la fabrique de cigares Partagas, le musée de la Révolution (2e jour) ; petit tour dans le Vedado et la finca Vigía d'Hemingway (3e jour). Cap vers l'ouest avec une étape à **Las Terrazas (2)** et **Soroa (3).** Séjour à **Viñales (4)** ; visite de **Pinar del Río (5)** et ses environs, puis retour vers La Havane par **Puerto Esperanza (6)** et **cayo Levisa (7).**

Réserve de Las Terrazas, la cascade Soroa

• 2e semaine : route vers la péninsule de Zapata. Visite de Guamá, nuit à **playa Larga (8).** Poursuivre vers l'est jusqu'à **Cienfuegos (9),** pour 1 nuit, puis 3 jours à **Trinidad (10),** avec la visite des alentours : Topes de Collantes et valle de los Ingenios. Retour à La Havane en visitant au passage le centre de l'île : étapes culturelles à **Santa Clara (11)** ou à **Remedios (12)** et balnéaire à **Varadero (13).**

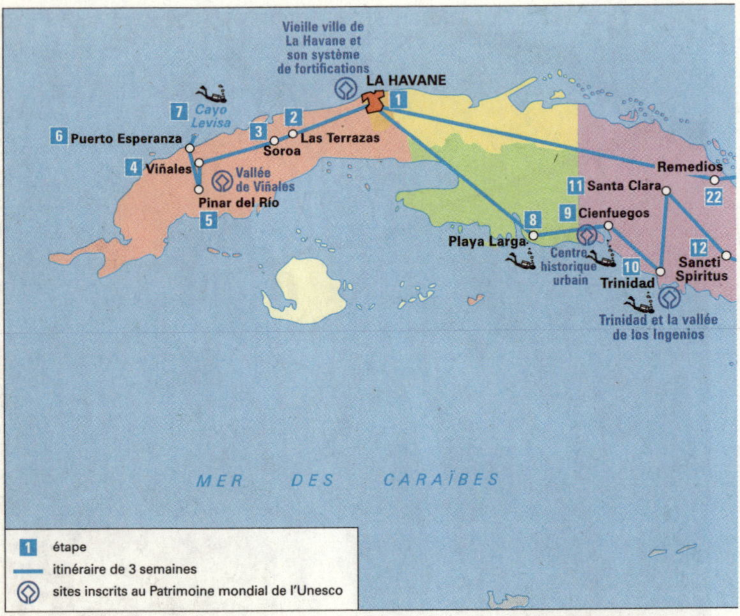

3 semaines

Prévoir un vol entre La Havane et Santiago (à l'aller ou au retour), ou à défaut plusieurs étapes en route pour explorer l'Oriente et dans ce cas, au moins 3 semaines de voyage.

Même itinéraire que pour un voyage de 2 semaines, mais prendre le temps d'explorer le centre à partir de **Santa Clara (11).**

- 3e semaine : étape dans la belle ville historique de **Sancti Spíritus (12),** puis à **Camagüey (13).** Poursuivre la route jusqu'à Bayamo, pour une incursion dans la **sierra Maestra (14).**

Séjour à **Santiago de Cuba (15).** Compter 2-3 jours pour visiter la ville et ses environs, avec ses anciennes plantations de café et la *finca* de la famille Castro à **Birán (16).**

Il faut ajouter une escale de 1 nuit ou 2 à **Baracoa (17),** pour profiter de l'ambiance unique de cette bourgade au charme particulier. Aux alentours : plages et randonnées. On adore !

Reprendre la route en passant par la côte nord. Étape à **Holguín (18)** ou **Gibara (19),** puis vers les îles cubaines pour 1 ou 2 jours de détente sur le **cayo Coco (20)** ou le **cayo Guillermo (21).**

Rejoindre ensuite la terre ferme pour une étape à **Remedios (22),** une chouette bourgade à l'atmosphère tranquille. Retour à **La Havane (1).**

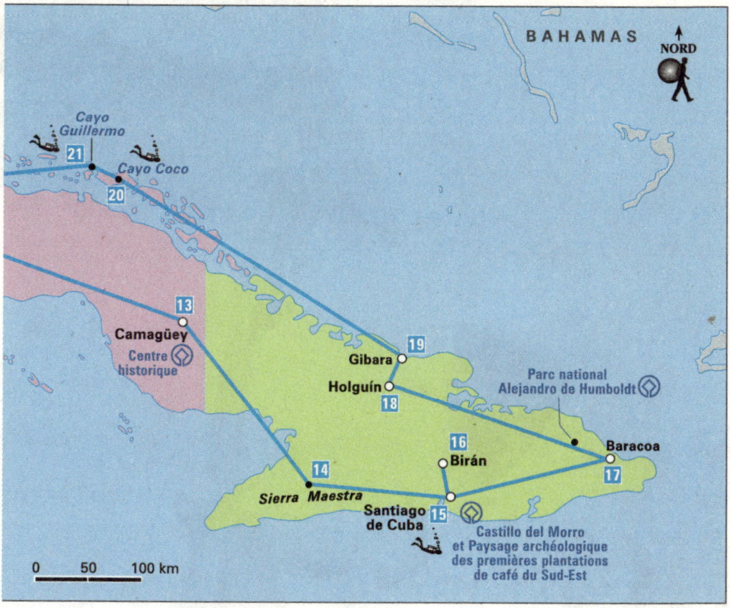

SI VOUS ÊTES PLUTÔT...

Plages et farniente : Varadero, les plages de l'Est, Trinidad avec la belle plage d'Ancón mais aussi les cayo Largo, cayo Coco, cayo Guillermo et cayo Levisa.

Branché musique et danse latines : La Havane, Trinidad, Santiago (le berceau du *son*) et Baracoa… En fait, quasiment partout dans l'île !

En famille : La Havane, Viñales pour sa superbe vallée, Cienfuegos pour sa nonchalance, Trinidad pour son charme envoûtant, Varadero ou les *cayos* pour les plages.

Culture et vieilles pierres : La Havane, Trinidad (le must !), Cienfuegos, la baie des Cochons sur la péninsule de Zapata, Santa Clara (pour ses liens à la révolution), Santiago.

Nature et balades : Viñales évidemment, la sierra Maestra, la région de Baracoa avec l'ascension d'El Yunque et le parc national Alejandro de Humboldt.

Plongée sous-marine : María la Gorda, playa Larga, cayo Largo et les *cayos* autour de Trinidad.

Joueur de contrebasse, Trinidad

Interview #experienceroutard

Par la rédaction du *Routard*

Pourquoi choisir particulièrement cette destination ?

Pour y découvrir une alchimie unique au monde ! Est-ce la gentillesse et le sourire de la population ? Peut-être cette atmosphère tranquille ? Ou bien ces notes de musique qui flottent dans l'air en permanence ? À moins que cela ne soit le pas des chevaux sur les pavés, la vision des vieilles américaines, les couleurs vives des façades, les vénérables palais coloniaux, le goût d'une langouste grillée, la saveur d'un bon mojito ? Un peu de tout cela assurément, comme dans un cocktail bien dosé. C'est un mode de vie particulier, que les Cubains ont su transformer en art de vivre.

Un moment à partager ?

Se lancer sans complexe sur une piste pour se découvrir des talents de danseur de salsa. Vous n'êtes pas au top ? Peu importe ! L'essentiel est dans l'énergie que vous partagerez et le plaisir que vous en retirerez. Touristes et locaux se mêlent sur des rythmes endiablés, avec pour seul objectif : faire la fête ! Une belle façon de vivre pleinement l'instant.

Une activité à faire absolument ?

Une balade à pied ou à cheval dans la vallée de Viñales, avant le coucher du soleil, au milieu des *mogotes* (collines calcaires) et des champs de tabac. Le silence de la vallée, la rencontre avec les *tabaqueros* (ceux qui travaillent dans les champs de tabac), la lumière sur les collines, voici un moment de paix à s'offrir sans modération.

Un souvenir de voyage ?

Trinidad, dans notre *casa particular,* vieux palais du XVIIIe s. Fin d'après-midi, sur le toit-terrasse. En face, la mer, à droite, la montagne, devant, une harmonie de toits de tuiles. La grand-mère nous propose un mojito, sa recette *especial* ! Le fiston déboule, qui veut nous préparer le sien. « On en a déjà un ! » Oui, mais le mien est *muy diferente* ! Après celle des missiles, faudrait pas créer une autre crise ! Et voici que c'est la tante (elle habite à côté), qui prétend concocter *el mejor de la ciudad.* Comment refuser ?... Nos 3 mixologues nous rejoignent pour le verdict. Quel est le meilleur ? Impossible de trancher, les toits de Trinidad ondulent déjà gentiment sous nos yeux, au rythme d'une douce salsa... !

Une musique à écouter ?

Il faut commencer par la rumba et le *son,* les ancêtres de la salsa, popularisés par Compay Segundo. Puis ajouter une touche de mambo et de cha-cha-cha, qui s'enivrent d'eux-mêmes, avant de poursuivre par la salsa, omniprésente. Aujourd'hui c'est le reggaeton qui bat la mesure, savant mélange de techno, dance, reggae et rap. Si la jeunesse en raffole, elle ne dédaigne pas la « musique-à-papa », une bonne vieille salsa des familles qui fait toujours danser toutes les générations.

LES QUESTIONS QU'ON SE POSE AVANT LE DÉPART

• Infos détaillées dans le chapitre « Cuba utile » *p. 48*

IMPORTANT

Début 2021, une **réforme majeure du système monétaire** s'est concrétisée. Le peso convertible (CUC) a laissé la place au seul ***peso cubano*** *(CUP, peso cubain),* monnaie à laquelle les voyageurs étrangers avaient autrefois peu accès.

En conséquence, la valeur du « nouveau » peso fait l'objet d'une très forte réévaluation : elle est fixée officiellement à ***24 pesos (CUP) pour 1 €***. Ce bouleversement économique a conduit à une forte inflation dans le pays.

Cela dit, en pratique, une majorité de prestataires et d'établissements touristiques (taxis, *casas particulares,* restaurants, bars, commerces, excursions) préfèrent les paiements en devises, notamment en euros. Notre conseil donc : ***prévoir d'arriver à Cuba avec suffisamment d'euros en espèces pour la durée de votre séjour*** et de faire le change sur place seulement si nécessaire.

➢ Quels sont les documents nécessaires ?

Passeport valide et carte de tourisme (payante), délivrée au préalable par le consulat ou, plus simplement, par les agences de voyages. Cette carte est valable 30 jours et renouvelable une fois. Une réglementation impose aussi aux voyageurs d'avoir souscrit une police d'assurance voyage couvrant les frais médicaux. À ces documents s'est ajouté un formulaire à remplir en ligne et à imprimer dans les 72h avant l'arrivée à Cuba, disponible sur le site :

• *dviajeros.mitrans.gob.cu/inicio* •

En période d'épidémie de Covid, les conditions d'entrée à Cuba peuvent être adaptées pour limiter les déplacements des voyageurs et la circulation du virus. Préparez soigneusement votre voyage (formalités de séjour, conseils et obligations sanitaires...) et consultez les conseils aux voyageurs sur le site du ministère des Affaires étrangères : • *diplomatie.gouv.fr/fr/conseils-aux-voyageurs/conseils-par-pays-destination/cuba/* •

➢ Quelle est la meilleure saison ?

La saison sèche, de fin novembre à fin avril, est la plus agréable : ciel dégagé, peu de risques d'averses (sauf à l'est), températures autour de 25 °C... sur terre comme dans l'eau ! Août, septembre et octobre sont très chauds et parfois touchés par des tempêtes tropicales ou des cyclones.

➢ Quel est le taux de change ? Comment payer sur place ?

Depuis janvier 2021, il n'existe plus qu'une seule monnaie officielle à Cuba, le peso cubano, abrégé CUP. 1 CUP vaut environ 0,04 €. On change l'euro, le franc suisse et le dollar canadien sans problème sur place, dans certaines banques ou dans les *Cadeca,* bureaux de change officiels. Mais le plus avantageux aujourd'hui est de payer directement en devises, notamment en euros, acceptés presque partout. La majorité des paiements se fait en liquide. Seuls les grands hôtels d'État et les boutiques chics acceptent les cartes de paiement... quand ça fonctionne ! Donc avoir toujours de l'argent liquide avec soi, et de préférence des euros.

➢ Quel budget prévoir ?

Le plus économique (et le plus sympathique) est de dormir chez l'habitant, dans une *casa particular.* Compter entre 25 et 40 € par nuit pour 2, selon confort et saison, auxquels s'ajoutent 4-5 € par personne pour le petit déjeuner. Un repas coûte entre 8 et 15 € dans une *casa,* mais il est possible de manger pour moins de 10 € dans pas mal de petits restos.

➢ Comment se déplacer dans le pays ? Quels moyens de transport ?

Les routards prendront les bus de la compagnie *Viazul* (c'est la seule qui accepte les touristes), modernes et fiables, qui relient les villes grandes et moyennes, ainsi que toutes les destinations touristiques. Un conseil : acheter son billet à l'avance ! On peut louer une voiture, mais le parc automobile est encore limité : il faut réserver longtemps à l'avance. Les routes principales sont plutôt bonnes et souvent vides, en revanche les voies secondaires peuvent être en mauvais état. L'option du taxi collectif a de plus en plus les faveurs des touristes pour les longues distances : on négocie le prix avec le chauffeur la veille du départ et, si vous n'êtes que 2, il se charge de trouver 2 autres personnes pour partager les frais.

➢ Y a-t-il des problèmes de sécurité ?

Franchement, non. Les Cubains sont globalement avenants et vraiment sympathiques. Les seuls à craindre sont les *jineteros,* qui tentent de détourner la clientèle des *casas* sous des prétextes fallacieux pour gagner une commission. Bien sûr, les précautions d'usage restent de mise, ici comme ailleurs. Ne laissez pas vos affaires sans surveillance et adoptez une attitude modeste et un habillement simple pour éviter d'attirer la convoitise.

➢ Quel est le décalage horaire ?

Il est de 6h toute l'année avec la France (sauf 2 courtes périodes en mars et octobre où le décalage n'est que de 5h, la transition aux heures d'été et d'hiver n'intervenant pas à la même date dans les 2 pays).

➢ Quel est le temps de vol ?

Compter environ 10h30 à l'aller et 9h au retour.

➢ Côté santé, quelles précautions prendre ?

Aucun vaccin n'est préconisé. L'île est saine, si l'on excepte les risques de transmission de la dengue, du chikungunya et du virus zika, qui sont désormais répandus dans tout l'arc antillais. Une seule consigne : protégez-vous des moustiques avec de bons répulsifs (pour la peau et les vêtements) achetés avant votre départ (on n'en trouve pas sur place).

➢ Peut-on y aller avec des enfants ?

Sans hésiter... pour le soleil, la plage, la musique, la nature et l'accueil des Cubains. Bon, la logistique ne sera pas toujours simple, car le pays manque de tout. Que ce soit pour les couches, le lait en poudre et tous les produits de 1re nécessité.

➢ Quelle(s) langue(s) parle-t-on ?

L'espagnol. Il est toujours apprécié de connaître les rudiments de la langue. Mais à Cuba, les gestes et les sourires remplacent bien des discours ! Dans les endroits touristiques, les jeunes en contact avec les touristes parlent généralement un anglais correct.

➢ Que mange-t-on à Cuba ?

Le menu type se compose d'une petite salade de concombre et/ou tomates et choux râpé, de riz mélangé – ou pas – aux haricots noirs, de poulet, porc, poisson ou langouste. Aux restaurants d'État, jadis unique option, ont succédé les *paladares* (petits restos privés), où l'on mange beaucoup mieux. Les repas chez l'habitant sont aussi généralement très bons. On vous le conseille, sans hésiter ! Et n'oubliez pas que Cuba est le paradis de la langouste, que l'on sert autour de 15 € dans les *casas*. Évitez de la manger dans les restos d'État, où elle est toujours plus chère et moins bonne (congelée et trop cuite). Le petit déj est habituellement complet, avec œufs, gâteaux et fruits frais.

➢ Où trouve-t-on les plus belles plages ?

C'est dans les îles *(cayos)* que vous verrez les plages les plus grandes et les plus sauvages. Mais tout le littoral dispose de jolies plages de sable, notamment entre la Havane et Varadero, aux alentours de Cienfuegos et au nord de Viñales.

➢ Quels sports peut-on pratiquer ?

À Cuba, on peut pratiquer la plongée et le *snorkelling* : la mer est calme, chaude, et les fonds intéressants, même si ce ne sont pas les plus riches de la zone caraïbe. Dans les zones montagneuses, la randonnée prend le relais, même si peu de sentiers sont balisés. C'est pourquoi il faut prendre obligatoirement un guide. Et, partout, vous aurez l'occasion de danser au rythme des musiques cubaines. Et ça, c'est du sport... *caliente* !

➢ Où écouter de la musique cubaine ?

Partout ! Cuba est sans doute le pays au monde où l'on trouve le plus grand nombre de lieux dédiés à la musique... et à la danse. Il n'y a pas une ville qui ne dispose de sa *Casa de la Trova, Casa Artex* ou *Casa de la Música,* où des groupes se produisent tous les jours. Qualité et ambiance étonnantes...

COMMENT Y ALLER ?

EN AVION

Depuis la France

▲ AIR FRANCE

Infos et résas : ☎ 09-69-39-36-54 (appel non surtaxé 7 j./7), sur • air france.fr • et en agences de voyages. Fermées dim.

– La Havane : av. 5ta ; entre 76 y 78, Miramar. ☎ (+ 53-7) 204-44-47. • air france.cu • Lun-ven 8h30-16h30.

➢ Au départ de Paris-CDG, jusqu'à 10 vols directs/sem vers La Havane. KLM propose 5 vols/sem depuis Amsterdam/Schipol (nombreuses connexions depuis la France) vers La Havane.

Air France propose à tous des tarifs attractifs toute l'année. Pour consulter les meilleures offres du moment sur Internet, allez directement sur la page « Nos meilleurs tarifs » sur *• airfrance. fr • Flying Blue,* le programme de fidélité gratuit d'Air France-KLM, permet de gagner des *miles* en voyageant sur les vols Air France, KLM, Transavia avec de nombreux partenaires aériens et non aériens.

▲ AIR CARAÏBES

– Paris : 4, rue de la Croix-Nivert, 75015. ☎ 0820-835-835 (0,12 €/mn). • aircaraibes.com • Lun-ven 9h-18h, sam 9h30-17h. Fermé dim.

➢ Air Caraïbes, compagnie aérienne française régulière, propose jusqu'à 4 vols/sem entre Paris (Orly) et La Havane ou Santiago de Cuba.

▲ AIR EUROPA

– Paris : 58 A, rue du Dessous-des-Berges, 75013. ☎ 01-42-65-08-00. • aireuropa.com • Bureau ouv lun-ven 9h-17h ; résas par tél 24h/24.

➢ 1 vol/j. entre Paris et La Havane via Madrid au départ d'Orly-Ouest.

Des vols sont aussi proposés au départ de Paris-CDG terminal 2F (en collaboration avec Air France sur le trajet Paris-Madrid).

▲ CORSAIR

Infos et résas : • corsair.fr •

➢ Vols saisonniers au départ de Paris-CDG à destination de Varadero, 3 fois/sem.

▲ IBERIA

– Paris : ☎ 0825-800-965 (0,15 €/mn). • iberia.com •

➢ 1 vol/j. depuis Paris-Orly-Ouest ou Paris-CDG et certaines villes de province (Bordeaux, Lyon, Marseille, Montpellier, Nantes, Nice...) vers La Havane, via Madrid.

Depuis les îles et le continent américain

➢ ***Caraïbes :*** liaisons au départ de la Jamaïque avec *Copa Airlines* et de Saint-Domingue avec *Cubana de Aviación.*

➢ ***Canada :*** liaisons régulières entre Montréal ou Toronto et Cuba avec *Air Canada* et bien d'autres. Env 4h de vol.

➢ ***Mexique :*** liaisons régulières entre Mexico ou Cancún et Cuba.

➢ Également d'autres destinations desservies, comme les États-Unis (Miami) la Colombie, le Panamá ou l'Argentine.

LES ORGANISMES DE VOYAGES

– Ne pas croire que les vols à tarif réduit sont tous au même prix pour une même destination à une même époque : loin de là. On a déjà vu, dans un même avion partagé par 2 organismes, des passagers qui avaient payé 40 % plus cher que les autres. De plus, une agence bon marché ne l'est

pas forcément toute l'année (elle peut n'être compétitive qu'à certaines dates bien précises). Donc, contactez tous les organismes et jugez vous-même.
– Les organismes cités sont classés par ordre alphabétique pour éviter les jalousies et les grincements de dents.

En France

▲ ALTIPLANO VOYAGE

– Annecy (Metz-Tessy) : route de la Bouvarde, Park Nord, Les Pléiades n° 35, 74370. ☎ 04-57-09-80-08. • altiplano-voyage.com • Ouv lun-ven 9h-13h, 14h-18h. Fermé le w-e.
L'équipe de passionnés d'Altiplano Voyage vous propose son expertise de plus de 15 ans dans les voyages sur mesure en Amérique latine. Le spécialiste Cuba chez Altiplano sillonne régulièrement le pays afin de partager avec vous ses astuces et coups de cœur. À votre écoute, il vous conseille pour créer le voyage qui vous ressemble (location de voiture, séjour chez l'habitant, minibus avec guide et chauffeur...). Sur place, voyagez en toute sérénité grâce à un service d'assistance 24h/24 et un carnet de route détaillé : excursions incontournables, temps de parcours, etc.

▲ CERCLE DES VOYAGES

– Paris : 4, rue Gomboust (angle 31, av. de l'Opéra), 75001. ☎ 01-40-15-15-03. • cercledesvoyages.com • Lun-ven 9h-20h, sam 10h-18h30.
Le vrai voyage sur mesure, à destination de Cuba. Cercle des Vacances propose un large choix de voyage adaptés à chaque client : circuits privés, voyages au volant d'une voiture de location, croisières, circuits en petits groupes, combinés, voyages de noces... Les experts Cercle des Vacances partagent leurs conseils et leurs petits secrets pour faire de chaque voyage une expérience inoubliable. Cercle des Vacances offre également un service liste de mariage gratuit. Les petits plus qui font la différence : une virée en tyrolienne dans la forêt tropicale, une excursion en rafting, un tour en vieille voiture américaine, un cours de salsa...

▲ COMPTOIR DES VOYAGES

• comptoir.fr • Lun-sam 9h30-18h30.
– Paris : 2-18, rue Saint-Victor, 75005. ☎ 01-53-10-30-15.
– Bordeaux : 26, cours du Chapeau-Rouge, 33800. ☎ 05-35-54-31-40.
– Lille : 76, rue Nationale, 59160. ☎ 03-28-04-68-20.
– Lyon : 10, quai Tilsitt, 69002. ☎ 04-72-44-13-40.
– Marseille : 12, rue Breteuil, 13001. ☎ 04-84-25-21-80.
– Toulouse : 43, rue Peyrolières, 31000. ☎ 05-62-30-15-00.
En plus de 30 ans, Comptoir des Voyages s'est imposé comme la référence incontournable du voyage sur mesure en immersion, avec plus de 90 destinations sur les 5 continents. Ses conseillers-spécialistes construisent des voyages uniques en s'adaptant à votre budget, vos goûts et vos envies. Pour favoriser les rencontres et l'immersion dans la vie locale, ils privilégient des hébergements typiques et des expériences authentiques. Sur votre Smartphone, l'application mobile Luciole vous informe sur le déroulé de votre voyage et vous guide grâce à un GPS hors connexion.
Comptoir des Voyages est membre d'Agir pour un tourisme responsable depuis 2009, labellisation ATR renouvelée par Ecocert Environnement en 2019.

▲ CUBA CHEZ L'HABITANT

– Paris : 20, rue Deparcieux, 75014. ☎ 01-43-20-13-56. • cubachezlhabitant.com •
Séjourner chez l'habitant est l'une des plus belles façons de découvrir Cuba, de rencontrer son peuple et de s'imprégner de ses coutumes locales. Créée il y a 20 ans, l'agence Cuba chez l'habitant a pour objectif de vous immerger dans la culture cubaine. Forte de son équipe franco-cubaine, l'agence offre le meilleur à ses clients en leur proposant, par exemple de découvrir la destination en voiture américaine avec un chauffeur-guide pour découvrir les charmes du pays.

▲ CUBA EN LIBERTÉ

● cuba-en-liberte.com ●

Contactez Cuba en liberté, une agence locale de confiance pour organiser votre voyage sur mesure à Cuba. Ses conseillers, fins connaisseurs du terrain et de la réalité du pays, vous accompagnent dans la préparation de votre voyage, en couple, en famille ou en groupe d'amis. Vous avez ainsi accès à un service personnalisé en bénéficiant d'un prix accessible. Membre de la communauté *bynativ*, Cuba en liberté propose un maximum de garanties et de services : règlement en ligne sécurisé, possibilité de souscrire une assurance voyage et de bénéficier de garanties solides en cas d'imprévu. De quoi voyager de façon authentique et en toute tranquillité !

▲ LA ROUTE DES VOYAGES

Agences ouv lun-jeu 9h-19h, ven jusqu'à 18h. Fermées le w-e. Rdv conseillé. ● laroutedesvoyages.com ●

– Paris : 10, rue Choron, 75009. ☎ 01-55-31-98-80.

– Angers : 6, rue Corneille, 49000. ☎ 02-41-43-26-65.

– Annecy : 4 bis, av. d'Aléry, 74000. ☎ 04-50-45-60-20.

– Bordeaux : 19, rue des Frères-Bonie, 33000. ☎ 05-56-90-11-20.

– Lorient : 42, av. de la Perrière, 56100. ☎ 06-15-48-82-69.

– Lyon : 59, rue Franklin, 69002. ☎ 04-78-42-53-58.

– Toulouse : 27, rue Perchepinte, 31000. ☎ 05-62-27-00-68.

25 ans d'expérience de voyage sur mesure sur les 5 continents ! 15 pays en Europe complètent à présent leur offre. Cette équipe de voyageurs passionnée a développé un vrai savoir-faire du voyage personnalisé : écoute, conseils, voyages de repérage réguliers et des correspondants sur place soigneusement sélectionnés avec qui ils travaillent en direct. Son engagement à promouvoir un tourisme responsable se traduit par des possibilités de séjours solidaires à insérer dans les itinéraires de découverte individuelle. Elle a aussi créé un programme de compensation solidaire qui permet de financer des projets de développement locaux.

▲ NOSTALATINA

– Paris : 19, rue Damesme, 75013. ☎ 01-43-13-29-29. ● ann.fr ● Lun-ven 10h-13h, 15h-18h.

NostaLatina propose des voyages sur mesure en Amérique latine, notamment à Cuba. Plusieurs formules au choix dont 2 qui sont devenues des formules de référence depuis quelques années pour les voyageurs indépendants : les *Estampes*, avec billets d'avion, logement, transferts entre les étapes en mixant avec astuces avion, bus, train, ou encore location de voiture, ou bien les *Aquarelles*, avec en plus un guide et un chauffeur privé à chaque étape. Vous trouverez sur le site internet des idées d'itinéraires que vous pourrez ensuite personnaliser et adapter selon vos envies avec Ylinh, la chaleureuse directrice qui connaît parfaitement le terrain et son équipe de jeunes passionnés qui vous donneront des conseils avisés.

▲ NOVELA CUBA

– Paris : 14-14 bis, rue des Minimes, 75003. ☎ 01-40-29-40-94. ● novelacuba.com ● Lun-ven 10h-19h.

Tour-opérateur spécialiste de la destination Cuba. Carte de tourisme, voiture, séjour à la carte... Un bureau à Paris et un à La Havane permettent à Novela Cuba d'offrir à ses clients les meilleurs prix et services sur la destination. Réservations par téléphone ou directement sur le site internet.

▲ ROOTS TRAVEL

– Paris : 7, rue de la Cerisaie, 75004. ☎ 01-42-74-07-07. ● rootstravel.com ● Également une agence à La Havane.

Amoureux de la destination et pionnier du voyage chez l'habitant à Cuba, Roots Travel propose des séjours itinérants 100 % personnalisables, en chambres d'hôtes, balisés par les chauffeurs-guide dans des voitures « vintage » américaines ou des minivans, et des autotours en liberté, sans chauffeur. Fureteurs de bons plans, leurs guides locaux prennent la relève dès l'arrivée et vous invitent, au côté

des incontournables, à découvrir le Cuba authentique.

▲ TERRES LOINTAINES

• terres-lointaines.com •
Sur rdv uniquement, lun-ven 9h-19h, sam 10h-18h.
– Paris : 21, Bd des Batignolles, 75008. ☎ 01-75-60-63-50.
– Bordeaux : 4, rue Esprit des Lois, 33000. ☎ 05-33-09-09-10.
– Lyon : 39, rue de la République, 69002. ☎ 04-65-07-02-70.
– Lille : 6, rue Jean Roisin, 59800. ☎ 03-59-61-59-40.
– Nantes : 22, rue Crébillon, 44000. ☎ 02-52-59-48-00.

Spécialiste du voyage sur mesure et en petits groupes jusqu'à 12 personnes, Terres Lointaines a pour ambition de démocratiser le voyage au prix le plus juste.

Convaincu qu'un voyage réussi est un voyage qui dépasse les attentes du client, c'est en visant l'excellence que Terres Lointaines met le monde à votre portée, dans près de 50 destinations en Afrique, Amériques, Asie, Europe, Océanie.

La palette de destinations et d'expériences proposées est vaste, avec des conseillers à l'écoute de vos envies. Grâce à leur expertise et à des partenaires locaux de confiance, Terres Lointaines crée des voyages de qualité pour vous offrir des découvertes exceptionnelles et de merveilleux souvenirs.

▲ VOYAGEURS DU MONDE – VOYAGEURS EN AMÉRIQUE DU SUD

• voyageursdumonde.fr •
– Paris : La Cité des Voyageurs, 55, rue Sainte-Anne, 75002. Voyageurs dans les Îles : ☎ 01-42-86-17-70. Lun-sam 9h30-19h. Avec une librairie spécialisée dans les voyages.
– Également des agences à Bordeaux, Grenoble, Lille, Lyon, Marseille, Montpellier, Nantes, Nice, Rennes, Rouen, Strasbourg et Toulouse.

Parce que chaque voyageur est différent, que chacun a ses rêves et ses idées pour les réaliser, Voyageurs du Monde conçoit, depuis plus de 30 ans, des projets sur mesure. Les séjours proposés sur 120 destinations sont élaborés par leurs 180 conseillers voyageurs. Spécialistes par pays et même par région, ils vous aideront à personnaliser les voyages présentés à travers une trentaine de brochures d'un nouveau type et sur le site internet où vous pourrez également découvrir les hébergements exclusifs et consulter votre espace personnalisé. Au cours de votre séjour, vous bénéficiez des services personnalisés Voyageurs du Monde, dont la possibilité de modifier à tout moment votre voyage, l'assistance d'un concierge local, la mise en place de rencontres et de visites privées, et l'accès à votre carnet de voyage via une application iPhone et Android.

Voyageurs du Monde est membre de l'association ATR (Agir pour un tourisme responsable) et a obtenu sa certification Tourisme responsable AFAQ AFNOR.

> Voir aussi au sein de chaque ville les agences locales que nous avons sélectionnées.

Comment aller à Roissy et à Orly ?

Toutes les infos sur notre site *• routard.com •* et à l'adresse suivante : *• parisaeroport.fr/passagers/acces •*

> Conservez dans votre bagage cabine vos médicaments, vos divers chargeurs et appareils ainsi que vos objets de valeur (clés et bijoux). Et, on ne sait jamais, ajoutez-y de quoi vous changer si vos bagages n'arrivaient pas à bon port avec vous.

En Belgique

▲ CONNECTIONS

Rens et résas : ☎ 070-233-313. • connections.be •

Fort d'une expérience de plus de 20 ans dans le domaine du voyage, Connections dispose d'un réseau de 32 *travel shops* dont une à Brussels Airport. Connections propose des vols dans le monde entier à des

tarifs avantageux et des voyages destinés à des voyageurs désireux de découvrir la planète de façon autonome. Connections propose une gamme complète de produits : vols, hébergements, location de voitures, autotours, vacances sportives, excursions...

▲ CONTINENTS INSOLITES

– Bruxelles : rue César-Franck, 44 A, 1050. ☎ 02-880-55-41. • continents-insolites.com • Lun-ven 10h-18h, sam 10h-16h30 sur rdv.

Continents Insolites, organisateur de voyages lointains sans intermédiaire, propose une gamme étendue de formules de voyage, détaillée sur leur site internet.

– *Voyages découvertes sur mesure :* à partir de 2 personnes. Un grand choix d'hébergements soigneusement sélectionnés : du petit hôtel simple à l'établissement luxueux et de charme.

– *Circuits découvertes en minigroupes :* de la grande expédition au circuit accessible à tous. Des circuits à dates fixes dans plus de 60 pays en petits groupes francophones de 7 à 12 personnes. Avant chaque départ, une réunion est organisée. Voyages encadrés par des guides francophones, spécialistes des régions visitées.

▲ VOYAGEURS DU MONDE

– Bruxelles : chaussée de Charleroi, 23, 1060. ☎ 02-543-95-50. • voyageursdumonde.com •

Le spécialiste du voyage en individuel sur mesure.

Voir le texte dans la partie « En France ».

En Suisse

▲ ALTIPLANO VOYAGE

– Carouge : pl. du Temple, 3, 1227 Carouge. ☎ 022-342-49-49. • agence@altiplano-voyage.ch • altiplano-voyage.ch • Sur rdv seulement.

Rencontrez votre experte de l'Amérique latine et de Cuba, en plein centre de Carouge.

Voir le texte dans la partie « En France ».

▲ LA ROUTE DES VOYAGES

☎ 078-400-83-94. • laroutedesvoyages.com •

Voir le texte dans la partie « En France ».

▲ TERRES LOINTAINES

• terres-lointaines.com •

– Genève : ☎ 0022-510-15-90.

– Zurich : ☎ 0044-512-25-90.

Agences ouv lun-ven 9h-19h, sam 10h-18h ; fermé dim.

Voir le texte dans la partie « En France ».

▲ VOYAGEURS DU MONDE

• voyageursdumonde.com •

– Genève : 19, rue de la Rôtisserie, 1204. ☎ 022-519-12-10. Lun-ven 9h30-19h, sam 9h30-18h30. ; fermé dim.

– Lausanne : rue du Bourg, 6 (2e étage), 1003. ☎ 021-519-10-65. Lun-ven 9h-18h30, sam sur rdv.

Le spécialiste du voyage en individuel sur mesure.

Voir le texte dans la partie « En France ».

Au Canada (Québec)

▲ CLUB AVENTURE VOYAGES

– Montréal : 3173, rue Hochelaga, QC H1W 1G4. ☎ (514) 527-09-99. • clubaventure.com •

Depuis 1975, Club Aventure développe une façon de voyager qui lui est propre : petits groupes, contact avec les populations, utilisation des ressources humaines locales, visite de grands monuments mais aussi et surtout ouverture de routes parallèles. Ces circuits ont reçu la griffe du temps et de l'expérience ; ils sont devenus les « circuits griffés » du Club Aventure.

▲ EXPÉDITIONS MONDE

• expeditionsmonde.com •

Expéditions Monde est à l'avant-garde du voyage d'aventure, de découverte, de trekking, de vélo et d'alpinisme sur tous les continents. Les voyages en petits groupes facilitent les déplacements dans les régions les plus reculées et favorisent l'interaction avec les peuples locaux pour vivre une expérience authentique. Expéditions Monde offre aussi la possibilité

Découvrir Cuba de l'intérieur
20 ans d'expérience - équipe franco-cubaine
LOCATION DE VOITURE AMÉRICAINE
CARTE DE TOURISME
STAGE DE SALSA
EXCURSIONS
TAXI
AAA777
Cuba chez l'habitant
www.cubachezlhabitant.com
01 43 20 13 56
20 rue
Deparcieux 75014 Paris
Application Mobile

Cercle des Voyages
Votre voyage
sur-mesure
01 40 15 15 03
www.cercledesvoyages.com
31, avenue de l'Opéra - 75001 Paris
Cuba

de voyager en Europe à pied, ou à vélo en liberté.

▲ **EXPLORATEUR VOYAGES**

– Montréal : 328, Ontario Est, H2X 1H6. ☎ (514) 847-11-77. ● explorateur-voyages.com ● Lun-jeu 9h-18h, ven 9h-20h.

Cette agence de voyages montréalaise propose une intéressante production maison, axée sur les voyages d'aventures en petits groupes (5 à 13 personnes max) ou en individuel. Ses itinéraires originaux, en Amérique latine, en Asie, en Afrique et au Moyen-Orient, se veulent respectueux des peuples et des écosystèmes, guidés par un accompagnateur de l'agence. Intéressant pour se familiariser avec ces différents circuits : les soirées Explorateur (gratuites), avec présentation audiovisuelle.

EN BATEAU

➢ Les voiliers peuvent accoster dans les marinas internationales de ***La Havane*** (marina Hemingway, quartier Jaimanitas), ***Varadero, cayo Guillermo, Santiago de Cuba, Cienfuegos et cayo Largo.*** Il est bien sûr nécessaire de demander l'autorisation radio.

CUBA UTILE

ABC de Cuba

- ***Superficie :*** 110 860 km².
- ***Population :*** 11,48 millions d'hab. (estimation 2017).
- ***Densité :*** 103,5 hab./km².
- ***Point culminant :*** le pico Turquino (1 974 m).
- ***Capitale :*** La Havane.
- ***Langue officielle :*** espagnol.
- ***Monnaie :*** depuis la disparition en 2021 du peso convertible (CUC), une seule monnaie a cours légal : le ***peso cubano*** (abrégé CUP).
- ***Régime politique :*** république socialiste (Parti communiste unique).
- ***Chef d'État :*** Miguel Diaz-Canel « élu » en 2018, pour succéder à Raúl Castro.
- ***Moyenne d'âge de la population :*** 41 ans.
- ***Espérance de vie :*** environ 81 ans pour les femmes et 77 ans pour les hommes.
- ***Taux d'alphabétisation :*** 99,8 %.
- ***Emplois/secteurs :*** agriculture 3,8 % du PIB, industrie 25 %, services 70 % (2017).
- ***Religions :*** catholicisme (60 %), *santería* (religion afro-cubaine, 10 %), protestantisme (5 %), judaïsme. Un quart des Cubains est athée ou agnostique.

AVANT LE DÉPART

Adresses utiles

En France

■ ***Consulat général de Cuba en France :*** *16, rue de Presles, 75015 Paris. ☎ 01-45-67-98-81 ou 55-35. • conscu@ambacuba.fr • cubaparis.org • Ouv au public lun-ven 9h-12h.* C'est ici notamment que l'on peut obtenir la carte de tourisme (paiement en espèces).

■ ***Ambassade de Cuba :*** *mêmes coordonnées et horaires que le consulat. • embacu@ambacuba.fr • cuba paris.org •*

En Belgique

■ ***Ambassade et service consulat de Cuba :*** *av. Brugmann, 80, Forest 1190 (Bruxelles). ☎ 02-343-00-20 ou 71-46. • consulado@embacuba.be • cubadiplomatica.cu/belgica • Ouv au public lun-ven 9h30-12h30.*

En Suisse

■ ***Ambassade de Cuba et service consulaire :*** *Gesellschafts-strasse, 8, CP 5275, 3012 Berne. ☎ 31-302-21-11. • consulcuba.berna@bluewin.ch • cubadiplomatica.cu/suiza • Service consulaire ouv en sem sauf mer, 9h-12h.*

Au Canada

ℹ ***Bureau de tourisme :*** *1200, Bay St, suite 305, M5R 2A5 Toronto (Ontario). ☎ (416) 362-0700. • gocuba.ca •*

■ **Ambassade de Cuba et service consulaire :** *388, Main St, KIS 1E3 Ottawa (Ontario). ☎ (613) 563-0141.* ● *cuba@embacubacanada.net* ● *cubadiplomatica.cu/canada* ● *Ouv au public mar-ven 9h-13h.*

■ **Consulats généraux de Cuba :** *infos complètes sur* ● *cubadiplomatica.cu/canada* ●

– Montréal : 4542-4546, bd Décarie, H3X 2H5. ☎ (514) 843-8897 ou 7559. ● *seconcgc@bellnet.ca* ● *En sem sauf mer, 9h-12h.*

– Toronto : 5353, Dundas West, sq. Kipling, suite 205, M9B 6H8. ☎ (416)234-8181 (lun-ven 14h-17h). ● *toronto2@embacubacanada.net* ● *Ouv au public lun-ven 10h-13h.*

Formalités d'entrée et de sortie du pays

Pensez à scanner passeport, visa, carte de paiement, billet d'avion et *vouchers* d'hôtel. Ensuite, adressez-les-vous par e-mail, en pièces jointes. En cas de perte ou de vol, rien de plus facile pour les récupérer dans un cybercafé. Les démarches administratives seront bien plus rapides.

Important : consultez la page « Cuba » du site ● *diplomatie.gouv.fr/fr/conseils-aux-voyageurs* ● pour connaître la situation sur place afin d'organiser au mieux votre voyage.

Notez que le site ● *aduana.gob.cu* ● (en espagnol ou en anglais) vous indique les conditions d'importation de marchandises et les déclarations éventuelles en douane.

Pour entrer à Cuba comme touriste, vous devrez être muni des documents suivants :

– ***Passeport*** en cours de validité.

– ***Formulaire d'entrée :*** à remplir en ligne et à imprimer dans les 72h précédant l'arrivée dans le pays. Disponible sur le site ● *dviajeros.mitrans.gob.cu/inicio* ●

– ***Carte de tourisme :*** c'est un formulaire ***obligatoire*** pour entrer à Cuba. Prix : environ 25 € par personne. Cette carte, utilisable jusqu'à 6 mois après son émission, n'est valable que pour une entrée à Cuba et a une validité de 30 jours à partir de votre arrivée sur l'île. Quel que soit le pays d'où vous venez, il vous faudra avoir acheté et rempli ce document avant de débarquer à Cuba. ***Attention,*** c'est une simple feuille volante, pensez à la conserver précieusement (ou à l'agrafer dans le passeport). Les enfants mineurs doivent également en être pourvus. À savoir : si vous arrivez via les États-Unis, la carte de tourisme vous coûtera 4 fois plus cher (à éviter donc !).

La carte de tourisme s'obtient notamment ***auprès du consulat de Cuba,*** en personne ou par courrier. Il faut présenter le passeport et le billet d'avion, ou une attestation de la compagnie aérienne ou de l'agence de voyages. Si vous faites une demande par correspondance, il convient d'ajouter une enveloppe timbrée aux tarifs en vigueur pour le retour des documents. Attention, chaque personne non présente physiquement au consulat se voit imposer un supplément de 25 € ! Règlement possible en espèces (sur place seulement), chèque de banque ou désormais carte de paiement. ***Certaines agences de voyages se chargent de cette formalité*** à votre place si vous réservez un circuit ou un séjour avec eux, plus rarement si vous ne prenez qu'un vol sec.

Les personnes séjournant plus de 1 mois peuvent la renouveler sur place pour 1 mois supplémentaire. Pour cela, se rendre au bureau de la *Inmigración* à La Havane *(Desamparados, 166 ; entre Habana et Compostela),* à Santiago à Trinidad ou dans la plupart des grandes villes touristiques qui possèdent un bureau. Penser à apporter passeport, assurance, billet de retour, timbre fiscal à 625 CUP. En général, on vous établit le document immédiatement. Au-delà du 2ᵉ mois, il faut obligatoirement sortir du territoire.

Les ***mineurs*** doivent être munis de leur propre pièce d'identité (carte d'identité ou passeport). Pour l'autorisation de sortie de territoire lorsque les enfants ne sont pas accompagnés par un de leurs parents, chaque pays a mis en place sa propre régulation. Ainsi, pour les ***mineurs français,*** une loi entrée en vigueur en janvier 2017 a ***rétabli l'autorisation de sortie du territoire.*** Pour voyager à l'étranger, ils doivent être munis d'une pièce d'identité (carte d'identité ou passeport), d'un formulaire signé par l'un des parents titulaires de l'autorité parentale et de la photocopie de la pièce d'identité du parent signataire. Renseignements auprès des services de votre commune et sur • *service-public.fr* •

– ***L'assurance voyage :*** tous les voyageurs doivent présenter un document attestant la souscription à une police d'assurance voyage couvrant les frais médicaux et l'assistance en cas de rapatriement. Si vous demandez à prolonger votre séjour après 30 jours à Cuba, les services de l'immigration exigeront systématiquement cette assurance. Mieux vaut prendre ses précautions, ne serait-ce qu'en cas de pépin de santé. Cette attestation est délivrée gratuitement par les assureurs et les organismes de cartes de paiement (*Visa* et *MasterCard*). Voir aussi nos adresses dans la rubrique « Assurances voyage ».

Voici 2 adresses spécialisées dans le service d'obtention de visas, qui délivrent également la ***carte touristique.*** À privilégier pour un service rapide et plus économique qu'auprès du consulat (si vous ne pouvez vous rendre sur place) :

■ ***Action-Visas.com :*** *10-12, rue du Moulin-des-Prés, 75013 Paris. ☎ 01-45-88-56-70. • action-visas.com • Ⓜ Place-d'Italie (sortie « Bobillot » bd Blanqui). Lun-ven 9h30-12h, 13h30-18h30 ; sam 9h30-13h. Prix du service 33-50 € selon destination plus les frais consulaires. Réduc de 8 €/pers pour nos lecteurs pour chaque destination : lors de votre commande : prendre alors l'option paiement par chèque et déduire directement sur le total indiqué cet avantage en indiquant « routard » sur votre bon de commande.* Cette agence sérieuse s'occupe d'obtenir votre carte touristique ou visa pour toutes destinations. Délais rapides, traitement immédiat du dossier dès réception (aucune attente) et service fiable. N'hésitez pas à demander la carte touristique (ou le visa) par correspondance quelle que soit la destination. Les commandes de visas peuvent s'effectuer sur le site internet qui est actualisé quotidiennement et vous recevrez directement les formulaires et la liste des pièces à fournir. Réception d'un courriel sur votre messagerie à chaque étape du processus d'obtention du visa. Par ailleurs, Action-Visas prélève 1 € de sa marge commerciale pour financer un projet humanitaire qui peut être suivi en direct sur leur site internet.

■ Également ***CIBT Visas Express*** : *37-39, rue Boissière, 75116 Paris. ☎ 0825-08-10-20 (0,15 €/mn + prix appel). • visas-express.fr • Lun-ven 9h-18h.*

Au retour de Cuba

– ***ATTENTION :*** si votre vol retour comprend une escale (à Madrid, par exemple), rappelez-vous qu'il est interdit de transporter des liquides au passage des douanes. La bouteille de rhum achetée au *duty free* sera tout bonnement confisquée ! Reste à faire vos achats au préalable, à bien les emballer et à les enregistrer en soute...

Assurances voyage

■ ***Routard Assurance par AVI International :*** *Le Colisée Gardens, 10 avenue de l'Arche, CS 70126, 92419 Courbevoie Cedex. ☎ 01-44-63-51-00. • avi-international.com • Ⓜ La Défense.* Enrichie au fil des années par les retours des lecteurs, *Routard Assurance* est devenue une assurance voyage référence des globe-trotters. Tout est inclus : frais médicaux, assistance rapatriement, bagages, responsabilité civile... Avant votre départ, appelez *AVI* pour un conseil personnalisé. Besoin d'un médecin, d'un avis médical, d'une prise en charge dans un hôpital ? Téléchargez l'appli mobile

AVI international pour garder le contact avec *AVI Assistance* et disposez de l'un des meilleurs réseaux médicaux à travers le monde. *AVI Assistance* est disponible 24h/24 pour une réponse en temps réel. De simples frais de santé en voyage ? Envoyez les factures à votre retour, *AVI* vous rembourse sous une semaine.

■ ***AVA :*** *25, rue de Maubeuge, 75009 Paris.* ☎ *01-53-20-44-20.* ● *ava.fr* ● Ⓜ *Cadet.* Un autre courtier fiable pour ceux qui souhaitent s'assurer en cas de décès-invalidité-accident lors d'un voyage à l'étranger, mais surtout pour bénéficier d'une assistance rapatriement, perte de bagages et annulation. Attention, franchises pour ses contrats d'assurance voyage.

■ ***Pixel Assur :*** *18, rue des Plantes, BP 35, 78601 Maisons-Laffitte.* ☎ *01-39-62-28-63.* ● *pixel-assur.com* ● *RER A : Maisons-Laffitte.* Assurance de matériel photo et vidéo tous risques (casse, vol, immersion), dans le monde entier. Devis en ligne basé sur le prix d'achat de votre matériel. Avantage : garantie à l'année.

ARGENT, BANQUES, CHANGE

Il est très vivement conseillé d'avertir votre banque avant votre départ (pays visité et dates). En effet, votre carte peut être bloquée dès le 1er retrait pour suspicion de fraude. C'est de plus en plus fréquent. Pensez aussi, dans la mesure du possible, à relever votre plafond de retrait. Cela vous évitera de vous retrouver dans l'embarras.

N'oubliez pas non plus de VÉRIFIER LA DATE D'EXPIRATION DE VOTRE CARTE DE PAIEMENT.

Monnaie en usage

IMPORTANT

Début 2021, **une réforme majeure du système monétaire** s'est concrétisée. Le peso convertible (CUC) a laissé la place au seul *peso cubano (CUP, peso cubain),* monnaie à laquelle les voyageurs étrangers avaient autrefois peu accès. En conséquence, la valeur du « nouveau » peso fait l'objet d'une très forte réévaluation : elle est fixée officiellement à ***24 pesos (CUP) pour 1 €***. Ce bouleversement économique a conduit à une forte inflation dans le pays.

Cela dit, en pratique, une majorité de prestataires et d'établissements touristiques (taxis, *casas particulares,* restaurants, bars, commerces, excursions) préfèrent les paiements en devises, notamment en euros. Notre conseil donc : ***prévoir d'arriver à Cuba avec suffisamment d'euros en espèces pour la durée de votre séjour*** et de faire le change sur place seulement si nécessaire.

– ***À savoir :*** depuis la disparition en 2021 du *peso cubano convertible* (CUC), l'unique monnaie du pays est le **peso cubano** (également appelé *moneda nacional* ou CUP). Le **CUP** est divisé en 100 *centavos.*

– ***Courant 2022, 1 € valait environ 24 CUP (soit environ 0,04 € pour 1 CUP).***

Banques et bureaux de change

Depuis la réforme monétaire et la forte inflation qui s'en est suivie, un marché noir s'est mis en place dans les rues de Cuba où il est possible d'échanger 80-100 CUP pour 1 €, contre 24 CUP au taux officiel dans les banques... D'ailleurs, la plupart établissements touristiques appliquent des tarifs alignés sur ce taux de change parallèle, beaucoup plus attractif. Le touriste qui change son argent au taux officiel verra donc son budget vacances divisé par... 4 !

ATTENTION, nous ne recommandons aucunement de faire recours au change de la rue, pratique illégale et punie par la loi cubaine. Privilégiez le paiement en euros, acceptés presque partout désormais.

Après avoir été interdit jusqu'en 1993, puis adoré comme le veau d'or, le dollar américain est officiellement interdit depuis juin 2021. Prévoir donc arriver sur l'île avec des euros, des dollars canadiens ou des francs suisses...
Le ***change officiel*** se fait soit dans les ***banques*** (ouvertes du lundi au vendredi de 8h30 à 15h, et samedi de 8h30 à 12h), soit dans les bureaux de change ***(Cadeca)*** situés à l'aéroport ou en ville (ouverts même le dimanche, ferment entre 16h et 20h selon les bureaux). Le taux de change est similaire d'un endroit à l'autre et aucune commission n'est jamais perçue. Passeport exigé. Quand tout est fermé, votre hébergement pourra vous dépanner.
Le CUP n'a cours qu'à Cuba, vous ne pourrez pas le changer hors de l'île. Si vous n'avez pas tout dépensé, change possible à l'aéroport avant votre départ avec une commission.

Cartes de paiement et distributeurs

Important : les cartes Visa et MasterCard sont acceptées à Cuba à condition qu'elles n'aient pas été délivrées par une banque américaine. L'*American Express* est inconnue.
Si vous louez une voiture, la carte est indispensable pour la caution *(depósito).* Vous pourrez utiliser votre carte dans les grandes villes et stations balnéaires pour régler agences, magasins internationaux et quelques grands hôtels et restos. Elle peut aussi être utilisée dans les grandes stations-service, mais prévoir assez de liquide au cas où, car la connexion ne fonctionne pas toujours... Cette mise en garde valant partout, ***emporter une réserve suffisante d'argent en espèces (euros, francs suisses, dollars canadiens)*** et avoir toujours sur soi un stock de CUP.
On trouve des ***distributeurs de billets*** dans toutes les villes, même secondaires. Ils acceptent les cartes *Visa* et *MasterCard.* Cela dit, retirer de l'argent à Cuba n'est plus du tout avantageux pour le touriste, qui pourra payer en euros à des prix beaucoup plus intéressants.
On le répète, le mieux est de prévoir une réserve d'euros suffisante, à changer au fur et à mesure si nécessaire.
Voir aussi la rubrique « Urgences ».

ACHATS

Que vous soyez *Havana Club* ou *Cohiba,* vous savez déjà ce que vous allez pouvoir rapporter dans vos valises... car si les ***cigares*** et le ***rhum*** cubains font l'unanimité (voir les rubriques concernées), on ne peut pas en dire autant de l'artisanat local. En réalité, Cuba n'a pas de tradition artisanale, même si l'arrivée des touristes a modifié la donne. Vous pourrez toujours vous rabattre sur un ***chapeau de paille*** – imitation de celui du *guajiro* (paysan coupeur de canne à sucre) –, une ***guayabera*** – la fameuse chemise traditionnelle cubaine en coton ou en lin – ou des ***figurines religieuses*** de la *santería*...

EMBARGO ? PAS POUR TOUT LE MONDE !

Les États-Unis rompirent toute activité commerciale avec Cuba en février 1962. Mais la veille de l'annonce, Kennedy envoya Pierre Salinger, son conseiller de presse, écumer toutes les boutiques de Washington pour acheter 1 200 petits cigares Upmann... ses préférés !

Dans les villes touristiques sont apparus des marchés d'artisanat qui vendent une production, certes peu typique, mais de plus en plus variée : objets réalisés en *yarey* (feuilles de palmier) ou en fibre de noix de coco, colliers en graines et coquillages, bracelets en nacre, dominos, mobiles, céramiques... Attention, le corail noir, décliné en bijoux les plus divers, est une espèce menacée et interdite d'importation en Europe.

– ***Objets en papier mâché :*** les voitures américaines des années 1940-1950 sont ingénieusement reproduites en miniatures avec une touche de naïveté qui colle bien à l'esthétique cubaine. Idem pour les plaques d'immatriculation (qui existent aussi en version originale métallique).

– ***Peinture :*** bien des formes d'expression artistique ont fait de Cuba, à différentes époques, une référence. L'art graphique fut très important, notamment celui des créateurs d'affiches de films ou d'affiches politiques, jusqu'au moment où commença à manquer, en 1er lieu... le papier. On en trouve, par exemple, dans certaines boutiques de la calle Obispo à La Havane. Au grand marché d'artisanat *(Feria)* de Habana Vieja, de nombreux peintres exposent leurs toiles. Il y en a pour tous les goûts, et certaines œuvres sont beaucoup plus que de la barbouille pour touristes. À partir d'un certain prix, il faut faire une déclaration au *Fondo de Bienes Culturales* (et payer une petite taxe), au risque de vous faire confisquer votre toile, même modeste. Votre vendeur vous indiquera où se trouve cet organisme.

– ***Disques :*** les amateurs de musique cubaine seront aux anges. On trouve des boutiques assez bien approvisionnées. La plupart des groupes qui se produisent dans les bars et lieux musicaux du pays vendent des copies de leur CD pendant ou après le concert.

– ***Objets en bois :*** comme il ne vous viendra sans doute pas à l'esprit d'acheter un fauteuil à bascule, vous pourrez vous rabattre sur les instruments de musique (claves, congas, maracas, *tumbas*, etc.) ou les petites sculptures en bois précieux. Mention spéciale aux reproductions de voitures américaines.

– ***Autour du Che :*** plus d'un demi-siècle après la révolution, le Che reste à la mode partout dans le pays où vous trouverez T-shirts, photos, affiches, poèmes, autocollants, cartes postales, et même des assiettes décorées de son portrait ! Ceux qui lisent l'espagnol auront l'embarras du choix : libraires et vendeurs à la sauvette proposent tous ses écrits ainsi que pléthore de biographies, certaines illustrées de photos rares. De quoi friser le culte de la personnalité !

MOI AUSSI, CHE MON BILLET !

Une denrée qui n'est pas près de s'épuiser, c'est le billet de 3 pesos à l'effigie du comandante ! Dans la rue, sur les marchés d'artisanat, le petit traficotage autour du Che marche du tonnerre. C'est Che Guevara lui-même, alors directeur du Trésor, qui imagina ce billet à l'inhabituelle valeur faciale. Certains collectors sont signés de sa main. Il a plusieurs fois changé d'apparence, mais reste encore imprimé aujourd'hui.

BUDGET

RAPPEL

Début 2021, **une réforme majeure du système monétaire** s'est concrétisée. Le peso convertible (CUC) a laissé la place au seul *peso cubano (CUP, peso cubain),* monnaie à laquelle les touristes avaient autrefois peu accès. En conséquence, la valeur du « nouveau » peso fait l'objet d'une très forte réévaluation : elle est fixée officiellement à ***24 pesos (CUP) pour 1 €***. Ce bouleversement économique a conduit à une forte inflation dans le pays.

Cela dit, en pratique, une majorité de prestataires et d'établissements touristiques (taxis, *casas particulares,* restaurants, bars, commerces, excursions) préfèrent les paiements en devises, notamment en euros. Notre conseil donc : ***prévoir d'arriver à Cuba avec suffisamment d'euros en espèces pour la durée de votre séjour*** et de faire le change sur place seulement si nécessaire.

– ***Courant 2022, 1 € valait environ 24 CUP (soit environ 0,04 € pour 1 CUP).***
Cuba est un pays qui peut s'avérer cher pour les visiteurs, surtout pour ceux qui voyagent en individuel. La solution la plus économique et la plus sympathique est de dormir chez l'habitant, en *casa particular,* et de prendre ses repas dans les *paladares* (restos privés familiaux). Pour une *casa,* compter environ 25-40 € la double et 10-15 € pour un repas complet chez l'habitant. Les prix des hôtels d'État sont inabordables s'ils ne sont pas réservés en amont par le biais d'une agence. Rien à moins de 180-250 € à La Havane, voire plus !
Pour les hôtels comme pour la location de voitures, ***réserver avant le départ permet de faire de substantielles économies.*** En plus, avec l'explosion récente du tourisme à Cuba, ne pas le faire, c'est s'assurer de se retrouver le bec dans l'eau !
Voici des moyennes de prix (en euros) qui vous permettront d'établir votre budget.

Hôtels et *casas particulares*

Sur la base d'une ***chambre double, sans petit déj.***
– ***Bon marché :*** jusqu'à 25 €. Uniquement des (rares) *hostels* (AJ si vous préférez) et *casas particulares.*
– ***Prix modérés :*** de 25 à 40 €. La plupart des *casas particulares* des grandes villes et régions les plus touristiques se situent dans cette gamme de prix. Le petit déj est en supplément.
– ***Prix moyens :*** de 40 à 70 €. Dans la réalité, cette catégorie concerne peu d'adresses.
– ***Chic :*** de 70 à 130 €. Concerne surtout les hôtels d'État de catégorie inférieure, mais aussi quelques *casas particulares* de bon standing.
– ***Très chic :*** de 130 à... 250 €. Il s'agit d'hôtels établis pour la plupart dans de somptueux bâtiments historiques, notamment à La Havane, mais aussi à Viñales, Trinidad ou Cienfuegos. L'architecture est souvent à la hauteur, le service et l'entretien des lieux pas toujours !

Restos et *paladares*

Pour un repas complet (sans les boissons), par personne.
– ***Bon marché :*** moins de 8 €. C'est ce que vous paierez dans un *paladar* populaire ou un *Rápido* (cafétéria)...
– ***Prix moyens :*** de 8 à 15 €. Tarif de la majorité des *paladares* et des repas chez l'habitant. Pour ce prix, vous aurez viande ou fruits de mer.
– ***Chic :*** plus de 15 €. Prix des *paladares* un peu plus gastronomiques et des restos d'État « de luxe » des villes touristiques.

Transports

La ***location d'un véhicule*** est assez coûteuse. Compter en moyenne 50-100 € par jour pour un petit véhicule, hors assurance (10-15 € par jour selon la voiture). Quant aux ***transports locaux*** pour relier les villes de votre parcours entre elles, ils ne sont pas donnés non plus. Nous donnons des tarifs indicatifs tous les trajets entre les grandes villes. Voir aussi plus loin la rubrique spécifique « Transports ».

Autres prix

- ***Petit déjeuner chez l'habitant :*** 5 € pour un *desayuno* relativement complet. Jus de fruits, céréales, fruits frais, pain, beurre, confiture, miel, œufs, charcuterie et, les jours de chance, des *tostadas francesas* (pain perdu) !
- ***Langouste :*** pour les amateurs, Cuba est LE pays de la langouste ! Comptez 12-16 € le menu complet avec langouste chez l'habitant, 15-25 € le plat dans les *paladares* et 20-30 € dans les restos d'État. On déconseille ces derniers, où la langouste est souvent congelée et mal cuite.
- ***Entrée au musée :*** de 2 à 7 €, parfois plus. Le droit de photographier est presque partout à 5 € environ ! Ceux qui ont une carte *ICOM (International Council of Museums)* l'emporteront : l'entrée est alors gratuite.
- ***Cocktail à base de rhum :*** entre 2 et 6 €.
- ***Bière :*** de 2 à 5 €.
- ***Entrée en discothèque :*** de 1 à 3 € pour celles fréquentées par les Cubains ; plus souvent autour de 10 € dans les endroits touristiques.

CLIMAT

Typiquement tropical, le climat cubain est néanmoins influencé par le caractère insulaire du pays, le régime des pluies et l'altitude. On distingue 2 saisons principales : une sèche (« l'hiver ») et une humide (« l'été »). La 1re court grosso modo de fin novembre à fin avril. La moyenne des températures à Cuba est alors de 25 °C. La saison des pluies démarre vraiment en juin et dure jusqu'en octobre-novembre – quoiqu'elle se prolonge jusqu'en janvier à l'extrémité est du pays, plus arrosée. Elle se caractérise par des pluies violentes mais de courte durée, le plus souvent en fin de journée. Il fait aussi plus chaud (27-28 °C), et l'air est davantage étouffant. La température de l'eau ? Un régal. En moyenne, 30 °C en été et tout de même 24 °C en hiver ! Dans l'Oriente, ajoutez 2-3 °C à ces moyennes.

Cyclones, ouragans et tempêtes

Comme la plupart des îles des Caraïbes, Cuba n'est pas épargnée par les cyclones et les ouragans. ***La période à risque s'étend de juin à novembre,*** mais c'est statistiquement le mois d'octobre qui est le plus exposé. Les cyclones et autres tempêtes tropicales sont perçus à Cuba comme un phénomène naturel aux risques contrôlables. La Défense civile met tout en œuvre pour mettre à l'abri la population et les visiteurs, et elle réagit généralement très vite pour remettre sur pied les infrastructures essentielles. Résultat : si les dégâts provoqués par ces phénomènes climatiques peuvent être importants, la prévention est bonne et les victimes sont rares.

Quand partir ?

- ***De fin novembre à fin avril :*** c'est la saison sèche, la meilleure période pour visiter Cuba. Le ciel est largement bleu et les températures sont douces, même s'il peut parfois faire frais en altitude ou le soir lorsque passent (décembre et janvier) des fronts froids venus du nord. Rien de bien méchant côté températures (prévoir une petite laine le soir), mais ils apportent quelques petites pluies, et le ciel peut rester couvert quelques jours. De même, à cette période, certaines plages peuvent s'avérer très venteuses ou envahies par les algues, notamment sur les *cayos.* En revanche, les paysages sont encore bien verts. À signaler aussi, le mois de mai peut être assez pluvieux.

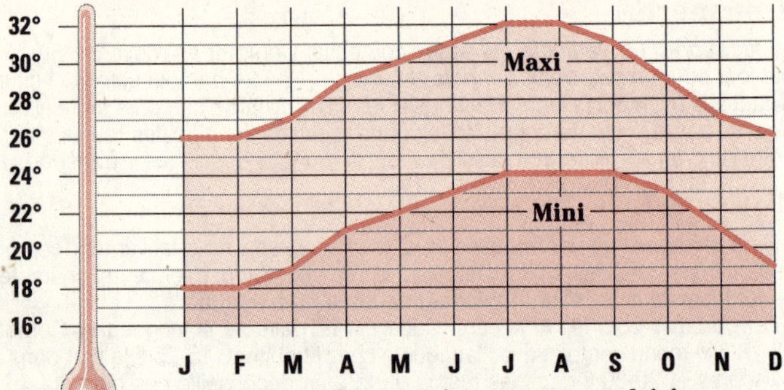

Moyenne des températures atmosphériques

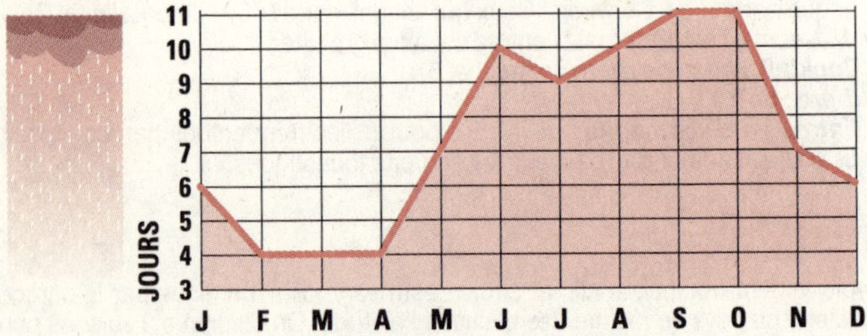

Nombre de jours de pluie

CUBA (La Havane)

– ***De juin à octobre :*** contrairement aux idées reçues, l'été n'est pas une mauvaise saison pour séjourner à Cuba. Le mois d'***août*** marque la 2e haute saison pour le tourisme sur l'île. C'est aussi le plus chaud (entre 30 et 38 °C en moyenne). ***Septembre et octobre*** sont les mois les plus pluvieux de l'année, agrémentés de risques de cyclones : évitez !

Qu'emporter dans ses bagages ?

– Vêtements légers (shorts, jupes, T-shirts, etc.) et surtout un maillot de bain. N.B. : si vous avez des vêtements que vous ne portez plus, emportez-les pour les offrir.
– Un pull et/ou une veste pour le soir et les jours venteux. Le minimum jamais enregistré est de 0,6 °C dans l'ouest du pays !
– Lunettes de soleil, crème solaire, rasoirs, mousse à raser, produit pour les lentilles de contact... difficiles à trouver sur place.
– Répulsif antimoustiques (voir la rubrique « Santé »), et si vous comptez dormir chez l'habitant, des savonnettes au cas où il n'y en aurait pas (vous ferez d'ailleurs des heureux en offrant celles que vous n'aurez pas utilisées).

DANGERS ET ENQUIQUINEMENTS

On se sent globalement très en sécurité à Cuba. Durant de longues années, l'île n'a connu pratiquement aucun problème. Avec l'arrivée du tourisme de masse, les arnaques se sont toutefois multipliées. Vos euros intéressent les nouvelles générations et, sans sombrer dans la parano, il faut être vigilent en permanence pour ne pas se faire pigeonner.

– ***L'arnaque à la « confiance » :*** à Cuba, vous allez ajouter le mot ***jineteros*** à votre vocabulaire espagnol. Ce sont de petits arnaqueurs spécialisés dans le harcèlement touristique. Ils sévissent principalement dans les sites touristiques et autour des places principales des grandes villes. Leur but ? Toucher des commissions par tous les moyens. Anglophones, bien mis, pleins de bagou, parfois en couple, ils jouent sur l'affectif et peuvent se montrer très insistants. Un cas d'école : vous êtes banalement abordé par un jeune couple ouvert et sympa qui vous demande d'où vous venez, si vous aimez Cuba, etc. La conversation se prolonge de façon conviviale, souvent au bar où... vous risquez de payer les consommations plus cher. Parfois, c'est un prétexte pour vous vendre de faux cigares, vous demander des vêtements, et surtout... de l'argent. Après quelques jours sur l'île, on apprend à se méfier de la formule « *¿ De que país ?* »...

– Mentionnons aussi le coup du ***« service rendu »*** par un Cubain serviable (ou encore un couple), qui se propose de monter avec vous en voiture pour vous indiquer le chemin et qui tentera de vous extorquer de l'argent à l'arrivée pour lui payer le taxi retour... Certains auto-stoppeurs profitent d'un arrêt dans une station-service ou un bourg qu'ils connaissent pour signaler un pneu à plat (en fait, crevé par leurs soins)... Comme par hasard, ils connaissent quelqu'un qui peut effectuer rapidement la réparation (au prix fort !).

– Ces ***petites et moyennes arnaques,*** essentiellement présentes dans les zones les plus touristiques, peuvent naturellement gâcher les rapports avec les Cubains et développer un sentiment de méfiance. On finit par se demander à chaque fois : qu'y a-t-il derrière cette chaleureuse rencontre ? Que cache une telle gentillesse ? Il serait pourtant dommage de se priver de la richesse des rapports humains et culturels. Car en majorité les Cubains sont plutôt enclins à donner un coup de main pour rien, avec le sourire et en refusant même tout geste de remerciement.

– ***Jineteras :*** étymologiquement, une *jinetera* est une « cavalière », une fille qui accompagne un garçon. Dans les faits, c'est souvent une prostituée. On trouve à Cuba la prostitution « à l'ancienne », claire et évidente, dans les bars et les boîtes. Évidemment, les œillades bien appuyées regardent plus le charme de votre portefeuille que votre sourire à la Clooney.

Il y a aussi la drague plus classique, dans la rue, lors d'un cours de salsa ou dans une salle de concerts. Cette *jinetera*-là rêve d'autre chose : une vraie relation, un mariage pourquoi pas, un billet sans retour pour une vie hors de Cuba... Vous devenez alors le *novio,* le fiancé qu'elle présente aux frères et sœurs, aux parents – lesquels font mine d'ignorer d'où vient l'argent qui a permis d'acheter l'écran plat ou le beau frigo...

À la *jinetera* correspond son pendant mâle, le ***pinguero*** (et pas le *jinetero,* dont on parle plus haut).

– ***Chez l'habitant :*** il n'y a pratiquement jamais de vols dans les *casas particulares.* De plus en plus souvent, les chambres sont équipées de coffres individuels *(caja fuerte).*

– ***À l'hôtel :*** dans beaucoup d'hôtels de catégories moyenne et supérieure, il y a aussi des coffres à la réception ou de petits coffres à digicode dans les chambres.

– ***Dans la rue :*** on signale peu de cas de détroussage de touristes. Évitez juste de vous promener seul(e) la nuit tard dans des quartiers comme Centro Habana. N'ayez rien à vous faire voler, et on ne vous volera rien. Les Cubains ont de réels problèmes matériels, et le comportement de certains étrangers frise parfois la provocation ! Dehors, ne prenez que l'argent dont vous avez besoin et (de préférence) une simple copie de votre passeport. Sécurisez le reste dans le coffre de votre chambre. La police est très présente (doux euphémisme) et vous pouvez normalement compter sur son appui. Si vous êtes victime d'un vol, faites établir un rapport de police. Et exigez un double de votre dépôt de plainte (pas toujours facile à obtenir). Votre assureur vous le demandera.

– ***Dans les commerces, les restaurants et les administrations :*** toujours bien se faire préciser le prix avant de consommer, que ce soit un mojito ou une bouteille d'eau.

Pour une bouteille d'eau, précisez d'ailleurs systématiquement, dès la commande, « *agua nacional* », sinon on vous collera une eau importée, bien plus chère. Vérifiez avec attention l'addition et la monnaie qu'on vous rend. Demander un reçu, ça évite les abus. À noter que les achats auprès des institutionnels (poste pour des timbres, *Etecsa* pour des cartes téléphoniques ou Internet...) requièrent la même vigilance !

- ***Dans les bars dansants, les boîtes et discothèques :*** être davantage vigilant car la foule attire les petits voleurs de nuit.
- Les ***vols de vélos*** sont courants : si vous comptez en louer un, pensez à demander un antivol à votre loueur !
- ***Si vous êtes en voiture :*** au stationnement, fermez toujours portes et fenêtres et évitez de laisser le véhicule la nuit sans surveillance. Beaucoup de *casas particulares* ont un garage ou connaissent quelqu'un qui en a un, voire s'en remettent à un gardien qui passe la nuit dans la rue en échange de quelques euros.
- ***Contrôles de police :*** soyez très prudent à l'approche d'un contrôle de police. Certains policiers vous arrêtent pour vous reprocher une infraction très subjective ou parfaitement inventée (« Vous ne rouliez pas un peu vite, là ? » ou « Vous serriez d'un peu trop près le véhicule devant, non ? »...). Sous la menace d'une lourde amende, l'objectif final est d'obtenir un bakchich contre restitution du passeport ou du permis de conduire. Si vous êtes dans votre bon droit, contestez l'accusation gentiment... mais fermement, sans faire perdre la face au flic, évidemment. Respectez scrupuleusement les limites de vitesse, même si les autres voitures ne le font pas. Le 1er arrêté, ce sera vous, immanquablement.

En cas de vol de passeport ou de perte de la carte touristique

Si votre passeport a été volé, vous devez d'abord faire une déclaration auprès de la police locale. Étant donné les lenteurs bureaucratiques, ça peut prendre entre 1 et 3h. Prenez contact ou rendez-vous ensuite avec votre ambassade (voir la rubrique « Adresses et infos utiles » dans le chapitre « La Havane ») avec la déclaration de police, tous les documents prouvant votre identité (permis de conduire, par exemple), 2 photos et 630 CUP. Si vous avez perdu votre carte de tourisme, rendez-vous dans un bureau de l'immigration. Avec 625 CUP et beaucoup de patience, vous en obtiendrez une autre. Pensez aussi à emporter des photos d'identité avant de partir en voyage.

- ***Astuce :*** scannez tous vos documents indispensables, une bonne fois pour toutes, puis adressez-les-vous par e-mail. Vous pouvez aussi stocker les fichiers sur une clé USB, bien enfouie au fond de votre bagage. En cas d'urgence, vous aurez tout sous la main en un clic !

Drogue

Consommation et, pis encore, possession de drogue (quelle qu'elle soit) sont formellement proscrites et passibles de lourdes peines de prison. Malgré cela, les trafics semblent s'être intensifiés avec le tourisme. Les *jineteros* en proposent discrètement aux étrangers, notamment à La Havane et à Varadero. Au choix : marijuana, cocaïne... Un seul conseil : si vous voulez fumer, contentez-vous d'un bon havane ! D'autant plus que le pouvoir a engagé une chasse aux stupéfiants intensive. Et n'oubliez jamais : les dealers sont toujours les balances !

DÉCALAGE HORAIRE

Cuba applique l'horaire d'été et l'horaire d'hiver. Le décalage avec la France est normalement de 6h. Quand il est 12h à Paris, il est 6h du matin à Cuba. À noter toutefois que Cuba passe en général à l'***heure d'été*** dès le 1er week-end de mars et reprend l'***heure d'hiver*** début novembre. Il y a donc 2 courtes périodes en mars et en octobre où le décalage est de 5h.

ÉLECTRICITÉ

> ### APAGONES
> *Il s'agit des coupures d'électricité ou d'eau qui interviennent sans crier gare. Elles sont moins fréquentes qu'auparavant et plus rares près des grands hôtels, ministères ou casernes !*

– ***Cuba utilise du 110 volts, mais le 220*** est de plus en plus courant (ici, jeu de mots !). Les prises sont pour la plupart à 2 fiches plates, comme en Amérique du Nord, mais on en trouve de plus en plus à fiches rondes (voire mixtes), comme chez nous : un adaptateur sera donc utile (les hébergements en prêtent). Avec le 110, certains de vos appareils fonctionneront moins bien et les portables se rechargeront moins vite. Il peut être intéressant de prévoir une prise multiple (vu le nombre d'appareils à recharger !).
– Pour économiser de l'énergie, l'éclairage public est faible dans les villes, voire inexistant dans certaines rues. Les *apagones* (coupures de courant) ont presque disparu, mais prévoyez quand même une lampe de poche, au cas où.

FÊTES ET JOURS FÉRIÉS

> ### MANO EN LA MANO
> *Jean-Paul II fit une visite officielle à Cuba en 1998. Dans un discours, le pape dénonça l'embargo américain. Pour le remercier, Fidel Castro réintroduisit Noël comme jour férié.*

Même s'il n'y a que 7 jours fériés et chômés à Cuba, il y a de grandes chances pour que votre séjour coïncide avec un jour de commémoration. De la naissance de José Martí (le 28 janvier) à l'anniversaire de la mort de Camilo Cienfuegos (le 28 octobre), en passant par l'anniversaire de la Victoire de la baie des Cochons (Playa Girón, le 19 avril), l'anniversaire de la mort de Che Guevara (le 8 octobre) et celle de Fidel Castro (le 25 novembre), etc.
Et à Cuba, il y a aussi la fête, pour ne pas dire les fiestas ! Malgré les difficultés économiques, elles sont toujours bien présentes. Ainsi, aucune famille ne voudrait manquer de célébrer les 15 ans *(los quince)* de sa fille, qu'elle promène, vêtue comme une véritable princesse, dans une belle américaine.
Par ailleurs, de plus en plus de festivals sont organisés, à La Havane, à Santiago et à Varadero principalement : culturels, musicaux (jazz notamment), nautiques, etc. Le rendez-vous le plus prestigieux est celui du festival international du Cinéma latino-américain, début décembre. Très réputés aussi, les festivals internationaux de Théâtre et de Danse de La Havane, le festival Jazz Plaza, la foire internationale du Livre en février...
Mais le plus spectaculaire, ce sont les fêtes de carnaval qui prennent au fil des ans du poil (ou plutôt de la plume) de la bête. Ça se passe notamment vers la dernière semaine de juillet à Santiago et, en principe, en août (les dates sont assez fluctuantes) à La Havane, sur le Malecón... À ne pas manquer !

7 jours fériés légaux dans l'année

– ***1er janvier :*** anniversaire du Triomphe de la révolution.
– ***1er mai :*** fête du Travail.
– ***25-27 juillet :*** fête nationale, anniversaire de l'assaut de la caserne Moncada à Santiago.
– ***10 octobre :*** anniversaire du début des guerres d'indépendance (appel de la *Demajagua*).
– ***25 décembre :*** depuis le passage du pape Jean-Paul II à Cuba en 1998, la tradition de Noël s'est réinstallée.
– Le ***31 décembre,*** en prévision du Nouvel An, tous les musées sont fermés.

HÉBERGEMENT

Camping

Petite précision : ce que les Cubains appellent *campismo* n'a rien à voir avec notre conception du camping. C'est en fait un complexe touristique avec des bungalows basiques accolés (souvent en béton), plus rarement avec des tentes équipées. Ils sont la plupart du temps réservés aux Cubains. En fait, on ne campe pas à Cuba, et le camping sauvage n'est pas autorisé.

Chambres chez l'habitant *(casas particulares)*

C'est ***la forme d'hébergement la plus économique, la plus répandue et la plus authentique*** qui soit à Cuba. Une *casa particular,* c'est une maison où une famille loue des chambres. Une chambre d'hôtes en somme, mais où le petit déjeuner est en option. Cette formule revient environ 3 fois moins cher qu'un hôtel à prix moyens. Elles sont toujours très propres (c'est fou ce que l'on brique les sols tous les matins !). Les chambres disposent presque toujours de salles de bains privées et de la clim. La plupart ont en plus un frigo garni de boissons payantes et certains ajoutent un coffre et de plus en plus un sèche-cheveux ! Les propriétaires, toujours très accueillants, proposent souvent des repas (cuisine familiale, copieuse et souvent excellente à prix honorables). Certains insistent, mais vous pouvez décliner l'offre avec diplomatie.

SYSTÈME B

Il arrive parfois que les casas particulares soient situées à l'étage d'une maison. Pour vous ouvrir, 3 solutions : soit on descend les marches pour ouvrir la porte (classique), soit un dispositif électrique permet de libérer le pêne (pour les plus fortunés). Dernière solution, la plus courante : on utilise une cordelette qui court depuis le crochet de la serrure et remonte le long de l'escalier... jusqu'au canapé du salon. Un bon exemple de la débrouillardise cubaine !

– On distingue principalement ***2 types de casas.*** Les maisons coloniales ou néocoloniales ont le charme de l'ancien, avec souvent un élégant salon à l'entrée, des sols en céramiques 1900 et un patio plus ou moins verdoyant. Leurs chambres sont presque toujours hautes de plafond et encore bien dans leur jus, ce qui leur donne leur charme si particulier. À côté de ça, les maisons lambda peuvent s'avérer agréables, surtout si elles ont des chambres en étage, plus lumineuses ; les mieux donnent sur le toit-terrasse, que certaines *casas* aménagement avec tables, chaises, voire chaises longues.

– Faites votre ***réservation*** par e-mail ou par téléphone vous-même ***le plus longtemps possible à l'avance.*** Ne vous formalisez pas si la réponse tarde un peu à venir, les connexions sont encore difficiles et aléatoires à Cuba, même si la plupart des *casas* ont désormais une adresse mail et, parfois même, une page internet basée en Espagne. Il est rare qu'on vous demande une garantie de réservation (contrairement aux hôtels), alors soyez réglo, prenez la peine de téléphoner ou d'envoyer un mail si vous devez annuler. D'ailleurs, certaines l'exigent 24h ou 48h à l'avance, pour ne pas se retrouver le bec dans l'eau.

– D'autres ont malheureusement tendance à pratiquer la ***« surréservation » ou surbooking.*** Certains loueurs en font même un 2d business, profitant de leur position établie ou privilégiée dans un guide touristique pour réserver à tour de bras alors qu'ils n'ont déjà plus de chambres disponibles et renvoyer leurs clients vers d'autres *casas* à leur arrivée... en général sans avoir prévenu et en prélevant une commission au passage. Au final, vous n'êtes pas sûr de trouver le niveau de service espéré... ni même d'être dans le quartier choisi.

– ***Autre conseil :*** d'une ville à l'autre, vous pouvez demander à vos hôtes de ***reconfirmer vos hébergements pour vous.*** Ils le font volontiers.
– Sur place, ***évitez surtout de vous faire accompagner par un rabatteur* (jinetero)** : soit vous paierez plus cher la chambre, soit le revenu du logeur sera amputé au profit du rabatteur.
– Sur place, on repère les *casas particulares* grâce à une ***pancarte*** qui représente une sorte de ***flèche bleue*** (ou un bateau à voile stylisé...) ***sur fond blanc,*** placée sur la façade de la maison avec la mention *arrendador divisa.* Une flèche rouge indique que la *casa* est réservée aux Cubains et payable en *moneda nacional.*
– Notez que le ***passeport*** est demandé dans tous les hébergements, *casas* incluses, qui sont tenus de déclarer votre présence en temps réel aux autorités : surveillance, quand tu nous tiens ! Pour info, les hébergements ont théoriquement l'interdiction de recevoir un couple « étranger/Cubain » non marié, au risque de perdre leur permis d'exploitation...
– ***Il n'y a pas toujours de savon à disposition dans les chambres,*** mais si vous en demandez, on devrait vous en donner (sans le facturer). De plus en plus de *casas* disposent d'une chaudière assurant une eau bien chaude, mais certaines n'ont encore que des douches chauffées par impulsion électrique, moins efficace. Et si la pression de votre douche est faible, évitez de râler, le proprio de la *casa particular* n'y peut rien. D'autant que ce problème n'épargne pas les plus grands hôtels, qui facturent des prix astronomiques. On signale par ailleurs que le ***papier toilette*** ne se jette pas dans la cuvette (mais dans la poubelle à côté), au risque d'occasionner des problèmes d'évacuation !
– Les ***repas proposés dans les casas particulares*** sont souvent bons et copieux. Les prix ont toutefois grimpé ces dernières années (voir la rubrique « Budget »). La *mamá* fera toujours des efforts en cuisine pour que vous dîniez à nouveau dans sa maison. N'oubliez pas de demander le prix des boissons, parfois facturées à des tarifs élevés.
– Le ***site d'hébergements chez l'habitant* Airbnb** est implanté à Cuba et propose de nombreuses possibilités d'hébergement à travers l'île. À utiliser depuis chez vous, car inaccessible sur place *(● airbnb.fr ●).*

Hôtels d'État

Depuis les années 2000, une vaste opération de rénovation permet aux anciens hôtels de retrouver une 2de jeunesse, à commencer par ceux du centre historique de La Havane. De nombreux palais coloniaux ont été transformés en de splendides et ravissants petits hôtels de luxe. Hélas les tarifs ont littéralement explosé depuis 2014 (plusieurs centaines d'euros !) alors que l'entretien et le service ne suivent pas toujours. On le répète : une bonne *casa* vaut tous les hôtels d'État. On fait de sacrées économies et on gagne en contacts humains.
– 5 grandes ***chaînes hôtelières d'État*** se partagent le gâteau cubain : *Gran Caribe* (hôtels de luxe), *Cubanacan, Gaviota* (qui dépend de l'armée) et *Islazul. Habaguanex* gère surtout les hôtels récemment rénovés de Habana Vieja. Désormais, une bonne partie du parc hôtelier est gérée par de grandes chaînes internationales comme *Meliá, Accor, Starwood* ou *Barceló,* qui versent une rente à l'État cubain.
– Quelques ***petits désagréments*** auxquels on doit s'attendre dans ces hôtels : accueil et personnel pas toujours gracieux (euphémisme), éclairage faiblard, problèmes d'eau chaude et de débit, propreté parfois limite. La rénovation des grands hôtels se faisant au coup par coup et de manière très tardive, soit vous aurez la chance de tomber sur un établissement refait récemment, soit vous serez dans

un édifice totalement décrépit et cafardeux... au prix fort. Si les hôtels de la vieille Havane ont profité d'une superbe rénovation, ceux des années 1970 construits sur les bords de mer font souvent pâle figure, voire triste mine.
– Vérifier également l'inventaire du ***contenu du minibar,*** et tout de suite si vous constatez que quelque chose manque, au risque de vous voir facturer une boisson non consommée au moment du check-out.
– Pour la plupart, les hôtels de bord de mer disposent d'une discothèque bien triste, d'un buffet-resto pas toujours très bon, de bars, de boutiques et de nombreux services : location de voitures, change, excursions, agences touristiques *(Havanatur, Cubatur, Cubanacan...).*

LANGUE

Tous les Cubains parlent évidemment l'espagnol, proche de celui d'Espagne mais avec un accent auquel on a parfois un peu de mal à se faire au début. Certains Cubains se sont mis à l'anglais, mais ils restent peu nombreux. D'autres ont appris le français avec des Canadiens ou auprès de l'Alliance française, qui croule sous les demandes – c'est notamment le cas des employés des complexes balnéaires, très fréquentés par les Québécois.
Un conseil : potassez l'espagnol avant votre départ et n'oubliez pas de vous munir du ***Guide de conversation du routard en espagnol...*** Avec une population aussi accueillante, ce serait dommage de ne pas réussir à communiquer un minimum !

Vocabulaire espagnol de base utilisé à Cuba

oui	*sí*
non	*no*
Politesse	
s'il vous plaît	*por favor*
merci	*gracias*
bonjour	*buenos días* (matin), *buenas tardes* (après-midi), souvent abrégés en *buenas,* ou simplement *hola*
bonsoir/bonne nuit	*buenas noches*
à bientôt	*hasta luego*
au revoir	*adiós*
Expressions courantes	
vous venez d'où ?	*¿ de dónde viene ?*
je suis français(e)	*soy francés(a)*
comment tu t'appelles ?	*¿ cómo te llamas ?*
je ne comprends pas	*no entiendo*
Vie pratique	
ville	*ciudad*
centre	*centro*
bureau de poste	*oficina de correos*
bureau de tourisme	*oficina de turismo*
banque	*banco*
à gauche	*a la izquierda*
à droite	*a la derecha*
tout droit	*todo recto*
calèche, cheval ou carriole	*coche*
voiture, automobile	*carro*

Transports

gare (routière/ferroviaire)	*estación (de autobuses/de ferrocarriles)*
je voudrais un ticket de train, de bus pour...	*quisiera un billete de tren, de autobus para...*
quand part le train pour... ?	*¿ cuándo sale el tren para... ?*
aller-retour	*ida-vuelta*

Argent

argent	*dinero*
payer	*pagar*
prix	*precio*
combien coûte... ?	*¿ cuánto vale... ?*
bon marché/moins cher	*barato/más barato*
cher	*caro*

À l'hôtel et au restaurant

hôtel	*hotel, hostal*
chambre chez l'habitant	*casa particular*
chambre (simple, double)	*habitación (sencilla, doble)*
je peux voir la chambre ?	*¿ puedo ver la habitación ?*
petit déjeuner	*desayuno*
déjeuner	*almuerzo*
dîner	*cena*
repas	*comida*
manger	*comer*
boire	*beber* ou *tomar*
cuillère	*cuchara*
fourchette	*tenedor*
couteau	*cuchillo*
c'est très bon/délicieux	*es muy bueno/rico*
addition	*cuenta*

Les nombres

1	*uno*	8	*ocho*
2	*dos*	9	*nueve*
3	*tres*	10	*diez*
4	*cuatro*	20	*veinte*
5	*cinco*	50	*cincuenta*
6	*seis*	100	*cien* (ou *ciento*)
7	*siete*	1 000	*mil*

Petit lexique spécifiquement cubain

– ***Bohío :*** maison paysanne au toit de palmes. Mettre l'accent sur le *i.* Prononcé sans cet accent, cela donne *boyo,* ce qui signifie « sexe de la femme » pour les Cubains.
– ***Bola :*** balle ; désigne aussi un ragot.
– ***Carpeta :*** réception de l'hôtel.
– ***Carro :*** voiture.
– ***Chavito :*** peso convertible.
– ***Comida :*** normalement le repas, mais à Cuba, le mot se réfère très souvent au seul dîner. Le déjeuner se dit *almuerzo.*
– ***Guagua*** (prononcer « wa-wa ») ***:*** autobus.
– ***Guajiro :*** paysan cubain.
– ***Jinetera :*** au sens propre, cavalière. En réalité, tout un concept qui se réfère aux relations entre les *chicas* cubaines et les touristes (voir la rubrique « Dangers et enquiquinements » plus haut).

– ***Jinetero :*** petit arnaqueur.
– ***Pedir botellas :*** une drôle d'expression typiquement cubaine qui signifie « faire de l'auto-stop ». Très utilisé, évidemment.
– ***Peña :*** cercle d'amis, réunion de musicos pour faire un bœuf, fête improvisée (ou non) où l'on joue de la musique et où l'on danse.
– ***Pinga :*** juron fréquent, équivalent du *fuck* américain, dont l'origine anatomique se situe entre les jambes masculines.
– ***Piropo :*** compliment (à tendance souvent sexiste...) adressé à une femme.
– ***Pluma :*** robinet.
– ***Rentar :*** louer (un américanisme que l'on trouve également au Mexique).
– ***Tabaco :*** cigare (le havane, bien sûr).
– ***Torcedor :*** ouvrier qui roule les cigares. On observe leur dextérité dans les manufactures, mais ils font aussi des démonstrations dans les boutiques de cigares.
– ***Trusa*** (de l'américain *trouser*) ***:*** maillot de bain.
– ***Yuma (la) :*** les États-Unis ou les touristes.
– ***Zafra :*** récolte de la canne à sucre.

LIVRES DE ROUTE

Île romanesque par excellence, Cuba a influencé nombre d'écrivains (Graham Greene et Ernest Hemingway en tête, Erik Orsenna et Olivier Rolin, etc.), et en a produit encore plus : proportionnellement à sa taille, c'est peut-être même le pays d'Amérique latine qui compte le plus de grandes plumes !
Il y a d'abord ***José Martí*** et ***Nicolás Guillén,*** tous 2 poètes et héros nationaux, l'un de l'indépendance, l'autre nommé par la révolution en 1959. Outre leurs œuvres poétiques de 1re importance, l'un (Martí) publia *Diario de Campaña* et *Nuestra América,* l'autre (Guillén) un hommage posthume à Che Guevara...
Il y a aussi les piliers de la littérature cubaine : ***Alejo Carpentier, José Lezama Lima*** et ***Guillermo Cabrera Infante*** (même si ce dernier fut naturalisé britannique). Sans oublier ***Jesús Díaz,*** grand romancier contemporain. Autant influencés par leur île que par les grands écrivains européens (Proust et Joyce en tête), leur style, que les critiques qualifient invariablement de baroque, est un savant mélange d'érudition, de verve, de rythmes musicaux et d'histoires truculentes. Par ailleurs, on peut déplorer que de nombreux ouvrages, comme *La Havane pour une infante défunte* de Guillermo Cabrera Infante, soient encore interdits à La Havane (ou circulent sous le manteau).
Viennent ensuite les enfants prodiges : ***Reinaldo Arenas,*** fameux auteur de contes et de nouvelles, exilé aux États-Unis en 1980 ; ***Virgilio Piñera,*** un des plus grands dramaturges cubains ; ***Severo Sarduy,*** mort en 1993, qui travailla en France ; ***Miguel Barnet,*** pourfendeur de l'esclavage ; ***César Lopez,*** héritier des surréalistes, consacré Prix national de littérature en 1999.
Plusieurs auteurs cubains vivant en exil (des dissidents) sont reconnus par le grand public. En Espagne, des prix littéraires importants ont couronné (depuis 1996) des écrivains comme ***Andrés Jorge, Matías Montes Huidobro*** et la romancière ***Daína Chaviano.*** Le plus renommé des prix littéraires espagnols, le prix Cervantès, a été remis en 1997 à ***Guillermo Cabrera Infante.*** La même année, ***Zoé Valdés,*** romancière anticastriste exilée en France, a publié *La Douleur du dollar,* qui a connu un grand succès.
– L'auteur cubain le plus connu aujourd'hui est certainement ***Leonardo Padura Fuentes,*** journaliste et écrivain (né en 1955) récemment naturalisé espagnol. Auteur de scripts pour le cinéma, essayiste et nouvelliste, Padura connaît une notoriété internationale grâce à ses romans policiers, initiés par le cycle autour des 4 saisons : *Passé parfait, Vents de Carême, Électre à La Havane, L'Automne à Cuba* (1991-1998).
– Écrivain, éditeur de revues numériques, mais aussi blogueur et photographe, ***Orlando Luis Pardo Lazo*** (né en 1971) est le prototype du jeune dissident cubain,

surveillé par la police politique. Il fait partie de ce qu'il nomme la « génération année zéro », apparue dans les années 2000. Pour lui, Cuba aujourd'hui est encore une « île claustrophobe ». Avec la blogueuse ***Yoani Sánchez*** et le journaliste ***Reinaldo Escobar,*** il édite la revue *Voces* (qui circule clandestinement sur Internet en format PDF). Il a aussi réalisé sur Internet une anthologie des artistes en difficulté avec le pouvoir cubain. Toutes les infos sur son site : ● *orlandoluispardolazo.blogspot.fr* ●

Quelques titres...

– ***Paradiso*** (1966), de José Lezama Lima (Le Seuil, coll. « Points-roman » n° 604, 1999). Roman baroque largement autobiographique, l'histoire d'un jeune Cubain terrorisé par un père colonel aux airs d'aristocrate anglais. *Paradiso* fit scandale à sa sortie mais enchanta de nombreux critiques et fut salué par Julio Cortázar comme une renaissance du roman latino-américain.
– ***Notre agent à La Havane*** (1958), de Graham Greene (10/18, n° 1397, 2001). Ce classique du roman d'espionnage est considéré comme le meilleur ouvrage du grand écrivain britannique. Une merveilleuse découverte de l'atmosphère de la capitale cubaine avant la révolution.
– ***En avoir ou pas*** (1937), ***Le Vieil Homme et la Mer*** (1952), ***Îles à la dérive*** (1971), d'Ernest Hemingway (Gallimard, coll. « Folio »). 3 classiques de l'écrivain américain, à relire en se disant qu'il les a écrits à Cuba, même si seul le golfe du Mexique apparaît dans le décor...
– ***Trois tristes tigres*** (1962), de Guillermo Cabrera Infante (Gallimard, coll. « L'Imaginaire », n° 213, 1989). Les 3 tigres sont en fait 4 (comme les mousquetaires) et pas si tristes que ça... 1er chef-d'œuvre de Cabrera Infante, ce roman d'un genre nouveau, truffé d'argot cubain et de jeux de mots, raconte l'errance nocturne de jeunes artistes dans La Havane des années 1950.
– ***La Douleur du dollar*** (1996), de Zoé Valdés (Actes Sud, coll. « Babel », n° 361). Zoé Valdés nous raconte l'existence incertaine d'une jeune Cubaine « passionnément amoureuse, patiente comme on n'en voit plus et malheureuse comme on n'en fait plus ». Un des meilleurs romans sur le « mal cubain ».
– ***Hemingway à Cuba*** (2002), de Gérard de Cortanze (Gallimard, coll. « Folio » n° 3663). L'écrivain, récompensé par le prix Renaudot pour son roman *Assam,* signe dans cet essai un bel hommage à Hemingway. Une lecture indispensable en complément de la visite de la finca Vigía, où vécut l'écrivain américain.
– ***Mes années Cuba*** (2004), d'Eduardo Manet (Grasset). *Compañero* des révolutionnaires cubains qu'il suivra dans les situations les plus improbables, Eduardo Manet nous offre un portrait féroce, mais pas dénué de tendresse, du marxisme tropical. Écrivain cubain naturalisé français en 1979, son île natale lui inspire ses meilleurs romans : *L'Île du lézard vert* avait déjà obtenu le prix Goncourt des lycéens.
– ***Trilogie sale de La Havane*** (2001), de Pedro Juan Gutiérrez (10/18, n° 3453, 2003). Bien loin des clichés romantiques, nous voici confronté à ce que l'on devine derrière les façades branlantes de la vieille Havane : la misère, les petits boulots et les combines pour se procurer quelques dollars, un peu de nourriture, d'alcool ou d'herbe, bref, de quoi survivre après 40 années de révolution triomphante. Et le sexe comme dernier plaisir gratuit, dernier rempart contre le désespoir. Du même auteur et dans la même veine, *Le Roi de La Havane* (10/18, 2008).
– ***Mon ange*** (1986), de Guillermo Rosales (Actes Sud, coll. « Babel », n° 617, 2004). Écrit dans les années 1980, ce livre interdit à Cuba s'est longtemps échangé sous le manteau. Autobiographique, il raconte l'enfermement des exilés politiques cubains dans les *boarding homes* de Floride, ces sortes d'asiles de fous privés dans lesquels on les incarcérait dès leur arrivée. Un récit poignant, sur fond d'histoire d'amour impossible.
– ***Castro, l'infidèle*** (2003), de Serge Raffy (LGF, coll. « Le Livre de Poche », 2007). Ancien rédacteur en chef adjoint du *Nouvel Observateur,* Serge Raffy

fait partie des nombreux désillusionnés du castrisme. Cette biographie du Líder Máximo déboulonne le mythe. Cependant, à moins de croire sur parole les révélations fracassantes de Serge Raffy sur la mort de Kennedy ou celles d'Allende, on lira ce livre palpitant comme une biographie romanesque ou un thriller politique plutôt que comme un ouvrage historique, mais on le lira, c'est sûr !

– ***Fidel Castro, biographie à deux voix*** (2007), d'Ignacio Ramonet (Fayard/Galilée). L'ex-directeur du *Monde diplomatique,* Ignacio Ramonet, a passé 100 heures à interviewer Fidel entre 2003 et 2005. Fidel Castro en a lui-même fait la relecture sur son lit d'hôpital à l'automne 2006. Le résultat est un pavé que l'on considère un peu comme le testament politique du *comandante.* Il aborde toutes les grandes étapes de la vie du chef cubain.

– ***Les Chemins de la victoire (Mémoires, 1926-1959),*** de Fidel Castro Ruz (trad. Marie Kosmowski, Michel Lafon, 2012). Les Mémoires du leader de la révolution ont été rassemblées à la suite de longs entretiens avec une journaliste cubaine. Ne pas s'attendre à une remise en cause de la révolution cubaine, bien entendu, mais bien à la mise en scène de sa propre vie et la genèse détaillée, à force de cartes et de croquis, de l'épopée des *barbudos* qui renversèrent un régime dictatorial. Le 2d volume, ***La Victoire de la liberté : de la sierra Maestra à Santiago de Cuba,*** est paru la même année.

– ***Che Guevara, compagnon de la révolution*** (1996), de Jean Cormier (Gallimard, coll. « Découvertes »). De l'asthmatique argentin au desperado bolivien en passant par l'*heroico guerillero* cubain, la synthèse complète et passionnante d'une vie météoritique. Le tout richement illustré.

– ***Castro*** (2012), de Reinhard Kleist (Casterman, coll. « Écritures »). Récit graphique attachant, au trait nerveux. À travers les yeux d'un jeune photographe allemand débarqué à La Havane en 1958, d'abord enthousiaste puis désabusé et lucide, se déroulent 50 ans de l'histoire cubaine contemporaine. En filigrane, le portrait sans concession du chef charismatique de la *revolución.*

– ***Tout le monde s'en va,*** de Wendy Guerra (LGF, coll. « Le Livre de Poche », 2009). L'auteur publie là son 1er roman, un journal intime entre fiction et récit autobiographique. Ce roman a reçu le prix du meilleur roman de langue espagnole en 2006, décerné par le quotidien *El País.*

– ***Électre à La Havane, L'Automne à Cuba, Vents de Carême*** et ***Passé parfait*** (1999, 2002 et 2006), de Leonardo Padura Fuentes (éd. Métailié, coll. « Suites Littérature »). Cette série qui mêle polar et affaires d'État voit naître le personnage récurrent de Mario Conde, lieutenant de police nostalgique et désenchanté. En suivant ses pérégrinations dans La Havane et les rencontres avec ses amis d'enfance, Leonardo Padura livre une vraie réflexion sur la société cubaine d'aujourd'hui, à travers des textes sensibles, drôles et profonds, sans complaisance mais toujours pleins de tendresse.

– ***Le jour se lève et ce n'est pas le tien*** (2016), de Frédéric Couderc (éd. Héloïse d'Ormesson). Grand voyageur, l'auteur a longuement arpenté La Havane à pied avant d'immerger des personnages de fiction autour de Camilo Cienfuegos, compagnon d'armes du Che et de Fidel. Tendu entre 2 époques, à la croisée des genres entre quête identitaire et polar sentimental, ce roman haletant, résolument cinématographique, est aussi le portrait fiévreux d'une ville dont le charme décrépi résiste à tout.

– ***Dieu n'habite pas à La Havane*** (2017), de Yasmina Khadra (éd. Pocket). Une intrigue entremêlant un « serial killer », un chanteur de rumba sur le déclin, un trompettiste hors pair déchu qui partage son alcoolisme avec son cabot, un jeune désœuvré qui cherche son salut dans la *Santeria,* un amour impossible entre un homme de 60 ans et une jeunette de 25, le tout sur fond de régime qui s'essouffle et tente de faire du capitalisme à la socialiste... Musique, traditions, société et politique cubaines, tous les ingrédients sont là pour un cocktail réussi.

– ***La Baie des Cochons*** (2019), de Dobbs et Mr Fab (Comix Buro, éd. Glénat). Tirée de l'émission culte de France Inter « Rendez-vous avec X », cette B.D. retrace avec intelligence le récit de la tentative d'invasion de l'île et le renversement du régime castriste par des pseudo contre-révolutionnaires menés par la CIA. Le dessin est incisif, le propos clair et rien n'est laissé de côté.

PLONGÉE SOUS-MARINE

Cuba est un vrai paradis pour la plongée. Avec ses milliers de kilomètres de côtes et ses îlots bordés, au nord, par l'une des plus grandes barrières de corail au monde, la vie sous-marine est d'une grande richesse. La plongée à Cuba n'en est qu'à ses balbutiements. Les clubs existants sont en général compétents, le matériel étant plus ou moins récent et la sécurité... à peu près assurée. Les conditions d'encadrement des plongeurs sont moins rigoureuses et professionnelles qu'ailleurs (comprenez dans les pays plus réglementés).

3 endroits se révèlent particulièrement riches en faune et flore marines : María la Gorda (à l'extrémité ouest de l'île), la baie des Cochons et l'île de la Jeunesse *(isla de la Juventud)*, mais très difficile à visiter. À María la Gorda, les plongées sont fabuleuses, le cadre génial et les prix raisonnables. La baie des Cochons (Playa Larga et Playa Girón) est, elle aussi, d'une très grande richesse écologique. La pêche et la circulation des bateaux y sont réglementées par le parc national de la péninsule de Zapata, d'où l'abondance de poissons et la richesse de la flore aquatique. Les fonds sont très variés et présentent de nombreuses déclivités. L'initiation se fait directement en mer et la plongée commence du bord de la plage (économie de temps et d'argent).

– ***Conseil :*** on vous proposera souvent 2 plongées l'une à la suite de l'autre. Ce n'est pas recommandé par les grandes fédérations internationales de plongée.

– Compter environ 35 € pour une plongée de jour (un peu plus de nuit), environ 50 € si c'est un baptême.

PAYER LES POTS CASSÉS...

Du temps de l'Amérique coloniale espagnole, une simple porcelaine chinoise devait accomplir un quasi-tour du monde de la Chine à l'Espagne. Elle passait par Manille (Philippines), voguait de longs mois sur le Pacifique, transitait par Acapulco, traversait le Mexique à dos de mule jusqu'à Mexico, puis Veracruz. Elle était chargée sur un 2d galion pour La Havane, où les bateaux se regroupaient en flottes pour se protéger des pirates. Mais le pire ennemi était la tempête. Voilà pourquoi on trouve aujourd'hui des porcelaines chinoises au fond de la mer des Caraïbes...

POURBOIRES ET MARCHANDAGE

– Le ***pourboire*** *(propina)* est une pratique aujourd'hui généralisée à Cuba. Dans les lieux touristiques, à l'hôtel pour le bagagiste, dans les restos pour le serveur et même pour madame (ou monsieur) pipi. Et bien entendu pour les groupes de musiciens qui chantent quelques chansons avant de passer dans un autre lieu, ce qui est bien normal. Si vous ne laissez rien, on vous fera ironiquement remarquer que « les Espagnols sont plus généreux » ou « les Mexicains moins radins » ! L'usage dans les restaurants (a fortiori s'ils sont touristiques) est de laisser environ 10 % de l'addition. On peut évidemment moduler la somme en fonction de la qualité du service, mais ne rien laisser du tout vous vaudra des réprimandes. Il est de plus en plus courant que le service soit imprimé directement sur l'addition. Quand ce n'est pas le cas,

certains serveurs s'octroient leur pourboire eux-mêmes, en ne rendant pas la monnaie ou en griffonnant une somme sur la note...
– Cuba n'est pas vraiment le pays du ***marchandage.*** Pourtant, sous l'influence du tourisme, les prix des souvenirs ou des taxis particuliers gonflent, jusqu'à parfois doubler ou tripler. Certains touristes (notamment nord-américains) étant prêts à payer n'importe quel prix pour une pacotille. Dans ce cas, il ne faut pas hésiter à marchander (avec le sourire, bien sûr !). Vous obtiendrez généralement davantage dans les lieux moins touristiques, mais les prix y sont déjà plus raisonnables, voire bon marché. ***En basse saison,*** on peut obtenir des réductions dans les hôtels. On déconseille de le faire dans les *casas particulares,* où les tarifs sont très raisonnables.

SANTÉ

Le système de santé cubain

La santé publique est l'une des grandes réussites du socialisme cubain, accessible à tous et ***complètement gratuite.*** Malgré un certain flou dans les statistiques et les informations, qui confinent parfois à la propagande, les résultats font l'admiration de beaucoup de spécialistes. Ces dernières années, Cuba a atteint le taux de mortalité infantile le plus faible de son histoire : 4,1. C'est également le taux le plus faible de toutes les Amériques. ***L'espérance de vie moyenne est d'environ 79 ans*** et il existe un médecin de famille pour 148 habitants ! Cuba forme chaque année 30 000 étudiants originaires de 120 pays, dont 23 000 futurs médecins. Au nom de la solidarité internationale, 38 000 travailleurs cubains de la santé travaillent dans 66 pays ; certains sont aussi envoyés dans les pays en crise, comme en Haïti en 2009 après le terrible tremblement de terre ou en Italie lors de la pandémie de coronavirus en 2020. Beaucoup de jeunes Cubains veulent être médecins. Il faut dire que lorsqu'ils rentrent de leurs missions internationales, ils ont de gros avantages : droit d'acheter une voiture, de se faire construire une maison et d'avoir accès à Internet, notamment. Autres chiffres éloquents : 1 million de patients de 30 pays différents ont été opérés gratuitement de la cataracte par des médecins cubains.

REBELLE, COMME SON PÈRE !

Naguère, les homosexuels et transsexuels étaient sévèrement réprimés par le régime castriste et enfermés dans des camps de travaux forcés. Heureusement, Mariela, la fille unique du président Raúl Castro, y a mis fin. Elle dirige le Centre national d'éducation sexuelle, où tout le monde est accepté, soigné et aidé, sans discrimination. ¡ Viva Mariela !

C'est fou le ***nombre d'hôpitaux et dispensaires*** que l'on trouve dans ce pays ! Il existe une industrie pharmaceutique performante, notamment dans le domaine de l'immunologie moléculaire. La communauté scientifique internationale s'intéresse aujourd'hui avec enthousiasme au CimaVax, un vaccin 100 % cubain qui semble très efficace pour la protection et même la guérison des patients atteints par un cancer du poumon !

MÉDECINS CONTRE PÉTROLE

Cuba compte 2 fois plus de médecins par habitant que le Danemark. Vu le peu de moyens des infrastructures de santé du pays, ils font l'objet d'un échange marchand avec divers pays du continent, où on les envoie exercer contre des importations indispensables à l'économie nationale. C'était particulièrement vrai avec le Venezuela, qui cédait son pétrole contre des prestations médicales.

Il pourrait même être utile pour d'autres pathologies cancéreuses. Le plus incroyable ? Son coût. Chaque dose revient à environ 1 US$!

Les médecins sont eux aussi réellement compétents. On trouve des cliniques internationales (avec pharmacie) dans toutes les stations balnéaires et les principales villes. À La Havane, vous pourrez par exemple vous rendre en toute confiance à la *Clínica Central Cira García* (voir « Adresses et infos utiles » de La Havane). Sachez que ***les soins,*** ici comme ailleurs, ***sont payants pour les touristes,*** mais ils sont en général remboursés par votre assurance (si vous présentez les factures) à votre retour en France.

Attention toutefois, ***les pharmacies* (farmacias) *sont souvent en rupture de stock.*** La pénurie concerne des centaines de médicaments essentiels (contre l'hypertension ou le diabète par exemple), devenus difficiles à trouver ou alors vendus à prix d'or au marché noir. En effet, l'embargo américain n'impacte pas seulement les échanges de nourriture... ***Emportez donc vos médicaments, un bon répulsif antimoustiques et des crèmes solaires.*** Côté pratique, on conseille aussi d'apporter des ***préservatifs*** « européens » car les *condones* de fabrication locale sont de piètre qualité...

Vaccins et maladies

Cuba est l'une des régions des Caraïbes les plus saines après les Antilles françaises. Aucun vaccin n'est obligatoire. Cependant, on peut recommander quelques vaccins classiques pour tout voyageur en provenance de l'hémisphère Nord.

- Les ***vaccins « universels »*** doivent être à jour : tétanos, polio, diphtérie, hépatite B et coqueluche.
- Il ne serait pas raisonnable de partir pour Cuba sans être protégé contre la ***typhoïde*** et surtout l'***hépatite A.***
- La fièvre jaune a été éradiquée.
- Comme partout dans les Caraïbes, le sable des plages fréquentées par des chiens présente un risque de *larva migrans* (dermatite linéaire rampante), pas très grave mais gênante et qui provoque des démangeaisons.

Pour les centres de vaccination partout en France, consulter le site internet • *astrium.com/centres-de-vaccinations-internationales.html* •

Moustiques, *jejenes,* soleil et... noix de coco

Il n'y a pas de paludisme à Cuba. Si les autorités conduisent régulièrement de grandes campagnes de démoustication, il est impératif de se protéger des ***moustiques*** qui sont nombreux et agressifs en été. Ils peuvent transmettre des maladies graves, comme la ***dengue,*** très installée, le ***chikungunya*** et le virus ***zika,*** eux aussi désormais répandus dans toutes les Antilles. Tous présentent des symptômes similaires à la grippe, additionnés de douleurs articulaires et/ou d'éruptions cutanées. Il n'existe de traitement préventif pour aucun des 3, ni d'ailleurs de traitement : on n'agit que sur les symptômes. En cas de doute, ne prenez pas d'aspirine, contrindiquée pour la dengue.

- ***Conseils élémentaires :*** prenez l'habitude de porter des vêtements couvrants aux heures et périodes sensibles. Sur les zones de peau restées découvertes, appliquez un répulsif antimoustiques. Beaucoup (pour ne pas dire la quasi-totalité) des répulsifs antimoustiques et arthropodes vendus en grandes surfaces ou en pharmacies sont insuffisants. On vous indique une gamme conforme aux recommandations du ministère français de la Santé : *Insect Ecran Adulte* (DEET 50 %) ; *Insect Ecran Enfant* (35/35 12,5 %) ; *Insect Ecran Trempage* pour imprégnation des tissus (moustiquaires en particulier) pour une protection de 6 mois ; *Insect Ecran Vaporisateur* pour imprégnation des vêtements.
- Autre nuisance pour le routard amateur de bronzette, les ***jejenes*** (mouches de sable) attaquent parfois sur certaines plages. C'est le cas à Ancón (région de Trinidad) et à María la Gorda notamment. Ce sont des insectes minuscules,

donc peu visibles, mais particulièrement agressifs, surtout avant que le soleil ne chauffe et quand il commence à descendre. Leurs piqûres peuvent provoquer des démangeaisons sévères durant plusieurs semaines pour les peaux délicates. Et le problème est qu'on ne les sent pas immédiatement.

– Le ***soleil*** est un ami dont il faut se méfier : ça tape dur sous les tropiques, même à travers les nuages. Enduisez-vous de crème protectrice dès votre arrivée et n'oubliez pas de vous couvrir la tête !

– Autre chose qui peut éventuellement taper dur : les ***noix de coco.*** Un conseil tout bête : sur les plages, évitez de vous mettre à l'ombre des cocotiers ou bien secouez-les avant !

■ ***Catalogue Santé Voyages :*** les produits et matériels utiles aux voyageurs, assez difficiles à trouver, peuvent être achetés par correspondance sur le site de Santé Voyages : ● *sante-voyages.com* ● Infos complètes toutes destinations, boutique web, paiement sécurisé, expéditions Colissimo Expert ou Chronopost. ☎ *01-45-86-41-91 (lun-ven 14h-19h).*

Hygiène alimentaire

L'hygiène de l'eau et de l'alimentation serait officiellement parfaite. Émettons une suspicion légitime, et, par mesure de sécurité :

– ne consommez les ***fruits*** et ***légumes*** que s'ils peuvent être pelés, s'ils ont été dûment lavés ou, bien sûr, s'ils sont cuits ;

– exigez que les ***viandes*** soient bien cuites et servies bien chaudes. De toute façon, on ne conseille pas vraiment la viande à Cuba, car le système de la chaîne de froid n'est pas toujours respecté – et en plus elle est rarement très bonne... ;

– pas de problème pour les ***poissons*** consommés dans les restaurants, mais ne pas manger, sans avis autorisé, l'éventuel produit de sa pêche : risque d'empoisonnement *(ciguatera)* par des grands poissons comme le barracuda, la carangue, la murène ou le mérou, comme dans toutes les Caraïbes ;

– consommez sans modération les délicieuses ***langoustes*** cubaines et tous les autres ***crustacés,*** mais abstenez-vous de manger des ***coquillages*** (sauf si vous êtes certain qu'ils ont été pêchés loin des côtes) ;

– ***lait et dérivés*** sont sans danger s'il s'agit de produits industriels ;

– si l'***eau*** du robinet n'est peut-être pas dangereuse, on la déconseille quand même. Comme dans tous les pays d'Amérique latine, mieux vaut s'en tenir à l'eau minérale en bouteille capsulée. Voir la rubrique « Boissons » dans « Hommes, culture, environnement », en fin de guide. En revanche, pas de problème pour se rincer les dents avec l'eau du robinet. Ceux qui sont fragiles des intestins pourront toujours prévoir d'apporter des comprimés de désinfection (type *Micropur DCCNa*).

SITES INTERNET

● *routard.com* ● Le site de voyage n° 1, avec plus de 800 000 membres et plusieurs millions d'internautes chaque mois. Pour s'inspirer et s'organiser, près de 300 guides destinations actualisés, avec les infos pratiques, les incontournables et les dernières actus, ainsi que les reportages terrain et idées week-end de la rédaction. Partagez vos expériences avec la communauté de voyageurs : forums de discussion avec avis et bons plans, carnets de route et photos de voyage. Enfin, vous trouverez tout pour vos vols, hébergements, voitures et activités, sans oublier notre sélection de bons plans, pour réserver votre voyage au meilleur prix.

● *14ymedio.com* ● La cyberdissidente Yoani Sánchez a commencé par son blog *generación Y* (couronné Meilleur blog par le *Time Magazine* en 2007). Elle a créé en 2014 le 1er journal numérique indépendant rédigé et publié sur l'île (en espagnol et en anglais). Elle mérite sa place en tête de liste, avant les médias officiels de la junte, non ?

• ***cubanet.org*** • L'actualité de l'île (en espagnol) vue de Miami par des journalistes cubains indépendants qui peuvent exprimer leur voix critique. Ce site, filtré par le pouvoir cubain, n'est pas accessible sur l'île.
• ***havanatimes.org*** • Un autre site indépendant d'information, très complet et diversifié (en anglais et espagnol) et plutôt balancé dans ses points de vue. Le site est « hébergé » au Nicaragua, mais tous les collaborateurs sont des Cubains résidant sur l'île.
• ***cubasi.cu*** • (en espagnol) et • ***cubasi.com*** • (en anglais). L'actualité de l'île en version officielle (à décrypter, donc), mise à jour quotidiennement.
• ***infotur.cu*** • C'est le site de l'office de tourisme de Cuba, partiellement traduit en (mauvais) français. Renseignements minimalistes sur les lieux et produits touristiques.
• ***ecured.cu*** • EcuRed, c'est le Wikipédia cubain (en espagnol), intégrant une vision officielle, donc largement partiale, de l'histoire !
• ***cubamapa.com*** • Petit choix de plans de villes et cartes des provinces de l'île. Sur place, nous recommandons l'application ***maps.me,*** à télécharger sur son smartphone **AVANT** le voyage. Elle permet d'embarquer des cartes de l'île et de se géolocaliser sur place sans connexion wifi. Très pratique. On peut aussi utiliser la nouvelle version de Google Maps pour Android qui intègre un mode hors ligne fonctionnant sur le même principe.
• ***cuba.cu*** • Un site officiel d'information (sous contrôle du pouvoir, donc), en espagnol, parmi les plus importants sur Cuba, qui traite de tourisme, de culture, de politique...
• ***cubalatina.com*** • Excellent portail pour perfectionner sa connaissance de Cuba à travers ses artistes, son histoire, le cinéma, la salsa. Ce site en français fourmille de dossiers, portraits et reportages en tout genre. Référence aussi les lieux de sortie, concerts et festivals à Cuba.
• ***cubania.com*** • Site en français, plutôt orienté culture et société, qui propose de beaux reportages, mais un peu sur le ton « Engagez-vous, rengagez-vous ».
• ***havana-cultura.com*** • Site en français dédié à l'activité artistique émergente de La Havane et de Cuba (et au soutien apporté à certains artistes), avec articles, portfolios, vidéos, podcasts...
• ***rendezvousavecmrx.free.fr*** • *Rendez-vous avec Mr. X* (France Inter, Patrick Pesnot), cette passionnante émission radiophonique diffusée sur *France Inter,* traita à de nombreuses reprises de sujets sensibles sur Cuba : Che Guevara ; octobre 1959, la mort de Camilo Cienfuegos ; la baie des Cochons ; l'échange d'espions entre Cuba et les États-Unis ; la crise des missiles (2 émissions) ; le procès du général Ochoa ; William Morgan (l'Américain de la révolution cubaine...).

TÉLÉPHONE, TÉLÉCOMMUNICATIONS

Communications internationales

– ***Étranger → Cuba :*** depuis l'Europe, composer le 00 (011 depuis le Canada) + 53 + numéro du correspondant précédé de l'indicatif ville (le 7 pour La Havane, au début de chaque numéro).
– ***Cuba → étranger :*** composer le 119 + 33 (France), 32 (Belgique), 41 (Suisse), 1 (Canada) + numéro du correspondant. Pour la France, sans le 0 initial de la numérotation à 10 chiffres, pour la Suisse, sans le préfixe régional et pour le Canada sans le 1 du préfixe local.
Les appels et sms coûtent très cher depuis Cuba, tant de l'hôtel que d'un portable (voir détail plus loin).
En cas d'urgence, on peut ***appeler en PCV*** *(cobro revertido),* notamment vers la France et le Canada, mais c'est également très cher ! Pour obtenir l'opératrice à La Havane, composer le 012.

Communications nationales

– ***Pour appeler d'une province à une autre :*** composer le 0 depuis la Havane (01 dans le reste de l'île), puis le numéro à 8 chiffres de l'abonné. Les tarifs varient de 0,05 à 1,50 CUP/mn selon l'heure et la distance.
– Pour appeler à l'intérieur d'une même province, composer directement le numéro à 8 chiffres, sans aucun préfixe.
– En cas de doute, faire le ☎ **113** (renseignements).
Contrairement aux appels vers l'étranger, les communications intérieures sont extrêmement ***bon marché*** depuis une cabine publique ou le téléphone fixe d'un particulier (votre logeur par exemple). La communication ne lui coûte quasiment rien, mais laissez-lui quand même un petit quelque chose. En revanche, si vous appelez d'un hôtel, le tarif sera largement majoré...

Cabines

– ***Cartes téléphoniques :*** *Etecsa* vend des cartes téléphoniques de 5, 10 et 15 CUP pour l'international. Mais vu le prix à la minute, vous serez rapidement ruiné. Par ailleurs, avec le développement du wifi dans les *casas,* ce type de cartes est devenu franchement obsolète.
– ***Cabines à carte :*** certaines boutiques *Etecsa* disposent de cabines. Là aussi, le prix à la minute est élevé. Quant aux téléphones accrochés au mur dans la rue, ils fonctionnent très mal.

Téléphone portable

Votre téléphone portable peut être utilisé à Cuba s'il comporte l'option « monde » *(roaming international)* et s'il a été préalablement débloqué. C'est très cher, on le redit (communication vers l'Europe entre 2 et 5 €/mn, SMS à 1 €...), mais acheter une carte SIM locale ne vaut guère mieux : il faut déjà payer 75 CUP par jour pour avoir un numéro local, puis acheter des cartes *(tarjetas de recarga)* de 250 CUP minimum pour pouvoir téléphoner. Bref, pas une bonne solution. Le mieux, c'est ***d'appeler par le biais d'Internet*** (rubrique suivante). Quand il y a du réseau, ça fonctionne plutôt bien.

Internet et wifi

– ***On peut accéder à Internet*** dans toutes les grandes villes, dans les centres d'appels téléphoniques ***Etecsa*** où l'on trouve quelques ordinateurs ou dans les ***halls des grands hôtels*** (rarement dans les chambres). Les *casas particulares* s'équipent à vitesse grand-V de routeurs qui leur permet de proposer le wifi à leurs hôtes. On estime à près de 2/3 les *casas* qui disposent aujourd'hui d'un routeur. Et les dernières à ne pas en avoir vont sans doute très vite s'équiper (il y a une longue liste d'attente pour obtenir un routeur !). Même si la connexion est lente (voire très lente) au regard des standards européens, les choses s'améliorent et les appels par *WhatsApp* ou *Skype* sont désormais possibles. S'il n'y a pas de connexion dans votre *casa,* il existe des ***zones wifi*** dans toutes les villes grandes

DISSIDENTE INFLUENTE

La blogueuse Yoani Sánchez, philologue de formation, est devenue, en quelques années, l'une des grandes figures de la dissidence cubaine. Elle possède un blog traduit en 18 langues, et près d'un demi-million de connectés la suivent sur son compte Twitter. Elle a été classée, en 2008, parmi les 100 femmes les plus influentes du monde par la revue américaine Time. *En 2013, elle a obtenu un passeport et l'autorisation de sortir du territoire, entamant une longue tournée médiatique au Brésil, en Espagne...*

et moyennes, principalement sur les places. De nombreux Cubains s'y réunissent téléphone en main pour essayer de se connecter au réseau agonisant... Essayez donc de vous connecter dans les quartiers les moins fréquentés, le débit est meilleur. Dans tous les cas, il faut au préalable ***acheter une carte Nauta,*** à 25 CUP pour 1h de connexion. Elles sont vendues chez *Etecsa* (passeport obligatoire) et, parfois, à l'accueil des hôtels. Si vous restez plusieurs semaines à Cuba, ***achetez donc plusieurs cartes à l'avance.*** L'attente chez *Etecsa* étant parfois longue, certains revendent des cartes dans la rue pour vous éviter de faire la queue... Sur le précieux sésame, on obtient ***un login et un mot de passe*** (il faut gratter pour le voir apparaître) qui permettent de se connecter. Attention toutefois : il arrive que des séries de carte soient mal fabriquées. Quand on gratte celle-ci pour lire le mot de passe, hop !... il disparaît également. Conseil : préférer acheter plusieurs cartes à 25 CUP (1h), que une carte à 125 CUP (5h). Et faites la gratter par le préposé qui vous la vend. Ainsi il vous la remplacera immédiatement en cas de malfaçon (compliqué, hein ?).

– ***Important :*** notre sélection de sites et adresses e-mail, malgré nos mises à jour, n'est pas toujours fiable car les adresses changent souvent, et vous aurez certainement le sentiment de vous prendre les pieds dans la Toile cubaine ! Si vos messages semblent aboutir, ils resteront souvent lettre morte auprès des grandes structures hôtelières d'État. Quant aux *casas particulares,* elles répondent généralement, mais il faut parfois s'y reprendre à plusieurs reprises, sur plusieurs jours... Si vous n'avez pas de nouvelles, sachez qu'un rapide coup de fil est souvent plus efficace.

– ***Censure :*** outre les soucis liés à la compatibilité des systèmes, à la faible bande passante, aux *hotspots* wifi surchargés, comptez aussi avec l'humeur de la censure gouvernementale. Certains de vos sites favoris ne fonctionnent pas à Cuba. Ce peut être celui de votre banque (n'imaginez pas suivre votre compte à distance), de votre fournisseur d'accès (*gmail* par exemple en 2019)... Prenez vos précautions avant de partir et/ou prévoyez une immersion totale sans Internet durant votre séjour.

Poste

Envois depuis Cuba

– ***Bureaux de poste :*** ils sont souvent ouverts du lundi au samedi jusqu'à 17h-18h. Certains, à La Havane notamment, ouvrent aussi le dimanche.

– ***Boîtes aux lettres, timbres, cartes postales :*** dans les bureaux de poste bien sûr (y compris les cartes postales), mais aussi dans les hôtels. Méfiez-vous des postiers indélicats qui vous vendent un timbre réservé au courrier national. Ils se mettent la différence dans la poche, et votre carte postale n'arrivera jamais. En principe, le timbre pour une carte postale est de 16,30 CUP. Des cartes prétimbrées, pas très jojo certes, sont proposées à 24,30 CUP : cela affranchit des timbres volés pour les revendre !

– ***Acheminement :*** le courrier met de 3 semaines à 1 mois avant d'arriver en France. Postez vos cartes postales le plus tôt possible, sinon vous serez de retour longtemps avant elles ! Le courrier posté depuis les hôtels arrive généralement plus rapidement que celui partant des postes.

– Des Cubains vous demanderont peut-être de poster de chez vous des lettres pour leur famille exilée ou leurs amis d'Europe : ils ont des problèmes pour envoyer du courrier à l'étranger...

Envois depuis la France

– ***Lettres :*** elles arrivent à leur destinataire mais elles sont souvent ouvertes par la poste cubaine. Donc, ne rien y mettre de compromettant ou de valeur. Surtout pas d'argent !

– ***Colis :*** ils n'arrivent pas toujours à leur destinataire. Ils sont souvent ouverts par les fonctionnaires des postes pour vérification du contenu. Si celui-ci a un peu de valeur marchande, il risque fort d'être volé... Mieux vaut donc éviter d'envoyer des colis à vos amis cubains par la poste ordinaire et privilégier la compagnie DHL : vous serez sûr que vos envois arriveront à destination, mais ça vous coûtera très cher !

TRANSPORTS

Autant être prévenu, les conditions de transport restent un problème majeur à Cuba. Il y a relativement peu de voitures, elles circulent surtout sur de courtes distances, les trains sont rares et pourris, les bus pris d'assaut... Résultat : les Cubains passent leur temps à marcher, à faire du stop ou la queue. Chacun se débrouille comme il peut, et tous les moyens sont bons pour avancer un peu : on fait du cheval, on circule en calèche, on fait du vélo, on s'entasse sur de vieux tracteurs-taxis, etc.

Avion

Cubana de Aviación assure des liaisons régulières au départ de La Havane vers Baracoa, Bayamo, Camagüey, Guantánamo, Holguín, Nueva Gerona (isla de la Juventud) et Santiago. Elles sont assez fréquentes, mais on conseille de réserver bien à l'avance. L'avion est un bon moyen de gagner du temps, même si les tarifs sont un peu élevés. Un vol La Havane-Santiago de Cuba vous fera gagner plus de 12h de trajet par rapport au bus mais vous coûtera 2,5 fois plus cher (environ 130 € contre 50 €). • *cubana.cu* •

Bus

Le bus est pour les touristes un moyen de transport sûr, pratique et beaucoup moins cher qu'une voiture de location. On constate de grosses améliorations en matière de transports urbains dans les grandes villes et surtout entre les principales villes et les destinations touristiques cubaines, grâce à la mise en service de milliers de bus chinois. On aperçoit aussi de temps à autre des bus déclassés de compagnies européennes, revendus à l'État cubain. Le problème demeure la desserte des campagnes. Il existe 3 compagnies de bus réguliers :

– ***Viazul :*** c'est la compagnie dédiée aux touristes et à quelques Cubains privilégiés. Les bus sont confortables, climatisés et avec des toilettes à bord sur les longs parcours (pas toujours opérationnelles). Vous trouverez infos, horaires et pourrez faire votre résa en ligne sur • *viazul.com* • Les tarifs sont plutôt élevés au regard du niveau de vie du pays et de la qualité de service. Transport gratuit pour les enfants de moins de 5 ans sans siège et moitié prix pour les 5-11 ans. À cela, il vous faudra ajouter le prix du taxi pour vous rendre au terminal, quand celui-ci est éloigné du centre. Les horaires sont généralement respectés. Le personnel est loin d'être serviable, mais les chauffeurs sont prudents.

– En haute saison, ***il vaut mieux réserver plusieurs jours, voire plusieurs semaines à l'avance*** sur certains trajets clés au moment des fêtes ; c'est de toute façon plus simple de s'en occuper avant d'arriver à Cuba, vu la qualité de l'Internet local... ***En passant par le site internet, il est obligatoire de réserver au moins 7 jours avant le voyage.*** La procédure est assez simple, si ce n'est qu'il faut effectuer un achat séparé pour chaque trajet... ***Imprimez l'accusé de réception*** *(comprobante de pago)* pour récupérer votre billet à la gare routière, et s'y présenter ***au moins 1h avant le départ*** (queue souvent longue au comptoir et/ou pour l'enregistrement...). On peut acheter son billet *Viazul* dans les bureaux de la compagnie situés dans les gares routières, mais ceux-ci sont souvent ouverts à des horaires un brin fantaisistes, voire seulement 1h avant le départ

DISTANCES EN KM	BARACOA	CAMAGÜEY	CIENFUEGOS	HOLGUÍN	LA HAVANE	SANTA CLARA	SANTIAGO DE CUBA	TRINIDAD	VARADERO	VIÑALES
BARACOA		458	790	198	998	730	235	710	940	1170
CAMAGÜEY	458		330	202	533	270	328	257	485	720
CIENFUEGOS	790	330		532	256	61	658	82	180	415
HOLGUÍN	198	202	532		734	472	142	459	685	984
LA HAVANE	998	533	256	734		270	860	338	155	205
SANTA CLARA	730	270	61	472	270		598	115	200	455
SANTIAGO DE CUBA	235	328	658	142	860	598		584	818	1047
TRINIDAD	710	257	82	459	338	115	584		260	495
VARADERO	940	485	180	685	155	200	818	260		334
VIÑALES	1170	720	415	984	205	455	1047	495	334	

des bus... La plupart du temps, il est impossible d'acheter un billet au départ d'une autre ville. L'organisation est différente d'un lieu à l'autre.
– Attention au racket des employés, qui exigent souvent un « pourboire » de 12 ou 24 CUP par bagage enregistré.
– Attention à la ***climatisation*** : le bus se transforme rapidement en camion frigorifique. Prévoyez la doudoune ! De même, vous risquez d'être importuné par le volume sonore de la vidéo. Voyagez léger. Si vos bagages dépassent 20 kg, on vous fera payer un supplément (1 % du prix du trajet par kilo).
– ***Transtur, Cubanacan, Cubatur et Gaviotta :*** ce sont des bus « excursions », qui font l'aller-retour vers un endroit touristique donné, souvent dans la journée, à partir d'une ville touristique, avec guide à bord et déjeuner inclus dans le prix la plupart du temps. Ces excursions sont vendues par toutes les agences de tourisme présentes dans chaque ville.
– ***Astro :*** compagnie réservée aux seuls Cubains.

Camion

Le camion, avec sa grande benne à l'arrière, se révèle pratique pour les Cubains. C'est très bon marché, alors n'allez pas prendre la place d'une famille qui en a plus besoin que vous (et qui n'a pas le choix).

Taxi

– Les ***Cubataxi*** sont bien pratiques et très nombreux. À La Havane et dans les villes touristiques, compter 5 à 10 € pour une course moyenne (25-30 € pour aller à l'aéroport, mais là, c'est un forfait). Dans les autres villes, on s'en sort plus facilement pour 3-8 € selon la distance. Enfin, tout dépend du trajet, de l'heure, du chauffeur...
– ***Taxis collectifs en ville :*** là, on trouve de tout. Des vieilles américaines (baptisées *boteros, almendrones* ou *maquinas*), des motos, des tracteurs, des calèches, des carrioles, des tricycles à pédales ou d'authentiques landaus tout droit sortis du XIXe s... tout dépend du lieu. Demandez aux locaux quelles lignes utiliser, c'est souvent difficile à décrypter pour le néophyte, particulièrement en ville.
– ***Taxis collectifs entre les villes :*** l'explosion du tourisme et la saturation des bus a vu l'utilisation du taxi collectif littéralement exploser. Que ce soit une vieille voiture américaine (on conseille !) ou un *Cubataxi* flambant neuf, le principe est le même. Le prix est en théorie fixe d'une ville à l'autre (vérifier tout de même auprès de plusieurs voitures), et parfois un poil négociable. Si vous n'êtes que 2, le chauffeur pourra se charger de trouver 2 autres personnes avec qui partager les frais. Si vous êtes seul(e), il vous glissera avec d'autres passagers. On trouve ces taxis aux abords des stations de bus et de certaines places centrales. Y aller la veille pour trouver votre chauffeur et se faire préciser tarif et heure de départ (souvent le matin). Le tarif s'entend soit par personne (si on partage le véhicule), soit pour la voiture entière. Votre *casa particular* pourra vous aider à trouver une voiture et un chauffeur de confiance. On indique ville par ville les tarifs moyens entre les grandes villes (susceptibles de varier).

Location de voitures

La voiture de location reste la meilleure solution pour visiter le pays en toute liberté. En revanche, sachez-le, ***c'est cher*** !
– La location d'une petite voiture coûte environ 50-100 € par jour, ce à quoi il faut ajouter l'***assurance obligatoire*** (10 à 15 € par jour selon le type de véhicule) – à payer lors de la prise du véhicule, en liquide ou par CB, pour toute la durée de la location. Si vous comptez laisser le véhicule dans une autre ville que celle du départ, il faudra payer le *drop-off*, calculé en fonction de la distance.

– Il est impératif de ***réserver longtemps à l'avance*** par une agence de voyages (plus encore pour la haute saison, entre mi-novembre et fin février). Cela revient moins cher qu'en louant directement sur place mais, surtout, il est fréquent qu'il n'y ait plus un seul véhicule disponible à la location durant toute la haute saison ! Vous pouvez vous adresser aux agences de voyages spécialisées sur Cuba, mentionnées dans le chapitre « Comment y aller ? ».
– Il existe 3 compagnies nationales de location de voitures : ***Cubacar*** et ***Havanautos*** (groupe *Transtur*), ***Vía*** (groupe *Gaviota*) et ***Rex.*** Cette dernière est à peine plus chère que les autres mais dispose de voitures en meilleur état et, miracle, d'un site internet : • *rex.cu* • (en espagnol et anglais). Attention, il existe de nombreux faux sites de location de voitures à Cuba qui encaissent les cartes pour une résa bidon...
– ***Arriver à l'heure*** pour récupérer la voiture, même si la location est déjà payée. Un retard de 1h est un prétexte courant pour louer le véhicule à quelqu'un d'autre.
– Faites-vous bien sûr (re)préciser si le ***kilométrage*** est illimité ou non. Ça doit être indiqué sur le contrat.
– ***Vérification du véhicule :*** bien vérifier, ***en présence du personnel de l'agence,*** que le matériel est complet (roue de secours gonflée et en bon état, cric, capuchon du réservoir, présence d'enjoliveurs, essuie-glaces, antenne radio... et même le sigle du constructeur automobile). Bien vérifier également l'intérieur du véhicule : une poignée de porte cassée non signalée peut vous être imputée, de même pour une brûlure sur un siège ! Oui, il faut vraiment ***TOUT vérifier*** avant de partir. Faites attention également à l'***état général*** de la voiture. Faites inscrire sur la fiche d'état du véhicule le moindre petit choc, la moindre rayure sur la carrosserie ou sur les pare-chocs. Insistez, même si on vous dit que « ce n'est pas grave ». Prendre des photos des éraflures et des chocs du véhicule, c'est une garantie supplémentaire. Les agents de location sont très cool à la prise du véhicule mais peuvent se montrer intraitables au retour ! Sachez-le. Notez bien aussi le niveau d'essence (là aussi, prendre une photo de la jauge devant le loueur), les véhicules n'étant pas toujours livrés avec le plein. Enfin, si le loueur vous demande d'effectuer une vidange pendant la durée de location, ne manquez pas de la faire, sinon on pourra vous imposer une pénalité.
– L'état des véhicules n'est généralement pas mauvais. Mais, attention, l'*Oriente* est (et restera sûrement pendant longtemps encore) le parent pauvre du tourisme cubain. Ça se répercute donc sur l'état général des voitures de location.
– Certains loueurs ***facturent le plein d'essence au moment de la location,*** en vous invitant à rendre la voiture ***vide.*** On ne vous remboursera pas un peso pour l'essence qui reste. Vous avez compris la p'tite astuce : qui se risquerait à tomber en panne d'essence au moment de rapporter le véhicule ?
– ***Ne perdez pas le contrat de location,*** sinon vous serez amené à payer un dédommagement. De même, ne perdez surtout pas la clé de la voiture. Il peut arriver qu'il n'y ait pas de clé de secours... Attention également aux fermetures automatiques de portes sur certains modèles quand vous sortez... alors que vous avez laissé la clé de contact à l'intérieur (heureusement, certains garagistes savent déverrouiller les portières).
– L'***assurance*** couvre en général tout (y compris la franchise), sauf ce qui peut arriver aux pneus ou à la radio (faites-vous toutefois bien préciser tout ça)... Attention, cette assurance n'est ***JAMAIS INCLUSE dans le voucher que vous a remis votre agence de voyages.*** Vous aurez donc à la payer sur place, à l'arrivée (refusez fermement de payer plus cher que ce qui est inscrit sur votre *voucher*). Autre point très important : en cas d'accident, quelle qu'en soit la gravité (même si la voiture n'a qu'une petite bosse), faites une déclaration auprès de la police (et faites-vous remettre une copie de celle-ci), faute de quoi l'assurance ne jouera

pas. Le cas échéant, prendre contact avec ***Asistur*** à La Havane *(paseo Martí, 208 ; entre Trocadero y Colón ; ☎ 7866-89-20, 83-39 ou 85-27 – urgence 24h/24 – ; ● asistur.cu ●).*
– Si vous avez besoin d'un ***siège enfant,*** mieux vaut apporter le vôtre, leur disponibilité n'étant jamais garantie.
– Les ***stations-service* Cupet** *(Cubana de Petroleo)* et **Oro Negro** (ouvertes 24h/24) sont présentes dans toutes les grandes villes et sur tous les grands axes. Seules les *Cupet* sont autorisées à servir les voitures de location. Certaines acceptent les cartes de paiement moyennant une petite commission (moins de 2 %), mais ça ne marche pas toujours (avoir du liquide). Attention, depuis la crise au Venezuela et la guerre en Ukraine, les pénuries sont monnaie courante. Si vous trouvez une station approvisionnée, ne repoussez pas à plus tard et faites le plein. Méfiez-vous par ailleurs des petites arnaques de la part du pompiste dans les endroits touristiques : non remise à zéro du compteur avant de vous servir ou erreur sur le montant à payer.
– ***Le soir, faire surveiller sa voiture*** pour éviter de voir disparaître rétro, essuie-glaces ou enjoliveurs... Ce pourra être celui de votre *casa*, celui d'un cousin ou d'un voisin des proprios (idem) ou, dans les plus grandes villes, d'un parking officiel gardé. À défaut, on peut s'en remettre aux « veilleurs de nuit » qui surveillent leur portion de trottoir pour un tarif comparable. En journée on peut se garer sans difficulté dans la plupart des rues, sans devoir payer quoi que ce soit. Évitez juste les emplacements dûment interdits ou inappropriés (« *zona oficial* », bandes jaunes, angles de rues...).
– ***Limitation de vitesse :*** elle est de 50 km/h en ville, 90 km/h sur route et 100 km/h sur « autoroute ». Attention aux ***puntos de control*** (points de contrôle) que l'on rencontre souvent sur l'autoroute. On conseille vivement de respecter la limite de 40 ou 50 km/h, sous peine de vous faire arrêter (amende amère !). C'est d'ailleurs là que les policiers vous arrêtent le plus souvent pour vous reprocher une infraction imaginaire. Le mieux est de passer à 30 km/h, ce qui évitera tout malentendu.
– Parmi les infractions les plus fréquentes, faites bien attention aux passages piétons : ici, on ne fait pas que ralentir pour laisser passer, on s'arrête. Dans tous les cas, les ***amendes*** seront inscrites sur votre contrat de location par le policier (une ligne est prévue) et devront être payées à la fin, en restituant le véhicule au loueur.
– ***Taux d'alcool autorisé :*** 0 g/l pour les chauffeurs professionnels. Pour les autres, il ne faut pas dépasser « les niveaux qui les mettent en danger ou affectent leurs capacités de conduire » (sic). À vous de juger !
– ***On déconseille fortement de rouler de nuit.*** Véhicules sans éclairage, nids-de-poule invisibles, chevaux sans feux de position, idem pour les vélos... Danger !
– Les ***autoroutes,*** par endroits larges comme des pistes d'atterrissage, ne possèdent pas forcément de bandes de circulation bien tracées : chacun roule un peu où il le sent et au rythme qui lui convient, en fonction de la qualité de chaque section... Si les autoroutes sont quasiment vides, les ***routes*** sont souvent encombrées par les marcheurs, les vélos, les carrioles à cheval ou à bœufs (!) et toutes sortes d'animaux en vadrouille...
– Si les « autoroutes » et routes principales sont globalement bonnes, l'***état des routes secondaires*** est parfois désastreux, notamment dans l'Oriente – par exemple le long de la côte entre cabo Cruz et Santiago, ou entre Baracoa et Moa. Si vous n'avez pas loué de 4x4, selon la saison, assurez-vous auprès des locaux que vous pourrez passer et... à quelle vitesse. Certaines portions sont tellement défoncées qu'on roule à moins de 10 km/h en slalomant entre les nids-de-poule qui peuvent héberger toute une basse-cour...
– Dans les villes, beaucoup de ***rues*** sont ***à sens unique*** et pas toujours par alternance... Le sens de circulation est (épisodiquement !) indiqué par une flèche

blanche sur fond bleu ; le panneau sens interdit est quasiment inexistant. Ça peut donner l'impression de circuler dans un labyrinthe...
– Le réseau routier cubain brille par la faiblesse des ***panneaux indicateurs.*** Sur les routes comme sur les autoroutes, il est difficile d'être certain de là où l'on est. Même les sorties ne sont pas toujours signalisées. Il faut souvent demander son chemin.
– ***GPS :*** certaines applications, à télécharger à l'avance sur son smartphone, permettent d'avoir des cartes très détaillées et plans de Cuba. On recommande vivement ***l'application gratuite*** ● *maps.me* ●, ***à télécharger avant votre départ*** (impossible de le faire sur place). Une fois à Cuba, elle fonctionne hors connexion. Hyper pratique.
– Faute de GPS, une ***carte routière*** fera l'affaire. En général, les loueurs de voitures en donnent une, où seuls les grands axes sont tracés. Préférer une Michelin (nº 786) ou Berlitz, toutes 2 au 1/800 000 et raisonnablement fiables.
– En cas de ***panne,*** prendre immédiatement contact avec l'agence de location pour qu'elle s'occupe de vous. On vous promettra par téléphone une dépanneuse... qui n'arrivera pas avant... un certain temps. Mieux vaut essayer de se débrouiller seul, d'autant que les Cubains ne sont jamais avares d'un coup de main côté bagnoles.
– En cas de ***pneu crevé,*** les stations-service peuvent réparer l'avarie. Sinon, presque partout, des particuliers arrondissent leurs fins de mois en rapiéçant ici ou là quelques pneus. Ils sont repérables aux petites (et discrètes) pancartes « *Ponchera* ». En principe, l'assurance rembourse (à condition d'avoir une déclaration de la police...) les pneus crevés, sauf si la roue ou la jante sont endommagées. À propos de pneumatiques : vu l'état de certaines routes, il arrive que les pneus se dégonflent plus rapidement que la normale. Pensez donc à les regonfler régulièrement dans une station-service.
– ***En cas de vol d'accessoires*** (rétroviseur, essuie-glace, enjoliveur ou même pare-chocs), comme pour les ***accidents,*** vous devez faire une déclaration à la police dans la ville où s'est produit l'incident, en précisant bien le lieu du larcin. Souvent, la police appelle l'agence de location, qui contacte ensuite la compagnie d'assurances pour régulariser la situation. Quoi qu'il en soit, demandez une copie de la déclaration pour la remettre au loueur (obligatoire si vous voulez être pris en charge).
– S'il n'y a pas eu de problème, la ***caution initiale*** ne devrait pas être débitée – mais il arrive qu'elle le soit et que l'on ne s'en rende compte qu'au retour chez soi... Il ne reste alors souvent qu'un recours : faire opposition sur l'opération. Allez, bonne route !

Scooter

Pour les petits déplacements, notamment dans les zones balnéaires, le scooter peut s'avérer pratique. Les grands hôtels et certaines agences en proposent à la location. Comptez de 40-50 € la journée, sans l'essence (mais avec le casque, obligatoire, et un antivol !). Il n'y a pas d'assurance.

Auto-stop

On appelle ça *botellas.* C'est un moyen de transport très répandu à Cuba pour les Cubains... faute de transports en commun efficaces ! À chaque embranchement, vous verrez des dizaines de personnes postées sur le bord de la route. Elles attendent, parfois des heures, dans l'espoir d'un bus qui ne viendra jamais, d'un camion dont la benne est déjà remplie à ras bord, d'une voiture qui daignera s'arrêter. On déconseille donc vraiment de faire du stop, entre autres parce que vous prendriez la place des Cubains ! Inversement, si vous louez une voiture, vous pourrez faire plaisir à quelques stoppeurs de temps en temps. Pour se déplacer, les Cubains comptent de plus en plus sur les voitures de location, facilement reconnaissables à leur plaque d'immatriculation (commençant par un T). C'est l'occasion de faire quelques rencontres si les langues se délient. Quelques précautions élémentaires valent toutefois la peine d'être appliquées.

– Même si ça reste rare, il faut signaler quelques cas de ***touristes volés par des auto-stoppeurs,*** en particulier sur les autoroutes entre La Havane et Pinar del Río ou Santiago. Le coup le plus fréquent : on vous fait signe parce qu'une voiture est en panne et on vous demande d'emmener les occupants (souvent jeunes) jusqu'à la ville d'à côté. Parfois, certains utilisent un sifflet pour vous faire stopper sur le bord de la route (comme la police) afin de vous embobiner avec une histoire à dormir debout. Embrouille assurée ! Si c'est le cas, poursuivre votre chemin doucement en faisant un gentil signe de la main.

– ***Petits conseils :*** prenez vos passagers aux points de ralliement où se trouvent les *amarillos* (des gars en tenue jaune moutarde), qui sont là pour réguler l'auto-stop. Là, en principe, vous ne courez aucun risque. Un autre truc consiste à prendre exclusivement des personnes âgées ou des femmes, avec ou sans enfants. D'abord, ce sont elles qui en ont le plus besoin, et puis les risques de traquenard sont quasiment nuls. Les embrouilles ont presque toujours lieu avec des jeunes hommes qui parlent l'anglais, sont fort sympathiques et connaissent bien les touristes. Leurs entourloupes sont bien rôdées.

Train

Le réseau ferroviaire relie La Havane aux principales villes du pays, mais il est en totale déshérence. Les trains sont franchement archaïques, lents, rarement à l'heure et circulent selon un calendrier très aléatoire. Soyons clairs : rares sont les touristes qui l'utilisent.

URGENCES

Numéros nationaux

– ***Ambulances :*** *☎ 104.*
– ***Pompiers :*** *☎ 105.*
– ***Police :*** *☎ 106.*

Urgences consulaires

■ ***Ambassade de France :*** *☎ 7201-31-18. Section consulaire ouv lun-jeu 8h30-12h30, 14h-15h et ven 8h30-12h.*

■ ***Ambassade de Belgique :*** *📱 52-80-50-09. Section consulaire ouv lun-ven 8h-12h30.*

■ ***Ambassade de Suisse :*** *urgences, 📱 52-85-35-75. Section consulaire ouv lun-ven 9h-12h.*

■ ***Ambassade du Canada :*** *☎ 7204-26-16. Section consulaire ouv lun-jeu 9h-12h, 13h-16h et ven 9h-12h.*

Perte/vol de cartes de paiement

Quand vous partez à l'étranger, pensez à prévenir votre banque pour éviter le blocage de votre carte et – éventuellement – relever le plafond de retrait et paiements par carte, quitte à le faire rebaisser à votre retour.
Avant de partir, notez bien le numéro d'opposition propre à votre banque (il figure souvent au dos des tickets de retrait, sur votre contrat, ou à côté des distributeurs de billets), ainsi que le numéro à 16 chiffres de votre carte. Bien entendu, conservez ces informations en lieu sûr et séparément de votre carte.

Par ailleurs, l'assistance médicale se limite aux 90 premiers jours du voyage et l'assistance véhicule aux cartes haut de gamme (renseignez-vous auprès de votre banque). Et surtout, n'oubliez pas aussi de VÉRIFIER LA DATE D'EXPIRATION DE VOTRE CARTE DE PAIEMENT avant votre départ !
En cas de perte, de vol, ou de fraude, quelle que soit la carte que vous possédez, chaque banque gère elle-même le processus d'opposition et le numéro de téléphone correspondant.

- ***Carte Visa :*** *numéro d'urgence (Europ Assistance) : ☎ (00-33) 1-41-85-85-85 (24h/24). • visa.fr •*
- ***Carte Mastercard :*** *assistance médicale incluse ; nº d'urgence : ☎ (00-33)1-45-16-65-65. • mastercardfrance.com •*

Petite mesure de précaution : si vous retirez de l'argent dans un distributeur, utilisez de préférence les distributeurs attenants à une agence bancaire. En cas de pépin avec votre carte (carte avalée, erreurs de code secret...), vous aurez un interlocuteur dans l'agence pendant les heures ouvrables.

Perte/vol de téléphone portable

Suspendre aussitôt sa ligne permet d'éviter de douloureuses surprises au retour du voyage ! Voici les numéros des 4 opérateurs français, accessibles depuis la France et l'étranger :

- ***Free :*** *☎ + 33-1-78-56-95-60.*
- ***Orange :*** *☎ + 33-969-39-39-00.*
- ***SFR :*** *📱 + 33-6-1000-1023.*
- ***Bouygues Télécom :*** *☎ + 33-800-29-1000.*

Vous pouvez aussi demander la suspension de votre ligne depuis le site internet de votre opérateur.

Transfert d'argent

- ***Western Union*** existe à Cuba dans les *Cadeca,* mais est réservé aux seuls Cubains. En cas d'urgence, le seul recours consiste à demander à l'un de vos proches de faire un transfert de fonds (sauf en dollars américains, qui sont bloqués !) à un Cubain de confiance... et que cette personne vous remette l'argent ensuite.
- ***Asistur*** *(☎ 7866-83-39 ; • asistur.cu •)* propose également des services d'assistance financière (délais 3-4 jours).

LA HAVANE ET SES ENVIRONS

LA HAVANE (LA HABANA)

2 130 000 hab.

• Plan d'ensemble *p. 84-85* • Habana Vieja (plan I) *p. 89* • Zoom *p. 91*
• Centro Habana (plan II) *p. 93* • Vedado (plan III) *p. 96-97*
• Miramar (plan IV) *p. 99*

La capitale cubaine n'est en rien comparable aux infernales mégapoles latino-américaines du genre Mexico ou São Paulo. C'est même l'une des capitales les plus tranquilles que l'on connaisse. Nonchalante le jour (la chaleur n'y est pas pour rien), elle voit certains quartiers se réveiller, voire s'endiabler à la tombée de la nuit, lorsque tout le monde se retrouve dehors.

Le classement de la vieille ville, *Habana Vieja,* au Patrimoine mondial de l'humanité par l'Unesco (1982) se justifie pleinement : gracieuses arcades, balcons ouvragés, patios andalous, avec une alternance de néobaroque et de néoclassicisme, parfois aussi quelques touches Art déco. L'architecture coloniale de la « ville aux Mille Colonnes » dégage un charme unique qui ne laisse personne indifférent.

Avant la révolution, cette *mulata* (mulâtre) du Nouveau Monde fut le lupanar des États-Unis où les Yankees venaient s'encanailler en toute discrétion hors de leurs frontières. Elle a aujourd'hui expié ses péchés mais, rongée par le climat tropical et les embruns, ébranlée par les ouragans et oubliée des capitaux étrangers qui auraient pu contribuer à assurer son entretien, La Havane est sur le déclin : maisons craquelées aux murs décrépis, palais lézardés et demeures ouvertes à tous vents... Mais c'est justement cette beauté décadente qui lui confère tant de charme. Comme le dit si bien Zoé Valdés : « Elle aura beau tomber en ruine, elle aura beau mourir de désillusions, La Havane sera toujours La Havane... ville sucrée, ville de miel de la tête aux pieds... »

Autre impression étrange quand on la découvre : celle d'une ville figée dans le passé, dont l'horloge se serait détraquée. Comme si le calendrier s'était arrêté un jour de 1959. Tout est là pour rappeler les affolantes fifties : « belles américaines » savamment rafistolées, palais espagnols du XVIIIe s, buildings Art déco compassés, casinos recyclés, cabarets kitsch. Le décor est là, quasi intact... on se croirait dans un vieux film hollywoodien ! Seuls les acteurs ont changé : plus de Yankees, les Cubains ont repris possession des lieux...

Au milieu des années 1990, le régime castriste, après s'être fait largement tirer l'oreille, a donné carte blanche à un historien-architecte, Eusebio Leal Spengler, sommité dans son domaine, pour rénover et sauver du désastre annoncé tout le secteur de la vieille Havane inscrit au Patrimoine mondial de

l'humanité par l'Unesco. Depuis cette date, de vieux palais soigneusement sélectionnés pour leur histoire et leurs particularités architecturales sont complètement réhabilités, transformés en hôtels, en restaurants de luxe, en administrations ou en musées. Et les revenus de ces infrastructures sont immédiatement réinvestis en quasi-totalité pour la restauration d'autres sites qui sont à leur tour transformés en hôtels, musées, écoles, etc. Ainsi cet argent rentre-t-il dans un cercle vertueux de reprise en main d'une bien vieille Havane (500 ans au compteur), soumise à un salutaire lifting qui lui donne tout doucement un visage nouveau. Aujourd'hui, une partie de la vieille Havane a été rénovée. Même s'il reste beaucoup à faire, en 20 ans, c'est un incroyable boulot qui a été abattu. Et, à grands coups de pioche, les travaux continuent pour sauvegarder ce patrimoine unique au monde.
Si le côté rénovation du « chef-d'œuvre en péril » qu'est la Habana Vieja confère un charme indéniable à ce quartier, les conditions de vie y sont bien souvent déplorables. En faisant quelques pas de côté à l'écart d'une rue rénovée, la misère saute immédiatement aux yeux. Des milliers de familles vivent dans des situations sanitaires lamentables, et le boom touristique ne change rien au problème. Outre la précarité des logements (murs éventrés, cloisons en simples cartons, sols défoncés, réseau électrique en lambeaux, problèmes d'eau courante...), le principal danger réside dans le fait que lorsque les fortes pluies non drainées gorgent les murs, la structure entière (sols, murs et plafonds) menace de céder et de s'écrouler sur les habitants...
Reste que les Havanais ont le chic pour garder le sourire et ne loupent jamais une occasion de faire vibrer la ville : ici, vous ne vous ennuierez pas une seconde. À condition de ne pas imiter ceux qui passent toutes leurs vacances à Cuba sur les plages et ne découvrent La Havane que le temps d'une rapide journée programmée dans leur forfait. Ils ne savent vraiment pas ce qu'ils perdent !

UN PEU D'HISTOIRE

« La clé du Nouveau Monde »

La Havane est l'une des plus vieilles villes d'Amérique. Dès 1492, Christophe Colomb pose le pied à Cuba avant de découvrir le continent... L'île lui plaît, puisqu'il s'exclame, à la grande joie des brochures touristiques actuelles : « L'homme n'a jamais contemplé terre plus belle ! » Il revient 2 ans plus tard et la baptise Juana, en hommage au prince Juan d'Espagne. Ensuite, c'est un certain Diego Velázquez, mandaté par son fils, qui part à la conquête du territoire, à la tête d'une troupe de 300 hommes.
La ville de San Cristóbal de La Habana (en référence au chef indien Habaguanex) est fondée en 1514 sur la côte sud. Déplacée en 1519, date officielle de sa fondation (voir l'encadré),

CHRISTOPHE DÉBOUSSOLÉ !

En débarquant sur l'île, Christophe Colomb était persuadé d'être arrivé en Chine ! Il pensait même y être accueilli par le grand khan et avait engagé à cet effet un interprète... Quelle déconvenue lorsqu'il fut accueilli en fait, par des Indiens taïnos !

LA HAVANE NE PERD PAS LE NORD

Tout d'abord établie au sud de l'île, la capitale était mal située. De fait, le Gulf Stream, qui pousse les bateaux d'Europe vers les Caraïbes, longe le nord de l'île. Qu'à cela ne tienne, en 1519, La Havane fut déplacée sur la côte nord pour corriger cette erreur d'aiguillage.

elle devient La Habana « tout court » et s'enrichit rapidement, avec l'arrivée massive d'esclaves en provenance d'Afrique. Tout autour, les plantations de tabac et de sucre se multiplient rapidement. En 1556, la résidence du gouverneur y est construite. Le port, avec son mouillage naturel sécurisé, devient la plaque

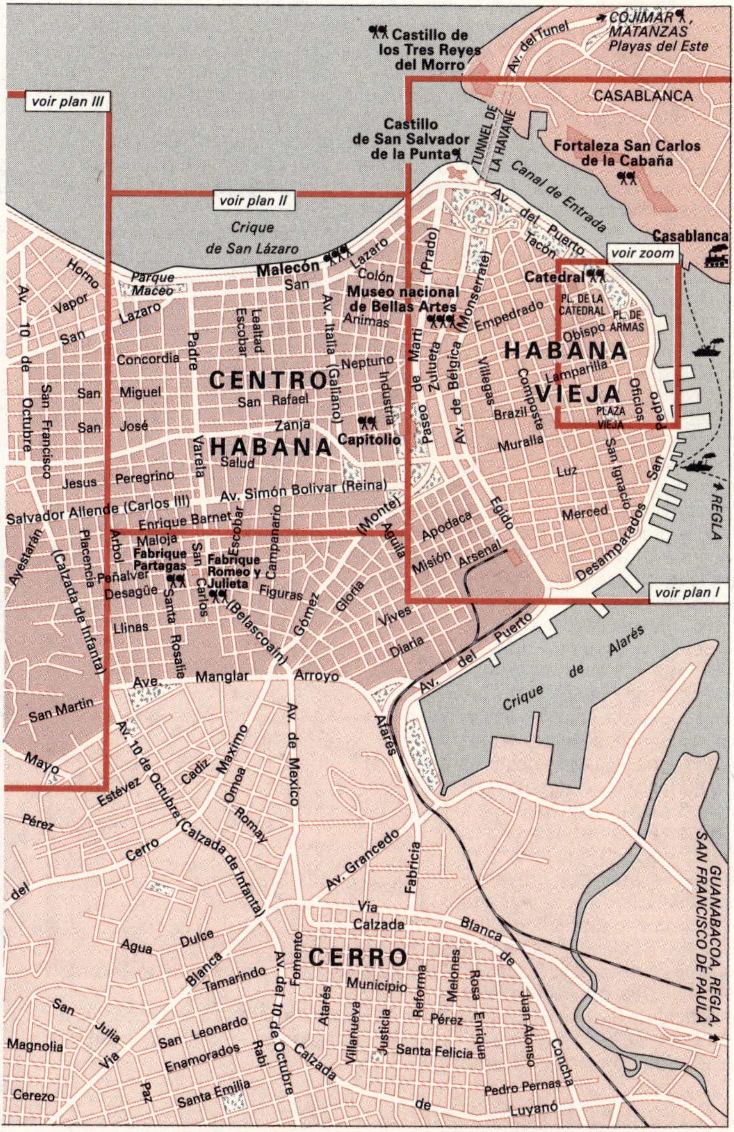

LA HAVANE – Plan d'ensemble

tournante du trafic maritime entre les possessions espagnoles du continent et les ports andalous. « Avec ce que nous envoie le Nouveau Monde, on peut paver d'or et d'argent les rues de Séville », écrit un chroniqueur de l'époque. Les cales des navires regorgent de richesses venues du Mexique et du Pérou : des

émeraudes, des perles, des parfums, de l'indigo, de la cochenille, et aussi des oiseaux multicolores et des noix de coco. Les colons cubains y ajoutent au passage du tabac, du cuir et des bois précieux. En retour, les bâtiments venus d'Europe sont chargés de vins fins, de tissus précieux, de dentelles et de miroirs. Des navires venus d'Afrique débarquent quant à eux une cargaison moins glorieuse : des esclaves.
Mais l'or qui s'entasse à La Havane et dans les galions qui y transitent attise les convoitises. Pour contrer les raids des pirates sur les galions, la Couronne espagnole prend des mesures drastiques. En 1561, un décret royal oblige tous les navires en direction de l'Espagne à se rassembler entre mai et août dans la baie de La Havane. Profitant des meilleures conditions météo et des courants océaniques, les bateaux partent alors en convoi de La Havane avant la fin du mois de septembre, protégés par l'armada espagnole. Autre sujet de préoccupation pour les colons, la ville est constamment pillée par les redoutables pirates et flibustiers des Caraïbes, notamment en 1555 par le Français Jacques de Sores. En 1582, des esclaves raflés aux colons construisent des remparts et la 1re forteresse : el castillo de la Fuerza. Le 29 mai 1586, Francis Drake bombarde La Havane, mais il renonce à prendre la ville le 4 juin.
Ensuite, les Espagnols édifient les forteresses El Morro et la Punta, à l'entrée de la rade. Les plus redoutables pirates des Caraïbes, l'Olonnais, Henry Morgan, Ann Bony et Mary Read, mais aussi John Rackam (le Rouge !), renoncent à donner l'assaut à ce bastion imprenable. Ils se contentent d'attaquer les navires en mer. Mieux protégés, moins inquiets, les négociants peuvent laisser libre cours à leurs rêves de grandeur : de cette époque datent les 1res grandes maisons coloniales, conçues sur le modèle andalou. L'île peut prospérer tranquillement et La Havane, remplaçant Santiago comme capitale en 1607, atteint au XVIIe s les 10 000 habitants.
En 1762, la ville est prise par les Anglais. Ils ne la gardent que 1 an et l'échangent avec les Espagnols contre la Floride. Malgré les émeutes d'esclaves et les tentatives d'indépendance des nationalistes cubains, la ville continue de s'enrichir considérablement au cours du XIXe s, d'autant plus qu'elle est devenue un port libre.
À partir de 1863, les remparts sont rasés pour construire de nouveaux quartiers : de cette époque date la distinction entre vieille ville (Habana Vieja) et ville moderne (Vedado, puis Miramar). Mais les luttes indépendantistes reprennent de plus belle. En 1898, suite à l'incident du *Maine* (voir l'encadré), les États-Unis déclarent la guerre à l'Espagne... et la gagnent. Ainsi Cuba devient-elle une sorte de « protectorat » américain.

UN ACCIDENT OPPORTUN

L'explosion mystérieuse de la salle des machines du bateau Le Maine, *bâtiment de la marine américaine envoyé en visite de courtoisie, fit 260 morts. L'incident fut immédiatement exploité par la presse populaire yankee, téléguidée par les milieux d'affaires qui rêvaient d'expulser les colons espagnols. On dénonça la « barbarie hispanique » en leur attribuant des « camps de la mort » où étaient détenus les insurgés, et même des « actes d'anthropophagie ». Ben voyons !*

La Babylone des Caraïbes

Lorsque Batista prend le pouvoir par effraction, en 1952, les gangs mafieux américains renforcent leur mainmise sur La Havane. Près de 270 bordels font de la capitale un haut lieu de la prostitution en Amérique latine, sans compter les maisons de rendez-vous spécialisées et les bars à hôtesses, paradis pour gringos en quête de frissons, à quelques heures d'avion de New York. Le vice et le jeu sous toutes leurs formes sévissent au cœur du quartier américanisé du Vedado, hérissé de grands hôtels et d'immeubles modernes.

Libérée du tyran Batista par le guérillero Camilo Cienfuegos, la capitale devient pour la 1re fois totalement cubaine le 2 janvier 1959. Le reste est une autre histoire (voir la rubrique « Histoire » dans « Hommes, culture, environnement »).

Arrivée à l'aéroport

✈ ***Aéroport international José Martí*** *(hors plan d'ensemble par le sud) : à env 17 km au sud-ouest de La Havane. Les vols internationaux arrivent aux terminaux 2 et 3, distants de 1 bon km.*

– ***Services :*** dans le hall des arrivées de l'aéroport, petit bureau *Infotur* (également un bureau au niveau des départs, au-dessus), loueurs de voitures, etc.

– ***Location de véhicules :*** les loueurs ont un kiosque dans le hall des arrivées internationales de l'aéroport (terminal 2 et devant le terminal 3, dans la « zona comercial »). Quasiment impossible d'obtenir un véhicule sans réservation préalable : à anticiper le plus longtemps possible à l'avance !

– ***Bureaux de change :*** 2 bureaux au rez-de-chaussée (juste à l'extérieur du terminal) et 2 autres au 1er étage (un peu moins d'attente), ouverts 24h/24. Taux similaires à ceux qu'on trouve en ville. Passeport demandé, et s'armer de patience. Attention, prendre le temps de compter ses billets ! Juste à côté des bureaux, distributeurs de billets (CUP) pour cartes *Visa* et *MasterCard.* Un tout dernier bureau (mêmes taux) est accessible, au départ, dans la zone d'embarquement (après les contrôles de sécurité).

Rejoindre le centre de La Havane

➢ ***En taxi :*** avec un taxi officiel, compter 25-30 € pour rejoindre le centre. Inflation oblige, ce tarif peut être amené à augmenter : référez-vous au prix officiel, clairement affiché au niveau des tapis de récupération des bagages. Pour info, les rabatteurs badgés (donc officiels !), censés vous éviter les arnaques, sont de mèche. Tenez bon sur le prix, avec calme et *resolución* !

Orientation

Comme dans de nombreuses villes d'Amérique, on se repère très facilement à La Havane grâce à la disposition des rues en damier. Dans ***Habana Vieja*** et ***Centro Habana,*** toutes les rues portent un petit nom.

En revanche, dans la partie moderne, il y a quelques subtilités. Par exemple, le ***Paseo*** divise grosso modo le quartier du ***Vedado*** du nord au sud : les rues parallèles situées à l'ouest portent des numéros pairs, celles situées à l'est portent une lettre. Toutes les rues perpendiculaires portent un numéro impair. Ce qui signifie qu'après la rue 19 vient la 21 (et pas la 20) et qu'après la rue 16 vient la 18 (et non la 17).

Pas de panique, on se repère assez vite. D'autant que lettres et numéros sont indiqués à la plupart des croisements sur des bornes coniques, au sol. En outre, les adresses sont indiquées de façon précise. Petit cours de décryptage pour éviter les confusions : d'abord le nom de la rue, puis le numéro dans la rue, ensuite la situation par rapport aux rues voisines, et enfin le nom du quartier. Par exemple : « calle 15, # 21, e/ 18 y 20, Vedado » se traduit par : au nº 21 de la rue 15, entre les rues 18 et 20, quartier du Vedado.

Précisons que le « *entre* » (qui s'écrit en espagnol comme en français) peut s'écrire en abrégé « *e/* » ou encore avec le symbole « % ». Le numéro de maison est presque toujours symbolisé par un signe « # » (dièse). Et le mot *esquina* (abrégé « *esq.* ») signifie « à l'angle de » ; mais il est souvent remplacé par un simple « *y* », qui veut dire « et ».

Les principaux quartiers

La Havane se compose de quartiers bien distincts. La vieille ville se parcourt à pied sans problème, mais il est conseillé de prendre un taxi ou un bus public pour se rendre dans les autres quartiers.

– ***Habana Vieja*** *(plan I et zoom)* **:** à l'est, autour du port. C'est le centre historique, le quartier colonial espagnol au charme fou (près de 150 édifices datant des XVIe et XVIIe s), qui fait l'objet d'un plan de restauration. Tout ce qu'il y a d'important à visiter y est concentré, ainsi que les vieux palaces, bars mythiques et hôtels coloniaux magnifiquement rénovés. Ce quartier est le plus ancien, puisqu'il fut durant plus de 3 siècles le cœur même de la capitale, protégé par des remparts jusqu'en 1863. Longtemps oubliée et délaissée, la vieille Havane a été paradoxalement sauvée par la révolution : Batista en avait carrément planifié la destruction pure et simple pour

Adresses utiles

- Infotur (A2)
- **3** Alliance française (A2)
- **4** Gaviota Tours (A2)
- **6** Asistur (A2)
- **7** Cadeca (A2)
- @ **13** Etecsa (A2)
- **22** Banco Metropolitano (A2)
- **23** Distributeurs ATM (A-B2)
- **38** Bureau de vente des billets de train (A3)
- **144** Distributeurs ATM (A2)
- **260** Kiosque vendant des cartes téléphoniques et des cartes internet (B3)

Où dormir ?

- **4** Hotel Sevilla (A2)
- **40** Hostel Mango (B3)
- **41** Hostal Casa Cuba (B3)
- **42** Rolando y Marisol (B3)
- **43** Cristo Colonial, Belkis y Jeiver (A3)
- **44** La Casa de la Calle Luz (A-B3)
- **45** Casa Matisse et Casa Quesada, Dos Hermanas, Yonaika y Yonaisis (A3)
- **46** Casa Maura (A2)
- **47** Pablo Rodriguez y Lidia Bu (A3)
- **48** Jesús y María (A3)
- **49** Casa Señor Quintela (A2)
- **50** Casa Blue Colonial (A2)
- **51** Casa El Patio (A3)
- **52** Casa particular Dumenigo y Ruiz (A2)
- **53** Casa Belén 1850 (B3)
- **54** Azul Habana (A2)
- **55** Casa del Puerto (B3)
- **57** Hostal Las Maletas (A2)
- **58** Casa Habana (A2)
- **60** Hotel Beltrán de Santa Cruz (B3)
- **61** Hotel del Tejadillo (A2)
- **62** Hotel San Miguel (A1)
- **63** Hotel Telegrafo (A2)
- **65** Hotel Florida (A2)
- **69** Hotel Inglaterra (A2)
- **82** Casa Luis y Luisa (A1)

Où manger ?

- **123** Mas Habana (A2)
- **126** El Chanchullero (A2-3)
- **127** Donde Lis (A2)
- **128** 304 O'Reilly et El del Frente (A2)
- **130** Habana 61 (A2)
- **131** Restaurante Ivan Justo (A2)
- **132** XII Apostoles (A1)
- **135** Los Nardos et D'Lirios (A3)
- **141** 5 Esquinas Trattoria (A2)
- **144** Asturias (A2)
- **148** Art Pub (A2)
- **156** Van Van (A2)
- **181** La Esquina de Cuba (A-B2)
- **196** Venami (A2)

Où s'offrir une glace ? Où faire une pause sucrée ?

- **173** El Café (A2)

Où boire un verre ?

- **4** Patio de l'hôtel Sevilla (A2)
- **69** Bar de l'hôtel Inglaterra, La Terraza (A2)
- **126** El Chanchullero (A2-3)
- **128** 304 O'Reilly et El del Frente (A2)
- **156** Van Van (A2)
- **180** El Floridita (A2)
- **181** La Bodeguita del Medio (A-B2)
- **183** Antiguo Almacen de la Madera y del Tabaco (B3)
- **184** Sloppy Joe's Bar (A2)
- **185** Color Café – taller de moda (A2)
- **186** Castillo de Farnés (A2)
- **188** Oasis Nelva (A3)
- **194** El Dandy (A2)
- **196** Kilómetro Zero (A2)

Où sortir ?

- **211** Obini Batá (A3)

Achats

- **260** Feria San José (B3)
- **261** Palacio et Casa Mateo Pedroso (A1)
- **262** Patio de los artesanos (A2)
- **264** Librería Venecia (A2)
- **267** Clandestina (A2-3)

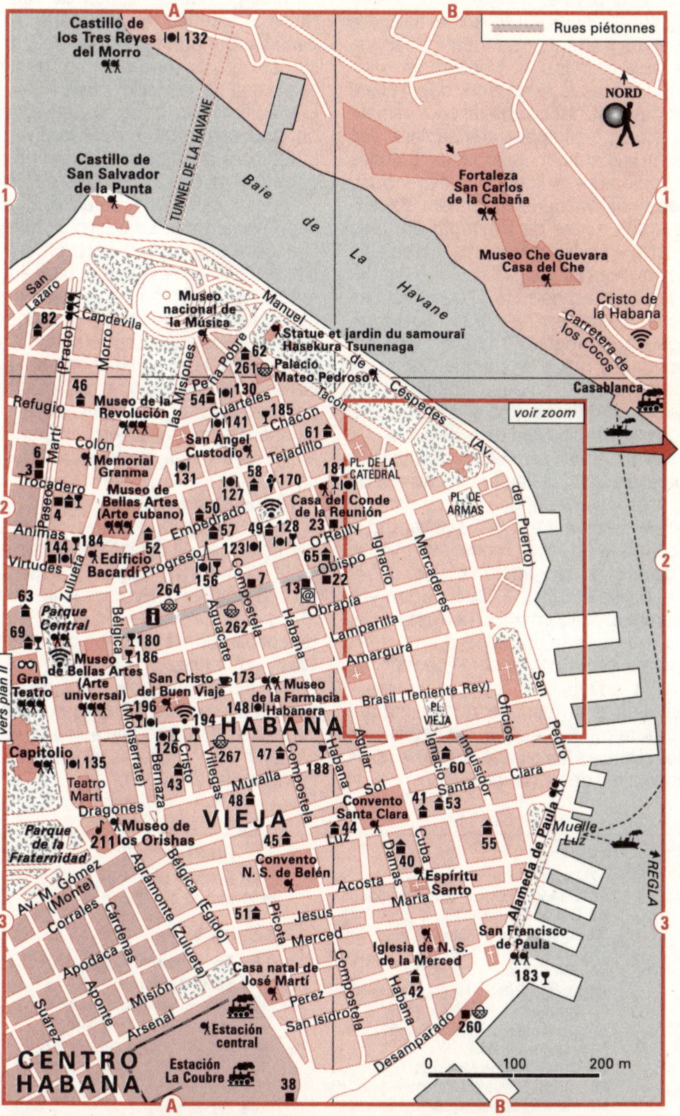

LA HAVANE – Habana Vieja (Plan I)

satisfaire la soif immobilière des promoteurs de casinos ! Par la suite, Fidel eut bien d'autres chats à fouetter que de s'occuper d'urbanisme...

Ce n'est qu'au début des années 1990, sous l'impulsion de l'Unesco, qu'a été mis en place un vaste projet de restauration, qui n'est d'ailleurs pas près de se conclure. Il reste encore des dizaines d'édifices en ruine ; il faudra ensuite s'attaquer au Centro Habana et aux immeubles bordant le Malecón. Après la révolution, des milliers de paysans ont émigré ici pour investir et habiter les imposantes demeures et les palais abandonnés par leurs riches propriétaires. Aujourd'hui, cependant, certaines maisons rappellent davantage les ruines de Beyrouth après la guerre que les demeures coloniales des années fastes...

Le quartier est délimité à l'ouest par une célèbre promenade : le paseo Martí, également appelé Prado, qui mène à l'immense place du parque Central et au non moins fameux Capitole (copie de celui de Washington !), dont le dôme vous servira souvent de repère.

– ***Centro Habana*** *(plan II)* **:** délimité par le paseo Martí (à l'est) et la calzada de Infanta (à l'ouest), ce quartier est pris en sandwich entre la vieille Havane et le Vedado. D'un attrait touristique mineur, il a pris son essor au XIXe s, alors que la vieille ville étouffait à l'intérieur de ses murailles. Aujourd'hui, il est surpeuplé, puisque ses immeubles décatis (les *solares*) n'ont pas encore été touchés par la restauration et que plusieurs familles s'entassent dans chaque appartement. Cela en fait aussi l'un des quartiers les plus vivants et les plus populaires de La Havane.

La plus grande attraction de Centro Habana reste le *Malecón,* cette digue dénudée qui protège la ville de la mer sur une promenade de 7 km de long et s'étend de la vieille ville à Miramar. Les édifices du front de mer, peints de couleur pastel mais lézardés par le temps et rongés par les embruns, ont été notamment croqués par Wim Wenders dans son célèbre *Buena Vista Social Club.* Le Malecón, loin de l'image d'une idyllique « promenade des Anglais », n'est pas seulement le rendez-vous des amoureux, le refuge des cœurs solitaires et mélancoliques, le repaire des danseurs de salsa ; c'est aussi l'âme de La Havane, où l'on arrive et revient toujours, à l'image de ces vagues qui, par mauvais temps, viennent s'éclater contre le parapet en gerbes folles avant d'inonder la chaussée.

– ***Barrio chino*** *(plan II)* **:** eh oui, il y a un (tout petit) quartier chinois à La Havane, situé dans Centro Habana, juste derrière le Capitole. Quelque 30 000 Chinois arrivèrent à la fin du XIXe s pour participer à la construction du chemin de fer. Comme dans le Far West, on fit miroiter à ces malheureux coolies un inaccessible eldorado, et ils se retrouvèrent de fait en semi-esclavage. Il en reste très peu aujourd'hui, la plupart s'étant métissés ou ayant quitté l'île après la révolution.

Adresses utiles

- **7** Cadeca
- **8** Banco Financiero Internacional
- **23** Distributeurs ATM
- **25** Agence San Cristóbal

Où dormir ?

- **56** Hostal « Chez Nous » et Marta y Israel
- **59** Convento de Santa Brígida y Madre Isabel
- **64** Hotel Ambos Mundos
- **66** Hotel Conde de Villanueva
- **67** Palacio del Marqués de San Felipe y Santiago de Bejucal
- **68** Hotel Santa Isabel

Où manger ?

- **122** Los Marinos
- **124** Mojito Mojito
- **129** Esto no es un Café et Doña Eutimia
- **152** La Imprenta

Où faire une pause sucrée ?

- **172** Dulceria San José
- **190** Museo del Chocolate

Où boire un verre ?

- **64** Bar de l'hôtel Ambos Mundos, Plaza de Armas
- **182** Café El Escorial et Azucar Lounge
- **187** Bar Dos Hermanos
- **195** La Vitrola
- **197** Café París
- **198** Factoría

Où sortir ?

- **210** Café Taberna

Achats

- **66** Boutique de l'hôtel Conde de Villanueva
- **265** Casa de Aromas Coloniales

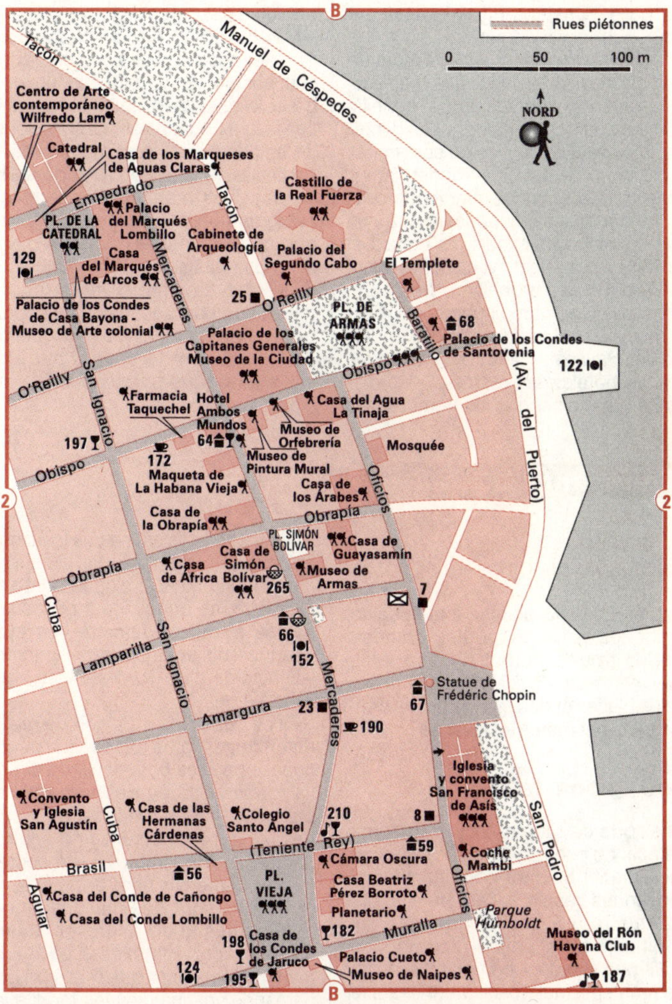

LA HAVANE – Zoom

Autrefois mal famé, le quartier chinois abritait nombre de maisons closes, de bars interlopes, mais aussi des fumeries d'opium et des spectacles porno. Aujourd'hui, le quartier n'a évidemment plus rien d'un lupanar. Il n'a d'ailleurs pas grand-chose de chinois non plus. On y trouve, tout au plus, quelques restos asiatiques, notamment dans la petite rue appelée *Cuchillo*.

– ***Vedado*** *(plan III)* **:** délimité au nord par la mer (Malecón), au sud par la gigantesque plaza de la Revolución (au-delà de laquelle se trouve Nuevo Vedado), ce quartier est traversé par la célèbre avenue, la Rampa (officiellement calle 23), sorte de *rambla* ou de Champs-Élysées havanais (toutes proportions gardées). C'est le quartier résidentiel où vit la majorité des classes moyennes. Les maisons, plus récentes que celles de la vieille ville, ne manquent pourtant pas d'intérêt. D'inspiration rococo ou construites dans un style appelé « moderniste », elles rappellent que le quartier fut celui d'une bourgeoisie huppée, ainsi qu'un lieu de plaisir, car maisons closes et casinos y pullulaient avant la révolution. Le Vedado, à l'urbanisme très aéré, ponctué de nombreux parcs, est d'ailleurs resté un lieu de sortie très apprécié des Havanais. On y trouve quelques grands hôtels, des restos et des discothèques, ainsi que de nombreuses *casas particulares* pour se loger et les meilleurs *paladares* de la capitale.

– ***Miramar*** *(plan IV)* **:** à l'ouest, après la rivière Almendares que l'on franchit soit par un tunnel soit par un pont. C'est le quartier résidentiel huppé de La Havane, où vit Raúl Castro. Toutes les ambassades y sont regroupées, en particulier le long de l'avenida Quinta (5ta av.). Très étendu, Miramar aligne ses gros hôtels le long de la mer sur plusieurs kilomètres, mais les plages n'ont pas de sable ! On n'y trouve pas de véritable centre d'intérêt pour le touriste de passage, bien que certains palais, anciens casinos et résidences de luxe vaillent le coup d'œil. Pour s'y rendre, taxis ou bus publics, puis à pied.

Comment se déplacer ?

Les vélos-taxis *(bici-taxis)*

Sortes de cyclo-pousse à la cubaine, pratiques pour les petites courses. On les trouve surtout dans la vieille Havane, mais aussi autour des principales places et des grands boulevards. Certains ont même la musique !

Les *cocos-taxis*

Une sorte de scooter tricycle en forme de noix de coco... jaune. On les repère facilement ! Marrant pour les courses moyennes (assis à l'arrière sur une banquette à 2 places, protégée des intempéries par un petit toit arrondi), mais pas vraiment bon marché. Avant de monter, il faut absolument négocier le prix. Pour évaluer le tarif, renseignez-vous par exemple à la réception de votre hôtel ou d'une agence de tourisme.

Les taxis

– ***Taxis « classiques » :*** ☎ *7855-55-55/56. 24h/24.* Les voitures de la compagnie *Cubataxi* sont jaunes avec le toit blanc, d'où leur surnom *techo blanco.* S'il y a un compteur, demander à ce qu'il soit mis en marche (sauf entre l'aéroport et le centre-ville, où il s'agit d'un forfait). Mais la plupart sont sans taximètre, ce qui oblige à négocier la course avant de démarrer, en ayant une idée du prix. Les tarifs grimpent les jours de pluie ou devant les hôtels 5 étoiles.

– ***Taxis collectifs :*** il s'agit de vieilles américaines plus ou moins déglinguées appelées *boteros, almendrones* (la forme bombée des voitures rappelle celle d'une amande) ou *maquinas,* et qui parcourent une seule et unique rue. Repérables à leur écriteau « Taxi » derrière le pare-brise. D'autres *colectivos* sont des minibus jaunes, agrémentés d'un liseré en damier noir. Ils sont climatisés. La course revient moins cher qu'en taxi privatif ; demandez néanmoins les tarifs avant de monter.

La *guagua*

L'autre solution consiste à prendre une *guagua* (prononcer « wawa »), autrement dit un autobus urbain. Les lignes desservent bien le centre-ville. Problème : ils sont souvent surchargés (et ce n'est pas qu'une image !). Avantage : ça coûte des cacahuètes. Prévoir l'appoint. Dans les principales stations,

LA HAVANE – Centro Habana (Plan II)

Adresse utile

Hospital Hermanos Amejeiras (C4)

Où dormir ?

70 Casa Caribe Hostel (C5)
71 La Estancia de Neptuno (D5)
72 Casa Eclectica 1925 (C5)
73 Casa 1932 (D4)
74 Casa Calderon (D4)
75 Casa David y Lidia Díaz (D5)
76 Miriam y Sinai (D5)
77 Casa Tropical (D4)
78 Ileana y Dagoberto (D5)
79 María Victoria et Casa Barcelona 58 (D5)
80 Casa Roomantic Colonial (D4)
81 Hostal Juan Carlos (D4)
83 Casa Manrique – Ramon del Toro García (D5)
84 Casa de la Concordia (C4)
85 Hotel Terral (C4)

Où manger ?

121 Casa Miglis (C-D4)
125 San Cristobal Paladar (D5)
133 Pizzeria Mimosa et Flor de Loto (C5)
134 Siá Kará Café (D5)
142 Sociedad Castropol (D4)
154 Paladar La Guarida (C4)

Où sortir ?
Où voir un spectacle ?

212 Casa de la Música – Piano-Bar Habaneciendo (D4)
213 La Casa del Tango (D5)
214 El Jelengue de Areito (D5)

Achats

266 Boutique de la fabrique de cigares Partagas (D5)
268 Artehabana (D5)

il faut prendre un ticket qui vous attribue un numéro d'attente, sinon en arrivant dans la zone d'attente on demande « *¿ Ultimo ?* » (« Dernier ? ») et on repère derrière qui on est. Pour savoir où va le bus, demandez aux passagers qui, comme vous, attendent. *Infotur* possède un plan des lignes, avec les lignes qui commencent par un P (pour « Principales ») ; les autres n'y figurent pas.
Quelques lignes de bus bien pratiques (nous indiquons pour chacune le numéro et les extrémités de lignes, qui sont normalement affichés à l'avant des bus) :
– ***La ligne P1*** *(Playa-La Rosita)* **:** traverse tout Miramar depuis Playa par l'av. 3ra, traverse ensuite le Vedado par Linea, Coppelia, puis Centro Habana du nord au sud, par Infanta.
– ***La ligne P4*** *(Terminal de ferrocariles-San Agustín)* **:** départ de la gare ferroviaire. Le trajet suit l'avenue côtière depuis la feria San José jusqu'au rond-point du castillo de San Salvador, puis parcourt le Malecón et San Lázaro jusqu'au Vedado, qu'il traverse en diagonale par Linea, puis Miramar via la calle 31.
– ***La ligne P5*** *(Terminal de ferrocariles-San Agustín Playa)* **:** part de la gare ferroviaire, rejoint le parque de la Fraternidad puis le sud de Centro Habana (av. Bolívar), remonte par Infanta dans le Vedado qu'il traverse en diagonale par la calle 23, puis zigzague dans Miramar jusqu'à Playa.
– ***La ligne P9*** *(Vibora-Hospital Militar)* **:** traverse tout Miramar par la calle 31, puis Vedado par la calle 23, passe à Coppelia, enchaîne sur San Lázaro dans Centro Habana, avant de descendre plein sud par Padre Varela.
– ***La ligne P11*** *(Vedado-Micro X)* **:** relie le Vedado (monument à José Miguel Gómez) au parque de la Fraternidad, puis remonte Bélgica jusqu'au tunnel qu'il emprunte. Dans l'autre sens, même parcours mais il descend Zulueta (parallèle à Bélgica) sur la portion entre le tunnel et le parque de la Fraternidad.
– ***La ligne 27*** *(Lawton-El Reboredo)* **:** passe le long des avenues de la mer à Habana Vieja jusqu'au rond-point devant le castillo San Salvador ; puis mont Zulueta, Parque Central, Capitolio, Zanja, Infante, secteur du parc Coppelia, Université, redescend sur Linea, puis calle 12 du Vedado pour ensuite contourner le cementerio de Colón et se perdre dans les banlieues. Dans l'autre sens il ne passe pas par Linea, mais par la calle 17 du Vedado.

La voiture

Si vous tenez à prendre un véhicule pendant votre séjour à La Havane, attention, il est difficile de se garer en centre-ville sans acquitter un droit de stationnement à un gardien de parking officiel. On reconnaît ces gardiens à leur gilet rouge... sponsorisé par une célèbre marque de rhum !
Sachez aussi que la plupart des hôtels du centre n'ont pas de parking. La nuit, il est plus prudent de mettre son véhicule dans un *parqueo* surveillé. Mais il y a aussi souvent une personne de l'hôtel qui peut veiller sur votre véhicule contre quelques CUP. Une fois que l'on a pris ses repères, il est facile de circuler dans les quartiers de La Havane, sauf, bien entendu, dans la vieille Havane, mais là, nul besoin de véhicule. C'est même fortement déconseillé (sens uniques, rues défoncées ou en travaux, nombreuses sections piétonnes...).

Adresses et infos utiles

Tourisme

i *Infotur* *(plan I, A2)* **:** *Obispo, 524 ; entre Bernaza et Villegas, Habana Vieja.* ☎ *7866-33-33.* • *infotur.cu* • *Tlj 9h30-13h, 14h-17h. Bureau également à Miramar, 5ta et 112.* ☎ *204-70-36.* Propose des excursions dans toute la partie occidentale de Cuba (Viñales, Varadero, Trinidad). On y trouve aussi de rares brochures et un plan de la ville (payant).

■ ***Roots Travel Cuba*** *(plan III, F8)* **:** *Villa Carmita, calle 4 ; entre c/ 17 et 19, Vedado.* ☎ *7832-42-36.* ● *cubaroots.com* ● Cette émanation de l'agence française propose des chambres d'hôtes, aussi bien à la Havane qu'ailleurs dans l'île, mais aussi des excursions originales avec des guides parlant français. Gère aussi depuis Paris l'obtention de vos visas de tourisme ainsi que la location de véhicules.

– Les agences de tourisme cubaines sont des institutions gouvernementales et disposent en général de bureaux dans les hôtels d'État. On peut y faire ses réservations d'hôtels, de spectacles, d'excursions, etc. Mais vous n'obtiendrez rien en dehors des sentiers battus. En voici 3 dans les différents quartiers de la capitale :

■ ***Gaviota Tours*** *(plan I, A2,* ***4****)* **:** *agence à l'hôtel* Mercure Sevilla, *Trocadero, 55 (entre Prado et Zulueta), Habana Vieja.*

■ ***Cubatur*** *(plan III, H8,* ***2****)* **:** *angle calle 23 et M, Vedado.* ☎ *7838-40-08.* ● *cubatur.cu* ● *À droite, dans le hall de l'hôtel* Habana Libre. *Tlj 8h-20h.*

■ ***Havanatur*** *(plan IV, J12,* ***11****)* **:** *esq. av. 7 et calle 20 (dans* Residencia

■ Adresses utiles

2 Cubatur (H8)
5 Inmigración (G7)
9 Banco Metropolitano et Cadeca (G8)
10 Cadeca (G-H7)
15 Alliance française (G8)
19 Cubacar (F8)
20 Kiosque vendant des cartes téléphoniques et des cartes internet, Cubana de Aviación et Air Canada (H7)
24 Rex (H7)

Où dormir ?

86 Cuba Backpackers (H10)
87 Hostal El Cuarto de Tula (H8)
88 Casa Blanca (F8)
89 Mélida Jordán (F9)
90 Mercy's Bed & Breakfast (G8)
91 Villa Carmita (F8)
92 Chez Nini (G8)
93 Rosabel y Hansel (F9)
94 Lourdes Cervantes (H7)
95 Casa Kerida (F9)
96 Vice-Versa (E9)
97 Hostal Silvia (G9)
98 Casa Fragnol – chez Chantal (G7)
99 Crocodiloc (H9)
100 Hotel Colina (H8)
101 Hotel Victoria (H7)
102 Roc Hotel Presidente (F7)
103 Hotel Habana Libre Tryp (H8)
104 Hotel Nacional (H7)

|●| Où manger ?

87 El Cuarto de Tula (H8)
136 La Cocina de Esteban (G-H7)
138 La Catedral (E8)
139 La Isla de la Pasta (F9)
140 El Cocinero (E9)
145 Fonda La Paila (H8)
146 El Idilio (G8)
148 Amigos del Mar (E9)
149 Mercado agropecuario (F8)
150 Doña Juana (F9)
151 La Roca (H7)
157 Paladar Casa Mia (F7)

Où s'offrir une glace ? Où faire une pause sucrée ?

171 Coppelia (H8)
174 Tamy's Cakes (G7)

Où boire un verre ?

87 El Cuarto de Tula (H8)
140 El Cocinero (E9)
189 Casa de la Amistad (F8)
190 Brown Café (H8)
191 Café La Fuente (G8)
192 Bar Colonial du Restaurant 1830 (E8)
193 Café Madrigal (F8)

Où sortir ? Où voir un spectacle ? Où danser ?

104 El Parisien (H7)
140 Fabrica de Arte Cubano (FAC ; E9)
189 Casa de la Amistad (F8)
192 Restaurant 1830 (E8)
199 Torreón de la Chorrera (E8)
215 Jazz Café (F7-8)
216 Conjunto folclórico nacional de Cuba (F8)
217 El Submarino Amarillo (F8)
218 Café Fresa y Chocolate (F9)
219 Delirio Habanero (G9)
220 Salón Rojo (H7)
221 Union nationale des écrivains et artistes cubains (G8)
222 Habana Café (F8)
223 El Gato Tuerto (H7)
224 Peña de la Rumba (H8)
225 La Zorra y el Cuervo (H7)

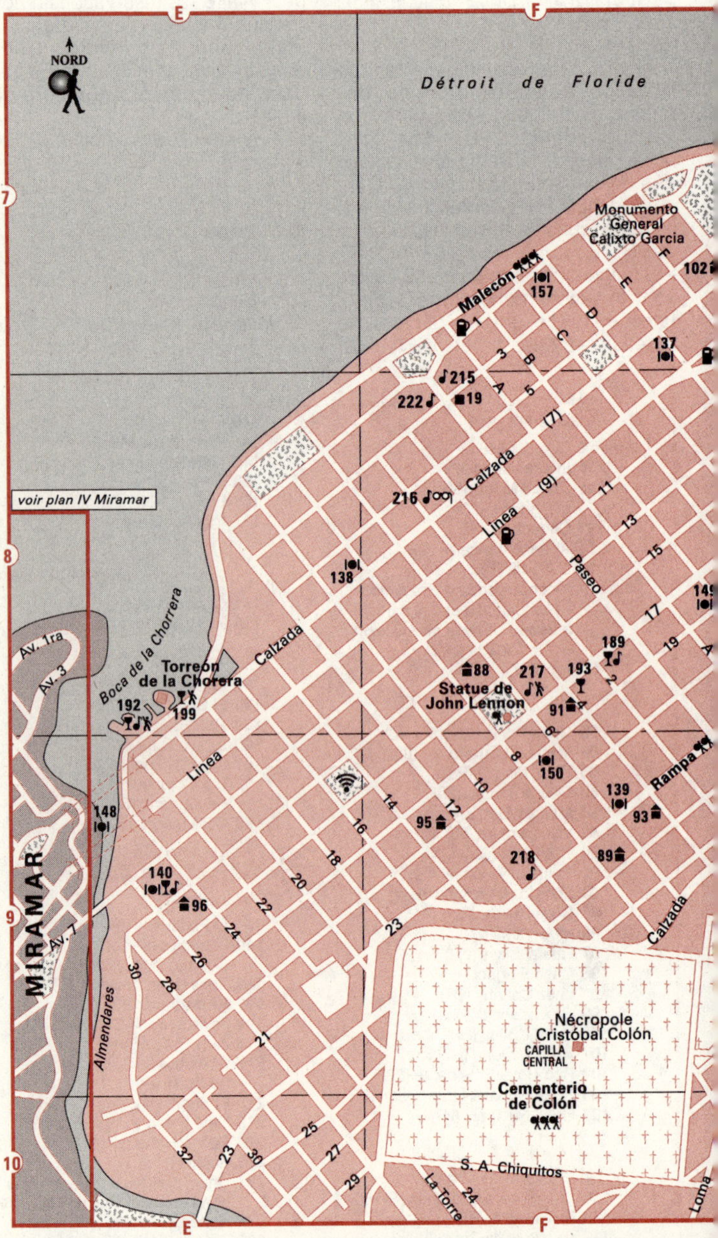

E
F
NORD
Détroit de Floride
7
8
9
10
voir plan IV Miramar
Monumento
General
Calixto Garcia
Malecón
157
102
137
1
215
222
19
A
B
C
D
E
F
3
5
(7)
(9)
Calzada
Linea
216
11
13
15
17
19
Paseo
138
149
189
193
217
88
Statue de
John Lennon
91
2
4
6
8
10
12
14
16
18
20
22
24
26
28
30
Rampa
150
139
93
95
89
218
Torreon
de la Chorera
Boca de la Chorrera
192
199
Av. 1ra
Av. 3
Av. 7
MIRAMAR
148
140
96
23
21
25
27
29
32
Almendares
Nécropole
Cristóbal Colón
CAPILLA
CENTRAL
Cementerio
de Colón
S. A. Chiquitos
La Torre
Loma

LA HAVANE – Vedado (Plan III)

Miramar). ☎ 7204-00-47. • havanatur.cu • Tlj 8h30-18h. Agence d'État qui travaille avec *Havanatour Paris*, grand spécialiste de Cuba.

■ ***Inmigración*** *(plan III, G7, **5**) : calle 17 et K. Lun-ven 8h-17h (12h jeu et sam). Fermé dim.* C'est là qu'il faut se rendre pour une prolongation de visa. Y aller quelques jours avant, avec 625 CUP en timbres fiscaux (en vente dans les banques), billet d'avion avec retour confirmé, attestation d'assurance médicale et facture de l'hôtel ou de la *casa particular* où vous logez.

Banques et change

– On se procure des ***pesos cubains (CUP)*** dans les banques, les bureaux de change *(Cadeca)* et dans les hôtels d'État (à condition d'y loger). Ne pas oublier son passeport. Les taux de change sont à peu de chose près les mêmes partout. Pas de commission. En outre, de plus en plus d'hôtels ou stations-service acceptent les cartes *Visa* et *MasterCard.*

– Lorsqu'un commerçant vous rend la monnaie, vérifiez qu'il ne vous a pas refilé des ***pesos convertibles*** (anciens CUC) à la place des pesos cubains (CUP) : seuls les CUP ont désormais cours légal.

Dans Habana Vieja

■ **Cadeca** *(plan I, A2, **7**) : esq. Obispo et Compostela. Lun-sam 8h30-18h30, dim 9h-17h30.* Change des devises (passeport obligatoire). Beaucoup de touristes changent ici : prévoir une file d'attente sur le trottoir ! *Autre **Cadeca** (zoom, **7**) esq. Oficios et Lamparilla. Mêmes horaires.*

■ **Banco Metropolitano** *(plan I, A2, **22**) : Obispo, 57 ; entre Aguiar et Cuba. Lun-sam 8h30-19h30 (dim 15h30).* Installé dans les anciens locaux de *The Trust Company of Cuba.* Distributeurs automatiques *Visa* et *MasterCard.*

■ D'autres ***distributeurs ATM*** dans Habana Vieja : *au **Banco Metropolitano** (plan I, A-B2, **23**), angle O'Reilly et Cuba ; au **Banco de Crédito et Comercio** (zoom, **23**), à l'angle de Mercaderes et Amargura ainsi que sur le Prado à côté du resto Asturias (plan I, A2, **144**).*

■ ***Banco Financiero Internacional*** *(zoom, **8**) : esq. Brasil et Oficios. Lun-ven 8h-15h30. Fermé le w-e.* Possibilité de retirer des pesos avec les cartes *Visa* et *MasterCard,* plus le passeport.

Dans Centro Havana

■ ***Distributeurs ATM*** sur le búlevar San Rafael et la calle Neptuno *(plan II, D5).*

Dans le Vedado

■ **Banco Metropolitano** *(plan III, G8, **9**) : calle 23 (Rampa), à l'angle de J. Lun-sam 8h30-19h30. Fermé dim. Également une autre agence sur la 23, à l'angle de Y.* Change et retrait d'espèces avec les cartes *Visa* et *MasterCard,* plus le passeport. Distributeurs ATM à l'extérieur.

■ **Cadeca** *(plan III, G-H7, **10**) : calle m ; entre 17 et 19. Dans un passage souterrain qui passe sous l'immeuble Focsa et qui relie la calle m à la N. Tlj 8h30-16h (11h30 dim). Également une autre **Cadeca** attenante au Banco Metropolitano (plan III, G8, **9**).* Bureau de change.

Téléphone, Internet

■ @ **Etesca** *(plan I, A2, **13**) : esq. Obispo et Habana. Tlj 8h30-19h.* Vente de cartes téléphoniques *(tarjetas telefónicas)* nationales ou internationales, ainsi que de cartes internet (passeport obligatoire). On peut se connecter sur place (excellent débit). Des ***kiosques*** vendent également ces cartes. On vous en indique 2 : au sud de Habana Vieja, à la Feria San José *(plan I, B3, **260**)* ; dans le Vedado *(plan III, H7, **20**).*

@ Outre les agences *Etecsa* (voir plus haut), l'accès à ***Internet*** et au ***wifi*** est possible dans les grands hôtels. C'est toujours payant et chaque hôtel vend sa propre carte ; même si vous n'y résidez pas, vous pouvez acheter une carte et vous connecter au bar ou à la réception. De plus en plus de restos proposent le wifi gratuit (c'est même devenu l'argument n° 1 pour attirer le chaland !). Certaines places de la ville

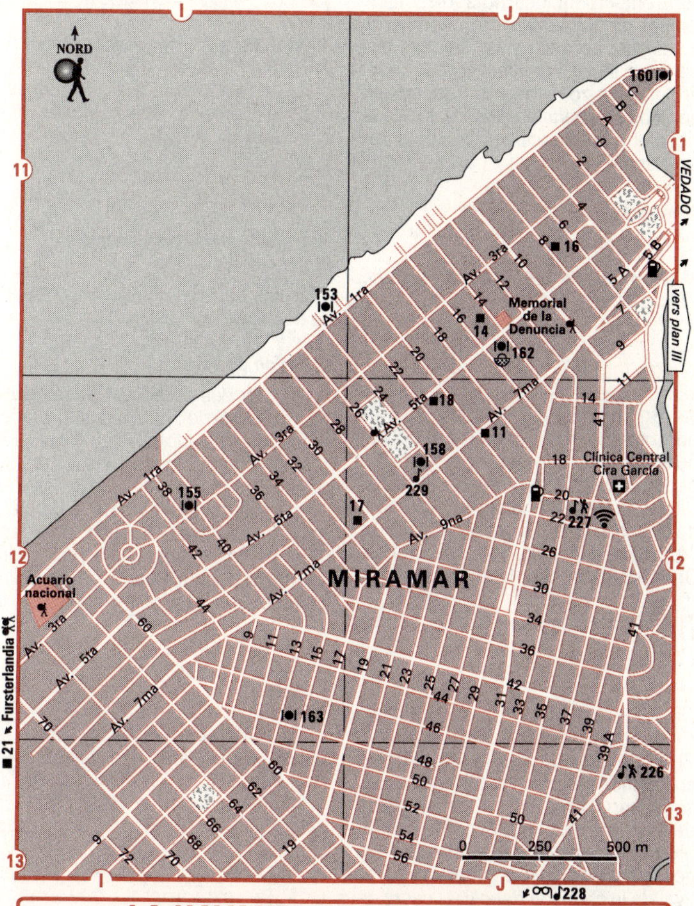

LA HAVANE – Miramar (Plan IV)

Adresses utiles

- 11 Havanatur (J12)
- 14 Ambassade de France (J11)
- 16 Ambassade de Belgique (J11)
- 17 Ambassade du Canada (J12)
- 18 Ambassade de Suisse (J12)
- 21 Centro de negocios (Air France, Cubana de Aviación, Air Europa et Iberia ; hors plan par I12)
- Clínica Central Cira García (J12)

Où manger ?

- 153 Paladar Vistamar (I11)
- 155 La Carboncita (I12)
- 158 El Aljibe (J12)
- 160 Riomar (J11)
- 162 5ta y 16 (J11)
- 163 La Cocina de Lilliam (I12)

Où sortir ? Où voir un spectacle ? Où danser ?

- 226 Salón Rosado de la Tropical Benny Moré (J13)
- 227 Casa de la Música – Diablo Tuntun (J12)
- 228 Tropicana (hors plan par J13)
- 229 Rincón del Bolero (J12)

Achats

- 162 Casa del Habano (J11)

sont également des *hotspots* : facilement repérables aux attroupements d'usagers. Le débit y est souvent faible, voire inexistant dans Habana Vieja. Préférer les zones moins fréquentées de Centro Habana ou du Vedado. Nous signalons les principaux *hotspots* sur les plans.

Représentations étrangères

■ ***Ambassade de France*** *(plan IV, J11,* ***14****) : calle 14, 312 ; entre 3ra y 5ta av., Miramar. ☎ 7201-31-31. • cu.ambafrance.org • Lun-jeu 8h30-12h30, 14h-15h, ven 8h30-12h. Fermé le w-e. En cas d'urgence : 📱 52-85-32-43.* En cas de vol de papiers (passeport), faire une déclaration à la police, puis passer à l'ambassade pour établir un laissez-passer valable jusqu'au retour. Prévoir 2 photos, le maximum de documents prouvant son identité et l'équivalent d'environ 25 € en pesos. Dans tous les cas, téléphoner avant d'y aller.

■ ***Alliance française*** *(plan I, A2,* ***3****) : Prado, 212 ; esq. Trocadero. Une autre antenne av. de los Presidentes, 407 ; entre 17 et 19, Vedado (plan III, G8,* ***15****). ☎ 7864-23-44. Lun-sam 9h-20h (16h ven-sam). Fermé dim et en août.* Plus de 13 000 étudiants cubains apprennent le français ici ! Les cours sont dispensés par une soixantaine de professeurs, bénévoles pour la plupart, qui organisent, en outre, de nombreuses activités culturelles : festival de la chanson française, cours de théâtre pour enfants et adultes, expositions, concerts... Organisent aussi, chaque année, en collaboration avec l'ambassade de France, un important festival de cinéma français.

■ ***Ambassade de Belgique*** *(plan IV, J11,* ***16****) : calle 8, 309 ; entre 3ra et 5ta av., Miramar. ☎ 7204-24-10. Urgences : 📱 52-80-50-09. • havana@diplobel.fed.be • Lun-jeu 8h-16h (ven 14h30). Fermé le w-e.*

■ ***Ambassade du Canada*** *(plan IV, J12,* ***17****) : calle 30, 518, angle 7ma av., Miramar. ☎ 7204-25-16/17. Urgences : ☎ 7204-26-16 ou 📱 (613) 99-68-85 (à Ottawa – frais virés). • havan@international.gc.ca • Lun-jeu 9h-12h, 13h-16h ; ven, seulement le mat. Fermé le w-e.*

■ ***Ambassade de Suisse*** *(plan IV, J12,* ***18****) : 5ta av., 2005 ; entre 20 et 22, Miramar. ☎ 7204-26-11. Urgences : 📱 52-85-35-75. • havana@eda.admin.ch • Lun-ven 9h-12h. Fermé le w-e.*

Transports, taxis

Taxis, bici-taxis, cocos-taxis, almendrones...

Voir plus haut la rubrique « Comment se déplacer ? ».

Location de voitures

La plupart des hôtels ont une agence de location de voitures sur place. Mais on vous rappelle qu'il est préférable d'anticiper la location avant votre départ : le parc est insuffisant et il est hasardeux d'attendre la dernière minute sur place. Attention, pour restituer la voiture avec le réservoir plein, prévoir son coup, car il y a souvent pénurie aux stations-service de la capitale !

■ ***Cubacar*** *(plan III, F8,* ***19****) : esq. Paseo et 3ra av. (face à l'hôtel* Meliá Cohiba *; entrée sur le Paseo, 24h/24). ☎ 7833-21-64. Dans la vieille Havane, agences aux hôtels* Mercure Sevilla, Plaza, Parque Central. *Dans le Vedado, autres agences aux hôtels* Nacional, Meliá Habana, Vedado, Habana Libre, Comodoro. *À Miramar, 3ra et 70 (24h/24), et dans les hôtels* Château Miramar, Copacabana. *Également dans le hall de l'aéroport international.*

■ ***Vía*** *: plusieurs bureaux à l'aéroport international. ☎ 7204-36-06 ou 7649-51-30. Bureaux également dans la vieille Havane (hôtel* Mercure Sevilla*), le Vedado (hôtel* Habana Libre*) et à Miramar (hôtel* Panorama*).* Location de voitures avec chauffeur également, à l'heure ou à la journée. Plus cher qu'une location normale, bien sûr, mais ça dépannera ceux qui redoutent la conduite à la cubaine (pas si terrible) ou n'ont pas le permis !

■ ***Rex*** *(plan III, H7,* ***24****) : esq. Linea et Malecón, Vedado. ☎ 7836-77-88.*

• rex.cu • Tlj 9h-19h. Également présents aux terminaux 2 et 3 de l'aéroport.

Stations-service

■ ***Stations-service Cupet et Oro Negro :*** *nous indiquons quelques-unes de ces stations sur les plans de la ville. Certaines acceptent les cartes Visa ou MasterCard.*

Compagnies aériennes

– La plupart des compagnies aériennes sont regroupées au rez-de-chaussée du grand bâtiment de la ***Cubana de Aviación*** *(plan III, H7,* ***20****)*, dans le quartier du Vedado, et au ***Centro de negocios*** *(hors plan IV par I12,* ***21****)*, edificio Santiago de Cuba, à Miramar. Voir aussi la rubrique « Quitter La Havane ».

■ ***Air France*** *(hors plan IV par I12,* ***21****) : 5ta av. ; entre 76 et 78, Miramar. ☎ 7206-44-44. • cuba.airfrance.com • Lun-ven 8h30-16h30. Fermé le w-e. Également à l'aéroport (tlj 11h-16h).*

■ ***Air Europa :*** *Centro de negocios de Miramar, 5ta av. ; esq. 78 (hors plan IV par I12,* ***21****). ☎ 7204-69-04. • aireuropa.com • Lun-ven 8h30-16h30 ; sam 9h-13h. Fermé dim.*

■ ***Iberia*** *(hors plan IV par I12,* ***21****) : Centro de negocios de Miramar, 5ta av. ; entre 76 et 78. Dans le patio. ☎ 7204-34-60. • iberia.com • Lun-ven 9h-16h. Fermé le w-e. Également à l'aéroport : ☎ 7649-52-34.*

■ ***Air Canada*** *(plan III, H7,* ***20****) : calle 23, 64 ; entre calle P et Infanta, Vedado. ☎ 7836-32-26. • aircanada.com • Lun-ven 8h30-16h. Fermé le w-e.*

■ ***Cubana de Aviación*** *(plan III, H7,* ***20****) : calle 23, 64 ; entre calle P et Infanta, Vedado. ☎ 7834-44-46. • cubana.cu • Lun-ven 8h30-16h. Fermé le w-e. Agence également au Centro de negocios de Miramar (hors plan IV par I12,* ***21****), av. 5ta ; entre 76 et 78. Mêmes horaires.* Vols intérieurs et internationaux.

Santé, urgences

✚ ***Clínica Central Cira García*** *(plan IV, J12) : calle 20, 4101 ; esq. av. 41, Miramar. ☎ 7204-24-02 (urgences) ou 28-11 (consultations à la clinique lun-ven 9h-15h30). • cirag.cu •* Une clinique fiable. C'est ici que le personnel des ambassades se fait soigner. Tous les services spécialisés. À l'intérieur, pharmacie ouverte 24h/24. En face, une autre pharmacie assez bien fournie, ouverte de 9h à 20h. Les médicaments sont assez chers par rapport au niveau de vie des Cubains.

✚ ***Hospital Hermanos Amejeiras*** *(plan II, C4) : San Lázaro, 701 ; esq. Belascoaín, Centro Habana. ☎ 7876-12-10, 10-20 ou 10-30. • hospitalameijeiras.sld.cu •* Grand immeuble facilement repérable, comportant plusieurs centaines de chambres. Cher, mais très fiable. Ils ont ici tous les médicaments qui font terriblement défaut aux petites pharmacies.

■ ***Asistur*** *(Asistencia al Turista ; plan I, A2,* ***6****) : paseo Martí, 208 ; entre Trocadero et Colón, Habana Vieja. Lun-ven 9h-17h. Fermé le w-e. ☎ 7866-89-20, 83-39 ou 85-27 (urgences, 24h/24). • asistur.cu •* En cas d'accident ou de maladie grave, c'est le représentant à Cuba d'*Europ Assistance* et de *Mondial Assistance*, entre autres. On y parle anglais.

Où dormir ?

En gros, 3 options pour se loger : Habana Vieja, Centro Habana et Vedado, chacun de ces quartiers ayant sa personnalité propre (lire plus haut « Les principaux quartiers »).

Habana Vieja regorge de chambres chez l'habitant à prix modérés. Dans un autre registre, certains palaces des années 1930 et vénérables demeures espagnoles ont été complètement rénovés et transformés en hôtels d'État et de charme. Ce sont de véritables petits bijoux coloniaux, mais les tarifs sont exorbitants.

Centro Habana est le quartier populaire par excellence. Très peu d'hôtels ; en revanche de nombreuses chambres chez l'habitant. Le secteur est assez délabré mais possède une vraie vie, à l'écart des flux touristiques.

Dans le ***Vedado,*** hôtel ne rime guère avec « charme ». Les grands hôtels célèbres d'avant la révolution ont eu le temps de se dégrader. Comptez plutôt sur la kyrielle de chambres chez l'habitant *(casas particulares)* situées dans de belles villas bourgeoises. Ce quartier, résidentiel et verdoyant, est plus paisible que Habana Vieja ou Centro Habana et abrite les *paladares* les plus intéressants.
Mieux vaut réserver (longtemps) à l'avance sa chambre, quelle que soit la saison. Faites-vous confirmer la réservation par écrit.
Un dernier mot pour éviter les mauvaises surprises. Le bruit est fréquent à La Havane, à cause de la circulation, de la musique des cabarets, des discothèques, puis des coqs qui claironnent à l'aube. Apportez vos boules Quies et choisissez une chambre donnant sur un patio ou un couloir. On y perd en lumière ce qu'on y gagne en tranquillité. À vous de choisir. Autre désagrément, dans les salles de bains : l'eau chaude met souvent beaucoup de temps à arriver, en un mince filet. Il arrive aussi qu'il n'y ait pas d'eau chaude du tout, y compris dans des hôtels fort chers... C'est parfois lié aux coupures d'électricité, ou tout simplement à des installations vétustes. Cela dit, l'ensemble des prestations s'est grandement amélioré ces dernières années.

Dans Habana Vieja

HOSTEL

Bon marché

Hostel Mango *(plan I, B3, **40**) : Damas, 709 ; entre Luz et Acosta. ☎ 7867-55-08. 53-55-26-21. • hostelmangohabana@gmail.com • Lits en dortoir ou en chambres privatives. Petit déj léger inclus.* Les plus *roots* de nos lecteurs apprécieront cette adresse assez centrale qui propose un dortoir. Une solution d'hébergement collectif rarissime au pays du... collectivisme. Lits superposés pour 6 voyageurs, équipés de casiers qu'on qualifiera de vintage (des placards de grand-mère reconvertis), sanitaires communs. C'est basique, pas le grand luxe, mais propre et surtout pas cher du tout. Également une double déclinable en triple, qui partage sa salle de bains avec les proprios. Ambiance conviviale dans la petite cuisine et le coin salon. Accueil avenant et cool, pas avare de bons tuyaux.

CHAMBRES CHEZ L'HABITANT

Pour rappel : le petit déjeuner vient toujours en supplément.

Prix modérés

Hostal Casa Cuba *(plan I, B3, **41**) : Cuba, 611 ; entre Luz et Santa Clara. ☎ 7864-16-14. • leticia.casacuba@gmail.com • 3e étage, porte de gauche. Clim.* Une grimpette un peu raide qui en vaut la peine ! Face au couvent Santa Clara, l'immeuble – assez décrépi – abrite plusieurs *casas.* Celle de la famille Loyola Guitart est pimpante, à l'image de l'accueil généreux. Leticia et son gendre, Michael, ont arrangé 3 chambres lumineuses à la propreté impeccable, donnant sur un patio (lits jumeaux ou doubles). Déco sobre et reposante, et une foultitude de détails pratiques pour agrémenter le séjour : cuisine et frigo à disposition, conseils à profusion...

Rolando y Marisol *(plan I, B3, **42**) : Damas, 902 ; entre San Isidro y Paula. ☎ 7866-58-05. 52-49-63-82. • rolandoymarisol60@yahoo.es • Clim.* Accueillante maison à la façade coloniale surmontée d'une terrasse à balustres, où il fait bon prendre ses repas. Les 4 chambres (dont 2 familiales) sont d'une propreté exemplaire, toutes avec salle de bains. Accueil délicieux du couple. Rolando vous montrera avec fierté sa collection de vieux appareils photo. Une valeur sûre et l'un de nos coups de cœur dans le quartier.

Cristo Colonial, Belkis y Jeiver *(plan I, A3, **43**) : Christo, 16 ; entre Brasil et Muralla. ☎ 7862-87-79. 52-97-83-09 ou 52-73-94-66.*

• *cristocolonial@yahoo.com* • *Au 1er étage. Clim.* À 3 pâtés de maisons du Capitole. Tenue par un couple discret, une maison coloniale à hauts plafonds ouvragés, avec joli patio décoré d'azulejos et de plantes vertes, sur lequel donnent les agréables chambres (lits séparés) scrupuleusement entretenues. C'est là qu'on se régale du délicieux petit déjeuner. Salon à disposition des hôtes, coffre... On a aussi apprécié les peintures vives dans les chambres et le gentil accueil.

La Casa de la Calle Luz (plan I, A-B3, **44**) **:** *Luz, 310 ; entre Habana et Compostela.* ☎ *7861-51-64.* *52-68-10-12.* • *juanibenper@yahoo.es* • *À l'étage. Clim.* Juanita et Ernesto proposent, dans leur appartement coloré, 4 chambres impeccables. Salon chargé de quelque... 300 bibelots ! Adorable balcon donnant sur la rue pour ne pas manquer les derniers potins du quartier et, au bout de l'appart, une terrasse couverte pour le petit déj et le dîner. Au-dessus, une autre terrasse encore plus belle offre une vue à 360° sur la vieille Havane, le couvent de Belén et, au loin, le dôme du Capitole.

Casa Matisse et Casa Quesada (plan I, A3, **45**) **:** *Luz 372A ; entre Aguacate y Compostela.* ☎ *7862-34-54.* *58-67-72-13.* • *ichelguzman@gmail.com* • *Clim.* Pas exactement des *casas particulares,* mais plutôt 2 appartements indépendants, tenus par 2 sœurs (l'une vous accueille et l'autre vit en France). Dans le 1er, en duplex, 2 chambres doubles et une salle de bains avec baignoire ancienne. Petit déj servi dans un salon-cuisine, petit patio à l'arrière. Dans le 2d, une chambre triple avec sanitaires, salon et balcon. Déco moderne et colorée (l'ensemble a été rénové par un architecte), très bonne literie partout. Entretien et accueil soignés. Beaucoup d'intimité, car on a la maison entière pour soi. Rapport qualité-prix épatant.

Casa Maura (plan I, A2, **46**) **:** *Refugio, 104 ; entre Morro et Prado.* ☎ *7860-06-42.* • *casamauracuba.com* • *2e étage. Clim.* Le confort de cet immeuble banal prime sur le charme, ce qui permet de ne pas faire l'impasse sur la lumière (dont on est souvent privé dans les demeures coloniales). Les 3 chambres claires donnent sur un couloir extérieur (et non sur la rue) : bonne literie, propreté impeccable, rangements, salles de bains fonctionnelles. Accueil charmant, pour ne rien gâcher.

Pablo Rodriguez y Lidia Bu (plan I, A3, **47**) **:** *Compostela, 532 ; entre Brasil et Muralla.* ☎ *7861-21-11.* *52-82-81-93.* • *compostela532@gmail.com* • Tenu par Lidia et Pablo, un sympathique couple de retraités. Lidia ouvre la porte du rez-de-chaussée avec une ficelle pour éviter de descendre les marches. Astucieux ! Pas mal de cachet dans le salon haut de plafond où s'empilent bibelots, napperons et fleurs en plastique. 4 chambres modestes et propres (un grand lit et un lit simple) se partagent 2 salles de bains. Au calme, car donnant sur une sorte de large couloir intérieur. Atmosphère chaleureuse et familiale. Une bonne adresse dans ce quartier populaire.

Jesús y María (plan I, A3, **48**) **:** *Aguacate, 518 ; entre Sol et Muralla.* ☎ *7861-13-78.* • *housejesusymaria.com* • *Clim.* Levez les yeux, c'est la façade bleue où flottent des drapeaux du monde entier ! Les chambres, confortables et assez vastes pour accueillir jusqu'à 3 personnes, donnent sur un agréable patio intérieur. Ensemble impeccable. C'est plus frais au rez-de-chaussée, plus lumineux au 1er. On a un faible pour la chambre no 7, perchée et isolée au 2e étage, dotée d'une petite terrasse privative et d'une 2e avec bains de soleil. Les petits déjeuners se prennent sur une autre agréable terrasse donnant sur la rue. Accueil souriant et dévoué.

Dos Hermanas, Yonaika y Yonaisis (plan I, A3, **45**) **:** *Luz, 364 ; entre Aguacate et Compostela.* ☎ *7867-66-88.* • *yonaikayonaisis@yahoo.com* • *Au 1er étage. Clim.* Dans un vaste appartement, tout en longueur. 3 chambres impeccablement tenues, aérées et calmes, dont 2 partagent la même salle de bains (bien pour les familles). Le mobilier ancien confère un charme suranné à l'ensemble. Petit balcon coloré plein de plantes. Accueil cordial.

Casa Señor Quintela (plan I, A2, **49**) : *Habana, 301 ; esq. Progresso (San Juan de Dios).* ☎ *7861-59-26.* • *oneliarey@nauta.cu* • *Clim.* Longue façade verte à l'angle d'un petit parc tranquille. L'appartement est au 1er étage et on est accueilli par un salon Kitsch (avec un k majuscule, oui !). 2 chiens en céramique montent la garde et les canapés en simili-cuir orange complètent le tableau. 3 chambres dans le patio, dont une donne sur le balcon (la plus spacieuse). En plein centre et au calme, rien à ajouter !

Casa Blue Colonial (plan I, A2, **50**) : *Aguacate, 67 ; entre Empredado et Tejadillo.* ☎ *7863-29-72.* 📱 *53-44-58-09.* • *casabluecolonial@gmail.com* • Demeure ancienne reconnaissable à sa charmante façade bleue. 4 chambres avec salle de bains, à l'étage et donnant sur une gentille courette. Ensemble bien tenu et accueil très sympathique de Jessica et Felipe.

Casa El Patio (plan I, A3, **51**) : *Jesus María, 312 ; entre Picota et Curazao.* ☎ *7867-50-05.* 📱 *53-61-44-85. Au rdc.* Dans un quartier populaire et animé. Préférer la grande chambre avec un coin cuisine, spacieuse et claire car donnant sur la rue (contrepartie, c'est un poil plus bruyant), dotée d'une salle de bains agréable. L'autre, petite et sombre, ouvre sur un petit patio rempli de plantes et utilisé par la famille pour faire sécher son linge. Atmosphère éminemment familiale, donc. Literie plutôt fatiguée. En dépannage si tout le reste est complet…

Casa particular Dumenigo y Ruiz (plan I, A2, **52**) : *Empredado, 505, appt 7 (3e étage) ; entre Monserrate et Villegas.* ☎ *7867-12-68.* 📱 *53-06-37-18.* • *dumenigogregorio@nauta.cu* • *casadumenigoruiz@gmail.com* • *Clim et ventilo.* Proche du *museo de Bellas Artes*, presque à l'ombre de l'*edificio Bacardí*, voici un petit immeuble modeste et sans prétention, à l'entrée de la vieille ville. 2 appartements très simples, propres, calmes et bien équipés, avec dans chacun 1 chambre et 1 petite salle de bains. Le petit déjeuner, très copieux, se prend dans un minuscule salon-cuisine à côté de la chambre. Le propriétaire vit juste à côté.

Prix moyens

Casa Belén 1850 (plan I, B3, **53**) : *San Ignacio, 506 altos ; entre Luz et Santa Clara.* ☎ *7862-25-29.* 📱 *52-96-43-19.* • *casabelen1850@gmail.com* • *Clim.* Tout proche de la plaza Vieja. L'élégance de la belle maison coloniale tranche avec la décrépitude de ses voisines ! Les volumes imposants donnent une agréable sensation d'espace. Chambres au diapason, réparties le long du patio, avec une sacrée hauteur sous plafond et minutieusement équipées : valet muet, armoire… Du cachet et du confort, une propreté remarquable, un accueil enjoué et un calme appréciable : cela fait décidément beaucoup d'atouts !

Azul Habana (plan I, A2, **54**) : *Habana, 54 ; esq. Cuarteles et Peña Pobre.* ☎ *7801-53-04.* 📱 *53-40-11-79.* • *azulhabana.com* • *Petit déj compris. Clim.* Assez rare pour être souligné, voici une jolie maison blanche aux contours bleus, évoquant davantage l'ambiance des îles grecques que celle de Cuba. Toutes blanches aussi, les 3 chambres (une au rez-de-chaussée, les autres à l'étage) sont impeccables et de bon confort. Accueil classe et gentil d'Adela. Tout là-haut, l'étroit escalier en colimaçon mène à la spacieuse terrasse remplie de plantes vertes, parfaite pour admirer le soir descendre sur la ville, au rythme de votre mojito…

Casa del Puerto (plan I, B3, **55**) : *Inquisidor 508 ; entre Luz y Acosta.* ☎ *7867-62-56.* 📱 *55-00-20-30.* • *casadelpuertohabana@gmail.com* • *Clim.* Cette demeure dotée de 6 chambres triples et quadruples jouit d'une belle situation, à proximité de tout. La déco reste sobre, le confort est irréprochable (bonne literie, prises européennes), avec en prime du volume et un certain charme. Superbe terrasse sur le toit, où l'on peut manger (service de restauration à la carte) et lézarder. Personnel aux petits soins, dont certains parlent le français. Un très bon lieu où séjourner.

Hostal « Chez Nous » *(zoom, **56**) : Brasil (Teniente Rey), 115 ; entre Cuba et San Ignacio. ☎ 7801-84-87. • hostalcheznous@gmail.com • Clim et ventilo.* Dans une demeure de style colonial (début du XXe s), avec pas mal de cachet, des chambres propres, bien équipées et hautes de plafond, avec balcon et spacieuse salle de bains commune. Terrasse vraiment sympa sur le toit, accessible par l'étroit escalier de fer à vis, où un appartement avec salle de bains, plus cher, a été installé. C'est très bien, mais on paie tout de même la proximité de la plaza Vieja.

– Et si c'est complet, ***Marta y Israel*** *(☎ 7862-09-48)*, les voisins de palier, proposent aussi des chambres impeccables, avec le même type d'escalier menant au toit.

Hostal Las Maletas *(plan I, A2, **57**) : Empedrado, 409 ; entre Aguacate et Compostela. ☎ 7867-16-23. 📱 58-11-41-62. • hostallasmaletas.com • Clim.* Petit édifice à seulement un étage dont l'élégante façade à colonnes rose cache de fort belles chambres. Avec leur look bien contemporain, un coffre-fort et une salle de bains moderne, elles se répartissent à l'arrière (donc au calme) au rez-de-chaussée ou à l'étage (certaines bénéficiant d'un balcon). Le petit déj se prend dans une salle au décor vintage, dont les valises *(maletas)* encastrées dans le mur ont inspiré le nom de ce coquet petit établissement.

Casa Habana *(plan I, A2, **58**) : Habana, 209 ; entre Empredrado et Tejadillo. ☎ 7861-02-53. 📱 53-53-12-64. • enovalh@yahoo.es • Clim.* Dans un bel immeuble fin XIXe s de style éclectique. C'est d'abord une vaste réception de charme au rez-de-chaussée, avec mobilier ancien et lustres de Venise... Aux murs, d'originales peintures du maître des lieux. Les 5 chambres, au rez-de-chaussée ou à l'étage, sont bien tenues, plus lumineuses et agréables au 1er étage évidemment. Terrasse avec vue sur La Havane... Du charme, un vrai dépaysement ! Un excellent rapport qualité-prix en basse saison. Avec un peu plus de chaleur dans l'accueil, ce serait parfait.

HÔTELS

Chic

Convento de Santa Brígida y Madre Isabel *(zoom, **59**) : Teniente Rey (Brasil), 7 ; entre Oficios et Muradores. ☎ 7801-10-64 ou 16-13. • brigidahabana@gmail.com • Petit déj compris (servi 8h30-9h30).* Couvent fort bien restauré, agrémenté de patios et de fontaines. Comme le lieu le laisse sous-entendre, on ne vient pas ici pour l'ambiance révolutionnaire. À défaut d'être décoiffantes, les chambres sont nickel, spacieuses, au confort très moderne (étonnant presque !) et parfaitement calmes. Les religieuses qui vous accueillent sont dans le même esprit, disons... effacées et parfois souriantes. C'est une très bonne adresse dans le genre, située au cœur du quartier historique. Très bon petit déj et belle terrasse sur le toit. Un excellent rapport qualité-prix.

Très chic

Toutes les adresses de cette catégorie et les suivantes sont des hôtels d'État gérés par *Gaviota Hoteles.* Un seul site internet pour obtenir toutes les infos et réserver une chambre à prix remisé (offres spéciales régulières en ligne) : *• gaviotahotels.com •* Le rapport qualité-prix reste néanmoins plus que médiocre alors que les défauts sont récurrents : plomberie souffreteuse, service approximatif, wifi payant mais aléatoire et personnel pas ou peu aimable. Faites-vous bien confirmer la réservation par écrit (il n'est par rare que ces hôtels pratiquent le surbooking). Le petit déjeuner est toujours inclus dans le prix.

Hotel Beltrán de Santa Cruz *(plan I, B3, **60**) : San Ignacio, 411 ; entre Muralla et Sol. ☎ 7860-83-30.* Demeure du XVIIIe s flanquée d'un vaste et élégant patio, aux murs colorés, bleu et ocre, le tout égayé par des plantes vertes qui dévalent des balcons. Pas mal de charme : colonnes en pierre, piliers de bois, vitraux, tomettes et beau carrelage au sol. Chambres spacieuses et confortables, décorées avec goût même s'il y a du flottement dans l'entretien. Éviter celles du rez-de-chaussée, plus bruyantes car elles donnent sur le patio où est servi le petit déjeuner (et qui sert aussi de bar). L'un des hôtels les plus corrects dans le coin.

Hotel del Tejadillo *(plan I, A2,* **61***) : Tejadillo, 12, angle San Ignacio. ☎ 7863-72-83.* Ensemble de 3 bâtiments des XVIIIe, XIXe et XXe s fusionnant adroitement. 2 petits patios encadrent des chambres au charme et à l'entretien, disons... inégal. Certaines, assez vastes, sont équipées d'une kitchenette ; d'autres ont un balcon sur rue. Éviter celles sans fenêtre, d'un mauvais rapport qualité-prix. Petit resto-bar attenant, assez charmant avec sa terrasse qui donne sur l'arrière de la cathédrale.

Hotel San Miguel *(plan I, A1,* **62***) : Cuba, 52 ; esq. Peña Pobre. ☎ 7862-76-56.* Située face à la baie, cette ancienne maison à l'atmosphère bourgeoise et légèrement compassée évoque les années 1920 : dorures au plafond, vitraux, bel escalier en marbre, mobilier d'époque. Ici, pas de patio. On n'y retrouve donc pas le charme d'un palais espagnol du XVIIIe s, autant le savoir. Petit bar au rez-de-chaussée. Depuis la terrasse sur le toit, on peut profiter du coucher du soleil sur la baie. Seulement 10 chambres hautes de plafond, au confort standard et à l'entretien variable. Les 5 chambres avec balcon ont pas mal de charme et donnent sur le grand boulevard du bord de mer. En revanche, le petit déj est chiche.

Hotel Telegrafo *(plan I, A2,* **63***) : Prado (paseo Martí) ; esq. Neptuno. ☎ 7861-10-10.* À la fin du XIXe s, ce fut l'un des hôtels les plus classieux d'Amérique latine. Aujourd'hui, c'est sans doute l'un des plus modernes de La Havane, d'autant qu'il vient d'être rénové. Déco et mobilier contemporains, structures métalliques et quelques rappels discrets à l'univers du téléphone. Au bar du rez-de-chaussée, fresque en mosaïque et arcades, dans un curieux mélange des genres. Dans le patio, les vieilles arcades de pierre s'harmonisent joliment avec les éléments contemporains. Les chambres donnant sur l'extérieur (donc avec fenêtre ou petit balcon au 1er étage), notamment sur le parque Central, sont plus onéreuses. Bonne isolation phonique grâce au double vitrage. Une douzaine d'entre elles disposent d'un lit *king size*. Celles donnant sur le bar-patio manquent toutefois de lumière. Le service, quant à lui, n'est pas à la hauteur des prix : filet d'eau en guise de douche, linge de toilette un peu limite, accueil nonchalant...

Hotel Ambos Mundos *(zoom,* **64***) : Obispo, 153, à l'angle de Mercaderes. ☎ 7860-95-30.* Un hôtel mythique et sa non moins emblématique chambre n° 511, quartier général d'Ernest Hemingway, son illustre pensionnaire. Il y écrivit les 1ers chapitres de *Pour qui sonne le glas*. Les clients peuvent la visiter gratuitement, les autres devront payer (lire « À voir. À faire »). Vaste lobby-bar un poil tristounet et, si l'hôtel est chargé d'histoire, les chambres se révèlent vieillottes et sans cachet, et les salles de bains fatiguées. Vu le rapport qualité-prix douteux, on peut se contenter de prendre l'antique ascenseur (une vraie pièce de collection !) pour siroter un verre sur le toit-terrasse (voir plus loin la rubrique « Où boire un verre ? »).

Hotel Florida *(plan I, A2,* **65***) : Obispo, 252 ; esq. Cuba. ☎ 7862-41-27.* Façade sobre et élégante pour cet hôtel de charme au magnifique patio, autour duquel s'agencent les chambres. Un double niveau d'arcades, soutenu par de belles colonnes de pierre polie. Atmosphère détendue dans le patio, bien agencé et équipé de confortables fauteuils en rotin. Taille et allure des chambres très variable. En voir plusieurs (certaines sur rue, agréables, peuvent être un peu bruyantes le soir). Bonne ambiance certains soirs, quand les rythmes de la salsa résonnent au piano-bar. Petit déjeuner assez moyen.

Hotel Conde de Villanueva *(zoom,* **66***) : Mercaderes, 202 ; esq. Lamparilla. ☎ 7862-92-93.* Un petit palais du XVIIIe s savamment transformé en

LA HAVANE ET SES ENVIRONS

hôtel de charme, discret et de grand confort, essentiellement dédié aux amateurs de cigares. Large patio empli de généreuses plantes, agrémenté de photos et équipé des inévitables rocking-chairs pour déguster un bon *D4* de chez Partagas. Une dizaine de chambres seulement, toutes nommées d'après une grande marque de *vitoles* (« Hoyos de Monterey », « Vegas Trinidad », « Perla de Llevada »...). Spacieuses, hautes de plafond et, pour nombre d'entre elles, donnant sur le patio. Salles de bains modernes et parfaitement équipées, ce qui n'est pas si courant. Beaucoup de caractère, mobilier cossu et une décoration sobre et chic. Sur la droite dans le patio, boutique de cigares (voir « Achats »).

Encore plus chic

Palacio del Marqués de San Felipe y Santiago de Bejucal *(zoom,* ***67****)* **:** *Oficios, 152 ; sur la pl. San Francisco de Asís. ☎ 7864-91-91.* Encore un palais rénové, qui sent bon la vieille pierre, avec sa façade baroque ornée de festons et un agréable patio. Changement de décor et d'époque pour les chambres, modernes et spacieuses, comme les salles de bains. Confort sans défaut flagrant et atmosphère épurée. La plupart d'entre elles donnent sur la petite rue latérale, un peu bruyante. Seules les suites profitent de la vue sur la belle place. De la terrasse du dernier étage, jolie vue sur le port.

Hotel Santa Isabel *(zoom,* ***68****)* **:** *pl. de Armas ; entre Obispo et Narciso López. ☎ 7860-82-01. Parking gratuit.* Idéalement situé, l'ancien palais des comtes de Santovenia occupe tout un côté de la plus vieille place de La Havane. Derrière la splendide façade à arcades, bordée par un immense balcon en fer forgé, se cachent une trentaine de chambres de grand confort, dont une dizaine de suites. Une rénovation sans faute. Autour du ravissant patio, les élégantes chambres se répartissent sur seulement 2 étages. Essayer d'en avoir une avec terrasse donnant sur la plaza de Armas. Le rêve ! Dommage que l'entretien ne soit pas toujours satisfaisant.

ET ANCIENS PALACES...

Bien que célèbres, ces établissements énormes sont souvent décevants car impersonnels. En plus, vu les prix, les prestations sont rarement à la hauteur des attentes. Ce sont plus des lieux à visiter que de véritables lieux de séjour. Beaucoup de groupes envoyés par les agences. Très classe dans le lobby, mais des chambres peu ou pas soignées, la plupart du temps sans fenêtre !

Très chic

Hotel Inglaterra *(plan I, A2,* ***69****)* **:** *Prado, 416 ; esq. San Rafael. ☎ 7860-85-95/97. • hotelinglaterra-cuba.com •* Palace élevé en 1875, sur le parque Central, qu'il domine de sa superbe façade. Son architecture s'inspire à la fois du néoclassicisme et du style arabo-andalou. On s'en doute, beaucoup d'artistes et de personnalités défilèrent ici, parmi lesquelles Federico García Lorca. Sarah Bernhardt y retrouvait son amant, le torero Mazzantini... Mais les temps ont changé : du lobby aux chambres, on traverse des pièces ternes et tristes, à l'ambiance compassée et cafardeuse. Les chambres elles-mêmes sont très inégales. Quelques-unes ont un balcon, d'autres donnent sur le parque Central ou le théâtre, mais la plupart n'ont pas de fenêtre. N'hésitez pas à en visiter plusieurs avant de vous décider. Si la rumeur de l'avenue n'agresse pas vos oreilles, la terrasse au rez-de-chaussée est un endroit des plus prisé pour prendre la température de la ville en sirotant son café.

Hotel Sevilla *(plan I, A2,* ***4****)* **:** *Trocadero, 55 ; entre Prado et Zulueta. ☎ 7860-85-60. • hotelsevilla-cuba.com •* Superbe palace dont l'histoire mérite d'être narrée : édifié en 1880, le *Sevilla* est une parfaite réplique du style mudéjar cher à la capitale andalouse : colonnes mauresques, plafonds à caissons, mosaïques et, bien sûr, un rafraîchissant patio où boire un verre, en musique... On ne compte plus

LA HAVANE ET SES ENVIRONS

les personnalités de la politique et des arts qui s'y sont succédé : Tito, Pérez Prado, Joséphine Baker, Caruso, Paul Morand, l'incontournable Hemingway, et même Al Capone, qui loua l'intégralité du 6e étage pour lui et ses gardes du corps (pas longtemps cependant, il se fit expulser !). Chambres assez démodées, au confort inégal et pour beaucoup sans fenêtre. Encore un établissement très vaste, plus adapté aux groupes qu'aux touristes individuels. Panorama imprenable sur la ville depuis le dernier étage. Son vrai plus : la belle piscine. Dans la galerie marchande (accès par le Prado) on trouve des agences de tourisme d'État et quelques boutiques.

Dans Centro Habana

HOSTEL

Bon marché

Casa Caribe Hostel *(plan II, C5,* **70***)* **:** *Aramburu, 353 altos ; entre San Rafael et San José. ☎ 7870-56-38. 52-46-57-70. ● casacaribehostel@gmail.com ● 1er étage. Lits en dortoir ou en chambres privatives. Clim.* Un *hostel* installé dans les étages d'une maison coloniale, un peu excentré dans Centro Habana. 2 dortoirs mixtes de 4 et 10 lits superposés et 1 double privée. Les routards voyageant seuls s'y sentiront à l'aise et en sécurité (casiers fermés à clé, pas de visiteur autorisé). La bonne tenue générale, les cocktails (pas chers) à siroter sur la terrasse, la cuisine équipée et l'accueil aimable concourent à un séjour réussi.

CHAMBRES CHEZ L'HABITANT

Prix modérés

La Estancia de Neptuno *(plan II, D5,* **71***)* **:** *Neptuno, 515 ; entre Campanario et Lealtad. ☎ 7863-33-21. 53-89-34-48. ● alalfi@cubarte.cult.cu ● Clim.* De prime abord, ce quartier populaire peut effaroucher. 2 étages au-dessus de la mêlée, on oublie vite l'escalier raide et peu engageant pour plonger dans cette vieille demeure de style : plafonds hauts comme ça, murs teintés de douces couleurs (parme, paille, saumon) et longue galerie ouverte. 2 chambres s'y alignent, vastes comme des appartements (sauf les salles de bains, assez petites) : 2 pièces dans la 1re, mezzanine dans la 2de. La 3e, au fond, est moins spacieuse et quasi aveugle. Pour se ressourcer, une terrassette d'accès acrobatique avec vue sur les toits, ou un agréable salon joliment décoré, dominant la rue. Accueil pro et cordial.

Casa Eclectica 1925 *(plan II, C5,* **72***)* **:** *Neptuno, 619 ; entre Gervasio et Escobar. ☎ 7862-21-06. 52-51-87-82. ● joserentroom@gmail.com ● Clim.* Dans un élégant immeuble à la façade ornée de balcons à balustres et de colonnes aux chics chapiteaux. Un côté chic qui se confirme dans ce vaste appartement aux couleurs fraîches. Les 3 chambres sont impeccables et bien équipées. Copieux petit déjeuner servi sur une belle terrasse surplombant la rue. Une adresse sympathique dans ce quartier vivant et populaire.

Casa 1932 *(plan II, D4,* **73***)* **:** *Campanario, 63 ; entre San Làzaro et Lagunas. ☎ 7863-62-03. 52-64-38-58. ● casahabana@gmail.com ● Résa conseillée.* À 2 pas du *Malecón,* la façade de cette maison cache un intérieur surprenant, à la fois Art nouveau et Art déco. Observer les vitraux, les cadres, la vaisselle, mais aussi les carrelages du vestibule et de l'adorable salon, où il fait bon s'installer en écoutant un peu de jazz... Il faut dire que, d'une part, Luis Miguel est décorateur d'intérieur (il a participé à la déco de l'hôtel *Telegrafo*) et que, d'autre part, son arrière-grand-père a fondé le 1er jazz-band de Cuba, en 1940, *Orquesta de los Hermanos Castro.* 3 chambres donnent sur le patio, confortables et au diapason de la déco générale. La 1re de style colonial, la 2e de style « Louis XV », la dernière, plus petite et intime, avec meubles anciens. À table, le soir, on vous servira sans doute le *pollo 1932,* du poulet cuit lentement dans une sauce à base de citrouille et de fromage. Enfin, Luis est une bonne source d'infos sur La Havane et organise des tours en voiture. Accueil volubile en espagnol, anglais ou italien. Une excellente adresse, dans un lieu exquis et raffiné.

Casa Calderon (plan II, D4, **74**) : *Industria, 57 ; entre Colón et Refugio.* ☎ *7863-04-49.* *53-61-68-03.* • *gdcalderon@infomed.sld.cu* • *Clim et ventilo.* Une *casa particular* baignée dans ce quartier populaire sympa et en même temps proche de la vieille ville. Le proprio, un médecin, a entièrement retapé cette maison coloniale pour accueillir les hôtes. À l'étage, 3 chambres bien arrangées et assez spacieuses. Élégant salon et nombreux services pour faciliter le séjour (dîner, laverie, cours de danse...).

Casa David y Lidia Díaz (plan II, D5, **75**) : *San Miguel, 426 ; entre Lealtad et Campanario.* ☎ *7879-79-34.* *52-63-48-74.* • *diazdavidlidia@yahoo.es* • Dans cette grande et belle demeure coloniale, le temps s'est comme suspendu depuis l'époque où le père de David servait dans les colonnes du Che. Le vestibule, éclairé par des lustres Art nouveau, donne sur un plaisant patio autour duquel se répartissent les chambres. On dort facilement à 4 dans l'une d'elles, immense. Mais on a aussi un faible pour l'autre, vraiment agréable, avec plafond à caissons, 2 lits doubles, et même un salon privatif, meublé à l'ancienne, avec bibliothèque... De l'espace et du calme. Salles de bains nickel mais de taille inégale. Une 3e chambre, un peu plus petite, ne manque pas de gaieté avec ses peintures colorées. David et sa femme Yaris parlent bien le français. Si c'est complet, ils vous renvoient dans la même rue chez leur fils, David junior (chambres spacieuses en rez-de-chaussée, donnant sur un patio parfaitement au calme ; mêmes tarifs et confort). Tous ceux qui désirent prendre le petit déj se retrouvent chez papa : c'est un peu l'usine certains matins.

Miriam y Sinai (plan II, D5, **76**) : *Neptuno, 521 ; entre Lealtad et Campanario.* ☎ *7878-44-56.* • *sinaisole@yahoo.es* • *Clim.* À l'étage d'une maison des années 1940, pourvue d'un joli patio aux murs verts. Excellente tenue générale. Miriam (qui parle un peu le français) et sa fille, Sinai, proposent des chambres impeccables et confortables. Elles donnent sur la rue (balcon) ou sur un couloir. Agréable salon avec fauteuils à bascule, orné de vitraux. Également une familiale un peu sombre, composée de 2 chambres mitoyennes.

Casa Tropical (plan II, D4, **77**) : *Industria, 154 ; entre Bernal et Trocadero.* ☎ *7860-42-25.* *58-69-93-46.* • *bastie.selena22@gmail.com* • *Clim.* Cette maison présente tous les atouts des vénérables demeures bourgeoises du quartier, alliée à une déco contemporaine tout en noir et blanc. Patio rafraîchissant et terrasse géniale où se prennent les petits déj. Les chambres de tailles inégales avec fenêtres ou fenestrons sont correctement équipées. Bon accueil du staff même quand les proprios sont absents.

Ileana y Dagoberto (plan II, D5, **78**) : *San Miguel, 110 ; entre Industria et Amistad.* ☎ *7867-76-84.* • *lilianalopez65@gmail.com* • *Aux 2e et 3e étages.* Dans un immeuble étroit et moderne, 6 chambres simples et propres. Elles sont réparties dans 2 appartements, avec une salle commune dans chacun, frigo et petite cuisine équipée. Dagoberto (Dago pour les intimes), hôte particulièrement serviable, propose un autre appartement à 2 pas.

María Victoria (plan II, D5, **79**) : *Barcelona, 60 ; entre Aguila et Amistad.* ☎ *7863-89-23.* • *mvictoriau@infomed.sld.cu* • À 2 pas de Habana Vieja, ce 2e étage recèle 2 modestes chambres le long d'un couloir à rambarde, surplombant une cour intérieure. Chacune a 3 lits simples et une salle de bains. Accueil souriant de María. Bonne copine de Nena et Loly (voir la *Casa Barcelona*), elles jouent entre elles les vases communicants lorsqu'elles affichent respectivement complet. Du balcon, vue latérale sur le Capitole.

Casa Barcelona 58 (plan II, D5, **79**) : *Barcelona, 58 ; entre Aguila et Amistad.* ☎ *7863-81-99/22.* • *casabarcelona58@gmail.com* • *Aux 1er et 2e étages. Doubles avec sdb ou non. Clim et ventilo.* Nena (Manuela) et Loly (Mercedes), une ancienne prof de fac parlant l'anglais, proposent 5 chambres de bon confort réparties sur 2 étages, toutes transformables en triples. Parties communes agréables composées d'un patio, de salons et de balcons. Accueil charmant qui met les points sur les « i » d'entrée : pas de *chicas* ici, ni de visiteurs extérieurs. Raté, si vous aviez prévu une boum avec des potes !

Casa Roomantic Colonial (plan II, D4, **80**) : *Amistad, 178 ; entre Neptuno et Concordia. ☎ 7862-23-30. • laroomanticcolonial@yahoo.es • Clim et ventilo.* Les hôtes de la famille Puig sont logés au 1er étage, composé notamment d'un vaste salon agréable avec piano. Un balcon ensoleillé donne sur la rue animée et les ruines envoûtantes de Centro Habana (ne pas manquer la photo-souvenir sous le joli vitrail !). Dîner sur la terrasse en haut de l'immeuble. Par mauvais temps, on se rabat sur le rez-de-chaussée. Chambres au calme, avec lit matrimonial et petite salle de bains, ainsi qu'un appartement pour 3 personnes. La chambre sur le toit-terrasse est plus rudimentaire. Il règne ici une bonne atmosphère.

Hostal Juan Carlos (plan II, D4, **81**) : *Crespo, 107 ; entre Colón et Trocadero. ☎ 7863-63-01. 📱 53-32-50-02. • juancarlos98@yahoo.es • Doubles et appartement indépendant.* Le long d'un couloir, 2 chambres se partagent une salle de bains. La 3e a la sienne propre. Une adresse chaleureuse et bien entretenue, alors que le quartier, tout proche du Malecón, est bien délabré. Rue calme. Juan Carlos adore parler avec ses hôtes et n'hésite pas à se plier en 4 pour rendre service. Salon plaisant, confortable et cosy donnant sur la rue, avec les éternelles fleurs en plastique et bibelots bien astiqués. À 2 pas de là, un appartement avec salon et chambre... clair et agréable.

Casa Luis y Luisa (plan I, A1, **82**) : *Consulado, 28 (bajo) ; entre Genios et Carcel. ☎ 7860-43-48. 📱 52-90-63-47. • domec@nauta.cu • Clim.* Bien placé à 200 m du Malecón et 50 m du Prado, au rez-de-chaussée. Un lieu où les nuits sont vraiment tranquilles. 2 chambres confortables au charme suranné (une au mur paré de pierre mais sans fenêtre) avec salle de bains nickel à partager. Une 3e chambre a été aménagée à l'étage, avec salle de bains privée dans les tons vert flashy. Excellent accueil de Luis et de ses enfants Brenda et Bryan (ce dernier parle le français).

Casa Manrique – Ramon del Toro García (plan II, D5, **83**) : *Manrique, 660 ; entre Reina y Estralla. ☎ 7860-62-07. 📱 52-72-69-32. Clim.* Derrière sa large façade aux portes hautes, cette demeure de charme dévoile un décor plutôt contemporain, avec notamment des clins d'œil inattendus à Paris. Passé un joli salon avec cuisine ouverte, on découvre le petit patio autour duquel sont distribuées les chambres. Calme, confort et propreté sont au rendez-vous.

Prix moyens

Casa de la Concordia (plan II, C4, **84**) : *Concordia, 421 ; entre Gervasio et Escobar. ☎ 7862-53-30. • reservas@lacasadeconcordia.com • lacasadeconcordia.com • Petit déj inclus. Clim et ventilo.* Une maison coloniale pimpante, qui semble avoir échappé au délabrement ambiant. On doit ce miracle au travail d'Alejandro et de sa femme Nelly, qui ont tout restauré avec sobriété et bon goût. À l'image de cette noble demeure, les 3 chambres de plain-pied (2 d'entre elles forment une suite) respirent le charme de l'ancien sans que le confort en pâtisse : meubles d'époque, décoration raffinée, grands volumes, joli patio, frigo garni. Salles de bains réjouissantes, neuves et modernes. Et un accueil hors pair, pour parfaire ce tableau de plénitude !

HÔTEL D'ÉTAT

Très chic

Hotel Terral (plan II, C4, **85**) : *Malecón ; esq. Lealtad. ☎ 7860-21-00 ou 7869-21-88. • gaviotahotels.com • Plats à prix moyens. Clim.* 💻 Un hôtel à taille humaine entièrement modernisé, dont l'architecture contemporaine contraste dans le quartier. Seulement 14 chambres et 2 suites, toutes avec vue sur le Malecón et la mer. Balcon pour la plupart et grandes baies vitrées. Vastes, à la déco marine bleu et blanc, raffinées et tout confort (TV satellite, sèche-cheveux, coffre, minibar, etc.). Bon petit déj servi dans le bar-resto au rez-de-chaussée, prolongé d'une lumineuse véranda. À propos, le *Terral* est aussi une très bonne table (goûter notamment au carpaccio de langouste)... Accueil attentionné et service agréable. Une fois n'est pas coutume, voici un très bon hôtel-restaurant d'État, à la hauteur des prix !

Dans le Vedado

HOSTEL

Bon marché

☗ ⛱ ***Cuba Backpackers*** *(plan III, H10,* ***86****)* **:** *av. 20 de Mayo, 426 ; entre Amenidad et Pedroso. ☎ 7879-28-28. 📱 53-60-00-02. • yanicuba83@hotmail.com • 3e étage, appart 35 (pas de panneau). Lits en dortoir.* Dans un quartier pas mal excentré et absolument pas touristique, un grand immeuble moche, façon HLM. Bon accueil de Yanin qui propose plusieurs appartements à différents étages (elle vous trouvera des solutions si c'est complet). En tout, 16 lits répartis dans 4 chambres (3 mixtes et une pour filles). Chaque appart possède sa propre salle de bains et une cuisine. C'est bien tenu, mais plutôt adressé aux petits budgets. Bonne nouvelle, depuis la terrasse de certains appartements, on bénéficie du wifi du *hotspot* de la place devant le Latino American Stadium. Si vous voulez assister à un match de base-ball, vous n'avez qu'un pas à faire, mais pour aller vous balader en ville, c'est une autre affaire !

CHAMBRES CHEZ L'HABITANT

Prix modérés

☗ ***Hostal El Cuarto de Tula*** *(plan III, H8,* ***87****)* **:** *San Lázaro, 1063 ; entre San Francisco et Espada. ☎ 7873-11-77. • hostalcuartodetula@gmail.com • Clim.* Bien situé à la charnière du Vedado et de Centro Habana, dans l'arrière-cour d'un agréable bar-resto (voir plus loin dans la rubrique « Où manger ? »), cet *hostal* se distingue des hébergements habituels à La Havane par son décor bien ancré dans les tendances actuelles. Ici, pas de fleurs en plastique ou de bibelots à maman. Le long d'un corridor ouvert, les chambres tout confort alignent une déco intérieure moderne. Mobilier très XXIe s, motifs flashy aux murs qui compensent un léger manque de lumière naturelle. Accueil jeune et sympa.

☗ ⛱ ***Casa Blanca*** *(plan III, F8,* ***88****)* **:** *calle 13, 917 ; entre 6 et 8. ☎ 7833-56-97. • duanyca@gmail.com • Clim.* Dans une belle bâtisse coloniale toute... blanche (sans blague !), Jorge ouvre 4 chambres aux voyageurs. Cadres aux murs, meubles d'antiquaires, tout respire le passé sans être vieillot. Salles de bains nickel et confort sont au rendez-vous (coffre, minibar...). Le tout dans un quartier paisible et fleuri, dont on peut profiter depuis la terrasse et le jardinet devant la maison.

☗ ⛱ ***Mélida Jordán*** *(plan III, F9,* ***89****)* **:** *calle 25, 1102 ; entre 6 et 8. ☎ 7836-11-36. • melida.jordan@gmail.com •* Tenu par Diana, prolixe et pleine d'attentions pour ses hôtes. 2 chambres très propres avec salle de bains, soignées et équipées de frigo. On a un faible pour celle du rez-de-chaussée, devancée par une terrasse. Un vrai cocon dans le jardinet verdoyant. À l'étage, belle terrasse couverte pour le petit déj.

☗ ⛱ ***Mercy's Bed & Breakfast*** *(plan III, G8,* ***90****)* **:** *calle 21, 360 ; entre G et H. ☎ 7832-58-46. 📱 52-91-76-85. • mercylupe6@gmail.com • mercybedbreakfast.com • Au 1er étage, appart 2A. Clim et ventilo.* Dans un vaste appartement, chambres spacieuses et très bien tenues, à 2 lits ou avec un très beau lit double de style Art déco en bois de caoba. Celles sur rue disposent d'un balcon, les autres sont agréables mais moins lumineuses. Toutes sont bien équipées : frigo garni, coffre et salle de bains nickel des années 1950. Mercedes est aussi adorable qu'elle est bavarde. Dans son plaisant salon avec bibliothèque, elle vous livrera ses conseils sur la ville.

Villa Carmita (plan III, F8, **91**) : calle 4, 408 ; entre 17 et 19. ☎ 7832-42-36. 📱 53-63-06-56. • casaparticular-carmita-habanacuba.com • Clim. Garage gratuit. Dans la famille des maisons coloniales qui foisonnent dans le Vedado, bonne pioche ! Celle-ci se distingue par son porche monumental soutenu par 2 belles colonnes et précédé d'un jardinet. Un ensemble pimpant, jaune et rouge. À l'intérieur, la gentille famille Lopez a agencé 3 chambres. Ambiance simple, aménagements un rien surannés, même si tout le confort est là, y compris de belles salles de bains modernes. Accueil chaleureux (Alexander parle couramment l'anglais) et excellente cuisine concoctée par la grand-mère.

Chez Nini (plan III, G8, **92**) : calle 25, 714 ; entre D et E. ☎ 7830-34-67. 📱 53-32-18-95. • nildafdez2014@gmail.com • Vaste maison précédée d'un jardinet et d'un portique à colonnes (le rocking-chair n'attend que vous !). Les 3 chambres proposées sont hautes de plafond et d'excellent confort. Quant aux intérieurs, ils sont sans chichis ni tralala. Tout au plus quelques cadres aux murs. Le proprio et sa fille, gentils comme tout, sont francophones et donnent volontiers de bons tuyaux sur la ville. Barbecue pour ceux qui voudront faire leurs grillades dans le jardin et manger dehors. Une agréable escale dans le Vedado.

Rosabel y Hansel (plan III, F9, **93**) : calle 4, 556 ; entre 23 et 25. ☎ 7831-35-71. 📱 52-54-22-38. • dariojose020508@gmail.com • Clim. La maison a du cachet avec ses colonnes bleues et sa façade pimpante. Secondée par son mari musicien (et occasionnellement par son fils), la maîtresse des lieux reçoit ses hôtes avec enthousiasme et parle très bien le français. Artiste peintre, elle a rafraîchi cette maison à son idée et avec goût : tentures aux murs, tableaux, instruments de musique... Les 2 chambres sont mignonnes et se partagent une jolie salle de bains (parfait pour une famille ou un couple d'amis). Charmante terrasse avec hamac, dans un environnement tranquille.

Lourdes Cervantes (plan III, H7, **94**) : Infanta, 17, près de l'angle avec Humboldt ; au 1er étage, appart 10. ☎ 7879-22-43. • lourdescepa@gmail.com • Clim et ventilo. Grand appartement d'un immeuble des années 1940, accusant un petit style Art déco. Lourdes, une biologiste francophone à la retraite, y loue 2 chambres spacieuses qui partagent une salle de bains nickel. Elles sont meublées au goût des années 1950, avec petit balcon d'angle offrant une ouverture sur la mer. L'une des chambres est équipée de 2 grands lits. Salon agréable. Il règne ici une atmosphère tranquille où l'on se sent bien, sous la protection de la bienveillante maîtresse de maison. Parking possible dans l'enceinte de l'immeuble (payant).

De prix moyens à chic

Casa Kerida (plan III, F9, **95**) : calle 19, 1074 ; entre 12 y 14. ☎ 7833-84-01. 📱 55-82-21-75. • kerida@nauta.cu • kerida-cuba.com • Petit déj inclus. Dîner (sur résa). Cette élégante demeure des années 1920 dégage un charme évident. Les œuvres contemporaines se mêlent harmonieusement au mobilier ancien et au carrelage vintage. Grande salle conviviale à l'étage, prolongée de balconnets qui surplombent un petit jardin. Les 5 chambres, décorées dans le même esprit, offrent un confort sans faille et sont d'une propreté méticuleuse (sans vouloir faire cliché, la proprio est Suisse !). En bonus, une splendide terrasse sur le toit, d'où l'on aperçoit la mer. L'accueil, gentil et francophone, entretient une ambiance conviviale. La maison organise des cours de danse ou de percussions et peut vous guider dans la vie culturelle de la capitale. Bref, le genre de lieu qui peut rendre un séjour à La Havane encore plus intéressant.

Vice-Versa (plan III, E9, **96**) : calle 13, 1355 ; entre 24 y 26. 📱 58-42-79-28. • contact@viceversacuba.com •

viceversacuba.com • Petit déj inclus. Dîner (sur résa). Clim. Beaucoup de personnalité dans cette maison de 1929, que les proprios ont agrandie et restaurée avec un goût digne des magazines de déco : béton ciré, couleurs apaisantes, plusieurs espaces communs ouverts sur l'extérieur. Pour loger, 5 chambres joliment meublées dans un style colonial revisité, sobre et classe à la fois, toutes dotées de salles de bains dernier cri. Terrasse avec un bout de vue sur mer. Et pour couronner le tout, accueil extra d'un couple suisso-cubain francophone.

Hostal Silvia (plan III, G9, **97**) : Paseo, 602 ; entre 25 et 27. 58-29-68-74. • hostalsilvia@yahoo.es • hostalsilvia.com • Petit déj inclus. Sur l'avenue la plus prestigieuse du Vedado, une majestueuse demeure patricienne avec vaste véranda, mobilier ancien en bois sombre et magnifique hall à colonnes. La salle à manger où se prend le petit déjeuner est ornée d'un vitrail. L'avenante señora Silvia Vidal propose 4 chambres à l'ancienne, très bien tenues, dans la demeure principale ou dans la petite maison indépendante. Beau jardin. L'ensemble possède un charme et un chic qui justifient pleinement le tarif.

Casa Fragnol – chez Chantal (plan III, G7, **98**) : calle H, 107 ; entre 5ta et Calzada. ☎ 7832-21-46. 53-97-91-27. • lacasadelosamigos@yahoo.fr • Petit déj compris. Belle maison coloniale des années 1920, haute en couleur et proche du Malecón. 5 chambres à thème, peintes des murs au plafond, impeccables, toutes avec salle de bains et bonne literie. Elles sont décorées avec originalité par Chantal, votre hôte française, qui assure un accueil pétillant et chaleureux. Délicieux mojito et dîner sur demande, visites de la ville, change, réservations et conseils de visite... Une excellente adresse.

Crocodiloc (plan III, H9, **99**) : Almendares, 10 Altos ; entre Lugareno et Carlos III. ☎ 7870-91-15. 52-72-12-16. • satecsa01@gmail.com • Petit déj inclus. *Crocodiloc* occupe le 1er étage d'une de ces très belles maisons coloniales de La Havane, et dispose de 2 chambres spacieuses et claires ; dont une avec terrasse. Elles ont gardé leur cachet ancien tout en offrant un confort moderne. Les parties communes sont vastes, salons, terrasses et patios donnent le sentiment d'être dans une maison de famille. Sentiment renforcé par l'accueil exceptionnel et la personnalité de Dimitri (français), qui vit à La Havane depuis près de 30 ans et ne manquera pas de vous donner les meilleurs plans pendant votre séjour.

HÔTELS

Les prix affichés à la réception de ces hôtels sont largement gonflés par rapport à ceux proposés sur Internet. Le petit déjeuner est toujours inclus dans le tarif des chambres. Petite précision : l'État cubain s'est pas mal désengagé de la gestion de ces hôtels, assumée désormais par de grands groupes internationaux. Pour autant, l'entretien, la qualité d'accueil et les prestations offertes demandent encore à être améliorées.

Chic

Hotel Colina (plan III, H8, **100**) : angle L et 27. ☎ 7836-40-71. • islazulhotels.com • Clim. Hôtel de la modeste chaîne *Islazul*, bien situé. Passé un hall désuet, on découvre... des chambres tout aussi désuètes. Pas de surprise, donc. Plutôt basiques, elles sont pourvues du confort élémentaire mais guère plus. Les sanitaires datent un peu. Demander une chambre au 5e ou au 6e étage pour la vue sur la belle université ou pour avoir une chance d'apercevoir la mer. Agréable terrasse au bar du rez-de-chaussée.

Très chic

Hotel Victoria (plan III, H7, **101**) : calle 19 ; esq. M. ☎ 7833-35-10. • nhcollectionvictorialahabana@nh-hotels.com • Petit édifice cubique et moderne, typique des années 1930. Sa rénovation a apporté de la gaieté et introduit un mobilier sixties du plus bel effet. Chambres d'excellent confort, bien agencées et d'une belle tenue. Petite piscine au fond. Buffet au petit déj de meilleure qualité que la moyenne. Bien qu'un peu cher, cet établissement luxueux est l'un des plus recommandables du quartier.

Roc Hotel Presidente (plan III, F7, **102**) : *Calzada, 110 ; esq. av. Presidentes.* ☎ *7838-18-01.* • *roc-hotels.com* • L'élégance de ce bâtiment élancé à corniches et pilastres se remarque de loin. Il est fièrement dressé face à un beau palais gouvernemental. À l'intérieur, des chambres douillettes à l'ancienne mode, de bon confort. Certaines dotées d'une petite vue sur l'océan (au même prix). Une clientèle de groupes, mais qui n'altère pas la qualité de service.

Hotel Habana Libre Tryp (plan III, H8, **103**) : *calle L ; entre 25 et 23.* ☎ *7834-61-00.* • *meliacuba.com* • C'est l'ancien *Hilton*, érigé dans le cœur du Vedado en 1958, soit 1 an avant la révolution ! La junte castriste s'est empressée de le débaptiser pour imposer le nom de *Habana Libre*. Tout un symbole ! Aujourd'hui, cette moche usine à touristes (500 chambres sur 25 étages, 3 bars, 3 restos, une discothèque) est gérée par la chaîne espagnole *Meliá*. Ses étages élevés offrent une vue sur toute la ville. Tout de même cher payé pour des chambres spacieuses mais qui vieillissent mal.

Hotel Nacional (plan III, H7, **104**) : *calle O ; esq. 21.* ☎ *7836-35-64.* • *hotelnacionaldecuba.com* • *Au bout de la calle 21, vers la mer. Attention, pas d'accès côté Malecón.* On ne peut mieux situé, sur le Malecón, face à la baie. Face à la mer, se dressent 2 remarquables canons Krupp sur leur affût, datant du début du XXe s. C'est l'un des hôtels mythiques du Vedado, autrefois rendez-vous de la mafia. Lucky Luciano y a organisé la conférence de La Havane, avec les plus grandes crapules de l'époque. Toute une collection de personnalités y ont séjourné (se reporter aussi à la rubrique « À voir. À faire. Le Vedado »). Imposante ruche de plus de 440 chambres, il propose tous les services pour satisfaire les touristes : restos, bars, cabaret, location de voitures, change, court de tennis, etc. Et pas moins de 2 piscines. L'ensemble est un mélange de chic et de suranné. Les prestations restent correctes mais peuvent décevoir, étant donné le tarif pratiqué.

Où manger ?

Dans Habana Vieja

Les *paladares* sont rares dans ce quartier. Ce sont plutôt les restos qui tirent leur épingle du jeu. Dans toutes ces adresses, il faut ajouter 10 % pour le service (il est parfois facturé d'office sur la note).

Bon marché

El Chanchullero (plan I, A2-3, **126**) : *Brasil (Teniente Rey), 457A, sur la pl. del Cristo. Tlj 12h30-minuit. Pas de résas.* Une adresse très courue que ce minuscule *paladar* à 2 pas du Capitole. On y sert notamment du poulet et du porc grillés, des assiettes complètes servies avec une belle salade. Une fois passée la file d'attente sur le trottoir, on découvre un cadre convivial, style taverne aux murs de brique avec quelques tables en bois, une micro-salle à l'étage avec un coin prison (si, si !) et un bout de terrasse au 2^d étage. Bonne musique (genre années 1960-1970) et ambiance très animée. Le lieu étant devenu très touristique, le rapport qualité-prix et l'accueil ont un peu baissé. D'ailleurs, on peut se contenter d'y prendre un verre en soirée. Une autre adresse à l'est de La Havane, près de la plage d'Alamar (*5ta G, 16204, entre 162 y 162D, zona 6, Alamar ;* ☎ *7765-75-85 ;* 📱 *52-76-09-38 ; tlj 13h-minuit).*

Venami (plan I, A2, **196**) : *Monserrate, 435 ; entre Teniente Rey et Lamparilla.* ☎ *7860-51-56. Tlj 12h-minuit.* Un minuscule resto italien qui ne désemplit pas. Manifestement, la clientèle s'est vite fidélisée... et le bouche-à-oreille a fait le reste. Il faut dire que pizzas, pâtes et gnocchi sont faits maison, bons, économiques, en plus d'être très gentiment servis. On oublie vite qu'on est serré comme des sardines dans la petite salle ventilée, aux murs ornés d'affiches de cinéma italien.

Prix moyens

🍴 ***Esto no es un Café*** (zoom, **129**) : *callejón del Chorro, San Ignacio, 58A ; impasse perpendiculaire à la pl. de la Catedral. ☎ 7862-51-09. Tlj 12h-minuit. Résa conseillée ou venir tôt.* On s'étonne de trouver une adresse d'une telle qualité dans l'hypercentre touristique, à 2 pas de la cathédrale ! Une vraie surprise, tant pour la présentation flatteuse que pour le plaisir des sens. Ici, on ne badine ni avec votre assiette (la forme de certaines nous a quand même déroutés !), ni avec votre appétit, et les végétariens y trouveront agréablement leur compte. Service aux petits oignons. Galerie d'art à l'étage.

🍴 ***Mas Habana*** (plan I, A2, **123**) : *Habana, 308 ; entre San Juan de Dio et O'Reilly. ☎ 7864-32-27. Tlj 11h-minuit.* Une salle à la déco contemporaine agrémentée d'une petite mezzanine. Sur un mur, grande mosaïque métallique colorée. Dans l'assiette, une cuisine goûteuse (comme ce ragoût d'agneau à la cannelle). Chose rare, la carte propose de bons desserts maison. De vraies douceurs, à l'image de l'accueil. On aime bien.

🍴 ***304 O'Reilly*** (plan I, A2, **128**) : *calle O'Reilly, 304 ; entre Habana et Aguiar. ☎ 7863-02-06. Tlj 12h-minuit.* Quelques tables dans un joyeux brouhaha, une chaleureuse mezzanine et une carte maligne qui colle aux attentes d'une clientèle internationale fréquentant les bars branchés de la rue. Les tacos côtoient un filet de bœuf, des salades et des plats dans l'air du temps comme des tapas ou du *ceviche.* On apprécie l'alternative saine aux sempiternels *frijoles*/riz, ici judicieusement remplacés par des légumes en accompagnement des plats.

– 🍸 Au *303,* l'annexe située à l'étage en face – ***El del Frente,*** où il fait bon s'accouder au bar ou s'attabler dans la salle lumineuse à la déco moderne façon industrialo-vintage, le tout fréquenté par les hipsters de La Havane. À moins que vous ne préfériez, comme nous, l'avenante terrasse sur le toit, vraiment extra et tout indiquée pour siroter un cocktail savamment dosé ! Côté cadre et ambiance, ces 2 restos ont réussi leur coup.

🍴 ***5 Esquinas Trattoria*** (plan I, A2, **141**) : *Habana, 104 ; esq. Cuarteles. ☎ 7860-62-95. Tlj, du mat (petit déj) au soir.* Au rez-de-chaussée d'un bel immeuble d'angle, une salle sobrement chaleureuse avec tables en bois, sets de table en papier recyclé et cuisine ouverte, vraiment nickel. Des spécialités italiennes de qualité, qui bottent forcément les estomacs affamés : pizzas cuites au feu de bois, pâtes à toutes les sauces, risotto, focaccia maison, salades. Du sérieux sans sophistication, voilà ce qu'on attend ! Des tables colonisent aussi la rue piétonne, au calme.

🍴 ***Van Van*** (plan I, A2, **156**) : *Progresso (San Juan de Dios), 58 ; entre Compostela et Aguacate. ☎ 7860-24-90. Tlj 12h-minuit ; musique live le soir.* Quelle déco ! Chargée en diable, elle exhibe cadres baroques et peintures murales. Au plafond, des lustres de verre exubérants et instruments suspendus, comme pour rappeler que des groupes sévissent ici tous les jours. La carte, courte (pâtes, poisson et bonne *ropa vieja*), sert d'alibi pour rester plus longtemps à écouter les sessions de *son* et de salsa. À moins qu'on n'ait décidé de descendre tous les cocktails que propose le bar. Mais ça ne serait pas sérieux, hein ?

🍴 🍸 ***La Imprenta*** (zoom, **152**) : *Mercaderes, 208 ; entre Amargura et Lamparilla. ☎ 7801-18-81. Tlj 12h-minuit.* Une ancienne imprimerie transformée en resto, dont le décor rend hommage à l'activité historique du lieu (noter les lourdes presses à main et les fines colonnes métalliques). Une valeur sûre, proposant des plats variés à des prix abordables. On peut aussi se contenter d'y grignoter au bar ou assis autour des lourdes tables, dans un agréable atrium.

IOI ***Habana 61*** *(plan I, A2, **130**) : Habana, 61 ; entre Cuarteles et Peña Pobre. ☎ 7801-64-33. Tlj 12h-minuit.* La décoration moderne aux couleurs acidulées ne plaira pas à tout le monde, mais la qualité de la cuisine devrait faire l'unanimité. La preuve : il faut absolument réserver si vous souhaitez vous y attabler. Les plats n'ont pourtant rien d'original *(ropa vieja, carpacio de polpo, langosta enchilada, camarones a la criolla),* mais leur réalisation est sans faute et les saveurs sont là, ce qui n'est pas toujours le cas. On termine même par une *mousse de chocolate* de bon aloi.

IOI ***Mojito Mojito*** *(zoom, **124**) : Muralla, 166 ; entre Cuba et San Ignacio. ☎ 7801-81-87. Tlj 11h-minuit.* Le cadre rafraîchissant donne vraiment envie de s'attabler : salle aérée et cosy, parée de tons vert clair, sous une voûte soutenue par des colonnes de pierre. Au menu, une cuisine créole savoureuse, copieuse et bien exécutée. Excellents cocktails aussi (avec un nom pareil, c'est la moindre des choses !). Si le lieu est surtout fréquenté par les touristes, ça ne l'empêche pas d'assurer une grande qualité d'accueil et de service. Il peut y avoir de l'attente après 20h pour décrocher une table (arriver tôt ou réserver). En soirée, les murs de pierre résonnent d'une musique cubaine *en vivo.*

IOI ***Doña Eutimia*** *(zoom, **129**) : callejón del Chorro, 60C ; impasse perpendiculaire à la pl. Catedral. ☎ 7861-13-32. Tlj 12h-minuit. Fermé en sept. Résa conseillée ou venir tôt.* Le plus en vue des *paladares* de la vieille ville, en plein quartier touristique. Des tables écrasées les unes contre les autres à l'intérieur comme en terrasse. Déco douillette de salon traditionnel havanais, meubles vintage, pendule de famille, lampes en pâte de verre et ventilos au plafond, vaisselle originale sur des nappes en tissu. Carte bien balancée avec une salve de plats créoles plutôt classiques à prix tout à fait convenables et où la fraîcheur des produits est la règle. Beaucoup de monde, donc assez bruyant et parfois un accueil un peu brusque...

IOI ***Art Pub*** *(plan I, A2, **148**) : Brasil (Teniente Rey), 306 ; entre Aguacate et Compostela. ☎ 7861-50-14. Tlj 12h-minuit.* Décor mi-cubain, mi-british dans cette salle boisée au style colonial, prolongée à l'arrière d'un agréable patio. On y déguste une cuisine locale et internationale généreuse et bon marché. Ne vous attendez pas non plus à de hautes envolées gastronomiques. En revanche, les bons cocktails à prix modiques remportent tous les suffrages.

IOI ***Donde Lis*** *(plan I, A2, **127**) : Tejadillo, 123 ; entre Habana et Compostela. ☎ 7860-09-22. Tlj 12h-minuit.* Osez pousser la porte de ce resto, un rien à l'écart des foules. Une salle fraîche et colorée aux tons orange, bleus et bois vous y attend. Au menu, du classique côté terre comme côté mer : *ropa vieja,* porc au citron, pêche du jour, qui s'accompagnent de *viandas* et *congri.* Des pâtes aussi. Le service est plaisant. Une bonne halte sans se ruiner. Le compromis parfait entre les établissements chers du quartier et les gargotes de rue.

IOI ***Los Nardos et D'Lirios*** *(plan I, A3, **135**) : paseo del Prado, 563 ; presque en face du Capitole. ☎ 7863-29-85. Tlj 12h-minuit.* L'immeuble est celui de la *Sociedad Juventud Asturiana,* fondée en 1912, et abrite 4 restos : *Los Nardos* au 1er, *El Trofeo* au 2e (cuisine créole et internationale), *El Asturianito* (cuisine créole et italienne) au 3e et *D'Lirios* au rez-de-chaussée. La déco de **Los Nardos** est assez étonnante : une salle sombre, y compris en journée, et bruyante, tendue de hautes tentures rouges et meublée d'acajou. La cuisine ne révolutionne rien, mais la carte, longue comme le bras, offre un large choix. Optez pour des classiques et n'hésitez pas à partager : c'est ultra-copieux ! Service stylé avec nœud pap'. Quant au ***D'Lirios,*** au rez-de-chaussée sur la droite, il ravira les gourmands. Des 4 restos, il est aussi le plus fréquenté, et il peut y avoir de l'attente. Atmosphère agréable, grande toile de La Havane des années 1920, tonneaux et bouteilles... Côté cuisine, une carte extensive où l'on trouve tous les classiques, bien servis et à tous les prix. Bonne ambiance, en chanson, et excellent accueil.

🍽 ***Asturias*** *(plan I, A2,* ***144****)* ***:*** *paseo del Prado, 309 ; esq. Virtudes. ☎ 7864-14-47. Tlj 12h-minuit.* Grand immeuble abritant 2 bars et 3 restaurants, assez différents les uns des autres, pour satisfaire vos envies culinaires du moment ! Cuisine correcte. Au rez-de-chaussée, une fois passé le snack sur rue, on trouve ***La Xana*** qui propose de bonnes pizzas et de la cuisine italienne. Atmosphère assez animée. Au 1er étage : ***Comida Cubana***. Élégant cadre ancien, haut de plafond, lambris de bois sombre et poutres. Personnel habillé à l'ancienne pour une cuisine traditionnelle à base de fruits de mer et de viandes. Certains soirs, 2 musicos antédiluviens viennent jouer. Enfin, tout en haut, ***La Terrazza*** est spécialisée dans les grillades et le bruit (toujours beaucoup de monde).

Chic

🍽 ***Le Esquina de Cuba*** *(plan I, A-B2,* ***181****)* ***:*** *Cuba, 203 (1er étage) ; entre Empredado et O'Reilly. 📱 59-11-09-94. Tlj 12h-minuit.* À l'étage de ce bel immeuble rénové, on découvre une salle extrêmement agréable au décor colonial revisité, boiseries peintes en blanc et murs de brique apparente, avec ventilos au plafond. Parmi une carte cubaine alléchante et maîtrisée, la *mariscada cubana* (ragoût de poisson, coquillages et langouste) s'affiche comme la spécialité maison. Pour une grosse faim le midi, opter pour le copieux menu : une vraie ronde des plats qui ne manque pourtant pas de finesse. Sinon, on peut aisément s'en sortir à prix moyens en se contentant d'un plat. Encore faut-il ne pas craquer pour l'un des délicieux desserts... Service aux petits oignons (avec souvent un serveur qui parle le français) et un rapport qualité-prix remarquable.

🍽 ***Restaurante Ivan Justo*** *(plan I, A2,* ***131****)* ***:*** *Aguacate, 9 ; esq. Chacón. ☎ 7863-96-97. Tlj 12h-minuit. Résa impérative en précisant le nom car le même numéro sert à l'adresse jumelle du rdc.* On emprunte un petit escalier orné de photos de stars et de La Havane des Années folles. Les 2 petites salles à la déco aussi chargée que pittoresque se distinguent par leur caractère : nombreux objets et meubles anciens, peintures, dessins, posters et photos de films, tout est soigné, chaleureux, intime et charmant. Cuisine de qualité et carte très variée : paella de *mariscos*, viandes cuites à la commande. Tout cela a un prix, un peu plus élevé qu'ailleurs.

🍽 ⛱ 🛜 ***Los Marinos*** *(zoom,* ***122****)* ***:*** *av. del Puerto. ☎ 7867-14-01. Tlj 12h-23h.* Un resto au cadre idyllique, installé sur un petit ponton s'avançant sur les flots. De la terrasse au 1er étage, on voit la forteresse et le chenal. La carte, elle aussi, regarde sans hésiter vers la mer... Cela dit, on viendra plus pour la vue que pour la cuisine, honnête sans plus.

Dans Centro Habana

Bon marché

🍽 ***Pizzeria Mimosa*** *(plan II, C5,* ***133****)* ***:*** *Salud, 317 ; entre Gervasio et Escobar. ☎ 7867-17-90. Tlj 12h-minuit.* Une des meilleures pizzerias de la ville. Il faut voir les familles faire la queue pendant 1h, voire 2h (pas de résas) pour atteindre le « graal » de la pizza et des pâtes fraîches. Heureusement, il y a des sièges ! Cadre kitsch, quelques box, atmosphère tamisée et bon enfant... 25 sortes de pizzas craquantes et goûteuses à souhait, et choix de pâtes aussi foisonnant qu'il y a de spaghettis dans une assiette... Service impeccable en nœud pap', seau à glace pour la bière (si, si !).

Prix moyens

🍽 🍸 ***Siá Kará Café*** *(plan II, D5,* ***134****)* ***:*** *Barcelona ; esq. Industria. ☎ 7867-40-84. Tlj 12h-2h. Musique live à 20h.* Juste derrière le *Capitolio*, une salle tout en couleur et pleine de relief : mini mezzanine, longues banquettes avec coussins, comptoir où trône une sacrée équipée de bouteilles (devinez pour quoi faire !). Tableaux décalés de Louis XIV et Louis-Philippe tirant la langue. L'ardoise affiche au mur une douzaine d'entrées, guère plus de plats, dont certains que l'on qualifierait de *pub food* sous d'autres latitudes : *fish and chips* à la cubaine, porc, poulet basquaise ou au curry... Pas de quoi décrocher 3 étoiles, mais ça se tient très bien. Agréable fond musical qui se fait live en soirée.

Sociedad Castropol *(plan II, D4,* **142***)* **:** *Malecón, 107 ; entre Genios et Crespo. ☎ 7861-48-64. Tlj 12h-minuit.* Une grande taverne à l'espagnole, dédiée à l'Asturie. Vaste salle rustique au rez-de-chaussée, proposant des plats italiens (pizzas) et espagnols. À l'étage, une salle un brin plus chic, une carte un brin plus chère (plats internationaux) et quelques tables en terrasse avec vue imprenable sur le Malecón et l'océan. Bon choix de vins, service attentif et ambiance animée en soirée.

Flor de Loto *(plan II, C5,* **133***)* **:** *Salud, 317 ; entre Gervasio et Escobar. ☎ 7863-54-50. Tlj.* 2 aquariums muraux, une peinture vaguement japonaise, une autre à peu près chinoise, et hop, on colle un nom extrême-oriental au lieu. Mais la carte longue comme un discours de Fidel Castro ne compte qu'une dizaine de plats asiatiques. Et la cuisine ne brille guère sur ce terrain-là. Loupé, donc, pour la pause gastronomique *chop suey*... En revanche, la cuisine excelle dans le registre cubain. C'est bon, servi avec beaucoup de diligence, et copieux à s'en rendre malade !

Chic

San Cristobal Paladar *(plan II, D5,* **125***)* **:** *San Rafael, 469 ; entre Lealtad et Campanario. ☎ 7860-17-05. Tlj sauf dim 12h-minuit. Résa obligatoire pour ne pas attendre plus de 1h.* *THE paladar* ! Derrière la façade vert bouteille, une institution dans un cadre très chargé, probablement le plus riche du *barrio* (et peut-être même de la ville). Vénérable demeure coloniale, plusieurs grandes pièces décorées de belles antiquités, nobles objets vintage, tableaux anciens, photos nostalgiques en sépia. Un véritable musée ; d'ailleurs, avec la hauteur de plafond, il y a de la place pour exposer ! La cuisine de haute volée, fraîche et inspirée, garantit une soirée gastronomique mémorable.

Casa Miglis *(plan II, C-D4,* **121***)* **:** *Lealtad, 120 ; entre Animas et Lagunas. ☎ 7864-14-86. Tlj 12h-minuit. Musique à 20h.* Situé dans une élégante demeure coloniale (qu'on ne soupçonnerait pas de l'extérieur). Comme un appartement, avec pièces très hautes, plafonds moulurés et tableaux modernes sur murs d'un blanc immaculé. À l'entrée, un séduisant bar au décor original. Une vraie atmosphère ! Le resto a été créé par un réalisateur de film suédois d'origine grecque tombé amoureux de Cuba. Il souhaite faire de son resto un lieu de rencontre des artistes et de tous les créatifs. Sa cuisine reflète cet éclectisme : à la carte, plats cubains (comme le parfumé *seafood casserole*), mais aussi chili, *ceviche*, souvlaki et de délicieuses spécialités suédoises comme les *Grandma meatballs* (boulettes de Grand-mère).

Paladar La Guarida *(plan II, C4,* **154***)* **:** *Concordia, 418 ; entre Gervasio et Escobar. ☎ 7866-90-47. Tlj midi et soir. Résa impérative. Tarifs assez élevés. À savoir : on vous donne une heure de résa et mieux vaut s'y tenir. Évitez le 1er service, au risque de devoir expédier votre repas !* Dans un vieux palais bourgeois et baroque, à l'image de la ville, somptueux, mystérieux et délabré. Un accès improbable qui fait d'abord grimper à la loggia du 1er étage où les élégantes colonnes sont aussi décrépies que les murs. Le *paladar* est situé au 2e étage, dans l'appartement même où furent tournées les principales scènes de *Fresa y Chocolate,* d'où les inévitables photos du film culte. Superbe escalier de marbre. Lieu bohème à l'atmosphère séduisante et romantique, fréquenté par les artistes et people du monde entier (Madonna y a fêté ses 60 ans, c'est vous dire !). Plusieurs salons boisés aux murs chargés de toiles, dessins, affiches et photos. Adorable, la petite table pour 2 sur l'étroit balcon (la demander lors de la réservation !). Pas donné, mais les plats sortent de l'ordinaire. Question accompagnements, on peut essayer le typique *yuca con mojo.* Atmosphère jazzy très cool et bar lounge sur la terrasse qui domine la ville. On y accède par un petit escalier en colimaçon.

Dans le Vedado

C'est certainement dans le Vedado que l'on trouve les meilleurs *paladares.* Sans doute parce que ce quartier a gardé ses allures de secteur résidentiel et qu'y vivent des Havanais un peu plus aisés (tout est cependant relatif à Cuba !).

Bon marché

Le midi, quelques ***petites guérites*** proposent pizzas et sandwichs aux employés cubains pour une poignée de pesos cubains. C'est en général gras et roboratif : pas vraiment un cadeau pour votre estomac.

Mercado agropecuario *(plan III, F8,* ***149****) :* *calle 19 ; entre A et B. Mar-sam 8h-17h (14h dim). Fermé lun.* L'un des plus grands marchés paysans de la ville, où l'on peut acheter (en pesos) des fruits tropicaux et quelques légumes. Ambiance sympa. *Autre marché paysan, plus petit, calle 17, entre K y L.*

Fonda La Paila *(plan III, H8,* ***145****) :* *esq. m et 25. 52-84-60-72. Tlj 12h-minuit.* Juché sur un téton, ce resto-bar à ciel ouvert est très populaire auprès des Cubains. La déco joue à fond le côté récup' : tables en palettes, chaises en peau de bête, filets de pêche qui pendent... Entre les terrasses noyées dans la verdure et les poules qui gambadent en liberté, c'est un peu la campagne qui s'invite à la ville. La cuisine, franche et revigorante, n'a rien de révolutionnaire, mais elle est vraiment correcte : bonnes viandes grillées, poisson du jour et divers classiques à prix très démocratiques. On peut prolonger le plaisir devant un petit cocktail.

La Catedral *(plan III, E8,* ***138****) :* *calle 8, 106 ; entre Calzada et 5ta. ☎ 7830-07-93. Tlj 8h-23h. Résa conseillée.* Hors des sentiers battus et pourtant plein comme un œuf, y a sûrement une raison valable ! D'abord, une grande salle aérée haute de plafond, arcades de brique rouge, faux vitraux colorés, bar animé (bons cocktails à prix défiant toute concurrence)... Et puis une cuisine italo-cubaine qui, si elle ne montre aucun génie, s'avère correcte : pizzas craquantes, pâtes (aussi des lasagnes) et une vingtaine de spécialités servies généreusement... Service jeune et alerte, addition toute douce pour conclure !

La Isla de la Pasta *(plan III, F9,* ***139****) :* *calle 6, 1010 ; esq. 23. ☎ 7830-46-23. Tlj sauf lun 11h-23h.* Cet immeuble quelconque se signale au passant par une profusion d'objets insolites fixés à la façade et 2 pergolas en bois qui abritent une poignée de tables. À la carte, une grande variété de risottos, spaghettis, pizzas, gnocchis, raviolis *e tutti quanti.* Vous l'avez saisi, hormis quelques spécialités cubaines, ce resto-là est tourné à 90 % vers la Botte italienne. Comme les murs des 2 salles largement vitrées et tapissées de photos d'acteurs italiens en pleine libation. Accueil souriant du patron italien, petite *bruschetta* de bienvenue, service vigilant et, pour finir, un tiramisù bien sûr. Alors, laissez les gondoles à Venise et *Viva Cuba !*

La Roca *(plan III, H7,* ***151****) :* *calle 21 ; esq. M. ☎ 7834-45-01. Tlj 11h-23h.* Resto désuet qui a conservé son architecture des années 1950, à la devanture ornée de vitraux géométriques. Salle basse de plafond et un peu sombre. Dire que le cadre est ringard est un euphémisme ! Tables nappées et chaises enturbannées de tissu couleur dragée, serveurs en nœud pap', pianiste qui anime le repas... Plats classiques, généreux, sans chichis. Outre l'assiette et les prix fort bas, on vient donc également pour goûter l'atmosphère surannée.

Prix moyens à chic

Amigos del Mar *(plan III, E9,* ***148****) :* *calle Cero, 511 ; entre 5taA y 5taB. ☎ 7203-11-96. Tlj 12h-minuit.* Coup de cœur pour ce resto familial simple et discret, niché au bord du fleuve Almendares. L'occasion de découvrir un modeste quartier portuaire où barcasses et rafiots de pêche flottent devant des cabanes de tôle ondulée. Les yeux dans l'eau et le nez sur le menu, on choisit parmi poissons et crustacés (selon arrivage) déclinés à toutes les sauces : en *ceviche,* en soupe, en croquettes, en carpaccio, en ragoût... Et on se régale. Même les garnitures sont bien travaillées et les desserts réussis. Bons jus de fruits frais et cocktails. Le décor a de l'allure dans le genre « récup' maritime » : partout des vestiges de vieux bateaux, canots, bouées, figures de proue et planches à voile usagées... Les tables sont réparties dans une petite salle perchée, dans une cour ombragée ou sur des plateformes reliées par des pontons. Pour couronner le tout, accueil adorable.

El Cocinero (plan III, E9, **140**) : calle 26 ; entre 11 et 13. ☎ 7832-23-55. Tlj 11h-minuit. Résa conseillée. Indéniablement l'un des restos les plus insolites de La Havane, implanté dans une ancienne centrale électrique. À la salle fermée du 1er étage, préférez la terrasse extra, située à la base de la haute cheminée de brique. La cuisine branchée (normal, vu la destination originelle du lieu !) propose des brochettes de mi-cuit de thon au sésame, des accras de *malanga,* des frites de patate douce pour un ensemble plus goûteux que gastro. Bon service, lieu original, plats réussis, un tiercé gagnant qui justifie pleinement les tarifs pratiqués.

Paladar Casa Mia (plan III, F7, **157**) : calle 1ra, 103 ; entre C y D. ☎ 7832-97-35. Tlj 12h-23h. Une table qui unit le meilleur des Caraïbes et de l'Italie ? Inespéré il y a encore quelques années ici ! Ce *paladar* de bord de mer participe au renouveau de la gastronomie locale avec sa cuisine bien tournée, généreuse et pleine de saveur, comme le riz aux fruits de mer ou le curry. Et puis la purée de patate douce au bacon, ça change du *arroz moro...* La décoration suit aussi les tendances actuelles : murs blancs et mobilier clair, grosses ampoules indus', musique romantique et clim poussée un peu fort (prévoir une petite laine). Accueil très pro et attentif. Balcon-terrasse avec vue sur le *Malecón* et la mer.

El Cuarto de Tula (plan III, H8, **87**) : San Lázaro, 1063 ; entre San Fransisco et Espada. ☎ 7873-11-77. Tlj sauf dim soir 8h-23h. À 2 pas et demi du callejón de Hamel, c'est la bonne adresse « à tout faire » au nom tiré d'un classique de la chanson cubaine. Du petit déj au dîner, la petite salle sur rue se prête à boire et à manger. Vieux objets de brocante aux murs, ventilos pour garder le style « sous les tropiques », bref, un cadre réjouissant pour l'œil. Vu la liste des cocktails, on ne mourra pas de soif. Côté table, l'adresse n'a pas à rougir non plus avec ses escabèches de filet de bœuf, son poulpe au pistou, ses poissons aux arômes tropicaux. Bon, créatif, même s'il n'y a pas de quoi nourrir une *armada de guerilleros* ! Quelques gâteaux aussi pour (bien) conclure le repas. Service adorable.

La Cocina de Esteban (plan III, G-H7, **136**) : calle L, 311 ; esq. 21. ☎ 7834-32-27. Tlj 12h-minuit. On aime bien ce resto posé sous les arcades de cette belle demeure bourgeoise colorée. La carte se partage entre l'Italie (pâtes, pizzas), l'Espagne (paellas, *morcilla*) et quelques grands classiques cubains. Plats copieux (garnitures incluses, une fois n'est pas coutume) et joliment présentés qui se concluent par d'alléchants gâteaux crémeux. Service assuré par une escouade efficace de *Marylin* en bas résilles (!). Une étape un rien chic mais à l'atmosphère bon enfant.

El Idilio (plan III, G8, **146**) : calle G, 351 ; entrée par la calle 15. ☎ 7830-79-21. Tlj 12h-minuit. Resto ouvert et aéré, très populaire auprès des Cubains pour ses généreuses *parrilladas* de viandes grillées au feu de bois. Ce n'est pas ici qu'on choisira du poisson, donc. Cadre plaisant, tables bien séparées, nappes à carreaux accueillant toutes sortes de plats pour carnivores accompagnés de petites sauces maison. Le soir, beaucoup de monde, ce qui n'altère en rien le service familial efficace ; penser à réserver (ou venir à 19h).

Doña Juana (plan III, F9, **150**) : calle 19, 909 ; entre 6 et 8. ☎ 7830-53-07. À l'étage. Tlj 12h-minuit. Très agréable terrasse close par une palissade en bois et des plantes, façon *finca* campagnarde. Salle ventilée. S'il y en a, goûter le *bistec uruguayo,* farci au jambon et au fromage... Sinon, langouste grillée. Le rapport qualité-prix est plus qu'honnête pour cette cuisine classique, servie généreusement, et assortie d'un accueil sympathique.

À Miramar

Prix moyens

5ta y 16 (plan IV, J11, **162**) : 5ta av. ; esq. calle 16. Entrée par la calle 16. ☎ 7214-47-37. Tlj 11h-23h. Joli patio bien arrangé avec plantes, serviettes en tissu, ventilo. Cadre cosy pour une cuisine classique présentée avec beaucoup de soin. Les assiettes sont belles et bien pleines. Prix étonnamment abordables pour un resto de ce standing ! Carte cubaine et quelques plats d'obédience italienne. Petite formation musicale le soir.

La Carboncita *(plan IV, I12,* ***155****) : 3ra calle, 3804 ; entre 38 et 40. ☎ 7203-02-61. Tlj 12h-minuit. Résa conseillée.* Terrasse sur jardin et plaisant environnement végétal pour déguster une belle cuisine italienne. Beaucoup de choix : une quinzaine de pizzas, des pâtes fraîches à la cuisson exacte ou de copieux cannellonis parfumés. Service jeune, alerte et souriant, c'est dans l'ordre des choses.

Riomar *(plan IV, J11,* ***160****) : 3ra et final, 11, la Puntilla. ☎ 7209-48-38. Tlj 12h-minuit. Résa conseillée. Parking payant.* Cette maison familiale a été transformée en restaurant chic au décor férocement design, prolongé d'une superbe terrasse en surplomb de l'eau (face à l'embouchure de la rivière Almendares). On est d'autant plus surpris que les abords ne paient pas de mine... Préférez y aller le midi, pour profiter de la vue. Le soir, l'ambiance s'efforce d'être plus romantique, malgré le brouhaha. Quelle que soit l'heure, la cuisine colorée et savoureuse réserve de bonnes surprises. Du poisson et de la langouste, évidemment, ainsi que quelques viandes et pâtes. La carte change selon la pêche, c'est bon signe.

Chic

La Cocina de Lilliam *(plan IV, I12,* ***163****) : calle 48, 1311 ; entre 13 et 15. ☎ 7209-65-14. 52-92-57-54. Tlj sauf dim-lun 12h-15h, 19h-23h. Résa conseillée.* Superbe maison perdue dans un quartier calme de Miramar. Idéal le soir pour prendre le frais dans l'élégant jardin, bercé par le glouglou des fontaines et la mélodie du pianiste. Cuisine copieuse et bien servie. Spécialités de poisson en papillote *(pescado al papillote)* et de porc fumé. Mais aussi des plats plus classiques (les moins onéreux) comme la *ropa vieja* ou le ragoût d'agneau. Vaut le détour, car on est tout de même loin de tout.

Paladar Vistamar *(plan IV, I11,* ***153****) : 1ra av., 2206 ; entre 22 et 24. ☎ 7203-83-28. Tlj 12h-minuit. Résa conseillée.* D'emblée, on a eu le béguin pour la situation paradisiaque du resto. La salle est chaleureuse le soir avec ses lumières tamisées, mais c'est la vaste terrasse qui nous aimante, pour rester les yeux rivés sur la mer. Inutile de résister : un cocktail aux lèvres, la détente est assurée ! La carte, essentiellement marine, propose des poissons grillés ou en *ceviche,* ainsi que des pâtes (aux fruits de mer) et aussi de rares viandes. Pas de révolution gustative malgré des prix un peu salés, mais un bon moment assuré.

El Aljibe *(plan IV, J12,* ***158****) : 7ma av. ; entre 24 et 26. ☎ 7204-15-84. À côté du complexe touristique et culturel Dos Gardenias. Tlj 12h-23h30.* Immense paillote sous un toit de palmes. Les connaisseurs vous le confirmeront : on y sert la meilleure cuisine créole de La Havane. Comme quoi, les restaurants d'État n'ont pas tous mauvaise réputation ! Une valeur sûre, un peu victime de son succès car tous les cars de tourisme y font escale. Du coup, le service est parfois long et assez expédié... Ça reste un bon rapport qualité-quantité-prix. Prenez la spécialité maison : le *pollo asado al aljibe* (une vieille recette inspirée de la cuisine arabe). Fameux ! D'autant plus qu'il est servi à volonté, avec du riz, des haricots noirs, de la salade et des bananes frites. Le poisson grillé est tout aussi goûteux et servi copieusement. En outre, *El Aljibe* possède une excellente cave, mais les prix sont dissuasifs.

Où s'offrir une glace ? Où faire une pause sucrée ?

Coppelia *(plan III, H8,* ***171****) : esq. L et 23 (la Rampa). Tlj 10h-21h15.* Cette gigantesque « soucoupe volante » posée dans un parc est le rendez-vous favori des Havanais. Ils sont prêts à faire la queue plusieurs heures pour pouvoir s'installer et manger leur glace ! On se demande bien pourquoi, parce que franchement, elles ne sont pas terribles et il y a très peu de choix... Faut dire qu'on y a tourné une scène culte de *Fresa y Chocolate*.

☕ ***Dulceria San José*** *(zoom,* ***172****)* **:** *Obispo, 161 ; entre San Ignacio y Mercaderes. Tlj 8h-19h.* Boulangerie-pâtisserie d'une redoutable authenticité, servant des parts de gâteaux à emporter. Optez pour une *Marquesita* ou un *Cardenal* si vous aimez la génoise... Plutôt millefeuille ? Laissez-vous tenter par une *Señorita*... Attention, ne venez pas trop tard sous peine de trouver des rayons vides (c'est parfois le cas dès le début d'après-midi)...

☕ ***El Café*** *(plan I, A2,* ***173****)* **:** *Amargura 358 ; entre Villegas et Aguacate. Tlj 9h-18h.* Un café convivial au ravissant décor colonial : beau carrelage ancien, hautes persiennes en bois, colonnes torsadées et mini-patio à l'arrière. On s'y éternise volontiers pour siroter un bon café, un *smoothie* ou un jus de fruits de saison, tout en grignotant une part de tarte ou un copieux sandwich. Les formules brunch ont aussi l'avantage d'être servies toute la journée.

☕ ***Tamy's Cakes*** *(plan III, G7,* ***174****)* **:** *calle 19 s/n ; entre L y M. Tlj 9h-21h.* Le moins qu'on puisse dire, c'est que les pâtisseries ne se bousculent pas à La Havane. Les accros au sucre apprécieront donc à sa juste valeur cette petite échoppe aux vitrines garnies de tartelettes, beignets, éclairs et gâteaux à la crème. Quelques bancs dehors pour déguster le tout.

☕ ***Museo del Chocolate*** *(zoom,* ***190****)* **:** *Mercaderes, 255 ; esq. Amargura. Tlj 9h-21h.* Souvent la queue pour y entrer. Les quelques vitrines disséminées entre les tables ne justifient pas l'appellation de musée ! On y déguste surtout une tasse de chocolat pour pas cher, et on assiste à la préparation de cette délicieuse gourmandise à partir du cacao de Baracoa. Bien sûr, passage obligatoire par la petite boutique.

Où boire un verre ?

La Havane ne s'enorgueillit pas pour rien de ses racines espagnoles et africaines : ici, tout le monde vit la nuit. Faites la sieste l'après-midi, prenez des vitamines, buvez du café, du rhum, tout ce que vous voulez... mais, par pitié, le soir, sortez ! C'est la seule façon de prendre le pouls de la ville, de tenter de saisir l'âme cubaine. Le fil rouge des soirées cubaines, c'est la musique, la musique sous toutes ses formes, encore et toujours. La capitale offre quantité de fêtes et de concerts, des shows réputés, de superbes revues de cabaret et les meilleurs groupes de salsa. À croire que tous les plaisirs sont permis : c'est le moment d'en profiter ! Le problème, c'est que, une fois que ça commence, on n'arrive plus à décrocher...

Il n'est pas facile de classer les différents lieux nocturnes de La Havane, car les styles et ce qu'on y fait peuvent varier au cours de la soirée (ou plutôt de la nuit !). Les bars ferment relativement tôt (minuit en général), mais certains se transforment parfois en dancing sous l'impulsion frénétique des clients. Une salle de concerts est également toujours un dancing, mais la réciproque n'est pas vraie. Pour faciliter le tout, les activités changent aussi selon les moments de la journée (par exemple, *peña* l'après-midi, concerts salsa dans la soirée et discothèque pour finir). Enfin, il faut savoir que certains endroits ne sont pas (ou peu) accessibles aux Cubains car trop chers. Les bars musicaux, eux, sont les meilleurs rendez-vous pour rencontrer la jeunesse cubaine car elle peut y accéder sans payer... Bref, il est important de bien choisir son adresse en fonction du moment et du type de soirée. Bon, de toute manière, on peut faire la fête partout !

Dans Habana Vieja

Pour la plupart, les lieux de la vieille Havane sont avant tout des bars où se produisent en permanence des groupes. Plus que dans les grands cabarets, qui coûtent une petite fortune ou les boîtes de nuit « traditionnelles », si vous n'avez que 1 ou 2 soirées à passer à La Havane, il faut traîner vos guêtres dans Habana Vieja et égrener le chapelet des adresses qui suivent, ou improviser en vous laissant enivrer par la musique qui suinte de partout. Dans les adresses suivantes, un supplément de 10 % est facturé pour le service.

Plutôt la journée

🍸 ***El Floridita*** *(plan I, A2,* ***180****) : Obispo, 557 ; esq. Bélgica (Monserrate). ☎ 7867-13-00. Tlj 11h30-minuit. Cocktails 2-3 fois plus chers qu'ailleurs !* Un bar mythique : en 1817, les dames de la bonne société havanaise venaient déjà y savourer des glaces. Ce n'est qu'à la fin du XIXe s que l'endroit prend le nom de *Floridita.* En 1914, un Catalan du nom de Constante prend les commandes du bar. Il y invente le daïquiri, cocktail rafraîchissant qui fera le tour du monde : jus de citron vert, rhum, sucre, un zeste de *maraschino* et beaucoup de glace pilée. Dans les années 1930, Constante se lie d'amitié avec son meilleur client, qui se fera aussi son plus grand promoteur : Hemingway. L'écrivain-pêcheur attire dans son sillage les stars hollywoodiennes : Marlene Dietrich, Ava Gardner, Gary Cooper, Spencer Tracy, Errol Flynn... Il invente à son tour un cocktail maison : le *Hemingway especial* (ou simplement « *Papa* »), plutôt corsé : un daïquiri sans sucre mais agrémenté d'une double ration de rhum, avec, pour faire zoli, un zeste de jus de pamplemousse ! En 1943, le magazine *Esquire* classait le *Floridita* parmi les 7 meilleurs bars du monde ! Aujourd'hui, la déco n'a pas changé, et Hemingway est toujours là (statufié au bout du bar !). Bon, malgré l'histoire du lieu, il faudrait une tournée générale de daïquiri (6 variétés au choix), pour que l'atmosphère devienne moins guindée. À ce prix, on évite les excès ! Ça reste un incontournable du circuit, mais qui s'aborde à présent comme un musée.

Bar Dos Hermanos *(zoom,* ***187****) : esq. San Pedro y Sol (av. del Puerto). Tlj 8h-minuit.* Voici l'un des plus vieux bars historiques de La Havane, attenant à l'église orthodoxe russe, blanche avec son bulbe doré. Le bar ne semble pas avoir changé et le long comptoir de bois est toujours fidèle au poste. Fondé en 1894, il fut le rendez-vous des artistes, des écrivains, des acteurs de passage. Une plaque rappelle que Federico García Lorca, Alejo Carpentier, Marlon Brando, Errol Flynn et, bien sûr, Hemingway vinrent s'y encanailler et y lever leurs coupes de rhum au nom de l'amitié et de la joie de vivre *(alegria)*. Plus tard, il se fit bar à prostituées pour les marins américains. Désormais, la clientèle est plus sage, et il s'y donne de petits concerts réguliers.

Color Café – taller de moda *(plan I, A2,* ***185****) : Aguiar, 109 ; entre Chacon y Cuarteles. 59-09-77-07. Tlj sauf lun 10h-minuit. Congés : août. Concerts jeu et sam.* Un lieu à l'esprit artistique tous azimuts, où l'on vient autant pour boire un verre que pour la programmation culturelle. Le décor *lounge* aux éclairages subtils, rehaussé de toiles et de photos, attire une clientèle branchée. Banquettes moelleuses, bonne musique (parfois *en vivo*) et, perché en mezzanine, un atelier-boutique de mode qui présente des créations originales fabriquées sur place. Derrière le beau comptoir de marbre, un staff souriant prépare de super cocktails à prix doux. On peut aussi y bruncher ou y grignoter des tapas et de délicieux petits plats à base de produits locaux souvent bio.

El Dandy *(plan I, A2,* ***194****) : Brasil (Teniente Rey), 401 (pl. del Cristo) ; esq. Villegas. Tlj 8h-1h du mat.* Le dandy qui a inspiré son nom à ce café de quartier trône en photo derrière le bar. Magnifique ! Son nom s'est perdu, mais son sobriquet est resté de l'époque où ce personnage enseignait l'anglais aux gamins nécessiteux sur la place voisine. Inutile d'être aussi bien sapé que lui pour profiter des 2 salles bien dans leur jus, meublées d'objets d'anthologie et décorées de vieux tableaux. Service décontracté et avenant. Pas mal de cocktails à l'ardoise, qu'on pourra sagement accompagner de tapas ou de petits plats sans prétention. Une agréable adresse, de tôt le matin à tard dans la nuit.

La Vitrola *(zoom,* ***195****) : San Ignacio ; esq. Muralla. 52-85-71-11. Tlj 9h-minuit.* Un décor bien léché et ancré dans les sixties : juke-box, vieilles affiches de ciné, enseignes américaines. Carte au diapason, faisant la part belle aux burgers ! Cocktails et groupes cubains d'excellente qualité ! Quelques tables dans la rue piétonne, très convoitées pour profiter de la vue sur l'élégante plaza Vieja. Dommage que le service soit trop occupé pour être aimable.

Oasis Nelva *(plan I, A3,* ***188****) : Havana ; esq. Muralla. 52-93-97-58. Tlj 12h-22h.* Un bar-crêperie (oui oui !) au décor tourné vers la nature, avec profusion de bois et de plantes vertes, un petit bassin à poissons, des fenêtres grandes ouvertes sur la rue. Par un escalier, accès à la mezzanine adjacente, qui surplombe une sorte de jardin d'hiver. On y cultive un certain art de la nonchalance, devant un cocktail bien exécuté et à prix économique. Quant aux crêpes (uniquement au froment), elles sont plutôt réussies... à vous de voir !

Café El Escorial *(zoom,* ***182****) : pl. Vieja ; esq. Mercaderes et Muralla. Tlj 9h-22h.* Jolie salle tout en bois avec briques apparentes et surtout une agréable terrasse sous les arcades ou directement sur la place, une des plus jolies de la ville. Ça se paie d'un service plutôt nonchalant et d'un expresso qui ne tient pas la route (bizarre, la maison est censée être torréfacteur !). Dans cette rubrique, on trouve à la carte une vingtaine de cafés *especial* (chauds ou froids). Sinon, quelques sodas et alcools forts. Pour surplomber la plaza Vieja, grimpez au ***Azucar Lounge,*** juste au-dessus. Dans ce bar assez branché, les tables que l'on préfère sont évidemment celles disposées sur le balcon.

Antiguo Almacen de la Madera y del Tabaco *(plan I, B3,* ***183****) : av. del*

Puerto ; esq. Paula. Tlj 12h-minuit. Reconversion réussie pour cet ancien entrepôt de bois et de tabac transformé en brasserie. Le marché artisanal San José se situe juste à côté. Imposants volumes et look industriel dans le hangar moderne traversé par la brise marine. 3 bières sont élaborées dans les cuves situées derrière le bar, à siroter en salle ou en terrasse au rythme des musiques traditionnelles jouées par des groupes. C'est très touristique, et le service ne brille guère. D'ailleurs, pensez à recompter votre addition.

Plutôt le soir

🍸 ***La Bodeguita del Medio*** *(plan I, A-B2,* ***181****) : Empedrado, 207. ☎ 7867-13-75. Tlj 11h30-23h30. Cocktails 2 fois plus chers qu'ailleurs.* Un bar mythique ! C'est, avec le *Floridita,* le bar le plus connu de Cuba (ouvert en 1942). Vous y passerez fatalement, par intérêt ou par curiosité. Naguère, c'était une vieille taverne bondée, bruyante et joyeusement bordélique. Aujourd'hui, *La Bodeguita* est toujours bondée, mais plutôt envahie par les touristes. Minuscule salle aux murs et plafonds maculés de graffitis. Une kyrielle de célébrités défilèrent ici : Errol Flynn, Nat King Cole, Bardot, Allende, Cortázar, García Márquez, Pablo Neruda... et, bien sûr, Hemingway, qui avait fait de *La Bodeguita* sa cantine. À défaut d'y prendre un repas, contentez-vous de faire un tour au bar, toujours animé. Ceux qui veulent tituber sur les traces d'Hemingway suivront sa maxime la plus alcoolisée, affichée au mur : « Mon mojito à la *Bodeguita,* mon daïquiri au *Floridita.* » Et quand on y est, on s'y sent bien, surtout que les groupes qui font vibrer les murs sont toujours de bonne qualité... Nostalgie, quand tu nous tiens...

🍸 ***Sloppy Joe's Bar*** *(plan I, A2,* ***184****) : Zulueta, 252 ; esq. Animas. ☎ 7866-71-57. • sloppyjoes.org • Tlj 10h30-minuit... voire plus tard.* Sloppy Joe est le nom d'un hamburger américain classique, c'est aussi celui de ce bar de légende. Fondé en 1920 par José García, un émigré espagnol. Pendant la Prohibition des années 1930, le bar a reçu les vedettes d'Hollywood, puis d'innombrables artistes y vinrent dans les années 1940-1950. On y croisait Hemingway, Errol Flynn (qui s'y serait battu contre des voyous), John Wayne, Clark Gable et Sinatra. En 1958, le cinéaste Carol Reed *(Le Troisième Homme)* y tourna avec Alec Guinness plusieurs scènes de *Notre agent à La Havane,* adapté du roman de Graham Green. Reconstitué à l'identique après un demi-siècle de fermeture, avec son bar en acajou long de 10 m, ses ribambelles d'étagères chargées de spiritueux, ses tables et chaises hautes, ses huisseries en bois tropical sombre, on y consomme de nouveau d'excellents cocktails.

🍸 ***Kilómetro Zero*** *(plan I, A2,* ***196****) : esq. Monserrate et Teniente Rey (Brasil). ☎ 7860-01-16. Tlj 11h-2h.* Jusque sur le trottoir, on s'attroupe pour onduler son corps au son de la musique ! Des groupes en live le soir (vers 20h), de fameux cocktails et une salle conviviale à la brique apparente où l'on rencontre surtout beaucoup de touristes. Possibilité de prendre des repas.

🍸 ⛱ ***Factoría*** *(zoom,* ***198****) : pl. Vieja ; esq. San Ignacio y Muralla. ☎ 7866-44-53. Tlj 11h30-minuit.* Cette *cervecería* est l'un des rares endroits à Cuba où l'on brasse autant de variétés de (bonne) bière : blonde, brune, ambrée... Les cuves trônent d'ailleurs derrière le bar. Grandes tables de bois sous les arcades et vaste terrasse sur la plaza Vieja, où les nombreux touristes sirotent ces mousses : les aficionados apprécieront de se faire servir dans de hautes colonnes de 3 l de capacité ! En revanche, on ne vous recommande pas la cuisine, sans intérêt et servie chichement. Des groupes de musiciens cubains embrasent le lieu régulièrement.

🍸 On peut mentionner aussi ***El Chanchullero*** *(plan I, A2-3,* ***126****),* à condition de pouvoir se frayer un chemin jusqu'au bar, ou encore le ***304 O'Reilly*** *(plan I, A2,* ***128****)* ainsi que son annexe ***El del Frente,*** sans oublier le ***Van Van*** *(plan I, A2,* ***156****),* décrits plus haut dans « Où manger ? ». Outre leur cuisine recommandable, ces adresses sont d'excellents spots pour y siroter un bon cocktail et écouter de bons groupes.

Bar de l'hôtel Ambos Mundos, Plaza de Armas *(zoom,* ***64****)* **:** *Obispo, 153 ; esq. Mercaderes. Tlj 10h-22h30.* N'hésitez pas à prendre l'ascenseur antédiluvien (à liftier, SVP !) jusqu'au dernier étage de l'hôtel où « Papa » Hemingway avait ses quartiers. De là-haut, splendide vue sur la place d'armes, le port, le large... Groupes *en vivo* qui concurrencent la musique provenant de la rue, en contrebas. Carrément magique au coucher de soleil.

Café París *(zoom,* ***197****)* **:** *esq. Obispo y San Ignacio. Tlj 9h-minuit.* Troquet aéré, qui n'a de parisien que le vitrail peu inspiré de la tour Eiffel. Si les cocktails ne sont pas les meilleurs de La Havane et que la cuisine est passable, on aime quand même s'y poser à l'apéro ou en soirée, pour l'ambiance. Beaucoup de monde, parfois même en plein après-midi. Un chanteur ou un groupe de salsa y traînent quelle que soit l'heure et au cœur de la soirée l'ambiance chauffe. Service plutôt moyen.

Castillo de Farnés *(plan I, A2,* ***186****)* **:** *esq. Bélgica (Monserrate) et Obrapía. Tlj 9h-23h.* Sur la rue, un bar assez populaire et bien dans son jus, plus modeste que son nom ne l'indique. À l'arrière, un petit resto apparemment sans histoire, et pourtant... À une certaine époque, un étudiant du nom de Castro affectionnait l'endroit. Le 9 janvier 1959, il est de retour, accompagné de Che Guevara : au moment de libérer La Havane, après 4 ans de guérilla, le 1er endroit qu'il investit dans la capitale est sa cantine d'étudiant ! À 4h45 du matin, il fait donc réveiller le cuisinier. Puis les 2 convives s'attablent tranquillement pour savourer leur toute fraîche victoire...

N'oubliez pas qu'il est possible de se désaltérer dans les ***palaces,*** d'autant plus que les boissons n'y sont pas si chères (proportionnellement au cadre, bien sûr !). Essayez le ***patio de l'hôtel Mercure Sevilla*** *(plan I, A2,* ***4****)* et le ***bar de l'hôtel Inglaterra, La Terraza*** *(plan I, A2,* ***69****)*. Idéalement placé au dernier étage de l'hôtel, il ouvre dès 17h et sert un excellent mojito.

Dans le Vedado

Café Madrigal *(plan III, F8,* ***193****)* **:** *calle 17, 809 ; entre 2 et 4. ☎ 7831-24-33. Tlj sauf lun 18h-2h.* À l'étage d'une ancienne demeure bourgeoise aux murs ocre rouge. Déco sophistiquée, éclairages tamisés, mélange de décor ancien (on a conservé le vieux carrelage et mobilier style années 1940), de tableaux d'avant-garde et d'affiches de films. Une adresse plutôt branchée qui témoigne du changement de Cuba. Tout au fond, possibilité de s'affaler dans des canapés et fauteuils vintage. Le meilleur endroit pour un tête-à-tête romantique. Terrasse protégée à l'avant, très recherchée. En prime, on y sert d'excellents cocktails à prix raisonnables.

Café La Fuente *(plan III, G8,* ***191****)* **:** *calle 13 ; entre F et G. ☎ 7833-25-14. Tlj 9h-minuit.* Pour ceux qui cherchent un endroit tranquille pour boire un verre en fin d'après-midi après avoir vadrouillé dans le Vedado. Au pied d'un très beau palais colonial (l'Institut de géographie tropicale). Autour d'un bassin central vide qui a donné son nom au lieu. Grande terrasse dans la verdure. Peu de touristes, beaucoup de Cubains.

Brown Café *(plan III, H8,* ***190****)* **:** *San Lazaro 13 ; entre F et G. ☎ 7833-25-14. Tlj 10h-minuit.* Avec ses 4 tables et son bout de comptoir, ce minuscule rade de quartier est vite plein comme un œuf. C'est calme en journée, mais il faut jouer des coudes le soir venu pour passer commande : des cocktails très bien préparés (plus de 30 sortes) à prix fort honnêtes. Bonne musique et ambiance décontractée. Petite restauration (tapas, pizzas) pour éponger.

Parmi les adresses déjà citées dans la rubrique « Où manger ? », plus haut, voici une petite sélection parfaite pour lever le coude : ***El Cuarto de Tula*** *(plan III, H8,* ***87****)*, ***El Cocinero*** *(plan III, E9,* ***140****)*. Et, dans « Où sortir ? Où voir un spectacle ? Où danser ? », le ***Bar Colonial du Restaurant 1830*** *(plan III, E8,* ***192****)* et la ***Casa de la Amistad*** *(plan III, F8,* ***189****)*.

Où sortir ? Où voir un spectacle ? Où danser ?

Outre les ***lieux de concerts*** (où généralement on danse !) et les ***cabarets,*** il ne faut pas manquer les ***peñas,*** ces fêtes improvisées typiques de La Havane. Il y en a partout, dans les appartements ou carrément dans la rue, à n'importe quelle occasion. En conséquence, pas facile de savoir où et quand elles ont lieu. Cependant, certaines *peñas* sont fixes. Essayez de vous y rendre car les instants qu'on peut y vivre sont assez étonnants.
Côté boîtes de nuit, la majorité des ***discotecas*** se trouvent à Miramar ou dans le Vedado, notamment autour de la Rampa. Sinon, tous les grands hôtels ont leur discothèque, souvent avec orchestre. Et si vous avez une voiture, vous pouvez toujours pousser jusqu'aux *Playas del Este,* où se trouvent encore bien d'autres discothèques...

Dans Habana Vieja

♩ 🍸 **Café Taberna** (zoom, **210**) **:** *esq. Mercaderes y Teniente Rey (Brasil). ☎ 7861-16-37. Concert tlj 20h30. Entrée un peu chère (mais avec 3 boissons incluses, ouf !) ; dîner cher aussi, et on ne le recommande pas.* Une vaste salle aérée, tendance néocoloniale avec grands miroirs dominant le superbe bar en bois exotique, où la musique flotte en permanence et où l'on pourra écouter du *son* toute la journée, puisque le lieu est dédié à ce style musical, et plus spécialement à Benny Moré, le « *sonero mayor* ». Ambiance plus ou moins déchaînée selon les soirs.

Musique afro-cubaine

♩ **Obini Batá** (plan I, A3, **211**) **:** *Prado, 615 ; entre Monte et Dragones. Dans le centre culturel Yoruba de Cuba (lire « À voir. À faire »), el museo de los Orishas. Seulement ven vers 18h30 (durée env 1h30). Entrée et consos bon marché. Venez tôt si vous voulez une place assise.* Les 6 femmes-tambours du groupe (*obini* signifie « femme » en yoruba et *batá* « tambour ») sont les seules au monde à jouer de tous les styles de percussions afro-cubaines, à chanter aussi bien des chants afro-cubains que franco-haïtiens ou populaires cubains, et à danser aussi bien la rumba que les danses dédiées aux *orishas* (divinités de la *santería*). Le public est surtout composé de connaisseurs, notamment des *rumberos* qui n'hésitent pas à rejoindre les danseuses et chanteuses pour des *descargas* époustouflantes. Un spectacle qui dégage une folle énergie et sans doute le meilleur dans le genre à Cuba.

Dans Centro Habana

Lieux de concerts

♩ **Casa de la Música – Piano-Bar Habaneciendo** (plan II, D4, **212**) **:** *av. d'Italia (Galiano) ; entre Neptuno et Concordia. ☎ 7862-41-65 ou 7860-82-97. Tlj sauf lun 17h-21h, puis 23h-6h. Tarif selon programmation.* 2 salles en 1, devenues le lieu incontournable pour écouter et danser la salsa. La *Casa de la Música* accueille les gros événements, et le piano-bar les groupes plus modestes. À l'affiche, les groupes stars du moment. L'ambiance est inévitablement à la danse, même en matinée à 17h ! Autres salles selon le même principe et la même programmation à Miramar.

♩ **La Casa del Tango** (plan II, D5, **213**) **:** *Neptuno, 309 ; entre Galiano et Aguila. ☎ 7863-00-97. Spectacle gratuit lun 17h-19h, après lequel on danse... le tango ; jeu à 22h, spectacle de danse payant (2 boissons incluses), du son à la salsa en passant par le tango.* Entrée et salles de danse se révèlent un véritable petit musée. Ruben Daubar, petit-fils du créateur de la maison, affirme, preuves à l'appui, que le 1er pays du monde où l'on dansa le tango fut... Cuba. Après tout, Carlos Gardel était bien d'origine française ! Ruben peut parler du tango des heures durant, en vous montrant son petit musée avec des photos, des vieux disques, des affiches, des livres, un bandonéon et la dernière photo de Gardel prise 15 jours avant sa mort (un don de F. Castro lui-même). Ruben donne des leçons de tango et de salsa de 10h à 20h *(payant)*.

♩ 🍸 ***El Jelengue de Areito*** *(plan II, D5,* ***214****) : San Miguel, 410 ; entre Campanario et Lealtad. ☎ 7862-06-73. Tlj 10h-23h (minuit le w-e).* C'est le studio d'enregistrement du Buena Vista Social Club et en même temps un bar et une salle de concerts. Une petite boutique permet d'acheter les CD des groupes (pas mal d'originaux ; vente seulement le soir). Lieu de rencontre des musiciens, bonne animation et possibilité de grignoter porc et poulet pour pas cher. Salle au fond de la cour avec des concerts quotidiens *(en principe, de 17h à 20h dim-ven et 20h-minuit le sam ; entrée payante)* de tous les genres : salsa, fusion, rumba (vendredi), *música tradicional*, etc.

♩ 💃 ***Peña de la Rumba*** *(plan III, H8,* ***224****) : callejón de Hamel ; entre Aramburu et Hospital. Seulement dim 12h-15h30.* Incontournable *peña* au cœur de Centro Habana. Dommage, cependant, que l'endroit soit devenu extrêmement touristique et assez artificiel, avec ses pseudo-rastas qui posent pour la photo, ses rabatteurs un peu trop insistants et le mojito cher payé (à propos du callejón de Hamel, lire le paragraphe sur l'univers de Salvador González Escalona dans la rubrique « À voir. À faire »)...

Dans le Vedado

Lieux de concerts

♩ ***Fabrica de Arte Cubano*** ***(FAC ;*** *plan III, E9,* ***140****) : calle 13, 61 ; esq. 26. ☎ 7838-22-60. • fac.cu • Seulement jeu-dim 20h-3h. Entrée pas chère. Mieux vaut téléphoner avt, à cause des fermetures inopinées.* C'est dans ce lieu atypique, ex-siège de la Compagnie nationale d'électricité devenu un temps fabrique d'huile et entrepôt de poisson, que s'est installé le dynamique centre culturel de La Havane. Superbement restauré, tout en gardant son architecture caractéristique et sa haute cheminée de brique. Un lieu désormais incontournable, dédié à tous les arts contemporains et réputé pour ses concerts avec des pointures comme X Alfonso (concepteur du projet), Silvio Rodriguez et Santiago Feliú... Voir aussi ***El Cocinero*** dans la rubrique « Où manger ? » plus haut.

♩ 💃 ⛱ ***Restaurant 1830*** *(plan III, E8,* ***192****) : Malecón, 1252 ; esq. 22. ☎ 7838-30-91. Mar-ven et dim 19h-1h, sam 20h-7h. Fermé lun. Entrée à prix moyens.* Luxueuse demeure aux airs de palais, installée en bord de mer. C'est un resto, mais surtout un lieu de sortie. D'excellents danseurs s'y retrouvent pour danser la salsa à ciel ouvert, le jeudi et le dimanche à partir de 18h. Le samedi, souvent des soirées, on en prend plein la vue ! Pour les amoureux, ne pas manquer, à côté, l'adorable jardin kitsch et rococo en avancée sur la mer, avec ses balcons et terrasses intimes au-dessus des flots.

♩ ***Delirio Habanero*** *(plan III, G9,* ***219****) : Paseo et 39. ☎ 7878-42-73. Au 4e étage du Théâtre national (entrée face à la pl. de la Revolución). Peña 16h-20h jeu-dim, et le soir tlj 22h-3h (6h ven-dim). Tarif très variable en fonction de la renommée des artistes. Interdit aux moins de 18 ans.* Piano-bar où se produisent les grandes vedettes, dans un cadre plus feutré que le *Café Cantante* ou les *casas de la Música*. Programme de la semaine affiché à l'entrée. Formations plus intimistes qu'ailleurs mais toujours de qualité.

♩ 💃 ***Salón Rojo*** *(plan III, H7,* ***220****) : calle 21 ; entre N et O. Mer-ven 22h-2h (4h sam), dim 18h-minuit. Fermé lun. Entrée un peu chère.* Salle à la déco un peu kitsch, style années disco. Danseuses et musique variée selon les soirs (salsa, *timba*, chanteurs à la mode) et *peña* ou groupe de reggaeton, c'est selon. Clientèle de tous âges.

♩ ***Union nationale des écrivains et artistes cubains*** *(UNEAC ; plan III, G8,* ***221****) : esq. calle 17 y H. ☎ 7832-01-94. Seulement 2-3 peñas/sem, mer, jeu et sam, à 16h, 17h ou 22h ; y passer ou téléphoner pour connaître le programme. Entrée : selon programmation.* C'est un lieu ouvert à tous les genres de la musique cubaine, et souvent un tremplin pour artistes débutants (beaucoup d'artistes confirmés s'y produisent aussi). Vaut vraiment le détour. Arriver tôt, car le patio est vite pris d'assaut par les aficionados cubains qui y trouvent leur compte de boléro, rumba et même de jazz. Rapidement, le jardin s'embrase de rythmes et même les arbres transpirent, tellement l'atmosphère est chaude.

Casa de la Amistad (plan III, F8, **189**) : *Paseo, 406 ; entre 17 et 19. ☎ 7830-31-14. Tlj 11h-minuit (2h sam). Concerts sam à 20h30, dim 19h. Entrée bon marché.* Dans une belle et immense demeure construite en 1927 pour l'amante d'un riche propriétaire terrien. La richesse et l'extravagance des décors, la profusion du marbre, des sculptures, des miroirs, plongent notre imagination galopante dans les fastes du passé. Pourtant le lieu est modeste pour venir boire un verre dans la journée ou les week-ends, on se pose soit sur la charmante terrasse à colonnes sur l'arrière, soit côté jardin. Dans le joli patio, concerts de rock, salsa ou musique traditionnelle.

Café Fresa y Chocolate (plan III, F9, **218**) : *calle 23 ; entre 10 et 12. ☎ 7836-20-96. Bar tlj 11h-minuit.* Le café, ouvert dans la journée, n'a en lui-même aucun intérêt. C'est surtout le QG de l'institut du cinéma cubain, fréquenté par la jeunesse étudiante, avec débats, petits spectacles et soirées musicales. On y prend un verre dans le patio au décor évidemment inspiré du film de Gutierrez.

Clubs de jazz

La Zorra y el Cuervo (plan III, H7, **225**) : *calle 23 (la Rampa), 155 ; entre N et O. ☎ 7833-24-02. Tlj 22h-2h. Entrée à prix moyens (incluant 2 cocktails).* « La Renarde et le Corbeau », voilà une jolie manière de poétiser les choses. En plein Vedado, un club de jazz latino très réputé, où l'on entre par une cabine téléphonique anglaise qui se poursuit par un escalier et un long bar de bois. Y aller tôt car il y a toujours du monde et l'endroit est petit, ce qui permet de mieux apprécier la musique, toujours excellente. Les plus grands artistes cubains s'y sont produits, tels Oscar Valdés ou Roberto Fonseca.

Jazz Café (plan III, F7-8, **215**) : *au bout du Paseo et calle 3, dans la Galería de Paseo. ☎ 7838-35-56. Entrée côté Malecón. Au dernier étage du centre commercial. Tlj 12h-2h. Concerts jazz essentiellement, à 21h30 et 23h. Entrée à prix moyens.* Le lieu en tant que tel ne présente rien de bien planant. On accède à l'étage par un large escalier en marbre circulaire. De là-haut, superbe vue sur le Malecón, mais la salle n'a rien de chaleureux. C'est un endroit fréquenté par les touristes et les jeunes Cubains ayant quelques pesos convertibles en poche. De bons groupes bien jazzy s'y produisent. Roberto Fonseca y joue parfois.

Cabarets et revues musicales

Conjunto folclórico nacional de Cuba (plan III, F8, **216**) : El Gran Palenque, *calle 4, 103 ; entre Calzada et 5ta. ☎ 7830-30-60. Seulement sam 15h-18h. Entrée bon marché.* Il s'agit du spectacle de l'ensemble folklorique national de Cuba, le plus important du genre, qui se déroule dans un grand patio. Ce groupe a voyagé dans le monde entier et compte 80 danseuses et danseurs, 18 musiciens et 5 chanteurs. En janvier et en juillet, il organise des sessions de 2 semaines de cours de danses folkloriques et populaires, et de percussions.

El Parisien (plan III, H7, **104**) : *à l'Hotel Nacional, au bout de la calle 21 (voir « Où dormir ? »). ☎ 7836-36-63. Sur la gauche, à l'extérieur de l'hôtel. Tlj à partir de 21h. Spectacle à 22h. Achat des billets au comptoir de l'hôtel : formule avec 1 conso ou dîner-spectacle (cher !).* Cet ancien casino fut le grand rival du *Tropicana* durant les années 1950. Frank Sinatra, entre autres stars, y chanta. Grand show caraïbe qui fait le bonheur des touristes venus chercher paillettes et couleurs... Or les goûts et les couleurs...

Habana Café (plan III, F8, **222**) : *au bout du Paseo ; entre 1ra et 3ra. ☎ 7833-36-36. Juste à gauche de l'entrée du Meliá Cohiba. Tlj 21h-2h (3h sam). Entrée à prix moyens, 1 boisson incluse. Dîner (prix chic) à réserver à l'hôtel Meliá (tlj 14h-20h). Spectacle en général à 22h.* Ça ressemble assez à l'un des cabarets chics qui servaient de cadres aux grands films noir et blanc de l'après-guerre, avec ses voitures américaines en guise de décor, son avion de la *Cubana de Aviación* au plafond et ses multiples photos aux murs. Clientèle un peu chicos, des locaux, et beaucoup de touristes. On vient surtout ici pour le show ou le concert de salsa, avec des groupes phares du moment. Terriblement tendance.

♩ ***El Gato Tuerto*** *(plan III, H7,* ***223****)* **:** *calle O ; entre 17 et 19. ☎ 7838-26-96. Dim-jeu 2 concerts, ven-sam 3 concerts. 1 concert/h à partir de 23h. Entrée bon marché.* Accès original par une passerelle courant sur une mare. Belle demeure bourgeoise. Arriver très tôt car la salle est petite et les meilleures tables sont vite occupées ! Dans un décor club sombre, c'est l'un des temples du boléro, du *son* et de la chanson romantique avec parfois de la salsa, créé en 1960 par des vedettes comme Elena Burke et Omara Portuondo, qui lui ont donné ce curieux nom de « Chat Borgne ». On y distille avant tout une musique *suave* (prononcez « souavé »).

Discotecas

♩ 🕺 ***El Submarino Amarillo*** *(plan III, F8,* ***217****)* **:** *calle 17, esq. 6. ☎ 7830-68-08. Mar-ven 14h-19h30 : musique enregistrée et vidéos (entrée libre) ; concerts (billet pas très cher) lun et sam 21h-2h, ainsi que dim 14h-22h.* Voici un lieu dédié entièrement aux Beatles et au rock (le square John-Lennon est à côté). Cadre aux couleurs pimpantes, murs percés de hublots, mobilier jaune, textes reproduits sur les parois, photos, illustrations et les célèbres pochettes de disques. Excellents groupes de rock ne reprenant pas que le répertoire des Beatles... Beaucoup de jeunes bien sûr, mais aussi quelques cheveux gris.

🍸 🕺 ***Torreón de la Chorrera*** *(plan III, E8,* ***199****)* **:** *Malecón, entre calle 18 et 20. ☎ 7833-45-04 ou 99-63. Tlj 22h-3h. Entrée bon marché.* Dans un cadre exceptionnel, une forteresse du XVIIe s, qui gardait l'embouchure de la rivière Almendares. On peut boire un verre *(tlj 12h-minuit)* dans la journée et le soir dîner au resto, puis aller remuer ses fesses sur la piste de danse.

À Miramar

Lieux de concerts

♩ 🕺 ***Salón Rosado de la Tropical Benny Moré*** *(plan IV, J13,* ***226****)* **:** *av. 41 et calle 46. ☎ 7203-53-22. Excentré, prendre un taxi. Ouverture selon programmation, essentiellement ven-dim. Concerts 17h-21h puis night-club jusqu'à 2h. Entrée à prix moyens.* La boîte la plus populaire de La Havane et surtout l'une des plus anciennes de toute l'Amérique latine, puisqu'elle affiche plus d'1 demi-siècle au compteur ! La clientèle de ce grand dancing à ciel ouvert est à 95 % cubaine. Immense fosse qui peut accueillir jusqu'à 4 000 personnes, et une sorte de vaste mezzanine, le *protócolo*, où l'on reprend son souffle entre 2 salsas endiablées. C'est l'un des rendez-vous des bons groupes, où se donnent tous les meilleurs concerts. Tout y passe, du traditionnel à la techno en passant par le boléro.

♩ 🕺 ***Casa de la Música – Diablo Tuntun*** *(plan IV, J12,* ***227****)* **:** *calle 20, 3308 ; esq. 35. ☎ 7204-04-47. Tlj 17h-21h, puis 23h-3h. Résa conseillée, possible sur place tlj 12h-minuit. Tarif selon programmation.* Comme pour sa grande sœur de Centro Habana, 2 salles en 1. Une plus grande qui accueille vraiment des formations d'excellente qualité (même si la sono ne suit pas) et à l'étage (accès par un escalier latéral) une plus petite qui produit des groupes plus modestes mais très bons également. Bien sûr, ça finit sur la piste à *bailar.* À côté, resto-grill, ***La Fuente*** *(12h-minuit)* pour caler les faims de concert.

♩ ***Rincón del Bolero*** *(plan IV, J12,* ***229****)* **:** *7ma av. et calle 26. ☎ 7204-23-53. Dans le complexe* Dos Gardenias, *à l'étage. Tlj 22h-4h. Entrée payante.* Ambiance romantique et musique traditionnelle, excellente adresse pour les amateurs de bons vieux boléros. Les chanteurs se produisent rarement avant 23h, puis suit un spectacle musical. Le programme change tous les jours, il est affiché au bas de l'escalier.

Cabaret

Tropicana *(hors plan IV par J13,* ***228****) : calle 72, esq. calle 41, Marianao. ☎ 7267-01-10 ou 17-17. • cabaret-tropicana.com • Assez loin, mais liaisons en navettes : renseignez-vous auprès d'un hôtel d'État. Tlj 22h. Résa impérative. Tarif (élevé) selon emplacement, consos offertes (min ¼ de bouteille de rhum et 1 soda/pers). Tenue correcte exigée.* C'est le prix à payer pour le *Tropicana,* fameux spectacle de cabaret archi célèbre, tout bonnement le plus grand cabaret du monde... puisqu'il est en plein air. Imaginez une sorte de *Moulin Rouge* version tropicale. On peut trouver ça un peu ringard et cher pour une soirée. Mais l'endroit, construit en 1939, est un monument du genre. Tous les plus grands artistes de passage à Cuba s'y sont produits, de Perez Prado à Nat King Cole. Et puis reconnaissons que les shows sont absolument somptueux et le cadre vraiment étonnant, avec sa végétation pour le moins exubérante. Les centaines de superbes danseurs évoluent au milieu d'un millier de touristes ébahis, et l'atmosphère peut vite devenir incandescente. Dans ce cas, avec quelques rhums dans le nez (*Havana Club,* bien sûr), vous vous envolerez vers le « paradis sous les étoiles », comme le dit si bien le slogan des lieux...

Activités culturelles

On trouve le programme des activités culturelles dans le journal *Granma* (en vente partout), quotidien pour l'édition en espagnol (moins chère), hebdomadaire pour celle en français. À consulter également : la *Cartelera* en espagnol et en anglais, et *Bienvenidos, la guía del ocio y la cultura de Cuba (• bienvenidoscuba.es •),* disponibles parfois dans les grands hôtels et bureaux de tourisme. On peut également se renseigner dans les bureaux de tourisme des grands hôtels (voir aussi la rubrique « Adresses et infos utiles » au début de ce chapitre sur La Havane). Sans oublier que le mieux reste de s'informer auprès des Cubains !

Gran Teatro de La Habana *(plan I, A2) : esq. Prado et San Rafael, Habana Vieja. • balletcuba.cult.cu • Seulement ven-sam 20h30, dim 17h. Résas sur place à partir du mar. Billet à prix moyens-chic.* L'occasion d'assister aux représentations du Ballet national de Cuba, fondé par Alicia Alonso, la « *prima ballerina assoluta* » disparue en 2019.

Achats

Feria San José *(Centro cultural antiguos almacenes de depósito San José ; plan I, B3,* ***260****) : sur Desemperado ; entre Damas et Cuba. Tlj 10h-18h.* Bon à savoir, on y trouve un bureau de change **Cadeca** *(tlj 9h30-17h),* une boutique **Etecsa** pour des cartes internet et téléphoniques *(tlj 9h30-17h),* des toilettes, quelques stands de nourriture, un petit troquet... Le plus grand marché artisanal de la ville a pris ses quartiers sous ce vaste entrepôt de fer forgé du XIXe s, en bordure de port. Il abrite une multitude de stands, notamment beaucoup de peintres, dont certains sont de vrais artistes. Également beaucoup d'éventaires de petits bijoux de pacotille, de sculptures en bois ou en noix de coco, des poupées ou encore des chapeaux et autres vêtements. Sans diviser les prix par 2 comme dans les souks, des réductions sont souvent négociables.

Palacio Mateo Pedroso *(plan I, A1,* ***261****) : Cuba, 64. Tlj 9h-19h.* Une belle demeure coloniale (lire plus loin « À voir. À faire ») qui abrite un petit centre commercial à la cubaine, et au rythme de la salsa ! L'endroit idéal pour dépenser vos pesos : quelques boutiques d'artisanat, d'instruments de musique et de souvenirs donnant sur le remarquable patio central à colonnade. Au rez-de-chaussée, une supérette avec un choix correct de rhum et... d'eau.

Patio de los artesanos *(plan I, A2, **262**) : Obispo ; entre Compostela et Aguacate. Tlj sauf mer 10h-19h.* Petit marché artisanal où l'on trouve un peu de tout : chemisettes, objets en bois, en papier mâché, bijoux, babioles... Des créations qui diffèrent des objets caricaturaux vendus dans les boutiques de souvenirs.

Librería Venecia *(plan I, A2, **264**) : Obispo, 502. ☎ 7801-46-20. Tlj 10h-22h.* Bouquiniste spécialisé dans les affiches (originales et reproductions). Il y en a pour tous les goûts et toutes les bourses, de la sérigraphie du festival de Cinéma à l'affiche militante des années révolutionnaires en passant par des portraits de Fidel et du Che. De quoi rapporter un joli souvenir pour une copine cinéphile ou un oncle communiste !

Casa de Aromas Coloniales *(zoom, **265**) : Mercaderes, 156 ; entre Obrapía et Lamparilla. Tlj 9h-18h (12h dim).* Dans une jolie et vieille demeure, choisissez votre eau de Cologne, parfums personnalisés et naturels, faits à l'ancienne et sur place, vendus dans de jolis flacons. Violette, jasmin, rose, patchouli, vétiver... Savons également.

Clandestina *(plan I, A2-3, **267**) : Villegas, 403 ; entre Teniente Rey (Brasil) et Muralla. • clandestina.co • Tlj 10h-18h (15h dim).* Dans ce bout de quartier bohème, une petite boutique de créateur. Plutôt de créatrices, Idiana del Rio et Leire Fernandez. Le design est Cubain à... 99 %, la réalisation nicaraguayenne, la sérigraphie colombienne. On pardonnera aux maximes pleines d'humour des T-shirts d'être en grande partie en anglais. Pour le reste, pas mal de petits objets originaux pour des idées cadeaux.

Artehabana *(plan II, D5, **268**) : búlevar San Rafael. Tlj 10h-18h (14h dim). Groupes musicaux lun-sam 16h-17h.* Un magasin spécialisé dans les disques, instruments de musique, livres et souvenirs.

Cigares

Lire la rubrique « Cigares » dans « Hommes, culture, environnement » en fin de guide. La plupart des grands hôtels possèdent leur boutique de cigares.

Boutique de la fabrique de cigares Partagas *(plan II, D5, **266**) : Industria, 520. ☎ 7866-80-60. Tlj 9h-17h30 (14h dim).* Large choix de *puros* (pas de vente à l'unité). On y trouve aussi du rhum et du café (ainsi qu'un bar). Les prix ne sont – en principe – pas plus élevés qu'ailleurs, et au moins, ici, en raison de l'affluence, la marchandise tourne et les cigares sont bien frais. Lire aussi plus loin la rubrique « Visite des manufactures de cigares » dans « À voir. À faire ».

Boutique de l'hôtel Conde de Villanueva *(zoom, **66**) : Mercaderes, 202 ; esq. Lamparilla. ☎ 7862-92-93. Tlj 10h-18h. Voir « Où dormir ? ».* La *tienda* est dans le patio. Il faut grimper l'escalier en bois immédiatement sur la droite. Un lieu tout en bois et très feutré que fréquentent les amateurs dont de grands noms du showbiz (voir les photos !). Beaucoup de choix et, surtout, une large sélection de *vitoles* à l'unité, ce qui n'est pas le cas partout.

Casa Mateo Pedroso *(plan I, A1, **261**) : Cuba, 64. Tlj 9h-19h.* La boutique de cigares à l'entrée, à gauche avant le patio, est très bien fournie. Large sélection soigneusement conservée.

Casa del Habano *(plan IV, J11, **162**) : 5ta av. et 16. ☎ 7204-79-75. Tlj 9h-19h (14h dim). Entrée sur la 5ta.* Bonne boutique de cigares, peu connue des touristes. Produits de qualité (vente à l'unité) et bons prix.

À voir. À faire

➢ Pour ceux qui ont peu de temps et veulent un aperçu des différents quartiers de la ville, il existe le ***Habana BusTour.*** Un bus touristique à impériale, fonctionnant sur le principe du *hop-on, hop-off* : on descend où on veut et on remonte (aussi où on veut) dans l'un des bus suivants. 2 circuits possibles (avec guides en espagnol et plus rarement en anglais) : d'une part, le centre historique, la plaza de la Revolución et Miramar en passant par le cimetière de Colón ; d'autre part, du centre historique aux plages de l'Est jusqu'à María del Mar (hôtel *Atlántico*). *Départs ttes les 30-40 mn, 9h-18h, depuis le parque Central, du côté de l'hôtel* Inglaterra. *Billet valable tte la journée ; réduc sur le 2e circuit ; gratuit moins de 6 ans.*

➢ ***Tour de La Havane à bord d'une vieille voiture américaine :*** *forfait à l'heure (les tarifs sont réglementés). Même prix que l'on soit 1, 2 ou 3 passagers à bord.* Les parcs de stationnement officiels sont situés sur le boulevard devant l'esplanade du Capitolio *(plan I, A2-3)* et sur le parque Central *(plan I, A2).* Impossible de manquer cet alignement éclatant de couleurs et de chromes sous le soleil, véritable collection de trésors sur roues d'avant la révolution de 1959 : Chevrolet, Pontiac, Cadillac, Oldsmobile, sans oublier les Plymouth, Dodge et Chrysler. La plupart sont décapotables. Des voitures de stars à la portée des aficionados. Et si elles trottinent si bien malgré leur grand âge, c'est que leur moteur est parfois d'origine, parfois pas.
Ces « belles américaines », interdites par Castro de sortir du pays (comme bien des Cubains...), semblent tout droit surgir des films d'Hollywood. Vous allez pouvoir flamber sec en en louant une (avec chauffeur) pour une promenade de 1h : largement suffisant pour contourner la vieille ville, traverser Centro Habana, marquer l'arrêt à la plaza de la Revolución et longer le Malecón. Moyennant 1h supplémentaire, on fait un crochet jusqu'au quartier résidentiel de Miramar. On peut aussi demander au chauffeur un itinéraire de son choix avec des variantes, par exemple de monter sur la colline du Morro (rive nord, de l'autre côté de la baie, accès par le tunnel sous-marin) d'où l'on a une vue magnifique sur le port et la ville depuis le site de la statue du Cristo (voir plus loin « La baie de La Havane »).

HABANA VIEJA

Inscrite au Patrimoine mondial de l'humanité par l'Unesco, la vieille ville mérite au minimum 2 jours de visite.
La découverte du quartier, assez dense, se fait aisément à pied. On l'a organisée par zones d'intérêt, qui constituent autant de mini-itinéraires. On les a voulus assez souples pour laisser libre cours à vos humeurs. Vous pouvez les enchaîner ou bien sauter de l'un à l'autre au gré de votre inspiration.
Visiter la vieille Havane, c'est voir une architecture exceptionnelle, mais c'est aussi capter des instants, des scènes de vie, lorsqu'une classe d'enfants dans leurs petits uniformes envahit le trottoir, lorsque des mécaniciens s'affairent au chevet d'une Chevrolet 1954 essoufflée, quand les commères s'interpellent depuis leurs balcons ou qu'une grand-mère édentée se met à pousser la chansonnette en pleine rue...
Sur le plan architectural, c'est un témoignage unique de la période coloniale espagnole, l'un des ensembles les plus riches d'Amérique. Son alternance de palais rénovés et de façades effritées, ses couleurs vives ou fanées, son caractère profondément populaire... Tout cela lui confère un charme intemporel.
Dans Habana Vieja, derrière les façades fatiguées, ça bouge, ça remue, ça vibre intensément. Le nez en l'air, vous découvrirez des centaines de détails pittoresques, insolites. Toits, frises, encadrements de fenêtre originaux. Les régions d'Espagne ont exporté leurs styles. Certains balcons, grilles en fer forgé et auvents rappellent l'Andalousie : Grenade, Cadix, Melilla, voire les Canaries... Festival de badigeons colorés et de pastels fanés. Notez ces demeures aristocratiques dont les portes cochères sont protégées par des chasse-roues ouvragés en fonte (c'était pour protéger les murs contre le

choc des roues de calèches). Il faut partir au fil des rues pavées, placettes et places, patios grandioses ou en friche, goûter au charme indolent, à la noble décadence de cet extraordinaire témoignage de 4 siècles d'architecture coloniale.
Il reste dans la vieille Havane quelques bonnes centaines de palais que seul un œil attentif et fouineur parvient à repérer sous la couche de poussière. Mais ce qui frappe aussi le regard du visiteur, ce sont les *solares,* ces demeures autrefois majestueuses, aujourd'hui décaties, aux façades lépreuses, dans lesquelles s'entassent des dizaines de familles dans des conditions déplorables. On n'ose y pénétrer de peur de gêner. Vous serez peut-être invité à visiter certains de ces lieux. La proposition est sincère et directe, même si, à la fin du petit tour, un pourboire est espéré. Cela reste un moyen simple et direct d'avoir un aperçu de la vie réelle des Havanais.
– ***À savoir :*** vous noterez que dans les musées gratuits, les gardien(ne)s s'improvisent souvent guides, sans trop vous demander votre avis... pour réclamer *in fine* une piécette. Leur commentaire va de « très documenté » à « sans aucun intérêt ». Si vous n'êtes pas intéressé, faites-le savoir, gentiment mais rapidement.

➢ ***Visites guidées de la ville :*** *avec l'**agence San Cristóbal** (O'Reilly, 112 ; esq. Tacón ; zoom, **25**). ☎ 7801-74-42. Lun-ven 8h30-17h30 (12h30 sam). Visite à pied ou en voiture. Durée : 1h30-3h. Tarifs affichés à l'agence.* Cette agence spécialisée dans les visites de La Havane propose plusieurs parcours thématiques en français, de la vieille ville seule ou jusqu'à Miramar.
– ***Animations de rue :*** la rénovation du cœur de la vieille Havane s'accompagne de diverses animations de rue afin de donner de la couleur et de la gaieté aux vieilles artères qui ont gagné en touristes ce qu'elles ont perdu en nombre d'habitants. Sur la place de la Cathédrale, par exemple, on trouve des vieillards en costumes et chapeaux et quelques sympathiques mamies en robes blanches ou colorées, tirant sur d'énormes cigares. Ils ont tous leur badge officiel et sont là pour le folklore, pour prendre la pose en échange d'une petite pièce. Dans la calle Obispo, au cœur de la matinée s'ébranle une troupe bariolée de danseurs-musiciens, juchés sur des échasses et qui parcourent une partie de la rue, sous les *vivas* des touristes. Là encore, une petite pièce est attendue. Folklore d'État et de circonstance, certes, mais ne faisons pas la fine bouche, cela fait vivre nombre d'artistes, et c'est déjà pas si mal.

Autour de la plaza de la Catedral

👣👣 ***Plaza de la Catedral** (zoom) :* l'ensemble architectural le plus harmonieux et le plus homogène de l'époque coloniale. La place est bordée par la cathédrale, chef-d'œuvre du baroque jésuite, le musée d'Art colonial et d'autres palais. À voir aussi la nuit, le spectacle devient alors féerique.

👣👣 ***Catedral** (zoom) :* *ouv lun-ven 9h30-16h30 (12h sam-dim, mais dim mat c'est la messe).* Construite par les jésuites au XVIIIe s avec une élégante façade baroque et ondulante aux réminiscences italiennes, 2 campaniles latéraux de formes et hauteurs inégales, et des colonnes qui rythment merveilleusement l'ensemble. De jour comme de nuit, cette façade est vraiment un joyau. À l'intérieur, 3 nefs et 8 chapelles. Décor franco-italien (toiles de Jean-Baptiste Vermay, fresques de Giuseppe Perovani). Ensemble volumineux, à l'architecture massive mais pas écrasante. Baroque donc, mais pas exubérant. Dans la nef centrale reposèrent jusqu'en 1898 les restes de Christophe Colomb, avant qu'ils ne soient rapatriés en la cathédrale de Séville. Christophe est parti, mais la statue de san Cristóbal, le patron de la ville demeure.
– ***Montée dans le clocher*** possible *(tlj aux heures d'ouverture de l'église : payant).*

Les autres édifices de la place :
– ***Palacio del Marqués Lombillo :*** *esq. Empedrado (à droite quand on est face à la cathédrale).* Il fut édifié en 1730, puis agrandi quelques années plus tard.
– À côté, ***casa del Marqués de Arcos.*** Bel édifice à arcades, typique de l'architecture coloniale, construit en 1741 par le trésorier du roi, Diego de Peñalver Angulo y Calvo de La Puerta. Ses descendants y vécurent jusqu'au milieu du XIXe s. Plein de détails baroques. Noter les vitraux en demi-lune *(medio puntos)*, qui permettaient de faire entrer la lumière tout en filtrant la chaleur. Aujourd'hui, on y trouve l'*atelier municipal d'arts graphiques* et une galerie d'art au rez-de-chaussée. Adossée à l'une des colonnes, la statue en bronze grandeur nature d'Antonio Gades (1936-2004), danseur de flamenco et chorégraphe espagnol qui joua notamment dans les films de Carlos Saura.
– L'édifice du fond, face à la cathédrale, c'est le ***palacio de los Condes de Casa Bayona*** *(zoom).* Il fut construit en 1720 (donc avant la cathédrale) pour le gouverneur de l'île. Façade assez sobre. L'intérieur est plus accueillant, avec ses corridors ouverts et ses patios. Il abrita un temps une manufacture de rhum avant de devenir le musée d'Art colonial.

Museo de Arte colonial *(zoom)* **:** *pl. de la Catedral. ☎ 7862-64-40. Tlj sauf lun 9h30-17h. Entrée payante.*
– *Au rez-de-chaussée :* dans la petite salle à droite, expos temporaires. Beaucoup de peintures des XIXe et XXe s, et vaisselle, ferronneries d'art intéressantes, fenêtres en bois tourné, quelques portes anciennes, serrures, heurtoirs, etc. Calèches, vieilles lanternes et éperons espagnols. 2 sculptures en terre cuite au charme délicat du XVIIIe s, qui nous rappelleraient presque les peintures de Fragonard.
– *Au 1er étage :* plusieurs salons au bel ameublement colonial, souvent d'une grande qualité et extrêmement varié dans les styles : certains lourds et imposants, d'autres d'une rare finesse. Porcelaine de Sèvres, armoires, jeux de dames en marqueterie, lavabo en émail peint, belles collections de chaises et fauteuils, dont une jolie chaise percée. Autres objets un peu kitsch, comme ce vase sur pied avec angelots totalement baroques.
– Superbe collection de *mamparas*, ces portes intérieures typiques des demeures bourgeoises. Chambre à coucher avec ravissants cristaux et reconstitution d'une ancienne cuisine.

Enfin, à gauche de la cathédrale (à l'angle de San Ignacio et Empedrado) s'élève la ***casa de los Marqueses de Aguas Claras*** *(zoom).* Datant de 1751, c'est l'un des palais les plus élégants du quartier. Joli patio intérieur avec fontaine qui abrite aujourd'hui un restaurant.

Centro de Arte contemporáneo Wifredo Lam *(zoom)* **:** *San Ignacio et Empedrado. ☎ 7864-62-82. Derrière la cathédrale. Ouv mar-ven 10h-17h. Fermé lun et w-e. GRATUIT.* Dans une belle maison coloniale. Ce centre rend hommage au grand peintre surréaliste cubain Wifredo Lam... par son nom seulement (lire la rubrique « Personnages » dans « Hommes, culture, environnement »). Il ne présente, en effet, aucune de ses œuvres. Pour en voir, il vous faudra visiter le *musée national des Beaux-Arts* (section *Arte cubano*). Bon, mais qu'est-ce qu'on voit ici finalement ? Eh bien, des expositions temporaires généralement intéressantes d'artistes du monde entier.

Non loin, sur Empredado, au n° 215, la ***casa del Conde de la Reunión*** *(plan I, A2)*, qui abrite le petit *museo Alejo Carpentier. Ouv lun-ven 9h-16h30. Fermé le w-e. GRATUIT.* Superbe maison de la fin du XVIIIe s. A été restaurée par la Fondation Alejo Carpentier, qui fut créée et dirigée par la veuve de l'écrivain. Il n'y a jamais vécu mais il s'en inspira pour son roman *El Siglo de las Luces* (« Le Siècle des lumières » ; 1977). Bel escalier intérieur et patio intéressant à la balustrade qui ondule joyeusement. Uniquement une petite salle qui réunit les ouvrages de l'écrivain. Quelques photos et sa machine à écrire.

– Enfin, jeter un coup d'œil à l'est de la place de la cathédrale, rue Mercaderes entre les rues Empedrado et O'Reilly, sur l'immense et jolie ***fresque*** sépia, où figure le panthéon de la littérature et des arts cubains.

Cabinete de Arqueología *(zoom)* **:** *Tacón, 12 ; entre pl. de la Catedral et pl. de Armas. Tlj 9h30-17h (13h dim). Entrée payante.* On y mène toujours des recherches actives. Installé dans une jolie maison dont la partie la plus ancienne (le rez-de-chaussée) date du XVIIe s. Quelques fouilles archéologiques provenant de la vieille ville. Céramiques, azulejos, bouteilles de vin retrouvées sous les eaux. Facile de reconnaître par sa forme, celle du Médoc (XIXe s) ! À l'étage, modeste section précolombienne : vitrines de poteries, figurines et sculptures (Mexique, Pérou, Équateur...). Une pièce accueille une fresque murale, la plus ancienne qu'on ait retrouvée à La Havane (milieu du XVIIIe s) et qui témoigne de la vie bourgeoise de l'époque. Elle a été conservée grâce aux 27 couches de peinture qui la recouvraient !

Autour de la plaza de Armas

Plaza de Armas *(zoom)* **:** c'est ici que tout a commencé. Construite dès le XVIe s, elle a très vite été occupée par les militaires qui y pratiquaient leurs exercices, d'où son nom de place d'Armes. Elle est entourée de prestigieux édifices restaurés avec soin. Les 1ers à vocation militaire, bien sûr, comme le *castillo de la Real Fuerza* (forteresse de la Force royale), d'autres administratifs et résidentiels. Elle fut reconstruite et agrandie en 1776 aux dimensions actuelles. Plusieurs fois modifiée par la suite, elle a aujourd'hui le visage qu'elle avait en 1841. Au centre, un grand jardin avec la statue de Carlos Manuel de Céspedes, initiateur de la 1re guerre d'indépendance en 1868.

À PAS FEUTRÉS...

Le sol est pavé de pierres tout autour de la plaza de Armas. Mais devant l'entrée principale du palais, il s'agit de pavés de bois. Ceux-ci permettaient d'amortir le bruit des sabots des chevaux pour respecter la tranquillité et le sommeil des gouvernants. Sol de bois pour sommeil de plomb !

Palacio de los Capitanes Generales – museo de la Ciudad *(zoom)* **:** *il occupe tt le côté ouest de la pl. de Armas ; entre O'Reilly et Obispo. Tlj sauf lun 9h30-16h30. Entrée payante. Audioguide (en français) ou visite guidée en espagnol : en sus ; certaines salles n'étant accessibles qu'avec un guide.*
Construit en 1776, au moment du réaménagement de la place. Édifice en style baroque finissant, admirable par sa taille, son architecture et son équilibre. Il fut le siège du gouvernement espagnol de l'île jusqu'en 1898 et servit également de prison publique. Dans le beau patio, statue de Christophe Colomb (1862). Palais présidentiel depuis la fondation de la république, en 1902 et jusqu'en 1920, puis hôtel de ville.
Le palais abrite aujourd'hui le ***museo de la Ciudad.*** Certainement l'un des plus riches musées de la ville, avec des collections très complètes sur l'histoire de la cité jusqu'à l'épopée révolutionnaire, mais aussi de ***remarquables collections d'art décoratif.*** La présentation des œuvres est aérée et donc bien agréable.
Au rez-de-chaussée, les ***anciennes écuries*** abritent dans l'aile

UN VRAI TUBE !

Une vitrine du musée expose un livre de José Martí, Versos Sencillos, *qui renferme le poème* Guantanamera. *Ses paroles ont inspiré la célèbre chanson du même nom, chantée inlassablement aujourd'hui... Le thème est celui d'une belle Cubaine originaire de Guantánamo... Joe Dassin a même repris le titre en français !*

droite quelques attelages et calèches du XIXe s. Plusieurs salles tout autour du patio avec portraits d'évêques du XVIIIe s, pierres tombales, devants d'autels en cuivre, vêtements liturgiques... À voir aussi, les grosses colonnes torses en bois et un christ du XVIIIe s, bien représentatif de l'art baroque (avec de vrais cheveux !).
Dans l'aile gauche du patio, une salle expose des ***ornements*** et des ***objets religieux.*** Dans celle-ci, remarquer un portrait et une plaque (en français) en l'honneur de *Pierre Le Moyne d'Iberville* (1661-1706). Né à Montréal, ce « héros de la Nouvelle France » était un grand marin doublé d'un redoutable officier. Il explora la baie d'Hudson, Terre-Neuve et fonda Mobile, la 1re ville de la Louisiane française. Son objectif était de réunir au port de La Havane une armada pour combattre les Anglais et les empêcher de coloniser le sud actuel des États-Unis. Il est mort à La Havane suite à de violentes fièvres. Une statue de lui se dresse dans le *parque del Castillo de la Punta.*
À l'étage, enfilade de vastes pièces richement meublées. Attention, certaines d'entre elles sont régulièrement fermées et les œuvres déplacées. Dans la ***sala de Banderas*** (salle des Drapeaux), nombreuses peintures représentant les héros de l'indépendance cubaine. Très belle collection de vieux drapeaux dont le drapeau original de Cuba, en soie, daté de 1850.
Pièces de réception du XVIIIe s et somptueuse ***salle de bal*** ; salle consacrée à Maceo, Gómez et Martí, avec vitrines aux souvenirs divers, objets personnels, lettres, etc. Quelques témoignages des années d'avant la révolution. Et puis encore plusieurs salles et salons (salon Blanc, salle du Trône, salon des Miroirs), où sont exposés meubles coloniaux, porcelaines italiennes, françaises et allemandes, portraits des rois d'Espagne, objets précieux, peintures, argenterie, armes... sous les stucs et les ors de la République.
Toujours au 1er étage, une curiosité : la ***sala del Cementerio de Espada*** (salle du Cimetière d'Espada). Ce fut le 1er cimetière de la ville. Plusieurs niches funéraires sur les murs, et des pierres tombales comme celles du marin français Duquesne (1751-1834) et du peintre Jean-Baptiste Vermay (fondateur de l'école des Beaux-arts de La Havane), morts du choléra au XIXe s. Ne pas rater les curieux cercueils métalliques (rouillés) qui évoquent d'étranges et lugubres sarcophages. Il s'agit de boîtes dans lesquelles on enfermait les corps des personnes mortes du choléra, avant de les jeter à la mer pour éviter que l'épidémie ne se répande. Ces étranges cercueils marins ont été retrouvés au fond de l'eau, dans la baie de La Havane.
Sur la façade gauche, une plaque où sont gravées les paroles prononcées par José Martí à l'occasion de la visite de Garibaldi à La Havane.

★ ***Palacio del Segundo Cabo*** *(palais du Second Caporal ; zoom)* **:** *esq. pl. de Armas et calle O'Reilly. Mar-sam 9h30-17h ; dim 9h30-13h. Fermé lun et dim ap-m. Entrée payante.* Autre superbe exemple de baroque cubain édifié en 1770, avec son patio et son immense porche encadré de colonnes. Successivement Maison royale des postes, siège du Bureau royal des impôts, siège de la Trésorerie de l'armée. En 1854, résidence du sous-gouverneur. Au XXe s, siège du Sénat, puis de l'Académie nationale des arts et des lettres. Ouf ! À noter : le jardin est fermé pour restauration.

★★ ***Castillo de la Real Fuerza*** *(zoom)* **:** *O'Reilly, donnant sur la pl. de Armas. Tlj sauf lun 9h30-17h (dernière entrée 16h30). Entrée payante.* C'est la plus vieille forteresse du pays. Elle est entourée de douves profondes

UNE FEMME GOUVERNEUR DE CUBA

Lorsque Hernando de Soto partit explorer la Floride en 1539, son épouse, Isabel de Bobadilla, assuma ses fonctions et fut la seule femme à gouverner une colonie espagnole. Telle une Pénélope du Nouveau Monde, elle guetta chaque jour, depuis la tour de la Giraldilla, le retour de son aimé, qui, à la différence d'Ulysse, ne revint jamais. Seules ses lettres d'amour lui parvinrent après sa mort.

et présente des avancées en pointes de diamant et un appareillage de bonnes grosses pierres. Construite en 1558 par le roi Philippe II. Résidence des capitaines généraux jusqu'en 1762. La tour fut ajoutée en 1632, surmontée de la fameuse *Giraldilla,* girouette qui symbolise la ville (et que l'on retrouve sur les étiquettes du rhum *Havana Club*). C'est la plus ancienne statue fondue à Cuba (1630), conçue en souvenir d'Isabel de Bobadilla (voir encadré). Expo centrée sur de fines maquettes de galions qui fréquentaient la rade de La Havane du XVIe au XVIIIe s, ainsi que diverses découvertes repêchées dans les épaves et provenant des 4 coins de l'empire : petits objets en or et argent, quelques bijoux et objets usuels. Accès à la « terrasse » du fort, d'où l'on a une vue extra sur le chenal et la forteresse de la Cabaña.

Palacio de los Condes de Santovenia *(zoom)* **:** *au fond de la pl. de Armas, occupant quasiment tt le côté est.* Datant de la fin du XVIIIe s, il a été merveilleusement restauré. Belle balustrade en fer forgé portant les initiales du comte de Santovenia. Ce palais fut reconverti en hôtel dès 1867, fréquenté par les armateurs, négociants et voyageurs en escale à Cuba. C'est désormais l'hôtel *Santa Isabel.*

À gauche de l'hôtel *Santa Isabel,* on peut jeter un coup d'œil à ***El Templete*** *(zoom).* Ce petit mausolée néogrec, qui s'admire de l'extérieur, a été édifié en 1828 pour marquer l'endroit de la fondation de La Havane en 1519. C'est ici, paraît-il, que fut célébrée la 1re messe et que s'est tenu le 1er conseil municipal *(primero cabildo)* autour d'un fromager (l'arbre, pas le commerçant !). Le mausolée renferme le buste du Français Jean-Baptiste Vermay, né à Tournan-en-Brie (Seine-et-Marne) en 1786, peintre et fondateur de l'école des beaux-arts de La Havane. On y voit 3 de ses immenses toiles montrant l'inauguration du Templete, la 1re messe et le *primero cabildo.* Style pompier particulièrement ennuyeux.
À l'arrière, la calle Enna est la rue la plus étroite et la plus courte de La Havane.

À l'angle de la rue Obispo et de la plaza de Armas, entre 2 terrasses du resto *La Mina,* la **casa del Agua « La Tinaja »** *(zoom). Tlj sauf lun 11h-18h.* Depuis 1952, l'infatigable Pedro vend l'eau du puits qui se trouve sous la maison (environ 20 centavos le verre). Agréable halte pour se désaltérer et se rappeler la longue période durant laquelle les Havanais souffraient de la soif. L'eau est filtrée par une pierre volcanique. Terrasse agréable au restaurant *La Mina,* juste à côté, pour faire une pause et écouter les petites formations musicales qui s'y produisent.

Casa de los Árabes *(zoom)* **:** *Oficios, 16 ; entre Obispo et Obrapía. Tlj sauf lun 9h30-17h (13h dim). GRATUIT. Visite guidée possible (pourboire).* Encore une noble bâtisse du XVIIe s, typique de la vieille Havane mais à la décoration simple. Cette dernière rappelle l'Afrique du Nord. Logique puisque les colons espagnols venaient d'Andalousie, profondément influencée par la culture arabe... Un peu de mobilier mudéjar, céramiques, textiles, quelques tapis et la reconstitution d'une tente bédouine. En face, la mosquée Abdallah, inaugurée en juin 2015 et financée par la Turquie, est le 1er lieu de culte à Cuba pour les quelque 3 500 musulmans qui vivent sur l'île.

➢ Rejoindre le parque Central en empruntant la ***calle Obrapía.*** À l'angle de Mercaderes, la ***Maison de la culture du Mexique.*** Bel édifice à colonnes et patio tout rose avec sa petite fontaine. Il contient une bibliothèque de plus de 5 000 ouvrages ainsi qu'un petit musée.

Casa de Guayasamín *(zoom)* **:** *Obrapía, 111 ; entre Oficios et Mercaderes. ☎ 7861-38-43. Tlj sauf lun 9h-17h (13h dim). GRATUIT. Visite guidée possible (pourboire).*
Demeure d'Oswaldo Guayasamín, le plus grand peintre équatorien contemporain, décédé en 1999. C'est tout à la fois un centre de popularisation de son œuvre et l'occasion d'admirer l'un des plus mignons palais coloniaux de la vieille ville. Patio aux colonnes imposantes, sol en marbre. Intérieur élégant, belle luminosité et douce fraîcheur. Sous les arcades, remarquables sérigraphies et lithos de l'artiste.

On comprend peut-être un peu mieux l'intérêt des autorités pour Guayasamín (son talent mis à part) quand on voit parmi les œuvres présentées ici cet étrange portrait de Castro avec les mains du Christ !
Au 1er étage : vestiges de fresques du XVIIIe s sur les murs. Chez le peintre même, beaux meubles dans la chambre à coucher. Visite aussi de son atelier (reconstitué). Dans la chambre, comme dans la salle à manger, outre ses œuvres, une partie de sa collection d'art équatorien – dont il s'inspirait – est exposée. Expos temporaires régulières.
– À l'angle de Mercaderes et de Lamparilla, petit square où trône une des sculptures de Guayasamín.

✪ ***Casa de África*** (zoom) : *Obrapía, 157 ; entre Mercaderes et San Ignacio. Tlj sauf lun 9h-16h30 (12h30 dim). GRATUIT.* Musée installé dans un ancien palais. Au rez-de-chaussée, essentiellement des objets (sculptures en bois) offerts à Fidel Castro lors de ses voyages en Afrique. Au 1er étage, délicat travail d'orfèvrerie sur des défenses d'éléphant, masques, instruments de musique, expo sur la religion afro-cubaine. Petites expos temporaires d'artistes africains contemporains. Également des sculptures au 2e étage.

✪✪ ***Casa de la Obrapía*** (zoom) : *Obrapía, 158. Tlj sauf lun 9h-17h (13h dim). GRATUIT. Visite guidée possible (pourboire).* Un hôtel particulier de 1665, remodelé en 1793, joyau de l'architecture baroque à Cuba. Ce fut à l'époque l'une des plus prestigieuses demeures de la ville. Les jeunes filles de la noblesse y faisaient leur entrée dans la bonne société. Splendide portail monumental (assez rare à La Havane). Charmant patio à colonnes. Le rez-de-chaussée est consacré à des expos temporaires (une salle dédiée à la restauration du palais), le 1er étage aux arts décoratifs de l'époque coloniale. Vastes salons qui exposent l'art de vivre de la grande bourgeoisie cubaine aux XVIIIe et XIXe s : meubles précieux, vaisselle fine, sculptures et tableaux, ainsi qu'une salle à manger reconstituée, une chambre et la cuisine. À noter : le « quartier des esclaves », au 2e étage, est fermé pour restauration.

UN HOMME CHARITABLE

Martín Calvo de La Puerta y Arrieta était, au XVIIe s, l'aristocratique occupant de la casa Obrapía. Il choisissait, chaque année, 5 orphelines à qui il offrait une dot de 1 000 pesos, destinée soit à trouver un mari pour que « sans avoir perdu leur honnêteté et leur pudeur, elles engendrent des fils forts et robustes », soit... à entrer au couvent.

✪✪ Entre Obrapía et Lamparilla, petit détour par la calle Mercaderes, au no 160, pour visiter la ***casa de Simón Bolívar*** (zoom). *Tlj sauf lun 9h-17h (13h dim). GRATUIT.* Cette magnifique maison coloniale fut offerte par le Venezuela au peuple cubain. On y retrouve la disposition habituelle des vieilles *casas* du quartier : délicieux patios remplis de verdure et étage en galeries.
– Au *rez-de-chaussée,* chapelle minuscule, vitrail résumant un peu rapidement l'épopée de l'Amérique du Sud. Salle consacrée à la vie de Simón Bolívar, racontée d'une manière plutôt originale, par le biais de figurines de terre cuite peintes de toutes les couleurs. D'autant plus rigolo que l'artiste ne s'est épargné aucun détail : le grand libérateur sud-américain est même représenté dévêtu aux côtés d'une – ou plutôt sur une – jeune femme.
– Un bel escalier en marbre mène à l'*étage* : expo d'art contemporain et souvenirs divers sur Bolívar. On remarque surtout une épée en or recouverte de brillants (c'est une copie), offerte par le Pérou. Peintures et sculptures d'artistes vénézuéliens et cubains, certaines de très bonne facture.

✪ On peut descendre encore Mercaderes jusqu'au ***museo de Armas*** (zoom) : *entre Obrapía et Lamparilla. Tlj sauf lun 9h-17h (13h dim). GRATUIT.* Cette ancienne armurerie doit son statut de musée au fait d'avoir été attaquée, en avril 1958, par 4 membres du mouvement du 26-Juillet, dans le but de se procurer des armes pour leurs camarades révolutionnaires ! Le lieu a hérité d'une collection de choix, celle de Fidel Castro lui-même : dans les vitrines, ses armes personnelles, un fusil de Guevara, machettes, armes blanches, fusils, pistolets. Également un fusil offert par Gorbatchev.

Toujours dans Mercaderes, entre Obispo et Obrapía, la ***maqueta de La Habana Vieja*** *(zoom). Tlj sauf lun 9h30-17h (13h dim). Entrée payante ; gratuit moins de 12 ans.* Cette immense maquette de plus de 50 m² est une reproduction fidèle de la vieille ville et du port tel qu'il est actuellement. Tout y est, même les éclairages qui reproduisent le coucher du soleil et l'aube (avec chant du coq !). Ça permet d'avoir une vue d'ensemble de cet exceptionnel paysage urbain. Il aura fallu 3 années de travail à Orlando Martorell et à sa famille pour mener à bien cette réalisation. En réalité, le plus dur n'a pas été la maquette elle-même, mais la prise de mesures des quelque 3 500 édifices de la vieille ville !

La calle Obispo

La ***calle Obispo*** est l'une des rues les plus pittoresques de la vieille ville, animée depuis plus de 200 ans. Elle doit son nom au fait que l'évêque de La Havane y habitait, à l'angle de calle Oficios. Véritable colonne vertébrale touristique de la vieille Havane, elle fut la 1re à être rénovée. Rue commerçante en diable, plusieurs librairies, galeries, boutiques, etc. Cette rue piétonne a repris des couleurs et retrouvé ses pavés d'antan, même si on y a beaucoup pratiqué le « façadisme » (on garde les façades mais on reconstruit tout derrière !). On y trouve un office de tourisme, un centre téléphonique, un kiosque de change. Il y a même plusieurs boutiques de fringues et un peu d'électroménager. C'est sans doute la plus grande concentration de magasins de tout le pays ! On a d'ailleurs voulu en faire une vitrine commerciale du genre : « Tout ne va pas si mal dans le pays, vous avez vu nos belles boutiques ? » C'est, en effet, là que les Havanais font du lèche-vitrines désormais. À prendre au sens propre du terme car, ne soyons pas dupes, ils sont une extrême minorité à pouvoir s'offrir quelque chose ! Reste que la rue a du caractère, que les Cubains aiment y flâner, surtout en soirée lorsqu'un éclairage public du meilleur effet la met en valeur, et que les touristes peuvent facilement se faire duper par ce « presque chic » s'ils se contentent d'arpenter cette artère. Mais tout cela n'a rien à voir avec la réalité du pays, sa misère réelle. La calle Obispo, si séduisante soit-elle, n'est que poudre aux yeux pour les touristes. Voilà, c'est dit. Maintenant, en avant pour la balade !

➢ Prendre la calle Obispo depuis la plaza de Armas. Dans sa partie longeant le *palacio de los Capitanes Generales,* elle aligne parmi les plus anciennes demeures de La Havane.
- La maison au n° 113 abrite le ***museo de Orfebrería*** *(zoom ; musée de l'Orfèvrerie ; mar-sam 9h30-17h, fermé dim-lun ; GRATUIT).* À l'étage, quelques belles pièces d'argenterie des XIXe et XXe s.
- Aux nos 117-119, toujours à 2 pas de la plaza de Armas, on trouve l'une des plus anciennes maisons de la ville (1555), avec son balcon brun et ses oculi. Beau patio intérieur. Abrite aujourd'hui un petit ***museo de Pintura mural*** *(tlj sauf lun 9h30-17h ; GRATUIT)* qui vaut plus par le charme de la demeure que par ses modestes vestiges de fresques.
- À l'angle avec Mercaderes, aux nos 121-123, noble ***demeure seigneuriale*** avec un superbe balcon.

À l'angle opposé s'élève l'***Hotel Ambos Mundos*** (zoom, **66**) : *voir « Où dormir ? ». Visite de la « chambre d'Hemingway » tlj sauf dim 10h-17h. Entrée payante.* C'est là que descendait un certain temps Hemingway. La chambre de l'écrivain, la n° 511, a été transformée en petit musée qui ne passionnera que les plus fidèles lecteurs d'Ernest. 3 fenêtres éclairent cette belle chambre d'angle (jolie vue sur la

vieille ville) où ont été conservés sa machine à écrire *Underwood* (une de celles qu'il utilisa), le fac-similé du texte de *Pour qui sonne le glas*, quelques photos et objets. Le mobilier est d'époque, dont le lit, mais ce n'est pas celui où a dormi l'écrivain.
– Juste à côté, au n° 155 d'Obispo, la ***farmacia y droguería Taquechel.*** *Tlj 9h30-17h. Entrée libre.* La *farmacia*, au cadre vieillot tout en bois, possède des bocaux de verre et de majolique (d'Espagne, mais aussi de France !) du XIXe s. Elle date de 1898. On peut y jeter un œil sans déplaisir. Fait encore office d'herboristerie, dont les produits sont en vente.
– Plus loin dans la rue Obispo, on aborde un quartier qui fut dans les années 1920-1930 une sorte de mini-Wall Street. Siège de grosses banques et d'importants établissements financiers. Comme à Paris, Londres ou New York, on étalait richesse et prospérité au travers de façades surchargées, d'une architecture néo-classique et grandiloquente, voire pompeuse. À l'angle d'Obispo et Cuba s'élève l'un des édifices les plus importants de la rue : l'ancien ***Banco Nacional de Cuba*** durant les années 1920. Grosses colonnes corinthiennes et fronton à la grecque. L'immeuble appartient aujourd'hui au ministère des Finances et bénéficie d'une importante rénovation.

➢ Faire un petit tour par la ***calle O'Reilly.*** À l'angle de la calle Cuba, la ***Bank of Nova Scotia*** *(plan I, A2, **23**)*, avec sa façade cossue, abondamment sculptée. Débauche de pilastres et colonnes, chapiteaux corinthiens, etc.

🏛🏛 Toujours sur O'Reilly, entre Aguiar et Habana, s'élève au n° 311 la ***casa Victor Hugo*** *(☎ 7866-75-90 ; lun-ven 9h30-17h, sam 9h30-13h, fermé dim ; GRATUIT).* Cette maison du XVIIIe s, modifiée au XIXe, a appartenu à la famille du savant Felipe Poey, puis a été une banque. Voir le magnifique escalier en marbre de Carrare et les céramiques reproduites à l'identique par des artistes cubains. Victor Hugo ne vint jamais à Cuba, mais il soutint la cause de l'indépendance cubaine, avec une vision universelle. Quelques gravures d'époque, 1res pages de magazines le caricaturant *(Le Monde illustré, Sifflet, Grelot)*, éléments de biographie... Mais ce qui fait tout l'intérêt de cette maison, c'est qu'elle est vivante : conférences, expositions, projections de films français, séances de scrabble, bibliothèque dans le patio et concerts en terrasse.

➢ Revenir sur Obispo par la calle Aguiar.
– À l'angle entre Aguiar et Obispo (n° 260), notez la ***droguería Johnson*** *(lun-sam 9h-17h, dim jusqu'à 13h)* parfaitement dans son jus avec ses armoires de bois sombres chargées de pots anciens.
– À l'angle d'Obispo et Habana, restaurant typique et traditionnel *(plan I, A2, **120**)*, avec ses rayons quasi vides et ses stands de friture. Ambiance locale garantie !

➢ Vous pouvez continuer la rue Obispo jusqu'au parque Central ; vous passerez alors devant le célébrissime bar-resto ***El Floridita*** *(plan I, A2, **180**)* dont on parle dans « Où boire un verre ? ». Ou bien dirigez-vous vers la plaza Vieja : prenez alors la calle Habana, puis tournez à gauche sur Amargura pour passer devant le couvent San Agustín.

Autour de la plaza Vieja

🏛 ***Convento y iglesia San Agustín*** *(zoom)* **:** *sur Amargura ; entre Aguiar et Cuba.* De style Renaissance tardive, l'église date de 1633 mais fut restaurée plusieurs fois, notamment dans la 1re moitié du XIXe s. L'ancien couvent attenant abrite le musée historique des Sciences Carlos J. Finlay.

🏛🏛🏛 ***Plaza Vieja*** *(zoom)* **:** elle aligne nombre de fiers palais à la façade colorée dont la construction couvre 4 siècles d'architecture. L'ensemble a été entièrement et superbement restauré.

Construite au milieu du XVIe s, elle fut la 1re opération d'urbanisme planifiée lors de l'extension de la ville, et remplaça la plaza de Armas confisquée par les militaires. Celle qu'on appelait alors la plaza Nueva (Nouvelle Place) fut un endroit prestigieux aux XVIIe et XVIIIe s, et le principal marché aux esclaves de la ville. Les nobles, les bourgeois aisés et les riches commerçants furent autorisés à y construire leurs résidences. Festival de portiques, loggias, façades ornementées de détails pittoresques (balcons en bois, toits de tuiles et porches montés sur colonnes). Allez, on commence le tour :

– Tout d'abord, la ***casa de los Condes de Jaruco*** : *à l'angle de Muralla et San Ignacio. GRATUIT.* ***Fermée pour rénovation pour un temps indéterminé.*** Construit en 1733, le palais des comtes de Jaruco est typique de l'architecture de la place. Ce fut l'un des grands salons littéraires de La Havane au XIXe s.

UNE LOINTAINE COLLÈGUE DU ROUTARD...

La casa de los Condes de Jaruco a vu naître María de las Mercedes Santa Cruz y Montalvo, devenue par mariage comtesse Merlin (général de Napoléon). Elle enchanta (facile !) ses contemporains par ses écrits romantiques et reçut dans son salon parisien des personnalités comme Rossini ou Alfred de Musset. Elle est aussi l'auteure d'un guide de voyage en 3 tomes sur La Havane. Dur à vendre.

– ***Casa del Conde Lombillo :*** *San Ignacio, 364 ; entre Muralla et Brasil (Teniente Rey).* Avec son grand balcon, elle occupe une position stratégique, presque au centre de la place.

– Au n° 358 de San Ignacio, l'ancienne résidence du XIXe s ***casa del Conde de Cañongo*** abrite désormais la vitrine de Wallonie. Bibliothèque (anthologie de la B.D. du monde entier) et expos autour de la bande dessinée.

– Au n° 352 d'Ignacio, angle avec *Brasil (Teniente Rey),* s'élève la ***casa de las Hermanas Cárdenas.*** Il s'agit de la maison de 2 sœurs célèbres pour leur dévotion. Construite à la fin du XVIIIe s, elle abrita en 1824 la Société philharmonique, le cercle musical le plus prestigieux de La Havane. Aujourd'hui, elle accueille le *Centre de développement des arts visuels.* Imposant patio à colonnes et belles boiseries baroques.

– En face, dans ce même angle, on trouve l'***antiguo colegio Santo Angel,*** de la fin du XVIIIe s. Ce palais a appartenu à une grande dame de l'aristocratie espagnole, Suzana Benitez de Parejo. À la mort de son jeune fils, en 1866, elle fonda dans cette maison un collège pour orphelins.

– ***Cámara Oscura*** (zoom) **:** *angle Brasil (Teniente Rey) et Mercaderes. Tlj sauf lun 9h30-16h45. Entrée payante (billet à acheter au kiosque sur la place). Accès par l'ascenseur jusqu'au 8e étage.* Bel immeuble du XIXe s qui accueille une *cámara oscura* sur la terrasse. Il s'agit d'un ingénieux système de visionnage de la ville à 360° sur une sorte de parabole, qu'on observe dans l'obscurité. Commentaires en espagnol et en anglais sur les principaux édifices de la vieille Havane et le port.

– À côté, sur Mercaderes, au n° 307, la ***casa de Beatriz Pérez Borroto*** (1752), belle demeure toute bleue, à arcades. On y trouve la *photothèque de Cuba (tlj sauf dim 10h-17h),* riche de 25 000 photos d'avant 1920.

– Juste à côté, calle Mercaderes, au n° 311, le ***planetarío.*** *Tlj sauf lun 10h-17h. Séance payante ; gratuit moins de 12 ans. Commentaires en espagnol seulement.* Planétarium classique, installé dans un ancien cinéma, surtout intéressant pour les enfants.

– À l'angle de Muralla et Mercaderes se trouve le ***palacio Cueto,*** bâti en 1906, avec sa façade baroque exhalant des réminiscences Art nouveau. Ancien entrepôt de chapeaux, il a ensuite été converti en hôtel. Actuellement en rénovation, seule la magnifique façade devrait subsister. C'est là qu'ont été tournées des scènes du film argentin *Tango.*

– Au n° 101 de Muralla, sur le côté sud de la place, la plus ancienne maison abrite le ***museo de Naipes,*** consacré aux cartes à jouer *(tlj 9h30-17h15 – jusqu'à 13h dim ; GRATUIT).* C'est le seul musée d'Amérique latine sur ce thème.

Iglesia, convento y museo de Arte religioso San Francisco de Asís (zoom) : *Oficios, s/n. Mar-sam 9h30-16h30. Fermé dim-lun. Entrée payante. Concerts (sam).*
Édifices élevés à la fin du XVIe s par les franciscains, sur une ancienne crique asséchée. Le couvent fut fondé en 1644 par des sœurs venues de Cartagena de las Indias (actuelle Colombie). Au XVIIe s, près de 100 religieuses y vivaient entourées de 150 serviteurs et esclaves ! Église reconstruite au milieu du XVIIIe s dans le style baroque. Après restauration, elle a retrouvé toute sa splendeur. Superbe nef dont les bas-côtés accueillent de nombreuses toiles religieuses. Malgré les lourds piliers carrés, il se dégage de l'ensemble une certaine élégance. La crypte abrite les restes du *Caballero de París* (voir encadré). Élégant et anachronique, il fut aimé du peuple. À sa mort, on le pleura et on l'enterra dans la crypte de cette église San Francisco.

EL CABALLERO DE PARÍS

Sur le trottoir, devant le couvent San Francisco de Asís, on voit la statue du Caballero de Paris. Dans les années 1920, ce personnage fut victime d'un accident qui déclencha chez lui un délire de grandeur. Il déambulait dans le centre de La Havane, vêtu d'une grande cape noire, se proclamant « le Chevalier de Paris ». Allez savoir pourquoi ! Après la révolution, ordre fut donné à tous les restaurants de la capitale de le nourrir gratis, et les habitants lui offraient des vêtements. Quant à lui, il donnait des fleurs aux passants. Il est mort en 1985, et il est d'usage de caresser la barbiche de sa statue...

Dans l'allée gauche de la nef de l'église, contre un pilier, une boîte vitrée renferme des ossements du féroce conquistador Hernan Cortés.
Excellente acoustique à l'intérieur, qui lui vaut d'être reconvertie en salle de concerts pour ensembles choraux Renaissance ou baroques.
– Les ***chapelles du cloître*** sont occupées par le *museo de Arte religioso.* Statues en bois polychrome, mobilier baroque, sculptures religieuses, armoires de sacristie, quelques objets issus de fouilles (poteries). À l'étage, des salles présentant quelques tableaux. L'une d'elles donne accès à la tribune de l'église (vue sur la nef) et à la terrasse offrant, elle, une vue superbe sur la place.
– Au fond, un autre ***cloître*** présente 3 volées d'arcades (ce qui est assez rare) et une fontaine centrale, charmante dans son cadre verdoyant et serein. Il est actuellement fermé pour rénovation.
– La superbe ***tour*** à 3 paliers de l'église fut longtemps la plus haute de la ville (42 m et 108 marches). Là-haut, Quasimodo (meuh non !) ou plutôt un Cubain serviable vous indique les principaux monuments de La Havane. Vue grandiose sur la vieille ville. Derrière l'église, un jardin tropical *(GRATUIT)* offre un petit peu de fraîcheur.

Dans la ruelle derrière le couvent, entre Brasil et Muralla, allez jeter un œil au ***coche Mambi*** *(zoom).* Il s'agit d'un wagon présidentiel, construit aux États-Unis en 1900 et apporté à Cuba en 1912.

Le sud de la vieille ville

On sort ici des bâtiments nobles de l'hypercentre de Habana Vieja, pour découvrir un quartier populaire et vivant. Là aussi, l'architecture est superbe, mais il faut parfois aller en chercher les détails en relevant le nez et en portant le regard au-delà des étendages de linge, des façades vermoulues, des rafistolages de survie. Un agréable moment de découverte à pied, dans une portion de La Havane où l'on croise fort peu de touristes.

Petit détour en longeant le port par San Pedro jusqu'au ***museo del Rón Havana Club*** (zoom) : *San Pedro, 262 ; esq. Sol. ☎ 7861-80-51. • havana-club.*

com • Lun-jeu 9h-17h, ven-dim 9h-16h. Entrée payante, incluant une visite guidée. 2-3 visites/j. en français (expéditives : moins de 20 mn). Dégustation gratuite. C'est dans un beau palais du XVIIIe s que *Havana Club* (la célèbre marque de rhum cubain) a installé un musée dédié à la mythique boisson tropicale. Infos rapidement distillées (hic !) sur les origines du rhum, son histoire, le processus de fabrication et sa place dans la culture cubaine. Le clou de la visite (outre la dégustation), une maquette reproduisant une sucrerie des années 1930, avec son petit train apportant la canne. Pas inintéressant, mais on trouve ça tout de même bien cher ! On atterrit ensuite au bar, réplique du célèbre *Sloopy Joe's* des années 1930 à Key West en Floride, ouvert, lui, jusqu'à 21h. Sur place, boutique dédiée à la marque (rhum, T-shirts, verres, etc.).

En poursuivant vers le sud, le long du bras de mer, on tombe sur la rue ***Alameda de Paula*** *(plan I, B3).* Aujourd'hui enserré entre 2 avenues passantes, ce ***large cours*** était au XVIIIe s le lieu favori de promenade de la noblesse habanera. Il fut organisé sur la base d'un quai pavé en 1771 et agrémenté dès 1845 d'aménagements divers, dont une fontaine. De tout cela, il reste la ***colonne de la fontaine*** et la vue sur la baie de La Havane.

À l'extrémité, une charmante église baroque, la ***iglesia San Francisco de Paula*** *(plan I, B3),* détruite par un ouragan en 1730 et reconstruite dans la foulée, telle qu'on la voit aujourd'hui avec sa coupole octogonale. Agréable promenade pour rejoindre la Feria San José (voir plus haut la rubrique « Achats »).

➢ Ensuite, prendre la calle Perez et tourner à droite dans la calle Cuba.

Iglesia de Nuestra Señora de la Merced *(plan I, B3)* **:** *Merced, angle Cuba.* Cette église date de 1755. Façade classique à un étage de colonnes. À l'intérieur, impression de grande ampleur avec 3 nefs et une voûte en berceau, largement couvertes de fresques. Riche décoration. Sur les colonnes, dorures en trompe l'œil. Elle était très prisée par l'aristocratie pour y célébrer ses mariages et ses baptêmes. Dans les croyances afro-cubaines, Notre-Dame de la Merced correspond au dieu Obbatalá, divinité garante de la sagesse et de l'harmonie. Le 24 septembre, date de la sainte, les adeptes de la *santería* viennent célébrer leur saint, vêtus de blanc. À gauche, une porte ouvre sur un cloître. Vaut le coup d'œil.

Iglesia del Espíritu Santo *(plan I, B3)* **:** *Acosta, angle Cuba.* La plus ancienne de La Havane en l'état. Sa construction, par des esclaves affranchis, commença en 1637. Belle pierre blanche. Façade à fronton triangulaire et clocher attenant d'une grande simplicité. On trouve les restes de l'évêque Jerónimo Valdés, qui a fondé le 1er orphelinat de Cuba. Sur le pourtour, petit marché où sont vendus des objets votifs et des plantes destinés aux cérémonies de *santería.*

Plus haut sur la calle Cuba se trouve le ***convento Santa Clara*** *(plan I, B3),* qui fut le 1er couvent de religieuses établi à Cuba en 1638. Celles-ci y vécurent jusqu'en 1923, année où elles vendirent le couvent.

➢ Quitter la calle Cuba pour suivre (à gauche) la calle Sol, qui jouxte l'enceinte du couvent. Tourner dans la calle Habana, puis à gauche sur Teniente Rey (Brasil).

Museo de la Farmacia Habanera *(plan I, A2)* **:** *Teniente Rey (Brasil), 261 ; esq. Compostella. ☎ 7866-75-54. Tlj 9h-17h30. GRATUIT.* Cet immense bâtiment bleu et blanc a fière allure et abrite depuis le milieu du XIXe s la *Farmacia la Reunión* (ou Sarrá). On voit ici principalement 3 salles, belles comme une ordonnance écrite à la plume. Comptoirs et vitrines en bois précieux de style néogothique dans une salle, de style néoclassique dans l'autre, plafonds moulurés, étagères chargées de pots en porcelaine. La 3e salle (au centre) expose des objets utilisés dans le milieu médical et pharmaceutique (trébuchets, balances Roberval, microscopes, mortiers...). Notez l'importance de cette pharmacie dont on retrouve le nom sur de nombreux seuils de portes alentour.

➢ Redescendre Compostela sur 4 *cuadras.*

LA HAVANE ET SES ENVIRONS

Iglesia y convento Nuestra Señora de Belén *(plan I, A3)* **:** *Luz et Compostela. Visite uniquement en groupe ; résa à l'agence San Cristobal (zoom,* ***25****).* C'est le principal édifice du XVIIIe s (1712) de Habana Vieja. Couvent de style baroque, cédé en 1854 aux jésuites qui créèrent un collège pour les enfants de la haute. Ravissante façade ouvragée avec clocher accolé et un superbe flamboyant.

– Tout proche de l'entrée du couvent, sur Compostela, 609, un pittoresque petit ***mercado campesino*** *(marché paysan tlj sauf lun 8h-15h).*

➢ Continuer dans Compostela, puis tourner à droite sur Perez.

Casa natal de José Martí *(plan I, A3)* **:** *Leonor Perez, 314, angle Bélgica (Egido) ; en face de la gare. ☎ 7861-50-95. Tlj sauf lun 9h30-17h (13h dim). Entrée payante.* Au niveau symbolique, cette immense figure de l'indépendance cubaine ne pouvait qu'être née ici, dans cette modeste maison d'un quartier populaire de la vieille Havane. Elle date du début du XIXe s. Le proprio vivait au rez-de-chaussée. La famille Martí louait le 1er étage, 2 petites pièces, un minuscule couloir. C'est là que naquit José Martí, le 28 janvier 1853. Une demeure chargée de souvenirs. On y trouve des objets personnels et son écritoire, ses livres et diverses publications, de nombreuses photos, des poèmes ainsi qu'une petite tresse de cheveux blonds du poète à 4 ans, sa petite cuillère de bébé... Au rez-de-chaussée, autour du patio, des maisonnettes exposent des documents et des photos du séjour de Martí aux États-Unis, à Tampa (Floride) et à Caracas (Venezuela). Pour vivre, il rédigeait des traductions. Une photo montre le site de Catskills, qui lui inspira son livre de poèmes *Versos Sencillos.* Plus loin, une grande carte indique les itinéraires des nombreux voyages qu'il fit en exil avant de revenir libérer son île natale. On apprend que ce patriote fut aussi consul d'Argentine et d'Uruguay à New York, et même du Paraguay. C'était sa couverture officielle. Son objectif était avant tout politique. Il fonda le Partido Revoluciónario Cubano en 1892 à New York. Une photo montre son bureau au 120 Front Street. Une très rare aussi de Martí et du général Máximo Gómez à New York en 1894. En fait, pas mal de reliques qui ont une valeur plus sentimentale que pédagogique, et qui font de ce petit musée un mémorial émouvant pour les admirateurs de José Martí, grand émancipateur de Cuba, géant de la révolution... et poète.

– Sur l'avenida Bélgica (Egido), quelques vestiges de l'***ancienne muraille de la ville,*** détruite à partir de 1863 : *cortina de la Muralla, puerta de la Terraza.*

Estación central de ferrocarriles *(gare centrale ; plan I, A3)* **:** *av. Bélgica (Egido).* ***En travaux de rénovation.*** Cette grande bâtisse sans trop de grâce est représentative de l'architecture ferroviaire monumentale si typique au début du XXe s, avec ses 2 tours massives à section carrée. Elle a été inaugurée en 1912 sur l'emplacement de l'ancien arsenal.

Le Capitolio et le parque Central

Voici une balade dans la partie la plus récente de la vieille ville, à la limite de Centro Habana. Depuis la gare ferroviaire, on peut se diriger directement vers le Capitole par l'avenida Bélgica (Egido). Ceux qui ne sont pas encore saturés de vieilles églises feront un petit détour pour aller admirer l'église Santo Cristo del Buen Viaje.

Iglesia Santo Cristo del Buen Viaje *(plan I, A2)* **:** *sur une jolie placette.* Il y eut d'abord ici un ermitage fondé en 1640. Puis l'église, construite en 1755. Petite, intime, avec 2 clochers hexagonaux encadrant un large portail en plein cintre. À l'intérieur, 3 nefs avec colonnes à chapiteaux doriques. Coupole à ciel ouvert. À côté, sur la droite, une petite école primaire.

Museo de los Orishas *(plan I, A3)* **:** *Prado, 615 ; entre Monte y Dragones. ☎ 7863-76-60. Tlj 9h-16h30. Visite guidée payante.* Il s'agit du siège de l'association culturelle *Yoruba de Cuba,* disons le saint-siège de la *santería,* en quelque sorte. C'est là que vous apprendrez tout sur la religion afro-cubaine et ses divinités. Le plus intéressant est sans doute de venir pour les représentations du groupe *Obini Batá* (voir la rubrique « Où sortir ?... »).

– Sur le flanc sud du Capitole, les hauts palmiers annoncent l'emplacement du ***parque de la Fraternidad,*** aménagé en 1892 pour célébrer les 400 ans de la découverte des Amériques. Statues de grandes figures du Nouveau Monde : san Martín, Bolívar, Martí et Lincoln. Fontaine de la ville, connue sous le nom de *fuente de la India.*

– Derrière le Capitole, vous apercevrez, au début de la rue Dragones qui s'enfonce dans Habana Centro, la ***porte chinoise,*** qui marque l'entrée du quartier chinois *(plan II, D5).*

★★ ***El Capitolio*** *(plan I, A2-3)* **:** *entrée par le paseo Martí (billetterie à gauche de l'escalier monumental). Visite guidée obligatoire en espagnol ou en anglais (env 1h) : mer et dim à 10h, 11h et 12h, mar et jeu-sam à 10h, 11h, 12h, 14h, 15h et 16h ; fermé lun. Visite payante.* Un des symboles de la ville, construit de 1920 à 1929, c'est la reproduction du Capitole de Washington. Des milliers d'ouvriers travaillèrent à ce qui fut à l'époque l'ouvrage le plus imposant de Cuba. Siège de la Chambre des représentants et du Sénat jusqu'à la révolution castriste. À l'intérieur, immense salle des pas perdus qui relie ces 2 chambres entre elles. Au centre, la coupole s'élève à 91,50 m. Enchâssé dans le sol, un « diamant » (enfin, une copie... l'original est bien à l'abri dans les coffres de la *Banque nationale* !). Il marque le ***km 0*** de toutes les routes du pays. Colossale ***statue allégorique de la République*** de 17,64 m de haut et de 49 t. C'est la 3e au monde par sa taille, après celle du bouddha d'Or au Japon et celle de Lincoln aux États-Unis. On visite ensuite, au pas de course et au gré d'un commentaire débité à la va-vite, le ***bureau du président de la Chambre des représentants,*** qui affiche un style Premier Empire (français). Bref passage par l'***hémicycle*** de ces mêmes représentants : là où a été votée la Constitution de 1940. Succession de salles fastueuses. Dans l'une d'elles sont exposés les plâtres de bas-reliefs et de la statue allégorique de la République. Une autre salle présente une intéressante sélection de vaisselle précieuse de l'ancienne présidence de la République. On finit dans le cœur du bâtiment par la ***tombe du soldat inconnu*** : sarcophage de marbre gris, flamme éternelle au sol, attributs du pays sur les murs de la salle circulaire (hymne national de Pedro Figuedero, *La Bayamesa* ; blason historique ; bannières anciennes...).

★★ ***Parque Central*** *(plan I, A2)* **:** c'est l'aboutissement du Prado (ou paseo Martí) et l'un des points névralgiques de la ville. Jolie place plantée d'arbres et toujours très animée, qui a pris son visage définitif à la fin des années 1920. Sous la statue de José Martí, les conversations sont souvent vives. On appelle d'ailleurs ce coin la *esquina caliente* (« le coin chaud »). Non, on ne fomente pas là une nouvelle révolution, mais on parle *pelota,* c'est-à-dire base-ball. 1er sport national (bien qu'américain) et 1er sujet de conversation ! Les paris vont bon train, et on discute ferme sur les chances de *Industriales* ou de *Metropolitanos,* les 2 équipes de La Havane.

La place est bordée par quelques splendides palaces qui se font face depuis des lustres, notamment l'hôtel *Inglaterra,* l'hôtel *Telégrafo* et le *Plaza Hotel,* coiffé d'un toit plat avec piscine et solarium.

★★★ À l'angle du paseo Martí et de San Rafael, le ***Gran Teatro*** *(plan I, A2).* ☎ *7861-30-77. Tlj sauf lun 9h-16h (13h dim). Visite guidée (30 mn env) payante.* Construit en 1915, en marbre, c'est l'un des sommets du style néobaroque. Festival de tourelles tarabiscotées, balcons, colonnes, balustres, baies longitudinales, arcades, sculptures diverses... Remarquable ornementation des lucarnes ondoyantes. Sarah Bernhardt y a joué et Caruso y a chanté. Depuis sa réouverture, on peut à nouveau assister à des spectacles de ballets et opéras fameux, à prix très démocratiques (voir plus haut « Activités culturelles »).

⚲⚲⚲ ***Museo nacional de Bellas Artes*** *(musée national des Beaux-Arts)* **:** *☎ 7863-94-84. Mar-sam 9h-17h, dim 10h-14h. Fermé lun. Le musée est composé de* ***2 édifices*** *séparés de quelques centaines de mètres : l'****art universel*** *(ci-après) et l'****art cubain*** *(voir un peu plus loin « Autour du paseo Martí »). Entrée payante pour 1 musée ou les 2 (billet valable plusieurs j.) ; service de guide en français à réserver à l'avance : en sus. Les musées sont très différents et complémentaires ; si vous avez peu de temps, favorisez celui dédié à l'art cubain.*
– ***Arte universal*** *(plan I, A2)* **:** *San Rafael ; entre parque Central et Bélgica (Monserrate). Plan disponible à l'entrée.* Dans un somptueux édifice néoclassique du début du XXe s, complètement rénové. Commencez donc par le dernier étage (ascenseur) et l'école flamande des XVIe-XVIIe s pour une visite chronologique : écoles hollandaise, allemande puis italienne et anglaise de l'autre côté du superbe escalier (lever les yeux vers le plafond !). Descendre au 4e étage pour faire un tour dans la section Antiquité (les Grecs et leurs vases en mezzanine, mais aussi les Égyptiens) ; poursuivre dans la section française (peu intéressante), se perdre au 3e étage chez les Espagnols (quelques Zurbarán, Sorolla, Zuloaga...) avant de profiter, au rez-de-chaussée, des salles d'expos temporaires.

⚲ ***Búlevar San Rafael*** *(plan II, D5)* **:** *entre parque Central et av. Galiano.* Rénovée et piétonne, c'est la grande artère commerciale moderne de La Havane. Nombreuses cafétérias avec terrasses. Sans devenir parano, c'est aussi un lieu de prédilection pour les pickpockets et voleurs à la tire.

Autour du paseo Martí (Prado)

⚲⚲⚲ ***Prado*** *(paseo Martí ; plan I, A1-2)* **:** *il relie le parque Central au Malecón.* C'est indéniablement la plus belle avenue de La Havane. Bordée de vénérables demeures, cette noble promenade témoigne du passé fastueux du quartier, avec ses bancs de pierre, ses lions de bronze, ses lampadaires de fer forgé et ses courants d'air calculés. On imagine parfaitement les élégantes de la Belle Époque s'y pavaner et les riches négociants créoles les saluer du haut de leurs calèches... Ne manquez pas d'admirer les façades des maisons, aux belles couleurs pastel et aux vieux balcons ouvragés mais dont certains mériteraient une rénovation salutaire. Parmi les plus intéressants : à l'angle de la calle Virtutes, un édifice clairement inspiré du style mauresque et, plus loin, le ***teatro Fausto,*** de facture nettement Art déco. À l'angle de Trocadero, le *palacio Gomez* a été rénové et abrite l'Alliance française, inaugurée par François Hollande en mai 2015.
Le paseo Martí est aussi un lieu de rendez-vous perpétuellement animé. Vous y croiserez des files de travailleurs en attente d'un bus, des ribambelles d'enfants en uniforme de leur école, des skateurs, des amoureux qui se bécotent ou d'autres qui se partagent une bouteille de rhum. On y assiste souvent à des répétitions de l'école de flamenco avec des fillettes en jupes noires satinées qui s'exercent à effectuer quelques figures de *zapateados,* aidées par leur élégance atavique.

⚲ ***Edificio Bacardí*** *(plan I, A2)* **:** *av. Bélgica (Monserrate) ; entre San Juan de Dios (Progreso) et Empedrado.* Superbe architecture années 1930, mâtinée d'Art déco tropical. Jolie décoration de céramique polychrome. Ancienne propriété de la firme *Bacardí,* il abrite désormais des bureaux.

⚲⚲⚲ ***Museo nacional de Bellas Artes*** *(musée national des Beaux-Arts)* **:** *☎ 7863-94-84. Mar-sam 9h-17h (dim 10h-14h). Fermé lun. Le musée est divisé en* ***2 édifices*** *séparés : l'****art universel*** *(voir plus haut dans « Le Capitolio et le parque Central ») et l'****art cubain*** *(ci-après). Entrée payante pour 1 musée ou les 2 (billet valable plusieurs j.) ; service de guide en français à réserver à l'avance : en sus.*

Arte cubano
Trocadero ; entre Zulueta y Bélgica (Monserrate ; plan I, A2).
Dans un immeuble d'architecture moderne, l'ancien palais des Beaux-Arts, construit en 1954 et très bien rénové. Visite incontournable pour qui veut aborder la culture cubaine. Il abrite de très belles collections, d'une richesse insoupçonnée. Peu visité par les touristes, et c'est bien dommage. Étonnantes qualité et variété des artistes présentés. Le musée s'organise en 4 sections, sur 2 niveaux. Prévoyez du temps si vous souhaitez tout voir, on y passe facilement 2h.
– ***1re section :*** *au 3e étage.* Consacrée à la peinture de la période coloniale, du XVIe au XIXe s. Surtout de l'art religieux, pas mal de portraits fastidieux de nobles et ecclésiastiques, scènes de genre... À noter malgré tout, le travail de Guillermo Collazo, excellent paysagiste et portraitiste (XIXe s) un poil académiste et auteur d'un *Nu* bien langoureux.
– Toujours au 3e étage, on visite la ***2e section,*** intitulée « *Cambio de siglo* » (« Changement de siècle », 1894-1927) et qui marque la naissance d'un art national, proprement cubain, avec, en figure de proue, l'artiste Rafael Blanco, ou encore Victor Manuel Garcia avec une suave *Gitana tropical,* Leopoldo Romanách, García Cabrera et Armanda G. Menocal.
– ***3e section :*** *3e et 2e étages.* Reflète la période de l'art moderne qui débute en 1927 et s'étend au début des années 1960. On flirte parfois avec le surréalisme, mâtiné d'influences cubistes (Eduardo Abela), avec l'art naïf (Antonio Gattorno, Jorge Arche...). Très présent, René Portocarrero (années 1960) ; Mariano Rodriguez met en avant la culture cubaine de manière colorée (musique, danse, corps féminin...). Voir encore les œuvres de Jorge Arche et son hyperréalisme froid et coloré à la fois. Bien entendu, une salle entière est consacrée au surréaliste Wifredo Lam, l'artiste cubain sans doute le plus célèbre : toiles en bichromie (ou trichromie), où apparaissent des corps déformés, étirés, restructurés à la manière d'un Picasso. Une série de toiles signées Carlos Enríquez dit toute la violence de la pauvreté, des luttes et des déchirements qu'elle laisse derrière elle. Touchantes également, les œuvres de Marcelo Pogolotti, qui évoquent la solitude et la dépersonnalisation par le labeur industriel. Tableaux d'Amelia Peláez, aux traits lourds cernés de noir, à la manière des vitraux. L'extraordinaire sculpteur Rita Longa est également bien représenté.

La section d'art contemporain
Cette section occupe presque tout le 2e étage avec 2 parties : *Arte contemporáneo* (1967-1981) et *Otras perspectivas del Arte moderno* (1951-1963). De beaux exemples de peinture révolutionnaire. À partir des années 1970 se développe une peinture hyperréaliste, mais également un art à la recherche des traditions afro-cubaines (Manuel Mendive) et du monde paysan (situation actuelle, référence à l'esclavage). Peinture abstraite, jeux de couleurs à la manière de l'art optique de Vasarely. L'artiste Ever Fonseca semble travailler sur l'éternel recommencement, tandis que Gilberto Frómeta évoque la révolution. Étranges et riches réalisations d'Angel Acosta León, entre animaux et machines. Monde cruel de Servando Cabrera Moreno. Raúl Martínez, quant à lui, fait de belles courbettes à la révolution. Enfin, assemblages improbables, compositions en relief, accrochages divers...
– À noter, des ***expos temporaires*** régulières aux 2e et 3e étages.

Memorial Granma *(plan I, A2) : accès par le musée de la Révolution, mais visible également depuis la place, devant le musée des Beaux-Arts.* Derrière une baie vitrée, exposition – en plein air – du célèbre yacht qui conduisit Castro et ses 82 compagnons du Mexique à la sierra Maestra. L'intérieur ne se visite pas. Tout autour, des véhicules et avions militaires, dont un avion espion américain abattu lors de la crise des missiles en 1962. Également une flamme éternelle, symbole de la révolution.

Museo de la Revolución *(plan I, A2) : El Refugio, 1. ☎ 862-40-98. Tlj 9h30-16h. Entrée payante ; visite guidée en sus. Prévoir env 1h30 de visite : plus de 30 salles !* ***À noter : certaines salles sont régulièrement fermées pour réfection.***

Bâti en 1913 dans un style néobaroque éclectique et ostentatoire, il fut la résidence des présidents de la République à partir de 1920. À l'intérieur, escaliers monumentaux, salles immenses. La décoration en avait été confiée à la célèbre maison *Tiffany* de New York. Le 13 mars 1957, le palais présidentiel, occupé par le dictateur Batista, fut attaqué par une poignée de jeunes étudiants catholiques, entraînant la mort de leur leader – José Antonio Echevarría – et de tous ses compagnons, alors que Batista réussissait à prendre la fuite. Depuis, le musée de la Révolution occupe le palais. Il est organisé chronologiquement et se révèle très complet. Toute l'épopée de Cuba avec un souci pédagogique réel, puisque chaque objet ou photo est commenté(e) – en espagnol et parfois en anglais. Malheureusement, la muséographie est franchement datée. Il faut donc s'accrocher pour suivre le fil, mais ça en vaut la peine pour ceux qui sont vraiment intéressés par l'histoire cubaine.
Évidemment, une dictature en ayant chassé une autre, l'analyse politique est, disons... quelque peu orientée. La visite débute par le niveau 3 (2e étage), puis on suit le fil du temps en descendant les étages : période coloniale, république, guerres d'indépendance, édification du socialisme, salle consacrée au Che. Vous verrez, c'est dense, et on se sent parfois agacé par la propagande. Mais malgré tous ses défauts, ce musée reste un passage obligé pour tenter de comprendre le sentiment de fierté qui anime les Cubains, et pourquoi, malgré les immenses problèmes du pays, l'absence de liberté d'agir et de penser, ils continuent à vouer un véritable culte aux acteurs de leur révolution. Voici quelques temps forts.

Niveau 3

– ***La période coloniale, la république néocoloniale (1899-1952) et la guerre de libération :*** la Conquête, les aborigènes, l'esclavage, la canne, une maquette de « sucrerie ». La guerre de Dix Ans (1868-1878), la fondation du Parti révolutionnaire cubain par José Martí. Le contexte international, la révolution russe, l'histoire du mouvement ouvrier et révolutionnaire des années 1920 et 1930.
– Et puis l'***histoire de la République.*** La situation du pays socialement, économiquement et culturellement jusqu'à la révolution. Intéressante liste des « présidents téléguidés » par les États-Unis. 1res cartes du Parti communiste cubain de 1925. Castro apparaît sur quelques photos, notamment lors de la manif au cours de laquelle il fut blessé par la police en 1948. Documents sur son élection comme président de l'Association des étudiants en droit de l'université de La Havane. Voir la lettre rédigée de sa main en 1951 et par laquelle il félicite ses amis du parti orthodoxe, ainsi que le balai, symbole de la volonté de « balayer » les démons de la république. Poignante illustration de la pauvreté du pays durant la période américaine (photos noir et blanc reflétant la situation sociale). Un poste radiophonique utilisé pour les activités révolutionnaires. Des souvenirs historiques, comme les fusils utilisés lors des préparations à l'attaque du 26 juillet.
Toutes les étapes de la guerre de « libération nationale » (1953-1958) sont narrées par le menu : préparation des insurrections de 1953, maquette de la *Granjita* de Siboney, tous les détails sur l'attaque de la Moncada, la prison sur l'île de la Jeunesse. Voir la toge que Castro (!) portait lors de son autoplaidoirie qu'il conclut de sa célèbre phrase piquée à Hitler : « L'histoire m'absoudra », l'amnistie et le départ au Mexique, la préparation du nouveau débarquement sur le *Granma.* La guérilla révolutionnaire et la libération sont abordées de long en large avec, notamment, les portraits des différents protagonistes de la lutte contre la dictature de Batista. Infos sur les tortures sous la période Batista, la mort de Frank Païs. Sur le palier, modeste évocation de Che Guevara et de Cienfuegos.

Niveau 2

– ***L'édification du socialisme :*** tout sur la marche victorieuse des frères Castro, de Camilo, de Guevara et des autres... La réforme agraire, le nouveau pouvoir, l'attaque de la baie des Cochons, « 1re défaite infligée aux États-Unis en Amérique latine », la fondation du PC cubain, les réalisations du régime, la nationalisation des entreprises. Période 1975-1990 : photos de congrès

présidés par Fidel Castro, témoignages des avancées sociales, notion de travail volontaire, photos de ce nouveau monde « parfait », « amitié » soviéto-cubaine – avec accent mis sur l'éducation et la santé. Équipement du cosmonaute cubain Arnaldo Tamayo Méndez, témoignant de la réalité des échanges scientifiques. Quelques articles de presse évoquant les couacs des relations soviéto-cubaines.
– À cet étage, jeter également un œil aux différents ***salons officiels,*** du temps où ce palais était encore le siège du pouvoir exécutif. Salon doré, salle du Conseil des ministres, salon des Miroirs aux plafonds majestueux, bureau présidentiel, ainsi qu'une chapelle.

Niveau 1 (rez-de-chaussée)
– Salle consacrée au ***período especial,*** curieusement assez petite (la salle, pas la période). Plus évocatrice, la section concernant ***le Che en Bolivie.*** Il est, en effet, plus facile d'exploiter à l'infini le mythe du Che que de justifier la paralysie actuelle et le manque total de libertés. Photos du « révolutionnaire exemplaire », objets personnels, copie du faux passeport qui lui permit de passer en Bolivie. Bel autoportrait. Le culte de la personnalité est à son comble, avec des cheveux et quelques poils de la barbe de Guevara, ses chaussettes, les instruments de son autopsie et on en passe, comme cette sorte de linceul ! Et on comprend que derrière cette exploitation du mythe, il y a toujours Fidel Castro qui apparaît en filigrane... Dans le couloir qui mène au mémorial Granma, les caricatures des présidents américains sur le mur baptisé « *el rincón de los cretinos* » rendent un hommage ironique à ceux qui ont favorisé la révolution.

Iglesia San Ángel Custodio *(plan I, A2)* **:** date de 1690, reconstruite en style néogothique en 1866 avec de multiples flèches et clochetons. José Martí y fut baptisé.

Museo nacional de la Música *(plan I, A1)* **:** *Capdevila, 1 ; entre Habana et Aguiar.* ☎ *7861-98-46.* ***Fermé pour rénovation.*** *Emplacement provisoire pdt les travaux : Obrapía, 509 ; entre Bernaza et Villegas.*

Palacio Mateo Pedroso *(plan I, A1)* **:** *Cuba, 64. Tlj 9h-19h. GRATUIT.* Belle demeure à l'élégante façade qui serait inspirée du palais de l'Inquisition de Cartagène (en Colombie). Achevée en 1780, restaurée en 1938, c'est un bel exemple de l'architecture bourgeoise havanaise du XVIIIe s : patio à colonnade utilisé pour les activités commerciales (l'édifice étant stratégiquement situé sur le quai de l'ancien port), mezzanine où logeaient les employés et, au-dessus, l'étage noble destiné à la famille du propriétaire. Un tout dernier niveau, surtout visible sur la façade, s'est ajouté au XIXe s. Beaux azulejos sur les murs des 2 escaliers latéraux de service, les escaliers des maîtres étant en marbre, noblesse oblige. Après avoir servi de cour de justice, de prison, d'hôtel de police puis d'habitation, le palais abrite désormais un minicentre commercial à la cubaine (voir la rubrique « Achats »).

Le jardin et la statue du samouraï Hasekura Tsunenaga *(plan I, A1)* **:** *av. del Puerto ; entre Cuba et Peña Pobre.* C'est un jardin public coincé entre un parc de loisirs et l'avenue qui longe l'embouchure de la baie de La Havane. Irruption surréaliste d'un samouraï au pays du rhum et de la salsa ! Qui est-il donc ? Hasekura Tsunenaga (1571-1622) est le 1er Japonais de l'histoire qui posa les pieds à Cuba (en juillet 1614). C'est lui qui tenta d'établir les 1res relations commerciales avec l'Europe (l'Espagne notamment), en vivant des aventures incroyables. En hommage à ce Japonais remarquable, une école de Sendai a financé en 2001 la création de ce petit square.

En poursuivant plus au nord, on atteint le ***castillo de San Salvador de la Punta*** *(plan I, A1).* Construit à la fin du XVIe s, en forme de trapèze fortifié. Au XVIIe s, une énorme chaîne barrait l'entrée du chenal en reliant le *castillo de los Tres Reyes del Morro,* afin de contrôler l'entrée des navires.

LA HAVANE ET SES ENVIRONS

– Toujours à la pointe nord de la vieille ville, des bouts, de-ci de-là, de l'*ancienne muraille* et la *statue équestre monumentale du général Máximo Gómez*. Tout en haut du Prado, vestiges de l'ancienne prison (1834). José Martí y fut emprisonné en 1869.

Visite des manufactures de cigares

> **DES SYNDICATS PRIS AU MOT**
>
> *Le travail des torcedores est si ennuyeux que la 1re revendication des syndicats au début du XXe s fut qu'un peu de divertissement leur soit donné. Un « lecteur » fut donc chargé, 1h le matin et 1h l'après-midi, de distraire tout le monde en lisant des journaux ou des romans entiers à voix haute ! Aujourd'hui, la radio a en partie remplacé cette tradition : tout part en fumée !*

La plupart des fabriques sont situées à La Havane et aux alentours, mais 3 seulement sont ouvertes à la visite : Corona, Partagas (avec Upmann et Laguito), et Romeo y Julieta. On assiste à tout le processus de confection d'un vrai havane, qui s'effectue toujours à la main... Vraiment passionnant !
– ***IMPORTANT : les billets d'entrée ne s'achètent pas auprès des fabriques,*** mais dans les agences de tourisme ainsi que dans certains grands hôtels comme l'hôtel *Saratoga* *(plan I, A3 ; paseo Martí, 603)*, l'hôtel *Habana Libre* *(plan III, H8 ; calle L, entre 23 et 25)* ou l'hôtel *Inglaterra* *(plan I, A2 ; Prado, 416 ; esq. San Rafael). Les visites guidées (en espagnol, français ou anglais) se font par petits groupes. Fermeture annuelle env 1 mois en été (généralement en août) et 1 sem autour de Noël. Les moins de 18 ans ne sont pas admis. Photos interdites pdt la visite.*
La visite permet d'observer le roulage, le pressage, la mise de la cape, la vérification de la qualité des modules... Chaque *torcedor* s'occupe de ses cigares du début à la fin. Payé à la tâche, il réalise en moyenne une centaine de modules par jour. La compagnie lui donne 2 cigares quotidiennement, mais il peut en fumer autant qu'il veut sur place. Sans doute l'un des derniers lieux de travail où il est autorisé de fumer sans restriction !
Chaque fabrique porte un nom (Partagas, Upmann...), souvent hérité de son créateur du XIXe s. Mais sachez qu'on roule indifféremment dans chaque fabrique plusieurs marques de cigares qui peuvent apparaître comme concurrentes. La magie de l'étatisation. Par exemple, chez Partagas, on roule 21 marques différentes, toutes conservant leur spécificité, leur identité. Les modules sont fabriqués en fonction des besoins, qui varient selon les périodes de l'année. Chaque *torcedor* est spécialisé dans le roulage de certains types de cigares. Seules quelques personnes particulièrement compétentes connaissent exactement le mélange utilisé pour chaque *vitole*. Un secret de fabrication très bien gardé.
Chaque fabrique possède une boutique bien approvisionnée accessible indépendamment de la visite (voir la rubrique « Achats »), mais attention, ne pas acheter à l'aveugle dans l'engouement de l'après-visite. Si vous décidez d'en rapporter une boîte, il faut être certain du type de cigares que vous souhaitez et du budget que vous voulez mettre.

La fabrique de cigares Partagas (plan d'ensemble) **:** *San Carlos, 816 ; esq. Peñalver. ☎ 7863-57-66. Dans la partie sud de Centro Habana, à 4 cuadras au sud de l'av. Carlos III. Lun-ven 9h-13h30. Fermé le w-e. Entrée payante. Visite guidée en français (30-35 mn).* La fabrique historique située derrière le Capitole est en réhabilitation et ne se visite plus. C'est donc dans cette autre fabrique que sont actuellement confectionnés les fameux Partagas et que l'on peut voir notamment le travail des *torcedores*.

La fabrique de cigares Romeo y Julieta *(plan d'ensemble)* **:** *Padre Varela, 852 ; esq. Peñalver. Magasin ouv lun-ven 9h-13h. Fermé le w-e. Entrée payante. Visite guidée en français (env 30 mn).* Un vieil immeuble de la fin du XIXe s, reposant sur des arcades, avec une façade bleue défraîchie. Fondée en 1873 par 2 Espagnols, la compagnie Romeo y Julieta passa vers 1900 entre les mains de José Rodriguez, dit « Don Pepin ». Celui-ci était tellement passionné qu'il racheta le palais des Capulet à Vérone (la maison où Roméo séduisit Juliette) pour y installer un magasin de cigares. Aujourd'hui, c'est toujours l'une des plus prestigieuses marques de cigares cubains. Elle est la plus diffusée dans le monde après Montecristo, un autre conte...

La fabrique de cigares Corona *(plan III, H10)* **:** *20 de Mayo, 520 ; entre Linea del Ferrocarril y Marta Abreu. ☎ 7873-60-56. Lun-ven 9h-13h. Fermé le w-e. Entrée payante. Visite guidée en français (35 mn).* Avec 950 employés, dont 60 % de femmes, c'est la plus importante fabrique de Cuba. Son école de *torcedores* compte 150 apprentis. Il en sort plus de 40 000 cigares par jour.

LA BAIE DE LA HAVANE

Totalement fermée sur elle-même, c'était l'anse idéale pour abriter les activités portuaires à la fois des tempêtes et de la convoitise des pirates. Le seul accès depuis la mer est un chenal hérissé de forteresses côté ville (*castillo de San Salvador de la Punta* et *castillo de la Real Fuerza*) et sur la colline de Casablanca (*castillo de los Tres Reyes del Morro* et *fortaleza San Carlos de la Cabaña*). Bien malin qui venait s'y frotter ! Désormais, les installations portuaires sont industrielles et sans charme. Mais on peut traverser la baie de La Havane pour 3 fois rien et rejoindre quelques sites dignes d'intérêt touristique.

Comment y aller ?

En bateau

Terminal des bateaux *(plan I, B3)* **:** les *lanchas* se prennent au *muelle de Luz,* côté Habana Vieja. C'est indéniablement la façon la moins coûteuse et la plus pratique pour rejoindre les sites décrits dans ce chapitre.

➢ **Muelle de Casablanca :** *lanchas* tlj 5h45-20h45, ttes les 30 mn ; puis ttes les heures jusqu'à 23h45. Traversée (10 mn env). Les bateaux arrivent au pied de la colline *(plan I, B2)* qu'il faut ensuite gravir (ça grimpe !) pour rejoindre la maison de Che Guevara et le Cristo de La Habana (700 m), puis la forteresse *San Carlos de la Cabaña* (1 000 m plus loin) et le *castillo de los Tres Reyes del Morro* (encore 500 m plus loin).

➢ **Muelle de Regla :** *lanchas* tlj à 5h15, 6h15, puis ttes les 30 mn jusqu'à 21h15, et 2 derniers à 22h15 et 23h15. Traversée (15 mn env). À l'arrivée, le *muelle* se situe à 100 m de l'église de la Santissima Virgen.

En bus

➢ **En bus urbain :** pour Casablanca, le P8 (direction villa Panamericana) et le P11 (direction Alamar) viennent du *parque de la Fraternidad (plan I, A3),* remontent Bélgica, puis traversent le tunnel sous le chenal. Descendre au 1er arrêt, à la sortie du tunnel (sur la voie express, juste après l'ancien péage). Le *castillo de los Tres Reyes del Morro* est à 700 m à pied. Ticket bon marché ; on paie dans le bus. Pas de solution facile pour rejoindre Regla en bus urbain.

➢ Le **Havana Bus** (circuit des plages de l'Est) marque l'arrêt aux forteresses.

En voiture

➢ Pour Casablanca, emprunter le tunnel *(plan I, A1)* qui passe sous le chenal. Prendre la toute 1re sortie puis, au rond-point la 1re rue à droite. Sinon, en taxi depuis Habana Vieja.

➢ Pour Regla, prendre l'av. del Puerto, qui jouxte la *estación La Coubre (plan I, A3)*. Garder le cap sur 6 km (on contourne la baie par le fond) avant d'arriver dans la localité de Regla. L'église est au bord de la baie, tout au bout de la vieille ville par la calle Martí. C'est tellement plus simple en bateau...

Casablanca

Juste de l'autre côté du chenal, Casablanca, sa monumentale statue du Christ et ses 2 forteresses massives marquent l'horizon depuis le front de mer de Habana Vieja. Une « excursion » de 1 demi-journée permet d'en faire le tour.

PAS DE BOL !

Lorsque son cher mari échappa de justesse aux balles des révolutionnaires assiégeant le palais présidentiel en 1957, Mme Batista commanda une gigantesque statue votive du Christ, de 18 m de haut, en marbre blanc, érigée sur la colline de Casablanca pour qu'elle soit visible de partout. Elle ne fut terminée que 1 semaine avant la chute du dictateur. Signe du destin, le jour de l'entrée de Castro dans la ville, la foudre frappa la statue du Christ !

Casa del Che *(plan I, B1)* **:** *à 700 m du muelle, à gauche de la grande statue du Christ (en montant). Tlj 9h-18h. Entrée payante. Visite guidée en sus (en espagnol seulement).* C'est dans cette grosse maison que vécut Guevara en 1959 durant 3 mois. On peut y voir son bureau, son téléphone, une salle avec photos prises lors de son séjour dans cette maison. Voir sa chambre, refaite à l'identique (le mobilier n'est pas d'origine). Dans un salon, plusieurs reliques de plus ou moins bon goût, qui confinent vraiment à la déification, ce qui laisse toujours un peu pantois : on y voit les instruments utilisés pour l'autopsie de sa dépouille (sic !), le manteau qu'il portait au moment de son exécution. Morbide : ce vêtement, très largement restauré, aurait servi de linceul à Guevara 30 ans durant, avant que son corps ne soit (supposément) retrouvé avec ses compagnons d'armes exécutés et ensevelis avec lui. On verra également l'urne funéraire où fut déposé son corps pour être transféré de Bolivie à Cuba (Santa Clara). Et encore la civière sur laquelle le corps fut ramené à l'hôpital de Valle Grande (Bolivie) pour être largement exposé. Petite salle vidéo où l'on peut voir (sur demande) quelques petits films d'époque sur lesquels il apparaît.

Fortaleza San Carlos de la Cabaña *(plan I, B1)* **:** *1 km après la Casa del Che. Tlj 10h-18h. Entrée payante (plus onéreuse après 18h). Visite guidée payante en anglais, espagnol et parfois en français.* Cette imposante forteresse qui domine le port fut construite entre 1763 et 1774 par les Espagnols. Il faut dire que les Anglais avaient pris La Havane 1 an auparavant : le dispositif précédent n'avait donc pas fait ses preuves. Ce vaste complexe militaire, construit en triangles et protégé d'épaisses murailles, pouvait héberger plus d'un millier de soldats. Il devint l'un des plus importants d'Amérique latine. Après avoir servi de prison pendant les guerres d'indépendance puis pendant la révolution, la forteresse est redevenue une caserne. Jeter un œil à la petite chapelle voûtée. Intéressant autel baroque en bois du XVIIIe s.
Parfois, des expositions de peinture sont organisées dans les casemates au pied des murailles.

SACRÉE ARDOISE !

Lorsqu'on informa le roi Charles III du coût astronomique (14 millions de pesos) de la reconstruction de la forteresse San Carlos après le siège britannique de 1762, celui-ci demanda une longue-vue et se dirigea vers une fenêtre de l'Escurial située à l'ouest pour « apercevoir cette merveille, nécessairement visible depuis Madrid, au vu des dépenses engagées ».

– ***Section dédiée à Che Guevara :*** *dans la forteresse.* Expo assez décevante dédiée à Guevara, qui prit l'endroit d'assaut le 3 janvier 1959. De modestes vitrines exhibent quelques-unes de ses affaires personnelles pendant la guérilla : sac à dos, fusil, radio, jumelles, son fameux appareil photo (il s'intéressait de très près à la photographie), etc. Quelques panneaux (en espagnol et en anglais) rappellent l'aventure du Che. Une carte du monde retrace ses nombreux périples à moto, à travers le sous-continent américain, ses voyages officiels en Asie, en passant par les tentatives de soulèvement en Afrique. Quelques photos, des infos sur sa vie à la *Cabaña* et des documents d'époque. Vitrine de billets de banque à son effigie. Également une reconstitution de son bureau de ministre.

– ***Ceremonia del cañonazo :*** *tlj à 21h (arriver 20-30 mn à l'avance).* Cette « cérémonie du coup de canon », signalait autrefois la fermeture des portes de la ville et de l'entrée du port par une chaîne. Tradition perpétuée par des militaires en costumes d'époque, avec un authentique canon espagnol.

Castillo de los Tres Reyes del Morro *(plan I, A1) : à 500 m à l'ouest de San Carlos de la Cabaña. Tlj 10h-18h. Entrée payante pour l'accès au fortin ; visite guidée payante en espagnol.*

Forteresse moins imposante que la précédente, son importance stratégique n'en demeurait pas moins majeure. Construite à la fin du XVIe s, c'est elle qui commandait l'accès au port, donc à la ville. En s'en emparant en 1762, les Anglais se rendirent d'ailleurs maîtres du pays !

Elle est particulièrement photogénique avec son vieux phare et son avancée en éperon sur la mer ponctuée d'échauguettes. Depuis la terrasse, avant de pénétrer dans l'enceinte, vue extra sur l'entrée du port et toute la vieille Havane. À l'intérieur, après avoir longé l'étroit couloir rythmé par des meurtrières, un autre bout de terrasse au pied du phare. Une longue casemate expose quelques maquettes de différentes forteresses du pays, édifiées entre la fin du XVIe et le XVIIIe s. Quelques armes également et de médiocres photocopies de gravures. Dans une casemate voisine, grande maquette du phare. Rien de particulier à visiter, mais la balade vaut tout de même le coup : on se contentera de déambuler par les cours et coursives à la recherche de points de vue.

XII Apostoles *(plan I, A1,* ***132****) : parque histórico Morro-Cabaña. ☎ 7863-82-95. Au pied du castillo del Morro. Tlj 12h-23h. Prix moyens à chic.* Les « XII Apôtres » à l'origine du nom de ce restaurant sont les 12 canons qui défendaient l'entrée du port de La Havane. Le midi, c'est la cantine habituelle des groupes ; correct pour se restaurer entre 2 forteresses. Le soir, l'ambiance vire au morose. Cuisine créole copieuse sans beaucoup d'envergure, servie dans une agréable cour.

Regla

Un vieux quartier datant de 3 siècles, où les rites de la *santería* sont encore très vivaces. On y visite l'***église de la Santísima Virgen de Regla*** *(à 100 m du muelle)*, patronne des marins et de La Havane. Cette célèbre Vierge noire tient un Enfant Jésus blanc dans les bras ! Évidemment très vénérée par la population. Grande **fête** populaire en son honneur le 8 septembre. Beaucoup de Havanais font la traversée de la baie juste pour offrir un bouquet de fleurs à celle qui dans la *santería* représente Yemaya, la déesse de la Mer. À l'entrée de l'église, tireurs de cartes et diseuses de bonne aventure.

À voir également, le ***museo de Regla Eduardo Gómez Luaces*** *(Montí, 150 ; à 150 m de l'église en tournant le dos à la baie ; ouv mar-sam 9h-17h, dim 9h-13h, fermé lun ; entrée payante ; visites guidées payantes)* consacré à la religion afro-cubaine et aux sociétés religieuses *(cabildos)* de Regla.

CENTRO HABANA

★★★ ***Malecón :*** incontournable, au propre comme au figuré ! Depuis son aménagement par les Américains au début du XXe s, cet épais remblai long de 7 km protège la ville des assauts de la mer. Et Dieu sait si les vagues peuvent être violentes dans la région... c'est pourquoi la ridicule digue fut constamment agrandie jusqu'en 1950. Elle reste toutefois vaine les jours de tempête, et la circulation est alors interrompue.
Cette gigantesque promenade en corniche démarre du ***castillo de San Salvador de la Punta*** *(plan I, A1),* dans la vieille ville, et s'arrête au ***torreón de la Chorrera*** *(plan III, E8),* juste avant Miramar. La portion la plus intéressante borde le nord de Centro Habana, grosso modo située autour de l'hôtel *Deauville.*
Le Malecón n'a rien de bien esthétique en soi. Dépourvu d'arbres, trop large, trop vide, il semble flotter dans ses habits. Beaucoup de ses immeubles, dans la partie est, ont dû être abattus pour cause de dégradation irréversible.
C'est avant tout un lieu romantique, lieu de fête, lieu de rendez-vous, lieu de flânerie, tout simplement un lieu de vie. On y pêche, on y dort, on y joue de la guitare, on y rêve de l'Amérique proche, on y trafique, on s'y soûle... et toujours on y revient ! Au coucher du soleil, les couples s'y bécotent. Les vendredi et samedi soir, au niveau de l'*Hotel Nacional (plan III, H7,* ***104****),* des centaines de jeunes s'y retrouvent pour picoler (ils apportent *el rón*), entamer quelques pas de salsa (ils apportent la *música*), tchatcher... bref, cultiver l'art d'être ensemble à la cubaine... pour pas cher.
– Un peu avant l'extrémité du Malecón s'élève la ***tribuna de la Revolución José Martí*** (*plan III, G7* ; il est là, statufié, avec un enfant dans les bras). Cette esplanade, sous des structures métalliques, est le cadre de la plupart des grands-messes politico-culturelles, en particulier dirigées contre les États-Unis. L'endroit n'a pas été choisi au hasard. Toute proche se trouve... la Section des intérêts américains (ersatz d'ambassade des États-Unis).

– Quelques belles ***maisons coloniales*** *(plan II, C4),* dont un *hôtel particulier (Concordia, 418 ; entre Gervasio et Escobar)* à la superbe façade sculptée. On remarque aussi l'impressionnant escalier. Devenu un lieu de culte de La Havane depuis qu'y fut tourné *Fresa y Chocolate,* film archi célèbre à Cuba. L'appartement du film abrite le très réputé *Paladar La Guarida* (voir « Où manger ? »).

★ ***Barrio chino*** *(quartier chinois ; plan II, C-D5)* **:** au cœur de ce quartier populaire le plus abandonné de la ville qu'est Centro Habana, tout près des calles Zanja et Dragones, on trouve un quadrilatère appelé un peu abusivement *barrio chino* (quartier chinois). La présence des Chinois à La Havane remonte au milieu du XIXe s, où ils vinrent travailler comme ouvriers agricoles dans les champs de canne. Leurs conditions de vie étaient aussi misérables que celles des esclaves. Plus tard, des Chinois en provenance de Californie s'implantèrent en ville et ouvrirent des échoppes et des services (blanchisseries, restaurants). C'est à eux que l'on doit l'introduction à Cuba de la mangue, qu'ils cultivaient sur des petites parcelles au cœur de la ville. Quelques centaines de leurs descendants (souvent métissés) y vivent encore.
Le cœur du quartier se résume à une ruelle, le *Cuchillo de Zanja,* appelée aussi *búlevar Chino,* transformée tout à fait artificiellement (avec des fonds chinois, entre autres) en une rue folklorique bordée de restos touristiques, sans grande saveur ni intérêt.

★★ ***Callejón de Hamel*** *(plan III, H8)* **:** *entre Aramburu et Hospital. Animations gratuites organisées régulièrement dans la rue, notamment la* ***Peña de la Rumba*** *dim 12h-15h30 (voir « Où sortir ? Où voir un spectacle ? Où danser ? »).*
« Je suis celui qui peint les murs, et qui envoie des messages à l'âme humaine. » Artiste autodidacte inspiré par Dalí, Miró et Picasso, peintre muraliste, sculpteur, ***Salvador González Escalona*** est aussi un *santero.* Inspiré par l'esprit de cette

culture afro-cubaine, il a projeté ses visions esthétiques sur les murs gris et les façades lépreuses d'un pâté d'immeubles de Centro Habana. Plus de 10 ans de travail ! Même les réservoirs à eau, perchés sur les toits, ont été touchés par la magie de son pinceau. Considéré comme l'un des plus grands muralistes d'Amérique latine, demandé dans le monde entier, Salvador voyage beaucoup. Mais s'il est là, il ne sera pas difficile de le rencontrer.
Rendue piétonne, cette rue Hamel est égayée de nombreuses sculptures et œuvres atypiques : caisse enregistreuse, baignoire suspendue désespérément intitulée *La Nave del olvido* (« Le Navire de l'oubli »)... on vous laisse découvrir le reste. Malheureusement, ce navire-là a pris une tournure mercantile décriée par bon nombre de visiteurs, sujets à des sollicitations pressantes de faux guides, à de supposés droits d'accès, à des riverains transformés en boutiquiers un peu trop insistants. L'ambiance n'y est plus tellement.

Universidad *(plan III, H8)* **:** *San Lázaro.* Située sur une colline, l'université fut créée en 1728. Noirs et métis n'y furent admis qu'à partir de 1842. L'édifice actuel date du début du XXe s. Style néoclassique pompeux, avec son escalier monumental et ses colonnes corinthiennes surmontées d'un fronton triangulaire. Devant se déroulèrent, bien sûr, de nombreuses manifs étudiantes. Sur la place, *monument* en l'honneur de *Julio Antonio Mella,* fondateur de la Fédération des étudiants communistes, assassiné en 1929.

Museo Napoleónico *(plan III, H8)* **:** *San Miguel, 1159 ; entre Ronda et Mazón. ☎ 7879-14-60. À côté de l'université. Tlj sauf lun 9h30-17h (12h30 dim). Entrée payante ; visite guidée payante (en espagnol).* Installée dans une sorte de palais de style florentin, cette collection a été constituée par Julio Lobo, considéré comme l'homme le plus riche de Cuba en 1958, qui avait fait fortune dans le sucre, grand admirateur de Napoléon Ier. Le gouvernement racheta la collection en 1959. Une profusion de meubles, de gravures, de peintures (portrait par Antoine Gros), de sculptures, d'objets personnels de la famille Bonaparte, un masque mortuaire ayant appartenu à son médecin à Sainte-Hélène et même une mèche de ses cheveux. Cuba est propice au culte de la personnalité, décidément ! La bibliothèque renferme 5 000 volumes consacrés à l'Empereur et à son époque. Sans doute l'un des musées consacrés à Napoléon Ier les plus complets. Charmant jardin et belle vue depuis la terrasse sur le toit.

Plaza de la Revolución *(plan III, G9-10)* **:** *au sud de Centro Habana.* Bien plus grande que la place de la Concorde, elle peut contenir jusqu'à 1 million de personnes ! Aménagée en 1952, sous la dictature de Batista, comme les bâtiments qui l'entourent, elle portait le nom de *plaza Civica.* Depuis 1959, cette gigantesque esplanade froide et impersonnelle a connu toutes les grandes heures de l'épopée castriste, du lancement de la campagne d'alphabétisation à la cérémonie d'adieux à Che Guevara. C'est ici aussi que, pendant des années, Castro a prononcé ses discours les plus mémorables, qui pouvaient durer de 3 à... 6h ! Même le pape Jean-Paul II a honoré le lieu en y célébrant la messe en 1998 devant un demi-million de fidèles... et un Fidel, de plus, qui avait troqué son uniforme pour un costard-cravate. En septembre 2015, c'est au tour du pape François de célébrer la messe sur cette place symbolique, devant

CASTRO FAIT SON CINÉMA

Le 8 février 1959, peu après sa prise de pouvoir, Castro prononça son 1er discours-fleuve, plaza de la Revolución. La tension était forte. Soudain, plusieurs colombes, arrivant de nulle part, se posèrent... dont une sur l'épaule du dictateur ! Son auditoire, médusé, vit là un signe du destin. Par la suite, une photo révéla, derrière Castro, la présence d'un colombophile muni d'un appeau. Belle mise en scène... il savait pigeonner son monde, Fidel !

les portraits géants de Guevara (sur la façade du ministère de l'Intérieur) et de Camilo Cienfuegos (sur l'édifice voisin). Le soir, les contours noirs des 2 portraits sont éclairés.

Au centre de la place, le ***mémorial José Martí,*** obélisque-pyramide de béton d'inspiration un tantinet soviétique, bien que tout ait été construit sous Batista ! *Tlj sauf dim 9h-16h30. Entrée sur le site payante. Visite du musée payante.* Au rez-de-chaussée du monument, dans le vaste hall, on trouve un musée consacré à l'*Apostol,* sa vie, son œuvre... Le pilier central composé de mosaïques offre à la lecture de nombreuses citations poétiques ou politiques du grand apôtre de l'indépendance cubaine. Tout autour, 4 salles qui évoquent assez bien le parcours de ce personnage atypique. Nombreuses photos de famille, objets personnels, documents originaux (lettres, poèmes...), mais aussi des documents qui permettent de replacer Martí dans son contexte historique. La *salle 3* retrace la construction de la *plaza de la Revolución.* On y présente les différents projets. Bien entendu, à la fin, le *comandante* Fidel Castro, grand maître de la récupération idéologique, n'est pas oublié non plus : sa révolution étant présentée comme une suite logique du combat de José Martí.

– Tout autour, le cœur et la tête de la dictature castriste : comité central du PC cubain, palais du Gouvernement, ministères de la Justice et des Communications, ministère de l'Intérieur, Bibliothèque nationale et Théâtre national.

VEDADO

La Rampa *(plan III, de E10 à H7)* **:** *cette calle 23 débute au Malecón et traverse le Vedado en diagonale.* C'est une rue appréciée par les *Habaneros.* Bordée de cafés et de petits night-clubs, elle reste animée jour et nuit, surtout au regard du parc Coppelia.

L'immeuble Focsa *(plan III, G-H7)* **:** *calle 17 ; entre m et N.* Un des derniers buildings construits à La Havane sous Batista... Plus haut bâtiment de Cuba, 1er immeuble sur le continent américain à avoir été bâti selon une nouvelle technique de câblage et de bétonnage, il gâche de ses 2 ailes le paysage à des kilomètres à la ronde ! Pourtant, les Havanais en sont très fiers...

Cementerio (necrópolis) de Colón *(plan III, F9-10)* **:** *calzada de Zapata et calle 12. Tlj 8h-17h. Entrée payante, plan du cimetière inclus. La visite peut se faire en coco-taxi.*
La grande nécropole de la bourgeoisie et de l'aristocratie cubaines, aussi belle que le Père-Lachaise à Paris ou que la

DE CHURCHILL À BELMONDO

L'Hotel Nacional *est probablement le plus photographié : avec son allée de palmiers et ses 2 clochers, on jurerait une cathédrale ou un palais présidentiel... Depuis 1930, toutes les personnalités y sont descendues, de Churchill à Joséphine Baker en passant par Ava Gardner ou Jean-Paul Belmondo. De vieilles photos de ces célébrités (essentiellement américaines) s'étalent toujours sur les murs du bar* Vista al Golfo. *Dans les années 1950, l'hôtel comprenait également un casino où chantait un certain Sinatra...*

L'*AMOR* PLUS FORT QUE LA MORT

Parmi les tombes du cimetière de La Havane, celle de La Milagrosa est toujours fleurie et entourée de dévots. Cette jeune femme, morte en couches, avait été enterrée avec son enfant à ses pieds, comme le voulait la coutume. Lorsqu'on ouvrit la tombe quelques années plus tard, le bébé se trouvait dans les bras de sa maman...

Recoleta à Buenos Aires. L'enceinte principale fut construite en 1871. Monumentale porte d'entrée de style néo-roman. Large avenue menant à un rond-point avec une église, bordée de tombeaux et mausolées somptueux, souvent d'une grandiloquence et d'un kitsch extrêmes. Toutes les formes, tous les styles empruntant aux diverses civilisations et mythologies. En particulier, en remontant l'avenue, sur le côté droit, s'attarder devant le *monument en hommage aux soldats du feu.* Chef-d'œuvre de l'art funéraire colossal et... pompier !
Parmi les personnalités enterrées ici, citons, entre autres, Alejo Carpentier et Cecilia Valdés (du moins pense-t-on qu'il s'agit bien de la femme qui inspira le grand roman de Cirilo Villaverde, enterré tout près). Dans le mausolée central reposent des dignitaires de la révolution, comme Celia Sánchez, dans des urnes anonymes. Fidel Castro y a la sienne... Anonyme également (et pourtant son emplacement est connu des *Habaneros*), la tombe du général Arnaldo Ochoa Sánchez, condamné à mort pour ses liens avec les cartels de la drogue sud-américains. À voir aussi, la sépulture du chanteur Ibrahim Ferrer, décédé à La Havane en 2005. Ou encore la tombe avec la statue du chien mort de désespoir au décès de sa maîtresse, ou celle représentant un jeton de domino « double 3 » : l'actuelle « locataire » de la tombe mourut d'une attaque en plein jeu, en constatant qu'elle ne parviendrait pas à placer ce pion et perdrait la partie.

*** Museo nacional de Artes decorativas** *(plan III, G8)* **:** *calle 17, 502 ; entre D et E. Mar-sam 10h-16h. Fermé dim-lun. Entrée payante.*
Ce musée, installé dans l'hôtel particulier de la comtesse de Revilla de Camargo, qui appartenait à une riche famille de collectionneurs, renferme des trésors. Au total, plus de 30 000 pièces, toutes absolument magnifiques, en majorité de provenance française, du XVIIe s jusqu'au début du XXe s (Art déco). Elles sont réparties dans une dizaine de salons, tous plus étonnants les uns que les autres.
Salon principal de style rococo et Régence. Parmi les œuvres remarquables qu'on peut y admirer, citons les porcelaines de Sèvres et de Limoges, et les meubles signés Simoneau. Le salon des laques chinoises et japonaises recèle quelques merveilles. Salle à manger Régence aux murs couverts de marbre et de tapisseries d'Aubusson. Horloge signée Martinot. À l'étage, un salon néoclassique où l'on verra un secrétaire ayant appartenu à la reine Marie-Antoinette. Le boudoir abrite du mobilier en papier mâché incrusté de nacre. Également une vitrine de vases de Gallé, des créations Art déco de Lalique, de l'argenterie anglaise, des lampes vénitiennes... Le salon oriental présente de magnifiques sculptures thaïes, japonaises et chinoises. À noter encore, la salle de bains Art déco, tout en marbre rose. Enfin, dans la *saleta,* les murs sont couverts des 5 grandes toiles qui furent dissimulées avant le départ précipité de la famille de la comtesse de Revilla de Camargo, au moment de la révolution. Également des expositions temporaires.

La statue de John Lennon *(plan III, F8)* **:** *dans un square, calle 17 ; entre 6 et 8.*
Un hommage au plus célèbre des Beatles (un groupe interdit à Cuba par Castro lui-même) pour son engagement au service de la paix. Sur la plaque, la fameuse phrase de sa chanson *Imagine,* « On dira que je suis un rêveur, mais je ne suis pas le seul ! », que Fidel Castro a reprise souvent dans ses discours... Le chanteur est assis sur un banc, et nombreux sont ceux qui se font

ROCK THE SYSTEM !

Le 8 décembre 2000, jour anniversaire de l'assassinat de John Lennon, Fidel Castro inaugura la statue du chanteur et le parc qui porte son nom. Il mit fin à 40 ans d'ostracisme contre le rock, assimilé à la culture impérialiste et synonyme de « dépravation sociale ». Ben voyons !

photographier à ses côtés. Un garde du corps posthume, non loin, veille sur les lunettes de John, car elles ont déjà été volées plusieurs fois... Chaque année, le 8 décembre, date de son assassinat, un hommage lui est rendu sous forme de concert.

MIRAMAR

Quinta Avenida *(5ta av. ; plan IV, I-J11-12)* **:** *dans le prolongement du Malecón.* Cette somptueuse avenue bordée d'allées et de petits squares traverse tout le quartier chicos de La Havane.

Acuario nacional *(plan IV, I12)* **:** *av. 3ra, 6001 ; entre 60 et 62, Playa. ☎ 7202-58-71. ● acuarionacional.cu ● Tlj sauf lun 10h-17h30. Entrée payante ; réduc enfant. 3 shows/j. avec les dauphins et les otaries (en supplément).* Quelques aquariums avec des poissons et des phoques dans des bassins. Dans le genre, pas très glorieux... Le restaurant *Gran Azul,* avec sa paroi de verre, permet de voir évoluer les dauphins.

Les mansions : c'est le nom (à l'américaine !) donné aux petits palais du quartier. On en trouve un peu partout, disséminés entre les ambassades et les pavillons chics, souvent cachés derrière des grilles et la végétation des jardins. Un peu tous les styles, du néoclassique au néobaroque.

Memorial de la Denuncia *(plan IV, J11)* **:** *esq. 5ta et 14. ☎ 7206-88-02. Tlj sauf dim-lun 9h-17h (12h sam). GRATUIT.* Ce musée-mémorial établi dans une belle demeure patricienne intéressera surtout les hispanophones (aucune traduction). Avec force détails, vidéos interactives et sols vitrés jonchés de douilles et autres étuis de balles, on y explique l'embargo américain et les différentes « guerres » menées par les États-Unis contre Cuba : guerre armée, médiatique, économique, etc. Bon, on se doute bien que le lieu ne présente qu'un seul point de vue... Faut dire que Castro a récupéré tous les biens américains du jour au lendemain.

Fêtes et manifestations

– **Havana Jazz Festival Tour :** *pdt 9 j. mi-janv. Infos sur ● jazzcuba.com ●* Depuis 1997, ce festival international est considéré comme l'un des moteurs du jazz latino-américain, tant par son niveau technique que par la qualité musicale des artistes invités.
– **Feria internacional del libro :** *mi-fév, dans tte la ville.* Cette foire du livre est un grand rendez-vous de l'édition, qui attire depuis 1982 des milliers de visiteurs dans la forteresse de la Cabaña. Également des rencontres, dédicaces et tables rondes un peu partout à La Havane.
– **Festival del Habano :** *fin fév-début mars. Infos : ● habanos.com ●* Ce cigare mondialement réputé est à l'honneur de ce festival depuis 1998. On peut visiter des plantations, découvrir les secrets de fabrication du tabac, participer à des séminaires et des dégustations. Un événement à consommer avec modération !
– **Festival du Cinéma français de Cuba :** *2de quinzaine d'avr, dans les salles de cinéma de La Havane. ● cinefrances.com ●* Depuis 1998, cette rencontre est l'occasion de projeter des films parfois controversés sur Cuba. Très suivi.
– **Carnaval :** *début août (parfois aussi en fév ou en nov ; se renseigner !).* Fiesta d'enfer en ville, et particulièrement le long du Malecón. Congas, percussions, danses, sensualité, couleurs, costumes éclatants, bière, rhum, etc. Sans oublier les défilés de chars, les *comparsas* (troupes de danseuses et de danseurs) et les *muñecones* (grosses têtes en papier mâché)... La fête débute souvent dès le vendredi soir précédant l'ouverture officielle du Carnaval.

– ***Festival internacional del Nuevo Cine Latinoamericano :*** *pdt 10 j. début déc. Infos : ● habanafilmfestival.com ●* Depuis 1979. Festival découvreur de nouveaux talents. L'un des plus importants en Amérique latine.

DANS LES ENVIRONS DE LA HAVANE

À l'ouest

🚶🚶 ***Fursterlandia*** *(hors plan IV par I12)* **:** *au « village » de* ***Jaimanitas,*** *à 7 km de Miramar par la 5ta av., au niveau de la calle 226. Partie la plus intéressante sur la calle 226 et la 3ra A.*
José Rodriguez Furster est un peintre et céramiste cubain de renommée internationale. En 1972, il se met en tête de décorer son environnement proche d'œuvres personnelles. Il ne passera vraiment à l'acte qu'une vingtaine d'années plus tard en couvrant le mur de clôture de sa maison d'un motif en céramique. De galéjades en petits défis de son entourage, il embraye sur les clôtures, les maisons, les terrasses des voisins, puis les voisins des voisins, décorant tout un bout de ce quartier. Bref, le résultat est assez stupéfiant, doux mariage entre du Gaudí et du Facteur Cheval : coloré en diable, parfois amusant, parfois poignant. Des poésies mises en céramique en guise de dos d'un banc public *(banco con poesia),* un mur d'angle décoré en « *Homenaje a Gaudí* » (on traduit ?), une porte de garage tatouée d'un *Romeo y Julieta* revisité à la salsa cubaine, quelques envolées prorévolutionnaires avec le gratin des barbus... À vous d'écarquiller les yeux.
Le bouquet final est la ***maison de Furster*** *(av. 3ra A ; tlj 9h30-16h ; GRATUIT).* Un réseau de passerelles relie des terrasses entre elles, émaillées de statues, personnages fantasmagoriques, fleurs géantes... Pas un 1 mm qui ne soit recouvert ! L'artiste vit sur place, intéressant de le croiser. À défaut, on peut jeter un œil sur une petite exposition de ses peintures.

🚶 ***Marina Hemingway :*** *à 1 km à l'ouest de Fursterlandia par la 5ta av.* Cet immense complexe touristique n'accueille plus aujourd'hui que quelques dizaines de yachts le long de ses canaux intérieurs et a des allures de marina fantôme. L'ensemble détonne quelque peu en pays socialiste : hôtels de luxe (en partie fermés), boîtes de nuit, restos, bungalows, piscine, sports nautiques, etc. Tout était pourtant prévu pour les (riches) plaisanciers étrangers ! Pour info, Hemingway n'y mit jamais les pieds. En revanche, le concours de pêche au gros qu'il créa en 1960 existe encore : il attire les fanas du genre tous les ans au mois de juin.

À l'est

🚶🚶🚶 ***Finca Vigía*** *(maison de Hemingway)* **:** *à* ***San Francisco de Paula,*** *env 15 km au sud-est de La Havane. ☎ 7692-01-76. Pas d'indications. En bus, avec le P2 (peu fréquent) depuis le Vedado, au croisement des av. 23 et de los Presidentes (plan III, G8) ou avec le P7 depuis le parque de la Fraternidad (plan I, A3). En voiture, prendre la vía Blanca sur une dizaine de km, puis à droite direction Ciudad Luyano sur 6 km, c'est fléché à gauche ensuite. En taxi, pensez à réserver pour le retour en faisant un crochet par Cojímar. Lun-sam 10h-17h. Fermé dim. Entrée payante comprenant la visite guidée en espagnol (en anglais sur résa).*
L'intérieur de la maison, bien restaurée, ne se visite pas, mais les nombreuses fenêtres et baies vitrées sont largement ouvertes, et la visite se fait de l'extérieur. Bêtement, la rénovation de la maison s'est faite avec des fonds entièrement cubains, le gouvernement des États-Unis ayant interdit à une fondation américaine d'y participer financièrement.

On accède à la *finca* par une longue et belle allée bordée d'arbres, style manoir des Caraïbes. Construite à la fin du XIXe s dans un luxuriant parc tropical, sur une butte dominant la vallée, la *finca Vigía,* où s'installa « Papa » Hemingway en 1939, est une jolie maison créole d'inspiration espagnole néocoloniale. Mais la décoration intérieure, restée telle quelle depuis sa mort, fait terriblement penser à sa maison de Key West, de l'autre côté du golfe du Mexique. La *finca* est ouverte et aérée : un côté donne sur le nord, on y voit des collines, La Havane et un peu de mer au loin.

PÊCHE AU BAR...

Dans la finca Vigía, bien conservé sous son hangar, trône le Pilar*, célèbre yacht en bois d'Hemingway. Il partait à la pêche au gros, en particulier au marlin, qu'on appelle* aguja (aiguille)*, à cause de son rostre effilé. Sur le toit, plutôt qu'une barre de gouvernail, Hemingway avait jugé plus utile d'installer... un bar !*

On y retrouve l'univers de l'aventurier-écrivain : mobilier espagnol, impressionnants trophées de chasse de ses nombreux safaris en Afrique, dont la tête empaillée d'un grand koudou (aux cornes torsadées), l'antilope qui obsédait tant l'écrivain. Parmi les objets notables : LA machine devant laquelle il se tenait, debout, pour écrire ses romans, de jolies statuettes africaines, une assiette représentant une tête de taureau gravée par Picasso, le certificat délivré par le comité Nobel en 1954 pour son livre *Le Vieil Homme et la Mer* (le discours qu'il délivra à Stockholm fut l'un des plus courts jamais entendus à cette occasion !), et les petits canons Winchester avec lesquels le plaisantin souhaitait la bienvenue à ses invités ! Dans le bureau, le sofa sur lequel dormait tant bien que mal Gary Cooper, trop grand pour le lit d'amis... Autre détail amusant, le tampon encreur qui lui servait à expédier son courrier : « *I never write letters* » (« Je n'écris jamais de lettres »)...

Derrière la maison, une tour de 12 m, où se niche un petit bureau dans lequel Hemingway aimait s'isoler pour mettre la touche finale à ses manuscrits. L'étage en dessous était réservé à ses chats. Et dans le jardin décoré de palmiers royaux, les reliques d'une gloire mondiale construite à coups de best-sellers : la piscine autour de laquelle Ernest recevait les stars hollywoodiennes.

On remarquera aussi les tombes de ses 4 chiens (mais pas celles de ses 60 chats !), seuls autorisés à le déranger lorsqu'il écrivait...

Cojímar : *à env 10 km de La Havane, vers l'est.* Un village de pêcheurs pas désagréable, qui doit sa célébrité à Ernest Hemingway. C'est là que « Papa » venait pêcher en compagnie de ses amis : Anselmo et Gregorio, le patron de son bateau le *Pilar* et celui qui aurait inspiré le personnage de Santiago, le pêcheur, dans *Le Vieil Homme et la Mer.* Les locaux ont d'ailleurs érigé sur le port un buste de Hemingway, face à la mer, sous une sorte de dais à colonnes. Cojímar est aujourd'hui composé de maisons résidentielles, sans plage digne de ce nom. Agréable petite balade à faire le long du port, où le temps semble s'être arrêté. Remarquez le fortin carré, flanqué d'échauguettes. Il a été construit par les Espagnols au milieu du XVIIe s. Le flagrant manque d'entretien ajoute une certaine mélancolie au village, où l'on vient surtout en pèlerinage sur les traces de l'écrivain.

La Terraza : *calle Real, au débouché de Candelaria. ☎ 7766-51-51. Dans la rue principale qui mène au port, côté mer. Tlj 11h-23h. Prix moyens à chic.* Si vous souhaitez y déjeuner, venez assez tôt, car souvent les groupes occupent la plupart des tables. Mais on peut toujours grignoter au comptoir, comme les vieux loups de mer ! Beau resto mythique au mobilier des années 1920, où Hemingway adorait se prélasser. Salle à manger superbe, avec ses grandes fenêtres donnant directement sur l'eau. On aperçoit, dans un coin, l'ancien port de pêche. Aux murs, plein de photos de l'écrivain pêchant le requin, l'espadon, ou encore en compagnie de Fidel Castro, lors du fameux concours de pêche à la marina. Ce fut d'ailleurs leur unique rencontre. On peut aussi se contenter d'un mojito, pour faire comme « Papa » !

QUITTER LA HAVANE

En voiture

Sortir de La Havane en voiture peut s'avérer assez galère, car il n'y a pratiquement aucun panneau d'indication. Cependant, l'application • *maps.me* •, à télécharger avant le départ sur son smartphone, est d'un grand secours pour se localiser, même sans wifi. Il suffit de télécharger (gratuitement) la carte de Cuba, que l'on peut agrandir pour obtenir le plan détaillé des rues. Sinon, on peut toujours faire à l'ancienne : s'arrêter et demander plusieurs fois son chemin aux passants. Attention, cependant, au passant gentil et serviable qui se propose de monter avec vous pour vous guider et qui vous demandera de l'argent (beaucoup !) en récompense à l'arrivée... L'idéal étant, bien sûr, de trouver un stoppeur (parfois des agents de police qui rentrent du boulot) qui va dans la même direction...

➢ ***Vers l'est*** *(Playas del Este, Varadero, Matanzas...)* **:** prendre le Malecón jusqu'à Habana Vieja, puis le tunnel qui passe sous le chenal en direction de Habana del Este. Ensuite, c'est toujours tout droit. Voir aussi le chapitre « Les plages de l'Est ».

➢ ***Vers le sud-est*** *(Trinidad, Cienfuegos, Santa Clara)* **:** prendre la vía Blanca *(plan d'ensemble)*, puis l'A1 par Guanabacoa.

➢ ***Vers l'ouest*** *(Viñales, Pinar del Río)* **:** prendre le Malecón jusqu'à Miramar (après le tunnel), puis la 5e avenue (5ta av.), d'où l'autoroute *(autopista)* est fléchée.

En bus

– ***Bon à savoir :*** en gros, il y a 3 catégories de transports collectifs depuis La Havane. Les ***bus Viazul,*** compagnie d'État qui a le monopole sur le transport des touristes. Les ***colectivos,*** pratiques car on peut réserver via son hébergement. C'est quasiment le même prix que *Viazul,* mais plus souple car on vient vous chercher à votre hébergement. Enfin, les ***bus d'agences*** : on les réserve auprès des agences de voyages dans les hôtels d'État, qui le qualifient de « transfert ». Prestation plus chère qu'avec *Viazul,* équivalente en termes de qualité. Se renseigner à un hôtel proche de son hébergement pour limiter le préacheminement.

Ne pas négliger non plus les ***taxis collectifs,*** intéressants lorsqu'on est plusieurs. On les trouve aussi à proximité du terminal des bus *Viazul.*

🚌 ***Terminal des bus Viazul*** *(plan III, H9)* **:** *entre av. de la Independencia et calle 19 de Mayo, Vedado. ☎ 7883-60-92 (infos) ou 7881-11-08 (résas). • viazul.com • S'y rendre en taxi depuis Habana Vieja ou le Vedado. Tickets en vente 7h-21h seulement au terminal de bus ou sur Internet. Prix des trajets affichés sur des panneaux. Réservez si possible vos billets bien à l'avance, surtout en saison (voir en début de guide la rubrique « Transports » dans « Cuba utile »).* Les bus *Viazul* sont modernes, très confortables avec clim (qui pulse à fond, prévoyez un bon pull, voire une doudoune !). Pour éviter toute mauvaise surprise, on le rabâche, achetez vos billets à l'avance et imprimez la contremarque si vous l'avez acheté sur Internet. ***Obligation de se présenter 1h avt le départ.*** Cafétéria dans le terminal.

➢ ***Matanzas et Varadero :*** 4 bus/j., 8h-17h. Trajet : 2h et pour Matanzas, 3h pour Varadero.

➢ ***Playa Larga, Cienfuegos et Trinidad :*** 2 bus/j., à 7h et 10h45 ; un 3e bus partant à 13h30 dessert seulement Playa Larga et Cienfuegos. Le 1er est plus rapide. Trajet : 2h30-3h15 et pour Playa Larga, 4-5h pour Cienfuegos, 6h30-7h pour Trinidad.

➢ ***Pinar del Río et Viñales :*** 3 bus/j. pour Viñales à 8h45, 11h25 et 14h. Durée : 3h. Trajet : 2h30-3h pour Pinar del Río, 3h30-4h et pour Viñales.

➢ ***Santa Clara, Sancti Spíritus et Ciego de Ávila :*** tous les bus pour Santiago de Cuba desservent ces villes, ainsi que le bus de nuit pour Holguín. Trajet : Santa Clara en 4-5h et, Sancti Spíritus en 5h30, Ciego de Ávila en 6h30-7h30.

➢ ***Holguín :*** 3 bus/j. à 6h, 15h15 et 19h45. Trajet : 12-13h.
➢ ***Santiago de Cuba :*** 3 bus/j. à 6h, 15h15 et 22h. Trajet : 17h (de jour), 13h (de nuit).

En train

Les liaisons ferroviaires étant suspendues depuis la gare centrale, les trains partent de la toute proche gare ferroviaire La Coubre *(plan I, A3)*. Quoi que moins cher que le bus, on ne recommande pas ce moyen de transport, lent, inconfortable et imprévisible... Les horaires, assez fluctuants, ne sont donnés qu'à titre INDICATIF. Quant au billet, on ne peut pas l'acheter plus de 5 jours avant le départ.

Estación central de ferrocarriles *(gare ferroviaire centrale ; plan I, A3)* **:** *av. Bélgica (Egido), esq. Arsenal, Habana Vieja. Attention : pdt les travaux, ts les trains partent de la* ***estación de La Coubre*** *(100 m plus au sud ; plan I, A3).*
■ ***Vente des billets*** *(servicio de reservación Viajero ; plan I, A3,* ***38****)* **:** *Egido ; dans un bureau juste avt la gare La Coubre. ☎ 7860-31-61. Tlj sauf dim 8h30-16h (11h30 sam). Tarifs affichés sur place.* On achète ses billets ici, quelle que soit la destination. Il est préférable d'acheter son billet un peu à l'avance. On vous indique les durées de trajet, mais elles sont sujettes à variation...
➢ ***Santiago de Cuba :*** 1 train *regular* ts les 4 j., départ à 15h30. Durée du trajet : 16h ! Il dessert ***Matanzas, Santa Clara, Guayos*** (correspondance en bus pour *Trinidad*), ***Ciego de Ávila, Camagüey, Las Tunas, Cacocum (Holguín)*** et ***Santiago de Cuba.***
➢ ***Guantánamo :*** 1 train ts les 4 j., à 20h50. Durée : 17h-18h.
➢ ***Sancti Spíritus :*** 1 train ts les 3 j., à 22h20. Durée : 11h30.
➢ ***Plages de l'Est :*** *attention, ces trains partent de la gare ferroviaire de* ***Casablanca*** *(plan I, B2), située de l'autre côté du chenal.* ***Cette ligne est fermée*** *depuis fin 2017 suite aux avaries provoquées par le cyclone Irma.*

En avion

– ***Attention*** à ne pas vous tromper de terminal (!). Renseignez-vous bien auprès de l'agence qui vous a fourni vos billets.
– ***Conseil :*** prévoir une importante marge de temps. Les procédures d'enregistrement sont (très) longues, tendance « en pagaille », agrémentées ensuite du passage de frontière, puis des contrôles habituels de sécurité qui prennent du temps...

– ***Réservations*** pour les îles vivement conseillées en haute saison, et souvent couplées avec celles de chambres d'hôtel (forfaits spéciaux).
– Pas de ***consigne à bagages*** aux aéroports. Si vous restez 1 journée à La Havane avant votre départ de Cuba, déposez vos sacs dans l'un des grands hôtels de la ville (ça ne revient pas bien cher).

– Noter que l'***empaquetage plastifié des bagages*** est obligatoire sur les vols internationaux de la *Cubana de Aviación.* À faire avant l'enregistrement ; sinon, il vous faudra refaire la queue une fois la bonne nouvelle annoncée au comptoir !
– ***Rappel :*** il est interdit de transporter des liquides au passage des douanes, donc bien emballer et enregistrer vos achats potentiels de rhum en soute. Si votre vol n'est pas direct, n'achetez pas de produits liquides en *duty free,* sous peine de vous les voir confisquer en cas de transit (à Madrid par exemple)... À noter enfin : les achats en *duty free* se font uniquement en devises étrangères ou en carte bancaire (impossible d'y écouler sa monnaie locale).

✈ ***Aéroport José Martí*** *(hors plan d'ensemble par le sud)* **:** *☎ 7649-55-76 ou 275-11-90. À 17 km au sud de La Havane.*
Le ***terminal 1,*** situé 2 km des terminaux 2 et 3. C'est de là que partent les vols nationaux (dont ceux pour les *cayos*) avec la *Cubana de Aviación.* Au niveau des départs, poste, *Infotur.* Également un bureau de change à l'arrivée. Pour rappel, les ***terminaux 2 et 3*** sont réservés aux vols internationaux

(Cubana de Aviación, Iberia, Air France, Air Europa...).
– Pour les ***coordonnées des compagnies aériennes,*** se reporter à la rubrique « Adresses et infos utiles » au début de ce chapitre sur La Havane.
– ***Pour rejoindre le terminal 1 :*** pour ceux qui voyagent à petit budget, prendre le ***bus P 16*** sur G (av. de los Presidentes) et 25, dans Vedado. Env 45 mn de trajet (prévoir quand même une bonne marge de sécurité !). En ***taxi,*** se référer aux tarifs officiels. En voiture, rejoindre la pl. de la Revolución, prendre l'av. Rancho Boyeros, puis continuer tt droit ; bien fléché au début, puis, lorsqu'il faut quitter cette grande artère par la droite (après env 10 km), plus d'indications ! Ouvrez l'œil, et le bon, et n'hésitez pas à demander. En venant de l'ouest par l'*autopista,* prendre la sortie « Marianao » (l'aéroport n'est absolument pas indiqué).

➢ ***Santiago :*** 1-3 vols/j. Durée : 1h30. À réserver au moins 1 mois à l'avance.
➢ ***Guantánamo :*** 2 vols/sem. Durée : 2h30.
➢ ***Camagüey :*** 1-2 vol/sem. Durée : 1h30.
➢ ***Holguín :*** 1-2 vols/j. Durée : 1h30.
➢ ***Cayo Coco :*** 4-5 vols/sem. Durée : 1h20.
➢ ***Cayo Largo :*** 2 vols/sem. Durée : 45 mn.
➢ ***Baracoa :*** 2 vols/sem. Durée : 2h20.

L'OUEST DE CUBA

• Carte De La Havane à la péninsule de Guanahacabibes *p. 166-167*

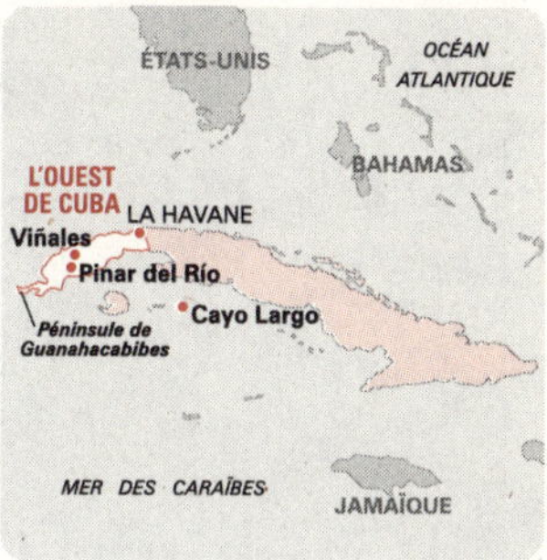

L'ouest de Cuba, c'est-à-dire la province de Pinar del Río, possède l'environnement le plus naturel et le mieux préservé de Cuba... Ce n'est pourtant pas la plus touristique, ses plages n'étant pas les plus belles du pays (à quelques petites exceptions près).
Colonne vertébrale de la région, la cordillère de Guaniguanico est une chaîne de collines et de montagnettes de basse altitude, dont beaucoup d'endroits sont creusés de grottes gigantesques. Un vrai gruyère jurassique, en particulier autour de Viñales ! On comprend pourquoi le Che se réfugia ici pendant la crise des missiles... Cela dit, ce ne sont bien sûr pas les grottes que l'on remarque en 1er, mais les épaisses forêts de pins interrompues par des couches de terre couleur brique ou d'un ocre intense... D'où le nom donné à la province et à sa capitale, Pinar (« pinède ») del Río.
Au cœur de ce territoire, la douce vallée de Viñales reste une petite merveille de la nature qui mérite à elle seule le détour. Le paysage est hérissé de *mogotes,* gros pains de sucre calcaires, érodés et recouverts de végétation tropicale. Ces monticules étranges, souvent hauts de 200 ou 300 m, évoquent parfois une estampe asiatique. Outre la région de Viñales, classée au Patrimoine mondial de l'Unesco, il y a aussi le triangle de Vuelta Abajo, la terre du tabac, située au sud de Pinar del Río. Là se récoltent les meilleures feuilles de tabac du monde, belles, souples, parfumées et délicates, qui partiront en... fumée sous le nom de havanes. Une culture artisanale, noble et minutieuse, immuable, à l'image de cette région...

UNE RÉGION (PRESQUE) COMME AU 1ER JOUR

Du point de vue géologique, on est ici dans la partie la plus ancienne de l'île. Ainsi, lors des différentes périodes glaciaires, cette région a subi comme les autres une importante montée des eaux, mais les pointes des *mogotes* furent épargnées. Quand les eaux se retirèrent, une petite partie de la forêt primaire survécut. Témoin de cette période, le palmier liège *(palma corcho).* Grâce au relief escarpé, la végétation est abondante et variée, alternant pins, fougères arborescentes, eucalyptus et de nombreux *alteas,* de la famille de l'hibiscus, très précieux pour les Cubains, car c'est dans ce bois qu'on taille... les battes de base-ball !
Au-delà de Viñales, dans le prolongement de la cordillère, on

L'ARBRE DU TOURISTE

*Parmi toutes les espèces végétales qu'on trouve dans la région, il y a l'*almacigo, *un bel arbre à l'écorce rouge. Il est aussi appelé* árbol del turista *(arbre du touriste) du fait d'abord de sa peau rouge, évoquant les coups de soleil. Et aussi à cause de ses 2 branches principales, largement écartées, qui rappellent les jambes des touristes bronzant sur les plages !*

trouve la péninsule de Guanahacabibes, à l'extrémité ouest de Cuba, dont la forme rappelle étrangement celle d'une queue de crocodile : voici l'origine du surnom de Cuba, le « Crocodile vert »... Là, posées sur la queue du croco, des kilomètres de plages vierges aux eaux turquoise jusqu'à María la Gorda, spot de plongée sous-marine réputé. Une autre route mène à la petite marina de cabo de San Antonio, et longe une côte aux roches déchiquetées, paysage lunaire classé « Réserve de la biosphère », qui abrite une colonie d'iguanes.

Comment y aller ?

Il est recommandé de louer un véhicule pour parcourir cette région. Vous ne le regretterez pas : les occasions de promenades sont nombreuses, et les

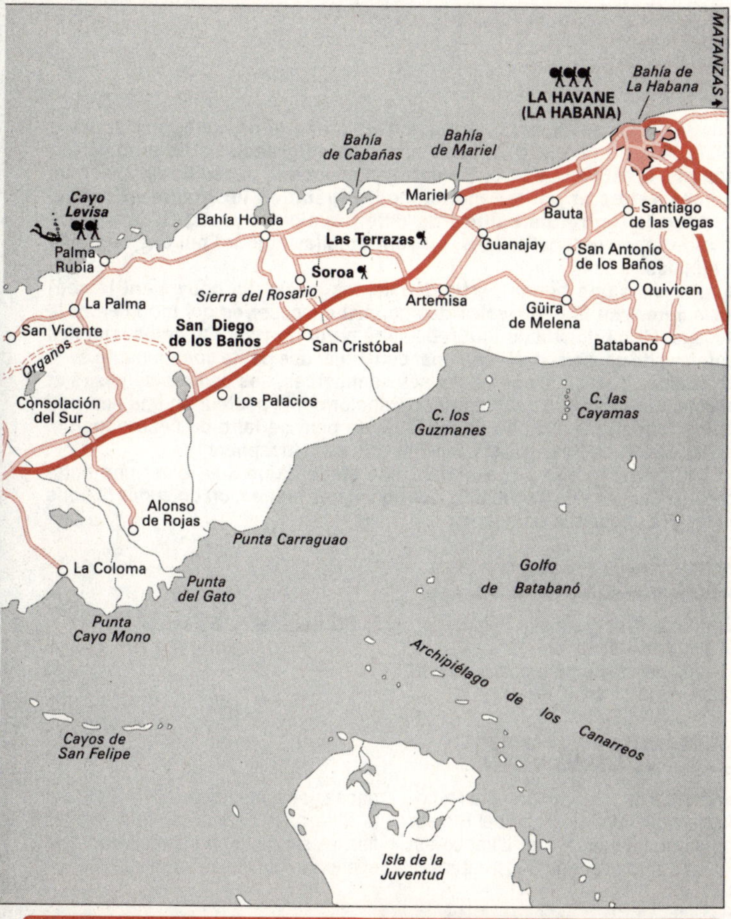

DE LA HAVANE À LA PÉNINSULE DE GUANAHACABIBES

routes traversent de beaux paysages. Sinon, on peut se rendre facilement en bus à Viñales, et de là, de nombreuses activités sont organisées (balades à cheval, à pied...) et des excursions sont assurées par les agences de voyages officielles (visite de la vallée, Pinar del Río, cayo Levisa...).

En voiture, 2 itinéraires possibles :

➤ ***Par l'autopista A4 :*** 160 km de La Havane à Pinar del Río. Compter 3h de voyage sur cette impressionnante autoroute à 6 voies, souvent quasi déserte. Après 20 km, on entre dans la campagne. Beaucoup de stoppeurs en attente d'une improbable *guagua,* parfois un paysan qui traverse l'autoroute avec son char à bœufs (si !) et des paysans à cheval... Avant de prendre des gens en stop sur cette route, lire nos informations dans la partie « Cuba utile », rubrique « Dangers et enquiquinements ».

LAS TERRAZAS

Dans la sierra del Rosario, à environ 60 km de la capitale, on découvre Las Terrazas au cœur d'un beau paysage, en grande partie modelé par l'homme. C'est ici que le Che s'entraîna avant son expédition bolivienne. Collines vertes et petites montagnes, végétation luxuriante et variée, terre fertile (autrefois culture du café), quelques vestiges de plantations de tabac et 2 petits lacs, où sont établies aujourd'hui une centaine de familles.

Comme dans une bonne partie de l'île, les forêts qui couvraient le secteur subirent au fil des siècles des coupes successives qui modifièrent le paysage. L'État décida de tout reboiser à partir de 1968. On embaucha des centaines de paysans qui finirent par constituer une petite communauté avec ses édifices collectifs, son école, ses commerces, ses centres de loisirs et sportifs. Les autorités décidèrent de transformer le secteur en une sorte de station touristique, proche de l'idée qu'on peut se faire de l'écotourisme. En 1985, 5 000 ha furent déclarés « Réserve de la biosphère ».

Si l'endroit ne mérite pas vraiment une étape d'une nuit, c'est une halte agréable sur la route de Viñales, pour quelques heures, un déjeuner (2 bons restos !) et une petite baignade.

Adresse et info utiles

– ***Droit d'entrée*** *(péage)* **:** *tlj 8h30-18h. Payant (sauf si vous dormez sur place).* On vous délivre un petit plan bien pratique (quand il y en a).

■ ***Station-service Essto :*** *à la sortie du village en direction de Soroa. Ouv 24h/24.*

Comment y aller ?

➢ ***Depuis La Havane,*** prendre l'autoroute en direction de Pinar del Río sur une cinquantaine de km. L'accès est situé sur la droite, env 800 m après le panneau kilométrique « 52 » (situé sur le terre-plein central). Puis suivre les flèches sur 4 km pour l'entrée du parc et encore 4 km jusqu'au village.

Où dormir ? Où manger ?

De bon marché à prix moyens

|●| ***El Romero :*** *au rdc du long édifice nº 5 (type HLM), à droite après être passé sous la barre d'immeuble (tt le monde connaît). ☎ 48-57-85-55. Tlj 11h-21h.* Cuisine bio, 100 % végétarienne et écologique ; cet excellent petit resto (salle élégante et vue sur la verdure depuis la terrasse) ne travaille que des produits naturels, cultivés dans la communauté. Plats servis en petite, moyenne ou grande portion. Leur spécialité, le *Super Romero,* un mixte de plusieurs légumes. Totalement improbable de trouver cette qualité dans un tel endroit !

|●| ***Ruines du cafetal Buenavista :*** *accès par la route sur la droite juste après l'entrée-péage. ☎ 48-57-85-55. Repas uniquement 12h-16h (jusqu'à 20h déc-mars).* Au sommet d'une colline, où se trouvent les ruines d'une ancienne plantation de café française. La demeure du propriétaire a été transformée en resto. Salle élégante et jolie terrasse ombragée. Menu restreint mais cuisine plutôt soignée, avec un

vrai effort de présentation (jolie vaisselle). 2 spécialités : le *chilindrón de cordero* et le *conejo con champignones*. Pour digérer, on peut grimper jusqu'au *trapiche* (moulin) sous sa paillote et voir les séchoirs à café *(secaderos)*, les vestiges des baraques des esclaves, du four à chaux, etc. De là-haut, on se trouve à l'endroit le plus étroit de Cuba (seulement 31 km).

Cafetaria du Rancho Curujey : petite paillote surplombant le lac. Surtout pour boire un verre.

Chic

Hotel Moka : *indiqué depuis le lac. Résas : ☎ 48-57-87-00. ● lasterrazas.cu ● Chambre à l'hôtel avec petit déj inclus et habitación comunitaria.* Noyé dans la végétation tropicale, dans un environnement de douces collines verdoyantes, voici un bel hôtel construit autour d'un *algarrobo* (c'est un arbre). Abrite environ 40 chambres dans l'hôtel même et 5 logements en maisonnettes, plus simples et moins chers, à proximité. Propres et confortables, toutes avec balcon privé et salle de bains avec baie vitrée, pour contempler le jardin depuis sa baignoire... Surplombant le site, une piscine (publique) pas bien grande, avec bar et panorama sur les collines. Resto (médiocre) à l'hôtel, mais terrasse tranquille.

À faire

■ ***Rancho Curujey – Centro de Información :*** *à droite en montant vers le village, surplombant le lac. ☎ 48-57-87-00 ou 85-55. ● reservas@terrazas.tur.cu ● Ttes les infos et tarifs pour les randonnées pédestres avec guides, de tt niveau. Durée : 2h-3h30 selon rando.* Balade au río San Juan, histoire des anciennes plantations de café, observation des oiseaux... Également un *Canopy Tour,* parcours en tyrolienne *(tarif selon parcours).*

➢ ***Balade et baignade dans le río San Juan :*** *départ du village de Las Terrazas, prendre la route sur la gauche (indiquée) ; faire env 3 km au milieu des douces collines d'El Salón et d'El Taburete par une mauvaise route. Au bout, petit parking. Accès payant (avec consos au snack sur place), mais à régler soit à l'entrée du parc (pas pratique !), soit au* Centro de Información, *mais pas sur place. Franchement bien trop cher pour ce que c'est.* Du parking, sentier aménagé le long de la rivière San Juan. Quelques jolies piscines naturelles creusées par la rivière et dans lesquelles on peut se baigner. Sur place, resto pour grignoter un morceau, bars et tables de pique-nique.

– ***Location de barques*** sur les 2 lacs du complexe, notamment juste devant le *Rancho Curujey.*

SOROA

À environ 5 km de l'autoroute La Havane-Pinar del Río et 16 km au sud-ouest de Las Terrazas. Soroa est un petit village de villégiature niché au creux des montagnes, dans la végétation tropicale. Ce havre de paix et de verdure possède une petite cascade et un jardin botanique.
Soroa doit son nom à un propriétaire terrien français qui, comme d'autres, s'installa ici après avoir fui Haïti lors de l'indépendance de ce pays. Il planta du café et fit fortune.

Comment y aller ?

➢ ***De Las Terrazas :*** prendre la route à l'intérieur du parc, pour profiter des beaux paysages de collines, noyées dans la végétation tropicale. Cette route continue pendant une dizaine de km. Au T, prendre à gauche et faire env 6 km.

– ***À noter :*** prévoir assez d'essence car on trouve peu de stations-service.

Où dormir ? Où manger ?

Prix modérés

Hospedaje Los Sauces *(Jorge Luis y Ana Lidia)* **:** *à 1,5 km sur la gauche si vous venez de l'autoroute. 52-28-93-72 ou 53-99-50-86. • los sauces@nauta.cu •* Une jolie maison cernée par un jardin entretenu et cultivé avec soin par Lidia et Jorge. Nombreuses variétés d'arbres tropicaux, plantes ornementales, manguiers... 4 chambres coquettes dans la maison familiale ou dans une maisonnette séparée. Mignonne paillote pour le dîner, et on y mange diablement bien. La cuisine est concoctée à base d'excellents produits. Lidia s'occupe de ses clients comme de son jardin, avec amour.

Hospedaje Maite *(Maite y Michel)* **:** *sur la route principale, à env 5 km en venant de l'autoroute, sur la gauche. 52-27-00-69 ou 52-48-48-75. • yeisondelg@nauta.cu •* Balustrade blanche à l'avant, maison avec 4 chambres à l'arrière, toutes d'un égal et excellent confort (bon matelas). Petite salle de resto au fond, sur une terrasse couverte. Accueil chaleureux. Bonne et copieuse cuisine. Michel est aussi un spécialiste des cocktails !

Hostal el El Alto Mireya : *à env 3 km de l'autoroute, bien indiqué sur la droite. 52-25-26-63.* Maison modeste, façon années 1950, crème et vert, avec un petit morceau de pelouse sur le devant et une plantation fruitière dans le jardin. Presque une ambiance à la Tati (Jacques, pas le magasin !). 2 chambres spacieuses, propres et sobres, situées dans des maisonnettes séparées de la maison principale. Petite terrasse individuelle. Très calme et accueil adorable.

El Salto : *au point de départ du sentier pour la cascade. Tlj 12h-20h30.* Au bord d'un ruisseau dans le fond du vallon, un resto sous une paillote agréable, animé régulièrement par des musiciens. Cuisine ordinaire (*pollo, bistec de cerdo* ou *pescado*). On a bien aimé la *Soroa tentación* (en fait une *ropa vieja*). On est juste au départ de la minibalade à la cascade.

Chic

Villa Soroa : *sur la route, au cœur du village (bien fléché). ☎ 48-52-35-34. • reserva@hvs.tur.cu • Double avec possibilité de ½ pens. Également des maisonnettes pour 6 pers (sans petit déj ni repas).* Le seul hôtel de Soroa. Accueil routinier comme souvent dans les hôtels d'État... mais un gigantesque jardin (un vrai parc en fait) avec immense piscine et transats, de très beaux arbres sous lesquels sont éparpillés des bungalows en dur, aux toits imposants. Chambres simples, correctes sans plus, au confort suffisant. Heureusement, matelas de qualité. Resto moyen, mais plats bon marché. Bon, rien que du très classique...

À voir. À faire

Tout est concentré au même endroit. On vous conseille de laisser votre véhicule au parking du restaurant *El Salto* (en échange d'un petit billet, évidemment).

Orquideario (jardin botanique) : *à 100 m du resto El Salto, de l'autre côté de la route (panneau).* ☎ *48-52-38-71. Tlj 8h30-16h30. Entrée payante (droit de photos en sus). Visite guidée possible (en sus) ou visite libre. Parking payant.* Ce jardin fut créé sur la propriété d'un avocat d'origine espagnole. Il voulait rendre hommage à sa fille décédée qui adorait les orchidées. C'est son jardinier japonais qui élabora la plupart des croisements qu'on voit ici. Plus de 700 variétés sur quelques hectares et 6 000 autres plantes. Les cubaines fleurissent en été, les asiatiques en hiver.

Cascada El Arco Iris de Cuba : *départ juste en face du resto El Salto, en traversant le petit pont. Compter moins de 10 mn pour l'aller, plus pour le retour car ça monte (280 marches !). Tlj 9h-18h. Entrée payante.* On l'appelle ainsi car le matin, quand il y a du soleil, un arc-en-ciel apparaît... Jolie chute d'eau de 20 m de haut, mais droit d'entrée un peu cher pour une cascade somme toute assez banale... d'autant que l'entretien du site laisse à désirer.

➢ ***Balade :*** une promenade (compter 40 mn) consiste à se rendre au ***mirador.*** *Accès gratuit.* Départ à gauche du parking du restaurant *El Salto.* Beau panorama à 360°.

SAN DIEGO DE LOS BAÑOS

32 600 hab.

À 55 km à l'est de Viñales et 56 km à l'ouest de Soria, dans les montagnes, voici une bourgade thermale au bord d'une rivière sans grand charme. Seuls les passionnés de Che Guevara s'y arrêteront pour visiter la grotte – la *cueva de los Portales* – où il s'est réfugié pendant la crise des missiles en 1962.

Cueva de los Portales : *à env 12 km de San Diego de los Baños, sur la route de San Andrés. Direction « Parque nacional La Güira » ; entrée par un portique en pierre (« Hacienda Cortina »), puis tt droit. Tlj env 8h-17h. Entrée payante.*
Peu de Cubains connaissent l'existence de cette *cueva* pourtant classée Patrimoine national. Grotte immense, à l'intérieur d'un *mogote,* cachée dans la végétation. Un cours d'eau passe sous l'entrée, en forme d'arche ! Le site est assez étonnant, avec, en musique de fond, les bruissements de la jungle. À l'intérieur, la haute voûte d'où pendent d'énormes stalactites.
Cette grotte était déjà un site touristique dès la fin des années 1950. C'est d'ailleurs en la visitant en tant que touriste que le Che eut l'idée de s'y réfugier au moment de la crise des missiles en 1962. Il ne pouvait pas trouver meilleure cachette ! Les missiles, quant à eux, étaient dissimulés non loin. Le Che se servit de la grotte comme base stratégique et refuge pour son commandement. 200 hommes et lui-même y séjournèrent 32 jours, reliés à Fidel par une radio. Au centre, le réservoir d'eau. Des escaliers permettent de gagner des grottes plus petites, des terrasses naturelles. Sur l'une d'elles, une table de pierre où le Che écrivait. Dans un recoin, vous pourrez voir une minuscule casemate en parpaing et ciment, brut de décoffrage : c'était le quartier général du Che ! On y trouve encore un lit de fer, un vieux matelas et son bureau.

PETIT POINT DE STRATÉGIE MILITAIRE

Il peut paraître curieux que le Che ait choisi un cul-de-sac pour dormir, en cas d'attaque ennemie. C'est mal connaître l'homme : le fond de la cueva de los Portales possède, dit-on, un passage secret, que personne n'a encore trouvé...

VIÑALES

• Les environs (plan I) *p. 173* • Centre (plan II) *p. 175*

Pour arriver à Viñales, on traverse la verdoyante vallée du même nom, dans un paysage hérissé de hautes collines rocheuses, érodées et ciselées par le temps : ce sont les *mogotes.* Ces curieux pains de sucre calcaires forment la toile de fond du paysage de Viñales, dominant la plaine agricole et ses fermes. Tant d'arbres d'un vert aussi éclatant ne tiennent pas au hasard car dans cette nature, fraîche et nourricière, tout pousse, il y a de l'eau et du soleil, et quasiment jamais de sécheresse. Les bouquets de flamboyants, orangers, bougainvillées et les plants de tabac rappellent que Cuba est aussi une terre d'une grande fertilité. Ici et là, la campagne est parsemée de petites maisons paysannes traditionnelles en bois peint de couleurs joyeuses, aux toits de palmes, avec un minuscule bout de véranda devant… Tout inspire la sérénité et une certaine qualité de vie. De part et d'autre des champs de tabac, les *casas de tabaco,* ces hautes et curieuses maisons au grand toit pentu, servent au séchage des feuilles de tabac. Cette plante ancienne et remarquable (déjà connue des Indiens taïnos) fait vivre des milliers de familles de la région. Voici une campagne prospère où les charrues à bœufs – *el tractor natural* (!) –, les attelages à cheval et les *macheteros* sont toujours à l'œuvre dans les plantations (tabac, canne à sucre, cultures maraîchères), au rythme des saisons.

LA PETITE VILLE DE VIÑALES

Elle consiste en une longue rue principale, coupée par quelques petites perpendiculaires. L'ensemble est d'une grande unité architecturale, avec des maisons basses de style colonial mais très simples, peintes dans des couleurs vives et de belles vérandas à colonnes. La placette centrale, agréable, est dominée par une petite église coloniale. Le tout est populaire et simple, sans le côté bourgeois de Trinidad (qu'on aime beaucoup par ailleurs), baigné d'une vraie douceur de vivre… Viñales est en fait un gros village, un endroit qu'on apprécie pour son environnement et surtout pour son atmosphère, reposante et élégante à la fois, tout indiquée pour poser son sac quelques jours… voire plus ! Au bout de 3 jours, on vous reconnaît dans la rue, et on s'arrête pour papoter avec vous. D'autant plus que les promenades dans les environs – à pied, à cheval – ne manquent pas. D'ailleurs, Viñales est un parc national et, par conséquent, une zone protégée. Pour ne rien gâcher, le climat est plus doux que sur la côte. Enfin, les *mamás* des innombrables *casas particulares* cuisinent d'excellents repas, et ça, c'est encore un bon argument !

Arriver – Quitter

En voiture

➢ ***La Havane :*** par l'***A4*** depuis La Havane, direction Pinar del Río. Env 1 km après la borne 138, sortie à droite (panneau Viñales). Il reste env 30 km à parcourir sur une route sinueuse qui monte sur les flancs des collines, à travers de beaux paysages.

➢ ***Puerto Esperanza :*** à 25 km seulement de Viñales. C'est la même route, sinueuse, qui passe par la cueva del Indio. On y est en 30 mn env. Beaux paysages.

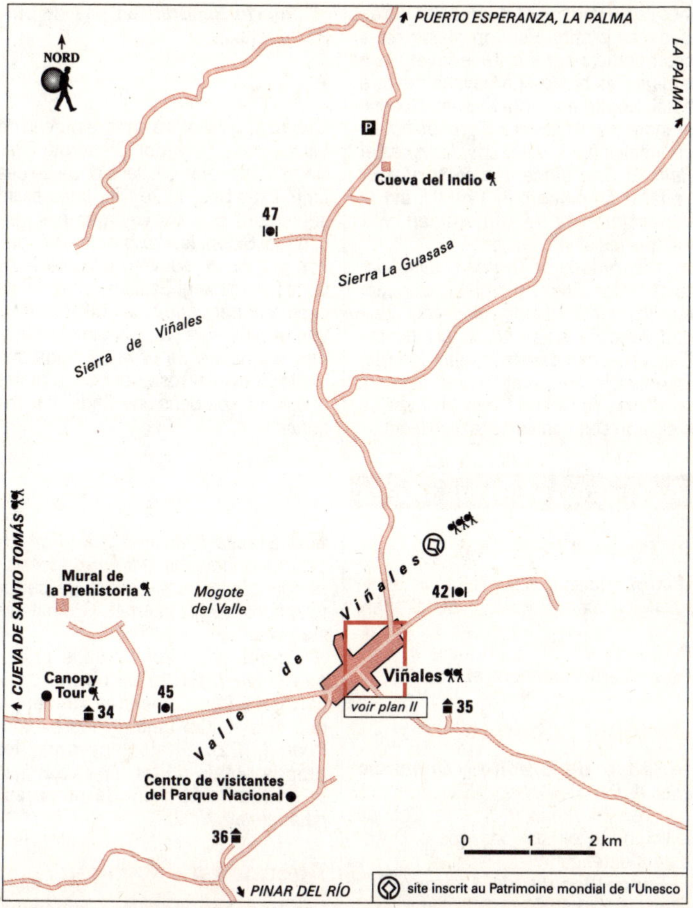

VIÑALES – Les environs (Plan I)

Où dormir ?	Où manger ?
34 Casa Finca Media Luna	**42** Finca Agroecologica El Paraíso
35 La Ermita	**45** Restaurant El Cuajani
36 Los Jazmines	**47** El Palenque de Cimarrones

En bus

Arrêt des bus Viazul et Cubataxi *(plan II, B1) : Salvador Cisneros, 63A. ☎ 48-79-31-12. Face à la pl. principale.* Billets à acheter à l'office *Viazul.* Billets à acheter 1 ou 2 j. à l'avance, surtout en saison.

➢ ***Pinar del Río :*** avec *Viazul.* Prendre un des bus qui va à La Havane, Cienfuegos ou Trinidad. Ils s'arrêtent tous à Pinar.

➢ ***La Havane :*** avec *Viazul,* 2 départs/j. (mat et début d'ap-m). Trajet : env 3h30-4h. Un autre bus de *Transgaviota* dessert tlj La Havane (hôtels du Vedado et de Habana Vieja). Bus très pratique si l'on réside dans ces quartiers car il évite le trajet entre la gare des bus de La Havane et votre hôtel. Départ en début d'ap-m. Il passe prendre les clients aux 3 grands hôtels de Viñales (*La Ermita, Los Jazmines* et *Rancho San Vincente*). ***Réserver et acheter sa place min 1 ou 2 j. avt le départ auprès de Cubanacan*** (voir « Adresses et infos utiles »).

➢ ***Cienfuegos et Trinidad :*** avec *Viazul* (1 liaison directe tlj à 6h45). Compter env 8h pour Cienfuegos et 9h pour Trinidad. Avec *Transgaviota* (1 liaison directe tlj à 7h). Départ devant *Infotur.* Compter 7h pour Cienfuegos et 8h pour Trinidad.

➢ ***María la Gorda :*** pas de bus. La meilleure solution est le taxi collectif.

➢ ***Puerto Esperanza :*** pas de bus. Reste le taxi.

En taxi

Cubataxi est installé dans le bureau de *Viazul,* calle Salvador Cisneros, 63A. Cette compagnie officielle propose des tarifs fixes pour toute l'île. Intéressant seulement si vous voyagez à 4 personnes. Sinon, les ***taxis collectifs privés*** proposent souvent des meilleurs tarifs (à négocier). Se faire conseiller un chauffeur par votre *casa,* c'est la solution la plus sûre. Et vous aurez peut-être la chance de voyager dans une vieille Chevrolet rose bonbon, à moins que ce ne soit dans une Cadillac jaune canari !

Adresses et infos utiles

Infos touristiques

ℹ ***Infotur*** *(plan II, B1)* **:** *Salvador Cisneros, 63C ; même local que Cubanacan, Cubacar et Via Rent a Car.* ☎ *48-79-62-63. Tlj 9h-18h (dim jusqu'à 12h).* Personnel sympathique et aidant.

Banques, change

■ ***Banco de Crédito y Comercio*** *(plan II, B1,* ***1****)* **:** *Salvador Cisneros, 58. Lun-ven 8h-15h, sam 8h-11h.* Change le liquide (avoir son passeport). Distributeur extérieur.

■ ***Banco Popular de Ahorro*** *(BPA ; plan II, B1,* ***1****)* **:** *Salvador Cisneros, 54A.* Pas de change mais 2 distributeurs extérieurs.

■ ***Cadeca*** *(plan II, A1,* ***2****)* **:** *Salvador Cisneros, 92. Lun-ven 8h30-16h, sam 8h30-11h30.* Opérations rapides. Avoir son passeport.

Poste et télécommunications

✉ ***Poste*** *(plan II, B1-2)* **:** *Fernandez. Tlj sauf dim 8h-18h.*

■ ***Téléphones*** *(plan II, B1)* **:** quelques téléphones publics dans la rue principale (Salvador Cisneros), notamment en face de la place du village. Cartes en vente seulement à *Etecsa.*

■ **@** ***Etecsa*** *(plan II, B1,* ***3****)* **:** *Fernandez. En principe tlj 8h30-19h (horaires parfois changeants).* Vente de cartes téléphoniques et Internet. Ordinateurs sur place.

Zones wifi : sur la place principale *(plan II, B1)* et au niveau de la cafétéria *Las Cubanitas,* à l'angle des rues Rafael Trejo et Adela Azcuy *(plan II, B2).* Également dans les grands hôtels d'État, *Los Jazmines* et *La Ermita* et dans de nombreux *paladares.*

Agences de voyages

Les agences indiquées proposent quasiment les mêmes prestations, aux mêmes prix, avec de petites variantes parfois.

Vente de billets de bus pour La Havane, Cienfuegos et Trinidad, ainsi que des excursions à la journée (ou en aller simple), pour cayo Levisa notamment. Également de chouettes balades à pied dans la vallée (avec guide anglophone et parfois francophone), ou à cheval. Autre formule pour explorer les alentours : ½ journée d'excursion à VTT *(tarif avec accès aux sites et sandwich inclus).* Autre formule, VTT + Canopy Tour. Et encore VTT + cueva Santo Tomás *(tarif incluant transport et entrée à la grotte).* Plus de

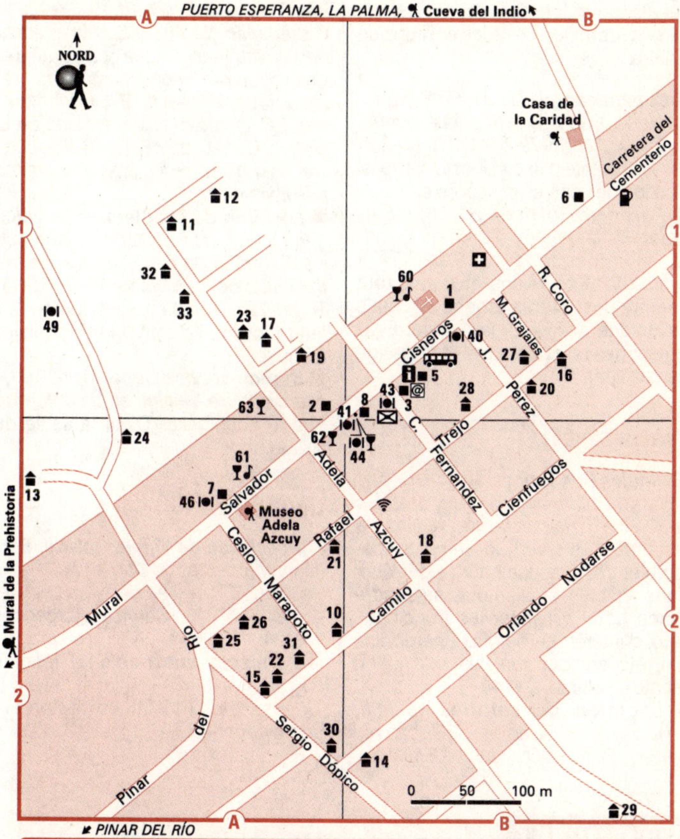

VIÑALES – Centre (Plan II)

Adresses utiles

- Infotur, Via Rent a Car et Cubanacan (B1)
- Policlínico de Viñales (B1)
- 1 Banco de Crédito y Comercio et Banco Popular de Ahorro (B1)
- 2 Cadeca (A1)
- @ 3 Etecsa (B1)
- 5 Cubanacan et Paradiso (B1)
- 6 Havanautos (B1)
- 7 Location de scooters et de vélos (A2)
- 8 Farmacia Internacional (B1)

Où dormir ?

- 10 Villa Blanca (A2)
- 11 El Cafetal (A1)
- 12 Casa Campo Mileydis Feito (A1)
- 13 Villa Yudi y Emilio (A2)
- 14 Casa Nilda (B2)
- 15 La Campestre Berito y Margarita (A2)
- 16 Casa Villa Silvia y Oviel (B1)
- 17 Casa Lourdes y Reynaldo (A1)
- 18 Casa Teresa (B2)
- 19 Casa Cuba Yohandy y Yudaisy (A1)
- 20 Casa Elisa, Casa Pepito y Santy et Villa Magdalena (B1)
- 21 Villa Cristal (A2)
- 22 Regla Paula (A2)
- 23 Casa Las Sorpresas (Arianna y Juan Carlos) et Villa Buena Vista (A1)
- 24 Boris y Cusita (A2)
- 25 Villa Haydee Chiroles (A2)
- 26 Villa Lioska (A2)
- 27 Casa Papo y Niulvys (B1)
- 28 El Balcón de Mignelys y Juanito et Casa Josefina y Ester (B1)
- 29 Casa Mily a la Campaña (B2)
- 30 Casa Cary (A2)
- 31 Casa Noharis y El Chino (A2)
- 32 Casa Maday y Leonel (A1)
- 33 Villa Vistal al Valle (A1)

Où manger ?

- 40 Bar de tapas 3 J (B1)
- 41 Restaurante El Olivo (A-B1-2)
- 43 El Bily (B1)
- 44 Tareco's (A-B1-2)
- 46 Casa de Don Tomás (A2)
- 49 Restaurant Agroecológico Sunset (A1)

Où boire un verre ? Où sortir ?

- 44 Tareco's (A-B1-2)
- 60 Centro cultural Polo Montañez (B1)
- 61 El Patio del Decimista (A2)
- 62 Jardín de Arte Sano (A2)
- 63 Casa del Mojito (A1)

détails pour toutes ces excursions dans la rubrique « Dans les environs de Viñales »).

■ ***Cubanacan*** *(plan II, B1,* ***5****) : Salvador Cisneros, 63C ; dans le même bureau qu'Infotur. ☎ 48-79-63-93. Tlj 8h-20h (ou 19h).* Vente d'excursions mais aussi location de voitures et scooters.

■ ***Paradiso*** *(plan II, B1,* ***5****) : Salvador Cisneros, 65 ; à côté de Cubanacan et Infotur. ☎ 48-79-62-58. Tlj 8h30-20h.* Excursions diverses, tout comme les autres agences, mais davantage axées sur la culture. Également des cours de salsa et même de percussions.

Transports

■ ***Viñales Bus Tour*** *: tlj 9h-17h. Départ devant la pl. principale ; env ttes les 1h30 dans la journée. Billet valable tte la journée.* Bus vert, facilement repérable et très pratique pour se déplacer dans Viñales et alentour, se rendre à son hôtel et visiter les principaux lieux d'intérêt. Le bus fait une dizaine d'arrêts en tout. On descend et on monte à volonté.

■ ***Location de voitures*** *(plan II, B1) : Salvador Cisneros, 63C, dans le bureau d'Infotur. On y trouve 2 loueurs,* ***Via Rent a Car*** *(☎ 48-79-62-42) et* ***Cubanacan*** *(☎ 48-79-60-60). Mêmes horaires qu'Infotur.* Loue des voitures et des scooters. *On peut aussi contacter* ***Havanautos*** *(plan II, B1,* ***6****) sur Salvador Cisneros, presque en face de la station Cupet. ☎ 48-79-63-30. Lun-ven 8h-17h, sam-dim 8h-12h (horaires très fluctuants).*

■ ***Location de scooters et de vélos*** *(plan II, A2,* ***7****) : Salvador Cisneros ; juste à droite du resto San Tomás, au fond de la petite allée. ☎ 48-79-61-49. Tlj 8h-12h, 13h-17h.* Quant aux VTT (état moyen), ils sont parfois difficiles à trouver.

■ ***Station-service Cupet*** *(plan II, B1) : à la sortie de Viñales en direction de Puerto Esperanza.* C'est la seule du village.

Urgences

✚ ***Policlínico de Viñales*** *(plan II, B1) : dans une petite rue perpendiculaire à Salvador Cisneros, derrière l'église. ☎ 48-79-33-48.* Service d'urgences 24h/24.

■ ***Farmacia Internacional*** *(plan II, B1,* ***8****) : Cisneros. ☎ 48-79-62-51. Tlj 8h-20h.* Plutôt correctement approvisionnée.

Où dormir ?

Le meilleur moyen de se loger à Viñales, et de loin, sont les *casas particulares* : il y en a aujourd'hui plus d'un millier et vous aurez l'embarras du choix ! Il est indispensable de réserver le plus tôt possible, les meilleures adresses étant souvent complètes longtemps à l'avance, notamment en haute saison. Nous avons privilégié les *casas* à l'écart de l'artère principale. Certaines sont au pied des champs de tabac et avec vue sur les *mogotes*. Sans oublier les adresses fiables depuis de nombreuses années. Mais il y en a évidemment des centaines d'autres, tout aussi bien, que nous n'avons pas la place de mettre ici ! De toute façon, quand une *casa* est complète, la proprio vous adressera à sa voisine, sa cousine ou sa copine, tout aussi adorable... Ça se passe comme ça à Cuba ! Toutes les chambres des *casas* possèdent leur salle de bains privée et sont climatisées. De plus en plus proposent également une connexion wifi (plus ou moins efficace).

La très grande majorité des hébergements propose d'excellents petits déj et dîners, d'un rapport qualité-prix imbattable. Dernière info, certaines chambres abritent 2 grands lits et peuvent accueillir 4 personnes. Le tarif est souvent le même pour 2 ou pour 4, parfois avec un léger supplément. Les prix que nous indiquons correspondent à la basse et haute saison.

Un bon site pour vous aider, réalisé par quelqu'un du cru : ● *bbinnvinales.com* ●

Bon marché

Villa Blanca *(plan II, A2,* ***10****)* **:** *Camilo Cienfuegos, 20. ☎ 48-69-69-44. 📱 56-89-31-07. ● marisoldelgado909@yahoo.com* ● On reconnaît la maison de l'adorable Blanca à sa façade de brique blanc et bleu et aux rocking-chairs bleu-blanc-rouge qui s'y balancent. Les 2 chambres sont au fond de la maison, l'une donnant sur la courette soignée et arborée, et l'autre dans une maisonnette séparée. Impeccable. On aime se prélasser dans les hamacs et sur les transats de la petite terrasse ombragée, au-dessus de la maison. Un lieu mignon comme tout, à la douce atmosphère. Location de vélos.

El Cafetal *(plan II, A1,* ***11****)* **:** *Adela Azcuy norte final, dernière maison à droite au bout de la rue, en pleine campagne (portail métallique jaune) ; à 5 mn à pied du centre. ☎ 48-69-50-37. 📱 53-31-17-52. ● elcafetalvinales@nauta.cu* ● Un coup de cœur à Viñales ! Dans un environnement très agréable, à la limite de la ville et des champs, une maison entourée d'un très grand jardin (assez rare pour être noté), où poussent caféiers et arbres fruitiers. 2 chambres à 2 lits dans une maison campagnarde bien arrangée et aux murs colorés (framboise, jaune, violet...). Adorable accueil des propriétaires, et on s'y sent comme en famille. Calme total. Le soir, on profite des chaises à bascule sur la terrasse, ou des hamacs du jardin, un verre à la main. Cuisine fraîche et naturelle de Marta, réalisée à base de produits locaux.

Casa Campo Mileydis Feito *(plan II, A1,* ***12****)* **:** *Adela Azcuy norte final. 📱 53-36-54-02. ● venus76@nauta.cu ● Accès par une piste à droite du Cafetal, puis faire env 200 m.* Là encore, une bonne adresse un peu en dehors de la ville, dans un paysage de champs de tabac et de *mogotes,* à seulement 10 mn à pied de la rue principale. 3 chambres simples et propres, qui s'organisent autour de la maison verte. Terrasse fleurie à l'avant, où l'on prend plaisir à papoter avec Mileydis, absolument charmante ! Savoureuse cuisine, notamment sa spécialité, la langouste au piment et au jus d'ananas, servie sous le petit *ranchón.*

Villa Yudi y Emilio *(plan II, A2,* ***13****)* **:** *casa del campesino tabacalero, Sergio Dópico, 36. ☎ 48-69-51-68. 📱 58-45-33-63. ● yudiyemilio@gmail.com ● À l'entrée de Viñales, prendre la petite rue tt droit vers les mogotes ; fourche à 100 m, prendre à gauche et continuer jusqu'à la maison au bout du chemin.* Au bord d'un champ de tabac, au pied des *mogotes,* à la campagne sans être loin du centre. 3 chambres propres, spacieuses et calmes, donnant directement sur les champs de tabac. Terrasse couverte sur l'arrière, avec vue sur les *mogotes.* On y savoure l'excellente cuisine de Yudi. Son fils, Yusier, organise de belles balades à cheval.

Casa Nilda *(plan II, B2,* ***14****)* **:** *Orlando Nodarse, 39. ☎ 48-69-68-91. 📱 53-31-18-62. ● casanilda@gmail.com* ● Dans une petite rue tranquille, une jolie maison jaune avec sa véranda, ses rocking-chairs et son généreux bougainvillier rose. Excellent accueil de la charmante Nilda. 2 chambres impeccables au rez-de-chaussée, d'autres à l'étage et enfin une terrasse aménagée avec quelques rocking-chairs en haut de la maison, pour prendre l'air en fin de journée.

La Campestre Berito y Margarita *(plan II, A2,* ***15****)* **:** *Camilo Cienfuegos, 60A. ☎ 48-69-51-20. ● campestre.91@nauta.cu* ● Maison couleur crème, au calme, avec 3 chambres impeccables (clim et ventilo, salle de bains indépendante). L'une est située dans la maison, les 2 autres au fond, dans la courette. Et quand on a goûté à la gentillesse de Berito, la *mamá,* il est difficile de plier bagage ! Le jus de fruits maison est un délice. Une adresse où l'on se laisserait volontiers dorloter. Les hôtes pourront y déguster le poulet à la bière de maman Berito.

Casa Las Sorpresas *(Arianna y Juan Carlos)* **et Villa Buena Vista** *(plan II, A1,* ***23****)* **:** *Adela Azcuy (norte), 47. ☎ 48-69-50-28. 📱 54-18-89-88.*

L'OUEST DE CUBA

• casadelassorpresas@nauta.cu • Pour la Villa Buena Vista, ☎ 48-69-56-75 ; 📱 55-45-04-20. Dans une rue qui mène aux champs de tabac, ce n'est plus vraiment la ville et déjà la campagne. Arianna et Juan Carlos proposent une chambre au rez-de-chaussée de leur maison et, juste devant, les parents ont 2 chambres et un appartement à louer (même confort et même tarif). Confortable, bien tenu et très au calme. Vue sur les champs et les *mogotes* depuis la terrasse sur le toit. Petit bout de verdure sur le devant.

Casa Villa Silvia y Oviel (plan II, B1, **16**) : Rafael Trejo, 9. ☎ 48-69-67-07. • villasilviavinales@yahoo.es • Avec sa façade blanc et gris, la maison est facilement reconnaissable. Au fond de celle-ci, autour d'une vaste cour, 2 chambres spacieuses, très au calme, aux couleurs un rien fortes (vert et violet, orange et crème...). Ensemble absolument impeccable et Silvia est gentille comme tout. Petit *ranchón* au fond.

Casa Lourdes y Reynaldo (plan II, A1, **17**) : Adela Azcuy (norte), 13. ☎ 48-69-56-17. 📱 54-87-84-92. • casalourdesyreinaldo@nauta.cu • Le gros avantage de cette maison classique, sans charme particulier, mais impeccable et tranquille, est sa situation dans un cul-de-sac, avec, sur l'arrière, une vue extra sur les champs et les *mogotes*, et le chant des coqs qui rythme la journée... et parfois la nuit. 2 chambres, pas bien grandes mais de bon confort. Quelques chaises à bascule sur la petite terrasse. Accueil adorable.

Casa Teresa (plan II, B2, **18**) : Camilo Cienfuegos, 10. ☎ 48-79-31-59. La maison à façade jaune apparaît comme modeste et sans prétention, mais l'intérieur est vraiment bien arrangé, les 2 chambres soignées, avec un bout de pelouse et quelques rocking-chairs sur le devant. Teresa est discrète, ce qui n'est pas un défaut. Petite courette agréable et verdoyante.

Casa Cuba Yohandy y Yudaisy (plan II, A1, **19**) : Adela Azcuy (norte), 9G. 📱 55-02-58-03. • casacubayy@gmail.com • On apprécie bien le morceau de pelouse sur le devant de cette maison profitant d'un calme total car située dans une impasse, mais avec une vue dégagée. Les 2 chambres, chacune avec sa petite terrasse privée, sont impeccables et proposent tout le confort. Pas grand-chose de colonial ici, mais on s'en balance, tout comme les rocking-chairs !

Casa Noharis y El Chino (plan II, A2, **31**) : Camilo Cienfuegos, 30A. ☎ 48-69-51-25. 📱 58-04-02-86. • noharis.carballo@nauta.cu • Parking (gratuit). Les 3 chambres sont colorées et parfaitement équipées. Côté extérieur, une courette verdoyante avec quelques transats, des plantes partout et un *ranchón* soigné qui fait office de restaurant, *Los Narra* (ouvert à tous). En plus, on y mange bien.

Villa Lioska (plan II, A2, **26**) : Rafael Trejo, 129A. ☎ 48-79-60-33. • villalioska@gmail.com • Maison bleue à colonnettes, légèrement surélevée par rapport à la chaussée. Abrite 4 chambres, dont 2 donnent sur une courette, au fond de la maison. Les 2 à l'étage partagent une terrasse commune. Elles sont de bon confort, fonctionnelles avant tout, spacieuses quoique sans charme. Excellent accueil de Maria.

Casa Maday y Leonel (plan II, A1, **32**) : Adela Azcuy (norte), 36B. ☎ 48-69-54-59. 📱 55-46-11-92. • casamadayyleonel@nauta.cu • Cette coquette petite maison vert et jaune ne se distinguerait pas de ses voisines si ce n'était son environnement joliment fleuri et surtout sa ravissante terrasse sur le toit, donnant directement sur la campagne, les champs de tabac et les *mogotes*. Extra au moment du petit déj ou au coucher de soleil ! Quant aux 2 chambres, elles sont impeccables (bien que sans vue), la grande est verte, la plus petite – avec tout de même 2 lits doubles – est rose malabar ! Bon accueil.

Casa Cary (plan II, A2, **30**) : Sergio Dopico, 15. ☎ 48-79-32-72. 📱 58-53-61-23. • maricaridad@nauta.cu • Façade orange vif, salon et chambres vert et jaune. La maisonnette se voit de loin ! Espace fleuri sur le devant de cette petite maison qui est entièrement consacrée aux hôtes (la proprio, Cary, habite juste à côté). Chambres pas bien grandes mais on dispose de la maison entière, avec le salon, la petite terrasse sur le devant et la courette couverte à l'arrière. On perd un peu en contact ce que l'on gagne en espace et en intimité.

Prix modérés

Villa Vistal al Valle *(plan II, A1, **33**) : Adela Azcuy (norte), 18B. ☎ 48-69-56-68. 53-31-17-54. • vistaalvallecuba.com* • Un peu en retrait du chemin. Sur l'arrière d'une cabane de bois toute bleue, on découvre 3 chambres donnant directement sur leur propre terrasse (l'une peut accueillir 5 personnes), elles-mêmes s'ouvrant sur les champs de tabac. Situation extra, donc, offrant un spectacle unique. Quant aux chambres, elles s'avèrent confortables et gentiment kitsch dans la déco (rideaux et dessus-de-lit). Autre info non négligeable, la présence d'une piscine de poche, très rare dans une *casa* ! Dernière info notable, le bon resto, niché sous un *ranchón* adorable.

Villa Cristal *(plan II, A2, **21**) : Rafael Trejo, 99. 52-70-12-84. • villacristalvinales@gmail.com* • C'est la maison jaune pâle aux colonnettes vertes. À notre avis, la meilleure adresse dans cette catégorie. L'accueil de Francisco et de sa femme Anita, qui parlent très bien l'anglais, y est tout simplement remarquable ! Ils ont tous 2 travaillé dans le tourisme et pourront vous donner des tuyaux. 2 chambres impeccables et confortables, dans une maisonnette à l'arrière de la maison principale. La chambre dans le fond dispose d'un lit *king size.* Petite terrasse sur la rue. Une bonne adresse.

Regla Paula *(plan II, A2, **22**) : Camilo Cienfuegos, 56. ☎ 48-69-69-38. 52-48-70-19. • regla.paula@yahoo.es* • Accueil jovial et chaleureux de Regla (plus connue sous le nom de Nena) et de Chichi, 2 sœurs exubérantes, anciennes profs reconverties dans l'accueil des routards, qu'elles adorent. La maison est verte et les chambres sont rose, verte ou blanc et gris. Cette dernière, tout au fond, est la plus grande, équipée de 2 grands lits. La rose, lumineuse, dispose d'une minuscule terrasse sur l'arrière. En prime, la « *mamá* » Juanita cuisine comme une fée, et Nena parle l'anglais.

Casa Elisa *(plan II, B1, **20**) : Rafael Trejo, 37. ☎ 48-79-60-28. 55-46-07-47. • casaelisacuba@gmail.com* • Grande maison vert pâle à colonnades et belle véranda. Propres, suffisamment confortables, plutôt spacieuses, les 3 chambres sont situées au fond de la maison au calme. Certes, la maison est un peu sombre, mais la véranda et le jardin sont agréables, et l'accueil d'Elisa chaleureux. Sa cuisine est aussi fameuse que les repas pantagruéliques – on les prend sous le sympathique petit *ranchón.* Une bonne adresse.

– À côté, au n° 39, la **Casa Pepito y Santy** *(☎ 48-79-33-71)* et au n° 41, la **Villa Magdalena** *(☎ 48-79-60-29)*, proposent les mêmes services, dans le même type de maison.

Boris y Cusita *(plan II, A2, **24**) : Sergio Dópico (norte), 19A. ☎ 48-79-31-08. 52-95-83-84. • kusysa@yahoo.es* • Une maison verte avec un vrai petit appartement indépendant au 1er étage, avec 2 chambres à l'étage (abritant 2 grands lits chacune) donnant sur une terrasse avec vue sur les champs et les jardins. Une autre chambre dans une maisonnette à l'arrière. Petite cuisine à dispo. Accueil adorable. Évidemment, comme on est indépendant, on vit un peu moins au cœur de la famille.

Villa Haydee Chiroles *(plan II, A2, **25**) : Rafael Trejo, 139. ☎ 48-69-52-00. 52-54-89-21. • casahaydee@yahoo.es* • Maison très bien tenue offrant 6 chambres situées dans des maisonnettes indépendantes à l'arrière. Hyper propres et confortables, équipées de manière moderne. La fille de Haydee, Aylen, est francophone et travaille à *Infotur.* Plein de conseils à glaner ! Terrasse à l'étage. Excellente adresse et superbe cuisine que l'on prend dans la courette au calme.

Casa Papo y Niulvys *(plan II, B1, **27**) : Rafael Trejo, 18A. ☎ 48-69-67-14. 52-82-94-86. • papoyniulvys@gmail.com* • On aime beaucoup cette coquette maison précédée d'un vrai grand jardin avec une jolie pelouse soignée, donc très en retrait de la rue. 3 chambres très modernes, assez rares dans le genre. Calme total. Superbes orchidées soignées par Papo et véranda bien équipée, qui s'ouvre sur le jardin avec tables, rocking-chairs et hamacs. Il y a même un petit potager. Une adresse différente, de grande qualité et un excellent accueil de la charmante Niulvys.

El Balcón de Mignelys y Juanito (plan II, B1, **28**) : *Rafael Trejo, 48A.* ☎ *48-69-67-25.* *52-71-46-99.* • *elbalcon2005@gmail.com* • Une maison moderne, impeccable, un peu clinique peut-être. Les 4 chambres sont à l'étage de la maison. Bon accueil. Terrasse équipée au-dessus, avec vue sur la vallée.

Casa Josefina y Ester (plan II, B1, **28**) : *Rafael Trejo, 48.* ☎ *48-79-31-65.* • *josefinayesther@yahoo.es* • 2 chambres au rez-de-chaussée de cette maison, dont une avec 3 lits (2 grands et 1 petit). Courette aménagée au fond. Bon accueil et excellente cuisine.

Casa Mily a la Campaña (plan II, B2, **29**) : *sur la route de la Ermita, à env 800 m du centre, sur la droite, puis emprunter le chemin sur 100 m.* ☎ *48-79-64-32.* *54-40-70-40.* • *mily2013@nauta.cu* • Mily parle le français, et sa maison verte dispose de 2 chambres s'ouvrant sur une terrasse avec tables et rocking-chairs. Son point fort, outre le calme, c'est indéniablement la vue sur la vallée et le village puisqu'on est un peu sur les hauteurs. Chambres simples et fonctionnelles, sans déco particulière. Terrasse commune sur le toit.

Où dormir dans les proches environs ?

Il existe 3 hôtels-restos d'État aux alentours de Viñales. L'un, le *San Vincente,* ne vaut pas tripette. Les 2 autres, qui ont l'avantage d'être desservis par le *Viñales Bus Tour* (voir « Transports » dans les « Adresses et infos utiles »), possèdent quelques atouts non négligeables. On déconseille en revanche d'y dîner (repas vraiment pas formidable).

Prix modérés

Casa Finca Media Luna (plan I, **34**) : *à 5 km de Viñales, sur la route de la cueva San Tomas, sur la droite.* *54-29-40-96.* • *jhernandezochotorena@gmail.com* • Ceux qui souhaitent s'écarter un peu du village pourront choisir cet hébergement composé de 2 maisonnettes (3 chambres en tout), en pleine campagne, mais il est nécessaire d'être véhiculé. Confort simple et correct (jolies têtes de lit). Même si la route est à proximité (100 m), c'est calme le soir. Jardin bio sur le devant. Location de vélos. Bon à savoir tout de même, vous ne logez pas dans une famille, donc contacts limités.

De chic à très chic

La Ermita (plan I, **35**) : *1,5 km au sud-est de Viñales.* ☎ *48-79-60-71 ou 64-11 (résas).* • *reserva@vinales.tur.cu* • *Au-dessus du village. Bien indiqué depuis Adela Azcuy. Piscine ouv aux non-résidents (accès payant avec conso).* Hôtel moderne composé de quelques bâtisses en longueur, sur un étage, avec un toit de tuiles, au style néocolonial des années 1960, mais très réussi, avec ses balcons à colonnes et fer forgé, ses fenêtres à persiennes et ses vastes galeries. Les chambres ceinturant la piscine accueillent une jolie balancelle en bois. Grand jardin aux belles pelouses bien entretenues. L'hôtel, rénové avec soin, constitue une excellente option et jouit d'une belle situation (on domine toute la vallée). Chaque chambre est avec terrasse, face à la grande piscine, mais les chambres « tropicales » (nos 47 à 52 et 57 à 64) profitent de la meilleure vue. Depuis la terrasse-resto, apéro extra au moment du coucher du soleil.

Los Jazmines (plan I, **36**) : *sur la route de Pinar del Río.* ☎ *48-79-62-05.*

• reserva@vinales.tur.cu • Bien indiqué. Petit déj-buffet inclus et dîner. Piscine ouv aux non-résidents (accès payant avec conso). L'hôtel le mieux situé de la région, construit sur une colline, avec vue imprenable, jardin fleuri et piscine. Ici, la vue sur les *mogotes* est tout simplement admirable, depuis la terrasse de la grande piscine ou depuis les chambres. Au lever de soleil, quelle vue ! Celles situées dans l'édifice principal sont dans leur jus (modernisées mais pas refaites) et un peu bruyantes (mauvaise insonorisation). Les 50 chambres du long bâtiment plus récent sont confortables, avec balcon, plus calmes aussi, mais dégagent moins de charme. Quant aux 8 petits bungalows *(cabañas),* situés à flanc de colline, ils offrent une remarquable vue sur les *mogotes.* Cuisine banale le soir, mais petit déjeuner correct. Beaucoup de groupes. Bureau de tourisme sur place.

Où manger à Viñales et dans les environs ?

Sans conteste, le moyen le plus simple et le moins onéreux de bien manger est de ***dîner chez l'habitant.*** Pas cher et on y fait de véritables festins à très bon prix. Par ailleurs, depuis l'assouplissement de la loi, des *paladares* s'ouvrent chaque semaine. Ça peut constituer une bonne option, à condition de bien choisir (on trouve vraiment de tout !). Sachez, enfin, que les bons restos d'État ne courent pas les rues à Viñales.

PALADARES

De bon marché à prix moyens

|●| ***Bar de tapas 3 J*** *(Tres Jotas ; plan II, B1,* ***40****)* ***:*** *Salvador Cisneros, 45. 📱 53-31-16-58. Tlj en continu.* Véranda donnant sur la rue, salle aérée agréablement décorée, serveurs en chemise traditionnelle. Voici une excellente adresse, l'un des 1ers *paladares* de qualité en ville, parfait pour déguster tapas et *pinchos,* mais aussi de bons plats préparés avec soin *(estofado de cordero, chuletón gallego)* à prix raisonnables. Également des sandwichs, plats de pâtes fraîches et salades bon marché. Accueil aimable et service efficace. Un lieu un poil branché, prisé de la jeunesse locale et des touristes, qui y viennent et y reviennent. On ne leur donnera pas tort !

|●| ☂ ***Restaurante El Olivo*** *(plan II, A-B1-2,* ***41****)* ***:*** *Salvador Cisneros, 89. ☎ 48-69-66-54. 📱 52-83-80-45. Tlj 12h-22h. Résa conseillée. Service 10 % inclus dans la note.* Voici une autre bonne adresse de la ville, régulière en qualité depuis plusieurs années. On y goûte une copieuse cuisine cubaine (goûteux *cabrito asado al vino blanco*) mais aussi des plats d'influences espagnole (gazpacho) et italienne (pâtes), servis dans une salle élégante vert et jaune, aux tables nappées. L'huile d'olive est sur la table, et il y a une vraie carte des vins. Adorable petite terrasse sur rue et quelques tables dans un mignon patio au calme. Accueil et service pro.

|●| ***Restaurant Agroecológico Sunset*** *(plan II, A1,* ***49****)* ***:*** *Sergio Dopico. 📱 53-37-38-32. Tlj 10h-22h.* Quelle vue sur les *mogotes* et les champs de tabac depuis ce beau *ranchón* ! Mais le *Sunset* n'est pas seulement un site, c'est aussi une table : des plats soignés, goûteux et copieux, même si le fond de carte reste classique. Le souci de bien faire est permanent : *cordero a la cubano, ropa vieja* et *estofado,* servis avec les légumes bio du jardin, cultivé juste devant. Si vous venez pour le dîner, arrivez tôt pour profiter du coucher de soleil.

|●| ☂ ***Finca Agroecologica El Paraíso*** *(plan I,* ***42****)* ***:*** *carretera al Cementerio que l'on remonte sur env 2 km, et c'est sur la gauche. 📱 58-18-85-81. Tlj 12h-21h. Résa conseillée. Menu fixe et très complet (avec cocktail, eau, dessert et café).* Coup de cœur pour cette adresse qui mérite le détour. La ferme est perchée au sommet d'une colline dominant toute la vallée, avec, sur le devant,

un superbe jardin bio organisé en terrasses autour de la vénérable maison en bois qui tient lieu de salle à manger. Généreuse terrasse ouverte sur la vallée. Pour profiter de la vue, venir le midi. Et pour en profiter encore, revenez au moment du coucher du soleil (beaucoup de monde à ce moment-là). On y sert une délicieuse cuisine naturelle à base de produits du jardin. Seul bémol, les petits groupes investissent régulièrement le lieu, ce qui rompt un peu le charme. On peut aussi y venir pour un verre, tout simplement.

Tareco's *(plan II, A-B1-2,* ***44****)* **:** *Salvador Cisneros, 75. ☎ 48-79-62-81. Tlj 12h-minuit.* Ce petit resto-bar charmant est tenu par un jeune homme au français impeccable. On se régale d'une bonne petite cuisine inventive, goûteuse et bien présentée, dans un cadre d'objets vintage, de murs de brique et de coupures de presse. Quelques bons vins également. Agréable terrasse surplombant la rue, confortable et élégante. Une autre sur le toit pour le coucher du soleil, avec point de vue sur la campagne.

El Bily *(plan II, B1,* ***43****)* **:** *Fernandez, 12. ☎ 48-69-66-10. Tlj 10h-22h.* Les spécialistes du barbecue seront ravis, c'est la spécialité de la maison ! Brochettes *(pollo, cerdo...)* et bons steaks de filet mignon cuits au charbon de bois, ainsi que des burgers et même du poisson grillé. Assiettes copieuses et service sympathique.

Restaurant El Cuajani *(plan I,* ***45****)* **:** *à 2 km de la ville, sur la route du mural de la Prehistoria, sur la droite (panneau). 58-82-89-25. Tlj 12h-22h.* Dans une ancienne *finca de tabaco,* Berta, qui parle le français, est revenue au pays pour ouvrir ce resto champêtre. Seulement quelques tables dedans, autant dehors, pour déguster les créations du chef (pas de menu !), selon ce qui est disponible au marché et dans le potager (bio). Salade *caprese,* assiette de fromages, *solomillo de cerdo...* Quelques fauteuils de bois sous les arbres pour prendre l'apéro.

RESTAURANTS D'ÉTAT

De bon marché à prix moyens

Casa de Don Tomás *(plan II, A2,* ***46****)* **:** *Salvador Cisneros. ☎ 48-79-63-00. Dans la rue principale. Tlj 10h-22h.* Superbe maison coloniale de bois bleu et blanc, la plus ancienne de la ville (1889). Cadre élégant et vue dégagée si vous vous installez sur la terrasse du 1er étage. Cuisine cubaine globalement correcte (malgré quelques baisses de régime), bien présentée, comme les *camarones enchiladas* ou la *ropa vieja.* Accueil sympathique. Un petit groupe local anime le dîner.

El Palenque de Cimarrones *(plan I,* ***47****)* **:** *sur la route de Puerto Esperanza ; un peu avt la cueva del Indio. ☎ 48-79-62-90. Le resto se trouve derrière le mogote. Accès par une minigrotte qu'il vous faudra traverser (accès payant !). On peut la contourner en passant par la petite route qui longe le mogote jusqu'au resto, mais petit supplément. Tlj 9h-16h. Parking.* Une bonne adresse dans les environs, dans un cadre superbe, au pied d'un cirque de *mogotes.* Le resto est abrité par des *caneyes* (anciennes habitations indiennes), paillotes dédiées à une divinité de la *santería.* Un peu de musique live accompagne le repas. On y mange plutôt bien, notamment le *cerdo asado* (cochon à la braise cuit à la perfection) et un bon *arroz mixto.* La présence de grands groupes pourra malgré tout en gêner certains.

Où boire un verre ? Où sortir ?

Le samedi soir, la ***calle Cisneros*** est fermée dans sa partie centrale et devient piétonne, c'est la *noche Viñalera* ! S'y installent de nombreux stands qui proposent cocktails, glaces et viandes au barbecue. Ambiance festive au son de petits groupes qui distillent la salsa sans modération jusqu'à 1h environ.

Centro cultural Polo Montañez *(plan II, B1,* ***60****) : sur la pl. du village, à côté de l'église. Ouv ts les soirs et dim ap-m. Concert ts les soirs, 21h30-minuit, puis discothèque jusqu'à 2h sam. Entrée payante.* Un patio musical réputé : bois, brique, fer forgé, plantes, piste en plein air avec les étoiles au-dessus de la tête... Plein de formations de qualité. Le groupe *Valle Son,* très populaire, attire la foule une fois par semaine (mardi). Éviter toutefois les soirs de cabaret avec humoristes, à moins de parler couramment l'espagnol ! Public jeune et festif.

El Patio del Decimista *(plan II, A2,* ***61****) : Salvador Cisneros, 112A. Tlj 10h-minuit. Groupes 17h-20h. GRATUIT.* Déco sans originalité, peu d'espace, une carte restreinte, mais l'ambiance est bonne, surtout les vendredi et samedi soir. Agréable d'y prendre un verre sur la petite terrasse qui domine la rue principale.

Jardín de Arte Sano *(plan II, A2,* ***62****) : Salvador Cisneros, 91. Tlj jusque tard. Groupe live ts les soirs sauf sam, vers 19h30-20h et jusqu'à 22h.* Il faut traverser la boutique de souvenirs pour accéder à cette grande cour où vous attendent quelques fauteuils de bois confortables pour siroter votre mojito de début de soirée. Un lieu nouvelle génération, témoignage de l'évolution du village.

Casa del Mojito *(plan II, A1,* ***63****) : Adela Azcuy (norte), sur la gauche. Tlj 10h-23h.* Jolie cahute tout en bois, sympa pour déguster un mojito à l'heure de l'apéro. Quelques tapas pour grignoter.

Voir aussi ***Tareco's*** *(plan II, A-B1-2,* ***44****),* décrit plus haut dans « Où manger ? ».

Achats

L'artisanat n'est pas le point fort de Viñales. Malgré tout un sympathique petit marché s'installe tous les jours sur Joaquim Perez, entre Cisneros et Trejo. Objets en bois, quelques sacs, paniers en feuille de palmier, bijoux en coquillages, sans oublier les T-shirts du Che.

À voir

Casa de Caridad *(jardin botanique ; plan II, B1) : à la sortie de Viñales en allant vers Puerto Esperanza, dans le virage après la station-service, sur la gauche. Ouv du lever au coucher du soleil. Entrée : à vot' bon cœur !* On ne soupçonne rien de la rue et il n'y a rien d'indiqué à la petite grille... mais on repère les fruits qui sèchent. Caridad et Carmen sont les petites-filles du créateur de ce jardin extraordinaire, qui jusqu'à sa mort faisait visiter son jardin. Visite guidée en espagnol ou en anglais. Voici un beau jardin orné de splendides orchidées et planté de manguiers, cacaoyers, caféiers, sapotiers, litchis, arbres à pain, pamplemoussiers, orangers, palmiers royaux, avocats, jaquiers et papayes... Les 1ers arbres de ce jardin venaient de Chine. C'est ainsi qu'on trouve des essences d'Indonésie, de Chine et de Malaisie en plus de celles de Cuba.

Museo Adela Azcuy *(plan II, A2) : Salvador Cisneros, 115. Tlj (en théorie) 8h-17h. Entrée payante.* Minuscule musée qui abrite quelques très modestes souvenirs des temps passés (matériels agraires, instruments de musique, quelques armes, éperons...). Vitrines sur Adela Azcuy, qui habitait cette maison. Bof.

DANS LES ENVIRONS DE VIÑALES

La vallée de Viñales : ici, la campagne est au bout du chemin, à portée de main du touriste ! De ce paisible paysage surgissent d'impressionnants pains de sucre : les *mogotes.* Selon une légende locale, ces énormes protubérances rocheuses sont les piliers d'une gigantesque grotte qui se serait effondrée après l'éternuement d'un dinosaure ! On n'est pas très loin de la vérité. Certains y voient un exemple intéressant de relief karstique, d'autres un spectacle superbe, émouvant et surréaliste à la fois, lorsque, au petit matin, ces monts émergent des brumes blanches... Les principales activités de la région : randonner dans la vallée, faire un tour à vélo, une sortie à cheval, aller à la rencontre des planteurs de tabac, explorer les grottes... et ne rien faire du tout !

– ***Centro de visitantes del parque nacional Viñales*** *(plan I)* **:** *à 2 km sur la route de Pinar del Río, sur la droite.* ☎ *48-79-61-44. Tlj 8h-18h.* Si vous passez par là, faites une petite halte dans ce centre qui propose une petite expo sur la vallée (histoire, géologie, faune et flore, écologie...) et une maquette du parc national. Superbe vue depuis la terrasse.

➢ ***Randonnées pédestres :*** nombreuses possibilités à Viñales. Plusieurs balades guidées sont proposées par petits groupes par les agences *Cubanacan* et *Paradiso* notamment (voir « Adresses et infos utiles »). Toutes ces agences proposent les mêmes excursions, aux mêmes tarifs. S'y rendre la veille pour le lendemain et caler le rendez-vous. En général, départ vers 9h. Ces excursions sont fort sympathiques et vraiment instructives, et les guides parlent le français. Elles passent au milieu des champs de tabac, au pied des *mogotes,* avec en général un arrêt dans une plantation et un séchoir où le processus de culture, récolte et fermentation vous est expliqué. On passe aussi souvent par une ferme fruitière et un troquet de campagne où l'on vous donne des infos sur les plantations de café, tout en en sifflant un café (souvent filtré à la chaussette). Un chouette moment en perspective.

➢ ***Balades à cheval :*** on peut faire des balades à cheval partout. Toutes les agences en organisent, et les hôtels d'État revendent également le tour et la plupart des *casas particulares* connaissent toujours quelqu'un prêt à vous accompagner pour une balade. Vraiment sympa et au même prix qu'en passant par les agences. Bon à savoir : vos accompagnateurs ne parlent généralement ni l'anglais ni le français. En fonction de votre temps et de votre point de départ, les possibilités de circuits sont infinies.

On monte des petits chevaux pas farouches, qui semblent avancer en pilotage automatique. Ils empruntent de jolis sentiers de campagne au cœur de la vallée. Un bon moment pour cette balade : partir 2h avant le coucher du soleil.

➢ ***Spéléo :*** on trouve des centaines de grottes partout dans la région, pour la plupart inexplorées. Certaines abritent jusqu'à 150 km de galeries et d'autres un lac souterrain. Caractéristique locale : contrairement aux grottes françaises qui s'enfoncent dans la terre, celles de Cuba ne descendent pas en profondeur, ce qui est plus rassurant pour les débutants.

– ***Mise en garde :*** il est interdit de visiter les grottes sans encadrement officiel. Pour des raisons de sécurité, il est impératif de se faire accompagner par une personne compétente et habilitée. Par ailleurs, on voit fleurir quelques propositions d'escalade. Attention là encore, il n'y a rien de légal et il n'y a actuellement ***aucun guide officiel*** à Viñales.

👁👁 ***Cueva de Santo Tomás*** *(hors plan I)* **:** *à* ***El Moncada,*** *lieu-dit situé à 18 km au sud-ouest de Viñales, sur la route de Miñas de Matahambre. Visite env 1h30. Dernière sortie à 15h30. Entrée payante (si vous avez un véhicule ou en taxi ; guide inclus, prêt de lampe frontale et casque). Possible de faire l'excursion avec une agence à partir de Viñales (incluant transport, entrée et visite guidée). Départ vers 9h. Prévoir de bonnes chaussures.*

C'est la plus grande grotte de Cuba, avec 47 km en tout sur 8 niveaux ! – et aussi la 3e d'Amérique latine (paraît-il !). Au centre d'accueil *(tlj 9h-15h)* on trouve des guides disponibles pour vous faire la visite. La particularité de cette grotte est qu'elle n'a jamais été défigurée par le progrès. Pas de néons criards ni d'escaliers en vilain ciment. Tout est intact. Elle est vaste et majestueuse. Très peu fréquentée.

Cueva del Indio *(plan I)* : *route de Puerto Esperanza. ☎ 48-79-62-80. À 8 km de Viñales, sur la droite de la route. Tlj 9h-16h50. Durée de la visite : 25-30 mn. Entrée payante.* Après avoir marché 200 m la visite se poursuit en barque sur... 200 m ! Et puis c'est tout. À ce prix-là, bonjour l'attrape-nigauds ! L'endroit est assez beau, mais la visite express (et assez ringarde) ne laisse voir qu'une infime partie de la caverne. Et les quelques curiosités décrites par le guide sont totalement artificielles. Bof, bof ! Le lieu rappelle que des Indiens y vécurent.

Mural de la Prehistoria *(plan I)* : *à 5 km de Viñales. Sur la route de Moncada, faire 3 km puis à droite au panneau « Campismo dos Hermanas ». Le mural est à 1,5 km, sur la gauche. Tlj 8h30-18h. Entrée payante.* L'autre « grande » attraction locale ne vaut pas vraiment le détour : une gigantesque fresque peinte (180 m de côté et 120 m de haut) sur une falaise. Voici le prototype parfait de la fabrication d'une attraction touristique fondée sur... rien ! C'est Fidel qui aurait commandé cette œuvre d'art à un artiste cubain. L'idée était de faire venir des touristes dans le coin. Il choisit donc, dans les années 1960, une falaise et un artiste, Leovigildo Gonzáles, ancien élève de Diego Rivera (peintre mexicain), pour lui faire peinturlurer la paroi d'un *mogote*. On mit 10 ans pour réaliser cette œuvre magistrale. Sinon, les grandes pelouses au pied de la falaise sont plutôt agréables.

IN-FIDÉL-ITÉ HISTORIQUE !

Le mural de la Prehistoria est censé représenter la chaîne de l'évolution à Cuba, depuis la 1re amibe jusqu'à l'homme civilisé. Mais Fidel souhaitait qu'on ancre de manière marquante les racines cubaines dans l'histoire, aussi décida-t-on de peindre de grands dinosaures sur la paroi rocheuse. Bien qu'il n'y ait jamais eu de dinosaures sur l'île !

Resto Mural de la Prehistoria : *au pied de la falaise. Tlj 12h-17h.* Si vous êtes venu visiter le *mural* et qu'une petite faim vous tenaille, ce resto (beaucoup de groupes) propose un menu à base de viandes grillées, avec accompagnement.

Canopy Tour *(plan I)* : *à quelques km de Viñales, sur la route de la cueva de Santo Tomás. Le* Viñales Bus Tour *passe par là. Tour à acheter auprès de* Cubanacan *ou sur place. Tlj 9h-17h. Durée 45 mn.* Un ensemble de 4 tyroliennes qui couvrent une distance de 1 100 m. Sympa et pas trop cher pour une fois.

PINAR DEL RÍO

140 000 hab.

• Plan *p. 187*

Près de 180 km d'autoroute relient La Havane à Pinar del Río, capitale de la province du même nom, autrement dit le centre économique de l'une des terres les plus chouchoutées du pays, la terre du précieux tabac. Quasiment toutes les feuilles de tabac qui enveloppent les cigares *(las capas)*, lesquelles doivent être absolument sans défaut, poussent ici.
La ville s'est développée au XIXe s, période à laquelle de nombreuses familles émigrées d'Espagne et des Canaries s'y établirent. Pinar se couvre alors d'édifices élégants, de riches demeures colorées, ornées de colonnades néoclassiques. Un somptueux théâtre voit même le jour. Aujourd'hui aérée et active, la ville a conservé son caractère et son style ancien, grâce à ce patrimoine urbain unique qui est le reflet d'une splendeur passée. Reste que Pinar est une vraie grande ville, animée et bruyante, rien à voir avec le caractère

champêtre de Viñales, au creux de sa sublime vallée, ce qui explique que les touristes n'y séjournent pas vraiment, lui préférant avec raison sa petite voisine, plus charmante.

– ***Attention :*** des *jineteros* portant une fausse carte d'*Infotur* se font passer pour des employés officiels. Ils cherchent à vous conduire vers des *casas* où ils touchent une commission. Évitez-les !

Arriver – Quitter

En bus

De manière générale, pour aller à l'ouest de Pinar del Río, il n'y a pas ou peu de bus.

🚌 ***Gare routière*** *(plan B2)* ***:*** *Adela Azcuy.*

➢ ***Viñales :*** 2 bus/j. avec *Viazul* (en fin de mat et fin d'ap-m).

➢ ***La Havane :*** 2 bus/j. avec *Viazul* (début de mat et d'ap-m). Trajet : env 3h.

En taxi

Ils stationnent devant la gare routière. Intéressant si on est 4 personnes.

Adresses et infos utiles

ℹ ***Infotur*** *(plan A2)* ***:*** *José Martí, 103, esq. Rafael Morales.* ☎ *48-72-86-16.* • *infotur@pinar.infotur.tur.cu* • *Dans le hall de l'hôtel* Vueltabajo. *Tlj sauf dim, 9h-18h (sam jusqu'à 15h).* Plan de la ville, infos sur les visites et les excursions, notamment les plantations dans le triangle du tabac.

✉ ***Poste*** *(plan A2)* ***:*** *à l'angle de José Martí et Isabel Rubio. Tlj 8h-20h.*

■ ***Banco Financiero Internacional*** *(plan A2,* ***1****)* ***:*** *Gerardo Medina, 44. Lun-ven 8h30-15h30.* Retrait possible d'argent liquide avec les cartes *Visa* et *MasterCard.*

■ ***Banco de Crédito y Comercio*** *(plan A2,* ***2****)* ***:*** *av. José Martí, 12. Lun-ven 8h-15h, sam 8h-11h.* Change de liquide et distributeur extérieur acceptant les cartes *Visa* et *MasterCard.*

■ ***Cadeca*** *(plan A2,* ***3****)* ***:*** *av. José Martí, 46. Lun-ven 8h30-14h30 et 1 sam sur 2. Change le liquide. Autre adresse : calle Medina, 43. Tlj 8h30-16h (dim jusqu'à 11h30).*

■ ***Havanatur et Cubatur*** *(plan A2,* ***4****)* ***:*** *Ormani Arenado ; esq. José Martí. Les 2 adresses sont voisines.* ☎ *48-77-84-94* (Havanatur) *ou 05* (Cubatur). *Ouv lun-ven 8h30-17h et parfois le sam.* Infos diverses et propositions d'excursions.

■ ***Cubanacan*** *(plan B2,* ***5****)* ***:*** *av. José Martí, esq. Colón.* ☎ *48-75-01-78. Tlj 8h-18h (17h dim).* À côté de *Havanatur,* propose les mêmes services. Distributeur juste sur la droite.

■ @ ***Etecsa*** *(plan B1,* ***6****)* ***:*** *Gerardo Medina, 137, esq. Delicias. Tlj 8h30-19h.* Quelques ordinateurs, à utiliser avec une carte internet à acheter sur place. Vente de cartes téléphoniques.

■ ***Station-service :*** *station* ***Cupet*** *à 1 km de la ville en direction de San Juan y Martínez (hors plan par A2), sur la droite.*

Où dormir ?

CHAMBRES CHEZ L'HABITANT

Comme d'habitude, on peut dîner dans toutes les *casas,* et c'est le meilleur moyen de faire un bon repas. Les chambres des *casas* offrent toutes une salle de bains et la clim.

Bon marché

🏠☂ ***René y Carmen González*** *(plan B1,* ***11****)* ***:*** *Unión, 13 ; à un pâté de maisons du stade de base-ball.* ☎ *48-75-75-15.* 📱 *52-96-60-06. Garage gratuit.* Dans une maison bleu foncé, à

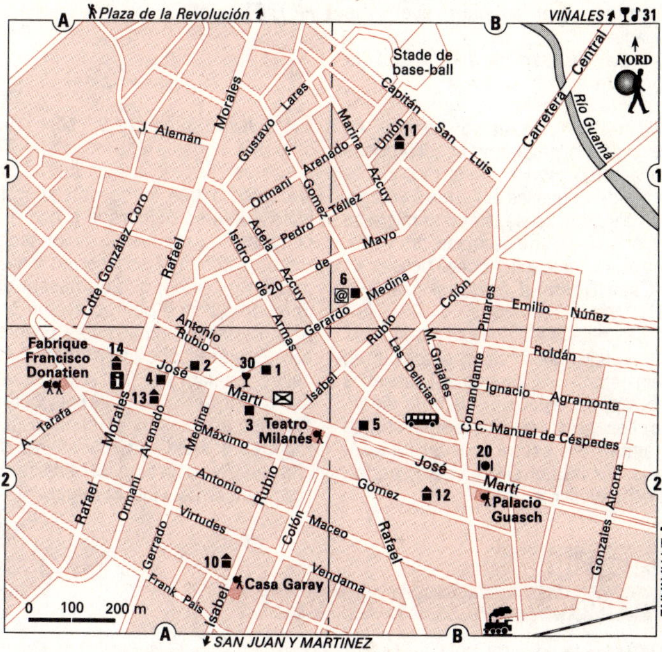

PINAR DEL RÍO

Adresses utiles

- Infotur (A2)
- 1 Banco Financiero Internacional (A2)
- 2 Banco de Crédito y Comercio (A2)
- 3 Cadeca (A2)
- 4 Havanatur et Cubatur (A2)
- 5 Cubanacan (B2)
- @ 6 Etecsa (B1)

Où dormir ?

- 10 La Guayabita (A2)
- 11 René y Carmen González (B1)
- 12 Casa Colonial La Nonna (B2)
- 13 Casa Colonial Rabanal (A2)
- 14 Vueltabajo (A2)

Où manger ?
Où boire un verre ?
Où sortir ?

- 20 El Mesón (B2)
- 30 Café Pinar (A2)
- 31 Cabaret Rumayor (hors plan par B1)

l'étage, 3 chambres bien tenues, avec entrées indépendantes. Chacune possède 2 grands lits. Très bon standing et accueil adorable de René. On prend ses repas sur la terrasse. La soupe aux haricots *(sopa de frijoles)* est un must ! Notre meilleure adresse, depuis fort longtemps.

Casa Colonial La Nonna *(plan B2,* ***12****)* **:** *Máximo Gómez, 161.* ☎ *48-77-07-77.* *52-74-72-48.* • *moro75@nauta.cu* • Joyeuse façade orange et intérieur avec son lot de bibelots, comme d'hab. 4 chambres dont 2 à l'étage que l'on préférera car plus lumineuses et donnant sur une coursive. Tout est très propre et coloré. Chacune avec 2 grands lits. Excellent confort. Le petit plus : la terrasse aménagée tout en haut, avec vue dégagée.

🏠 ☂ **La Guayabita** (plan A2, **10**) : *Isabel Rubio, 164. ☎ 48-77-33-33. 📱 58-53-27-86. • casalaguayabita@gmail.com •* Une maison récente en pleine ville, hyper propre et qui propose 2 chambres modernes, la plus petite au rez-de-chaussée et l'autre à l'étage, bien plus spacieuse. Cette dernière se prolonge par une terrasse couverte. Une autre sur le toit. Accueil délicieux.

🏠 **Casa Colonial Rabanal** (plan A2, **13**) : *Ormani Arenado, 12. ☎ 48-75-31-69. 📱 52-71-50-62. • cenriquep@nauta.cu •* Jolie maison coloniale en plein centre-ville, légèrement surélevée par rapport à la rue. Dans le salon, 2 belles gravures d'opéra. L'unique chambre est située tout au fond du patio sur lequel elle s'ouvre, parfaitement au calme.

HÔTEL

Chic

🏠 **Vueltabajo** (plan A2, **14**) : *José Martí, 103, esq. Morales. ☎ 48-75-93-81. • reservas@vueltapr.tur.cu •* Très bien située, cette bâtisse coloniale (1929) se démarque grâce à sa pimpante façade rose à colonnades. Hauts plafonds et escalier en marbre menant à l'étage, où se trouvent des chambres assez petites et sombres pour certaines mais toutes propres, bien équipées et confortables. Éviter celles donnant sur la rue principale, assez bruyante. Dans le hall, bureau touristique *Transtur* et change (à la réception). Resto et bar au rez-de-chaussée avec un bout de terrasse surplombant la rue. Plats corrects.

Où manger ?
Où boire un verre ? Où sortir ?

🍴 **El Mesón** (plan B2, **20**) : *José Martí, 205. ☎ 48-75-28-67. Tlj 12h-23h.* Mignon petit resto aux tables nappées, juste en face du palacio Guasch. Dans les assiettes, du classique bien fait, servi généreusement et gentiment.

🍸 **Café Pinar** (plan A2, **30**) : *Gerardo Medina, un peu à droite du nº 36. Tlj 11h-3h. Tlj, musique live vers 23h.* Le lieu n'a rien de glamour (longue cour carrelée), mais les groupes de musiciens qui s'y produisent sont de qualité.

🍸 ♪ **Cabaret Rumayor** (hors plan par B1, **31**) : *sur la route de Viñales. ☎ 48-76-30-07. À 2 km du centre de Pinar, face à l'hôpital militaire. Entrée payante. Show jeu-sam à 23h. Concert dim soir vers 23h (entrée plus chère ce soir-là, selon les artistes). Parking gardé (pourboire).* L'un des meilleurs endroits nocturnes de Pinar, plutôt en fin de semaine. Grande maison typique en bois. Entrée décorée de masques afro-cubains utilisés dans les cérémonies de *santería*. Spectacle afro-cubain en plein air, dans un cadre verdoyant. Fait discothèque après le spectacle.

💃 **Plaza de la Revolución** (hors plan par A1) : *ven et sam dès 21h-22h.* On y guinche jusqu'à épuisement, d'autant plus que le lieu, en plein air, est gratuit. Les rythmes latinos fusent, crachés par les haut-parleurs.

À voir

👁👁 **Fabrica de tabacos Francisco Donatien** (plan A2) : *A. Maceo, 157. ☎ 48-77-30-69. Lun-ven 9h-14h et 1 sam sur 2. Entrée payante (billets à acheter dans la boutique Casa del Tabaco, juste en face de la fabrique). Courte visite guidée (env 15-20 mn), en anglais, parfois en français. Consigne obligatoire pour vos sacs. Photos et vidéos interdites.* Cette petite fabrique, bien plus modeste que celles de La Havane, a été installée en 1961 dans une ancienne prison. Elle porte le nom d'un révolutionnaire qui combattit Batista. On roule ici aussi bien pour Cohiba, Trinidad, Romeo y Julieta, Partagas, Montecristo... 5 000 *puros* sont manufacturés tous les jours, et 90 % sont réservés à l'export. Visite un peu expéditive, dommage. Après le roulage des cigares, on observe le contrôle qualité (poids, esthétique, longueur, combustion...) et l'emballage (tri par gamme de couleurs, baguage et mise en boîte). Boutique sur place *(lun-ven 8h30-16h30, sam jusqu'à 14h30).*

La Casa del Tabaco : *en face de la manufacture. Tlj 9h-17h.* Bonne sélection des grandes marques nationales, mais aussi du rhum et du bon café.

Casa Garay *(plan A2) : Isabel Rubio, 189. Lun-sam 8h-16h30 (13h sam). GRATUIT.* Minuscule usine d'une seule pièce où l'on fabrique la *guayabita,* alcool fruité très doux que l'on ne boit qu'à Pinar del Río. Le fruit, la petite goyave, ne pousse que dans la région. Cette boisson est née de l'idée d'un Asturien qui mélangea par hasard la *guayabita* à du rhum. Il vendit la formule à un certain Garay qui la fabriqua dans cette usine en 1892. Petite visite sans grand intérêt, mais on vous offre une dégustation.

Palacio Guasch – museo de Ciencias naturales *(plan B2) : av. José Martí, 222, esq. Cabada. ☎ 48-77-94-83. Tlj 9h-17h (13h dim). Entrée payante (droit de photos en sus).* Étonnant palais à la façade kitsch (colonnes grecques, gargouilles en forme d'hippocampes...) construit en 1909 par un riche médecin du nom de Guasch. Il s'inspira du génie de Gaudí (Barcelone), d'où l'éclectisme des styles, dont le coût de construction le ruina. La demeure abrite un modeste musée poussiéreux de Sciences naturelles, avec quelques curiosités. La star des lieux est un croco de 4,30 m, qui terrorisa la population de Playa Punta de Cartas pendant 10 ans : tous les poulets et les cochons du village disparaissaient mystérieusement. Il fut abattu en 1984. Dans le jardin intérieur, 2 dinosaures en béton. Visite pas vraiment indispensable.

Teatro Milanés *(plan A2) : à l'angle de l'av. José Martí et de Colón. Ne se visite pas.* Grand théâtre (plus de 500 places) de la fin du XIXe s, terminé en 1842, monument principal de la ville. Il fut restauré plusieurs fois et pour l'anecdote, la bétonnière avait été oubliée à l'intérieur après les derniers travaux : il a fallu casser le mur pour la faire sortir ! Spectacles lyriques régulièrement.

LE TRIANGLE DU TABAC : VUELTA ABAJO

À une vingtaine de kilomètres au sud de Pinar del Río, le village de San Luís et celui de San Juan y Martínez constituent le cœur du triangle du tabac (région de Vuelta Abajo). Dans ce petit morceau de territoire cubain au climat privilégié se trouvent les meilleures terres à tabac de Cuba... et par conséquent du monde !
Ici vivent et travaillent les *vegueros,* dans les plantations de tabac. Celles-ci font l'objet de tous les soins car, en ce lieu, on produit surtout des *capas,* c'est-à-dire l'enveloppe du cigare. Ces feuilles doivent être absolument impeccables, sans trous ni défaut. C'est pourquoi une bonne partie des plantations est recouverte par de vastes voiles blanches qui protègent la récolte du soleil qui assèche les feuilles. L'enveloppe du cigare doit posséder une couleur uniforme, une grande solidité ainsi qu'une bonne élasticité (obtenue durant le séchage et la fermentation), grâce à l'hygrométrie idéale de la région. Il faut savoir que la cape correspond à 70 % du prix d'un cigare, alors qu'elle ne représente que 2 % de celui-ci. À Pinar, on fait du cigare haute couture !
La plantation s'effectue à partir de fin septembre ou courant octobre (après préparation de la terre), la récolte a lieu 3 mois plus tard, selon la maturation.

Les feuilles sont alors délicatement cueillies à la main, une par une, en commençant par le pied de la plante. Il faudra 135 opérations différentes pour la réalisation d'un cigare, entre le séchage (les feuilles sont suspendues pendant 2-3 mois dans une grange appelée *casa de secado*), la fermentation dans des ballots en feuilles de palmier royal (durant 1 mois) et le travail en manufacture (lire aussi la rubrique « Cigares » dans la partie « Hommes, culture, environnement » en fin de guide).

À voir. À faire

➢ ***Visiter une plantation de tabac,*** pardi ! Même si la récolte n'a lieu que durant quelques mois dans l'année, on peut visiter une *finca* toute l'année. Déconseillé toutefois en novembre et décembre, car les nouvelles pousses sont à peine sorties et les séchoirs quasi vides. Vous pouvez vous adresser au bureau d'*Infotur* à Pinar del Río ou aux agences de Viñales, qui proposent des balades de 3h, avec visite des plantations. Sinon, voici 2 bonnes maisons, ouvertes à la visite.

*** *Finca El Pinar** (plantation d'Alejandro Robaina) : sur la commune de **Barbacoa.** ☎ 48-79-74-70. De Pinar del Río, faire env 13 km du centre sur la route de San Juan y Martínez (surveiller le compteur), puis prendre à gauche (panneau indicatif vers San Luís) ; de là, faire 3,2 km ; en haut d'une montée (avt un virage à droite), prendre le chemin sur la gauche (panneau « Finca El Pinar Robaïna 1,5 km ») ; poursuivre sur 400 m, puis à gauche encore sur 600 m (en suivant le chemin principal) ; là, emprunter le chemin sur la droite sur 500 m (tt petit panneau) ; au bout à gauche, on découvre l'entrée de la finca (ouf !). Tlj 9h-17h. Entrée : donation suggérée. Visite guidée (env 20-25 mn) en français possible, sinon en espagnol et en anglais.*
Le vénérable patriarche Alejandro Robaïna est décédé en 2010, à 91 ans. Il était une légende vivante à Cuba, mais aussi dans le monde des amateurs de cigares. Robaïna a tout connu : la période de prospérité quand sa plantation lui appartenait, la révolution et ses bouleversements, la nationalisation de la production, la reconnaissance de l'État, puis la consécration totale, signifiée par le grand « R » majuscule sur les bagues de ses *vitoles*. Il est le seul Cubain à avoir donné de son vivant son nom à un cigare. Quelle épopée pour cette lignée de planteurs venus d'Espagne (Canaries) en 1845 !
Aujourd'hui, Hiroshi, le petit-fils de Robaïna, assure la relève et la transmission de ce savoir-faire familial. Il dirige l'une des plantations les plus célèbres de Cuba, qui fut récompensée à plusieurs reprises par le gouvernement depuis les années 1990 pour la « meilleure récolte ». Les 17 ha du domaine Robaïna produisent le tabac correspondant à la fabrication de près de 5 millions de cigares à l'année.
Durant la visite, on découvre les serres où pousse le tabac protégé du soleil par de grandes voiles, les séchoirs, la maison de famille avec ses nombreux souvenirs et ses photos. Sont passées en revue les différentes étapes de fabrication. Les *capas* de Robaïna sont tellement parfaites qu'elles habillent d'ailleurs bien d'autres marques que celle du maître. Un *torcedor* maison est là pour vous faire une démonstration de roulage. Robaïna représente environ 5 % de la production totale cubaine. On trouve dans toutes les boutiques officielles les 5 *vitoles* maison : *famoso, familiar, único, clásico,* et *Don Alejandro.*

*** *Vega Héctor Luis Quemado de Rubí** : à 20 km du centre de Pinar del Río, sur la route de San Juan y Martínez, puis au grand panneau prendre sur la droite et faire encore 2 km. 📱 52-64-91-91. Tlj 9h-17h. GRATUIT. Visite guidée en français : env 30 mn (ou plus selon votre intérêt). Pour éviter les groupes, venir avt 10h ou après 16h.* La plantation d'Héctor Luis est l'étoile montante du tabac cubain. Il a remporté en 2008 le prix *del Hombre Habano del Año,* c'est dire. Les plantations s'étendent sur 6 ha, dont un peu moins d'un tiers pour les capes. Les parties de la plantation couvertes par des filets sont d'ailleurs réservées aux capes. Agréable visite passant en revue toutes les étapes du procédé : culture, séchage, enfilage des feuilles, fermentation, cave à humidification... Bonne nouvelle, on peut même dormir et manger sur place !

Cabaña de la Finca Héctor Luis : *au sein de la finca.* *52-64-91-91.* • *mile68@nauta.cu* • *Resto ouv 12h-16h.* On aime vraiment bien cette cabane de bois (2 chambres) dominant un petit *río* et les plantations de tabac. Charmante, confortable, bien équipée, avec mezzanine, c'est un adorable cocon champêtre, dont on profite pleinement dès la fin d'après-midi, quand tous les visiteurs de la *finca* ont quitté les lieux. Alors, sur un fauteuil de la petite terrasse, dans un calme total, on observe la vie de la plantation et c'est un régal. Pour ceux qui ne font que passer, possibilité de déjeuner sur place, avant ou après la visite. Bon repas copieux et pas cher, concocté par l'équipe de Mileidi, l'épouse d'Héctor Luis.

LA PÉNINSULE DE GUANAHACABIBES

C'est la pointe ouest la plus extrême de Cuba. Toute cette région a été classée « Réserve de la biosphère » en 1987 par l'Unesco et couvre 101 000 ha. À l'intérieur, on trouve la *réserve naturelle de Guanahacabibes,* constituée d'une partie de la côte et incluant les fonds sous-marins, ce qui est rare. Ainsi, cet ensemble de faune et de flore est protégé de toute exploitation. On trouve de drôles d'oiseaux, dont le plus petit du monde, le *zunzuncito,* mais aussi de superbes tortues marines et une colonie d'iguanes.
L'accès y est difficile, pas de bus ni de train. Ajoutons que la route de Sandino à la péninsule est longue et monotone. À l'ouest, la route longe sur une quinzaine de kilomètres une côte vierge, bordée de petites plages au sable blanc et à l'eau turquoise. La majorité des touristes se rend à María la Gorda où l'on trouve un hôtel d'État (pas terrible). La balade en voiture jusqu'au cabo de San Antonio, à 73 km de María la Gorda, nécessite 4h minimum.

Comment y aller ?

➢ Véhicule de location indispensable pour visiter librement la péninsule. Sinon, taxis depuis Viñales.

Adresses utiles

Office du parc national de Guanahacabibes : *à La Bajada (14 km avt María la Gorda), à l'entrée du parc, sur la droite, en face de la station météo repérable à son antenne.* ☎ *48-75-03-66.* C'est là qu'il faut vous adresser pour trouver un guide qui vous accompagnera dans vos randonnées. Bureau parfois fermé. S'adresser alors à l'*Hotel María la Gorda.*

■ ***Club de plongée :*** *infos à l'Hotel María la Gorda.* ☎ *48-77-81-31.* • *villamarialagorda.com* • En bateau, on rejoint les sites en moins de 20 mn. Moniteurs expérimentés. Un centre très sérieux.

MARÍA LA GORDA

À la pointe de la péninsule, sur la baie de Corrientes, María la Gorda n'est pas une ville ni même un village, mais un site en bord de mer. Il n'y a qu'un seul hôtel et quelques habitations disséminées aux alentours.

Vous trouverez ici plusieurs petites plages tranquilles, bordées par une eau limpide. Et le coucher de soleil est merveilleux. Cependant, il n'y a pas ici de vastes et larges étendues sablonneuses. Il s'agit surtout de petites criques de sable blanc, et la majeure partie de la côte est bordée de roches calcaires, pas vraiment pratique pour accéder à l'eau (« méduses » ou palmes obligatoires !). En outre, l'accès aux visiteurs de passage est payant. Le paysage, quant à lui, est vraiment enchanteur, et le spectacle continue sous l'eau, véritable aquarium tropical. C'est pourquoi l'endroit est surtout réputé auprès des plongeurs : María la Gorda est considérée par les professionnels comme l'un des plus beaux spots de Cuba. Attention : beaucoup de moustiques en été !

MARÍA LA GROSSE !

L'endroit doit son nom à une certaine... María. On raconte que cette jolie jeune fille fut capturée par des pirates dans des contrées lointaines avant d'être abandonnée ici. Elle construisit une cabane et y vécut en solitaire. Mais, n'ayant rien d'autre à faire, elle se mit à manger. Elle mangea, mangea, mangea tant qu'elle devint énorme et que les pirates, une fois revenus, la surnommèrent « María la Gorda », María la Grosse !

Où dormir ? Où manger ?

🏠 🍽 ***Hotel María la Gorda :*** *sur la plage.* ☎ *48-77-81-31.* • *hotelmarialagorda-cuba.com* • *Résa conseillée, notamment auprès des agences du pays.* C'est le seul hôtel du site, complètement isolé, face à la plage, dans une atmosphère de bout du monde. Les chambres sont réparties dans plusieurs types de bungalows : certains en dur donnent directement sur la plage et valent la peine, d'autres sont situés à l'arrière, donc sans grand intérêt. Dans un cas comme dans l'autre, elles sont assez spacieuses, mais d'un confort minimal (clim et salle de bains tout de même). Les 2 restaurants offrent une cuisine... banale. L'activité principale de l'hôtel reste bien sûr la plongée sous-marine.

Plongée sous-marine

Le site permet 40 plongées différentes, allant du simple baptême (entre 3 et 5 m) aux plongées d'exploration. L'eau est cristalline, avec une température moyenne de 28 °C. Les récifs coralliens sont abondamment recouverts d'éponges et de gorgones. On reste émerveillé devant le corail noir tout fin, les hautes éponges tubulaires mauves ou vertes, les entrelacs d'éponges cordes orange ou vertes et jaunes, les éponges barriques centenaires, les tapisseries de coraux champignons plats... D'incroyables tunnels, des canyons et des cheminées. Côté faune, on peut découvrir des bancs de chirurgiens bleus, barracudas, nudibranches bleu transparent, poissons-coffres, poissons-scorpions, des *diodons hystrix*, grosses murènes vertes, mais aussi d'énormes crabes et de temps à autre des tortues.

Parmi les sites de plongée, citons :

Paraíso Perdido : le plus beau de tous les sites de plongée. Magnifique tombant avec gorgones à contre-jour, tunnels, et une vie riche le long du tombant comme en haut grâce au courant.

On recommande aussi les sites de ***Cadena Misteriosa, cueva de Pedro Yemaya, Pario de Vanessa...*** et le site ***El Almirante,*** qui consiste en 2 tombants abritant l'un des plus grands champs de corail noir d'Amérique latine (entre 12 et 40 m).

PUERTO ESPERANZA

À une vingtaine de kilomètres au nord de Viñales, on accède à Puerto Esperanza au terme d'une route facile et asphaltée qui traverse de magnifiques paysages de *mogotes.* Cette petite bourgade de pêcheurs se compose d'une simple et large artère centrale et de quelques ruelles perpendiculaires en terre. Même pas de plage, tout juste un long ponton qui s'enfonce dans la mer. Rien de particulier à y faire. C'est surtout une étape hors des sentiers battus.

➢ ***Important :*** une route vers l'ouest permet d'atteindre cayo Jutías (par Santa Lucía), cependant, même si un tronçon a été refait, il reste une partie dans un état pitoyable, truffée d'énormes trous. Il est préférable de repasser par Viñales.

➢ ***Taxi :*** depuis/vers Viñales ; à négocier selon nombre de passagers.

Où dormir ? Où manger chez l'habitant ? Où boire un verre ?

Si vous décidez de venir ici, faites-y au moins un repas. Les *casas* préparent une cuisine du tonnerre ! Toutes les chambres disposent de salle de bains privée et de la clim.

Bon marché

Casa Mar y Tierra – Osmany y Mayte Senti : *Juan Manuel Márquez, 9.* ☎ *48-79-39-80.* 📱 *53-54-50-87-73.* • *osmany.senti@nauta.cu* • *Tt au bout de la route principale, jusqu'à la mer ; prendre la dernière rue à droite puis la 1re à gauche. C'est au bout sur la droite (maison verte).* Située en bord de mer (mais pas de plage !), avec vue sur les petites barques de pêcheurs et le coucher de soleil. 3 chambres au calme, chacune avec une grande terrasse indépendante, très bien équipées. Osmany fait le taxi pour ses hôtes et Mayte prépare de généreux repas.

Teresa Hernandez Martinez : *calle 4ta, 7 et 8.* ☎ *48-79-37-03.* 📱 *54-87-84-47. En arrivant dans la bourgade par la route principale, prendre à gauche à l'angle de l'édifice vert à 1 étage (c'est l'avt-dernière rue avt la mer), puis la 3e à gauche ; la maison est presque au bout, sur le côté gauche, bordée d'une haie.* Teresa propose 6 chambres bien propres (avec clim et salle de bains privée), soit dans sa maison, soit dans celle de sa fille juste à côté, ou encore dans une maison indépendante, moins chaleureuse. L'une des chambres est toute petite (la moins chère), d'autres plus spacieuses, avec 2 lits. Teresa prépare d'excellents repas, copieux et à prix doux.

Dora Gonzalez Fuentes : *Pelayo Cuervo, 5.* ☎ *48-79-36-13.* 📱 *54-18-90-98.* • *yoandymontano@nauta.cu* • *En arrivant à Puerto Esperanza, aller jusqu'au front de mer ; face au buste de José Martí, tourner à droite et prendre la 2e à gauche ; la maison est sur la droite.* Une maison modeste où l'on se sent vite chez soi. Les murs du salon portent quelques témoignages de routards passés par ici. L'une des chambres accueille 2 grands lits doubles. Les chambres sont très simples également, mais propres, tenues par la fille de Dora. Pas de vue car elles donnent sur le salon-cuisine. Par ailleurs, la table est exceptionnelle ! Menu copieux servi sur l'agréable terrasse à l'arrière.

Villa Dos Palmas : *calle 13 de Marzo, 19.* ☎ *48-79-38-65.* *58-82-88-83.* • *caridad.rdz@nauta.cu* • *Tt au bout de la route principale, jusqu'à la mer. Face au buste de José Martí, prendre la dernière rue à droite et c'est à env 300 m, sur la gauche.* Les chambres ne sont pas bien grandes, simples, mais pas chères du tout. Petit *ranchón* au fond pour prendre les repas.

Casa Artex : *tt au bout de la route principale, jusqu'à la mer. C'est sur la droite. Ouv jusqu'à minuit env.* Bar ouvert sur le bord de mer. Un peu de monde en fin de semaine.

CAYO JUTÍAS

À une soixantaine de kilomètres à l'ouest de Viñales, la route traverse de beaux paysages mais elle est très détériorée.
Il s'agit d'une presqu'île sauvage avec 4 km de sable blanc sur lequel avance langoureusement une mer translucide.
La plage est belle, certes, mais assez étroite. À 300 m du bord, un récif corallien permet d'observer les poissons multicolores dans une eau limpide. Un resto tout en bois et une petite paillote en bord de plage, les 2 ouverts dans la journée. Également un embryon de centre nautique. Comme tout est cher, mieux vaut prévoir un pique-nique à organiser avec vos logeurs depuis Viñales, et apporter vos masques, tuba et palmes. Tout est payant et on a tendance à vous prendre pour une jolie pompe à fric. Les paillotes, chaises longues, embarcations à pédales sont à louer, et ce n'est pas donné !
La route goudronnée prend fin au resto, au niveau de la plage, mais on peut continuer un peu à pied et trouver alors quelques belles petites plages tranquilles. Une autre plage, superbe, *La Estrella,* dénommée ainsi pour ses étoiles de mer, est accessible en bateau (excursion payante). L'été, prévoir un bon répulsif antimoustiques ; ils sont voraces !

Comment y aller ?

➢ ***En taxi partagé, de Viñales :*** départ à 9h, retour vers 16h. On en trouve dans la rue principale de *Viñales,* devant *Infotur.* Env 1h30 de trajet.

➢ ***En voiture personnelle, de Viñales :*** prendre la route qui passe par *Minas de Matahambre,* puis poursuivre jusqu'à Santa Lucía. De là, on emprunte une longue route artificielle de 7 km construite sur la mer, telle une langue de terre s'avançant vers le paradis ! Parking payant. Compter 60 km et min 1h30 de trajet à travers de magnifiques paysages.

– ***Attention :*** la route est en – très – mauvais état ! Pour éviter un pépin avec votre voiture de loc, optez de préférence pour un trajet en taxi.

CAYO LEVISA

Comme son nom l'indique, il s'agit d'un îlot, entouré d'une eau translucide au bord, puis turquoise, puis verte, puis aigue-marine... Pas de digue ni de pont, on y accède en bateau au départ de Palma Rubia. En débarquant sur l'île, on découvre un étonnant paysage de mangrove. Une passerelle en bois

se faufile à travers le *cayo* pour aboutir au bord d'une plage de sable blanc, superbe, frangée de palmiers : une plage de rêve dans toute sa splendeur ! Pour loger, un seul hôtel, le reste de l'îlot étant recouvert par la mangrove. On peut se contenter d'y aller seulement pour la journée (possibilité de plongée) ou prolonger le plaisir pour une nuit, voire 2 ou 3, histoire de s'offrir un petit séjour farniente dans un cadre de rêve.

Arriver – Quitter

Le *cayo* n'est qu'à quelques km de la côte (30 mn de traversée). 3 A/R par j. Les horaires peuvent changer, se renseigner au préalable.

➢ ***En bateau de Palma Rubia :*** Palma Rubia se situe à 47 km au nord-est de Viñales, via La Palma (compter env 1h). Fléché depuis la route côtière. Compter 1h de route depuis Viñales, puis 30 mn de traversée. Si vous êtes en voiture, possibilité de laisser votre véhicule sans danger sur le parking (payant) du débarcadère. Départs du bateau normalement à 10h, 14h et 18h. Pour le retour, départs du cayo Levisa à 9h, 13h et 17h. Le billet s'achète à l'embarcadère même (moins cher si vous avez une résa pour dormir à l'hôtel). Si vous n'avez pas de véhicule, possibilité d'acheter une excursion à la journée depuis Viñales (voir ci-après).

– ***Excursion à la journée :*** on peut acheter l'excursion au *cayo* dans ttes les agences de Viñales. *Tarifs selon formules.* Départ de Viñales vers 8h30 et retour à 19h.

– ***Plongée sur le cayo :*** à noter que si vous prenez le 1er bateau, il vous est possible de participer à la plongée de 11h30 (à réserver auparavant par tél), que l'on s'y rende seul ou par agence. *Tarifs à consulter.*

– À noter : on est en face de la Floride. Les Cubains n'ont donc pas le droit d'embarquer, à moins d'avoir une autorisation spéciale ou d'accompagner des touristes !

Où dormir ? Où manger ?

Chic

🏠 🍴 ***Hotel Cayo Levisa :*** *le seul hôtel-resto-bar de l'île !* ☎ *48-75-65-06.* • *hotelescubanacan.com* • *Possibilité de résa dans n'importe quel hôtel de la chaîne Cubanacan.* Environ 40 bungalows tout confort, juste en face de la mer ou un peu en retrait. Quelques-uns en brique avec un toit de palmes, les plus anciens, déjà très agréables. D'autres en bois et grandes baies vitrées, plus spacieux, modernes, avec un petit effort de déco. Bon niveau de confort. Le resto dispense une cuisine correcte et répétitive. Même le poisson est parfois congelé ! Ambiance musicale le soir. Quelques animations et excursions en bateau et plongée. Bref, sans être le must, cette adresse tient assez bien la route et vous assure un séjour agréable.

À faire

Se baigner, dorer au soleil, lézarder... comme d'habitude ! La plage est vraiment extraordinaire et le lagon ressemble à une piscine. Revers de la médaille, les fonds de sable (sans coraux) limitent la vie sous-marine. Aucun poisson aux abords de la côte, à l'exception peut-être de quelques étoiles de mer, notamment sur la plage à la pointe ouest de l'île. Pour observer toute la richesse des fonds, il faut prendre un bateau jusqu'à la barrière de corail.

– À l'hôtel, possibilité de ***louer masques, embarcations à pédales, canoës, catamaran...***

➢ Également des ***excursions snorkelling en bateau.*** *Tarifs à consulter.* Un véritable aquarium tropical : et pour cause, les poissons sont nourris... Durée : 1h45 dont 40 mn sur place.

Plongée sous-marine : pour profiter de la barrière de corail, qui est à 3,5 km du rivage, et de 23 sites. Club de plongée attenant à l'hôtel. *Tarifs (élevés mais dégressifs) à consulter.* Une seule plongée par jour (en général à 11h30).

CAYO LARGO

• Carte *p. 198-199*

C'est la dernière île de l'archipel de Los Canarreos. Malgré son nom (« île Longue »), ce *cayo* atteint à peine 40 km. Mais il a tout pour attirer les amateurs d'édens tropicaux : des kilomètres de sable fin comme du talc, un ensoleillement permanent et une eau de mer chaude et limpide aux couleurs turquoise. Bref, l'île de rêve comme on en voit dans les magazines et les brochures touristiques. Contrairement à ce qui est fait sur d'autres *cayos,* le développement touristique ne prend pas ici des proportions démesurées : seuls quelques kilomètres de l'île ont été exploités, et les hôtels, éloignés de 1 ou 2 km les uns des autres, ne s'étendent que sur 4 ou 5 km. Ce qui laisse de vastes étendues sauvages (et difficiles d'accès, mais on n'a rien sans rien !).

Depuis que le gouvernement a misé sur son développement, cayo Largo est devenue l'une des îles les plus touristiques de Cuba. Ici, comme au cayo Coco, la formule est le *todo incluido* : une fois votre billet acheté (au prix fort), vous rangez vos pesos convertibles. Repas et boissons à toute heure, location de matériel de plongée... tout est compris. Vous n'y verrez pas beaucoup de Cubains ; en revanche, les Italiens et les Canadiens y sont nombreux. Il faut dire qu'ils ont des vols internationaux directs ! Une île pour la mer et le soleil, mais pas vraiment pour découvrir le pays ! En outre, moustiques particulièrement voraces en été.

FIDEL EXPLORATEUR...

Pour une fois, cayo Largo ne fut pas découvert par Christophe Colomb mais par... Fidel Castro ! On raconte que c'est une panne d'hélicoptère qui l'obligea à s'y poser. Séduit par ce petit paradis, il décida alors d'en faire un lieu de vacances pour les Cubains. C'est ainsi que l'aéroport et le 1er hôtel virent le jour.

Comment y aller ?

➢ ***En forfait avion + hôtel :*** ttes les agences de voyages de Cuba et les bureaux de tourisme des grands hôtels proposent la destination, avec un package avion + hébergement + pension. Il est aussi possible de s'y rendre pour la journée seulement, sans y passer la nuit. Mais c'est quand même dommage ! En général, votre package inclut le transfert de votre hôtel du centre de La Havane à l'aéroport de Baracoa (à 30 km à l'ouest de la capitale), petit aérodrome militaire, encore différent de l'aéroport national, d'où s'effectuent les départs. Seulement 35 mn de vol sur *Aerogaviota* ou *Aero Caribbean*. Également 1 vol de Varadero ts les mat (retour le soir). Dans tous les cas, résa nécessaire. À l'arrivée à cayo Largo, une navette dépose les passagers à leur hôtel (inclus dans le package).

➢ ***En bateau :*** pas de liaison, mais ce port franc abrite une marina bien équipée qui héberge les voiliers privés.

Adresses et infos utiles

Services

i ***Bureau de tourisme :*** *à la marina.*

■ On trouve un ***bureau de change*** à la réception de tous les hôtels. CB et chèques de voyage acceptés. Change également à l'aéroport, seulement à l'arrivée des vols internationaux.

■ ***Banco de Crédito y Comercio :*** *à la marina, à 8 km des hôtels.* ☎ *48-24-82-25. Lun-ven 8h-12h, 14h-15h30 ; le w-e 9h-12h.* Accepte les cartes *Visa* et *MasterCard*.

■ ***Téléphone international :*** *en face de l'hôtel* Isla del Sur. *Ouv tte la journée (en théorie).* Normalement, vente de cartes téléphoniques, timbres, etc.

– Avis aux marins, on trouve ***sanitaires*** et ***douches*** à la marina.

Transports

– ***Navettes*** gratuites (petit train) depuis tous les hôtels. Dessert les 2 belles plages de l'île : *Playa Paraíso* et *Playa Sirena*, puis la marina. *Départs le mat à 9h, 10h30 et 11h30 devant les hôtels. Retours à 13h30, 15h et 17h.*

■ ***Location de voitures :*** *devant chaque hôtel ou en arrivant à l'aéroport avec* Cubacar.

🚗 ***Taxis :*** quelques taxis arpentent sans cesse l'unique route de l'île. En général, pour accompagner les touristes de l'hôtel à la plage.

Urgences, santé

✚ ***Médecin de garde et policlínica :*** *à la marina, à 8 km des hôtels.* ☎ *48-24-82-38/39. Service d'urgences 24h/24.* Ne se déplace pas, il faut s'y rendre en taxi. Toujours un médecin et une infirmière disponibles. Sinon, s'adresser à la réception de votre hôtel.

■ ***Pharmacie :*** *à côté de la* policlínica. ☎ *48-24-82-36. Tlj 8h-20h.*

Où dormir ?

Plusieurs grands hôtels, situés non loin les uns des autres le long de la plage principale (Lindamar). Malheureusement, les cyclones ont ravagé l'étendue de sable et ont transformé la géographie locale. La plage est aujourd'hui réduite à sa plus simple expression. Une partie de l'année, les vents rendent la baignade difficile, voire dangereuse. Entre les hôtels et la mer, de jolies dunes.

Le package acheté (obligatoirement) à l'avance comprend les transferts et l'hébergement dans l'un des 5 hôtels. Hors saison, les agences vous « surclassent » automatiquement dans l'hôtel le plus chic.

🏠 🍴 ***Sol Cayo Largo*** *(carte Cayo Largo) :* ☎ *48-24-82-60. • sol.cayo.largo@solmeliacuba.com • solmeliacuba.com • 💻 (payant).* Un des plus proches de l'aéroport et de la marina. À notre avis, le plus séduisant de l'île, malgré sa taille : près de 300 chambres réparties dans des maisonnettes de 2 chambres et distribuées sur un espace généreux ! Chambres spacieuses et confortables, avec clim, TV. Petit déj-buffet. Plusieurs restaurants avec, au choix, un buffet international ou un repas *criollo*, servi face à la mer. Comme souvent, cuisine correcte sans plus. Tennis. Discothèque.

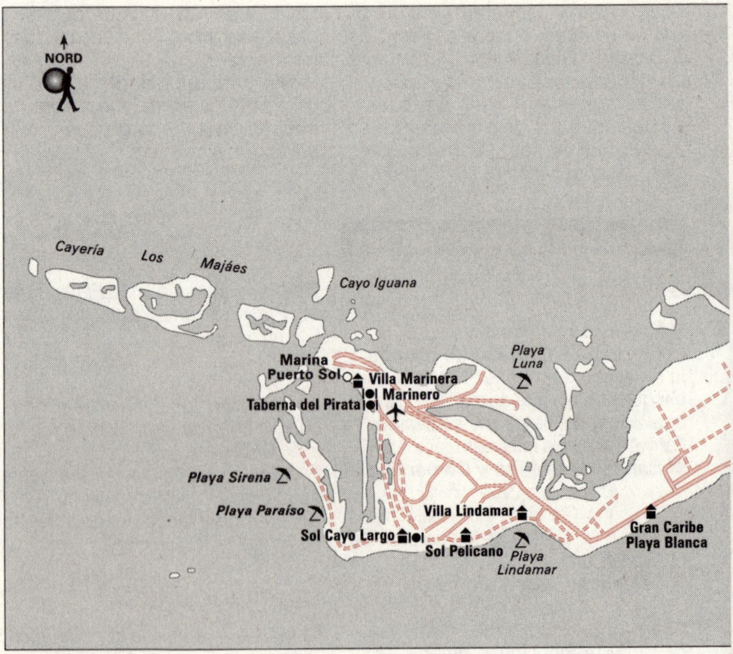

Sol Pelicano *(carte Cayo Largo)* : ☎ *48-24-83-33/36.* ● *solmeliaclub.com* ● *Même direction que le Sol Cayo Largo.* Moins cher, moins de classe et des chambres à la décoration plus simple. Édifice sur 2 niveaux, pas débordant de charme. Seuls détails qui font la différence, car les prestations sont du même acabit : 2 piscines dont une très vaste. En prime, l'environnement et les espaces communs sont bien entretenus, et le personnel est particulièrement accueillant.

Gran Caribe Playa Blanca *(carte Cayo Largo)* : ☎ *48-24-80-80.* 2 types d'hébergements : dans les bâtiments qui bordent la réception (attention à ne pas se faire refourguer une chambre donnant sur le parking et la route), ou dans de grosses maisons en dur, colorées, qui abritent des chambres sur 2 niveaux. Également de nouveaux chalets en bois, directement sur la plage. Bon niveau de confort (clim, baignoire, coffre, etc.). Grosse piscine toute ronde. Un peu trop impersonnel à notre avis, mais les chambres sont confortables, toutes avec salle de bains et clim.

Villa Marinera *(carte Cayo Largo)* : *pour ceux qui voudraient retrouver la terre ferme, loc d'une villa pied dans l'eau pour 2 pers, à la marina.* ☎ *48-24-83-85.* En tout, 5 maisons divisées en 2 appartements hyper confortables, tout en bois, avec salle de bains rutilante, clim et balcon sur la marina. On se croirait dans un petit chalet ! Piscine commune. Se renseigner au bureau du port.

Villa Lindamar *(carte Cayo Largo)* : ☎ *48-24-81-11/18.* ● *reserva@isla.cls.tur.cu* ● On loge dans de confortables huttes, tout près de la mer. C'est son plus gros atout. En revanche, buffets pas mirobolants et parties communes qui manquent d'entretien. Clientèle essentiellement italienne.

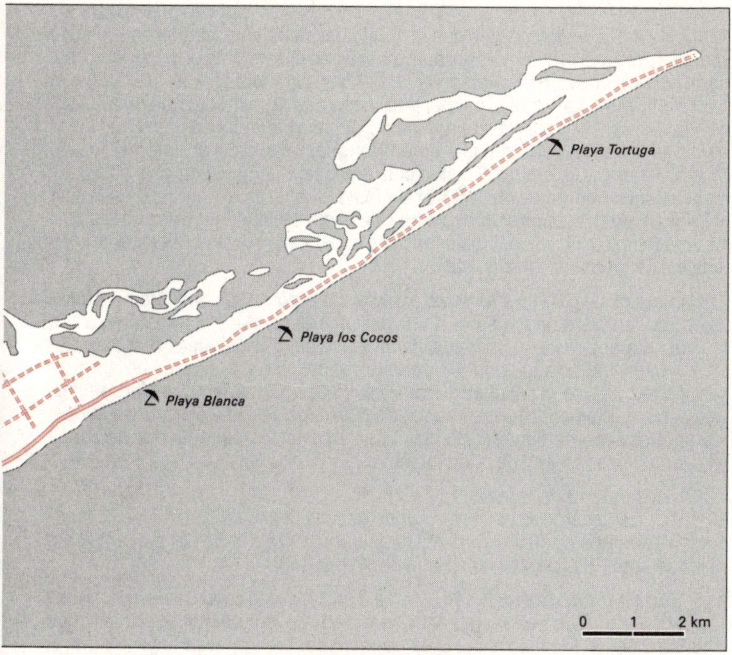

CAYO LARGO

Où manger ?

Pas de surprise, chaque hôtel a son buffet inclus dans la pension. Et dans chaque hôtel, des snacks proposent des *bocadillos* à toute heure, inclus dans le forfait. Y a pas à dire, ça pousse au vice !

|●| ***Restaurante Marinero*** *(carte Cayo Largo)* **:** *à la marina.* C'est ici que les locataires de la *Villa Marinera* (voir « Où dormir ? ») prennent leurs repas. Cadre propret, nourriture classique et prix assez élevés. Pour les rares personnes qui seraient venues à la nage ou en bateau, ou ceux qui voudraient fuir les buffets (mais puisqu'on vous dit que c'est compris dans le package !).

|●| ***La Taberna del Pirata*** *(carte Cayo Largo)* **:** *à la marina.* Une petite paillote pour se rafraîchir. Snacks, sandwichs, pizzas et plats de poulet ou poisson.

À faire

– La formule « tout compris » comprend d'autres avantages, comme la location de matériel de voile ou de plongée (palmes, masque, tuba...). À réserver auprès des différents hôtels.

Plages *(carte Cayo Largo)* **:** à l'ouest, 2 superbes plages, la ***Playa Paraíso*** et la ***Playa Sirena.*** *Situées à env 7-8 km de l'hôtel* Sol Cayo Largo. *Un petit train sur roues circule plusieurs fois/j. Départs des hôtels en général le mat à 9h, 10h30 et*

11h30. Retours à 13h30, 15h et 17h de Playa Sirena. On rappelle que devant les hôtels, il n'y a plus vraiment de plage et que la baignade y est parfois dangereuse (selon la saison et les vents). C'est pourquoi tous les clients vont vers ces 2 plages, remarquables et assez bien protégées. Sable blanc comme un voile de mariée et d'une rare finesse. La 1re, plus intime, peu large, ondule sympathiquement. C'est la plus agréable. On y pratique le naturisme de manière autorisée. La 2de, 1,5 km plus loin, est très large, particulièrement longue, splendide et agrémentée de petites paillotes pour l'ombre. C'est la plus équipée. Sur *Playa Paraíso,* on trouve un petit kiosque pour boire un verre, et sur *Playa Sirena,* un restaurant (assez cher et médiocre), des douches et des toilettes. Les activités nautiques des hôtels sont toutes rassemblées ici et sont incluses dans le package (location d'embarcations à pédales, catamarans, kayaks, etc.).

Les amateurs de ***plages sauvages*** exploreront la côte est, complètement inexploitée. Pas l'ombre d'un transat ni d'une paillote ! Cependant, la tranquillité a son prix : pas de route, mais un chemin sablonneux plein d'imprévus et d'accès difficile. Le vélo est tout indiqué pour les sportifs ; sinon, on peut y aller en taxi (prévoir l'heure de retour avec le chauffeur). Bon à savoir tout de même : ces plages fabuleuses et complètement désertes sont bien plus exposées au vent que les autres, et les vagues peuvent s'avérer dangereuses à certaines périodes. Et personne n'est là pour vous aider en cas de problème...

Club de plongée de la marina : *à la marina. ☎ 48-24-82-14. Tlj 7h-19h. Tarifs à consulter.* Cayo Largo est l'un des spots les plus riches de Cuba. Une quarantaine de sites à une vingtaine de minutes de bateau. On plonge notamment sur la barrière de corail. 3 plongées par jour (à 8h, 11h et 14h).

Observation des tortues : il y en a 3 sortes sur le cayo Largo, les tortues à dos vert, les tortues perroquets (leur nom vient de leur bec) et les *cauan,* que l'on croise aussi en Méditerranée. Elles viennent pondre sur les côtes entre mai et septembre, mais il devient difficile de les observer car elles ne sortent qu'à la nuit tombée et sont de plus en plus craintives. Pour les intéressés, des petits groupes s'organisent pour observer la ponte des tortues ou participer au ramassage des œufs (entre mai et septembre), gros comme des balles de ping-pong. Pour ne pas affoler les bébêtes qu'on essaie de protéger tant bien que mal, ne les photographiez pas.

Granja de los Quelonios *(parc des Tortues)* **:** *7h-12h, 13h-18h. Entrée payante.* Le parc n'est pas bien grand, mais on peut y voir 3 espèces de tortues dans des bacs de ciment et se faire expliquer le travail effectué pour la protection de l'espèce. On ramasse les œufs au moment de la ponte, on les enfouit dans le sable et on relâche les tortues après éclosion. On propose très volontiers aux touristes d'accompagner le personnel d'encadrement qui se charge de les relâcher.

➢ ***Excursions :*** se renseigner à la réception des hôtels auprès des représentants des agences. Là, fini le *todo incluido...* vous payez, et cher ! ***Excursion en bateau à la ½ journée :*** *départ à 8h30, retour à 13h30. Tarifs à consulter.* Inclut l'îlot des Iguanes (certains bestiaux atteignent près de 1 m !), un arrêt sur la barrière de corail (masque et tuba inclus), une halte sur une plage vierge et le retour à l'hôtel. ***Sortie de 1 journée en catamaran*** *(tarifs à consulter),* comprenant plongée, déjeuner (langouste) et visite d'une île vierge.

LES PLAGES DE L'EST

• Carte *p. 203*

¡ *Las playas del Este* ! Les plus proches de La Havane, et donc, bien sûr, celles où se rendent depuis toujours les habitants de la capitale. Ce sont 30 km de plages, le lieu de rendez-vous des Havanais pendant le week-end et surtout en juillet et août, durant les vacances scolaires, quand la chaleur est étouffante en ville.
Si vous êtes là en été, on vous conseille plutôt d'y aller en semaine, quand les plages ne sont pas bondées. On s'y rend pour la journée, mais ceux qui veulent fuir un moment la capitale sans aller loin pourront y passer une 1 nuit ou 2.

Comment y aller ?

De La Havane

➢ ***En voiture :*** sortir de La Havane par le tunnel qui conduit au fort El Morro. De là, une voie express (la vía Blanca) longe la côte et dessert les plages. Tout d'abord, ***Cojímar,*** village de villégiature d'Hemingway (voir « Dans les environs de La Havane »). Ensuite viennent les ***playa Bacuranao*** (familiale et sans grand intérêt) et ***playa Tarará.*** Puis on arrive à la grande ***playa de Santa María del Mar,*** très fréquentée par les Cubains comme par les touristes (pas très plaisante pour séjourner). Enfin, on atteint la paisible bourgade de ***Guanabo.*** C'est là qu'il est le plus facile de se loger (nombreuses *casas particulares*). Encore plus à l'est, vous tomberez sur ***playa Jibacoa,*** puis sur la ville historique et industrielle de ***Matanzas,*** petit interlude culturel avant d'arriver aux immenses plages de ***Varadero,*** star incontestée du tourisme balnéaire cubain...

– ***Avertissement :*** la route entre La Havane et Varadero est l'une des plus fréquentées par les touristes individuels. Elle est devenue depuis quelques années le terrain de jeux de quelques rois de l'entourloupe. Ils sont toujours en avance d'une trouvaille pour vous faire arrêter au bord de la route, afin de vous soutirer de l'argent (armés d'arguments bien ficelés qu'on ne vous liste pas ici). Une des dernières techniques consiste à vous arrêter avec un costume qui ressemble vaguement à celui des flics (dans les bleus), et vous demander de charger quelqu'un à bord. Sachez que les policiers ont tous des flingues et qu'il leur est tout simplement interdit de vous imposer de faire monter quelqu'un. Si ce « policier » n'est pas armé, repartez gentiment sans discuter plus avant. Pas d'inquiétude, il s'agit seulement d'une entourloupe, jamais de menaces. Mais autant éviter de vous faire abuser. Pour le stop de façon générale, relire nos conseils dans la rubrique « Transports » de « Cuba utile » en début de guide.

➢ ***En taxi :*** c'est, bien sûr, la solution la plus pratique si on ne dispose pas de voiture. Mais attention, tous les taxis ne sont pas autorisés à sortir de la capitale pour se rendre aux *playas del Este.*

➢ ***En bus :*** la ligne *hop-on hop-off* du *Habana Bus Tour* (ttes les 40 mn, tlj 9h-18h) vous emmène directement à ***Santa María*** *(Hotel Atlántico).* Départ du parque Central (en face de l'hôtel *Inglaterra*) ; env 30 mn de trajet ; billet à la journée. Plusieurs arrêts au choix le long de la plage, près des hôtels. Le bus A40 rejoint ***Guanabo.*** Il part de la station de bus près de la gare ferroviaire, entre les rues Egido et Paula, dans la vieille Havane. *Viazul* propose aussi 4 bus/j. pour les *playas del Este*. Au risque de nous répéter, pensez à réserver bien à l'avance. Ne pas négliger non plus la solution du *colectivo* (renseignements et résas possibles auprès de votre hébergement), très pratique à l'arrivée et au départ, plus rapide que les bus *Viazul* et quasiment au même prix.

➢ ***En camion :*** pour voyager à l'économie. Le terminal des camions se trouve le long de la gare ferroviaire centrale de La Havane *(Estación Este-central ; plan I, A3).*

SANTA MARÍA DEL MAR

À une vingtaine de kilomètres seulement de La Havane. Pas de village ici, mais une zone hôtelière éparpillée sur plusieurs kilomètres. C'est la plus connue des plages de l'Est, car la plus proche de la capitale, mais à part ça, il n'y a rien à faire par ici. L'ambiance est plutôt triste dans cette station qui n'a jamais trouvé sa vitesse de croisière. Comme l'hôtellerie est de qualité médiocre, on vous conseille plutôt de faire comme les Cubains de La Havane : y faire trempette sans y passer la nuit...

En été, la foule s'entasse sur la partie située en face de l'hôtel *Tropicoco.* Pour plus de tranquillité, n'hésitez pas à vous éloigner un peu vers l'ouest, en direction de Tarará où la ***playa El Megano*** est l'une des plus jolies. Ou sinon vers l'est, en direction de Guanabo, jusqu'à la ***playa Mi Cayito,*** « officiellement » réservée aux gays : un aspect insoupçonné de l'évolution des mœurs.

P Il y a des parkings (le plus souvent payants) le long de la route côtière.

Où manger ?

Mi Casita de Coral : *en venant de la voie rapide, juste à droite (à l'opposé de l'hôtel* Tropicoco) *sur la route qui longe la mer.* ☎ *7797-16-02. Tlj 10h-22h. De bon marché à prix moyens.* Petite maison rose plantée au milieu d'une vaste pelouse, à quelques encablures des gros hôtels touristiques. Elle abrite une salle assez pimpante et confortable, avec sur le côté une sympathique terrasse. Quelques pizzas (pas chères) et une carte de poissons, crevettes et langouste servis avec légumes et riz.

GUANABO

• Plan *p. 205*

À une petite dizaine de kilomètres de Santa María. C'est la 1re véritable agglomération que l'on rencontre depuis La Havane. Contrairement à Santa María del Mar, Guanabo ne vit pas seulement du tourisme, comme en témoignent ses commerces alignés de part et d'autre de l'artère principale, la 5ta avenida. Une halte pour qui souhaite profiter de la mer à proximité de La Havane, même si ce n'est pas la plus belle qu'on ait vue et que sa propreté laisse à désirer.

LES PLAGES DE L'EST ET LA PÉNINSULE DE ZAPATA

Orientation

Le point de référence, c'est la 5ta avenida où se trouvent les commerces et l'animation. Les parallèles à la mer sont affublées de numéros comme 5, 6, 7, 8... agrémentés de lettres (A et B), tandis que les perpendiculaires ont également des numéros mais bien plus grands (472, 474...). Quant à la numérotation des maisons, elle mélange les chiffres et les lettres ! En fait, le système est tout simplement kafkaïen !

Adresses utiles

Infotur (plan A1) **:** *5ta av. ; entre 468 et 470.* ☎ *7796-68-68. Tlj 8h15-16h15.* Documentation gratuite sur les plages de l'Est et la région de La Havane.

Arrêt de bus : de/vers La Havane, le bus A40 s'arrête au rond-point au tout début de la 5ta av. *(plan A1)* et la parcourt. Le terminal est, lui, situé à Peñas Altas à 2 km du centre, sur la route de Matanzas.

Station-service Cupet (plan A1) **:** *à l'entrée de la bourgade. 5ta av. ; entre 464 et 466.*

Change : *Banco Metropolitano* *(plan A1,* ***1****) 5ta av. ; entre 470 et 472. Lun-ven 8h30-15h30 et 1 sam sur 2 (mêmes horaires). Fermé dim.*

Distributeur automatique de billets à l'extérieur. **Cadeca** *(plan A1,* **2***) 5ta av. ; entre la 476 et 478. Tlj 8h30-16h (11h30 dim).*

@ **Etecsa** (plan A2, **3**) : *calle 468 ; entre 7na et 9na. Tlj 8h30-19h.* Quelques ordinateurs. Vente de cartes téléphoniques et Internet.

Où dormir ?

CHAMBRES CHEZ L'HABITANT

Les maisons les plus agréables ne sont pas situées au bord de la mer, mais sur la pente de la colline, de l'autre côté de la 5ta avenida, dans un secteur parfaitement calme et résidentiel.

Prix modérés

Mileidys y Julito *(plan A1,* **13***) : calle 468, 512 ; entre 5ta et 7ma. ☎ 7796-01-00. 📱 54-73-06-76.* ● *antuanmuriel@nauta.cu* ● Au centre du village et tout près de la mer, la maison est précédée d'un jardin verdoyant offrant un dégagement appréciable. Atmosphère plaisante dans les 2 appartements. Une chambre climatisée dans chacun (avec salle de bains), ainsi qu'une cuisine équipée, un salon et une terrasse sur l'avant pour l'un, 2 sur l'arrière pour l'autre. Depuis le toit-terrasse, vue sur des palmiers et bananiers. On a bien aimé l'accueil, pro et sympa.

Las Terrazas de Teresa *(plan A2,* **10***) : calle 472, 7B07A ; entre 7ma B et 9na. ☎ 7796-68-60. 📱 52-64-63-50.* Haute maison parée de pierre. Elle comprend 2 petits appartements situés au rez-de-chaussée, avec chambre pour 2 personnes, salle de bains, placards, petit salon et coin cuisine. Celui sur le devant est le plus agréable à notre goût. Le 2d se situe à l'étage. Ils sont tenus avec beaucoup de soin. Chacun a son entrée indépendante et sa petite terrasse, sans parler de celle du toit où la sympathique et expansive hôtesse sert le petit déjeuner et de bons repas.

Yojaida *(plan B2,* **12***) : calle 486, 7B02 ; entre 7ma B et 9na. ☎ 7796-47-42.* On loge dans un petit appartement indépendant au rez-de-chaussée de la maison. 2 chambres avec clim et chacune sa propre salle de bains, belle cuisine équipée et salon carrelé très confortable. Terrasse. Bien tenu, propre et pratique pour une famille, qui peut profiter de l'espace pour se réunir.

Où manger ?

Du fait des nombreux touristes italiens les restaurants proposent principalement des pâtes et des pizzas à Guanabo.

De bon marché à prix moyens

Paladar 421 *(plan A2,* **23***) : calle 462, nº 911 ; entre 9na et 11na. 📱 53-05-69-00. Tlj 9h-23h.* Sur les hauteurs de Guanabo, une adresse très populaire auprès des locaux comme des touristes. Dans une salle chaleureuse et impeccable, on déguste une cuisine variée, copieuse et très bien préparée, servie avec une grande gentillesse. Compositions (pantagruéliques) de poisson, poulpe et crustacés. Une petite table familiale comme on les aime.

La Casa de 5ta *(la Quinta ; plan A1,* **20***) : calle 5ta, 47203 ; entre 472 et 474. ☎ 7796-34-26. Tlj 9h-23h.* La vaste terrasse protégée, carrelée et ouverte sur la rue, devance la salle de resto. Service efficace pour une cuisine traditionnelle servie généreusement. *Paella de mariscos,* friture d'éperlans, langouste grillée, pizzas craquantes, c'est du sérieux à des prix fort raisonnables. Fréquenté à l'heure des repas aussi bien que pour boire un cocktail, au bar ou en terrasse.

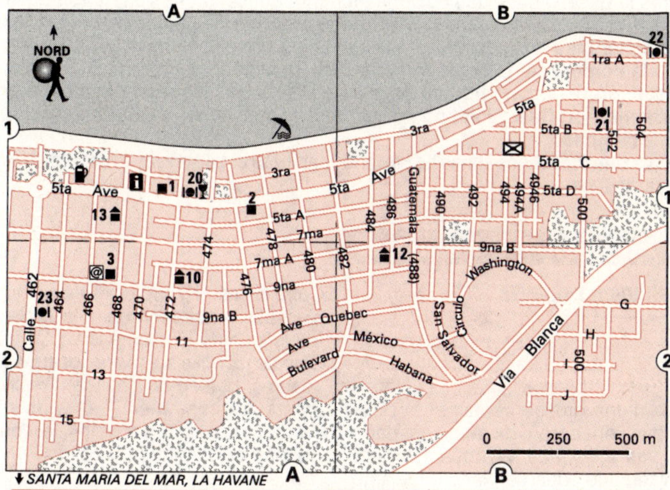

GUANABO

■ **Adresses utiles**

- Infotur (A1)
- 1 Banco Metropolitano (A1)
- 2 Cadeca (A1)
- @ 3 Etecsa (A2)

Où dormir ?

- 10 Las Terrazas de Teresa (A2)
- 12 Yojaida (B2)
- 13 Mileidys y Julito (A1)

Où manger ?

- 20 La Casa de 5ta (la Quinta ; A1)
- 21 Paladar Pizzeria Piccolo (B1)
- 22 Le Mare (B1)
- 23 Paladar 421 (A2)

Paladar Pizzeria Piccolo *(plan B1, **21**) : 5ta av. ; entre 502 et 504. ☎ 7796-43-00. S'engager dans l'impasse, c'est au fond à gauche (portail vert). Tlj 12h-23h.* On mange à l'intérieur d'une agréable maison dans un décor chaleureux, en face du grand four à bois où dorent de délicieuses pizzas. On aime autant la terrasse extérieure avec tables en carreaux cassés et soucoupes recyclées. Beaucoup de monde en saison. Il est vrai que les pizzas sont variées et généreuses. Également de bonnes pâtes aux sauces goûteuses. Et pour compléter le tableau, le service est souriant.

Le Mare *(plan B1, **22**) : calle 1ra, 50407 ; entre 504 et 506. ☎ 7796-20-37. Tlj 10h-23h.* Un coup de cœur pour l'emplacement de ce resto, pieds dans l'eau ! La salle est petite, mais qu'importe, c'est devant les flots qu'on préfère manger brochettes, fruits de mer, crustacés et poissons à prix sages. Accueil plaisant.

PLAYA JIBACOA

À une trentaine de kilomètres de Guanabo, la route conduit à Santa Cruz del Norte, ville qui n'a pas de vraie plage (ni vraiment d'intérêt), mais une côte caillouteuse. C'est dans une usine à la sortie de la ville que se concocte le célèbre rhum *Havana Club* (ne se visite pas).

Après le désert, quelques collines en pente douce et une végétation docile, on arrive à la playa Jibacoa. C'est un centre de villégiature paisible le long d'une mer bleu turquoise tout aussi calme, avec plusieurs criques. Dans ce coin-là comme sur le reste de cette côte, beaucoup de monde en été. Hors saison, en revanche, il n'y a personne : faute de village, ça semble alors vraiment mortibus. Allez, on ne va pas toujours râler, c'est bien le temps d'une baignade.

➢ Les ***bus Viazul*** des lignes La Havane-Matanzas et La Havane-Varadero s'arrêtent à Jibacoa.

Où dormir ? Où manger ?

Villa Trópico : *vía Blanca, km 60, playa Jibacoa.* ☎ *4729-52-05.* • *reserva@clubtropico.gca.tur.cu* • *villatropico-jibacoa.com* • *Possibilité de ½ pens ou pens complète.* Hôtel-club d'une grosse centaine de bungalows en béton disséminés dans un vaste espace verdoyant. Juste devant, une superbe plage ondulante et tranquille. Chambres spacieuses, équipement de qualité (clim, TV satellite, coffre...) et bon entretien général. Outre le petit déj copieux, la nourriture n'est pas le point fort de ce complexe touristique de la chaîne *Gran Caribe.* Club de plongée sur place, location de voitures, bureau de change. Piscine, 2 bars, disco... Même si vous n'y dormez pas, ça peut valoir le coup d'y passer la journée. *Pour les non-résidents, accès payant à la piscine et à la plage (10h-18h ; avec boissons à volonté, piscine et parasol ; déj en option).*

MATANZAS

145 000 hab.

• Plan *p. 207*

Après Jibacoa, la route passe sur le pont de Bacunayagua, le plus élevé du pays (112 m), qui sert de frontière entre la province de La Havane et celle de Matanzas. Près du pont, restaurant et cafétéria. Un mirador offre un panorama plongeant en direction de la mer d'un côté, la vallée de l'autre, tandis que les vautours vous passent au-dessus de la tête.
Importante ville industrielle, carrefour pétrolier, Matanzas s'étire tout en longueur, au fond de l'une des plus grandes baies de l'île. 2 fleuves, le San Juan et le Yumurí, traversent cette cité fondée à la fin du XVIIe s.
Matanzas étant une ville affairée, bruyante et assez polluée, elle ne constitue pas un lieu de séjour idéal. Malgré tout cela, on s'arrête avec plaisir pour visiter le centre historique, jeter un coup d'œil à son célèbre théâtre, se mêler au quotidien des habitants et, dans les environs, découvrir une jolie grotte. Bref, il n'y a pas de quoi s'éterniser, mais l'étape ne manque pas d'intérêt.

UN PEU D'HISTOIRE

Devenue au XIXe s le centre culturel le plus important de l'île (avant d'être doublée par La Havane), Matanzas fut baptisée « l'Athènes de Cuba » ! Bon, « athénuons » ces élans patriotiques un poil exagérés. Elle a conservé d'intéressants témoignages de ce passé glorieux, notamment de belles demeures coloniales. Lieu de naissance du *danzón* (ancêtre du mambo et

MATANZAS

■ Adresses utiles

- Infotur (A2)
- 1 Banco de Crédito y Comercio (A2)
- 2 Cadeca (B2)
- @ 3 Etecsa (A-B1)

Où dormir ?

- 11 Hostal Alma et Hostal Azul (A1-2)
- 12 Casa Rabelo (A2)
- 14 Hostal Roberto y Margarita (B1)
- 15 Hotel Velasco (A1)

Où manger ?

- 15 Libertad, resto de l'Hotel Velasco (A1)
- 21 Le Fettuccine et Bistro Kuba (A1-2)
- 23 San Severino (A1)

Où boire un verre ? Où sortir ?

- 30 La Vigía (B2)
- 31 Galerie ACAA (B2)
- 32 Le quai du río San Juan (B2)
- 33 Cabaret Le Tropicana (hors plan par B2)

du cha-cha-cha), c'est aussi la capitale des *paleros*, chanteurs sacrés de la religion afro-cubaine. C'est également le berceau de la rumba, dont elle est la capitale incontestée (ne ratez pas l'un de ses meilleurs groupes, les *Muñequitos de Matanzas*).

Arriver – Quitter

En bus

***Station de bus** (hors plan par B2)* **:** *tt au bout de la calle 171 (calzada Estebán), à l'angle de la calle 272. À env 1 km au sud du centre, en direction de Varadero, dans l'ancienne gare ferroviaire.* Liaisons assurées par *Viazul.* S'y rendre en taxi depuis le centre-ville.

➢ ***La Havane :*** 4 bus/j., 9h-19h. Trajet : env 2h. Le bus de 9h continue jusqu'à ***Pinar del Río*** (trajet : 6h15) et ***Viñales*** (trajet : 6h30).

➢ ***Trinidad, via Cienfuegos :*** 1 bus/j. à 10h. Trajet : 6h40 et pour Cienfuegos (8h30 pour Trinidad).

➢ ***Varadero :*** 3 bus/j., 10h-14h15. Trajet : env 30 mn. Tous passent par l'aéroport de Varadero.

Adresses utiles

■ ***Infotur*** *(plan A2)* **:** *calle 85, esq. Ayuntamiento. ☎ 4525-31-62. Tlj sauf dim 8h30-17h30 (15h sam).* Accueil serviable, bons renseignements sur les visites et excursions à faire dans les environs.

■ ***Banco de Crédito y Comercio*** *(plan A2,* ***1****)* **:** *calle 85 (Medio) ; entre 288 et 282. Lun-ven 8h-16h30. Fermé le w-e.* Change. Retrait possible avec cartes *Visa* et *MasterCard.*

■ ***Cadeca*** *(plan B2,* ***2****)* **:** *calle 85 (Medio) ; entre calle 280 et 282. Tlj 8h30-19h30 (17h30 dim).* Bureau de change.

■ @ ***Etecsa*** *(plan A-B1,* ***3****)* **:** *sur Jovellanos (calle 282), esq. Milanés (calle 83). Tlj 8h30-19h.* Vente de cartes téléphoniques et accès Internet.

■ ***Stations-service Cupet*** **:** *plusieurs, dont une à chaque extrémité de la ville.*

Où dormir ?

CHAMBRES CHEZ L'HABITANT

Prix modérés

Hostal Alma *(plan A1-2,* ***11****)* **:** *calle 83 (Milanés), 29008 ; entre Santa Terasita (290) et Zaragoza (292). ☎ 4529-08-57. 52-83-14-79. • hostalalma63@gmail.com •* En plein centre, à l'étage d'une grande maison coloniale plus que centenaire dégageant beaucoup de charme. Généreux salons avec vitraux et rocking-chairs et, au fond, des chambres donnant sur une grande terrasse intérieure extra, très au calme. 3 chambres avec grandes salles de bains, clim, sèche-cheveux, frigo. Une intéressante familiale (jusqu'à 5 personnes) avec salle de bains privée (mais à l'extérieur). Ne manquez pas la terrasse sur le toit, avec superbe vue panoramique. Charmant accueil de Mayra. Une excellente adresse. On peut y manger, y compris de la langouste selon arrivage.

Casa Rabelo *(plan A2,* ***12****)* **:** *calle 292 (Zaragoza), 8304. ☎ 4524-34-33. 53-99-04-42. • morirabelo@gmail.com •* Se plier en 4 est tout naturel pour Mori, qui cherche avant tout à satisfaire ses hôtes. Elle les accueille dans un français qui ne demande qu'à s'améliorer. 2 chambres de plain-pied, bien au calme et climatisées. Comme aucune ne donne sur la rue passante, on dort sans les fréquentes nuisances sonores. Charmant patio verdoyant.

Hostal Azul *(plan A1-2,* ***11****)* **:** *calle 83 (Milanés), 29012. ☎ 4524-24-49. 52-73-79-03. • hostalazul.cu@gmail.com •* Noble demeure à la grande porte cloutée couleur... azur. Joel, le gendre de Mayra (proprio de la maison voisine, l'*Hostal Alma*), loue 3 chambres vastes et confortables (clim, ventilo, frigo). Dans le patio, calme olympien et belle hauteur sous plafond laissent une impression apaisante. Au bar, joli carrelage en damier.

Hostal Roberto y Margarita *(plan B1,* ***14****)* **:** *calle 79, 27604 ; entre 276 et 280. ☎ 4524-25-77. 52-39-71-20. • roberto.margarita2000@gmail.com •* Une ancienne demeure fin XIXe s de style colonial, offrant 5 chambres spacieuses (2-3 personnes) avec frigo garni, propreté correcte, literie un peu fatiguée. 4 d'entre elles, climatisées, sont alignées sur l'agréable patio, un peu comme dans un motel. La 5e, perchée à l'étage, est simplement ventilée. Bon accueil et savoureuse cuisine à prix honnêtes.

HÔTEL D'ÉTAT

De prix modérés à chic

Hotel Velasco *(plan A1,* ***15****)* **:** *calle 79 (Contreras) ; entre Santa Teresa et Ayuntamiento. ☎ 4525-38-80. • www.hotelvelascomatanzas.com • (payant).* Bel édifice néoclassique de 1902 entièrement restauré, donnant sur la jolie place centrale de Matanzas, et à côté de la façade rose du théâtre. Vaste hall à colonnes et moulures, avec bar et coin salon. Chambres spacieuses et confortables (clim, minibar, etc.), avec un joli petit charme d'époque. L'édifice aurait tout pour plaire, mais... les chambres standard, disposées autour du patio où sont servis les repas, sont hélas sans fenêtre. Quant aux 4 *junior suites,* elles ouvrent leurs larges fenêtres sur la place principale, franchement bruyante (boules *Quies* indispensable). Le resto *Libertad,* au rez-de-chaussée, dans une immense salle au plafond ouvragé, constitue une agréable surprise. Présentation soignée, plats goûteux et service attentionné.

Où manger ?

De bon marché à prix moyens

🍽 ⛱ ***Bistro Kuba*** *(plan A1-2,* ***21****) : calle 83 (Milanés), 29014 ; entre Zaragoza et Santa Teresa. 📱 4526-14-65. Tlj 12-23h.* Le rez-de-chaussée est occupé par un surprenant *bar-lounge* éclairé uniquement par des néons de couleur. On grimpe à l'étage pour découvrir la salle de resto, pimpante et design, dans les tons vert pomme et gris. Également quelques tables sur le toit-terrasse. Au menu, des spécialités fort réussies comme le porc grillé et le lapin à l'étouffée, ainsi que du poisson bien préparé. C'est bon, copieux et joliment présenté, le tout à des prix étonnamment doux et assorti d'un accueil prévenant. Un lieu qui s'efforce (un peu trop) d'être à la mode, mais vu que la qualité suit, ça fonctionne plutôt bien.

🍽 ***Le Fettuccine*** *(plan A1-2,* ***21****) : calle 83 (Milanés), 29018 ; entre Zaragoza et Santa Teresa. 📱 54-12-25-53. Tlj sauf jeu 13h-20h30.* Raviolis, lasagnes, spaghettis, et bien sûr les *fettucine* de l'enseigne... Voilà un échantillon des pâtes artisanales élaborées dans ce resto pas plus grand qu'un mouchoir de poche (3 tables, ni plus, ni moins !). Avec des sauces délicieuses, c'est juste un régal !

🍽 ***San Severino*** *(plan A1,* ***23****) : calle 290 (Santa Terasita) ; entre Milanés et Contreras. ☎ 4528-15-73. Tlj sauf mer 12h-23h.* Grande et noble demeure coloniale. Au 1er étage, salle très haute de plafond avec larges baies donnant sur le parque Libertad. Mobilier et carrelage anciens, atmosphère tamisée, tables bien séparées, idéal pour un repas intime et paisible (à propos, 2 tables pour soupers romantiques sur les petits balcons, penser à réserver). Cuisine classique, sans trop d'élans créateurs mais bien exécutée.

🍽 Voir aussi ***Libertad*** *(plan A1,* ***15****),* le resto de l'*Hotel Velasco,* étonnamment bon marché par rapport au standing.

Où boire un verre ? Où sortir ?

🍸 ⛱ ***Le quai du río San Juan*** *(plan B2,* ***32****) : calle 97.* Sans doute le coin le plus sympa de Matanzas pour laisser filer le temps. La rive du San Juan a été aménagée en promenade piétonne, à l'abri du tumulte de la ville. Dans les anciens entrepôts, une poignée de bars avec terrasse *(ouv jusqu'à 2-3h du mat),* un café-glacier et de petites galeries d'art se sont installés. De quoi insuffler une nouvelle dynamique à ce lieu désormais animé, de jour comme de nuit, par les couples d'amoureux qui déambulent et les grappes de jeunes qui en ont fait leur point de ralliement favori. Les cocktails ne vous ruineront pas et on peut même picorer des tapas pour faire durer le plaisir.

🍸 ⛱ ***La Vigía*** *(plan B2,* ***30****) : calle 85 y calle 272, face à la caserne des pompiers. Tlj 11h-23h.* Vaste troquet haut de plafond soutenu par de minces colonnes de fonte ; en fait, le 1er bar ouvert en ville. Face au théâtre, il devait recevoir les belles sortant du spectacle au XIXe s. Aujourd'hui, des habitués, une poignée de soiffards et une pincée de touristes fréquentent la terrasse et ses grosses arcades. En revanche, évitez d'y manger.

Galerie ACAA *(plan B2,* ***31****) : calle 85 (Medio) ; entre Matanzas et Jovellanos. Lun-sam 8h-18h ; danse ven-sam à 20h30. Fermé dim.* Cette superbe façade jaune et blanc, abondamment ornementée, abrite une modeste galerie d'art et un salon de thé paisible dans un vaste patio. Grimpez sur le toit pour boire un verre au bar en profitant de la vue depuis le mirador !

Cabaret Le Tropicana *(hors plan par B2,* ***33****) : ☎ 4526-53-80. • cabaret-tropicana.com • À env 9 km de Matanzas, en direction de Varadero. Tlj 20h30-0h30. Spectacle (env 2h) vers 22h. Résas dans les agences et hôtels de Varadero. La formule comprend le transfert (départ à 20h-20h30, retour vers 1h-1h30 du mat), le spectacle, ¼ de bouteille de rhum/pers, 1 boisson sans alcool et des cacahuètes ! Tenue « élégante décontractée » requise.* On n'y vient pas exprès, mais si on est dans le coin, pourquoi pas ! C'est l'un des avatars du cabaret historique de La Havane. Architecture qui vieillit mal (ses structures métalliques le font ressembler à une centrale sucrière désaffectée). Mais on s'en fiche, c'est la scène qu'on regarde et le spectacle fait de paillettes et de strass, de jolies filles partiellement dénudées (ou petitement vêtues), au talent fou, qui dansent, chantent, jouent de la musique... Jusqu'à 200 danseurs et musiciens sur scène !

À voir

Teatro Sauto *(plan B2) : pl. Vigía. Visite guidée (payante) seulement, ttes les heures 10h-16h.* Bel exemple d'architecture néoclassique dessiné par l'Italien Daniel Dall'Aglio. Construit en 1863, il s'appela théâtre Estebán jusqu'en 1899, puis il prit le nom du richissime docteur et mécène Sauto. Longtemps, il fut le théâtre le plus réputé de Cuba : Caruso et Sarah Bernhardt (dans *La Dame aux camélias*) s'y produisirent en 1887. La salle de spectacle à l'italienne et à 4 balcons peut accueillir 780 spectateurs. Elle est toujours équipée des sièges d'époque, en métal, bois et tressage de paille.

Museo de Bomberos *(plan B2) : pl. Vigía. Tlj sauf dim 10h-16h (12h sam). GRATUIT.* L'antique caserne des pompiers s'est refait une jeunesse et abrite désormais un plaisant musée qui mérite un petit coup d'œil. Quelques très beaux camions (le plus ancien, à vapeur, date de 1864), des uniformes et casques du monde entier, ainsi que l'histoire des *bomberos* cubains expliquée sur des panneaux en espagnol.

Ediciones Vigía *(plan B2) : pl. Vigía. Lun-sam 8h-16h (13h sam). Fermé dim. GRATUIT.* Cette maison d'édition unique à Cuba fait de jolis petits livres de dessins à tirage très limité, de manière artisanale. L'édifice qui l'abrite date de 1821 et eut différentes affectations. Vers 1840, il appartenait à un Français, M. Deville, qui y vendait des instruments de musique et des partitions. Aujourd'hui, les employés vous expliquent gentiment leur travail (en espagnol). Un dessinateur crée les formes, puis les dessins sont mis en couleurs dans l'atelier. Les collections couvrent la littérature, la poésie, les contes, les livres de musique et de théâtre, avec des auteurs aussi bien cubains qu'étrangers. Également de jolis carnets.

Museo provincial *(plan B1-2) : en face du teatro Sauto, sur Milanés. Mar-sam 9h-12h, 13h-17h ; dim 9h-12h. Fermé lun. Entrée payante.* Ancien palais de Don Vicente de Unco y Sardinas, de style néocolonial. Un gentil fourre-tout sur 2 niveaux : éléments sur l'esclavage, diverses entraves, armes anciennes, objets religieux, copies de gravures anciennes, outils agricoles, etc. On verra encore une modeste section d'archéologie et la reconstitution d'un salon bourgeois du XIXe s. Tribune en bois de prof d'université de médecine. Et puis, dans une petite salle aux murs couverts de tissu satiné violet comme à l'intérieur d'un cercueil, une curiosité : un corps de femme morte en 1872 et trouvée en 1965, momifiée naturellement grâce à la composition du sol où elle fut enterrée (seuls les cheveux sont faux). Dans une vitrine, on a même conservé quelques organes déshydratés (!).

Museo farmacéutico *(plan A1-2)* **:** *parque de la Libertad, calle 83 (Milanés), 4951. Tlj 10h-17h (16h dim). Entrée payante.*
Située dans une belle maison coloniale où vécurent le pharmacien et sa famille, cette pharmacie française du XIXe s est unique au monde ! Elle fonctionna jusqu'au 1er mai 1964, avant de devenir le 1er musée pharmaceutique d'Amérique latine. Luxueux étalages en bois précieux (principalement du cèdre), couverts de pots de porcelaine. Sur le comptoir : des bonbonnes en cristal de Bohême, une balance de marbre et bronze, une caisse enregistreuse comme au bon vieux temps... Parmi les objets les plus insolites, un moule à suppositoires (!). Placards de médicaments importés de pays européens. Dans l'arrière-boutique, la table à mortiers, la réserve, pleine de potions magiques, huiles essentielles, élixirs et plantes médicinales cubaines, alambics et grands chaudrons... Imposants registres médicaux (55 tomes). Émouvant : le livre à prescriptions des potions depuis le 1er jour. Dans le labo au fond, alambics en cuivre pour l'eau, l'huile et l'alcool, chaudron servant aux distillations et aux stérilisations, pressoir et des milliers de vieilles fioles.

Museo de Arte *(plan B1)* **:** *calle 79 ; entre Matanzas et Jovellano. Tlj sauf lun 9h-12h, 13h30-16h (13h dim). Entrée payante.* Après une section peinture assez éclectique, une riche expo d'art africain, avec des pièces remarquables comme les fétiches congolais, les masques élaborés de diverses ethnies... Dans un autre registre, reconstitution d'une salle à manger du XIXe s, avec de jolies porcelaines. Expos temporaires de photos et peintures.

Catedral de San Carlos Borromeo *(plan A-B2)* **:** *entre la pl. de Armas et la pl. Vigía, sur la calle Milanes (83), à l'angle de la calle 282.* Édifiée en 1730 dans un style espagnol baroque. Façade et intérieur assez sobres.

DANS LES ENVIRONS DE MATANZAS

Cuevas de Bellamar *(hors plan par B2)* **:** *finca La Alcancia, à 5 km au sud-est de la ville. Pas de fléchage. ☎ 4525-35-38. Le bus n° 12 s'y rend (arrêt devant la cathédrale). Tlj. Départs des visites guidées en espagnol ou en français (env 1h) à 9h30, 10h30, 11h30, 13h15, 14h15, 15h15 et 16h15. Entrée payante ; droits photos et films en sus. Parking payant.*
Découverte en 1861, on estime sa formation à plus de 300 000 ans avant notre ère. Pas très profonde (à peine à 30 m sous la terre), elle présente 38 km d'intéressants souterrains ponctués par des piscines naturelles. En revanche, la visite n'en révèle que 750 m. Cette grotte se caractérise par les belles couleurs de ses concrétions et ses énormes stalactites. On y accède en descendant (puis grimpant) 159 marches. Beaucoup d'humidité à l'intérieur. L'éclairage met bien en valeur l'ensemble. Un film en 3D (quand il fonctionne !) présente certaines concrétions non visibles pendant la visite et les récentes découvertes des équipes de spéléologues français et italiens. Les passionnés de spéléo pourront participer au ***tour de las esponjas*** (stalactites en forme d'éponges). Ce parcours est plus sportif et nécessite un équipement de spéléologue (casque et lampe) que l'on vous prête. Il permet d'accéder à la partie non éclairée de la grotte. *2 visites/j. (en espagnol, 10 pers max) : à 10h et 13h. À réserver lors de l'achat des billets. Durée : env 45 mn.*

➢ **Río Canímar** *(hors plan par B2)* **:** *10 km après la sortie est de Matanzas, passer le grand viaduc, descendre à gauche et une fois à la fourche, tourner à gauche. En bus, prendre le n° 16 ou 17 devant la cathédrale, puis descendre à pied. Tarifs excursion et locations à consulter.* Ce centre nautique propose une gentille petite excursion en bateau d'une cinquantaine de personnes comprenant une halte à la *Arboleda* en amont du fleuve. En fait, on s'intègre sur place à un groupe, selon le bon vouloir du capitaine. Bon, c'est sympathique sans pour autant casser 3 pattes à un canard ! Pour plus d'autonomie, on peut louer sa propre embarcation. Pour combiner plus d'activités (bateau, repas, cheval...), s'adresser à une agence de Varadero.

VARADERO

22 000 hab.

• Vue d'ensemble (plan I) *p. 214-215* • Centre (plan II) *p. 216-217*

À 40 km de Matanzas. La vía Blanca conduit en ligne droite à la longue péninsule ourlée de sable blanc (20 km de plages !). Et sur toute sa longueur, une mer de rêve, à la fois azur, émeraude et turquoise... Hmm !
Ce site superbe, gâté par la nature, a fait du village de Varadero une station balnéaire réputée dans le monde entier. C'est ici que fut construit le 1er hôtel balnéaire de l'île, en 1940. Aujourd'hui, Varadero est de loin le lieu le plus touristique de Cuba, avec près de 2 millions de touristes par an et plus de 20 000 chambres. Les investissements ont suivi l'ouverture de l'aéroport international, transformant l'endroit en station organisée à l'américaine, avec ses complexes hôteliers pharaoniques, ses voitures de luxe, ses allées bordées de palmiers, ses pizzerias. On se croirait presque en Floride... et vraiment si peu dans une ville cubaine !
Cependant, si, il y a encore peu de temps, Varadero n'était vraiment pas notre tasse de thé, car on ne pouvait s'y loger qu'en *todo incluido* dans les grands hôtels, les choses ont heureusement évolué. Depuis l'ouverture des *casas particulares* et de *paladares* officiels (2011), la station est accessible à toutes les clientèles, même aux routards au porte-monnaie mollement garni. Et ça, c'est une vraie bonne nouvelle !
Alors si vous rêvez de quelques jours de farniente tranquille, à moins de 3h de La Havane, amis routards, cette destination peut vous convenir. Et puis, le soir, allez donc écouter de la musique dans les clubs réputés de la ville.

Arriver – Quitter

En bus

🚌 ***Terminal des bus Viazul*** *(terminal d'ómnibus interprovinciales ; plan II, C2)* **:** *au carrefour de la calle 36 et de l'autopista Sur.* ☎ *4561-48-86. Vente de billets 8h-16h. Réserver le plus tôt possible.*
➢ ***La Havane :*** 4 bus/j., 8h-18h. Trajet : 3h. Le bus de 8h continue jusqu'à ***Pinar del Río*** (trajet : 6h30), puis ***Viñales*** (trajet total : 7h15).
➢ ***Matanzas :*** 4 liaisons/j. Trajet : env 1h.
➢ ***Trinidad, via Santa Clara et Cienfuegos :*** 1 liaison/j. à 7h25. Trajet : 3h pour Santa Clara ; 4h30 pour Cienfuegos ; env 6h jusqu'à Trinidad.
➢ ***Santiago :*** 1 seul départ à 21h. Env 15h de trajet. Dessert au passage ***Santa Clara, Sancti Spíritus, Ciego de Ávila, Camagüey*** et ***Holguín.***

À plusieurs, faites vos calculs : quelquefois, la différence de prix n'est pas énorme entre le bus et le *colectivo,* qui vient vous chercher à votre *casa* et vous fait gagner du temps.

➢ ***Aéroport de La Havane :*** un bus *Transtur* fait le trajet Varadero-aéroport de La Havane sans passer par le centre de la capitale.

À réserver la veille dans une agence *Cubatur.* Départ 5h avt le vol.

En taxi

➢ ***La Havane :*** si vous ne souhaitez pas prendre le bus, des taxis ou des chauffeurs privés proposent leurs services pour La Havane (ils stationnent devant le terminal des bus). Certains attendent que le véhicule soit plein pour partir : si vous ne souhaitez pas partager, il faut payer le taxi entier. Dans tous les cas, négocier impérativement le prix.

En voiture

Péage à l'entrée et à la sortie de la péninsule.

En avion

✈ ***Aéroport international Juan Gualberto Gómez*** *(hors plan I)* ***:*** *à 25 km à l'ouest de Varadero (centre), sur la route de La Havane.* ☎ *4524-70-15.* Essentiellement des vols charters pour le Canada (Toronto et Montréal) et quelques-uns pour l'Europe. Agences de voyages et de loc de voitures *(Cubacar),* distributeurs automatiques (*Visa* et *MasterCard*) et *Cadeca* (bureau de change ; ouv aux heures des vols). Réservez un taxi auprès de votre hôtel. Ts les bus *Viazul* (sauf celui de 8h) reliant Varadero à La Havane desservent l'aéroport.

➢ ***Cayo Largo :*** 1-2 vols/j. avec *Cubana de Aviación.* Durée de vol : 45 mn.

Topographie

S'orienter à Varadero est d'une simplicité enfantine : les rues sont toutes parallèles et numérotées dans l'ordre, de 1 à 69, en commençant à l'entrée de la ville. Elles croisent 5 avenues parallèles au rivage, la 1ra avenida faisant office d'artère principale. Le « centre » lui-même se concentre entre les calles 14 et 62 *(plan II)* et se compose essentiellement de pavillons espacés, construits dans les années 1970. En amont (au sud-ouest) et surtout au nord-est s'étalent d'énormes hôtels-clubs à l'architecture souvent massive. Tout au bout, la ***punta de Morla*** est occupée par la déprimante *marina Gaviota,* quasi déserte et sans intérêt pour les routards.

Comment se déplacer ?

➢ ***En bus public :*** une ligne parcourt la 1ra av. Faible fréquence. Compter 0,50 peso cubain à payer dans le bus.

➢ ***En navette touristique :*** le *Varadero Beach Tour* propose des bus ouverts à 2 étages, qui tournent en boucle de *punta Arenas (plan I)* à la *marina Gaviota (plan I).* Ils marquent l'arrêt aux différents centres d'intérêt de la ville. Tlj 9h-21h, ttes les 15 mn. Billet valable tte la journée.

➢ ***À scooter :*** loc auprès des agences *Cubacar.* Voir la rubrique « Adresses et infos utiles » ci-après.

➢ ***En coco-taxi ou en calèche :*** ils arpentent en permanence la 1ra av. Négociez fermement le parcours et le tarif avant de monter. Les tarifs (à l'heure et par personne) sont parfois affichés sur la calèche, mais pas toujours...

Adresses et infos utiles

Informations touristiques, divers

i *Infotur* *(plan II, A2)* ***:*** *esq. calle 13 et 1ra av.* ☎ *4566-29-66/61. Lun-ven 8h30-17h (15h sam). Fermé dim.* Quelques brochures et un plan de Varadero. Autre bureau au centre *Plaza América (plan I,* ***75****),* 2e étage, mêmes horaires.

■ ***Cubatur*** *(plan II, B2,* ***2****)* ***:*** *calle 33 et 1ra av.* ☎ *4566-72-16/17. Tlj 7h30-19h.*

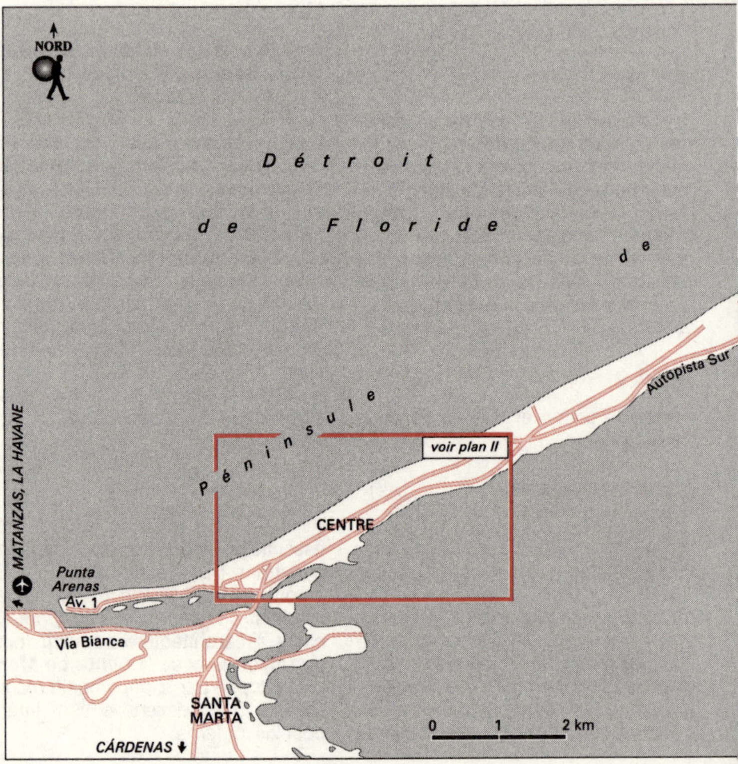

Résa d'hébergements, d'excursions, de transferts, de vols domestiques... Également des bureaux à l'aéroport, dans la plupart des hôtels et au centre *Plaza América (plan I, **75**).*

■ ***Havanatur*** *(plan II, B2, **3**)* **:** *calle 31, entre 1ra av. et Playa.* ☎ *4566-72-03. Bureau de vente 9h-17h30.* Résas d'hôtels et d'excursions. *Autre agence, calle 40, angle 1ra (plan II, C1, **4**).* On trouve aussi un agent *Havanatur* dans tous les grands hôtels.

■ ***Consulat du Canada*** *(plan II, A2, **5**)* **:** *calle 13, 422 ; entre 1ra av. et Playa.* ☎ *7204-25-16. Lun-ven 9h-17h. Fermé le w-e.*

■ ***Policia y Inmigración*** *(plan II, C1, **6**)* **:** *1ra av. y calle 38.* ☎ *106 ou 4561-34-94. Lun-ven 9h-16h. Fermé le w-e.*

Pour les déclarations de vol, il faut aller au village de Santa Marta, à 3 km direction Cárdenas. Dans le centre du bourg, à droite. Une véritable épreuve ! Longues formalités et tout juste si ce n'est pas vous le coupable !

Santé

■ ***Clínica internacional*** *(Clínica del Sol ; plan II, D1)* **:** *esq. 1ra av. et calle 61.* ☎ *4566-77-10/11. Permanence et urgences 24h/24. Réservé aux patients étrangers. Tlj 9h-18h.* Labo, radio, stomato, pharmacie et ambulances. Médecins anglophones.

■ ***Farmacia*** *(plan II, C1, **7**)* **:** *esq. calle 44 y Playa. Tlj 8h30-20h.* En face du centre commercial *Hicacos*. Voir

VARADERO – Vue d'ensemble (Plan I)

également la pharmacie de la ***Clínica internacional*** plus haut.

Télécommunications

■ **@ *Etecsa*** *(plan II, B2,* ***8****)* **:** *esq. 1ra av. et calle 30. Tlj 8h30-19h.* Vente de cartes téléphoniques nationales, internationales et connexion internet. *Autre bureau (plan II, C1,* ***1****) dans le centre commercial Hicacos. Tlj 9h-20h30.* 2 ordis à disposition ou au centre *Plaza América (plan I,* ***75****).* Quelques kiosques de vente également, répartis dans la ville.

***Wifi* :** les points de connexion au wifi sont indiqués sur les plans I et II. Pas difficiles à repérer, ils aimantent des grappes de Cubains et touristes rivés à leur écran. Débit variable selon l'heure... Les grands hôtels proposent également le wifi payant, avec leur propre système de carte. En revanche, les *casas particulares* sont rarement dotées d'une connexion.

Banques, change

■ ***Banco Financiero Internacional*** *(plan II, B1-2,* ***9****)* **:** *1ra av., 3202, angle calle 32. ☎ 4566-70-02. Tlj 9h-19h (14h dim).* Pour changer de l'argent ou en retirer avec une carte *Visa* ou *MasterCard* (avoir son passeport). Pas de distributeur.

■ ***Banco de Crédito y Comercio*** *(plan II, B1,* ***10****)* **:** *1ra av. ; esq. calle 36. ☎ 4561-20-20. Tlj sauf dim 9h-15h (11h sam).* Retrait au guichet avec une carte *Visa* ou *MasterCard* et

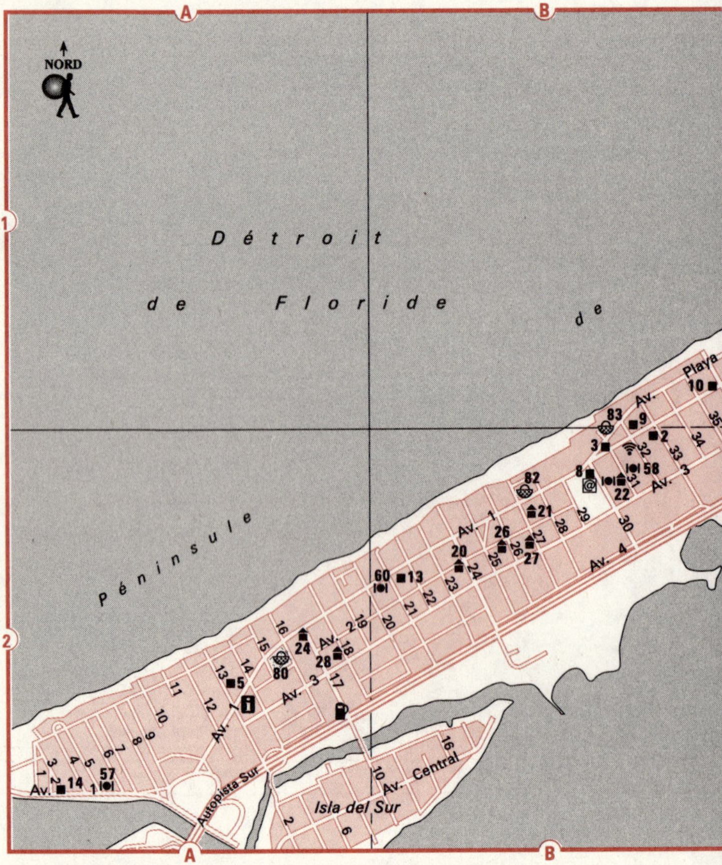

■ Adresses utiles

- 🅘 Infotur (A2)
- ✚ Clínica internacional (D1)
- @ **1** Cadeca et Etecsa (C1)
- **2** Cubatur (B2)
- **3** et **4** Havanatur (B2 et C1)
- **5** Consulat du Canada (A2)
- **6** Policia y Inmigración (C1)
- **7** Farmacia (C1)
- @ **8** Etecsa (B2)
- **9** Banco Financiero Internacional (B1-2)
- **10** Banco de Crédito y Comercio (B1)
- **11** Banco Popular de Ahorro (C1)
- **12** Cubana de Aviación et Cubacar (D1)
- **13** Cubacar (B2)
- **14** Club Barracuda (A2)

Où dormir ?

- **20** Casa Gloria Estévez (B2)
- **21** Casa Betty Mar (B2)
- **22** Casa Omar y Anabel et Casa Betty y Jorge (B2)
- **23** Casa Ricardo Martinez Montada (D1)
- **24** Casa Lola (A2)
- **25** Casa Marlen (C1)
- **26** Casa Monzón et Casa Emily's Suite (B2)
- **27** Casa Orlando (B2)
- **28** Bebita (A2)
- **29** Casa Leila (D1)

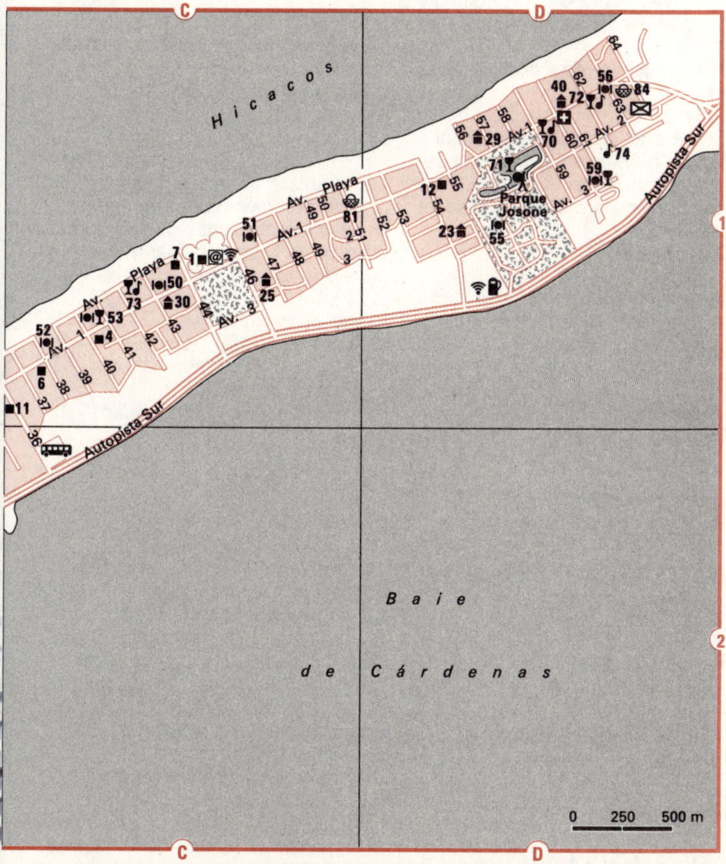

VARADERO – Centre (Plan II)

30 Casa Mary y Angel (C1)
40 Hôtel Starfish Cuatro Palmas (D1)

Où manger ?

22 Don Alex (B2)
50 La Rampa (C1)
52 Paladar Nonna Tina (C1)
53 La Boguedita del Medio (C1)
55 La Campana (D1)
56 La Fondue (D1)
57 Kiki's Club (A2)
58 Paladar Salsa Suárez (B2)
59 Varadero 60 (D1)
60 Paladar La Vaca Rosada (B2)

Où boire un verre ? Où sortir ?

70 Beatles (D1)
71 Kiosko-bar Varadero 1920 (D1)
72 Calle 62 (D1)
73 Casa de la Música et Factoria 43 (C1)
74 Havana Club (D1)

Achats

80 Parque de la Artesania (A2)
81 Los Caneyes Feria artesanal (C1)
82 Casa del Tabaco (B2)
83 Casa del Tabaco (B1-2)
84 Casa del Habano (D1)

change (avec passeport). Distributeurs automatiques à l'extérieur (*Visa* et *MasterCard*).

■ ***Banco Popular de Ahorro*** (plan II, C1, **11**) : *calle 36 ; entre 1ra et 2da av.* ☎ *4561-33-61. Tlj sauf dim 8h30-17h30.* Retrait au guichet avec une carte *Visa* ou *MasterCard* (avec passeport). Distributeur automatique accessible en permanence (*Visa* et *MasterCard*).

■ ***Cadeca*** (plan II, C1, **1**) : *1ra av. ; entre calle 44 et 46. En ½ sous-sol du centre commercial* Hicacos, *circular 6. Tlj 8h30-18h.*

Transports

Taxis OK : ☎ *4561-44-44.*

■ ***Cubana de Aviación*** (plan II, D1, **12**) : *1ra av., à l'angle de la calle 55.* ☎ *4561-18-23/25. Lun-ven 8h30-16h. Fermé le w-e.* Pour confirmer ses vols et acheter des billets.

■ ***Cubacar*** (plan II, B2, **13**) : *1ra av. ; entre calle 21 et 22.* ☎ *4566-73-32. Tlj 9h-17h. Location pour une durée de 4h, 8h ou 24h. Caution exigée.* Quasi impossible d'obtenir une auto sans réservation. Pour les ***scooters,*** passer à l'ouverture avec passeport, permis et adresse de votre hébergement. *Autre bureau juste à côté de Cubana de Aviación (plan II, D1, **12**) : sur la 1ra av., à l'angle de la calle 55.* ☎ *4561-19-75. Tlj 8h-20h ; d'autres agences en ville dans ou à proximité des grands hôtels ou encore à l'aéroport.*

■ ***Station-service Cupet*** (plan II, A2 et D1).

Où dormir ?

CHAMBRES CHEZ L'HABITANT

Les *casas particulares* ont fleuri à Varadero comme les marguerites au printemps. La plupart d'entre elles proposent un service de restauration. Menu fixe très copieux, mais plus cher qu'un plat au resto si vous avez un petit appétit.

Prix modérés

Casa Mary y Angel (plan II, C1, **30**) : *calle 43, 4309 ; entre 1ra y 2da.* ☎ *4561-23-82. • casamaryyangel.com • Clim.* Très bien situé, proche à la fois des plages et des commerces. Autour d'une cour tranquille, 2 chambres doubles et 1 triple méticuleusement tenues et sobrement décorées. On y trouve tout le confort nécessaire, avec en prime un parking pour la nuit. Accueil pro et enjoué. Une affaire familiale qui tourne comme une horloge.

Casa Betty y Jorge (plan II, B2, **22**) : *calle 31, 108A ; entre 1ra et 2da av.* ☎ *4561-25-53.* 📱 *52-89-04-01. • bettylisbet@yahoo.es • Clim et ventilo.* 2 chambres au rez-de-chaussée d'une massive villa vert et blanc, avec entrée indépendante. Betty, la proprio, vit à l'étage. Chambres tout confort avec frigo, rangements, coffre et cuisine à disposition dans l'une d'elles. Grande cour bien au calme, avec paillote et chaises longues. Le neveu de Jorge, excellent cuisinier, mitonne de bons repas.

Casa Ricardo Martinez Montada (plan II, D1, **23**) : *calle 54, 501A, à proximité de la 6ta av.* ☎ *4561-41-90. Clim.* Un appartement de plain-pied composé de 2 chambres avec entrée indépendante. Bien que petites, elles sont agréables, avec salle de bains privée, frigo, cuisine et un salon de poche. Jardinet verdoyant sur le côté. Pas de petit déjeuner ici, mais la cafétéria voisine, *Los Tres Cerditos,* sert des plats à prix modiques. Bon accueil. Parking privé.

Casa Betty Mar (plan II, B2, **21**) : *calle 27, 107 ; entre 1ra et 2da.* ☎ *4561-29-73.* 📱 *52-47-68-69. • bettymarvaradero@gmail.com • Clim.* La haie parfaitement taillée devant la maison est une belle introduction à ce petit univers. 4 chambres, dont une *pequeñita* (pas moins chère). De plain-pied, elles donnent sur un jardinet et une cour. Et la maison des proprios fait écran aux rumeurs de la rue, par ailleurs assez calme. Tout le confort habituel des *casas particulares* et un accueil à la fois doux et réservé.

Casa Leila *(plan II, D1,* ***29****) : calle 57, 6 ; entre 1ra av. et Playa. ☎ 4566-92-41. 📱 58-37-31-18. Pas de petit déj. Clim.* Un lieu modeste et tranquille qu'on aime bien. Le pavillon est posé à 50 m de la plage, en retrait de l'avenue : une situation vraiment optimale ! La sympathique Señora Leila y loue une chambre double et un appartement pour 3-4 personnes. Chambre à 2 lits avec salle de bains, accessibles par une terrasse privée. La balancelle invite au farniente pour qui se lasserait du sable blanc...

Casa Marlen *(plan II, C1,* ***25****) : 2da av., 4608 ; entre 46 et 47. ☎ 4561-32-86. 📱 52-44-25-03. • marlen.huerta@nauta.cu • Clim.* Marlen loue 5 chambres de très bon standing avec un grand professionnalisme : visez le bandeau défilant au-dessus du portail ! Celles situées à l'étage sont plus lumineuses et agréables, surtout quand elles sont prolongées d'une petite terrasse. Quelques chambres communicantes, pratiques en famille. Également un studio avec cuisine et terrasse. Dehors, un petit resto et une grande carte de l'île pour préparer sa journée du lendemain. Location de vélos.

Casa Orlando *(plan II, B2,* ***27****) : calle 27, 202 ; entre 2da et 3ra av. ☎ 4561-24-43. 📱 52-38-73-92. • amecha2443@yahoo.es • Clim.* Le jardinet tracé au cordeau, avec ses palmiers formant une haie d'honneur, annonce la couleur. Cette *casa* est en effet particulièrement soignée, dans les parties communes comme dans les 3 chambres d'un confort et d'une propreté impeccables. Grand patio à ciel ouvert où l'on se détend volontiers. Le petit déj (pas toujours terrible) est servi sous la paillote extérieure. Bon accueil.

Casa Monzón *(plan II, B2,* ***26****) : calle 26 ; esq. 2da av. ☎ 4561-27-98. 📱 54-89-31-13. • bettymarvaradero@gmail.com • Clim.* Ce gros cube (dont on oubliera bien vite l'architecture) accueille 3 chambres classiques et tout confort. Pas un luxe ostentatoire, mais on s'y sent bien, à proximité de ce qui tient plus ou moins lieu de centre-ville à Varadero. Ambiance très familiale, où l'on taille la bavette avec le voisin tout en triant les chaussettes (!). Accueil à l'avenant.

Casa Lola *(plan II, A2,* ***24****) : 1ra av. ; entre 16 et 17. ☎ 4561-33-83. 📱 52-74-79-39. • omarartemio@nauta.cu • Clim.* Demeure agréable, avec large terrasse et cadre intérieur frais et coloré (beaux tableaux). Chambres impeccables situées à l'arrière de la maison et donc moins impactées par le bruit de l'avenue mais, pas de chance, il y a 2 discothèques à proximité (autant avoir le sommeil lourd !). Pourtant, on y trouve une vraie atmosphère. Il faut dire qu'un soin tout particulier est apporté à la déco personnalisée. En prime, accueil souriant et généreux petit déjeuner.

Bebita *(plan II, A2,* ***28****) : calle 18, 202 ; esq. 2da av. ☎ 4561-31-87. 📱 52-91-24-65. • bebitahome@nauta.cu • Clim.* À l'étage de la maison, 2 chambres avec salle de bains privée, à l'intérieur ou en dehors de la chambre. Une autre chambre au rez-de-chaussée. Toutes sont super bien entretenues et correctement équipées. Accueil gentil comme tout de l'adorable Bebita et de son mari. Petits déj copieux dont les pains perdus *(tostadas francesas)* ne sont pas perdus pour tout le monde !

Casa Gloria Estévez *(plan II, B2,* ***20****) : 2da av., 2306 ; entre 23 et 24. ☎ 4561-10-73. 📱 52-82-49-56. • gloriayanet@gmail.com • Clim.* Doté d'un jardinet, c'est en fait un appartement vraiment plaisant avec salon, cuisine équipée et une grande chambre. Le tout fort bien tenu.

Casa Omar y Anabel *(plan II, B2,* ***22****) : calle 31, 104 ; entre 1ra et 3ra av. ☎ 4561-25-87. • sherlydayi@yahoo.es • Clim et ventilo.* Dans une bien belle maison garnie de jolies plantes vertes, un seul appartement prévu pour accueillir 4 personnes, entièrement équipé. Agréable petit jardin et courette à l'arrière.

Prix moyens

Casa Emily's Suite *(plan II, B2,* ***26****) : 2ᵈᵃ av., 2504 ; entre calle 25 et 26. ☎ 4561-30-83. 52-64-41-37. • emilysuitevaradero@yahoo.com • Clim.* Un seul appartement dans une maison agréable, avec un joli bout de jardin arboré. Entrée indépendante. Vaste chambre (lit *king size*) nickel, avec sa propre salle de bains. Également une douche extérieure pour se rincer après la plage. La fille d'Emily, Sheyla, parle le français.

HÔTELS

Varadero est le royaume des hôtels-*resorts* en tout inclus (*todo incluido* ou *all inclusive*). La plupart appartiennent à l'État cubain mais sont souvent exploités par des chaînes étrangères. Assez rares dans le centre de Varadero, les plus grands s'échelonnent tout le long de la péninsule. L'éloignement de la ville implique un certain enfermement dans l'hôtel à moins de louer un scooter ou de jongler avec les taxis et la navette touristique. Globalement, les prix y sont élevés, la qualité de l'entretien pas toujours. – *Attention :* réservation indispensable en très haute saison (juillet-août et de décembre à mars).

Très chic

Hôtel Starfish Cuatro Palmas *(plan II, D1,* ***40****) : 1ʳᵃ av., entre calle 60 et 64. ☎ 4566-70-40. • reserva@gcpalho.gca.tur.cu • starfishresorts.com • Pens complète. Interdit aux moins de 16 ans. Clim.* Une situation ultra-centrale pour ce complexe de 160 chambres donnant directement sur LA plage. Sur place, 3 bars et 3 restaurants (cuisines cubaine et internationale). Préférer les chambres donnant sur la piscine, plus calmes que celles sur rue, proches des bars de nuits les plus animés. Varadero compte désormais plusieurs hôtels réservés aux adultes : ce nouveau créneau connaît un franc succès.

Mansión Xanadú *(plan I,* ***41****) : sur l'autopista Sur, au km 8,5 tourner à gauche au panneau « Varadero Golf Club », c'est au bout. ☎ 4566-73-88. • varaderogolfclub.com • Formule ½ pens avec green fee 18 trous inclus. Clim.* Dans l'ancienne maison du milliardaire américain Irénée Dupont de Nemours, construite en 1920. 6 chambres seulement, luxueuses et hyper vastes, équipées avec les meubles en bois sombre d'époque. Dressing, téléphone, frigo, salle de bains en marbre blanc... Toutes les chambres sont dotées d'un balcon et ont vue sur mer. Les parties communes ne sont pas en reste, avec partout des bois exotiques, un escalier superbe, un ascenseur ancien, des colonnes torses, des plafonds à caissons... À l'extérieur, grande terrasse dominant les flots où il fait bon prendre le thé, et, sur la droite de l'hôtel, un joli bout de plage. Pas de piscine. Voir aussi les rubriques « Où manger ? » et « Où boire un verre ? Où sortir ? ».

Où manger ?

Si vous voulez manger au calme et sans inhaler les gaz d'échappement, évitez les établissements situés directement sur la 1ʳᵃ Avenida...

De bon marché à prix moyens

Don Alex *(plan II, B2,* ***22****) : calle 31, 106 ; entre 1ʳᵃ et 2ᵈᵃ av. ☎ 4561-32-07. Tlj sauf lun 12h30-22h45. Résa conseillée ou arriver tôt.* Il y a des coins de rue comme ça. Pile en face de la table de référence de Varadero, voici une autre adresse dont la réputation n'est plus à faire. Un peu plus informel, *Don Alex* aligne ses tables nappées sur la terrasse d'une maison coquette. Côté carte, un mix bien senti de cuisines cubaine et italienne : pâtes au chorizo, vivaneau grand comme ça (la spécialité du chef), crevettes en brochette ou à l'ail, ou encore de délicieuses pizzas. C'est parfaitement préparé, savoureux et aux mains d'un service attentionné. Prévoir de l'attente pour obtenir une table : il n'est pas rare que ce soit déjà complet 5 mn après l'ouverture !

La Rampa *(plan II, C1,* ***50****) : calle 43, 106 ; entre 1ra et Playa. ☎ 4561-24-14. Tlj 12h-23h.* Dans une maison au cadre moderne, précédée d'une agréable terrasse et éclairée de loupiotes le soir. On vient surtout pour déguster leur spécialité de langouste grillée, excellente dans son plus simple appareil et accompagnée d'un riz bien travaillé. Également de bons poissons. L'accueil se montre très prévenant, et dans toutes les langues (le patron parle français avec l'accent québécois !).

Paladar Nonna Tina *(plan II, C1,* ***52****) : calle 49, 207. ☎ 4561-24-50. 📱 58-11-74-15. Tlj sauf lun 12h-23h. Pas de résas, venir tôt et/ou attendre.* Un petit resto italien, victime de son succès : on y fait souvent la queue, en patientant au bar ! Généreux plats de pâtes fraîches maison (tagliatelles, lasagnes, et aussi des gnocchis), au moins une trentaine de pizzas dignes de ce nom au feu de bois (servies en 2 tailles), souvent du risotto. Également une carte de plats cubains, mais si on vient ici, c'est vraiment pour honorer les plats transalpins. Agréable jardin. Une valeur sûre.

La Boguedita del Medio *(plan II, C1,* ***53****) : av. Playa ; esq. calle 40. ☎ 4566-77-84. Tlj 11h-23h30.* Hemingway avait ses habitudes à la *Boguedita* de La Havane, vous prendrez peut-être les vôtres à celle de Varadero. Les graffitis sur les murs attestent de clients heureux de leur ripaille et d'un service affairé... auquel on pardonne de mettre un peu la pression en fin de repas afin de libérer la table. Pour être francs, les excellents groupes musicaux qui se produisent ici vous feront plus vibrer que le piano de la cuisine. Qui plus est, on y croise essentiellement des touristes étrangers. Mais cela reste un bon endroit pour une petite pause cocktail assortie d'un grignotage de circonstance.

La Campana *(plan II, D1,* ***55****) : 1ra av., au bout du parque Josone. ☎ 4566-72-24. Au plan d'eau, traverser le pont et gravir l'escalier au-delà. Tlj 10h-22h45.* Tranquillement niché au milieu de ce beau parc. À l'intérieur, grande cheminée de pierre, trophées aux murs, meubles rustiques, décor d'objets domestiques, atmosphère chaleureuse et une terrasse champêtre donnant sur les pelouses verdoyantes où picorent poules et coqs. Les solides menus, dont 2 à la langouste, incluent soupe, plat, dessert et boisson.

La Fondue *(plan II, D1,* ***56****) : 1ra av. et calle 62. ☎ 4466-77-47. Tlj 12h-23h.* A priori peu exotique, la fondue le devient dès que la langouste pointe ses antennes ! Au choix, l'agréable terrasse ou une salle bien mise (murs de pierre, poutres apparentes, nappes et serviettes en tissu)... À la carte, des fondues genre savoyardes (fromage cubain) avec pain (soit !) mais aussi fruits de mer, viandes ou langouste à tous les prix. Un repas insolite quand on n'a pas déjà fondu au soleil.

Kiki's Club *(plan II, A2,* ***57****) : 1ra av. Et calle 5. ☎ 4561-41-15. Tlj 12h-23h.* Cuisine internationale et italienne correcte. Pizzas, pâtes, habiles *combinaciones* (bœuf, porc et poulet). Vaste terrasse face à la lagune, privilégiée par les Anglo-Saxons pour son côté « café des sports » (surtout du base-ball). En marge de la ville et pourtant animé...

Chic

Paladar Salsa Suárez *(plan II, B2,* ***58****) : calle 31, 103 ; entre 1ra et 3ra av.*

LES PLAGES DE L'EST

☎ *4561-41-94.* 📱 *53-28-76-78. Tlj sauf mar 13h-22h30.* Pour ceux qui ne rechignent pas sur le prix, voici l'une des valeurs sûres de Varadero. Tables soigneusement dressées et bar dans le fond, le cadre est raffiné. Grande ardoise annonçant les propositions du jour. La cuisine, créative et généreuse, puise son inspiration dans les gastronomies cubaine, italienne, mexicaine et japonaise... Un joyeux mélange ! À réserver pour une soirée un peu exceptionnelle.

Varadero 60 *(plan II, D1,* ***59****) : calle 60 et 3ra av.* ☎ *4561-39-86. Tlj 13h-23h. Résa conseillée.* Cadre contemporain climatisé plaisant pour une cuisine traditionnelle bien troussée et bien servie. Décoré de vieilles affiches des années 1950. Une carte d'une variété peu égalée : excellentes grillades, fruits de mer d'une belle fraîcheur, et des présentations qui en jettent ! Large terrasse pour siroter un bon cocktail. Service pro et prix quasiment européens !

Paladar La Vaca Rosada *(plan II, B2,* ***60****) : calle 21, 102 ; entre 1ra et 2da av.* ☎ *4561-23-07.* 📱 *52-90-83-00. Tlj, le soir seulement, 18h30-23h.* Le resto n'est ouvert que le soir car la terrasse au 1er étage sur lequel il prend place n'est pas abritée (ça ne l'empêche pas d'être l'une des plus plaisantes qu'on connaisse). On trouve ici une cuisine inspirée s'écartant de la trilogie *pollo-cerdo-lomo*. *Lasaña,* recettes goûteuses à base de fruits de mer... On se régale de *piquillos cojonudos,* ces délicieux petits poivrons rouges farcis d'une béchamel délicate et parfumée ! Sans oublier de fines et craquantes pizzas. Bons cocktails. Une de nos adresses préférées, où se rendent les Cubains eux-mêmes.

Resto de la Mansión Xanadú *(plan I,* ***41****) : sur l'autopista Sur, au km 8,5, tourner à gauche au panneau « Varadero Golf Club », c'est au bout.* ☎ *4566-77-50. Tlj.* Le plus beau resto de Varadero, dans un petit palais des années 1930, qui appartenait au milliardaire américain Dupont de Nemours. Construite sur une corniche de 6 m de haut, c'est la demeure la mieux située de la station : depuis la terrasse, on contemple la mer qui s'étend à perte de vue. C'est là qu'on sert le dîner, à moins que vous ne préfériez l'un des superbes salons, bourgeois en diable. On y sert des plats d'origine française (émincé d'agneau rôti, magret de canard du Sud-Ouest...) et des langoustes, bien sûr, ainsi que des poissons. En surfant sur la carte et en slalomant entre les plats, vous pouvez vous en tirer sans trop de dégâts. La qualité de la cuisine est correcte, mais de l'avis général pas forcément à la hauteur des prix. Belle carte des vins (certains à prix raisonnables). Service classieux, ça va de soi, n'y venez pas en tenue négligée ! Voir aussi la rubrique suivante.

Où boire un verre ? Où sortir ?

On trouve plusieurs kiosques à bière dans la station, le long des principales avenues. C'est ici que se retrouvent les Cubains. Pas cher du tout et animation jusque tard dans la nuit. Les night-clubs, en revanche, pratiquent des prix comparables à ceux de l'Europe. À noter que certaines ***salles de spectacle*** se transforment en boîtes de nuit après le show.

Beatles (plan II, D1, **70**) : *1ra av. ; entre 59 et calle 60.* ☎ *4566-73-29. Tlj 13h-1h (ça s'anime vraiment vers 20h-21h).* À l'entrée, les « scarabées » sont désormais statufiés. À l'intérieur, cadre coloré et décor sur le thème des Beatles, ça va de soi ! C'est l'un des spots de nuit les plus chauds, grâce à sa programmation rock démente. Dès 22h, excellents groupes couvrant le répertoire des plus grands : Led Zeppelin, Deep Purple, AC/DC... Presque autant de monde sur le trottoir que sur la terrasse du café quand toutes les chaises sont prises.

Kiosko-bar Varadero 1920 (plan II, D1, **71**) : *1ra av., dans le parque Josone. Tlj 9h-21h.* Endroit le plus paisible qui soit pour se détendre, avec vue extra sur le lac. Au menu, la meilleure *piña colada* autoproclamée de la ville... À vérifier par vos soins !

Factoria 43 (plan II, C1, **73**) : calle 43 ; esq. Playa. ☎ 4566-73-29. Tlj 7h30-minuit. Une micro-brasserie à l'ambiance toujours vibrante, installée dans un décor post-industriel typique de ce genre d'endroit. Au programme, 3 bières délectables et bien tirées, brassées sur place : la *clara*, l'*oscura* et la *negra*. Elles sont bon marché : la dégustation ne va pas vous ruiner ! Scène avec musique live certains soirs (rock, blues, etc.) et carte de petite restauration pour éponger. Un lieu pas prise de tête qui s'avère aussi sympathique en journée qu'en soirée.

Bar-mirador Casablanca (bar de la Mansión Xanadú ; plan I, **41**) : voir « Où manger ? ». Au 2e étage. Ouv jusqu'à 23h30 env. Une belle adresse pour commencer la soirée. Délicieux mojito (chérot tout de même). Boire un verre au bar-mirador permet de profiter du superbe cadre de ce qui fut la résidence d'été du milliardaire américain Dupont de Nemours : colonnes, plafond à caissons avec charpente exceptionnelle et baie vitrée donnant sur le large d'un côté, sur le golf de l'autre. Vue impressionnante !

Calle 62 (plan II, D1, **72**) : 1ra av. ; entre 62 et 63. ☎ 4566-81-67. Ouv jusque tard. Entrée et concerts gratuits. L'un des bars musicaux les plus animés de la ville. Spacieux, aéré, terrasse bruyante et programmation live en fin d'après-midi puis vers 21h30. Tous les mercredis, nuit cubaine, et le samedi, *Pirates Night* ! Cocktails élaborés. Possibilité de grignoter burgers, sandwichs, *bocadillos*, tortillas...

Casa de la Música (plan II, C1, **73**) : av. Playa ; entre les calles 42 et 43. ☎ 4566-89-18. Lun-sam 23h-3h, dim 18h-21h30. Concerts payants. Une belle *casa*, en vérité ! Salle à taille humaine, grande qualité du son et surtout des formations qui s'y produisent. Elles excellent, qu'elles jouent de la salsa (majoritaire), du boléro, de la rumba ou du reggaeton. Après le concert (durée, 1h30-2h), on poursuit la soirée avec un DJ. Ambiance surchauffée en fin de semaine, c'est rien de le dire.

Havana Club (plan II, D1, **74**) : au bout de la calle 62. Tlj 23h-3h. Entrée payante (2 boissons comprises). Patronnée par la célèbre marque de rhum cubain, c'est la discothèque de l'hôtel *Palma Real* (gratuit pour les clients) qui privatise souvent le lieu d'ailleurs. Rock, pop, salsa, mais aussi techno. Ambiance festive.

Buena Vista Social Club (plan I, **75**) : au 1er étage du centre commercial Plaza América, bien fléché depuis l'autopista Sur. ☎ 4561-47-58. Seulement mer et ven à 21h. Achat des billets à l'avance (entrée assez chère, mais navette comprise), auprès de votre hôtel ou sur place (à partir de 21h). Concerts avec les grandes gloires de la musique traditionnelle cubaine, membres du fameux Buena Vista Social Club, rendu célèbre dans le monde entier par le film de Wim Wenders. Vous ne verrez pas ceux qui ont fait le succès du film... le temps file, la plupart sont aujourd'hui décédés. Cependant, les membres du BVSC qui s'y produisent sont exceptionnels. Quelle qualité, quel entrain ! Dommage que le public, extirpé des hôtels « tout inclus » pour assister au show, soit si peu enthousiaste. Le prix, quant à lui, ne cesse de grimper...

Las Cuevas del Pirata (plan I, **76**) : sur l'autopista Sur, km 11. ☎ 4566-77-51. Seulement lun 23h-3h. Entrée payante. Durée du show : 1h. Célèbre cabaret un peu en baisse, installé dans une grotte. Spectacle costumé donné 1 fois par semaine dans une amusante ambiance de taverne pour pirates. S'il n'y a pas beaucoup de monde, force est de constater que le show est de bonne qualité, et on est très proche de la scène. Discothèque après le show. Un bon choix qualité-prix-rigolade.

Achats

Marchés artisanaux : des dizaines de petits kiosques tout au long de la 1ra avenida. Des artisans locaux vendent vêtements, souvenirs, céramiques, etc. Sachez simplement que parmi les marchés les plus importants, on trouve le ***parque de la Artesania*** *(plan II, A2, **80** ; sur la 1ra av., entre les calles 15 et 16 ; tlj 9h-18h).* Autre marché de taille, ***los Caneyes Feria artesanal*** *(plan II, C1, **81** ; 1ra av., entre les calles 51 et 52).* Sous des paillotes, un ensemble de kiosques à l'artisanat divers : peintures à l'huile, sérigraphies, maquettes...

Cigares : préférer les boutiques spécialisées. La ***Casa del Tabaco*** *(plan II, B2, **82** ; 1ra av. et 27 ; ☎ 4566-78-72 ; tlj 9h-21h)* occupe une ancienne fabrique de cigares. Toutes les grandes marques cubaines de cigares, cafés et de rhums. Une autre ***Casa del Tabaco*** *(plan II, B1-2, **83** ; calle 31 et Playa ; ☎ 4561-14-31 ; tlj 8h-20h),* dans un chalet en bois, doté d'un café-terrasse. Autre adresse : ***Casa del Habano*** *(plan II, D1, **84** ; 1ra av. entre les calles 63 y 64 ; tlj 9h-20h).* Toutes les marques cubaines, et certains modules en vente à l'unité. À côté, la ***Casa del Ron*** pour succomber à un autre vice...

Plaza América (plan I, **75**) **:** *sur l'autopista Sur, fléché. Parking payant.* Le plus grand centre commercial de Varadero. Il compte des bureaux d'*Infotur* et *Etecsa,* une quarantaine de boutiques, supermarché, restos, banque, poste, pharmacie, distributeur de billets. Et si vous ne trouvez pas votre compte côté shopping, la plage est à 20 m...

À voir. À faire à Varadero et dans les proches environs

Parque Josone (plan II, D1) **:** *1ra av., entrée juste avt la calle 59. Tlj 10h-23h.* Bel espace vert ceint de hauts murs, avec lac et piscine. Cette propriété appartenait avant la révolution à un milliardaire espagnol, qui avait fait creuser un tunnel pour accéder à la plage sans avoir à traverser la route ! Très bien entretenu, l'endroit est un havre de paix où se rendre quand on est lassé de la plage et de la foule... On peut y louer de petites barques à pédales, bouquiner à une terrasse, écouter des orchestres le soir et se restaurer dans l'un des bars ou restos qui y sont installés (voir « Où manger ? » et « Où boire un verre ? Où sortir ? »). La piscine se trouve au fond du parc, mais on ne voit pas bien l'intérêt de payer pour nager en piscine.

Delphinarium (plan I) **:** *carretera Las Morlas, parque natural Punta Hicacos, km 11,5 de l'autopista Sur. ☎ 4566-80-31. Tlj 9h-17h. Shows de dauphins à 11h et 15h30 (durée : 30 mn). Entrée payante ; réduc moins de 12 ans. Droit photos en sus.* Il s'agit d'un centre aquatique installé au bord de la mangrove, ce qui explique l'eau trouble. Ouvert en 1985 avec 3 dauphins, ce modeste delphinarium compte aujourd'hui une quinzaine de spécimens dont la plupart sont nés sur place (plutôt bon signé...). 3 bassins pour nager avec les dauphins (moyennant un supplément rondelet !). Évidemment, les petits et grands enfants seront aux anges de pouvoir approcher les malicieux cétacés. On doit cependant rappeler que la place d'un dauphin n'est pas dans une piscine...

ÇA FAIT FLIPPER LE DAUPHIN

De nombreux pays ont déjà limité, voire proscrit, les delphinariums, jugeant cruel de capturer des dauphins, pour les parquer dans des bassins, au contact des touristes, etc. Les États-Unis et Cuba, sur la même longueur d'ondes pour le coup, continuent d'autoriser ces pratiques : on peut donc avoir son moment de gloire avec Flipper. Mais s'il sourit en permanence et est en général bien soigné, cela ne signifie pas qu'il est heureux ! De fait, il mourra plus jeune que ses congénères libres... À bon entendeur.

Cueva de Ambrosio (plan I) **:** *à l'entrée du parc naturel. Ouv 9h-16h30. Entrée payante. Prévoir 30 mn.* Intéressante grotte, ancien lieu cérémoniel aborigène.

À l'intérieur, on découvre, sur un parcours de 200 m, une cinquantaine d'impressionnants dessins rupestres. Les plus anciens datent de 500 ans avant notre ère et les plus récents du XVIe s. La grotte fut utilisée à toutes les époques, d'où la présence de dessins très variés. Les motifs les plus anciens sont les nombreux cercles concentriques. Voir aussi les points cardinaux, aux angles absolument exacts, peints ici au début de notre ère, alors qu'évidemment la boussole n'existait pas. Représentations humaines également et quelques dessins d'animaux assez schématiques. La grotte est peuplée de chauves-souris (inoffensives).

***Area protegida Varahicacos** (plan I) :* *au km 16, sur la gauche de l'autopista, petit parcours en boucle d'env 1 km. Tlj 9h-17h. Entrées payantes pour le sendero a la cueva los Musulmanes et pour le sentier qui mène au cactus géant. Prévoir de bonnes chaussures. Compter 45 mn.* Des 2 parcours balisés dans l'aire protégée, le *sendero a la cueva los Musulmanes* est le plus intéressant. Balade plutôt agréable en sous-bois et à l'ombre, bien fléchée, et qui permet de comprendre la géologie, la flore et la faune de la péninsule. Au passage, 2 grottes, une réplique d'un ancien cimetière aborigène (on a remis en place quelques ossements).

C'est l'occasion de profiter de la ***plage,*** bien sûr, autant pour se baigner (la température de l'eau est un régal – moyenne de 24 à 30 °C selon la saison !) que pour bronzer (vous avez 20 km de plage non-stop pour rougir comme une langouste).

Plongée : les fonds sous-marins des environs ne sont pas mal, sans être les plus inoubliables de Cuba. S'il y a un club de plongée dans le coin, c'est avant tout parce qu'il y a des touristes ! Les coraux des îles voisines sont bien plus beaux, mais pour y accéder, il faut se payer une excursion en bateau.

■ ***Club Barracuda** (Cubanacan Nautica ; plan II, A2, **14**) :* *esq. 1ra av. et calle 3. ☎ 4561-34-81. • nauticamarlin.com • Tlj 8h-18h.* Pro et bien équipé. Plongées sur le littoral nord de la péninsule, plongée nocturne, sorties dans des grottes ou des épaves. Propose également une sortie *snorkelling* avec 1h à la *playa Coral* et 1h à la *cueva de Saturno* incluant le transport depuis votre hébergement.

– Les agences proposent aux clients des hôtels une kyrielle d'activités souvent chères et pas toujours exceptionnelles. Bref, soyez-en conscient, c'est surtout une belle pompe à pesos convertibles : balade en ***Boat Adventure*** (scooter des mers que vous conduisez vous-même), au départ de la marina Chapelín, avec visite d'un petit parc zoologique ; ***sorties de pêche au gros*** ; sorties à la journée en ***catamaran*** (cher) avec déjeuner, escale baignade, musique tonitruante à bord et barbotage avec des dauphins en captivité ; ***excursion à la plage El Coral,*** sympa pour une sortie *snorkelling* bien que très fréquentée, puis au *río Canímar* à Matanzas avec déjeuner et ***promenade à cheval*** (ne vaut pas tripette) ; et puis du ***golf*** (infos dans tous les grands hôtels mais autant savoir que c'est hors de prix), des ***cours de salsa*** *(**Academia de baile,** calle 34 et 1ra av. ; ☎ 4561-26-23),* etc.

LES PLAGES DE L'EST

DANS LES ENVIRONS DE VARADERO

Cueva de Saturno : *en voiture, prendre la route vers La Havane et faire env 20 km, puis tourner à gauche au km 114, en direction de l'aéroport ; faire 1 km, puis c'est sur la gauche. ☎ 4525-38-33. Sinon, ttes les agences de Varadero proposent l'excursion combinée avec la playa Coral (tarif abordable). On atteint la cavité en 2 mn de marche. Tlj 9h-17h20 (dernière entrée). Accès payant ; réduc. Ne pas oublier son maillot de bain, son masque et son tuba (pas de loc sur place).* Trop pressés de prendre leur avion, les touristes passent à côté de cette forêt sans soupçonner l'existence de cette grotte, en partie ouverte sur l'extérieur et en partie remplie d'eau. Une piscine naturelle, donc, aux eaux cristallines, profonde d'une vingtaine de mètres... Éviter d'y aller par mauvais temps car sans lumière, les couleurs de l'eau et de la roche sont beaucoup plus ternes. En outre, pour éviter les groupes, venir de préférence entre 13h et 15h, ou après 16h.

Area protegida Laguna de Maya : *à 23 km à l'ouest de Varadero. Un peu après le panneau « km 116 », prendre à droite à la fourche et parcourir encore env 3 km ; c'est indiqué (parking sur la gauche). Pas de résas, se rendre directement sur place. Ouv 8h-16h30.* ***Conseil :*** *y aller 8h-13h pour une meilleure visibilité (d'ailleurs c'est aussi l'heure de pointe).*
– ***Sorties snorkelling :*** *guide obligatoire pour la 1re plongée (sorties libres après). Balade de 45 mn (masque, tuba, palmes et gilet de sauvetage compris).*
– ***Sorties plongée :*** *si les conditions météo le permettent. Profondeur max : 12 m.*
Toute cette partie de la côte, composée d'un plateau calcaire, est quasiment impossible d'accès. À cet endroit, un accès à l'eau a été aménagé pour aller admirer les fonds marins soit avec un masque et un tuba, soit dans le cadre d'une plongée : petit récif de corail (160 variétés), poissons tropicaux (une centaine d'espèces). Attention, ne pas toucher aux coraux de feu *(corales de fuego)* : ils provoquent des démangeaisons, voire des brûlures, qui peuvent être graves. Eau limpide, plongée facile et sympa, accessible à tous après quelques explications. Un coin super, mais victime de son succès : il y a vraiment beaucoup (trop) de monde.
– À ***playa Coral,*** 2 km plus à l'ouest, possibilité de plonger (*snorkelling* seulement) sur le même récif dans un site plus informel. L'accès est théoriquement gratuit, mais des guides improvisés vous proposeront de vous louer palmes, masque et tuba et de vous guider. Prévoir aussi une pièce pour le « gardien » du parking.

LA PÉNINSULE DE ZAPATA

• Carte La baie des Cochons *p. 229*

Située au sud de la province de Matanzas, cette région est également appelée *Cienaga de Zapata.* En espagnol, *zapata* signifie « chaussure » : c'est tout bêtement la forme de la péninsule, de même que Cuba évoque celle d'un crocodile... Les crocodiles, parlons-en ! Ils sont ici chez eux : la péninsule n'est qu'une vaste zone marécageuse, déserte, sauvage, plate et qui fut longtemps inhospitalière. Le gouvernement a eu la bonne idée de décréter la Cienaga parc national : les marécages forment ainsi l'une des belles réserves naturelles du pays, paradis des oiseaux (190 espèces, dont divers colibris, colombes à tête bleue...), des poissons (brochets, black-bass... de taille monstrueuse) et bien sûr des crocos, symboles du pays. Même si, à cause de leur pudeur excessive en présence du touriste, vous avez plus de probabilités d'en voir dans votre assiette que dans la nature... De fait, ce parc n'est pas facilement accessible, sauf à partir de Playa Larga, où l'on peut participer à une rando avec guide.
Autres animaux fameux du coin : les cochons, débarqués par les colons espagnols il y a longtemps pour l'implantation d'élevages sur l'île. Vous n'en verrez pas, mais ils ont donné leur nom à une baie devenue tristement célèbre, où eut lieu un autre débarquement, moins pacifique celui-là, en 1961... Cependant, la baie des Cochons (appelée Playa Girón par les Cubains) n'est pas qu'une page d'histoire, c'est aussi une succession de plages, de criques et de piscines naturelles qui font de la région le paradis des plongeurs.

Comment y aller ?

En voiture

➢ ***Depuis La Havane :*** *autopista* A1 direction Santa Clara, puis, au km 142, la route à droite, vers Guamá, Playa Larga et Playa Girón. Compter env 2h depuis La Havane et env 5h de Viñales. Pour visiter la péninsule proprement dite, la voiture est le seul moyen de transport possible.

➢ ***Pour Cienfuegos :*** à partir de Playa Larga (env 115 km, compter env 1h30), 2 solutions. On peut soit récupérer l'autoroute A1 au carrefour de Jagüey Grande pour filer à droite vers Cienfuegos, soit prendre la route côtière jusqu'à Playa Girón et prendre à gauche vers Bermejas (aucun panneau). Là, à la fourche, à droite vers Horquitas puis continuer vers Yaguaramas. Puis on récupère l'A1 qui mène directement à Cienfuegos (125 km, env 1h45). Option plus longue mais plus sympathique.

– ***À noter :*** un phénomène naturel insolite se produit chaque année sur la péninsule, entre avril et juillet, c'est la ***migration des crabes de terre.*** Entre Playa Larga et Playa Girón, et, plus loin, entre Playa Girón et caleta Buena, la route est envahie de ces *cangrejos* qui viennent se reproduire sur les plages. Ils pondent leurs œufs dans la mer puis reviennent dans les terres. Gare à vos pneus sur cette route qui peut parfois devenir impraticable !

Adresse utile

Comptoir d'information El Barquito *(carte La baie des Cochons)* **:** *dans la cafétéria du même nom, au km 142 sur l'autoroute, juste avt l'intersection en venant de Viñales. On reconnaît le lieu grâce au voilier planté sur le parking en bord de route. ☎ 45-91-32-24. Tlj 8h-20h.* Pas beaucoup de doc, mais le personnel fera son possible pour vous renseigner.

À voir sur la route

Finca Fiesta Campesina *(carte La baie des Cochons)* **:** *peu après La Finquita, env 500 m après avoir emprunté la route vers Playa Larga, sur la droite. Tlj 8h30-17h. GRATUIT.* Voici un gentil petit parc agrémenté d'un minizoo. Quelques cages où l'on peut observer iguanes, *jutias,* biches, oiseaux et, en liberté, des paons et des poules. Une halte pas désagréable, avec des buvettes pour se désaltérer et un resto (voir ci-après).

Le petit parc abrite un resto et 3 bars. Le resto ***El Canelo,*** dans un cadre agréable et aéré, est correct et pas très cher. Carte peu variée. Accueille des groupes au déjeuner. Pour boire un bon café, direction ***El Cafetal,*** et après le café, pourquoi pas un p'tit *guarapo* à ***El Guarapera*** ? Le *guarapo,* c'est le jus de canne à sucre, servi nature ou en cocktail. Essayez, c'est bon. Et encore le bar ***Piña Colada*** qui sert... des *piña colada.* Trop fort !

LA BOCA ET GUAMÁ

Le site de La Boca (« La Bouche ») est l'endroit où les touristes embarquent pour visiter la *laguna del Tesoro,* mais la balade ne vaut malheureusement pas tripette. Les rives de cet univers planté de palétuviers et filaos étaient autrefois peuplées d'Indiens taïnos. Ceux-ci, dit-on, auraient jeté leurs richesses dans la lagune à l'arrivée des conquistadors, d'où l'idée qu'il y aurait encore ici un trésor...

Pour l'anecdote, Guamá était le nom d'un cacique taïno qui résista 10 ans aux conquistadors espagnols. Il mourut, dit-on, à cause d'une femme...

Où manger ?

Restaurants-bars El Colibri et La Rionda *(carte La baie des Cochons)* **:** *à La Boca, au niveau de l'embarcadère pour Guamá. Tlj 9h30-16h30.* Ces 2 adresses accueillent les groupes et dispensent une honnête cuisine, sans plus. Correct si c'est l'heure du déjeuner, avant de rejoindre Playa Larga. Terrasse sous un toit de palmes, donnant sur le ponton où sont amarrés les bateaux.

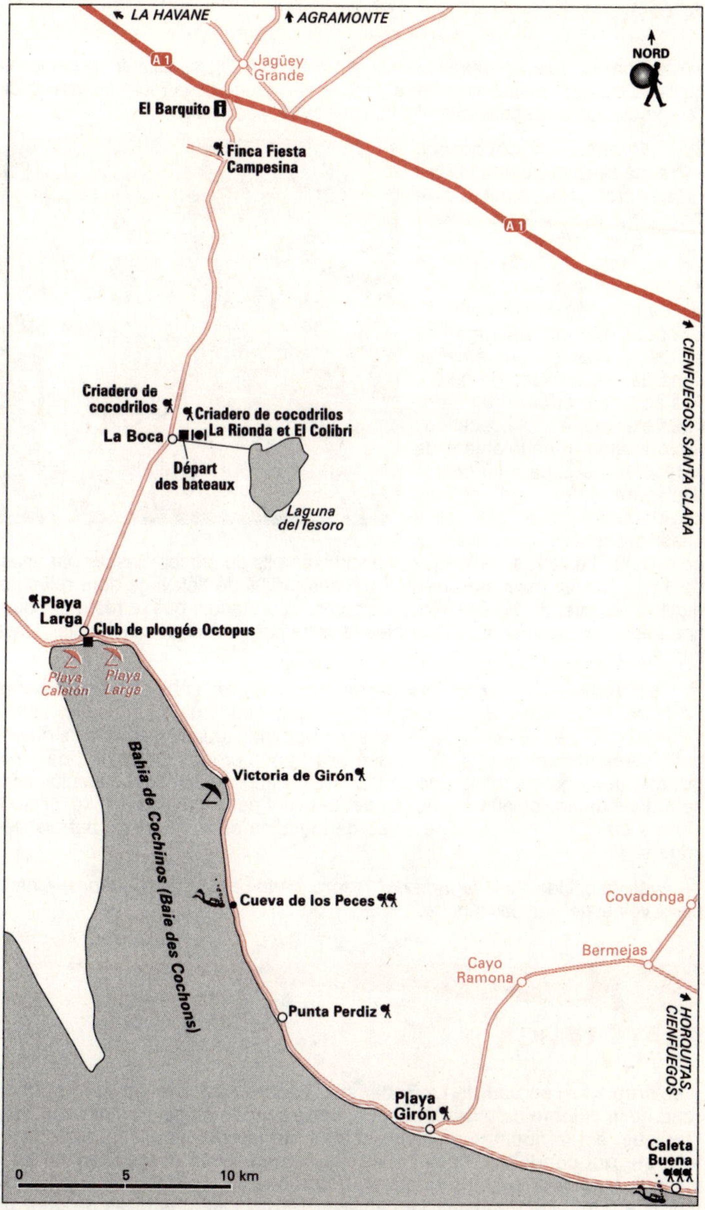

LA BAIE DES COCHONS – Playa Larga et Playa Girón

À voir. À faire

– Attention, les 2 lieux ci-après portent le même nom. On les différencie par le fait qu'ils se trouvent respectivement à gauche et à droite de la route en venant de l'autoroute. On visite généralement l'un ou l'autre, pas les 2.

Criadero de cocodrilos – Granga de los Cocodrilos *(élevage de crocodiles ; carte La baie des Cochons)* **:** *sur la droite de la route, bien indiqué, env 300 m avt La Boca.* ☎ *45-91-56-66. Tlj 7h-19h. Entrée payante. Possibilité de visite guidée (pourboire).* L'espace est moins organisé et les bestioles sont élevées dans de vilains blocs de béton. Il s'agit, en effet, d'un véritable élevage, à triple vocation : reproduction, repeuplement de la réserve de Zapata (le crocodile ayant été en partie décimé ces dernières décennies), mais aussi production de viande et de peaux... Le centre abrite plein d'enclos remplis de crocos classés par âges, de 1 à... 45 ans, mais surtout de 1 à 6 ans. 40 % de l'élevage sont relâchés dans la réserve, 30 % réservés à la reproduction tandis que le reste est destiné... à la consommation. On termine la visite par l'atelier de taxidermie, assez impressionnant.

LE CROCODILE, CET INCONNU

Saviez-vous que les crocodiles, s'ils peuvent se reproduire dès l'âge de 6-7 ans, continuent à grandir jusqu'à l'âge de... 50 ans ?! Et que leur sexe n'est pas déterminé au moment de la fécondation, mais en fonction de la température à laquelle l'œuf est soumis durant l'incubation (donc en fonction de l'enfouissement de l'œuf dans le sable !) ? Ou encore que ces braves bestiaux ne s'accouplent qu'une fois par an, le mâle en profitant pour féconder d'un seul coup les 40 œufs (en moyenne) de la femelle ?

Criadero de cocodrilos *(ferme aux crocodiles ; carte La baie des Cochons)* **:** *à La Boca. Sur la gauche de la route quand on vient de l'autoroute. Tlj 9h-17h. Entrée payante.* Ce lieu-ci a une vocation touristique, avec sa ribambelle de boutiques autour. On passe des bébés crocos de 15 cm, de vrais lézards, aux « gros-codiles » de 2 ou 3 m, plus impressionnants. Les plus gros sont dans un enclos au fond du parc et peuvent peser jusqu'à 250 kg. Ils sont nourris 1 à 3 fois par semaine, avec de la vache ou du cochon, parfois des crabes.

➢ Éviter la balade sur la ***laguna del Tesoro*** *(carte La baie des Cochons).* Chère, rien à voir et ne vaut pas tripette.

PLAYA LARGA

À environ 8 km au sud de La Boca, sur la route de Playa Girón. Située au fond de la célèbre baie des Cochons, cette grande plage, comme son nom l'indique, est fréquentée en juillet et août par les Cubains. Tout au long de la route qui conduit à Playa Larga, 85 « monuments » rappellent le souvenir des soldats cubains tombés au combat pour empêcher les mercenaires américains d'envahir l'île en avril 1961. L'une des têtes de pont du débarquement anticastriste fut implantée ici, l'autre à Playa Girón, un peu plus loin.
Outre le fait d'être une plage populaire, Playa Larga est aussi un village qui s'étire sur plusieurs kilomètres, où l'on peut faire étape pour une nuit.

C'est l'un des endroits les plus intéressants de Cuba pour la plongée sous-marine. Le village quant à lui ne dégage guère de charme. Il est très décousu et en chantier permanent. Aucune animation le soir. La présence de la plage, de piscines naturelles sympa dans les environs et la possibilité de faire de la plongée constituent malgré tout des arguments en faveur d'une petite halte.

Comment y aller ?

En bus

Pour venir à Playa Larga, voir les infos dans la rubrique « Arriver – Quitter » de votre ville de départ. Les bus s'arrêtent devant le gros tank, à l'entrée de la ville.

➢ ***La Havane :*** 2 bus *Viazul* dans les 2 sens. Ceux en direction de la capitale passent en général vers 13h et 18h. Durée : 3h.

➢ ***Vers Cienfuegos et Trinidad :*** 2 bus *Viazul* provenant de La Havane : l'un passe par Playa Larga vers 9h30 et poursuit vers Cienfuegos (env 2h) et Trinidad (3h) ; l'autre passe vers 14h.

➢ ***Vers Varadero :*** 1 bus vers 11h (trajet : 2h).

En taxi collectif

Les prix annoncés sont pour la voiture entière. À diviser par 4 ou 5 pers (selon les véhicules).

➢ Liaisons vers ***Cienfuegos, Trinidad, La Havane*** et ***Playa Girón*** (A/R pour cette destination, avec 2-3h d'arrêt sur place). On peut aussi combiner Playa Girón et ***Caleta Buena*** pour la journée.

Adresses utiles

■ ***Cadeca*** *(change)* ***:*** *au village de Playa Larga. En entrant dans le village, juste après le pylône de télécommunications (côté droit de la route), prendre la 1re à droite et encore 1re à droite. C'est à 50 m sur la droite. Lun-ven 8h-15h30, sam 8h-11h (ferme 30 mn pour le déj). Fermé dim.*

■ ***Banco de Crédito :*** *juste à droite de la Cadeca. Lun-ven 8h-15h, sam 8h-11h. Fermé dim.* Fait le change. Également 2 distributeurs accessibles 24h/24.

■ ***Etecsa :*** *au carrefour, à l'entrée du village, juste au niveau de la grande antenne, sur la droite. Lun-sam 8h30-16h. Fermé dim.* Vente de cartes téléphoniques et cartes internet. Ordis sur place.

Zones wifi : *sur la pl. principale, et dans un kiosque à proximité de l'arrêt des bus.*

■ ***Bureau du parque nacional Cienaga de Zapata :*** *à l'entrée du village, sur la droite de la grande route en arrivant, env 200 m avt la grande antenne. ☎ 45-98-72-49. Tlj 8h-16h30 (en théorie).* C'est ici que l'on peut réserver une rando avec guide dans le parc national. 3 excursions sont proposées, 2 de 1h30 et 1 de 3h, toutes au même prix, incluant l'entrée du parc et le guide. Pour se rendre sur le site, avoir sa propre voiture ou taxi à louer en plus.

Où dormir ?

À Playa Larga, les rues n'ont pas de noms. Et quand elles en ont... personne ne les connaît ! Se repérer grâce à la grande antenne, côté droit en entrant dans le village. De toute façon, n'hésitez pas à demander votre chemin, tout le monde pourra vous renseigner.

De bon marché à prix modérés

En bord de plage

Le nombre de *casas* a explosé ces dernières années. La plupart de nos adresses se situent en bord de mer, sur la **Playa Caletón.** On l'indique clairement quand c'est le cas. Toutes les *casas* offrent des chambres avec salle de bains privée et clim. La plupart servent des repas.

Casa Zuleida y Viñola : *Playa Caletón, sur la plage.* ☎ *45-98-75-99.* *52-90-94-02.* • *zuleydacz@yahoo.es* • Façade crème et déco sobre. 5 chambres en tout, dont une familiale communicante donnant sur une grande terrasse face à la plage. Celles à l'arrière sont moins lumineuses et un peu moins chères (fenêtre donnant sur l'intérieur). Une bonne adresse, tranquille et impeccable. Et la plage est devant.

Villa Kawa : *à 5 mn à pied de la plage, juste en face de l'hôtel* Horizontes. ☎ *45-98-77-27.* *54-76-19-99 (Raúl) et (0033) (0)6-10-67-43-31 (Stéphanie).* • *stephanie.kawa@laposte.net* • *villakawa.com* • Coup de cœur pour cette *casa* tenue par Stéphanie, Française tombée amoureuse du pays... et de son charmant mari, Raúl ! Ce couple dynamique accueille les touristes avec chaleur et beaucoup d'attention. 2 chambres tout confort (clim, salle de bains nickel). On profite du grand jardin donnant sur les bois, où sont cultivés fruits, légumes et plantes aromatiques. Copieux petits déj et repas conviviaux servis sous le *ranchón,* avec parfois des soirées salsa endiablées (cours offerts). On vous laisse découvrir les autres atouts de cette belle adresse, routarde s'il en est !

Casa Sol y Caribe : *Playa Caletón, sur la plage.* ☎ *45-98-75-12.* *53-25-49-68.* • *mayuri.sanabria@nauta.cu* • Des 7 chambres de cette maison tout en longueur, on préfère largement les 3 donnant sur la terrasse, offrant un accès direct à la plage. 2 autres donnent sur le couloir (elles sont plus petites), et les 2 dernières sont au fond (moins agréables). Bon confort pour toutes (même un coffre). Le petit déj se prend sur la terrasse, quasiment les pieds dans le sable, à l'ombre des palmiers.

Casa Danay : *Playa Caletón, sur la plage.* ☎ *45-98-75-13.* *53-69-74-10.* Maison de plage bien agréable, avec un appareillage de grosses pierres. Les 2 chambres sont à l'étage, blanches et spacieuses, et peuvent accueillir 3 personnes (même prix). Elles s'ouvrent sur un large balcon avec vue extra et dégagée sur la mer. Simple, impeccable et tranquille, avec les cocotiers juste devant.

Casa del Buzo : *Caletón, à 50 m de la plage, devant une anse adorable et proche de la plage.* ☎ *45-98-73-96.* *53-69-74-75.* • *yaquelin.roque@nauta.cu* • Cachée dans une petite anse tranquille, en retrait de la pleine mer, une maison en pierres apparentes, tenue par Osnedis, moniteur de plongée qui propose des sorties. Des 3 chambres, préférer les 2 à l'étage, plus indépendantes. L'ensemble est confortable, avec de bonnes douches. On y sert le petit déj, mais pas de repas. Terrasse face à la mer.

El Retiro del Sol : *Playa Caletón, sur la plage.* ☎ *45-98-71-62.* *58-12-01-65.* • *mayiretirodelsol@gmail.com* • Les 3 chambres de cette adresse tranquille et simple sont là encore devant la plage, son grand plus. La plus grande peut accueillir 5 personnes et sa terrasse s'ouvre sur la plage. Les autres donnent sur l'intérieur. Quelques tables dans le jardinet pour le petit déj ou pour profiter du barbecue du soir.

Casa Kiki : *Playa Caletón, sur la plage.* ☎ *45-98-74-04.* *53-11-27-12.* • *kikirentacz@gmail.com* • Pour trouver la maison de Kiki (et de Daylena, sa femme), prendre le chemin de terre parallèle à la plage et observer les panneaux. La maison regarde la mer, et on accède directement à la plage par le jardin qui accueille un carré de sable et quelques transats. 3 chambres impeccables. Bien plus cher que les autres en revanche, sans véritable raison. La chambre à l'étage propose une vue dégagée sur mer (la plus chère).

En retrait de la plage et dans le village

Casa Frank : *calle 3ra, 8 ; entre 2da et 4ta.* ☎ *45-98-71-89.* *52-75-79-30.* • *frankvegascz@gmail.com* • *En arrivant à la grande antenne, à droite, puis à gauche au crabe de béton, puis 1re à droite.* Maison peinte en vert, avec balustrade, terrasse et lampadaires. Les chambres bien arrangées (toutes sur la grande terrasse à l'étage), le petit bar à cocktails, les repas de la maîtresse de maison, l'accueil familial, voilà déjà quelques bonnes raisons de dormir chez Frank. Déco soignée, kitsch comme il se doit. Une excellente adresse, bien sympathique.

Casa Estrella : *calle Mario López. ☎ 45-98-73-13. 📱 53-76-05-12. • lianky.perez@nauta.cu • Sur la route avt d'arriver à Playa Larga, prendre la rue sur la droite juste avt le bureau du parc national. La maison est à 300 m.* Les 3 chambres sont kitsch à mort, confortables mais sans ouverture sur l'extérieur. Pas en bord de mer, mais on profite du petit jardin soigné, du *ranchón* au fond, et les prix sont plus doux qu'ailleurs. Dernier atout, la belle-fille de la famille parle un excellent français. Ça aide bien !

Hostal Enrique : *prendre la route sur la droite après la grande antenne et continuer tt droit sur env 1 km, c'est sur la gauche. ☎ 45-98-74-25. • enriqueplayalarga@gmail.com •* À 100 m de la plage, voici une maison rénovée tenue par une famille dynamique. Il y a ici 14 chambres et certaines disposent d'un grand lit et d'un petit lit. Celles du bas sont petites et un peu sombres, mais moins chères. Sur la terrasse, on en trouve des plus modernes, très bien équipées et lumineuses. Plus chères évidemment. Avantage et inconvénient de cette adresse : le nombre de chambres. Ça tourne plus comme un hôtel que comme une vraie *casa*, mais on a plus de chances de trouver de la place.

Los Delfines : *prendre la route sur la droite après la grande antenne, puis tt droit sur env 1,2 km. C'est sur la gauche (repérer la sculpture de dauphins). ☎ 45-98-74-26. • aliemnis.naranjo@nauta.cu •* Même si les 2 chambres sont sans vue, elles sont impeccables et les proprios gentils comme tout. Terrasse sur le toit pour le petit déj avec vue partielle sur la mer.

Où manger ?

PALADARES

De bon marché à prix moyens

Très peu de vrais restos à Playa Larga, mis à part la cuisine servie par les *casas*.

Restaurante Chuchi El Pescador : *en entrant dans Playa Larga, tourner à gauche au niveau du crabe en béton, continuer tt au bout du chemin (env 300 m). ☎ 45-98-73-36.* Derrière les murs roses de cette maison se cache un *paladar* tenu par un pêcheur très accueillant. Dans la salle en rez-de-chaussée ou sur la terrasse au 1er étage, on profitera d'une carte axée essentiellement sur les produits de la mer. Le *cangrejo* (crabe) s'avère délicieux, tout comme le poisson entier et grillé, de belle taille et parfaitement cuit. La langouste grillée est à prix doux. Bons légumes d'accompagnement et flan maison réussi.

Restaurante Ecológico Palmeras de Pascua : *en entrant dans Playa Larga, tourner à droite à la grande antenne, c'est à quelques centaines de mètres, sur la droite. 📱 54-88-03-41. Tlj 18h-22h.* On se presse avec plaisir dans cet étroit restaurant enguirlandé comme à Noël et qui ne désemplit pas. Cuisine *a la plancha,* uniquement *a la plancha. Calamares,* crabes de terre mais surtout poissons entiers... tout est frais, pas cher et parfaitement cuisiné. Excellent flanc pour terminer. Et même une assiette végétarienne. *¡ Aplaudimos con las dos manos !*

Entre Playa Larga et Playa Girón, sur une trentaine de kilomètres, on compte une vingtaine de sites de plongée en mer (pour tous niveaux) et une dizaine de plongées sous grotte (réservées aux plongeurs très expérimentés !). Possibilité d'effectuer 2 plongées dans la journée. Bon point : la mise à l'eau se fait directement de la plage, le tombant étant situé à environ 150 m de la côte (économie de temps et de fatigue).

DANS LES ENVIRONS DE PLAYA LARGA

Plongées

■ ***Club Octopus*** *(carte La baie des Cochons) : passer le village de Playa Larga, le club est en bord de plage, au fond d'une sorte de parking. 52-81-50-85 ou 52-95-11-68. Tarifs à consulter.* Pas vraiment un club de plongée à proprement parler, autant le savoir...

■ Le mieux est de contacter ***Félix*** *(☎ 45-98-74-69)* ou encore ***Osnedis*** *(52-81-93-73 ; ● yaquelin.roque@nauta.cu ●)*, de la *Casa del Buzo* (voir « Où dormir ? »), instructeurs expérimentés et pro. La plongée est plus chère, mais a l'avantage d'être personnalisée. Si vous n'êtes pas véhiculé, il faudra ajouter le prix du trajet. À la *Casa del Buzo,* si vous faites 2 plongées par personne dans la journée, le prix du transport est inclus.

Victoria de Girón *(carte La baie des Cochons) : à 6 km de Playa Larga en direction de Playa Girón, dans le complexe Campismo Popular, hôtel réservé aux Cubains, mais la plage est ouv à ts. Accès payant.* C'est une jolie petite plage, adorable et tranquille, aux eaux turquoise. Site balnéaire fréquenté presque exclusivement par des Cubains pendant les vacances en juillet et août. Très tranquille le reste du temps.

Cueva de los Peces *(cenote de Ilona ; carte La baie des Cochons) : à env 17 km, à mi-chemin entre Playa Larga et Playa Girón (attention, route pleine de crabes avr-juil !). Bien fléché sur la gauche. Tlj 9h-17h (en fait, accès ouv en permanence). Accès gratuit (en 2 mn à pied) mais parking payant.* Il s'agit d'une piscine naturelle *(cenote),* d'environ 10 m de large et 25 m de long, et surtout de 70 m de profondeur. Quelques poissons y nagent dans une eau limpide (sauf après la pluie), dans un environnement de roches calcaires cernées par une végétation tropicale. Bar et petit resto mais pas terrible ; accueille pas mal de groupes *(tlj 12h-16h ; cher !).* À droite de la route, on peut accéder à l'eau par une échelle (attention aux roches coupantes comme des lames de rasoir). Location de palmes, masque et tuba sous un kiosque.

Sur place, ***centre de plongée.*** *53-41-72-97 (Tony). Tlj 9h-16h (dernière plongée vers 15h). Tarifs à consulter.* Inutile de réserver. Également location de masque et tuba pour faire du *snorkelling.*

En allant vers Playa Girón, 6 km après *cueva de los Peces* on tombe sur ***punta Perdiz*** *(carte La baie des Cochons).* Parking payant, location de transats et formules comprenant le buffet du resto, avec ou sans transat et boissons. Le resto est en forme de bateau mais la nourriture a dû rester en fond de cale. À éviter. Club de plongée sur place et location de masque et tuba. Quelques transats à louer et accès à l'eau par des échelles (pas de sable, rochers coupants).

PLAYA GIRÓN (LA BAIE DES COCHONS)

À 34 km au sud-est de Playa Larga. C'est sur cette côte d'apparence tranquille qu'eut lieu en avril 1961 l'un des épisodes les plus passionnants (et inquiétants) de la guerre froide, la crise de la baie des Cochons. On vous la raconte dans la rubrique « Histoire » de « Hommes, culture, environnement » en fin de guide. Le site et le village ne sont pas des plus attractifs, mais ils constituent avant tout un lieu commémoratif et un symbole national : ne pas s'attendre à voir des curiosités du genre bunkers et barbelés, comme sur les plages de Normandie... Le village lui-même est un peu à l'écart du musée et de l'hôtel *Playa Girón,* à quelques centaines de mètres par une longue et

large artère presque désolée. Plage de sable devant l'hôtel, mais la vue est obstruée par une digue en béton, qui apaise peut-être les vagues... mais pas le regard ! En outre, l'accès est payant.

■ ***Station-service Cupet :*** *presque face au musée.*

Où dormir ?

CHAMBRES CHEZ L'HABITANT

On choisit rarement de loger à Playa Girón, ville pas très excitante. Comme à Playa Larga, les rues ici n'ont pas de noms. Côté cuisine, le mieux est de manger chez vos hôtes.

De bon marché à prix modérés

Hostal Zoïla, Lorenzo y Zory : *depuis le grand panneau, continuer sur env 800 m et prendre la grande route goudronnée sur la gauche (route de Cienfuegos) ; la maison est sur la gauche, 200 m plus loin, en face de 2 petits immeubles. ☎ 45-98-42-96. 55-20-50-27. • lorenzo.reitor@nauta.cu •* Accueil familial et chaleureux du propriétaire retraité (ancien chauffeur). Zoïla et Lorenzo louent 2 chambres mignonnes au fond de la maison et donnant sur une courette aménagée et verdoyante. Au fond, grand patio fleuri très agréable. Chambres bien tenues et salles de bains nickel. Sa fille loue une autre chambre sur le toit de la maison.

Mario García Rodriguez – Hostal Mayito : *en venant de Playa Larga, après le panneau à l'entrée du village, faire 200 m et prendre la 1re rue à gauche, puis encore 300 m ; la maison est sur la droite. ☎ 45-98-44-44. 54-34-81-68. • mayitogiron1@gmail.com •* Mayito – c'est le surnom de Mario – est prof de géographie et parle l'anglais. Il propose 3 chambres avec entrée indépendante. Bon confort et accueil gentil comme tout. Son frère fait le taxi.

Hostal Lourdes y Vilma : *en venant de Playa Larga, après le panneau à l'entrée du village, faire 200 m et prendre la 1re rue à gauche, puis encore 250 m ; la maison est sur la droite (juste avt l'Hostal Mayito), au n° 352. ☎ 45-98-41-46. 52-71-59-48. • vilmaylan@nauta.cu •* Orange et vert, la maison est repérable de loin. Les 2 spacieuses chambres, bien équipées, sont dans les mêmes tonalités, agrémentées de nombreux rideaux et dentelles. C'est un style. Ensemble agréable et bon accueil.

Où manger ?

On rappelle qu'on dîne fort bien dans la plupart des *casas*.

Restaurante El Cocodrilo : *sur la route principale, env 100 m après le grand panneau d'entrée, sur la gauche. Tlj 8h-22h30.* Agréable *ranchón* décoré avec soin. Plats classiques de poulet, *cerdo* ou *filete de pescado,* avec salade et légumes. Comme d'hab en fait. Simple et copieux.

À voir

Museo de Playa Girón (musée du Débarquement) **:** *entre le village et l'hôtel. ☎ 45-98-41-22. Tlj 9h-17h. Entrée payante ; gratuit moins de 12 ans. Droit photos en sus.*

Ce musée relate l'histoire du débarquement anticastriste de la baie des Cochons, en avril 1961, et la riposte cubaine. À l'extérieur, des chars ainsi qu'un avion à hélice de l'armée cubaine symbolise cette bataille qualifiée d'héroïque, qui évoque la lutte de David contre Goliath. C'est en cela qu'il est intéressant et hautement symbolique, au-delà du côté propagande. Documents, photos, cartes, souvenirs, objets, armes... Panneaux et plans expliquent les différents points d'attaque de l'armée américaine, particulièrement perverse, dont les bateaux et avions sont partis du Nicaragua.

WHO'S WHO

Sur les 800 membres de la « brigade » anticastriste, certains étaient des mercenaires sud-américains ou des yankees déguisés... même si la majorité était composée de riches bourgeois cubains, exilés au début de la révolution. Parmi les mercenaires, 135 étaient aussi d'anciens militaires de Batista.

Tout a commencé par des sabotages, notamment le bombardement des aéroports cubains avant l'attaque de la baie des Cochons, opération visant à clouer au sol la défense aérienne cubaine et à faciliter l'invasion des contre-révolutionnaires. L'attaque ayant été ébruitée, Fidel le malin présenta de vieux coucous presque hors d'usage aux bombes étasuniennes. Une photo choc rappelle qu'un soldat cubain, sur l'un des aéroports touchés, eut le temps d'écrire « Fidel » avec son sang avant de mourir. Ou comment entretenir le mythe...
Les chefs cubains s'étaient partagé diverses zones de Cuba car ils ne savaient pas où et quand les mercenaires allaient débarquer. Fidel était à Playa Girón, son frère Raúl à l'est, Che Guevara assurant la défense en zone ouest (Pinar del Río).
Une autre section du musée décrit l'attaque américaine et la riposte cubaine dans ses moindres détails (avec plans). En arrivant, les contre-révolutionnaires furent arrêtés par les surveillants de la plage, qui résistèrent 2h. Les assaillants brûlèrent un bus et ses occupants au napalm, mais l'artillerie castriste arriva à temps pour les empêcher de pénétrer dans les terres. Portraits des combattants morts et des victimes collatérales de l'attaque (dont de nombreux enfants).
Bilan de la bataille : l'opération dura à peine 3 jours, faisant 274 morts et 1 197 prisonniers du côté des mercenaires américains. Côté cubain, on dénombra 156 morts et de nombreux blessés.

DANS LES ENVIRONS DE PLAYA GIRÓN

¶¶¶ ***Caleta Buena*** (carte La baie des Cochons) **:** *à 9 km à l'est de Playa Girón, par la route côtière. Liaison en bus depuis l'hôtel Playa Girón (env 15-20 mn ; départ à 9h30, retour vers 16h30). Billet valable tte la journée. Le bus revient ensuite vers punta Perdriz, cueva de los Peces puis Playa Larga. Trajet A/R possible en taxi. Tlj 10h-17h. Site payant (réduc enfants), avec chaise longue, déj inclus et boissons à volonté ; accès gratuit après 16h30-17h (sans boisson ni repas). Loc de masque et tuba et club de plongée sur place (tlj 10h-14h ; exploration et baptême). Resto et bar sur place.* À cet endroit de la côte sud-ouest de Cuba, la mer entre dans des grottes sous-marines, et y a creusé des piscines naturelles. Une sorte de vaste lagon intérieur s'est ainsi formé dans cette *caleta Buena* (autrement dit, « bonne crique »), protégé par des roches calcaires érodées et coupantes (avoir de bonnes chaussures). Des échelles permettent d'accéder à l'eau en douceur. Ici et là, quelques paillotes avec transats pour un moment tranquille. Un chemin mène 100 m plus loin à une petite piscine naturelle, mélange d'eau douce et d'eau salée, pleine de poissons tropicaux. Au programme, bronzette, repos et baignade dans ces eaux translucides. Autour du bar (bons cocktails) et du resto, grandes pelouses soignées.

LE CENTRE DE L'ÎLE

• Carte p. 238-239

Les paysages n'y sont peut-être pas aussi remarquables que dans l'Oriente ou la région de Viñales, mais le centre de l'île est d'une grande richesse historique. Chaque ville apporte sa touche de nostalgie coloniale, à commencer par la plus belle, la plus visitée de toutes : Trinidad. À ne pas manquer non plus, la ville de Cienfuegos. C'est l'un de nos coups de cœur.

CIENFUEGOS

150 000 hab.

• Plan p. 241

Au fond d'une baie étincelante sous le soleil, voilà la belle inconnue de la côte sud de Cuba. Cienfuegos discrète, tranquille et injustement oubliée ! Sa splendeur passée la distingue des autres villes. C'est une élégante cité coloniale régulière, avec une partie maritime – la pointe de punta Gorda – qui évoque une petite Floride caribéenne, et un centre historique riche en monuments et en palais d'époque coloniale, avec des demeures à colonnades restaurées avec soin, parfois encore délabrées et enfin, en son cœur, l'une des plus belles places de Cuba, plaza José Martí, classée au Patrimoine de l'humanité de l'Unesco pour ses édifices qui l'entourent. Vaste et aérée par la brise de la mer, Cienfuegos fut fondée au XIXe s par un aventurier bordelais qui avait des idées... et du goût ! Il y a laissé sa marque et son style.
Capitale de la province du même nom, c'est la 5e ville du pays, dotée d'un port industriel avec une raffinerie où est encore déchargé le pétrole du Venezuela. Ce n'est pas par hasard si Cienfuegos est jumelée avec la ville française de Saint-Nazaire.

UN PEU D'HISTOIRE

Déjà en 1494, Colomb avait amarré dans la baie, qui fut vite baptisée « port de Jagua », du nom des Indiens qui la peuplaient. En 1745, un fort espagnol fut construit pour repousser les attaques de pirates. Mais la ville a vraiment été fondée le 22 avril 1819 par Don Luis de Clouet (Jean-Louis Laurent de Clouet de Piettre, 1766-1848), un colon français originaire de Bordeaux. Il avait quitté La Nouvelle-Orléans en Louisiane après la cession de cette immense province française par Napoléon aux États-Unis. Clouet se mit alors au service de l'Espagne. Il devint le

MATANZAS, VARADERO
LA HAVANE
Isabela de Sagua
Sagua la Grande
Cascajal
Santo Domingo
Santa Clara
Remedios
Caibarién
Cayo Las Brujas
Aguada de Pasajeros
Cruces
Ranchuelo
Placetas
Yaguajay
Jarahueca
Cienfuegos
Manicaragua
Cumanayagua
Arimao
Lac Hanabanilla
El Nicho
Cabaiguán
Guinia de Miranda
Jibacoa
Playa Rancho Luna
Gavilanes
Massif de l'Escambray
Sancti Spíritus
Jatibonico
Topes de Collantes
Valle de los Ingenios
Lago Zaza
Manacas Iznaga
Trinidad
Playa Ancón
Cayo Blanco
MER DES CARAÏBES
Archipel de los Jardines de la Reina
0
20
40 km

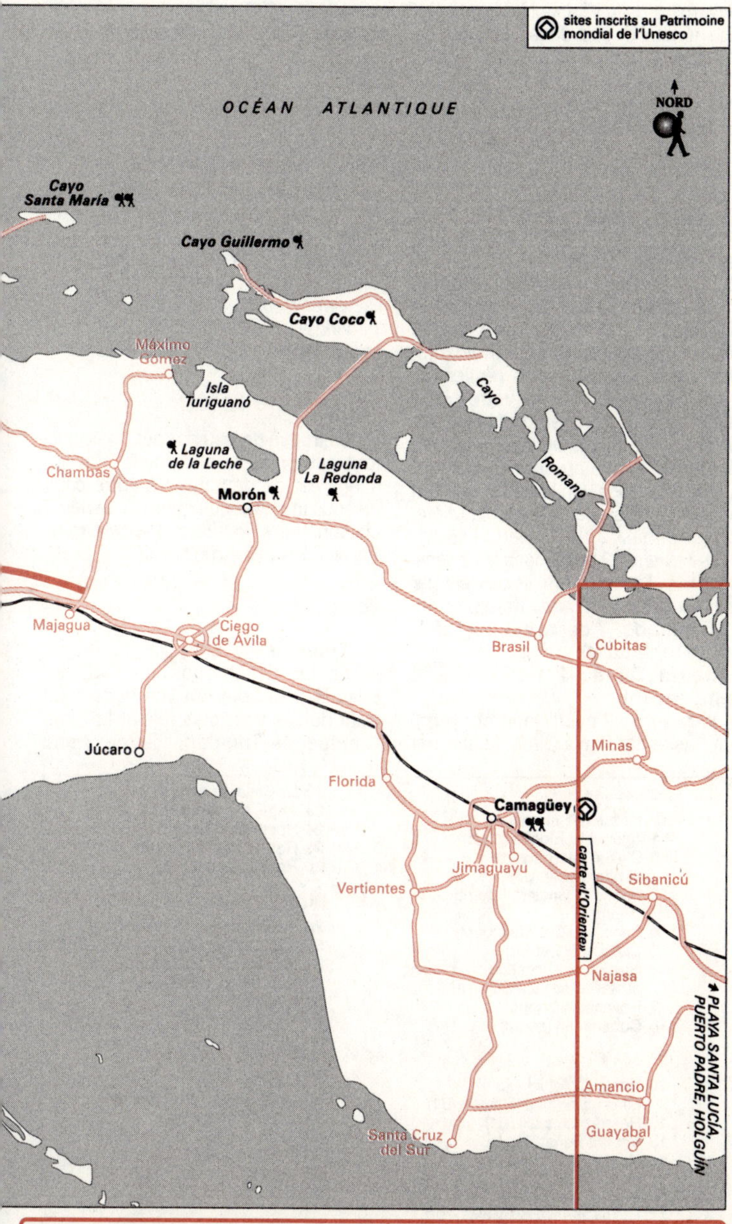

LE CENTRE DE L'ÎLE DE CUBA

gouverneur de la ville, qui fut baptisée Cienfuegos en 1830, en hommage au capitaine général de l'île, José Cienfuegos y Jovellanos. Clouet est mort à Cordoue, en Espagne, à l'âge de 82 ans.

Arriver – Quitter

En bus

Gare routière *(plan B1)* **:** *av. 56, à l'angle de la calle 49.* Point de départ et d'arrivée des bus *Viazul* (☎ 43-51-81-14). Attention, le bureau *Viazul* n'est absolument pas indiqué. Il est situé dans le terminal, au rdc, au fond de la salle d'attente. Les horaires des bus sont indicatifs. Il est indispensable de les vérifier sur place. Pensez à réserver votre place à l'avance par Internet (n'oubliez pas d'imprimer le billet). On peut aussi les acheter sur place au dernier moment s'il y a de la place. On le déconseille en hte saison. À l'étage de la gare routière, kiosque *Infotur* *(lun-ven 8h30-17h30).*

➢ ***La Havane :*** 2 bus/j. dans les 2 sens, l'un le mat, l'autre l'ap-m. Ils passent par Playa Girón et Playa Larga. Trajet : env 4h.

➢ ***Trinidad :*** 7 départs/j., 11h50-18h30 (1h de trajet).

➢ ***Santa Clara :*** 2 bus/j. (mat et ap-m ; env 1h).

➢ ***Varadero :*** 2 bus/j. (mat et ap-m). L'un passe par Playa Girón, l'autre par Santa Clara. Trajet : env 4h.

➢ ***Playa Girón et Playa Larga :*** c'est le bus qui va à La Havane. 2 bus/j. Compter 2h et 2h30 de trajet.

➢ ***Santiago :*** il faut passer par Santa Clara. Compter env 12h de voyage. Réserver 1 ou 2 j. à l'avance.

➢ ***Viñales :*** pas de bus direct. Il faut passer par La Havane. Sinon, taxi collectif.

En taxi collectif

On en trouve un peu partout, mais surtout autour de la station de bus. Le mieux est de demander à votre *casa* de vous indiquer quelqu'un de sérieux. Liaisons vers ***Trinidad, Santa Clara, Playa Girón, Varadero,*** etc.

En voiture

➢ ***Trinidad :*** le plus simple est de sortir de Cienfuegos par l'av. 64 *(plan B1)*, qui devient vite la calzada Real de Dolores, puis rejoint la route Cienfuegos-Trinidad. Durée : env

Adresses utiles

- Infotur (B1 et zoom)
- @ **1** Telepunto Etecsa (zoom)
- **2** Clínica internacional et pharmacie (B3)
- **3** Banco Financiero Internacional (zoom)
- **4** Banco de Crédito (zoom)
- **5** Cadeca (B1 et B3)
- **6** Havanautos (location de voitures) et station-service Cupet (B2)
- **7** Havanatur (zoom)
- **8** Cubanacan (zoom)

Où dormir ?

- **10** Hostal Colonial – Elías y Dagmara Ramos (B1)
- **12** Hostal Ivan y Lili (B1)
- **13** Martha Peña (B1)
- **14** Hostal Casa Brisa Sur (B1)
- **15** Bella Perla Marina (B1)
- **16** Hostal Amigos del Mundo (B1)
- **17** Casa Colonial del Valle (B1)
- **18** Hostal Melva y Manuel (B2)
- **19** Mario y Luisa (B1)
- **20** Villa Nora (B2)
- **21** Armando y Belkis (B3)
- **22** La Casa Amarilla (B3)
- **23** Angel e Isabel (B3)
- **24** Hostal Sol Bahía (B3)
- **25** Hotel La Unión (zoom)
- **26** Hostal Sunset (B3)

Où manger ?

- **29** Mercado municipal (B1)
- **30** Restaurante Las Mamparas (B2)
- **31** Restaurante Casa Prado (B1)
- **33** Bar-restaurante Doña Nora (B1)
- **34** Paladar Aché (B2)
- **35** Villa Lagarto (B3)

Où boire un verre ? Où sortir ?

- **50** Café Teatro Terry (zoom)
- **51** El Palatino (zoom)
- **52** La Punta (B3)
- **53** Centro cultural El Cubanísimo (B2)
- **55** Cabaret Costasur (B2)
- **56** Club El Benny More (zoom)

Achats

- **60** El Embajador – Casa de Habanos (B1)
- **61** Galería Maroya (zoom)

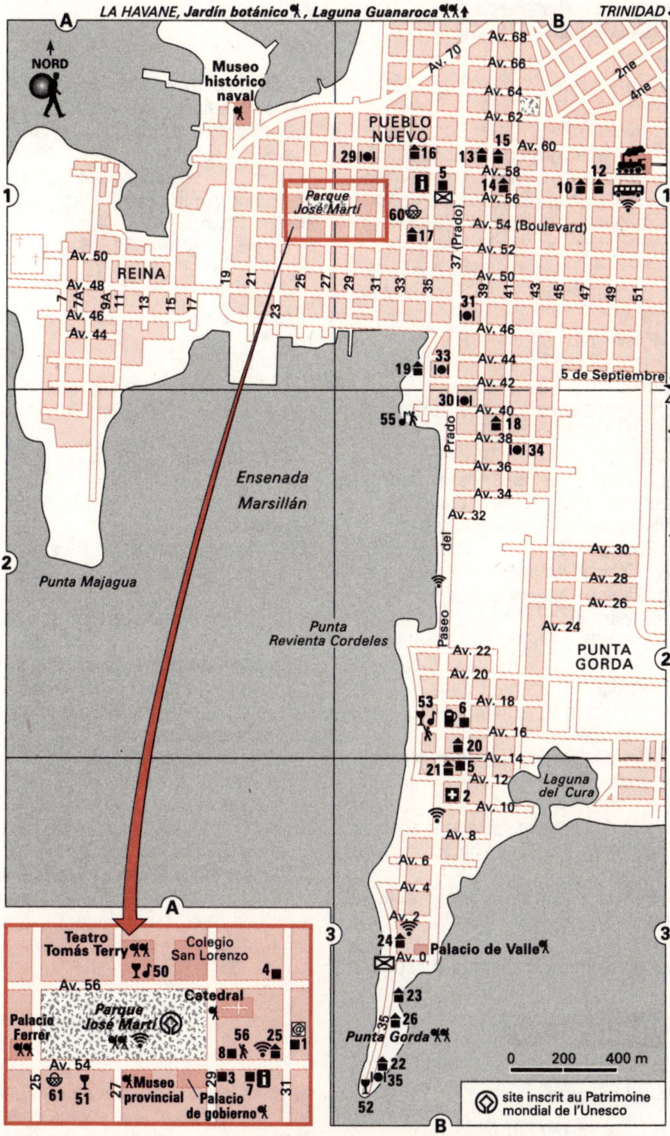

CIENFUEGOS

1h15-1h30 pour 82 km. Route assez belle dans un paysage vallonné (asséché en hiver), qui se termine par un beau tronçon longeant la mer.

➢ ***Playa Larga :*** route *Carratera Sur* jusqu'à Aguada de Pasajeros, puis *autopista* A1 jusqu'à Jagüey Grande et à gauche vers Playa Larga.

Adresses utiles

Infotur (plan B1) **:** *av. 56, 3117 ; entre calle 31 et 33. ☎ 43-51-46-53. Tlj sauf dim 9h-18h (fermé 30 mn à midi).* Plan gratuit de la ville, infos pratiques et culturelles sur les visites. Bonnes infos et personnel compétent. *Autre bureau Infotur (zoom) : av. 54, 2906, entre calle 29 et 31. ☎ 43-55-88-40. Lun-sam 9h-18h.* Également un bureau *Infotur* à la gare routière *(lun-ven).*

Poste (plan B1) **:** *à l'angle de l'av. 56 et de la calle 35. Tlj 8h-20h.* Vente de timbres.

■ @ **Telepunto Etecsa** (zoom, **1**) **:** *calle 31 ; entre 54 et 56. En face de l'hôtel* La Unión. *Tlj 8h30-19h.* Vente de cartes de téléphones et internet. Quelques ordinateurs à disposition (à utiliser avec une carte internet).

Zones wifi : plusieurs zones wifi en ville. Connexion avec votre carte internet. Elles se situent autour du parque José Martí *(zoom),* le long du Malecón *(plan B2-3),* à l'hôtel *La Unión (zoom,* **25***)* et à la gare routière *(plan B1).* Connexions également dans de nombreux *paladares* (souvent accessibles sans carte).

Clínica internacional et pharmacie (plan B3, **2**) **:** *av. 10, entre calle 37 et 39. ☎ 43-55-16-22. Ouv 24h/24.* On y parle l'anglais. C'est une clinique, mais aussi une pharmacie, ouverte 24h/24.

■ **Banco Financiero Internacional** (zoom, **3**) **:** *av. 54, angle 29. Change lun-ven 8h30-15h30.* Pas de distributeur, seulement le change d'espèces. Possibilité d'obtenir de l'argent à l'intérieur avec sa carte de paiement.

■ **Banco de Crédito** (zoom, **4**) **:** *av. 56, angle 31. Change lun-ven 8h-15h, sam 8h-12h.* Plusieurs distributeurs à l'extérieur (sur la calle 31), accessibles 24h/24. Change à l'intérieur.

■ **Cadeca** (plan B1, **5**) **:** *av. 56, 3314 ; entre 35 et 33. ☎ 43-55-22-21. Tlj 8h30-16h (11h30 dim).* Change et retrait possible au comptoir avec la carte *Visa. Autre adresse à l'angle de la calle 39 et l'av. 14 (plan B3,* **5***). Lun-ven 8h30-16h et sam mat 8h30-11h30. Fermé dim. Dans un tt petit kiosque caché sous les arbres.*

■ **Distributeur** (plan B1) **:** ***Banco Popular*** *(BPA), sur la calle 33, à l'angle de l'av. 54.* Accessible 24h/24. Accepte la carte *Visa.*

■ **Havanatur** (zoom, **7**) **:** *av. 54, 2906, juste à droite d'Infotur. ☎ 43-55-11-95. Lun-ven 8h-12h, 13h-16h ; sam 8h-12h.* Vend les excursions aux alentours de la ville.

■ **Cubanacan** (zoom, **8**) **:** *av. 54, 2905. Lun-sam 9h-12h, 13h-17h. Fermé dim.* La seule agence qui vend des billets pour la laguna Guanaroca.

■ **Location de voitures : *Havanautos*** *(plan B2,* **6***), à côté de la station-service Cupet, sur la calle 37 (Prado), qui rejoint punta Gorda. ☎ 43-55-12-11. Tlj sauf dim 8h-20h (17h sam).*

■ **Station-service Cupet** (plan B2, **6**) **:** *dans la continuation du Malecón, au niveau de l'av. 16, à côté de Havanautos. Une autre sur la calle 37, à l'angle de l'av. 40.*

Où dormir ?

CHAMBRES CHEZ L'HABITANT

Environ 3 km séparent le centre-ville et le quartier résidentiel de punta Gorda, en front de mer. Ceux qui ont une voiture seront naturellement tentés d'aller directement à punta Gorda, histoire de profiter de la mer et des couchers de soleil (et même des levers), mais les *casas particulares* du centre ont leurs atouts et sont moins chères. Possibilité de rejoindre les 2 quartiers en taxi (moins cher en tricycle).
Toutes les chambres des *casas* sont équipées de salle de bains privée et de la clim. On peut dîner dans quasiment toutes les *casas.* C'est là où l'on mange le mieux.

Dans le centre

Prix modérés

- ***Hostal Colonial – Elías y Dagmara Ramos*** *(plan B1,* ***10****)* **:** *calle 47, 5609 (entre av. 56 et 58). ☎ 43-52-46-47. 📱 53-66-89-18. • eliasr1988@yahoo.es •* Voici une charmante demeure coloniale couleur brique de 1917, avec du caractère et parfaitement au calme. Beau salon à colonnes à l'entrée, meubles anciens, jolies mosaïques aux murs et longue cour intérieure où donnent les 4 chambres impeccables, simples mais assez grandes, fraîches et confortables. Terrasse à l'étage avec vue. Bon accueil de Dagmara et de son mari, Elías, qui concocte de savoureux cocktails.
- ***Hostal Ivan y Lili*** *(plan B1,* ***12****)* **:** *calle 47, 5604. ☎ 43-59-72-45. 📱 52-47-31-92. • ivanlili71@nauta.cu •* Une autre bonne adresse tenue par un couple charmant et attentionné. Les 3 chambres sont à l'étage, bien arrangées, offrant confort, propreté et calme. Celle du fond offre une vue dégagée. Belle vue sur la ville depuis la terrasse aménagée sur le toit. Cuisine savoureuse.
- ***Martha Peña*** *(plan B1,* ***13****)* **:** *calle 39, 5807, entre av. 58 et 60. ☎ 43-52-54-77. • elhp1954@jagua.cfg.sld.cu •* Encore une belle maison coloniale ! Une façade à colonnes en surplomb de la rue, de belles céramiques dans l'entrée et quelques meubles Art déco. Accueil adorable de Martha. 3 chambres hautes de plafond, spacieuses et fraîches. Elles donnent au bout du corridor sur un joli patio plein de plantes vertes, où l'on prend les repas.
- ***Bella Perla Marina*** *(plan B1,* ***15****)* **:** *calle 39, 5818, esq. av. 60. ☎ 43-51-89-91. • bellaperlamarina@yahoo.es •* Excellent accueil d'Amileidis et Waldo pour une adresse de qualité ! Même si la maison n'a pas de cachet colonial, on a immédiatement le sentiment d'être ici chez soi. 2 chambres au fond donnant sur un couloir, impeccables et calmes. Murs couverts de peintures et œuvres diverses. En grimpant à l'étage, on accède à une vaste suite en mezzanine (plus chère), toute blanche du sol au plafond, au mobilier choisi et à la déco contemporaine, vraiment étonnante ! Elle peut accueillir 6 personnes. Un vrai plus dans cette maison : les 3 terrasses superposées qui surplombent la rue, emplies de plantes. Billard au 1er étage.
- ***Hostal Amigos del Mundo*** *(plan B1,* ***16****)* **:** *av. 60, 3304 ; entre 33 et 35. ☎ 43-55-55-34. 📱 52-45-21-20. • amigosdelmundocfg@gmail.com •* 2 chambres au fond de cette vénérable demeure coloniale, donnant sur le large couloir ouvert et agrémenté de plantes vertes. Chambres simples et fonctionnelles. Bien situé et au calme. Copieux petit déjeuner et accueil tout en douceur.
- ***Hostal Casa Brisa Sur*** *(plan B1,* ***14****)* **:** *calle 41, 5605 ; entre 56 et 58. ☎ 43-51-26-82. 📱 52-76-67-91. • liliyvalentin2@gmail.com •* Cette ancienne demeure coloniale abrite 6 chambres, 4 au rez-de-chaussée et 2 à l'étage. Mis à part celles donnant dans le patio, plus anciennes, les autres sont toutes dans des tons blanc et gris, sobres et modernes, tranchant nettement avec la plupart des adresses. Excellente literie. L'une d'elles possède sa propre petite terrasse. Très bon confort général et 2 chouettes terrasses dans les étages, bien équipées.
- ***Casa Colonial del Valle*** *(plan B1,* ***17****)* **:** *av. 52, 5605 ; angle calle 33. ☎ 43-53-42-79. 📱 52-40-64-48. • casadelvalle@nauta.cu •* À l'angle d'une rue, à l'étage de cette vraie demeure coloniale, on découvre un vaste salon sous 5 m de plafond, ses moulures, ses colonnes, son carrelage fleuri et ses meubles coloniaux, le tout baignant dans une atmosphère des années 1920. Les 2 chambres sont contiguës et peuvent communiquer entre elles. Lumineuses et pleines de charme, chacune avec son balcon sur rue. Seul bémol, l'artère devant est assez passante.

Entre le centre et punta Gorda

Bon marché

Hostal Melva y Manuel (plan B2, **18**) : calle 41, 3807 ; entre 38 et 40. ☎ 43-51-59-87. 📱 53-12-59-11. • manuelfv@nauta.cu • L'un des meilleurs rapports qualité-prix de la ville. Dans une maison moderne située à 200 m du Malecón, dans un quartier calme. Très belles chambres (4 en tout, 2 au rez-de-chaussée, 2 à l'étage), toutes avec entrée indépendante, donnant sur la courette très agréable où chante un canari. Tout le confort de base et une propreté irréprochable. Agréable terrasse à l'étage, spacieuse et moderne, pour prendre le petit déj et les excellents repas préparés par Manuel.

Mario y Luisa (plan B1, **19**) : calle 35, 4215 ; entre 42 et 44. ☎ 43-51-78-64. Une maison bien située, au bord de l'eau, prolongée par une terrasse couverte de plantes. Les 5 chambres (dont 3 à l'étage, les plus agréables) sont propres et claires. Repas ultra-copieux, du petit déj au dîner. L'ensemble est fort bien tenu, avec l'impression d'être davantage dans un petit hôtel que chez des particuliers. Terrasse verdoyante au rez-de-chaussée, qui pousse l'avantage jusqu'à la baie. Une autre terrasse à l'étage, bien équipée en transats. Dans la même rue, le fils tient également une *casa* (même prix).

À Punta Gorda

Bon marché

Villa Nora (plan B2, **20**) : av. 14, 3701 ; angle calle 39. ☎ 43-51-96-09. 📱 52-97-37-85. • rey72@nauta.cu • Jolie maison années 1950, jaune et vert, avec son bout de jardin sur le devant et ses rocking-chairs de métal. 3 grandes chambres avec entrée indépendante, 2 dans la maison et une au fond, dans la grande cour, bien plus spacieuse (et plus chère). Bon équipement général. Accueil tout en discrétion.

Armando y Belkis (plan B3, **21**) : av. 14, 3702 ; calle 37 et 39. ☎ 43-51-78-17. 📱 52-71-04-63. • armandoybelkis@yahoo.es • Dans un quartier résidentiel agréable, une maison à l'architecture typique des années 1950, tenue par un couple de retraités. La chambre donne sur le salon. On adore la salle de bains rose et vert, qui date de 1954. Superbe lavabo et baignoire. Le grand plus de la maison : sa terrasse à l'arrière et son grand jardin ombragé par des goyaviers, manguiers et bananiers... Rare.

Prix modérés

Hostal Sol Bahía (plan B3, **24**) : calle 35, 4E. ☎ 43-55-51-37. 📱 52-38-15-09. • solbahia35@gmail.com • Adorable petite maison bleue au pied du grand et vilain hôtel *Jagua* (mais qu'on ne voit pas du tout). La rue est en cul-de-sac, donc tranquillité absolue, face à la baie. Les murs de la maison sont rose et jaune et de grandes toiles d'acteurs américains et musiciens les décorent sobrement, ce qui est rare. 3 chambres sobres et de bon confort. Accueil gentil comme tout de Maylin.

Hostal Sunset (plan B3, **26**) : calle 35, 14E (entre av. 0 et Litoral). ☎ 43-52-33-30. 📱 52-75-72-89. • zuniraya@gmail.com • Impeccable maison aux chambres soignées. L'une donne sur le patio intérieur et l'autre à l'étage sur une terrasse. Propre c'est peu dire ! L'adresse est prolongée sur l'arrière par un patio ouvert sur la baie.

La Casa Amarilla (plan B3, **22**) : calle 35, 4 ; au bout, dans la partie gauche de la belle maison jaune. ☎ 43-51-68-39. • jl.casamarilla@gmail.com • On ne peut louper cette belle maison jaune juste avant le parc de la Punta. Les 2 chambres ne se situent pas dans la maison même, mais à l'arrière, au rez-de-chaussée. Elles sont simples et bien équipées, même si la déco n'en constitue pas le point fort.

Prix moyens

Angel e Isabel (plan B3, **23**) : calle 35, 24. ☎ 43-51-15-19. 📱 52-68-31-91. • angeleisabel@yahoo.es •

hostalangeleisabel.com • Une belle demeure avec une façade à colonnes. Les 3 chambres sont installées à l'arrière, donnant toutes sur une courette qui débouche sur la baie. Un joli ponton permet de faire trempette (mais l'eau est peu engageante) ou de faire bronzette sur des chaises longues et hamacs. Les chambres sont confortables et charmantes, soigneusement décorées, avec sanitaires nickel. Une autre chambre plus grande (et bien plus chère !), pour 4 personnes, se situe sur une terrasse privée à l'étage. À noter encore les 3 belles terrasses sur le toit, fort agréables. On prend le petit déjeuner face à la mer. Accueil pro. Grâce à sa proximité de l'eau, voici l'une des adresses les plus charmantes de punta Gorda, même si elle est plus onéreuse que les autres.

HÔTEL D'ÉTAT

Très chic

Hotel La Unión *(zoom,* ***25****)* **:** *entrée principale par la calle 31 ; entre 54 et 56. ☎ 43-55-10-20. • hotellaunion-cuba.com • Si vous n'y dormez pas, possibilité d'accès (payant) à la piscine (dont une partie à valoir en consos).* Au cœur de la vieille ville, un très bel hôtel de 1869 à la façade vert lagon. Une cinquantaine de chambres au confort moderne : salles de bains impeccables. Vue sur rue ou sur le patio (plus tranquille). 2 beaux patios, l'un agrémenté d'une fontaine. Dans la grande cour au fond, superbe piscine, vaste et impeccable, entourée de transats. Jacuzzi, salle de gym. Resto et plusieurs bars, dont l'un sur le toit, au 4e étage. Vue magnifique sur la ville et la baie au loin.

Où manger ?

Bon marché

– On peut acheter des fruits et légumes au petit ***mercado municipal*** *(plan B1,* ***29****)* : *av. 58 ; entre 29 et 31. Mar-sam 7h-17h et dim mat.*

Restaurante Las Mamparas *(plan B2,* ***30****)* **:** *calle 37, 4004 ; près de l'angle avec l'av. 40. 52-92-02-97. Tlj 12h-22h.* Joli resto d'État avec nappes rouges et salle haute de plafond. Carte éminemment locale d'où émerge un sympathique poulet au miel, porc à l'ananas ou une bonne *ropa vieja*. Tout cela est correctement tourné (pour un resto d'État) et vraiment pas cher. Bon service. Sur les murs, photos de toutes les stars locales qui sont passées par ici.

Restaurante Casa Prado *(plan B1,* ***31****)* **:** *calle 37, 4626 ; entre 46 et 48. 52-62-38-58. Tlj 11h30-22h30.* Le resto ne paie pas de mine de l'extérieur, mais a pas mal d'allure à l'intérieur, composé de plusieurs petits salons hauts de plafond et un peu sombres, avec nappes rouges et serveurs en livrée. Dans les assiettes, des plats basiques à prix doux : *pollo a la cerveza, paella, pescado casa Prado...* Le soir, le toit-terrasse s'ouvre à partir de 18h, avec musique *al vivo*. On y sert des plats cuits au barbecue.

Prix moyens

Bar-restaurante Doña Nora *(plan B1,* ***33****)* **:** *calle 37 (Prado), 4219 ; entre 42 et 44. ☎ 43-52-33-31. Tlj 12h-23h.* Un joli *paladar* dans une authentique maison coloniale. On grimpe un escalier pour découvrir cette très belle salle haute de plafond, ornée de colonnes de marbre, de meubles anciens et un coin bar à côté de la cuisine ouverte. Essayer d'avoir l'une des tables sur les 2 minuscules balcons qui surplombent le Prado. Les locaux et les touristes viennent y faire un repas à prix sage. Plats typiques de poulet, porc ou poisson, mais aussi la spécialité du chef : l'agneau au vin *(conejo al vino)* ou le lapin mariné *(cornero borracho)*. Bons desserts. Rien de véritablement transcendant, mais une cuisine d'un honnête rapport qualité-prix, dans une jolie ambiance. Le soir, on pourra aller boire un verre sur la terrasse sur le toit. Une bonne adresse.

Paladar Aché (plan B2, **34**) : *av. 38, 4106 ; entre 41 et 43. ☎ 43-52-61-73. Lun-sam 12h-22h.* La cuisine est aussi simple qu'ailleurs, mais il est vrai qu'ici, tout est un peu meilleur. Et les plats sont ultra-copieux. On déjeune sur une terrasse couverte, agrémentée de vraies plantes et ombragée par un beau manguier, avec un fond musical passe-partout. On se croirait d'ailleurs davantage dans un resto que dans un *paladar*. Une valeur sûre à Cienfuegos.

Chic

Villa Lagarto (plan B3, **35**) : *calle 35, 4B ; tt au bout de la calle 35, à droite de la jolie maison jaune, dans la petite allée à droite. ☎ 43-51-99-66. Tlj 12h-22h30.* Cette *casa* un peu chic (et surtout chère !) a ouvert son propre resto. Il possède 2 terrasses extra, tout en bois, au niveau de l'eau ou à l'étage, baignées dans un univers végétal soigné. Un cadre très agréable pour une soirée romantique. Pour l'apéro, un petit ponton avec quelques fauteuils colorés. Dans l'assiette, des plats de qualité, essentiellement de viande (pas de poisson !), préparés uniquement au barbecue.

Où boire un verre ? Où sortir ?

L'un des plus grands *soneros* de Cuba, ***Benny Moré,*** était un enfant de Cienfuegos. Chanteur génial à la vie mouvementée, il était surnommé le *Barbaro del ritmo*. Il a sa statue sur le Prado, et un festival lui est consacré en septembre. Pourtant, la vie nocturne de Cienfuegos est assez tranquille, surtout comparée à celle de Trinidad...

Café Teatro Terry (zoom, **50**) : *av. 56, à droite du théâtre Tomás Terry. Spectacle musical (payant) tlj, en général vers 22h30. Fait bar dans la journée (tlj 9h-1h).* Petit café dans une cour tout en longueur, sous une treille. C'est un endroit agréable pour une pause café en journée ou après le spectacle du théâtre voisin.

El Palatino (zoom, **51**) : *sur le parque José Martí, av. 54 (angle calle 27). Tlj 9h-22h30.* C'est un vieux bar colonial dans l'une des plus anciennes maisons de la ville (1842), avec une terrasse sous les arcades donnant sur la belle place José Martí. Bien pour attendre des heures plus fraîches au son des accords cubains. Cocktails nationaux et internationaux.

La Punta (plan B3, **52**) : *tt au bout de punta Gorda, au bord de l'eau. Tlj 9h-22h (minuit sam).* Pour un verre en fin d'après-midi, au soleil couchant, c'est ici qu'il faut s'asseoir ! Et la meilleure *piña colada* de Cienfuegos, c'est ici qu'on peut la boire ! Le mojito n'est pas en reste. Tout au bout du Malecón, on arrive à un petit jardin public aménagé, avec une buvette et un fond musical... Également un kiosque qui propose quelques grillades. Le lieu idéal pour assister au coucher du soleil.

Centro cultural El Cubanísimo (casa de Artex ; plan B2, **53**) : *calle 35 ; entre 16 et 18, en bordure de mer. ☎ 43-55-12-55. Tlj dès 22h et jusqu'à 2-3h. Entrée payante.* Cette disco en plein air offre un cadre et un décor simples et sobres, mais c'est l'un des lieux de prédilection de la jeunesse de Cienfuegos. Vers 23h, parfois un spectacle avec danse et musique cubaine, avant que la musique enregistrée, vers minuit, ne prenne la relève.

Cabaret Costasur (plan B2, **55**) : *tt au bout de l'av. 40 (angle des calles 35 et 33). Ouv mer-dim. Musique al vivo mer (à 22h), ven et dim à 19h30. Les autres soirs, venir plutôt à partir* *de 22h. Entrée payante.* Une boîte en plein air. Bonne ambiance musicale qu'apprécient les habitants de Cienfuegos qui y dansent joyeusement. Plein de familles de tous les âges.

Club El Benny More *(zoom, **56**) : av. 54 (rue piétonne), à 50 m de la pl. José Martí. ☎ 43-55-16-74. Tlj sauf mer 23h-3h. Entrée payante.* Un club dont le nom rend hommage à Benny Moré, le grand musicien originaire de Cienfuegos. Mais la musique est avant tout dance et salsa moderne, pas vraiment traditionnelle. Pas de groupes.

Achats

El Embajador – Casa de Habanos *(plan B1, **60**) : à l'angle de la calle 33 et l'av. 54. ☎ 43-55-21-44. Tlj 9h-19h.* Boutique bien approvisionnée en cigares (vente aussi à l'unité), rhums, café, et même vin.

Galería Maroya *(zoom, **61**) : parque José Martí, av. 54 ; entre 25 et 27. ☎ 43-55-12-08. Tlj 9h-18h30 (13h dim).* Galerie présentant le travail des artistes et artisans de la région centrale du pays. Grand choix d'artisanat : peinture (avec certificat d'authentification), instruments de musique, objets en bois, cuir, papier mâché, étoffes. Noter le patio au toit à 4 pentes, assez unique dans la région.

À voir

Parque José Martí *(zoom)* **:** la grande place principale de Cienfuegos, entourée d'importants édifices de la fin du XIXe et du début du XXe s. L'ensemble, bien préservé, a été classé par l'Unesco en 2005 au Patrimoine mondial de l'humanité. Au sol, entre la statue centrale de José Martí et la cathédrale, une rosace de 2 m de diamètre, représentant la baie de Cienfuegos, indique l'endroit exact où Jean-Louis de Clouet marqua les limites de la fondation de la colonie française en 1819. Au centre de la place, une statue de José Martí.

Catedral de la Purísima Concepción *(zoom) : calle 29 ; entre 54 et 56.* Elle fut achevée en 1870 dans un style néoclassique. Voir les quelques vitraux représentant les apôtres, importés de France. L'ensemble est assez lourd.

– À l'angle de la calle 29 et de l'avenida 54 se dresse la demeure (début XIXe s) du fondateur de la ville, Jean-Louis de Clouet.

Teatro Tomás Terry *(zoom) : av. 56 et calle 27. Tlj 9h-18h. Entrée payante (droit photos en sus). Concerts mar-mer et spectacles ven-dim à 21h (17h dim). Possibilité d'acheter ses places dans la journée (10h-17h), ou avt le spectacle.* Inauguré en 1900 et récemment restauré, ce très beau théâtre à l'ancienne de 850 places porte le nom du magnat cubain Tomás Terry, qui légua une grande part de sa fortune pour sa construction. À l'époque, la ville abritait à peine le double d'habitants ! Copie du théâtre de Matanzas et de celui de Santa Clara, eux-mêmes copies d'un théâtre milanais, ce lieu accueille toujours de nombreux spectacles variés. C'est l'un des 3 lieux de spectacle de Cuba où la scène, très inclinée, permet de voir les pieds des danseurs même depuis les 1ers rangs. Vieux fauteuils en bois à l'ancienne, balcons stylés, pilastres, 2 balcons à colonnettes... beaucoup d'élégance. Lever le nez pour admirer la fresque du plafond représentant les 7 muses, ainsi que celle où figure un ange tenant une pendule marquant 16h, heure à laquelle le peintre termina son œuvre ! Pour la petite histoire, sachez que le grand Caruso est venu faire quelques vocalises au théâtre Terry – comme dans presque tous les théâtres d'Amérique du Sud.

Palacio Ferrer *(zoom) : parque José Martí, esq. av. 54 et calle 25. Tlj sauf dim 10h-17h30. Entrée payante ; réduc.* Murs bleu ciel, façade avec des colonnes et des balcons sculptés, bel escalier, nombreux salons moulurés, fenêtres dignes d'un palais baroque, plusieurs terrasses et sur l'une d'elles, à l'angle, un haut clocheton à bulbe abritant un belvédère accessible par un étroit escalier métallique en colimaçon. Vue extra sur la baie depuis tout là-haut. Construit en 1910 pour José Ferrer Sires, un riche commerçant espagnol, ce très beau petit palais de style éclectique entièrement rénové garde les vestiges de son raffinement d'antan, tant à l'extérieur qu'à l'intérieur : du marbre, un bel escalier, des stucs, de beaux plafonds et frises d'azulejos... Même si le palais est vide, sa visite vaut le coup d'œil depuis qu'il a retrouvé son lustre et ses lustres. On raconte que Ferrer y a reçu le chanteur d'opéra Caruso lors du passage de ce dernier à Cienfuegos.

Museo provincial de Cienfuegos *(zoom)* **:** *av. 54, 2702 ; esq. calle 27. À côté du Palacio de gobierno. ☎ 43-51-97-22. Lun-sam 10h-18h. Entrée payante (droit photos en sus).* Petit musée bien tenu. Quelques vitrines historiques et de modestes tableaux. Salle à manger et petit salon colonial (beau mobilier), au rez-de-chaussée. 2 petites salles d'expos temporaires. À l'étage, salle dédiée à l'histoire de Cienfuegos : petite section préhistorique (ossements), vitrines d'armes, maquette d'un *ingenio* (sucrerie où trimaient des esclaves), fers à esclaves, étriers... et salle consacrée à des expos temporaires. Dans la grande salle de l'étage, levez les yeux, le plafond offre plusieurs jolies peintures allégoriques du XIXe s.

Palacio de gobierno *(zoom)* **:** *av. 54, à l'angle sud-est de la place.* Monument gris coiffé d'une coupole rouge, de style républicain, construit en 1924. C'est ici que Fidel, le 7 janvier 1959, dirigea le peuple de Cienfuegos pour sa marche triomphale vers La Havane.

Museo histórico naval *(plan A1)* **:** *av. 60 et calle 19. ☎ 43-51-91-43. Mar-dim 9h-17h (13h dim). Entrée payante. Droit photos en sus.* Le seul musée du genre à Cuba, sur l'histoire maritime (au sens large) du pays, établi dans une ancienne base navale. Quelques salles évoquent immanquablement la révolution, notamment la prise de Cienfuegos par les révolutionnaires, le 5 septembre 1957. Section pêche, depuis les pirogues taïnos jusqu'à la maquette du 1er bateau frigorifique cubain (de facture russe). Quelques salles dédiées à la découverte de Cuba par Colomb (et aux siècles qui suivirent) : maquettes, armes, fers, canons, infos sur la guerre d'indépendance, balises, etc.

Punta Gorda *(plan B3)* **:** c'est la pointe au sud de la ville. Du centre, descendre le Prado, l'artère principale de Cienfuegos, bien entendu surnommée « Malecón » à l'endroit où elle longe la mer.

– Le long de cette artère principale, vous verrez quelques palais, anciens casinos de la mafia américaine implantée ici à l'époque de Batista et qui subsistèrent jusqu'à la révolution... Quelques-uns d'entre eux (au bord de la baie) ont été rénovés, notamment le ***palacio Azul*** *(calle 37, nº 1201),* reconverti aujourd'hui en petit hôtel d'État. Si on ne vous recommande pas d'y loger, rien ne vous empêche d'y jeter un œil en demandant gentiment à visiter les lieux.

Tout au bout de l'artère principale (calle 37), on arrive sur le ***palacio de Valle.*** *Tlj 10h-22h. Entrée payante (avec cocktail) 10h-17h ; accès gratuit après 17h.* Ce palais a été construit en 1917 par un homme d'affaires espagnol, Acisclo del Valle Blanco (1865-1919). Il s'agit d'un palais dont le style dominant est oriental (néo-mudéjar pour être précis), unique à Cuba. On importa du marbre de Carrare, des céramiques vénitiennes et des lustres en cristal européen. On le surnomma même à une époque « le 5e Maure ». Les 3 tours du palais ont chacune leur signification : celle du centre représente la religion, une autre la puissance guerrière (créneaux et mâchicoulis), et la dernière symbolise l'amour (petite alcôve). Aujourd'hui, le palais a été transformé en resto (essentiellement des groupes logeant à l'hôtel *Jagua*). On peut monter librement sur la terrasse (après 17h) pour y admirer le coucher du soleil. Le bar est accessible à tous (cher).

– On termine la promenade à l'extrémité sud par une rue bordée de vieilles maisons en bois colorées, dont l'architecture rappelle celle de la Louisiane. Arrivé à la pointe, pause dans le petit parc qui abrite la buvette ***La Punta*** *(plan B3, **52**)*. Vue imprenable sur la baie. On peut parfois y observer des pélicans.

DANS LES ENVIRONS DE CIENFUEGOS

La baie de Cienfuegos n'est séparée de la mer des Caraïbes que par un étroit chenal. D'un côté, le ***castillo (fort) de Jagua,*** de l'autre le lieu-dit Pasacaballo (« Passe-chevaux »), proche de la Playa Rancho Luna. C'est en effet à cet endroit que les Espagnols faisaient passer les chevaux sur un bac pour rejoindre le fort qui protégeait l'accès de la baie, notamment contre les pirates. Cette petite forteresse, construite par les Espagnols en 1745 (antérieure à la fondation de la ville), dominait l'étroit goulet de la baie et surveillait l'entrée de la baie pour en empêcher l'accès aux pirates. Malheureusement le *castillo* n'est pas facilement accessible (on met un temps fou pour y aller). Modeste musée historique à l'intérieur.

Playa Rancho Luna : *prendre l'av. 5 de Septiembre (plan B1) et continuer toujours tt droit pdt env 20 km. Au bout, à la fourche, prendre à gauche pour accéder à la plage. Liaison possible en taxi (convenir du retour avec le chauffeur). Plusieurs parkings payants sur place, quelques* ranchónes *où l'on peut se restaurer et de petits bouquets de paillotes qui offrent un peu d'ombre. Quelques transats à louer.* C'est la plage la plus proche de Cienfuegos. Un joli bout de littoral, calme et agréable, propice à la baignade. Profitez-en pour déguster des langoustes grillées, les pieds dans l'eau.

Une adresse recommandable à Playa Rancho Luna. À environ 20 km de Cienfuegos, en arrivant à la fourche, prendre à droite et faire environ 200 m, puis à gauche. La *Casa Larabi* est juste sur la droite.

Casa Larabi : *Playa Rancho Luna. ☎ 43-54-81-99. 53-92-19-66. • casa.larabi1@gmail.com •* Une maison qu'on aime vraiment bien, reconnaissable à ses colonnes violettes, assez exceptionnelle dans son genre et à 5 mn de la plage à pied. Tenue par l'adorable Larabi, né à Tanger, ancien chirurgien au Canada, parlant parfaitement le français. Comme en témoigne la façade, il a osé la couleur : le violet, le pourpre, le rose. Les 4 jolies chambres sont plus sobres, très soignées et décorées de meubles et miroirs anciens. Confort parfait. On s'y sent vraiment bien. À l'étage, une terrasse ombragée pour se prélasser et profiter d'un dîner exceptionnel, où le talent de votre hôte s'exprime sans retenue. Mention spéciale pour le tajine de bœuf, le poisson frais et le fromage de chèvre, préparés par Larabi lui-même. Bravo !

Centre de plongée derrière l'hôtel *Faro Luna*. *Infos : ☎ 43-54-80-40.* Quelques sympathiques plongées autour d'une barrière de corail, de grottes et d'épaves artificielles...

Excursion à la laguna Guanaroca : *billets pour l'excursion à acheter auprès de l'agence* Cubanacan, *av. 54, 2905 (entre calle 20 et 31). ☎ 43-55-16-80. Tlj sauf dim 9h-17h. Tarifs à consulter. Attention, seulement 30 billets sont vendus/j. Il est donc nécessaire de venir la veille pour réserver. On se rend sur le site par ses propres moyens (taxi ou voiture privée). L'agence vous précisera comment vous y rendre. Site ouv tlj 8h-15h.* Cette lagune abrite une réserve de flamants roses. Le tour guidé de 45 mn (le guide est sur place) comprend pour partie une balade à pied puis une autre en barque. Venir dès l'ouverture si vous voulez avoir la chance de voir les flamants. Et puis la lumière est bien plus belle tôt le matin.

Jardín botánico *(hors plan par B1) : à 18 km de la ville sur la route de Trinidad (bien fléché sur la gauche). ☎ 43-54-51-15. Tlj 8h30-17h (dernière entrée).*

Entrée payante ; réduc enfants. Visite guidée conseillée (prévoir un pourboire). Compter alors 45 mn-1h. La visite du jardin peut être combinée avec celle de la laguna Guanaroca.
Mal entretenu, laissé à l'état naturel par manque de fonds, sans presque aucune intervention humaine depuis 1932, il donne l'impression d'un jardin à l'abandon. Sa visite intéressera surtout les amateurs de plantes tropicales.
Créé en 1901, c'est le plus vieux de l'île et près de 80 % de ce qu'on y trouve ne provient pas de Cuba. Il compte plus de 1 600 espèces végétales subtropicales sur 94 ha (30 sortes de bambous, 20 d'orchidées, 50 espèces de ficus, 200 essences de palmiers...).

SUR LA ROUTE ENTRE CIENFUEGOS ET TRINIDAD

Parque nacional El Nicho *(carte Le centre de l'île) : situé au nord-est de Cienfuegos, à 1h15 de route (env 52 km), en passant par Cumanayagua puis Crucecitas, et suivre El Nicho. Après la visite, pour continuer vers Trinidad, retourner à Cumanayagua et regagner la route côtière. Tlj 9h-17h. Entrée payante ; réduc enfants.* ***Conseil :*** *en saison, arriver AVANT 9h30 ou APRÈS 14h. Entre ces horaires, de nombreux groupes visitent le site. Parking et resto sur le site.* Il s'agit d'un ensemble de belles petites cascades qui se jettent dans une poignée de petits bassins. On peut se baigner dans certaines, notamment celle du haut, la plus grande. Un sentier, quelques marches et de modestes passerelles relient en 10 mn (jusqu'au bassin du haut) toutes les piscines. Un peu plus haut sur le sentier, belle vue depuis le mirador. Quand il n'y a personne, El Nicho est une halte absolument délicieuse et la baignade dans ces eaux fraîches constitue un moment divin. Lorsqu'il y a foule, c'est une autre histoire.

TRINIDAD

env 100 000 hab.

• Plan *p. 252-253*

Il n'y a qu'une manière de visiter Trinidad : se perdre dans les ruelles au pavé inégal, chercher son chemin avec la plaza Mayor comme point de repère. Ici, prendre son temps est indispensable. Pour cause, à Trinidad, le temps ne compte plus vraiment... Cette paisible petite ville fut longtemps coupée du monde. Admirez les maisons coloniales, osez jeter un coup d'œil à l'intérieur des habitations vieilles de 2 ou 3 siècles. Vous verrez toujours au 1er plan des souvenirs à la valeur sentimentale inestimable, composés d'innombrables bibelots, photos de famille, bouquets de fleurs en plastique, objets de pacotille, verreries... Au 2d plan, vous noterez les traces des fastueuses années de gloire : lustre en cristal de Baccarat, colonnes de marbre, gravures anciennes, mobilier splendide... Les plus folles extravagances étaient à l'origine de ces imposantes constructions. Comme les palais de la plaza Mayor et du vieux centre-ville, témoins de la rivalité entre les familles de la riche aristocratie soucieuses d'affirmer leur puissance. Sur les pas-de-porte, la gentillesse est au rendez-vous.
Avec ses maisons basses, ses façades colorées et ses rues pavées à l'ancienne, Trinidad renvoie aux images qu'on peut avoir de l'époque d'avant l'automobile. Votre 1re impression sera peut-être négative : petites tentatives d'arnaque, *jineteros* et gamins quémandeurs sont là car il y a des touristes.

Mais la plus belle ville du pays se mérite, il faut y rester plusieurs jours, s'imprégner de l'atmosphère, écouter les petits groupes de salsa dans la rue, ne rien faire. Évitez d'imiter ceux qui arrivent dans la matinée pour repartir en fin d'après-midi, vite fait mal fait... Baladez-vous dans la ville soit le matin tôt, soit en début de soirée pour en capter les subtiles lumières. Quand, à l'heure de la *novela* à la télé, les portes s'ouvrent pour faire entrer un peu de fraîcheur, ces vestiges de l'époque coloniale se révèlent aux yeux des passants et apparaissent soudain dans toute leur splendeur passée. Trinidad, plus qu'un coup de cœur, une émotion.

UN PEU D'HISTOIRE

La Villa de la Santísima Trinidad, 3e colonie espagnole de Cuba, fut établie le 28 décembre 1514 en un lieu connu sous le nom de Manzanilla. Diego Velázquez, le conquistador espagnol, y avait trouvé de l'or et une population indigène déjà bien organisée.
Aux XVIIe et XVIIIe s, la ville dut faire face à la piraterie et s'enrichit grâce au commerce, si peu glorieux soit-il, de la contrebande, qui se développa malgré les mesures prises par le gouvernement espagnol. À la fin du XVIIIe s, l'exploitation des esclaves fit fructifier la production sucrière. La ville prospéra et se dota de superbes palais, qui eurent pour mécènes des Brunet, Cantero, Iznaga ou Borrel et qui trouvèrent leur écho dans les riches plantations de la vallée où se retiraient les propriétaires le temps des récoltes. C'était la glorieuse époque de Trinidad, et, en 1846, la ville devint le 4e pôle commercial de l'île.
Pourtant, dès le milieu du XIXe s, les signes du déclin économique étaient déjà à l'œuvre. L'affaiblissement des ressources minières et agricoles de la vallée, soumises à une exploitation à outrance, et la montée des revendications des esclaves firent fuir les capitaux dans d'autres coins de l'île ou à l'étranger. Les crises sociales et politiques, les affrontements entre propriétaires terriens, soutenus par l'Espagne, et les indépendantistes ravagèrent une économie déjà bien affaiblie. Les 2 guerres d'indépendance laissèrent l'industrie de la ville aux mains d'entreprises étrangères et une population ruinée, condamnée au sous-emploi.

Splendeur, déclin et renaissance

Ce n'est qu'en 1919, avec le ralliement de la voie ferrée à la voie centrale, puis en 1950-1952, avec la construction des routes vers Sancti Spíritus et Cienfuegos, que la ville sortit de son déclin et de son isolement. La « belle endormie » n'était pas habitée par des Cubains indifférents à la révolution car en 1957 et 1958, un certain nombre d'habitants n'hésitèrent pas à se soulever contre le dictateur Batista. Les maquis révolutionnaires puis contre-révolutionnaires du massif de l'Escambray (dans les environs de Trinidad) prouvèrent que la ville ne dormait que d'un œil... Reste que ce retrait d'1 siècle du devant de la scène politique et économique a permis à Trinidad d'arriver jusqu'ici intacte et d'être inscrite en 1988 au Patrimoine de l'humanité par l'Unesco. Pour résumer sa destinée : son repli et son isolement l'ont perdue et sauvée à la fois, la protégeant de la violence d'un modernisme brutal...
Les plus beaux édifices ont pu être superbement restaurés et transformés en musées, pour le plaisir de tous. Mais si la plupart des belles demeures coloniales tiennent encore debout, c'est parce qu'elles sont habitées par les descendants des propriétaires eux-mêmes. Ils entretiennent ces demeures historiques, reconverties pour la plupart en chambres chez l'habitant *(casas particulares)*. Et le meilleur moyen d'aborder l'histoire de ces lieux, c'est d'y résider, et d'y prendre un repas.

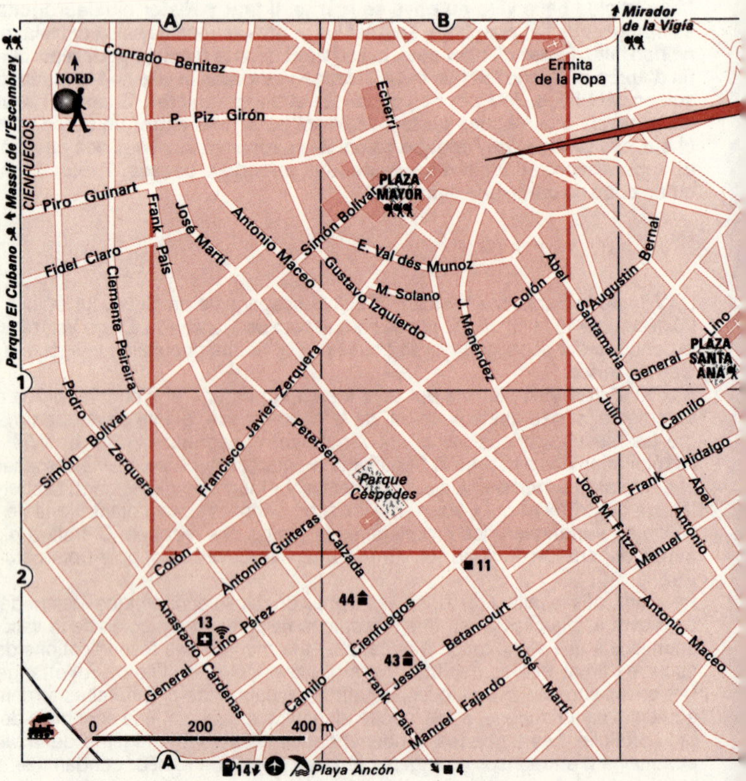

■ **Adresses utiles**

- Infotur (zoom A1)
- 2 Cubatur (zoom B1)
- 3 Cubanacan (zoom A1 et A2)
- 4 Services de l'immigration – ministerio del Interior (hors plan par B2)
- @ 5 Telepunto Etecsa (zoom B2)
- @ 6 Café Panaderia Dulcinea (zoom A1)
- 9 Bureau de change Cadeca (zoom B2)
- 10 Banco de Crédito y Comercio et distributeur (zoom B2)
- 11 Banco Financiero Internacional (B2)
- 13 SMC Servicio Médicos Cubanos – clinique et pharmacie internationales (A2)
- 14 Cubacar et station-service Cupet (zoom B2 et hors plan par A2)
- 15 Via Rent a Car (zoom A1)
- 16 Location de vélos (zoom B1)
- P 17 Parking surveillé (zoom A-B1)
- 70 Cubatur et Cubanacan (zoom A1)

Où dormir ?

- 20 Casa Rogelio Inchauspi Bastida (zoom A1)
- 21 Hostal-Casa Bastida (zoom A1)
- 22 Casa Font (zoom A1)
- 23 Hostal Amatista (zoom B1)
- 24 Hostal Casa Meyer (zoom A1)
- 25 Hostal Lili (zoom B1)
- 26 Hostal El Tayaba (zoom B1)
- 27 Hostal Casa Balbina (zoom B2)
- 28 Hostal Nilda Ponce (zoom A1)
- 29 Hostal La Navarra (zoom A1)
- 30 Casa Tamargo (zoom A-B1)
- 31 Hostal Nilda y Luis (zoom B1)
- 32 Hostal Casa Muñoz (zoom A1)
- 33 Hostal Los Relojes (zoom B1)
- 34 Casa Jesús Fernández Juviel (zoom B1)
- 35 Sara Sanjuán Alvarez (zoom A1)
- 36 Chez Liliana Zerquera (zoom B1)
- 37 Marisela et Gustavo Cañedo (zoom A1)
- 38 Hostal Nuvia (zoom A2)
- 39 Hostal Carmelina de la Paz (zoom A1)
- 40 Hostal Mercedes Cano (zoom B1)
- 41 Hostal Maritza Hernández Santos (zoom B2)
- 43 Hostal Casa La Milagrosa (B2)
- 44 Hostal Groning (B2)

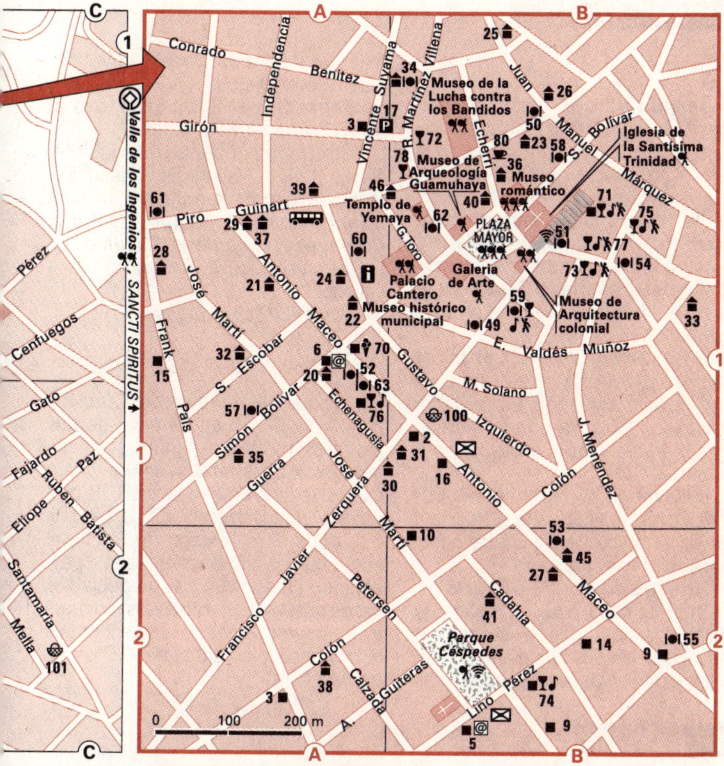

TRINIDAD

45 Hostal Colina (zoom B2)
46 Casa Anais y Cayuco (zoom A-B1)

Où manger ?

34 Bistro Trinidad (zoom B1)
49 Giroud (zoom B1)
50 Taberna La Botija (zoom B1)
51 Los Conspiradores (zoom B1)
52 Restaurante Cubita (zoom A1)
53 Paladar San José (zoom B2)
54 Obbatalá (zoom B1)
55 Paladar Guitarra Mía (zoom B2)
57 Paladar Sol y Son (zoom A1)
58 Paladar-museo Quince Catorce (zoom B1)
59 Restaurant Plaza Mayor (zoom B1)
60 Restaurant Don Antonio (zoom A1)
61 Oshun y Yemaya (zoom A1)
62 La Parranda (zoom B1)
63 La Redacción (zoom A1)

Où s'offrir une glace ?

70 Dulce Crema (zoom A1)

Où boire un bon café ?

80 Café Don Pepe (zoom B1)

Où boire un verre ?

59 Café Fortuna (zoom B1)
72 La Canchánchara (zoom B1)
78 Restaurant El Jigüe (zoom B1)

Où écouter de la musique ? Où danser la salsa ?

59 Rincón de la Salsa (zoom B1)
71 Casa de la Música (zoom B1)
73 Casa de la Trova (zoom B1)
74 Casa Artex (zoom B2)
75 Ruinas de Segarte (zoom B1)
76 Ruinas del Teatro Brunet (zoom A1)
77 Palenque de Los Congos Reales (zoom B1)

Achats

100 Casa del Tabaco (zoom B1)
101 Ateliers de céramiques (C2)

Arriver – Quitter

En bus

🚌 ***Terminal des bus Viazul*** *(zoom A1)* **:** *Gustavo Izquierdo, presque à l'angle de Piro Guinart. Le petit bureau est au fond de la cour. Tlj 6h30-16h (résas des billets 8h-12h, 13h-16h).* Ts les bus *Viazul* partent de là. Si vous n'avez pas pris votre billet sur Internet (à imprimer impérativement !), venir l'acheter au moins 2 j. avt votre départ. À l'extérieur, nombreux taxis *Cubataxi.*

➢ ***Playa Girón, Playa Larga et Varadero :*** 3 bus/j., 2 le mat et 1 l'ap-m, via Cienfuegos, Playa Girón, Playa Larga puis Varadero. Durée : 3h pour Playa Girón et 4h30 pour Varadero.

➢ ***La Havane :*** 3 départs/j., 7h30-14h30. Durée : env 6h. Attention, il faut réserver sa place 2 ou 3 j. à l'avance, surtout en hte saison.

➢ ***Cienfuegos :*** 6 départs/j., 7h-14h30 (ts ceux pour La Havane et Playa Larga notamment passent par Cienfuegos). Un des bus du mat continue jusqu'à *Santa Clara, Remedios* et *cayo Santa María.* Durée : env 1h30 jusqu'à Cienfuegos.

➢ ***Santa Clara :*** 2 départs/j., mat et ap-m. Durée : env 3h.

➢ ***Santiago :*** 1 départ/j., vers 8h. Trajet : 12h. Il dessert les villes importantes le long de la route, notamment ***Sancti Spíritus, Ciego de Ávila, Camagüey, Holguín*** et ***Bayamo.*** En haute saison, résa conseillée 2 j. à l'avance.

➢ ***Playa Santa Lucía :*** pas de bus.

En taxi et taxi collectif

On trouve un bureau de *Cubataxi* *(☎ 41-99-80-80)* au terminal de bus (voitures modernes) mais aussi de nombreux taxis privés (vieilles américaines) le long de Piro Guinart. Ils proposent toutes les destinations. Les prix que nous donnons sont indicatifs et sont pour la voiture entière (soit 4 passagers). Ils sont un peu négociables (adressez-vous à plusieurs voitures avant de vous décider). Plus cher que le bus, mais pas tant que ça. C'est un calcul à faire.

Orientation

Le cœur de la vieille ville est entièrement piéton, mais on peut se garer de jour dans la rue sans devoir payer ni craindre la fourrière. La nuit, si vous logez dans le centre, il est tout de même plus prudent de laisser votre voiture dans l'un des parkings payants officiels (bien indiqués par des panneaux).

Comme dans la majeure partie de l'île, les rues de Trinidad ont été rebaptisées après la révolution. La plupart ont de nouvelles plaques qui indiquent les 2 noms et c'est bien pratique. Le nouveau nom est inscrit en plus petit, sous le 1er nom. C'est celui-ci que nous indiquons pour nos adresses.

Adresses utiles

Infos touristiques, agences, immigration

ℹ ***Infotur*** *(zoom A1)* **:** *Gustavo Izquierdo, 112. ☎ 41-99-82-58. Lun-sam 8h30-18h.* Bureau d'infos touristiques de Trinidad. Plan de la ville gratuit, infos sur les visites et les hébergements.

■ ***Cubatur*** *(zoom B1,* ***2****)* **:** *à l'angle de Zerquera et Maceo. ☎ 41-99-63-14.* • *cubatur.cu* • *Tlj 8h-19h30.* Vente d'excursions dans les environs : Topes de Collantes, valle de los Ingenios (voir « Dans les environs de Trinidad »). Réservation d'hôtels. *Également un bureau Cubatur sur Simón Bolívar, juste à côté de* Dulce Crema *(zoom A1,* ***70****). ☎ 41-99-63-68. Tlj 8h-19h.* On est accueilli 1 jour sur 2 par la charmante Maguy qui parle un bon français.

■ ***Cubanacan*** *(zoom A1 et A2,* ***3****)* ***:*** *Frank País, à l'angle de Colón. ☎ 41-99-49-81. • cubanacan.cu • Tlj 8h30-18h.* Mêmes prestations que *Cubatur* (les excursions peuvent varier un peu). *Autre agence Cubanacan (zoom A1,* ***70****) sur Maceo (angle Simón Bolívar), dans le glacier Dulce Crema (voir « Où s'offrir une glace ? »). ☎ 41-99-67-36. Tlj 10h-19h. Autre bureau à l'angle de Zuyama et Girón (zoom A1,* ***3****). Tlj 8h-20h.*

■ ***Services de l'immigration – ministerio del Interior*** *(Inmigración extranjería ; hors plan par B2,* ***4****)* ***:*** *Frank País, env 200 m après l'angle avec Vigía. ☎ 41-34-27-50. Lun-ven 8h-17h (12h jeu).* C'est ici qu'il faut venir pour faire proroger votre visa touristique pour 1 mois (voir « Avant le départ. Formalités » dans « Cuba utile » en début de guide). Demander où se trouve le bureau de ce service pour ne pas faire la queue n'importe où. Avoir passeport, carte touristique, carte de Sécu et 625 CUP en timbres (à acheter à la *Banco Bandec*). Le visa se fait sur-le-champ.

Poste, téléphone et Internet

✉ ***Poste*** *(zoom B1)* ***:*** *Maceo, 418 ; entre Zerquera et Colón. Tlj 8h-18h (12h dim).* Les timbres se vendent dans la petite salle à droite de l'entrée. Autre petit bureau de poste *(zoom B2)* au parque Céspedes, sur Lino Pérez (à gauche du bureau *Etecsa*).

■ @ ***Telepunto Etecsa*** *(zoom B2,* ***5****)* ***:*** *sur la pl. Céspedes (calle Lino Pérez), à hauteur de l'église. Tlj 8h30-19h.* Cabines téléphoniques, vente de cartes de téléphone et cartes internet. Plusieurs ordinateurs à disposition sur place.

@ ***Café Panaderia Dulcinea*** *(zoom A1,* ***6****)* ***:*** *à l'angle de Maceo et Simón Bolívar. Tlj 9h-20h (le café ferme plus tard).* Une grande cafétéria bien aérée où l'on trouve 2 ordinateurs. On paie au temps passé.

Zone wifi : 3 zones wifi en ville. Autour de la *plaza Mayor (zoom B1)*. Tout le monde s'installe à droite de l'église, sur les marches. Également au niveau du *parque Céspedes (zoom B2)*, mais aussi au *SMC (Servicio Médicos Cubanos ; plan A2,* ***13****)*. La meilleure connexion de la ville !

Banques, change

■ ***Bureau de change Cadeca*** *(zoom B2,* ***9****)* ***:*** *José Martí, 164. Lun-ven 8h30-12h30, 13h-16h ; sam 8h30-11h30.* Change et retrait possible avec les cartes *Visa* et *MasterCard*. *Autre bureau sur Maceo, 304 ; angle avec Cienfuegos (zoom B2,* ***9****). Lun-sam 8h30-18h (sauf 12h-13h), dim 9h-17h.* Possibilité de retirer de l'argent avec une carte de paiement.

■ ***Banco de Crédito y Comercio et distributeur*** *(zoom B2,* ***10****)* ***:*** *José Martí, 264. Lun-sam 8h-15h (11h sam).* Change le liquide. Distributeurs à l'extérieur (accessibles 24h/24).

■ ***Banco Financiero Internacional*** *(plan B2,* ***11****)* ***:*** *à l'angle de Cienfuegos y José Martí. Lun-ven 8h30-15h30.* Mêmes services qu'à l'adresse précédente mais pas de distributeur.

Santé

✚ ***SMC Servicio Médicos Cubanos – clinique et pharmacie internationales*** *(plan A2,* ***13****)* ***:*** *Lino Pérez, 103 ; à l'angle d'Anastacio Cárdenas. ☎ 41-99-64-92. Pharmacie : ☎ 41-99-63-09. Ouv 24h/24.* Clinique destinée aux touristes et aux étrangers. On y parle l'anglais. Toujours un docteur parlant l'anglais disponible, une ambulance et 2 lits. À la pharmacie, pas un énorme choix.

Location de voitures et vélos

■ ***Cubacar*** *(zoom B2,* ***14****)* ***:*** *Lino Pérez, 366 ; entre Maceo et Cadahia. ☎ 41-99-66-33. • cubacar.info • Tlj 8h30-21h (pour les voitures) et lun-sam 8h30-17h (pour les scooters).* Location de voitures et scooters. *Agence aussi à la station Cupet (hors plan par A2,* ***14****), légèrement en dehors de la ville, en direction de la plage d'Ancón. ☎ 41-99-63-01. Lun-sam 8h30-17h.*

■ ***Via Rent a Car*** *(zoom A1,* ***15****)* ***:*** *Frank País, 487 ; entre Simón Bolívar et Fidel*

Claro ; dans le parking de Transgaviota. ☎ 41-99-62-36. Tlj 8h-17h.

■ ***Location de vélos*** *(zoom B1,* ***16****) :* ***Hermanos Seijas,*** *Maceo, 417B, face à la poste. 53-53-15-71. Tlj 9h-19h.* Pas de dépôt de garantie ni de passeport à fournir, juste la carte de visite de votre hôtel/*casa particular.* Vélos en bon état, et les frères Alfredo et Victor sont sympa. Casque et cadenas fournis.

■ ***Station-service Cupet*** *(hors plan par A2,* ***14****) : carretera Casilda, à 1 km de Trinidad en allant vers la Playa Ancón, en face de l'aéroport.*

P ***Parking surveillé*** *(zoom A-B1,* ***17****) :* il y en a plusieurs dans le centre, assez bien indiqués depuis les abords de la ville (sinon, demandez aux *casas*). Pratique pour la nuit, mais pas donné.

Où dormir ?

Infos et conseils divers

– ***Casas particulares et casas particulares « coloniales » :*** plus de 800 *casas particulares* à Trinidad ! Autant dire que vous n'aurez pas de mal à trouver un toit ! Sachez toutefois qu'il y a de tout, du plus charmant et classe au vraiment rustique. À Trinidad, on distingue aussi les *casas coloniales* des maisons plus récentes, ces dernières n'ayant pas le charme de l'ancien ; elles sont pourtant très confortables. Elles sont généralement situées hors du centre historique proprement dit. Les ***casas coloniales*** sont de vénérables demeures des XVIIIe et XIXe s, essentiellement concentrées dans le centre historique et c'est un vrai atout. Chargées d'histoire, restaurées avec soin, elles ont conservé leur style et leur caractère ancien. Vastes, hautes de plafond, souvent décorées superbement en ce qui concerne le salon principal, mais le confort des chambres est généralement plus simple. On les recommande vivement, car ces demeures sont l'âme de la ville !

– ***Confort :*** les chambres de toutes les *casas* disposent toutes de salle de bains privée et une climatisation moderne.

– ***Nombre de nuits réservées :*** certaines de nos adresses préféreront toujours une réservation pour 3 ou 4 nuits qu'une seule nuit, surtout en haute saison.

– ***Haute et basse saisons :*** certaines *casas particulares* (pas toutes) pratiquent des tarifs un peu plus élevés en haute saison, qui, comme partout à Cuba, va de décembre à mars (ou avril), et couvre juillet et août. Mais tout dépend de l'affluence réelle ; s'il y a peu de monde en « haute saison », vous paierez les prix de la basse... et inversement. Certains optent pour un tarif fixe toute l'année. On l'indique quand c'est le cas.

– ***Nombre de personnes par chambre :*** certaines chambres des *casas* sont parfois pour 3 ou 4 personnes (2 grands lits). Les tarifs que nous indiquons sont pour 2, mais ce prix est souvent valable pour 3 ou 4, ou alors avec un petit supplément. Pratique si vous êtes en famille.

– ***Wifi :*** un nombre croissant de *casas* et de *paladares* propose le wifi, avec une connexion cependant un peu aléatoire.

Bon marché

🏠 ***Hostal Nuvia*** *(zoom A2,* ***38****) : Colón, 164 ; entre Frank País et Calzada. ☎ 41-99-39-42. 53-28-08-92.* 2 chambres dans une maison coloniale agréable et simple tout à la fois. Préférer la grande chambre sur la gauche, tout en longueur, offrant 2 grands lits et un petit. Tout confort et courette de plain-pied, plantée de quelques bananiers sous lesquels on prend le petit déj. L'avantage principal de cette adresse réside dans ses tarifs bas.

Prix modérés

🏠 ***Casa Rogelio Inchauspi Bastida*** *(zoom A1,* ***20****) : Simón Bolívar, 312 ; entre Martí et Maceo. ☎ 41-99-41-07.*

📱 *52-83-82-45.* • *roginch@yahoo.es* • Pharmacie puis consulat d'Espagne dans les années 1920, cette vaste maison coloniale, pleine de caractère, date du milieu du XVIIIe s. Plusieurs petits salons accueillants avec de beaux meubles d'époque. Pas de jardin, mais vaste terrasse sur le toit avec vue sur la ville. Tout le 1er étage est réservé aux hôtes, où l'on trouve 3 chambres, spacieuses et très bien tenues (grand frigo à dispo). Vieux parquet qui embaume la cire, beaux meubles et lits anciens. L'une d'elles est immense et s'ouvre sur un petit balcon. Une autre dispose de sa propre terrasse.

Hostal-Casa Bastida *(zoom A1,* ***21****) : Maceo, 537 ; entre Bolívar et Guinart.* ☎ *41-99-66-86.* 📱 *52-77-09-16.* • *hostalbastida.com* • Jolie maison, un peu moins coloniale que d'autres, mais qui possède bien des atouts. Les 2 petits salons en enfilade, les bouquins, les couloirs couverts de vieilles toiles et de photos de Trinidad jaunies par le temps, tout cela a bien du charme. On n'en finit pas d'admirer les vieux objets. À l'étage, 2 grandes chambres bien arrangées et agréables et balcon donnant sur la rue. Une autre, plus petite, donne sur l'arrière, mais toujours avec balcon. 3 petites terrasses communes, avec fauteuils à bascule en fer forgé. Charmant accueil.

Casa Font *(zoom A1,* ***22****) : Gustavo Izquierdo, 105 ; entre Simón Bolívar et Piro Guinart.* ☎ *41-99-36-83.* 📱 *53-59-27-40.* • *viatrifont@yahoo.es* • Belle demeure coloniale de 1798, avec mobilier d'époque patiné par le temps. Le piano est depuis longtemps hors d'usage et les mandolines ont les cordes éraillées ; l'ensemble a beaucoup de style et de caractère. Bel accueil de la famille. L'une des chambres est dotée d'un lit du XIXe s et d'une salle de bains années 1920. L'une d'elles s'ouvre sur le patio. Elle est plus petite et récente. Patio largement ouvert, bien agréable pour prendre le délicieux petit déj. Terrasse à l'étage. Bonne cuisine également.

Hostal Amatista *(Hiraida y Jose Luis ; zoom B1,* ***23****) : Piro Guinart, 366 ; à 50 m d'une charmante petite place.* 📱 *52-71-13-78.* • *hostal.amatista.com* • Une jolie maison coloniale, au calme et à 2 pas de la plaza Mayor. Grand salon au décor patiné par le temps, mobilier ancien, lustre et rocking-chairs. Accueil adorable d'un couple dynamique qui propose 4 chambres. Celle à droite du salon, très vaste et haute de plafond, dégage un vrai charme, avec ses 2 grands lits anciens. Bien dans son jus historique, avec mobilier années 1940. 2 autres à l'étage donnent sur une des terrasses où l'on prend ses repas. Atmosphère conviviale autour de copieux et délicieux dîners. De fait, l'une des meilleures tables qui soient, à prix très doux, et on pèse nos mots.

Hostal Casa Meyer *(zoom A1,* ***24****) : Gustavo Izquierdo, 111.* ☎ *41-99-34-44.* • *hostalcasameyer.com* • *À un jet de pierre de la gare routière.* Le temps s'est arrêté dans cette vaste maison coloniale : les lampes Art nouveau côtoient un antique gramophone Edison, l'argenterie est rangée avec soin dans une vitrine, une poupée repose sagement dans son fauteuil, le piano a été réaccordé... le passé revit ! 3 chambres assez spacieuses, l'une avec une vaste salle de bains et lits hauts, les 2 autres plus modernes. Agréable patio donnant sur un beau jardin où poussent bananiers et goyaviers.

Hostal Lili *(zoom B1,* ***25****) : Juan Manuel Márquez, 108 ; entre Sánchez et Redondo.* ☎ *41-99-44-44.* 📱 *52-71-15-20.* • *lilicuba2011@gmail.com* • *hostal-lili.com* • *Parking public à proximité (payant).* Située dans la partie haute du quartier historique, un coin qu'on aime bien, très au calme. Une grande *casa* coloniale à la façade jaune, avec 4 chambres réparties dans l'entrée et au fond du patio, l'une avec petite terrasse privative. Certaines avec mobilier de style. Excellent accueil de Liliana qui parle quelques mots de français. Ensemble impeccable et parfaitement équipé. Également 2 charmantes petites terrasses avec transats et vue panoramique. Copieux petit déj.

Hostal El Tayaba *(zoom B1,* ***26****) : Juan Manuel Márquez, 70 ; près de l'angle de Piro Guinart.* 📱 *53-3-14-39.* • *irsa221188@gmail.com* • La maison coloniale a conservé tout son charme et ses fresques colorées du XIXe s. Ce fut aussi une fabrique de tabac de 1920 à 1960 et quelques machines d'époque ont été conservées. Des 4 chambres (toutes avec 2 lits pour 2 personnes), celle de gauche dans l'entrée est sans conteste la plus agréable. Entièrement dans son jus colonial, spacieuse, haute de plafond, avec un mobilier d'époque (belle armoire en marqueterie). Elle donne sur la rue et on peut profiter de la musique du resto *La Botija*. Les autres chambres sont au fond du patio, sans doute un peu moins charmantes mais très bien équipées également. Terrasse-mirador à l'étage. Charmant accueil de Maria.

Hostal Casa Balbina (zoom B2, **27**) : *Maceo, 355 ; entre L. Pérez et Colón. ☎ 41-99-25-85. 52-44-79-45. • josevalladares066@gmail.com •* Encore un petit bijou de maison coloniale et une excellente adresse. Les propriétaires sont des professeurs à la retraite. Balbina et son époux Ricardo forment un couple charmant et sont de bons cuisiniers (ancien chef du resto *San José*). Dans l'entrée, sur une poutre du plafond du salon, remarquez la belle fresque originale du XIXe s, avec ses angelots souriants. Les portes sont à double battant, les meubles anciens en acajou... Les 3 chambres, bien équipées, donnent sur la cour arborée et fleurie, avec sa véranda pour les repas.

Hostal Nilda Ponce (zoom A1, **28**) : *Frank País, 518 ; entre Claro et Piro Guinart. ☎ 41-99-83-81. 52-94-08-09. • edelponce71@yahoo.es •* Bien jolie maison ocre jaune, aux impeccables peintures. Les 3 chambres s'avèrent tout aussi soignées, fraîches, lumineuses et pimpantes. Matelas de qualité. Toutes situées à l'étage, dont 2 s'ouvrent sur la belle terrasse. Une autre terrasse-mirador permet d'embrasser une partie de la ville.

Hostal La Navarra (zoom A1, **29**) : *calle Piro Guinart, 210 ; près de Antonio Maceo. ☎ 41-99-34-26. 52-77-37-16. • victoriaecherri1958@gmail.com •* Classique maison coloniale de la fin du XIXe s. 2 chambres au rez-de-chaussée (rose et bleue) donnent sur le salon, 2 autres à l'étage, jaune et rouge, qui s'ouvrent sur une terrasse couverte et tranquille. Autre terrasse au-dessus, pour la vue celle-là. Vos hôtes, Victoria et Amado, sont très attentionnés.

Casa Tamargo (zoom A-B1, **30**) : *Francisco Javier Zerquera, 266 ; entre Maceo et Martí. ☎ 41-99-66-69. • felixmatilde@yahoo.com •* Là encore, une maison coloniale tenue de façon remarquable. On est accueilli par Matilde et son époux Felix. Vaste salon, meubles anciens, belle bibliothèque de vénérables livres. 3 chambres simples et impeccables (dont une vraiment grande), propres, et confortables. Elles donnent sur le vaste patio intérieur, tout bleu et abrité par une tonnelle. On aime bien la charmante terrasse sur le toit, avec sa balancelle et ses transats pour prendre le soleil.

Hostal Nilda y Luis (zoom B1, **31**) : *Francisco Javier Zerquera, 270 ; entre Maceo et Martí. ☎ 41-99-21-65. 52-84-62-32. • glicergg@yahoo.es •* Atmosphère familiale pour cette adresse sympathique. Dans l'entrée, quelques tableaux du fils de la famille et plein de bibelots. 2 chambres assez petites, mais bien tenues, qui donnent sur l'agréable patio, moderne et élégant avec son mur de pierre. Mention spéciale pour la cuisine de Ronaldo, le gendre, vraiment exquise. Nilda, la mère, est coiffeuse, donc si vous avez besoin d'une petite coupe...

Hostal Casa Muñoz (zoom A1, **32**) : *José Martí, 401, esq. Santiago Escobar. ☎ 41-99-36-73. • trinidadjulio@yahoo.com • trinidadphoto.com • Parking privé (payant).* Belle et grande maison de 1800 abritant un joli patio et des meubles d'époque dignes d'un musée d'antiquités. Chambres hautes de plafond, avec lit ancien, clim, frigo et salle de bains privée. 4 en tout, donnant sur le salon central. L'une d'elles avec mezzanine, un grand lit et 2 lits simples à l'étage peut accueillir jusqu'à 6 personnes. Terrasse agréable sur le toit. Le proprio, Julio Muñoz, est photographe et enseigne la photo. Spécialiste d'équitation, il organise des excursions dans la région.

Hostal Los Relojes (zoom B1, **33**) : *E. Valdés Nuñoz, 17 ; presque à l'angle d'Abel Santamaria. ☎ 41-99-84-36. 52-40-80-78. • gladys.valero@nauta.cu •* Façade jaune soleil, fenêtres bleues en bois tourné,

LE CENTRE DE L'ÎLE

voici une jolie maison dans un coin tranquille du quartier colonial. Petit salon aux murs couverts de pendules (d'où le nom), et au fond du petit patio étroit, une chambre un peu surélevée. Une autre encore un peu plus haut. Les 3 sont indépendantes, impeccables, modernes et bien équipées. De la terrasse, vue extra, bien entendu.

Casa Jesús Fernández Juviel *(zoom B1, **34**) : Vincente Suyama, 34. ☎ 41-99-65-95. 53-28-08-94. • casajesusfernandez234@yahoo.com • À seulement 5 mn de la pl. Mayor.* Voici une demeure où le style colonial s'est arrêté au salon. À l'arrière, tout est récent, et moderne. 3 chambres petites, fonctionnelles, propres et bien tenues, toutes situées à l'étage. Terrasse aménagée avec chaises à bascule et ombragée par un vénérable manguier. Superbe vue et calme total. Au rez-de-chaussée, le resto *Bistro Trinidad,* fort recommandable (voir « Où manger ? »).

Sara Sanjuán Alvarez *(zoom A1, **35**) : Simón Bolívar, 266 ; entre Frank País et José Martí. ☎ 4199-39-97. 53-13-14-06. Garage (payant).* Maison de 1850 avec une façade bleue, et un intérieur typique de Trinidad, orné de fresques, de photos de famille. Dans le grand salon, remarquer les fauteuils rouge et or de style néo-Louis XVI, tout droit venus de France. On est accueilli par l'aimable Sara. 4 chambres soignées avec lit *king size* à la bonne literie. 2 donnent sur le joli patio lumineux et plein de plantes et 2 autres sur la terrasse au-dessus. Grand confort et atmosphère familiale. On est ici comme à la maison. Mirador pour profiter du panorama sur Trinidad.

Chez Liliana Zerquera *(zoom B1, **36**) : Echerri, 54. ☎ 41-99-36-34. 52-47-39-10. À côté du musée d'Art romantique, à 20 m de la pl. Mayor.* Une demeure historique (1814) reconnaissable à ses épais barreaux de bois tourné. La maison allie le charme de l'ancien et le confort, avec un double salon s'ouvrant sur un large et généreux patio lumineux, et de grands escaliers au fond. Tout est spacieux et reposant ici. Les 2 vastes chambres ouvrent sur le patio.

Marisela et Gustavo Cañedo *(zoom A1, **37**) : Piro Guinart, 216. ☎ 41-99-66-16. 52-64-13-82. • gustavo2@nauta.cu •* Adresse accueillante grâce à Gustavo, le souriant propriétaire, qui parle un peu l'anglais. Derrière cette façade au bleu éclatant se cache une très grande et belle demeure coloniale. 5 chambres donnant sur un large patio fleuri, calme et ombragé. Simples, propres et bien tenues. Possibilité de prendre les repas dans le patio. 2 terrasses à l'étage avec vue.

Hostal Carmelina de la Paz *(zoom A1, **39**) : Piro Guinart, 239. ☎ 41-99-26-50. • lindadelapaz@gmail.com •* Maison coloniale de 1700, tenue par Carmelina, d'un âge fort respectable. Côté hébergement, si la déco n'a pas le même cachet que la maison, la gentillesse de l'accueil, la modestie des prix et la taille des 2 chambres compensent largement tout cela. Sol en carreaux de terre cuite, grande hauteur de plafond... L'une des chambres – à privilégier – s'ouvre sur une terrasse offrant un panorama extra sur les toits de la ville. L'autre est tout en longueur, bien pour 4-5 personnes.

Hostal Mercedes Cano *(zoom B1, **40**) : Echerri, 57 ; entre Piro Guinart et Bolívar. ☎ 41-99-31-13. • mercedescuba2011@gmail.com •* Plus près de la plaza Mayor ce serait difficile ! La classique maison coloniale, superbe et agréable, avec tous les ingrédients du genre : grand salon sur le devant, patio central plein de plantes, 3 chambres tout autour à la belle hauteur sous plafond (lit de bois ou métallique à l'ancienne, mais salle de bains moderne). Terrasse perchée sur le toit avec ses rocking-chairs et sa vue imprenable sur la mer au loin et la montagne toute proche. Parfait à l'heure du coucher de soleil. Sans oublier la cuisine du fiston, Reinot, pêcheur et cuisinier tout à la fois. Il traite le poisson (tout comme la langouste) avec une grande délicatesse.

Hostal Maritza Hernández Santos *(zoom B2, **41**) : Francisco Cadahia, 223. ☎ 41-99-31-60. 54-12-78-47. • maritrini223@gmail.com •* Une belle adresse un tout petit peu à l'écart du centre. Ce n'est pas une demeure coloniale traditionnelle, mais une maison très bien aménagée et agréable. Les 4 chambres, dont 3 situées sur la grande terrasse (à préférer), sont claires, propres et confortables. Une autre terrasse en hauteur, pour embrasser le panorama sur Trinidad en se laissant bercer par la chaise à bascule. On profite d'une certaine indépendance et de beaucoup de tranquillité. Accueil charmant de Maritza qui concocte une cuisine savoureuse.

Hostal Casa La Milagrosa *(plan B2,* ***43****) : Miguel Calzada (Borrell), 55A ; entre Cienfuegos et Betancourt. ☎ 41-99-11-01. 52-96-71-68. • mila7264@yahoo.es •* Dans un quartier agréable, la maison est tenue par Mila et Burry, un couple accueillant et attentionné. 2 chambres propres, confortables et spacieuses, bien équipées avec 2 lits doubles dans chacune et une bonne literie, toutes situées à l'étage. Délicieuse terrasse avec beaucoup de plantes, très soignée et avec vue. Mention spéciale également aux apéros préparés par Burry, qui est par ailleurs un chef talentueux.

Hostal Groning *(plan B2,* ***44****) : Miguel Calzada (Borrell), 107 ; entre Perez et Cienfuegos. ☎ 41-91-11-73. 58-10-79-27. • hostalgroning.com •* Façade jaune et brique impeccable, tout comme les chambres de cette maison récente, qui n'a donc pas grand-chose de coloniale. Elle perd en charme ce qu'elle gagne en modernité. Très bon confort, donc, et accueil adorable d'Enzo, un Italien, et de son épouse cubaine, qui sauront vous conseiller. Préférer les chambres à l'étage, lumineuses (dont une avec balcon), à celle du rez-de-chaussée, plus confinée.

Hostal Colina *(zoom B2,* ***45****) : Maceo, 3 ; entre Perez et Colón. ☎ 41-99-23-19. 58-66-01-99. • sra.mirta@nauta.cu •* On reconnaît la maison grâce à son généreux bougainvillier qui s'invite sur la rue. Les chambres de cette *casa* s'organisent autour d'un patio aux allures de petit jardin, joliment planté de 2 grands manguiers, avocatiers et citronniers. Elles sont disposées en L, tout au fond (sauf une), peintes de couleurs douces et harmonieuses et donnent sur une coursive. Ensemble tranquille et salles de bains très modernes. Un peu de mobilier des années 1940 donnent du caractère à cette maison. Le soir venu, le grand bar du patio attend vos commandes.

Casa Anais y Cayuco *(zoom A-B1,* ***46****) : Piro Guinart, 254 ; près de l'angle avec G. Toro. ☎ 41-99-86-98. 52-44-78-72. • anais.aragon@nauta.cu •* 3 chambres dans cette belle maison coloniale, bien dans son jus, tout comme les 2 chambres du rez-de-chaussée donnant sur le salon intérieur. Coup de cœur tout de même pour celle située à l'étage, plus privée et s'ouvrant sur sa propre petite terrasse. Elle est spacieuse et hyper tranquille. Une autre terrasse commune pour le petit déj, bien sympathique et ombragée.

Où manger ?

PALADARES

L'échelle des prix indiqués exclut la langouste, qui constitue le mets le plus cher et dont les tarifs (sauf dans les *casas particulares*) peuvent s'envoler.

Bon marché

Oshun y Yemaya *(zoom A1,* ***61****) : Piro Guinart, 151B et C (angle Frank País). 52-70-94-91. Tlj 10h-22h30.* Une adresse qui détonne un peu grâce à la qualité de sa cuisine, classique mais fort bien réalisée, à des prix défiant toute concurrence. Ainsi les 3 petites salles sont vite pleines le soir, pour profiter d'une langouste grillée ! Également pizzas honorables, bonne *ropa vieja* et fondant *cordero al vino tinto.*

La Parranda *(zoom B1,* ***62****) : Martínez Villena, 59. 54-08-23-03. Tlj jusqu'à 22h30.* Au fond de cette discrète cour ombragée par 2 généreux manguiers, un cochon de lait semble danser sur sa broche au rythme du groupe qui anime la soirée. C'est donc le *lonjas de cerdo asado* que l'on vient déguster ici et rien d'autre. L'assiette est simple et copieuse, et on ressort repu.

Giroud *(zoom B1, **49**)* : *Rosario, 403 ; esq. Media Luna. ☎ 41-99-38-18. Tlj 9h-23h30.* Une véritable aubaine que cette petite adresse où l'on peut se restaurer à toute heure, et qui va droit au but (facile !). Tables en bois, cagette et bancs en guise de sièges. Toutes sortes d'objets anciens et insolites accrochés aux murs. Les plats sont cuisinés avec une certaine créativité et servis généreusement. Pizzas, pâtes, tapas, croquettes, soupes... Un excellent rapport qualité-prix, où l'on revient avec plaisir pour une 2e mi-temps, même s'il faut prévoir un peu d'attente.

Taberna La Botija *(zoom B1, **50**)* : *Juan M. Márquez, 71 ; esq. Piro Guinart. ☎ 41-99-26-70. Tlj du mat jusqu'à... 5h du mat. Pour le dîner, venir avt 19h sinon prévoir beaucoup d'attente.* Une aubaine que ce petit resto ouvert sur la rue, agréable à toute heure et souvent plein. Grandes tables en bois et bancs rustiques, déco mêlant vieilles serrures et objets évoquant le travail dans les plantations. Dans les assiettes, une nourriture éclectique et variée, créative et revigorante, parfaite pour tous les budgets. Excellentes croquettes de poisson, boulettes de viandes goûteuses, brochettes de viande mais aussi les classiques pâtes, pizzas, très correctes et à prix bas. Très animé le soir, en musique évidemment.

Prix moyens

Paladar Sol y Son *(zoom A1, **57**)* : *Simón Bolívar, 283. ☎ 41-99-29-26. Tlj jusqu'à 23h.* Superbe patio avec fontaine qui glougloute... idéal pour une soirée romantique. De grands classiques, et aussi quelques plats plus originaux (certains un peu inspirés par la cuisine indienne), bien tournés et copieux, servis dans de la belle porcelaine. Le *pescado en jugo de limón* et le *pollo en salsa dorada* sont à retenir, mais la simple *ropa vieja* raconte déjà une jolie histoire, le tout en musique. Service pro et souriant.

La Redacción *(zoom A1, **63**)* : *Maceo, 463. ☎ 41-99-45-93. Tlj jusqu'à 21h30.* C'est dans l'ancienne imprimerie d'un journal du début du XXe s que s'est installé ce resto dont le menu fait des clins d'œil permanents à la presse dans ses intitulés. Que ces facéties (il y a même une rubrique qui s'appelle « *Politics ? We don't do politics !* ») ne masquent pas la qualité de la cuisine et son originalité. Enfin quelque chose de différent dans les assiettes ! *Pollo al curry,* hummus, légumes farcis, *tapas mixtas...* des plats tout simplement délicieux et bien présentés. On en écrirait bien encore quelques lignes mais l'éditeur risque de nous dire « Tu fais trop long, coco ! ».

Los Conspiradores *(zoom B1, **51**)* : *Cristo, 38 ; esq. La Escalinata. 53-13-14-00. Tlj 10h30-22h.* Adorable petite maison coloniale juste à droite des escaliers de la *Casa de la Música* et terrasse au 1er étage. Un lieu plein d'élégance et de style, que ce soit sur la terrasse du rez-de-chaussée sous le généreux bougainvillier ou dans le beau salon à l'étage. 3 tables également sur les 2 petits balcons qui dominent la place. Cuisine cubaine et internationale très honnête, même si on paie surtout le cadre. Le service attentionné, la jolie vaisselle et les nappes en dentelle complètent le tableau.

Restaurante Cubita *(zoom A1, **52**)* : *Antonio Maceo, 471. 52-71-14-79. Tlj 12h-22h.* Un *paladar* qui s'apparente à un véritable resto. À l'intérieur, 2 salles coquettes ouvertes sur la rue, arrangées dans un style rustique chic (vieux outils, graffitis, photos...) : belles arches en pierre, murs de brique et tables espacées. La cuisine est faite des classiques cubains – poulet, porc, poisson ou langouste en sauce et *paella vegetariana.* Service très cordial.

Paladar San José *(zoom B2, **53**)* : *Antonio Maceo, 382. ☎ 41-99-47-02. Tlj jusqu'à 23h.* Pas de patio fleuri ici, mais une salle coquette et agréable, à l'image d'un vrai petit resto, avec des colonnes cannelées et des murs joliment décorés de photos de voitures anciennes. Également une salle climatisée au fond (où le vin est entreposé, un bon signe). Le chef et sa brigade élaborent une cuisine cubaine allégée, savoureuse et soignée. *Salsuela de mariscos, ropa vieja, pescado a la milanesa,* sans oublier les pâtes et les délicieuses pizzas. Gage de qualité, l'huile d'olive est sur la table ! La clientèle y accourt et il y a foule au dîner... Prévoir de l'attente.

Obbatalá *(zoom B1,* ***54****) : Echerri, 24 ; entre Menéndez y Muñoz. ☎ 41-99-31-82. Tlj 16h-23h.* Dans cette jolie maison ancienne, c'est surtout la terrasse, au 1er étage, que l'on convoite. Jolie vue sur les toits de la ville... L'assiette est copieuse et bien présentée, sans éclat particulier cependant. Du classique à prix honnêtes donc, à faire glisser avec un cocktail.

Paladar Guitarra Mía *(zoom B2,* ***55****) : Menéndez, 19. ☎ 41-99-34-52. Tlj jusqu'à minuit.* Discret, un peu à l'écart du centre, ce *paladar* est placé sous le signe de la guitare. Le propriétaire, musicien, propose une cuisine cubaine classique et soignée, dans un joli décor : salon au mobilier de bois sombre, tables nappées, et plein de petites guitares sur les murs. Les soirées sont musicales, avec une bonne atmosphère. *Pulpo al vino* et bonne *ropa vieja*. Cuisine cubaine sincère et familiale.

Bistro Trinidad *(zoom B1,* ***34****) : Vincente Suyama, 34. ☎ 41-99-65-25. Tlj jusqu'à 22h.* 2 petites salles à l'ancienne, bien agréables, au rez-de-chaussée de la *Casa Jesús Fernández Juviel*. Pour profiter d'une cuisine sage et de qualité *(pollo con coco y piña, langosta con salsa roja...)*.

Chic

Paladar-museo Quince Catorce *(zoom B1,* ***58****) : Simón Bolívar, 515. ☎ 41-99-42-55. Tlj 19h-23h (le midi le resto est réservé aux groupes !).* Le *1514* tient son nom de la date de fondation de cette demeure, une des plus vieilles de Trinidad. Si vous voulez dîner dans un décor de vaisselles anciennes, chandeliers d'époque, lourde argenterie, superbes nappes brodées, si vous rêvez de manger au musée de la cristallerie d'antan, venez ici ! Ce resto-musée, sorte de Versailles-sur-Cuba, est vraiment unique en son genre. Le cadre ne doit pas cacher la cuisine cubaine réussie et goûteuse, même si on paie largement le cadre, cela dit assez unique : *pollo a la diabla, camarones al vino,* poisson en sauce, crevettes à l'ail... et flan au caramel en dessert. Le tout en musique, évidemment.

RESTAURANTS D'ÉTAT

Soyons francs, à part quelques rares exceptions, les restaurants d'État ne sont pas particulièrement séduisants. Cuisine banale, routinière, et les bonnes surprises sont rares. Seul avantage, on y trouve toujours des plats pas chers. Le plaisir principal réside dans les lieux où ils sont installés, de beaux palais ou de nobles demeures.

De bon marché à prix moyens

Restaurant Plaza Mayor *(zoom B1,* ***59****) : Francisco Javier Zerquera ; entre Rubén Martínez Villena et Valdés Muñoz. ☎ 41-99-64-70. Buffet 12h-15h (quand il y a des groupes).* Grand restaurant à 2 pas de la place centrale, avec quelques tables en terrasse et 2 salles à l'intérieur. Le midi, c'est l'étape favorite des groupes organisés pour le déjeuner avec buffet à volonté, copieux, diversifié et de qualité. Venir alors avant 12h30 pour éviter la foule. Le soir, carte seulement, sans intérêt. En revanche, la cour accueille d'excellents groupes à partir de 20h (voir *Rincón de la Salsa* dans « Où écouter de la musique *al vivo* ? Où danser la salsa ? »).

Restaurant Don Antonio *(zoom A1,* ***60****) : Izquierdo, 118. ☎ 41-99-65-48. Tlj jusqu'à 22h.* Belle maison coloniale avec une salle haute de plafond et des colonnes de faux marbre. On peut aussi déjeuner dans le patio couvert d'une treille. Comme dans beaucoup de restos, souvent des groupes le midi mais pas grand monde le soir. Midi ou soir, on se contentera de plats simples et pas chers.

Où manger dans les environs ?

Des 3 grands hôtels de la côte qui accueillent essentiellement des groupes, nous n'en conseillons aucun, car leurs prix sont vraiment élevés et la qualité du service pas à la hauteur des *casas* de Trinidad, 5 fois moins chères.

Restaurante Caribe-Grill : ***Playa Ancón,*** *au début de l'ancienne route qui longe la plage. Tlj 8h-18h (bar jusqu'à 20h env). Parking payant.* Paillote en bordure d'une petite plage, au milieu des palétuviers. On se contentera ici des *camarones grille* ou du *filete de pescado.* Dommage que l'accueil soit si routinier. Reste que le lieu est agréable pour prendre un verre après un bain (quelques paillotes pour se protéger du soleil et une poignée de transats à louer).

Restaurant du parque natural El Cubano – Restaurante Los Almendros : *dans le* ***parque El Cubano*** *(voir « Dans les environs de Trinidad »). Tlj 8h-15h.* On fréquentera ce lieu seulement si on est venu pour se balader jusqu'à la cascade (voir la rubrique « Dans les environs de Trinidad »). On n'y vient pas exprès. Sous une paillote, on sert un buffet assez complet. Investi par les groupes, autant le savoir. Le plat principal est un poisson d'élevage, autrefois élevé sur place, mais il est bien mal cuit. La quantité et la diversité des mets permettent toutefois de se remplir la panse dans un lieu agréable après la rando à la cascade.

Où s'offrir une glace ?

Dulce Crema *(zoom A1,* ***70****)* ***:*** *Maceo, esq. Simón Bolívar. Tlj 10h-22h.* Glacier ouvert sur la rue, dans une maison ancienne. Peu de choix, comme partout sur l'île, mais ça peut rafraîchir.

Où boire un bon café ?

Café Don Pepe *(zoom B1,* ***80****)* ***:*** *Piro Guinart, sur la place du museo de Lucha contra los Bandidos. Tlj 8h-22h30.* Un bar en plein air, dans une jolie courette intérieure entourée de murs anciens. On y sert un excellent café cubain : expresso, café au miel et à la liqueur, *Irish coffee,* moka... 30 manières d'accommoder le breuvage. Lieu agréable et service affable.

Où boire un verre ?

La Canchánchara *(zoom B1,* ***72****)* ***:*** *calle Rubén Martínez Villena, 78. Tlj 10h-minuit.* Dans la courette tout en longueur d'une belle demeure du XVIIe s. Très touristique évidemment (les groupes y font halte), mais on ne résiste pas à l'appel de la pergola à l'heure de la sieste ou à celle, plus animée, de l'apéro. Installé sur la longue terrasse pavée, on sirote une *canchánchara,* ce cocktail maison à base d'*aguardiente,* servi dans de petits bols en terre et accompagné en musique.

Café Fortuna *(zoom B1,* ***59****)* ***:*** *calle Zerquera (juste à gauche du resto Plaza Mayor). Tlj 8h-2h.* Un vrai mouchoir de poche que ce curieux bar où de vieux postes de télé font office de tables basses, une baignoire de siège et des machines à coudre de tables hautes. Minuscule mais les mojitos ne le sont pas !

Restaurant El Jigüe *(zoom B1,* ***78****)* ***:*** *Rubén Martínez Villena, angle Piro Guinart. ☎ 41-99-64-76. Tlj 12h-21h.* Situé sur une charmante petite place, près de l'arbre « El Jigüe », planté en commémoration de la 1re messe célébrée à Trinidad en 1513. L'arbre mort a été remplacé par une jeune pousse. Cette belle demeure coloniale couverte de céramiques bleues et au décor intérieur assez chic est un resto d'État. La cuisine n'est vraiment pas terrible, c'est pourquoi on se contentera (hors des heures de repas) d'y boire un verre en terrasse, agréable et tranquille.

Voir aussi les petits ***stands de boissons*** aux abords de la plaza Mayor *(zoom B1)*, qui servent de bons cocktails à prix modérés, ainsi que les adresses citées dans la catégorie suivante, cela va de soi !

Où écouter de la musique ?
Où danser la salsa ?

S'il y a un moment privilégié à Trinidad, c'est bien celui où l'on déambule le soir dans les ruelles aux pavés disjoints en tendant simplement l'oreille pour suivre les notes en suspension dans l'air. C'est un plaisir permanent de jouer à saute-mouton sur les portées musicales, entre les lieux qui s'animent pour de grandes messes ou de simples duos improvisés. Laissez-vous enivrer par les rythmes, dans la douceur de la nuit... C'est l'heure de la salsa ! Et pour vraiment participer à la fête, prenez donc quelques cours dans la journée. Le plaisir n'en sera que plus grand le soir.

Casa de la Música *(zoom B1,* ***71****) : calle Simón Bolívar, 72. À droite de l'église, en haut des marches. Tlj jusqu'à 1h. Accès payant à partir de 20h.* Le rendez-vous nocturne quotidien, pour prendre un verre en profitant du spectacle des danseurs. Le soir, les groupes s'animent à partir de 18 ou 19h, puis s'enchaînent toute la soirée. On s'entasse sur les marches, on s'attable ou on se presse sur la piste en face de la scène. Vers minuit, la musique enregistrée prend le relais des musiciens. On se trémousse alors sur du reggaeton. Pas mal de touristes, mais les Cubains ne sont pas en reste, qui donnent quelques jolies leçons de virtuosité sur la piste. Belle ambiance !

Casa de la Trova *(zoom B1,* ***73****) : pl. de Segarte. Tlj 10h30-0h30. À partir de 20h, entrée payante.* Des groupes de salsa s'y produisent régulièrement, toute la journée, dans le patio en longueur d'une belle demeure coloniale. Mais c'est le soir, à partir de 20h30, que l'ambiance est la plus chaude. La scène et la piste sont petites, mais la température grimpe vite ! Super concerts de salsa, tchatcha, *son*, boléro et de *trova*.

Rincón de la Salsa *(zoom B1,* ***59****) : dans l'enceinte du resto Plaza Mayor, Francisco Javier Zerquera ; entre Rubén Martínez Villena et Valdés Muñoz. ☎ 41-99-64-70. Musique le soir, 21h30-2h. Entrée payante.* De 21h30 à minuit, place à un groupe sur la minuscule scène, et la piste de danse s'échauffe rapidement. Bonnes formations. Après, place à la *música gravada*. Mais la température ne redescend pas pour autant.

Ruinas de Segarte *(Rincón de Pedrito ; zoom B1,* ***75****) : calle J. Menéndez. À deux pas de la Casa de la Trova. Tlj 9h-minuit. Entrée libre.* Musique *al vivo* à partir de 19h et jusqu'à minuit. Bœufs parfois dans la journée. Une très belle cour à moitié en plein air, aussi agréable pour prendre un verre à la fraîche que pour se trémousser en soirée. Bons cocktails et bonne musique (*trova, bachata,* salsa, *son*...).

Palenque de Los Congos Reales *(zoom B1,* ***77****) : calle Echerri, à droite de l'église, entre la Casa de la Música et la Casa de la Trova. Tlj 10h-1h. Entrée payante à partir de 20h.* Dans un patio recouvert d'une jolie treille. Des groupes de salsa, de *son*, cha-cha-cha... s'y produisent régulièrement. À 22h, spectacle traditionnel (danse et musique). L'atmosphère y est moins endiablée qu'à la *Casa de la Música*, mais on apprécie le show et les groupes qui s'y produisent.

Ruinas del Teatro Brunet *(zoom A1,* ***76****) : calle Maceo ; entre Simón Bolívar et Zerquera. Tlj 12h-minuit. Groupes ven-dim 18h-20h. Entrée gratuite.* En plein air, au pied des arcades en ruine de cet ancien théâtre. La particularité du lieu est de servir plusieurs sortes de bières, locales et internationales.

Casa Artex *(zoom B2,* ***74****) : calle Lino Pérez, 306 ; entre Martí* *et Cadahia. Tlj 10h30-1h30. Entrée payante quand il y a des groupes.* Ce grand centre culturel accueille des formations uniquement le jeudi *(22h30-1h).* Musiques des années 1970 surtout. Les autres soirs, musique enregistrée (un peu de tout). Dans la journée, cours de salsa (voir cette rubrique).

Achats

Stands d'artisanat : *ils occupent plusieurs rues à proximité de la pl. Mayor, un peu en contrebas. Tlj 9h-18h.* Tous les souvenirs habituels : dominos en bois, billets de 3 pesos à l'effigie du Che, colliers de graines colorées, travaux sur bois, chemisettes de coton, plaques de voitures, nappes brodées, chapeaux de paille, paillassons, somnambules... Négociation vivement conseillée.

Galeries d'art : *dans ttes les rues du centre.* Nombreuses « galeries d'art » au rez-de-chaussée de certaines maisons coloniales. Ne pas hésiter à entrer. On y trouve vraiment de tout. Des croûtes du Che réalisées à la chaîne, mais aussi des travaux intéressants dus à de vrais artistes locaux.

Casa del Tabaco *(zoom B1,* ***100****)* **:** *angle Zerquera et Maceo. ☎ 41-99-62-56. Tlj 9h-19h.* Propose une bonne sélection des grands cigares classiques, certains vendus à l'unité. Également du rhum et du café cubain. Un *torcedor* propose sa propre production, à prix honorables.

Ateliers de céramiques *(casa de la cerámica ; plan C2,* ***101****)* **:** *calle Andrés Berro, esq. Abel Santamaría. Tlj 8h-20h.* Aux 2 angles de la même rue, 2 ateliers de la même famille mais qui se font concurrence ! On n'a pas de préférence. Ici, on est dans la céramique depuis... 1891. On peut voir les ateliers (les rares privés du pays). Soyons francs, pas de miracle créatif.

À voir. À faire

– ***Free Walking Tour Trinidad :*** *point de départ sur la petite pl. San Francisco de Asís, sur Fernando Echerri, angle Piro Guinart. 📱 53-58-31-57-35. Départs à 10h et 17h. Durée : 1h30-2h. Fin du tour sur la plaza Céspedes. Pas de résa, rdv sur place.* Un groupe de jeunes guides parlant l'espagnol et l'anglais organise un tour historique et culturel de la ville. On donne ce que l'on veut à la fin de la visite.

Autour de la plaza Mayor

Plaza Mayor *(zoom B1)* **:** quelques majestueux palmiers royaux se dressent dans le ciel au cœur d'un square verdoyant, donnant à cette place une grande partie de son charme et de son élégance. La pente douce de cette plaza Mayor permet de bien l'apprécier de son côté le plus haut. La richesse passée de Trinidad est inscrite dans cette église et sur les belles façades des maisons et palais qui l'entourent. Parmi ces bâtisses, 3 abritent des musées : *Museo romántico, museo de Arquitectura colonial* et *museo de Arqueología Guamuhaya.* Curieusement, la *plaza,* cœur historique de la ville, n'a jamais constitué le point d'animation principal, elle est même particulièrement calme. On y passe un moment extra au moment du coucher du soleil, quand les façades des plus belles demeures de la ville se parent d'une lumière dorée.

Museo romántico *(zoom B1)* **:** *esq. Simón Bolívar et Echerri. ☎ 41-99-43-63. Mar-sam 9h-17h et 1 dim sur 2. Fermé lun. Entrée payante (droit photos en sus).*

Ce magnifique musée est un must... Plusieurs riches familles cubaines vécurent dans ce palais dès le milieu du XVIIIe s, qui trouva sa forme définitive en 1808. Avec le mariage de 2 héritiers fortunés, elle devint la maison la plus élaborée de la ville, celle qui réunit le plus grand nombre d'objets de grande valeur, provenant d'Europe pour la plupart. Ces familles, croulant sous leur fortune, n'avaient de cesse de faire venir le plus beau de ce qui se faisait à l'époque en matière artistique, pour en mettre plein la vue aux voisins. Ainsi ce musée constitue un témoignage unique du mode de vie du XIXe s. Pour faire fonctionner la demeure, 20 esclaves étaient au service de la maison.
La visite libre permet de déambuler à travers une quinzaine de pièces, toutes à l'étage. Malheureusement, aucun cartel ni explications, mais les surveillants des salles vous indiqueront les pièces remarquables avec gentillesse. Voici toutefois quelques-uns des musts du musée : la ***salle à manger*** présente une belle collection de porcelaine de Limoges et une vitrine de verrerie de Bohême. Dans le ***grand salon,*** superbe mobilier colonial. Dans la ***chambre à coucher,*** lit espagnol à baldaquin, de bronze et de nacre, ainsi qu'une commode de cèdre et d'acajou (avec compartiment secret). ***Salles suivantes,*** voir la vitrine allemande à colonnettes de porcelaine, puis devant le balcon de la pièce en enfilade, des consoles supportant 3 porcelaines françaises. Plus loin, un étonnant secrétaire autrichien incrusté d'émaux et une mappemonde en papier mâché, incrustée de nacre et abritant un... nécessaire à couture. Salle suivante, lit à colonnes en acajou des États-Unis, opalines roses, horloge française incrustée de nacre et émaux. Belle barbotine italienne « Fiesta de Bacchus ». Le ***petit salon*** suivant présente une peinture italienne en miroir, peinte par l'arrière, représentant un paysage tyrolien. Le discret bouquet de fleurs sous cloche sur la droite est entièrement réalisé en coquillages. Une prouesse. Voir encore la ***salle de bains*** de marbre de carrare, ainsi que les vastes ***toilettes*** équipées de sa chaise percée du XVIIIe s. Un vrai trône ! ***Cuisine*** ouverte avec son four à pain, décorée de ses azulejos de Valence. Une dernière ***salle à manger*** de poche clôt cette étonnante visite, avec sa verrerie de Bohême et de Baccarat.

★★ ***Museo de Arquitectura colonial*** *(zoom B1)* **:** *côté Rispalda, 83. ☎ 41-99-32-08. Lun-sam (sauf mer) 9h-17h, ainsi que 1 dim sur 2. Entrée payante (droit photos en sus). Possibilité de visite guidée en français (pourboire).* Cette maison est très connue des Cubains car elle a servi de décor à l'un des plus fameux feuilletons de la télévision locale. Si on n'y trouve pas de mobilier (sauf dans le salon d'entrée), on y découvre toutes les techniques architecturales de l'époque et les évolutions au fil du temps. Documents, dessins, photos et maquettes illustrent la manière dont l'époque coloniale, surtout les XVIIIe et XIXe s, s'est approprié les anciennes techniques, comme celle des charpentes et des structures murales (le torchis, par exemple), le travail des tuiles, en les adaptant avec des matériaux plus nobles, en y ajoutant des fresques, des auvents, des enjolivures... Dans le patio, toilettes coloniales provenant d'Angleterre de la fin du XIXe s et douche américaine de la même période, ancêtre de la balnéothérapie (impressionnant !).

★ ***Galería de Arte*** *(zoom B1)* **:** *dans une grande maison coloniale, connue sous le nom de Casa Ortíz. Tlj sauf dim 9h-17h. GRATUIT.* L'école de peinture de Trinidad est connue à travers Cuba et même au-delà des frontières, avec des artistes comme Benito Ortíz (mort en 1978). La galerie expose ses œuvres mais aussi les travaux de ses disciples. Également sculptures, photos, gravures et installations contemporaines. Sympa de grimper au 1er étage pour la vue sur la place. Noter les restes de fresques du début du XIXe s sur quelques murs.

★ ***Museo de Arqueología Guamuhaya*** *(zoom B1)* **:** *pl. Mayor ; Simón Bolívar, 457. ☎ 41-99-34-20. Tlj sauf lun 9h-18h. Entrée payante (droit photos en sus).* L'explorateur et naturaliste Alexander von Humboldt (1769-1859) sillonna l'Amérique du Sud durant une bonne partie de sa vie. Il s'arrêta 2 petites journées à Trinidad, en mars 1801, avant de mettre le cap sur l'Amérique du Sud. Il en reste ce modeste musée, qui relate l'histoire de Cuba de l'époque précolombienne jusqu'à la colonisation espagnole. Une poignée de petites salles où l'on trouve en vrac des éléments funéraires (ossements), vitrines de pierres taillées, quelques animaux naturalisés, poteries, quelques fouilles locales, fers à esclaves, ancienne cuisine du XVIe s...

Iglesia de la Santísima Trinidad (zoom B1) : *tlj 10h30-13h (en théorie). Messe dim à 10h en général.* Construite à la fin du XIXe s dans un style néobaroque très simple. Elle n'a jamais été terminée par manque de moyens, suite à une crise sucrière. Si l'architecture n'a rien de remarquable, le chœur et les chapelles accueillent de superbes retables de bois au style néogothique. Ils furent dessinés par un Français et sculptés par des artisans locaux au début du XXe s. Voir encore les 2 jolies petites chaires avec leur escalier de fonte.

Dans le centre historique

Palacio Cantero – Museo histórico municipal (zoom A-B1) : *Simón Bolívar, 423. ☎ 41-99-44-60. À 50 m de la pl. Mayor en descendant. Tlj sauf ven 9h-17h et 1 dim sur 2. Entrée payante (droit photo en sus).*
Beau palais achevé en 1830. Marbre de Carrare, beau patio en brique, lustre américain, fresques colorées dans le hall... la demeure a de l'allure et affiche sa splendeur passée. Plusieurs salons coloniaux richement meublés. Sur la droite, une chambre à coucher plus haute que large, avec son lit délicat qui trône au milieu de la pièce. Intéressant bureau double dans la salle suivante et quelques jolis meubles anciens. Les autres pièces tentent de s'organiser (sans beaucoup de réussite) en un musée historique : en vrac et sans explications, vieux portraits, drapeaux, armes du XIXe s, gramophone, 1res radios... Quelques infos sur les conquistadors, sur les différents combats menés à Trinidad pour la libération du pays et modestes éléments sur l'esclavage. Sous les arcades du patio, voir encore la grande cuisine ouverte et une autre petite salle à manger. Tout est assez confus, malheureusement.
Pour terminer, ne pas manquer de grimper au sommet du ***mirador,*** par plusieurs volées de marches de l'étroit escalier de bois pentu : vue superbe sur la ville et la sierra de l'Escambray.

Museo de la Lucha contra los Bandidos (zoom B1) : *Fernando Echerri, angle Piro Guinart. ☎ 41-99-41-21. Tlj sauf lun 9h-19h. Entrée payante (droit de photos en sus).*
À l'intérieur de l'ancien couvent Saint-François-d'Assise, construit au XVIIIe s, voici l'inévitable musée de la Révolution, comme dans toutes les villes cubaines. Ici, avouons-le, il est plus intéressant que de nombreux autres, car le massif de l'Escambray (dans les environs de Trinidad) fut longtemps un maquis révolutionnaire puis... contre-révolutionnaire. Cette partie est évoquée mais de manière symbolique.
Comme dans les autres musées de la révolution, on retrouve le fétichisme et la propagande révolutionnaire cubaine. La pièce maîtresse : un bout de métal d'un *U-2* (l'avion de reconnaissance américain) abattu le 27 octobre 1962. Et puis, dans le patio, vedette rapide utilisée pour les combats. Également un camion de

FIDEL OU « BANDIT », IL FAUT CHOISIR

Des « bandits » (comme on les appelle ici) contre-révolutionnaires tinrent le maquis de la région de Trinidad jusqu'en 1965. Une vaste salle du museo de la Lucha contra los Bandidos est consacrée aux interventions réalisées contre ces groupes anticastristes : cartes militaires, photos, textes, galerie de portraits. Tiens, le tout dernier contre-révolutionnaire se rendit en octobre 1966 : il avait été oublié de tous !

transports de troupes révolutionnaires sur les sites où agissaient les... contre-révolutionnaires. Beaucoup de photos où l'on voit Fidel à 20 ans et le Che, toujours le plus photogénique des *barbudos*... Quelques objets : le hamac du Che et la liquette de Cienfuegos... Poignante galerie de photos des héros locaux. Enfin, aller au sommet de l'ancien clocher, vue extra sur la ville et les environs. Extra au moment du coucher du soleil.

Templo de Yemaya (zoom B1) : *Rubén Martínez Villena (Real del Jigüe), 59. Tlj 9h-17h (ou plus tard).* Le temple est dédié à Yemaya, une divinité afro-cubaine. Le *santero* (prêtre) Israel Bravo Vega s'est initié à la *santería* après avoir eu un songe. Dans ce rêve, il vit les attributs de la *santería* appartenant aux esclaves d'origine africaine, et ceux-ci étaient enterrés dans cette maison. Dans la 1re salle, blanche et vide ou presque, une simple poupée noire habillée de blanc, posée sur une chaise. Le temple est sur l'arrière et se réduit à une petite masse rocheuse fleurie, surmontée d'une autre poupée noire à robe blanche. Pas grand-chose à voir en vérité. Cérémonies, notamment le 19 mars, pour la fête de la Vierge de Regla *(Yemaya)*...

À l'écart du centre historique

Parque Céspedes (zoom B2) : *à 500 m env au sud de la pl. Mayor.* Agréable place populaire dans la partie sud du centre historique. Au centre de la place, quelques arbres et des petits passages ombragés, et autour l'*Asemblea municipal*, une petite église... Ambiance jeune et reggaeton certains soirs de week-end.

Plaza Santa Ana (plan C1) : *à l'est du centre.* Avec son église en ruine et ses grands arbres, cette place a conservé un aspect sauvage et naturel, moins apprêté que la plaza Mayor.

Balade (zoom B1) : *au nord de la pl. Mayor.* Au-delà des rues coloniales bien restaurées et repeintes, il est intéressant de s'aventurer un peu dans les rues populaires, moins fréquentées par les visiteurs. Par exemple, au nord de la plaza Mayor, dans les calles *Juan Manuel Marquez* ou *Rubén Martínez Villena*. Dans ce quartier, les maisons sont en torchis, toutes en rez-de-chaussée, avec un toit de tuiles anciennes à moitié défoncé et des façades colorées aux tonalités pastel.

Balade au mirador de la Vigía (hors plan par B-C1) : *compter 30 mn (pour les mollets bien galbés !) depuis l'église en ruine de l'ermita de la Popa. Prendre la calle Simón Bolívar jusqu'au bout puis contourner le site sur la gauche ; chemin bien visible jusqu'au sommet.* Y aller tôt le matin ou en fin d'après-midi. Ni plus ni moins qu'un point de vue surplombant la ville de Trinidad. Superbe vue sur la cité coloniale et la vallée de los Ingenios. Jus et mojitos en vente sur place, histoire d'admirer la vue en sirotant un verre.

Où prendre un cours de salsa ?

Si vous aimez vraiment Cuba, n'hésitez pas à prendre quelques cours de salsa, afin de ne pas faire pâle figure sur les pistes de danse dès la nuit tombée.

■ **Casa Artex** (zoom B2, **74**) : *Lino Pérez, 306 ; entre José Martí et Cadahía. Venir le mat ou la veille pour réserver votre cours.* Profs vraiment sympa, pédagogues et enjoués. Et ce sont les tarifs les moins chers que l'on a trouvé. Extra !

■ **Casa de la Música** (zoom B1, **71**) : *à droite de l'église et tt au fond du fond. 52-47-21-40. Cours de groupe.* Prof de qualité.

■ **Ruinas del Teatro Brunet** (zoom A1, **76**) : *calle Maceo ; entre Simón Bolívar et Zerquera.* Possibilité de prendre des cours là aussi. Infos sur place.

Fêtes et manifestations

– ***Semaine de la culture :*** *à la fin de la 1re ou au début de la 2e sem de janv.* Pièces de théâtre, concerts et spectacles de saltimbanques ou de marionnettes dans les rues et sur la plaza Mayor. Ambiance garantie.
– ***Carnaval :*** *en principe, du jeu le plus proche du 24 juin jusqu'au dim, entre la San Juan et la San Pedro.* Défilé coloré de masques et de chars allégoriques, courses de chevaux dans les rues de la ville et bals populaires. Vous y rencontrerez peut-être la *muchacha del carnaval,* chantée par Cyrius, celle qui arrête son char sous les étoiles...

DANS LES ENVIRONS DE TRINIDAD

➢ Mieux vaut être véhiculé pour explorer les environs de Trinidad ou se rendre à la plage. Dans le cas contraire, de nombreux taxis vous proposeront ces excursions. On paie pour le véhicule et non par personne. Une autre bonne solution consiste à louer un vélo (voir « Adresses utiles »).

Parque natural El Cubano *(hors plan par A1)* **:** *en voiture, prendre la direction de Cienfuegos sur 2 km env. Juste après le pont, prendre sur la gauche la piste de terre sur 4,5 km. Accès possible 8h-15h. Achat des billets dans le petit kiosque au niveau du pont suspendu. Entrée payante pour la balade à la cascade.* Au pied du massif de l'Escambray. Le sentier démarre au niveau du restaurant, par un petit pont suspendu et longe la rivière jusqu'à une cascade *(salto de Javira).* Compter 3,6 km aller-retour, soit environ 45 mn balade aller-retour (en prenant son temps) et autant au retour. Ne pas oublier votre maillot de bain car on peut se baigner une fois sur place. On conseille d'y aller assez tôt le matin pour éviter le monde et de revenir un peu tardivement pour profiter du buffet au resto du parc, sous la grande paillote (voir « Où manger ? »).

➢ ***Excursion à cheval jusqu'au parque natural El Cubano :*** toutes les agences de Trinidad (*Cubanacan, Havanatur, Cubatur* et *Paradiso*) proposent cette excursion qui consiste à se rendre au site depuis les écuries du parc (à 3 km de Trinidad) jusqu'au début de la balade (à pied, lire plus haut) vers la cascade (accès inclus). *Départ en général vers 9h. Retour en ville vers 14h.* Mais autant le savoir, la balade à cheval n'a rien d'extraordinaire.

Les plages d'Ancón *(hors plan par A2)* **:** pour changer un peu d'ambiance, les plages de sable blanc de la péninsule d'Ancón vous attendent à moins de 12 km de Trinidad. *Plusieurs petits parkings payants dès qu'il y a une zone de sable. Loc de masque et tuba.*
Les plages s'étendent de façon morcelée sur une douzaine de kilomètres, le long de ce qu'on appelle l'ancienne route (au plus près de la côte). La plus grande portion de plage (là où il y a du sable partout) s'étire au sud de l'hôtel *Amigo Costa Sur* et jusqu'à l'hôtel *Brisas Trinidad del Mar.* Il y a un peu de monde certes, mais c'est là où la plage est la plus large et les fonds sablonneux. En s'éloignant de la zone hôtelière (vers la droite en regardant la mer), on est plus tranquille. La Playa María Aguilar est assez agréable. Du sable sur la plage, mais un peu de cailloux et des coraux dans l'eau (faire gaffe en entrant). Quelques paillotes pour l'ombre, mais pas de transats.
Autre section agréable, en poursuivant sur la droite du resto *Caribe Grill,* où l'on trouve encore plusieurs portions de plage avec de petites zones de sable, nichées entre les roches noires et coupantes (accès à l'eau parfois difficile). Là encore, on trouve de petits parkings et de petites paillotes sur un petit espace sablonneux.
– Éviter de pousser jusqu'à la Playa La Boca (tout au bout à droite), à l'embouchure de la rivière, où les égouts de la ville se jettent.

– Partout, attention aux *jejenes* (mouches de sable), dont les piqûres peuvent provoquer des démangeaisons sévères.
– Possibilité d'excursion en catamaran jusqu'à la barrière de corail et *snorkelling*.
➢ ***En bus :*** de Trinidad, navettes régulières *Trinibus*. Elles partent de la calle Antonio Maceo *(zoom A1)*, entre Perez et C. Cienfuegos. Départs à 9h, 11h, 14h et 17h. Retours à 10h, 12h30, 15h30 et 18h. Horaires à vérifier. Le bus fait 3 arrêts au niveau des hôtels de la Playa Ancón, mais en fait, s'arrête où vous voulez le long de la plage.
➢ ***En taxi :*** l'idéal est de se grouper.
➢ ***En voiture :*** suivre la calle Camilo Cienfuegos vers le sud, puis, env 2 km après la station-service *Cupet*, prendre la route qui part légèrement vers la droite (panneau sur la droite pour les hôtels d'Ancón). Puis c'est tout droit...
➢ ***À vélo :*** trajet facile et pratiquement pas de circulation. Chaque petit bout de plage a son parking associé et son gardien ; on peut y faire garder son vélo pour quelques pesos. À noter cependant, la construction d'un complexe hotelier qui empêche l'accès à la route côtière sur une partie du trajet (!).

Centre de plongée de l'Hotel Ancón *(centro de buceo internacional Cayo Blanco)* **:** *à proximité de la marina Marlin. ☎ 41-99-82-60. Plongée tlj à 9h et 11h. Tarifs à consulter.*

Cayo Blanco *(hors plan par A2)* **:** *☎ 41-99-82-60. Excursion vendue par les agences de Trinidad (voir « Adresses utiles » plus haut). Tarifs (à consulter) incluant déj, rhum et bière à volonté. Transport de Trinidad non compris. Départ vers 9h30 (être là avt) de la marina Marlin, à proximité de l'*Hotel Ancón*. Retour vers 16h. Durée de la traversée : 1h30.* Une île de 2 km de long où vivent des iguanes, et dont la moitié est occupée par une longue plage de sable qu'on gagne en catamaran. Au programme, *snorkelling* le long de la barrière, déjeuner, bar à volonté et bronzette. Bon, on trouve l'excursion très moyenne pour le prix demandé.

Cayo Macho *(hors plan par A2)* **:** *excursion vendue par les agences de Trinidad (voir « Adresses utiles » plus haut). Tarifs à consulter. Départ à 9h, retour à 16h. Palmes, masque et tuba compris, ainsi que le déj et 1 boisson. Se renseigner dans les agences.* On y accède en catamaran. Durée de la traversée : 2h. Magnifique et plus vierge que le cayo Blanco (on y voit plus d'iguanes). Sympa, mais là encore, c'est bien cher payé...

LE MASSIF DE L'ESCAMBRAY

Besoin d'air et de hauteur ? Enfoncez-vous dans la sierra del Escambray, à une dizaine de kilomètres au nord de Trinidad, l'un des 3 principaux domaines montagneux de l'île. Il est préférable de s'y rendre le matin, car vous aurez plus de chances d'éviter les nuages qui peuvent couvrir la montagne.
Ce massif de 90 km de long sur 40 de large fut le refuge des guérilleros du Che, puis, après 1959, d'un foyer contre-révolutionnaire. Aujourd'hui, on ne croise plus que des randonneurs et des pêcheurs de truites. L'altitude moyenne de 800 m suffit à arrêter les nuages, bien bas ici, sous les tropiques. L'hiver, la température peut descendre autour de 5-6 °C la nuit. Il pleut donc souvent, d'où cette végétation luxuriante composée principalement de bambous, de caféiers, de pins, d'orchidées, d'hortensias et d'eucalyptus... Énormément de *mariposas* aussi, fleur symbole de Cuba. Par ailleurs, ce curieux microclimat, unique dans les Caraïbes, a des vertus thérapeutiques. C'est un lieu de cure réputé.

Comment y aller ?

➢ ***Par agence :*** *ttes les agences de Trinidad vendent l'excursion à la journée. Départ de Trinidad vers 9h et retour vers 16h. Tarifs à consulter.* On embarque dans un vieux camion russe bâché, peint en jaune, marron et kaki, pour explorer la région. Le programme inclut une halte au mirador (beau point de vue), la balade à pied jusqu'à la cascade de Caburní à Topes de Collantes, un arrêt à la *Casa del Café* et le déjeuner au restaurant *Mi Retiro* (vraiment pas terrible). Autre possibilité, moins coûteuse : l'excursion à la cascade de Vegas Grandes *(mar et ven).*

➢ ***En voiture :*** compter 30 mn sur une bonne route qui grimpe sévèrement. Prendre la route de Cienfuegos, faire env 4 km et tourner à droite. La route qui conduit à Topes de Collantes grimpe sur 15 km depuis l'intersection et offre une vue superbe sur la péninsule d'Ancón et la baie de Casilda. On peut apprécier le panorama depuis le snack-bar mirador (sur la gauche de la route), à 7 km seulement après avoir quitté la route de Cienfuegos.

Adresse utile

ℹ ***Centro de Información :*** *c'est le bureau du parc, situé à droite juste en arrivant à Topes de Collantes ; en face du cadran solaire, non loin des hôtels.* ☎ *42-54-01-17.* • *gaviotahoteles.com* • *Tlj 8h-18h.* On pourra vous renseigner sur les différentes randonnées possibles et les réserver, à faire avec ou sans guide. Infos également sur les possibilités d'hébergement (3 hôtels). Plusieurs panneaux illustrés et bien faits présentent les randonnées (longueur, durée...).

Où manger ? Où boire un bon café ?

Sur la route de Topes de Collantes

Restaurant Mi Retiro : *à env 13 km après avoir quitté la route de Cienfuegos, sur la droite. Ouv 8h-19h.* Agréable terrasse aérée pour prendre un verre. La carte est courte et simple, et la cuisine cubaine très basique. Seulement si vous avez vraiment faim, car ce n'est franchement pas terrible !

À Topes de Collantes

Les hôtels de Topes de Collantes s'adressent plutôt aux groupes de touristes. Pas formidables, on ne les conseille pas.

Casa del Café : *poursuivre tt droit après le* Centro de Información *et prendre à gauche juste avt l'énorme* Kurhotel *et faire env 500 m, c'est sur la gauche. Tlj 7h-19h.* Si vous aimez le café, c'est le moment de faire une pause ! Maison un peu isolée abritant une petite expo sur la culture du café. On y vient pour goûter quelques nectars à base de café, comme le *potrerillo* ou le *guaniquical,* excellents. Une vingtaine de cafés différents, vendus assez cher pour certains. Près de la maison, quelques outils anciens utilisés pour moudre et torréfier le café. Un petit sentier agréable est accessible librement face à la Maison du Café.

À voir. À faire

Quelques randonnées au choix. Certaines peuvent être réalisées tranquillement à pied et librement, d'autres nécessitent un guide.

La cascade de Caburní : *situé env 500 m après le* Centro de Información. *Aller jusqu'à la* Villa Caburní *et garer la voiture sur le parking de l'hôtel ; prendre le chemin maçonné qui descend raide à gauche du bâtiment en ruine ; le sentier, bien balisé, commence un peu plus bas. Compter 45 mn à l'aller (ça descend), un peu plus d'1h au retour (ça grimpe !). Droit d'entrée à payer à l'entrée du sentier.* C'est la balade la plus connue et la plus fréquentée. La cascade est sympathique, sans pour autant être vraiment décoiffante (en particulier pendant la saison sèche !), surtout pour le prix d'accès demandé. Prévoir de bonnes chaussures et de l'eau. À l'arrivée, baignade sympa au milieu des arbres dans l'agréable petite piscine naturelle.

Randonnées : plusieurs excursions possibles dans les environs, avec ou sans guide. Demander une carte de la région au *Centro de Información.* Les **grottes de Batata** (sans guide) sont accessibles en 40 mn environ aller (et autant retour), depuis la *Casa del Café.* Droit d'entrée (à payer au début du sentier). Autre rando sans guide, le ***jardín de Gigantes,*** départ de la *Casa del Café,* avec un circuit en boucle de 35 mn. Et puis la plus réputée (toujours sans guide), celle vers la ***cascade de Caburní*** (décrite plus haut).
Les excursions avec guide demandent une vraie organisation. Infos et guide à réserver au *Centro de Información.* On peut ainsi se rendre à la ***cascade de Vegas Grandes*** *(compter 2h A/R depuis la* Casa del Café *; toutefois possible sans guide, en payant juste l'accès à la cascade),* mais aussi au ***parque Guanayara.*** Pour celle-ci, avoir son véhicule (4x4). On y trouve un bassin (El Vedado) et une cascade (El Rocío). *Tarifs à consulter. Durée : 4h A/R.*

Museo de Arte cubano : *à* ***Topes de Collantes,*** *un peu avt d'arriver au centre d'info, sur la gauche. Tlj 7h-18h. Entrée payante.* Dans une belle demeure restaurée des années 1940. Elle abrite, dans 6 salles, une expo permanente de peintures cubaines des années 1980 et expos temporaires de photos. Étonnant de trouver ce genre de musée par ici.

VALLE DE LOS INGENIOS

En quittant Trinidad en direction de Sancti Spíritus, vous longerez sur 30-40 km la vallée de San Luís, plus connue sous le nom de valle de los Ingenios ou vallée des Moulins à sucre. Inscrite au Patrimoine de l'humanité de l'Unesco en 1988, cette vallée fut pendant longtemps un centre économique vital, avec plus de 70 moulins jusqu'en 1850, année néfaste pour la région marquée par la chute du prix du sucre et le début du déclin économique de la vallée. Visiter cette vallée, c'est se plonger dans un livre d'histoire : l'économie sucrière, l'esclavage, les grands propriétaires, l'influence des Espagnols, les prémices de la lutte pour l'indépendance...
Aujourd'hui, les champs de canne ont en partie fait place aux cultures de bananiers, de manguiers, de yuccas et de goyaviers. Les récoltes ont lieu de novembre à mars.

Comment y aller ?

➢ ***En voiture :*** au départ de Trinidad, prendre la calle Fausto Pelayo *(plan de Trinidad, C1-2)* et sortir de la ville par l'est (direction de Sancti Spíritus). Env 14 km plus loin se trouve le village de Manacas-Iznaga, où se dresse la tour Iznaga. Mais avant d'arriver à ce village, ne pas hésiter à prendre les petites routes pour se perdre dans la vallée.

➢ ***En train :*** il y a un petit train diesel qui s'arrête à la torre Iznaga et dans une ancienne sucrerie (bof !), où il attend les passagers. Billets en vente à *Cubatur, Havanatur, Paradiso, Cubanacan* ou directement à la gare de Trinidad (30 mn avt le départ). Quand il fonctionne... départ en principe à 9h30, retour à Trinidad à 14h30.

➢ ***En bus :*** excursion vendue par ttes les agences de Trinidad. Prix variable avec ou sans le déj. Départ à 9h, retour à 14h. Le bus s'arrête au *mirador de la Valle,* à la *torre Iznaga* et à *San Isidro de los Destiladeros* (ou à Guaimaro).

Où manger ? Où boire un verre ?

Restaurant Manaca Iznaga : *juste à côté de la tour Iznaga au village de **Manacas Iznaga** (voir plus loin « À voir. À faire »). ☎ 41-99-72-41. Tlj 12h-16h (17h pour boire un verre).* L'ancienne demeure de la famille Iznaga abrite aujourd'hui un restaurant. On y déjeune au milieu des souvenirs du temps passé, en salle ou en terrasse. Poulet en fricassée, spaghettis, steaks, mais la spécialité maison est un plat de porc à l'orange et aux épices accompagné de riz *(lonjas de cerdo a la Iznaga).* Bon accueil, en musique. Derrière le resto, une antique presse à canne à sucre que les touristes peuvent faire tourner pour un jus frais.

À voir. À faire

Excursion dans la vallée : *en voiture, en train ou en taxi (à négocier).* En voiture, on traverse de beaux paysages jusqu'au village de Manacas et l'hacienda Guachinango.

Mirador Loma del Puerto *(parking payant),* à 3 km de la sortie de Trinidad (côté gauche de la route de Sancti Spíritus), pour une belle vue sur la vallée. Petite cafétéria.

San Isidro de los Destiladeros : *sur la route de la vallée, à env 10 km de Trinidad. Tlj 7h30-16h30. Accès payant. Accessible seulement en voiture.* Ancienne hacienda en ruine de la fin du XVIIIe s qui s'étire sur un site assez sauvage. Le seul édifice debout est la demeure de maître et une petite tour sur le devant. Le reste est totalement ruiné : distillerie, quartier des esclaves, système d'irrigation... Pas grand-chose à voir véritablement, mais une atmosphère à capter.

Torre Iznaga : *dans le village de **Manacas Iznaga,** à 14 km de Trinidad en allant vers Sancti Spíritus, puis sur la gauche (la tour est visible depuis la route). Le train s'y arrête. Tlj 9h-17h. Accès et parking payants.*
Une insolite tour de 43,50 m de haut qui fut érigée en 1816 par le négrier Alejo María del Carmen Iznaga, devenu un riche sucrier. Au sommet de l'escalier de bois, belle vue sur les champs de la vallée et le massif de l'Escambray.
Au pied de la tour, une haie de nappes et vêtements brodés (spécialité de Trinidad) à vendre. Quant à l'imposante cloche devant le restaurant *Manaca Iznaga,* elle date de 1846 et provient de l'*ingenio Buenavista.* Et comme beaucoup d'autres, elle provient des fonderies Giroud de Trinidad, une famille originaire de la frontière franco-suisse.

LA TOUR AUX LÉGENDES

Les 7 étages de la torre Iznaga ont donné lieu à de nombreuses légendes. Fut-elle construite par le sucrier pour y enfermer au dernier étage son épouse infidèle ? Une autre version est plus plausible : la tour lui aurait servi de mirador pour surveiller ses 231 esclaves au travail dans les champs...

Casa Hacienda Guaimaro : *depuis la torre Iznaga, reprendre la route de Sancti Spíritus et faire 7 km, puis à droite vers San Pedro et faire encore 1,2 km puis prendre la petite route sur la droite (aucun panneau) sur encore 700 m. Tlj 8h-15h30 (13h dim). Accès et parking payants. Accessible seulement en voiture. Petite buvette juste à côté.* L'une des plus importantes haciendas de la vallée, avec sa série d'arcades. Construite par les José Mariano Borell y Lemus, une des plus riches familles de la région au XVIIIe s. Superbes peintures murales (non restaurées) de Daniel Dall Aglio dans le grand salon, peintre italien qui avait élu domicile à Cuba. Elles évoquent des paysages romantiques italiens, espagnols et allemands. Voir encore les 2 chambres à coucher, la salle à manger et le bureau. Mobilier d'époque et copies. Enfin la petite chapelle privée avec son livre de messe de 1846. Depuis la terrasse à l'arrière, on embrasse une superbe vue sur toute la vallée.

SANCTI SPÍRITUS

135 000 hab.

• Plan *p. 275*

Sur la route de Santa Clara à Camagüey, un court détour, amplement justifié, mène à cette jolie petite ville posée dans les plaines sucrières. Capitale de la province éponyme, Sancti Spíritus est l'une des 8 premières cités à avoir été fondées par les Espagnols au début du XVIe s. D'abord installée sur les rives du río Tunicu, elle fut transférée dès 1522 sur les berges du Yayabo (qui a donné son nom à la fameuse chemise *guayabera*). Le petit centre colonial, niché entre 2 places, a été joliment restauré : les bâtiments, datant pour la plupart des XVIIIe et XIXe s, y sont pimpants et colorés. On en fait facilement le tour en quelques heures, mais on peut prendre plaisir à passer la nuit sur place, une fois la plupart des groupes repartis et le calme revenu.

Arriver – Quitter

En bus

Gare routière *(hors plan par B1)* **:** *circunvalación y carretera Central. ☎ 41-32-41-42. À 2 km à l'est du centre, direction Ciego de Ávila-Camagüey.*

➢ ***Camagüey :*** ligne de Santiago, 5 bus/j., ou ligne de Playa Santa Lucía (1/j.). Trajet : 3-4h.

➢ ***La Havane :*** 3 bus/j.. Trajet : 4h-5h30.

➢ ***Santa Clara :*** 3 bus/j., 2 sur le trajet de La Havane, le 3e sur celui de Varadero. Trajet : env 1h20.

➢ ***Santiago :*** 5 bus/j.. Trajet : 9h30-10h30.

➢ ***Trinidad :*** 1 bus/j. très tôt le mat. Trajet : 1h30.

➢ ***Varadero :*** 1 bus/j. tôt le mat. Trajet : 5h.

En voiture

On arrive de Santa Clara ou Camagüey par la carretera Central. Le cœur historique n'est pas indiqué : prenez donc l'av. de los Martires vers l'ouest jusqu'à la pl. principale (parque Serafin Sánchez) et garez-vous à proximité ; de là, tout se fait très bien à pied. Attention, les rues autour de la place gardent le même nom mais se divisent en nord et sud (*norte* et *sur*).

Adresses utiles

■ ***Cadeca*** *(change et retraits ; plan B2,* ***1****)* **:** *Independencia Sur, 31. À 2 pas de la pl. principale, dans la rue piétonne. Tlj 8h30-16h (11h30 dim).*

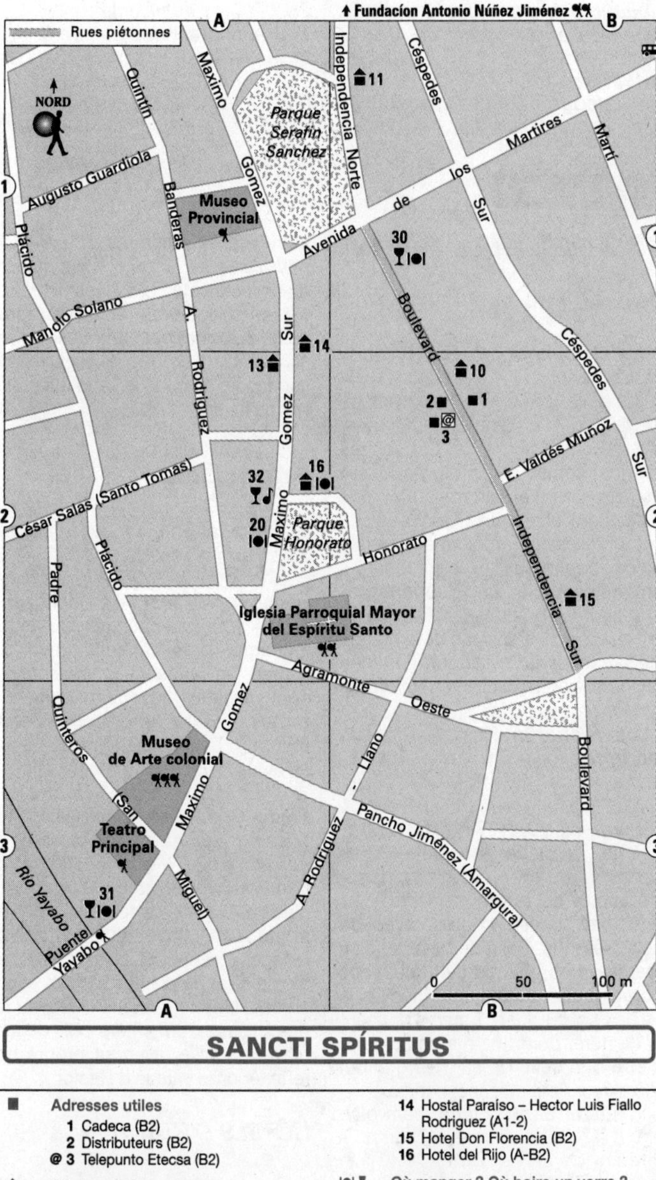

SANCTI SPÍRITUS

■ **Adresses utiles**

- **1** Cadeca (B2)
- **2** Distributeurs (B2)
- **@ 3** Telepunto Etecsa (B2)

Où dormir ?

- **10** Hostal Boulevar (B2)
- **11** Los Richards Hostal, Ricardo Rodriguez (B1)
- **12** Hostal Santa Elena (hors plan par B1)
- **13** Hostal Familia Liván (A2)
- **14** Hostal Paraíso – Hector Luis Fiallo Rodriguez (A1-2)
- **15** Hotel Don Florencia (B2)
- **16** Hotel del Rijo (A-B2)

Où manger ? Où boire un verre ? Où sortir ?

- **16** Restaurant de l'Hotel del Rijo (A-B2)
- **20** El Mesón de la Plaza (A2)
- **30** Café El Colga'o (B1)
- **31** Taberna Yayabo (A3)
- **32** Casa de la Trova (A2)

■ **Distributeurs** (plan B2, **2**) : *notamment à la* **Banco Popular de Ahorro,** *Independencia Sur, 12. Lun-sam 8h-19h (13h sam).*
■ **@ Telepunto Etecsa** (plan B2, **3**) : *calle Independencia Sur, 14. Lun-ven 8h30-17h (16h30 dim).*
■ **Stations-service :** *une à la sortie de la ville, en direction de Santa Clara ; une 2e en ville en direction de Trinidad ; une 3e à la sortie en direction de Camagüey.*

Où dormir ?

CHAMBRES CHEZ L'HABITANT

Bon marché

Hostal Boulevar (plan B2, **10**) : *Independencia Sur, 17 (1er étage). ☎ 41-33-51-20. 53-80-83-73. • boulevardhostal@gmail.com • Dans la rue piétonne, en face de la poste.* Les jeunes proprios, Tomas et Linnet, ne louent pas moins de 3 appartements au prix habituel des chambres ! Le plus vaste, avec grand salon à colonnes et triple balcon, donne sur la rue piétonne. Il communique avec un 2e appart (pratique pour les grandes familles) ; le 3e, bien au calme, est au fond de la grande terrasse (nue). Clim partout. Eau bien chaude et bonne pression pour tout le monde.

Los Richards Hostal, Ricardo Rodriguez (plan B1, **11**) : *Independencia Norte, 28. ☎ 41-32-26-56. 58-22-00-03. À l'angle nord-est de la pl. principale (1er étage).* Donnant sur la place principale, 2 des chambres, de style colonial, s'apparentent à de petits appartements. Elles sont spacieuses, propres, avec de hauts plafonds. Salle de bains et clim récentes, eau chaude centrale, sans oublier un coin cuisine avec frigo (mais pas de quoi cuisiner). 2 autres donnent sur l'arrière, dont une n'a pas d'autre fenêtre que celle de sa (très grande) salle d'eau. Petit déjeuner copieux.

Hostal Santa Elena (hors plan par B1, **12**) : *Santa Elena, 42, entre la carretera Central et Onza. ☎ 41-32-92-18. 52-40-85-21. • saraelito07@gmail.com • Repérer la tour Etecsa : c'est la 3e rue à gauche en remontant l'av. B. Maso.* L'adresse est excentrée (20 mn à pied du centre), mais pratique en voiture. La proprio, super accueillante, dispose d'une vidéo pour surveiller la rue et il y a un poste de police à côté ! Les 3 chambres sont très bien équipées et très propres ; celle du fond peut accueillir 4 personnes. On prend le frais sur la terrasse supérieure ou dans le patio qui dégouline de fleurs.

Prix modérés

Hostal Familia Liván (plan A2, **13**) : *Máximo Gómez Sur, 16. ☎ 41-33-22-99. 52-97-30-49. • arkosgalerylivanh@gmail.com •* Inhabituel : on entre ici par une boutique-galerie. Les 2 chambres se cachent au fond, à l'étage. Ouvrant sur un terrasson, elles sont récentes, très bien équipées et tenues, avec des œuvres originales aux murs ! En prime : une terrasse-mirador au niveau supérieur. Bons petits déj.

Hostal Paraíso – Hector Luis Fiallo Rodriguez (plan A1-2, **14**) : *Máximo Gómez Sur, 11. ☎ 41-33-46-58. 52-71-12-57. • hectorluisparaiso64@gmail.com •* À 2 pas de la place principale, cette maison de 1838 abrite 4 chambres tout confort. 2, à l'étage, ouvrent sur une terrasse garnie de plein de plantes en pots et d'un crocodile de terre cuite. Des 2 du rez-de-chaussée, on préfère celle du fond, ultra-tranquille, avec sa propre courette. Accueil enjoué d'Hector.

HÔTELS D'ÉTAT

Chic

Hotel Don Florencia (plan B2, **15**) : *Independencia Sur, 63. ☎ 41-32-85-88. • rperurena@islazulssp.tur.*

co.cu • *islazul.cu* • *Au sud de la rue piétonne.* Ouvert fin 2014, ce petit hôtel occupe une bien belle bâtisse bleue à la profusion de moulures et stucs – une vraie pâtisserie ! La moitié de sa douzaine de chambres, spacieuses, se trouve au rez-de-chaussée, l'autre à l'étage, au-dessus du patio central et de son bar. Elles sont bien équipées et bien tenues, mais comme souvent un peu sombres malgré leurs très hauts plafonds.

Hotel del Rijo *(plan A-B2,* ***16****) : Honorato del Castillo, 12 (parque Honorato).* ☎ *41-32-85-81/82.* • *aloja.rijo@islazulssp.tur.co.cu* • *islazul.cu* • Cette splendide maison de la fin du XIXe s, avec portes monumentales cloutées et arcades bleu et blanc, appartenait au docteur Rijo, éminent praticien et bienfaiteur de la ville, assassiné par un bandit de grand chemin en 1912 (le parque Honorato lui rend hommage). Des 16 chambres distribuées autour du patio, la n° 4 (rez-de-chaussée) et la n° 12 (étage) disposent d'une grande salle de bains avec baignoire. En prime, le confort est bon et le service pro. Si vous n'y logez pas, mangez-y un morceau (voir « Où manger ? ») ou prenez un verre au bar *(tlj 9h-22h30).*

Où manger ?
Où boire un verre ? Où sortir ?

De bon marché à prix moyens

El Mesón de la Plaza *(plan A2,* ***20****) : Máximo Gómez Sur, 34.* ☎ *41-32-85-46. Au sud de la pl. principale, sur le parque Honorato. Tlj 9h-22h45.* Dans la salle très haute de plafond de cette maison coloniale, les belles tables en bois font honneur à une jolie vaisselle en terre cuite. La carte distille quelques bonnes surprises, comme la *ropa vieja,* bœuf en sauce au vin, ou le *garbanzo mesonero,* potage de pois chiches avec jambon, pied de porc et chorizo. Seul souci : le lieu est souvent envahi par les groupes le midi et le service s'en ressent.

Restaurant de l'Hotel del Rijo *(plan A-B2,* ***16****) : voir « Où dormir ? ». Tlj.* Ambiance intime garantie dans le charmant patio de cet hôtel colonial, où se nichent une fontaine et quelques tables nappées de blanc – à moins de s'installer sous les arcades, face au parque Honorato. La cuisine, bien présentée, tient la route, avec notamment des salades, sandwichs et burgers pour les petites faims. Service impeccable.

Café El Colga'o *(plan B1,* ***30****) : Independencia, 9C (altos). Tlj sauf jeu 16h-minuit.* Il faut grimper 63 marches pour y parvenir, mais elles sont en marbre ! Perché au 2e étage d'un vieil immeuble, ce café tout mignon se résume à 2 petites salles aux tables basses en bois et coussins jetés à terre. Dans un coin, une guitare (à dispo). Les cafés (chauds ou glacés) sont excellents, éventuellement allongés d'une pointe de rhum, de miel ou de cannelle. Il y a aussi quelques desserts et sandwichs vendus à des prix dérisoires, sur fond de tubes intemporels. On adore et tous les jeunes du secteur aussi.

Taberna Yayabo *(plan A3,* ***31****) : Jesús Menéndez, 106. Tlj 9h-22h45 ; happy hour 17h-18h.* À l'orée du pont, face à la rivière, cette vieille demeure restaurée abrite un vaste et agréable « bar à tapas ». On y boit un verre en terrasse en picorant des *raciones* de jambon Serrano ou de chorizo. Le plus étonnant pour une petite ville comme celle-ci est la cave à vins cachée au sous-sol, où l'on trouve une collection de crus du monde entier ! Mais ne négligez pas pour autant les cocktails : le *cantinero* (barman) maison a remporté en 2016 le Havana Club Grand Prix pour son *cunyaya* au rhum, *guarapo* (jus de canne), orange amère et miel... Goûtez-le donc !

Casa de la Trova *(plan A2,* ***32****) : Máximo Gómez Sur, 26 (parque Honorato).* ☎ *41-32-68-02. À côté de l'*Hotel del Rijo. *Musique en vivo tlj à 21h, plus dim ap-m (entrée payante).* L'ambiance est sympa le dimanche pour le bal populaire, lorsqu'on danse dans le patio. Le reste du temps, c'est un peu inégal, on n'est ni à Santiago ni à La Havane...

À voir

Museo provincial *(plan A1)* **:** *pl. Serafin Sánchez, 3. Mar-jeu 9h-17h, ven 9h-22h, sam 9h-12h et 20h-22h, dim 9h-12h. Fermé lun. Entrée payante.* Vous y découvrirez l'histoire de la région à travers une collection sommaire évoquant aussi bien l'époque précolombienne que la révolution. À noter : un joli petit coffre espagnol de 1700, un ensemble d'horloges, du mobilier colonial et quelques objets récupérés sur les anticastristes débarqués dans la baie des Cochons en 1961.

Iglesia parroquial Mayor del Espíritu Santo *(plan A-B2)* **:** *dans le vieux centre. Tlj 9h-18h.* Construite en bois en 1514 par les Espagnols, détruite par des pirates, cette belle église bleu tendre a été reconstruite vers 1680, en pierre cette fois. C'est l'une des plus anciennes du pays. Assez dépouillée, elle présente néanmoins un intéressant plafond d'inspiration mudéjare et une clôture en bois sculpté peint séparant la nef du chœur.

Museo de Arte colonial *(plan A3)* **:** *Placido, 74. En contrebas de l'iglesia parroquial Mayor del Espíritu Santo. ☎ 41-32-54-55. Mar-sam 9h30-17h, dim 8h-12h. Fermé lun. Entrée payante. Visites possibles en anglais et parfois en français.* Construit en 1744, ce palais de style éclectique, alias « Casa de las 100 puertas » (il y en a en fait 113) a appartenu jusqu'en 1961 à la puissante famille Valle Iznaga, investie dans les chemins de fer, l'élevage et la canne à sucre. L'énorme coffre-fort témoigne des biens accumulés ! D'ailleurs, la résidence qui abrite aujourd'hui l'ambassade de France à La Havane appartenait aussi aux Valle Iznaga... Les intérieurs reflètent les goûts proeuropéens de cette aristocratie coloniale qui ne comptait guère. On découvre notamment 2 salles à manger, les 3 chambres en enfilade (avec l'oratoire de madame), le salon de musique, le salon de thé Art nouveau et, tout au fond, les communs où se trouve la cuisine et où habitaient jadis les esclaves. Malgré les héritages successifs, le patrimoine est resté intact : nombreuses pièces de vaisselle et objets de porcelaine, mobilier précieux, chandeliers en Baccarat, biscuits, sols en marbre d'origine, etc.

IZNAGA-ÇANTE

Mlle Valle Iznaga avait convaincu son père de lui acheter un piano à New York. Il arriva par bateau à Trinidad, et des esclaves durent le porter sur leur dos jusqu'à Sancti Spíritus. En le voyant, la jeune fille soupira et décida que, finalement, elle n'avait plus envie d'en jouer...

Teatro principal *(plan A3)* **:** *entre le musée d'Art colonial et le pont.* Datant de 1839, c'est l'un des plus anciens de Cuba, toujours en activité.

Le pont sur la rivière Yayabo *(plan A3)* **:** bâti en 1821 à l'aide de 30 000 briques, ce vénérable pont à 4 arches enjambe une petite rivière malheureusement assez sale... Pour regagner le centre, descendre la ruelle pavée partant à gauche juste avant le pont vers la ***Quinta Santa Elena,*** une sorte de bar-terrasse posé sur la berge du río, abritant un ***museo de la Guayabera,*** la fameuse chemise cubaine, inventée à Sancti Spíritus *(tlj sauf lun 8h-17h).* Prendre ensuite la calle A. Rodriguez, pavée et bordée de petites maisons colorées, puis tourner à droite dans Agramonte. De la placette triangulaire qui surgit, on se repique sur la calle Independencia, la rue piétonne du centre-ville.

Fundación Antonio Núñez Jiménez de la Naturaleza y el Hombre *(hors plan par B1)* **:** *Cruz Pérez, 1 ; entre Independencia Norte et Céspedes, parque de la Caridad, au nord de la pl. principale. ☎ 41-32-83-42. En principe, lun-ven 9h-13h, 14h-16h ; fermé le w-e. GRATUIT (don apprécié).* Décédé en 1998, le géographe Núñez Jiménez dirigea 10 ans plus tôt une expédition en canoë depuis l'Amazonie équatorienne jusque dans les Caraïbes. Il entendait ainsi rééditer le voyage des Arawaks et démontrer que les Indiens de Cuba venaient à l'origine d'Amérique du Sud. L'expédition dura 1 an et 3 mois, parcourut 17 422 km (la majeure partie sur l'Amazone, le río Negro et l'Orénoque), traversa 20 pays et impliqua 432 personnes. La Fondation (une des très rares fondations privées de Cuba) se consacre à faire connaître cette aventure. Le musée comporte de nombreuses pièces rapportées du voyage : lances, arcs et flèches, vannerie, masques, bijoux, sans oublier l'un des 5 canoës de l'expédition. Alejandro Romero Emperador, directeur de la fondation, assure parfois la visite ; il organise aussi des visites de *fincas*-écoles bio.

MORÓN

64 000 hab.

• Plan *p. 281*

À 32 km au nord de Ciego de Ávila, Morón offre un point de chute à ceux qui voudraient rejoindre les plages de cayo Coco et cayo Guillermo pour la journée – où l'hébergement se résume pour l'essentiel à des hôtels *todo incluido.* Cette petite ville animée n'est pas inoubliable, mais elle conserve un minicentre historique restauré et coloré. Le long de ses rues s'alignent de rigolos portiques aux colonnes corinthiennes et même quelques bâtisses plus nobles, à demi mangées par le temps. Pour le reste, Morón est surtout connue pour son imposante gare ferroviaire de 1923 – la 2e du pays après celle de La Havane –, son Festival de locomotives à vapeur (fin janvier), et son emblème : le coq. Des combats – illégaux – sont organisés en fin de semaine.

Arriver – Quitter

Les bus *Viazul* ne desservent pas Morón, mais Ciego de Ávila, à 32 km au sud, sur la route Santa Clara-Camagüey. Infos : ☎ *33-20-30-86.* De là, liaison en ***taxi***.

Sinon, voiture obligatoire, surtout si vous comptez visiter les environs et vous rendre aux cayos Coco et Guillermo.

Adresses utiles

■ ***Banco de Crédito y Comercio*** *(plan B1,* ***1****) : Martí, 330 ; entre Serafin Sánchez y Gonzalo Arena. Lun-sam 8h-15h (11h sam). Fermé dim.* Change possible jusqu'à 13h seulement. Distributeur.

■ ***Cadeca*** *(change et retraits ; plan B2,* ***2****) : Martí, 348. Lun-ven 8h30-12h30, 13h-16h ; sam 8h30-11h30.*

@ ***Telepunto Etecsa*** *(plan B3,* ***3****) : av. Tarafa (l'artère principale), à l'angle du parque Martí (c'est le grand bâtiment jaune). Tlj 8h30-19h.* 4 ordinateurs qui fonctionnent bien.

■ ***Stations-service :*** *il y en a 3, dont une à l'entrée de la ville en arrivant de Ciego de Ávila, pas loin de l'hôtel* Morón.

Où dormir ?

CHAMBRES CHEZ L'HABITANT

Prix modérés

☗ ***Casa Carmen*** *(plan B3,* ***10****) : General Peraza, 38 ; entre G. Poey y Céspedes.* ☎ *33-50-54-53.* 📱 *52-05-57-53.* • *casacarmenmoron@gmail.com* • *À proximité de la gare ferroviaire. Garage privé payant.* Donnant sur un vaste terre-plein (assez sale) autour duquel se regroupent plusieurs belles demeures néocoloniales, la maison de la charmante Carmen

LE CENTRE DE L'ÎLE

(1924) ne manque ni de prestance ni de caractère, avec ses colonnes en façade, ses hauts plafonds à moulures et son mobilier patiné. On y trouve 2 chambres bien équipées (clim, bonne douche), l'une donnant sur le salon, l'autre sur le patio du fond. Il y a même des moustiquaires aux fenêtres.

Hostal Belkis (plan A1, **11**) : *Castillo, 175 ; entre Callejas y Serafín Sánchez. ☎ 33-50-57-77. 52-97-14-77.* • *hostalbelkismoron@gmail.com* • Derrière une étroite façade bleue, la maison s'étend en profondeur jusqu'à une cour encadrée de bananiers, où une armée de nains de jardin vous souhaite la bienvenue. La gentille Belkis et son mari Guy louent 2 chambres, une à l'étage avec balcon, l'autre au rez-de-chaussée avec terrasse. Elles sont très propres et bien équipées, avec une bonne pression d'eau. Guy, ancien chef, concocte de savoureux dîners, à déguster en terrasse.

Alojamiento Maite (plan A1, **12**) : *Luz Caballero, 40B ; entre Libertad y Agramonte, face au parque infantil Balinga. ☎ 33-50-41-81. 52-81-33-74.* • *alojamientomaite@gmail.com* • Au fond de sa maison moderne jaune et vert, soigneusement entretenue, Maite loue des chambres très bien équipées, pour la plupart très spacieuses et avec cuisine. Le style est assez chargé, sauf pour la n° 6, à l'arrière, sur les toits, qui a notre préférence. Un mirador se perche au-dessus, idéal pour le dîner ! Maite pense à tout : service de laverie, Internet, organisation de *colectivos* pour rejoindre le cayo Coco, générateur pour les pannes de courant, places de parking... et même un bon resto (voir « Où manger ? »).

Maite partage son activité avec sa voisine et copine Idolka, qui dispose de 3 chambres juste en face, dans sa maison bleue, ***Alojamiento Vista al Parque*** (plan A1, **13**) : *Luz Caballero, 49. ☎ 33-50-58-45. 53-13-33-42.* • *yio@hgm.cav.sld.cu* •

Oasis Papito (plan A1, **12**) : *Luz Caballero, 38 ; entre Libertad y Agramonte, face au parque Martín. 52-54-85-95.* • *oasispapito@nauta.cu* • Voisin de Maite (voir plus haut), Papito dispose de 2 chambres tout aussi confortables, fraîches et impeccables, avec même des parapluies pour braver les orages ! Ancien barman au cayo Coco, il connaît bien le secteur touristique et fournit toutes les infos sur la région et les transports.

Hostal Alicia (plan A1, **14**) : *Libertad, 90 ; entre Martí y Castillo. ☎ 33-50-51-94. 53-27-64-04.* • *hostal.alicia@nauta.cu* • *hostalalicia2009@gmail.com* • Si les HLM d'en face et la façade sont peu engageantes, vous découvrirez 4 chambres bien propres et bien équipées (clim, sèche-cheveux, etc.), tenues par un couple gentil et accueillant. Notre préférée, un poil plus spacieuse, se trouve à l'étage, côté opposé à la rue. Petit déj sur l'agréable petite terrasse couverte à l'étage. Service de laverie.

Hostal Pino y Agnia (plan B3, **15**) : *Narciso López, 357 ; entre Céspedes y F. Poey. 52-44-95-54.* • *adalberto.pino@nauta.cu* • *hostalpinoyagnia.com* • Ce jeune couple loue 2 petites chambres modernes et confortables, avec entrée indépendante sur le côté de leur maison. L'adresse est ultra-centrale et la rue néanmoins assez calme. Il y a même une petite piscine, certes pas toujours remplie.

Hostal El Caney (hors plan par B1, **16**) : *Salomé Machado, 48 ; entre Zayas y Avellaneda. ☎ 33-50-48-37. 52-40-57-46.* • *teresavaldes70@gmail.com* • *Au nord, proche de l'hôpital.* Cette grande maison verte, tenue par une femme débordante de gentillesse, abrite 5 chambres confortables, toutes avec fenêtre. Elles donnent soit sur un couloir, soit sur la très vaste cour-jardin envahie de plantes, où voisinent une piscine et un *ranchón* (carbet) pour les repas.

HÔTEL D'ÉTAT

Prix modérés

Hostal La Casona (plan B3, **17**) : *Colón, 41. ☎ 33-50-22-36.* • *gleydis@hca.co.cu* • Géré par *Islazul*, ce petit hôtel occupe un très bel édifice colonial de 2 étages donnant sur le grand terre-plein herbeux voisinant avec la

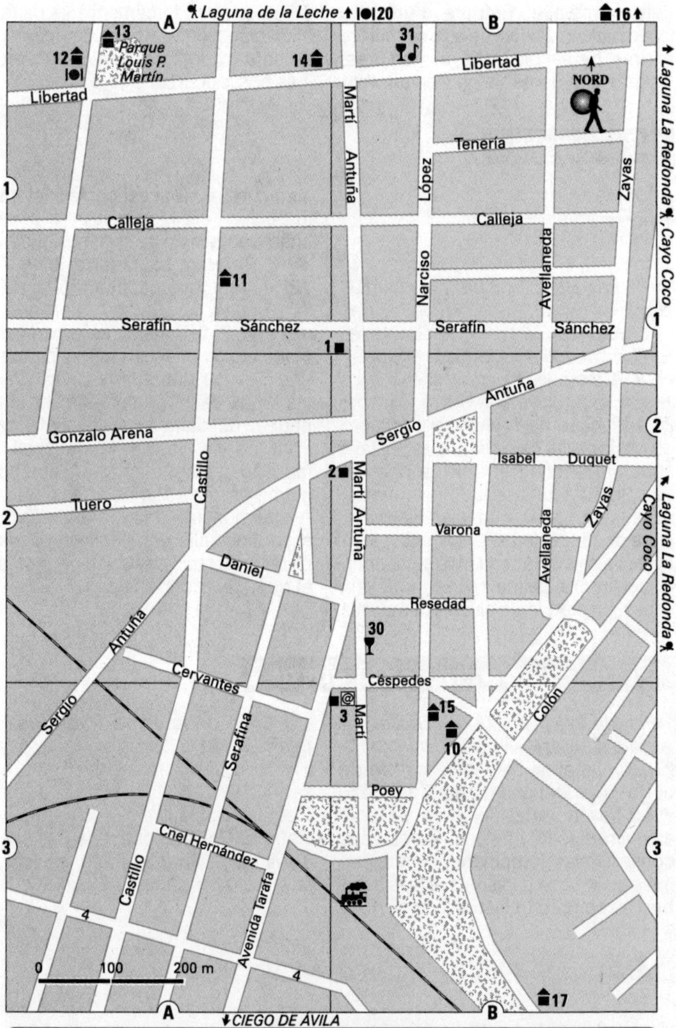

MORÓN

Adresses utiles

- **1** Banco de Crédito y Comercio (B1)
- **2** Cadeca (B2)
- @ **3** Telepunto Etecsa (B3)

Où dormir ?

- **10** Casa Carmen (B3)
- **11** Hostal Belkis (A1)
- **12** Alojamiento Maite et Oasis Papito (A1)
- **13** Alojamiento Vista al Parque (A1)
- **14** Hostal Alicia (A1)
- **15** Hostal Pino y Agnia (B3)
- **16** Hostal El Caney (hors plan par B1)
- **17** Hostal La Casona (B3)

Où manger ?

- **12** Paladar La Qbana (A1)
- **20** Las Ruedas (hors plan par B1)

Où boire un verre ? Où sortir ?

- **30** Florida (B2)
- **31** Casa de la Trova Pablo Bernal et Patio El Gallo (B1)

gare ferroviaire. Entouré d'un parc (avec parking), il décline sols en marbre et très hauts plafonds à moulures. 5 des 7 chambres (à privilégier) sont à l'étage ; pas forcément très riantes, elles disposent de bons équipements récents (clim, TV à écran plat, etc.). Très bon rapport qualité-prix.

Où manger ?

De bon marché à prix moyens

Las Ruedas *(hors plan par B1,* **20***) : Villamil, 23, entre Narciso López y Vasallo. 📱 53-94-07-54. Remonter l'av. Martí jusqu'au bout (passé l'église), prendre à droite, puis tt de suite à gauche, puis à nouveau à droite. Tlj 11h-23h.* Planqué dans une ruelle au nord du centre-ville, ce *paladar* s'est installé sous un *ranchón* au toit de palmes. Le soir, les néons sont un peu criards, mais on apprécie les tables bien nappées de rouge, la carte aux choix multiples, le service attentionné et, surtout, la cuisine, excellente bien qu'à prix sages. La preuve : la plupart des clients sont cubains. Tout est copieux et frais, le poisson est bien cuit et le cuistot chante en rythme avec la musique !

Paladar La Qbana *(plan A1,* **12***) : voir l'Alojamiento Maite dans « Où dormir ? ». Lun-ven 18h-minuit, le w-e 12h-22h.* Dans sa *casa particular,* Maite et son chef cuisinier concoctent une cuisine savoureuse. On prend les repas dans la cour joliment aménagée, ou dans la salle climatisée. Plats de viande, paellas (spécialité), *mariscos,* langouste, tout est bon, même les pâtes (Barilla) et les desserts. À accompagner d'un petit vin chilien, espagnol, voire cubain selon disponibilité. Également une carte de cocktails et de liqueurs cubaines...

Où boire un verre ? Où sortir ?

Florida *(plan B2,* **30***) : av. Tarafa, sur le parque Martí. Tlj sauf lun 12h30-21h30.* On aime bien la salle rétro de cette jolie bâtisse datant de 1925, avec ses grandes fenêtres de bois aux vitraux en demi-lune. On ne vous conseille pas forcément d'y manger, mais pour boire un verre avec les habitués au comptoir, c'est un bon plan !

Casa de la Trova Pablo Bernal *(plan B1,* **31***) : Libertad ; entre Martí y Narciso López. Musique en vivo ven-sam à 20h30 ou 21h (entrée payante).* Certains poursuivent leur tournée au ***Patio El Gallo,*** adossé à la *Casa de la Trova (mar-sam 8h-1h, dim 8h-minuit, fermé lun ; musique en vivo ven-dim soir).*

DANS LES ENVIRONS DE MORÓN

Laguna de la Leche : *à 6 km au nord de Morón, dans le prolongement de la calle Martí.* Dans un paysage amphibie, où l'eau et la terre se marient, ce lac de 67 km² doit son nom « de lait » aux reflets blancs de ses eaux, dus aux particules calcaires en suspension. C'est la plus grande réserve d'eau douce naturelle du pays. On peut s'y promener en bateau et pêcher brochet et tarpon, mais les lieux sont plutôt désertés. À la fin de l'été, ils se raniment lors d'un carnaval aquatique.

Laguna La Redonda : *à 12 km au nord de Morón, sur la route des cayos.* Cette lagune est entourée de mangrove, aux palétuviers drapés de plantes épiphytes et de mousses espagnoles. Vu le nombre de pêcheurs et de groupes qui y font un tour, n'espérez pas voir trop d'oiseaux. S'adresser au bar-resto *(tlj 11h-15h env, tarifs à consulter ; min 4 pers).* Pêche à la mouche (poisson-chat et tarpon) pour les amateurs *(payant avec prêt de matériel ; min 2 pers).*

Restaurant : *tlj 11h-16h (9h-19h pour le bar).* Pas mal de groupes, mais la cuisine est plutôt bonne. Goûtez donc aux *calenticos,* en entrée ou en apéro, des morceaux de poisson pané... frais !

CAYO COCO ET CAYO GUILLERMO

• Carte *p. 285*

Jardines del Rey, les « Jardins du Roi ». C'est le conquistador Diego Velázquez de Cuellar qui, en 1514, nomma ainsi le vaste archipel épousant la côte nord de Cuba, en l'honneur de Ferdinand II d'Aragon. Plus secs que leur nom pourrait le suggérer, ces *cayos* au ras de l'eau, inhospitaliers, sont avant tout constitués de mangrove, de broussailles et de lagunes saumâtres. Ils se sont développés sur l'immense récif corallien qui souligne le littoral sur près de 400 km – parfois présenté comme le 2e du monde après la Grande Barrière australienne. Les flamants rouges y font escale, de même que divers oiseaux migrateurs.

Longtemps fréquentées par les seuls pirates et boucaniers, ces îles soulignées de plages de sable blanc sont entrées dans l'ère moderne grâce à l'avènement du tourisme balnéaire. Au centre de toutes les attentions, le gros cayo Coco (370 km²) et le petit cayo Guillermo (13 km²) se distinguent : ils sont reliés à la terre ferme par une incroyable chaussée-digue de 17 km de long. Au début, elle semble foncer vers le large, sans rien à l'horizon !

Le programme, ici, se résume à 2 mots : plage et farniente. Vous ne trouverez ici aucune *casa particular.* L'hébergement se résume à une quinzaine de grands complexes touristiques *todo incluido* (« tout compris »), chacun caché derrière ses murs et ses haies. En dehors, il n'y a rien : pas un village, pas de vie, tout juste quelques habitations en préfabriqué pour le personnel. La plupart des employés, cependant, sont contraints de faire l'aller-retour chaque matin et chaque soir depuis le continent, comme en témoignent les files de bus qui leur sont réservés...

Comment y aller ?

Il n'y a pas 1 001 manières de visiter les cayos Coco et Guillermo. Soit vous prenez soin de réserver quelques nuits d'hôtel par le biais d'un tour-opérateur ou d'une agence, soit vous tentez votre chance dans l'une des rares adresses bon marché indiquées ici. Si vous n'êtes pas un adepte obsessionnel de la plage, 1 journée au départ de Morón devrait vous suffire.

En voiture !

Incroyable, des îles où l'on peut se rendre par la route ! Le syndrome *keys* de Floride n'est pas loin... Tout commence à Morón, d'où l'on rejoint le littoral, à 24 km au nord. Contrôle des passeports, péage et, hop, vous voilà embarqué sur cette drôle de route-digue, lancée à l'assaut de l'immense bahía de Perros. Un grand panneau rappelle qu'il fallait du courage pour bâtir cette drôle de voie, longue de 17 km : « Jetez des pierres et ne regardez jamais en arrière », a déclaré Fidel Castro, jamais avare de formules. En retrouvant la terre, vous devriez voir, sur la droite, la cafétéria *Parador de la Silla,* qui fait aussi office de point d'info : une escale classique pour prendre un verre. Compter env 1h de route de Morón au cayo Coco, puis 30-40 mn de plus pour rejoindre le cayo Guillermo.

En bus

Il n'y a aucun bus public qui dessert cayo Coco depuis Morón ou une autre ville. En revanche, une fois sur place, un ***bus hop-on hop-off*** permet de relier le cayo Coco au cayo Guillermo (Playa Pilar). Il circule normalement ttes les heures, 8h-13h depuis la *zona hotelera*, puis effectue une dernière rotation à 16h ; dernier retour de Playa Pilar à 17h30 (vérifiez !). Gratuit moins de 10 ans.

En taxi

Liaisons possibles en taxi officiel, de Morón jusqu'à Playa Larga (cayo Coco) et jusqu'à Playa Pilar (cayo Guillermo). ***À savoir :*** certaines *casas particulares*, comme l'*Alojamiento Maite* (voir « Où dormir ? » à Morón), organisent des taxis partagés avec d'autres visiteurs.

En avion

✈ ***Aeropuerto Jardines del Rey :*** *au sud-est du cayo Coco, à env 8 km de la zona hotelera.* L'aéroport accueille surtout des vols charters internationaux, en provenance d'Angleterre et du Canada (Québec, Montréal, Toronto). Sur place : bureau *Infotur (☎ 33-30-91-09)* incompétent et change (un guichet aux arrivées, un autre aux départs), mais pas de distributeur. Des navettes de bus assurent la liaison avec la *zona hotelera* (10-15 mn de trajet).

➢ ***La Havane :*** 1 vol/j. avec *Cubana*.

Adresses et infos utiles

■ ***Infos :*** sur les sites • *cayococococuba.net* • et • *cayoguillermocuba.net* •

■ Sur la *rotonda*, le grand rond-point en arrivant à cayo Coco, se trouvent une ***station-service*** *(ouv 24h/24)*, une ***banque*** et une ***cafétéria*** (pizzas). Attention, elles sont dissimulées par les arbres.

■ On trouve une 2e ***station-service au cayo Guillermo,*** mais ses horaires sont plus restreints *(tlj 8h30-17h).*

■ On peut louer des vélos, scooters et voitures dans la plupart des hôtels de la *zona hotelera*.

Où dormir sur le cayo Coco ?

Le cayo Coco abrite une douzaine d'hôtels tout compris. Ils sont tous alignés le long d'une plage, pour certains à touche-touche avec le voisin. Dès l'arrivée, à l'accueil, on vous glissera au poignet un seyant bracelet plastifié pour la durée de votre séjour... À chaque hôtel sa couleur pour reconnaître ses ouailles ! Reste, en marge, quelques rares options qui permettent de séjourner sur l'île à moindre coût, pas trop loin des plages.

Prix modérés

🏠 |●| ***Sitio La Güira*** *(carte Cayo Coco et cayo Guillermo) : dans le centre de l'île. ☎ 33-30-12-08. Indiqué sur la gauche de la route du cayo Guillermo, 300 m après l'embranchement menant à la Playa Flamenco.* La Güira est un hameau de charbonniers reconstitué, plus touristique qu'authentique. On y dort dans l'une des 4 cahutes chapeautées de palmes (appelées *cabañas*) avec douche, clim et frigo. L'eau est annoncée chaude, mais se révèle froide... et le confort est un peu rudimentaire, mais à ce prix et avec cette chaleur, on ne se plaint pas trop. Une fois les bus partis (ils sont surtout là à l'heure du déjeuner), le lieu retrouve sa quiétude et on est alors seul au milieu des dindons, poules, canards et... moustiques (prévoir un bon répulsif) ! Restaurant tout juste correct et accueil fort peu enjoué.

Chic

🏠 |●| ***Aparthotel Azul*** *(carte Cayo Coco et cayo Guillermo) : km 1,5, carretera*

LE CENTRE DE L'ÎLE

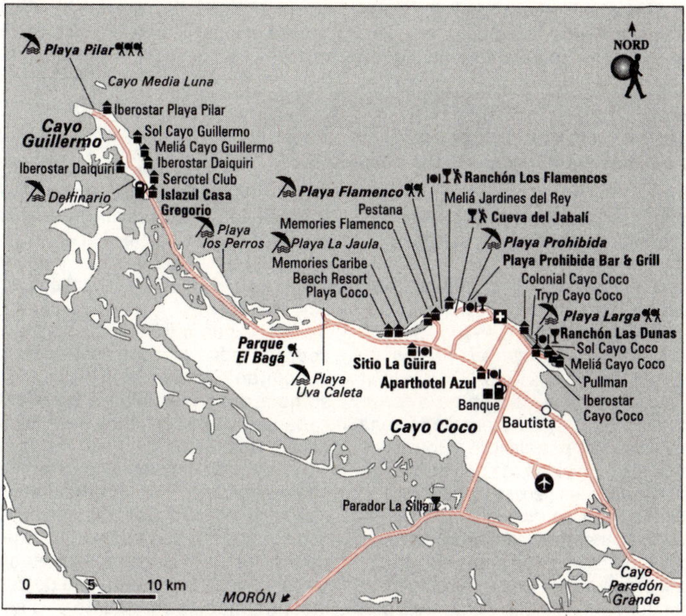

CAYO COCO ET CAYO GUILLERMO

a cayo Guillermo. ☎ *33-30-81-21 ou 33-30-12-78.* ● *jrecepcion@villazul.tur.cu* ● *islazul.cu* ● *Prendre à gauche au grand rond-point, direction cayo Guillermo, puis la 1re à gauche.* On ne vous dira pas que les lieux ont du charme, mais ils sont pratiques, fonctionnels et encore abordables. L'immeuble de 4 étages, assez récent, abrite 30 appartements carrelés de 1 à 3 chambres, avec salon, cuisine et salle de bains. Pas mal de groupes de jeunes ou originaires des pays de l'Est y séjournent.

Très chic

Les établissements balnéaires, bien que tous propriété de l'État cubain, sont gérés par divers groupes hôteliers : nationaux (*Gaviota* et *Cubanacan*), mais aussi espagnols (*Meliá* et *Iberostar*), canadien *(Blue Diamond),* français *(Pullman),* portugais *(Pestana)...* Le plus grand est l'hôtel *Meliá Jardines del Rey,* un 5-étoiles étendu sur 32,5 ha, avec plus de 1 100 chambres !

Lequel choisir ? Vu le manque relatif d'investissement dans les rénovations, il peut être préférable de privilégier un établissement parmi les plus récents : ***Memories Flamenco Beach Resort*** ; ***Pestana Cayo Coco*** ; ***Meliá Jardines del Rey*** et surtout ***Pullman.*** Cela étant, leur niveau de confort étant plutôt supérieur, ils sont aussi généralement plus chers. Malgré son âge qui transparaît, certains aiment bien le ***Colonial Cayo Coco,*** le 1er inauguré sur l'île en 1993 (par Fidel en personne), pour sa conception inspirée d'un « village » cubain. Vous noterez que plusieurs hôtels sont réservés aux adultes.

Avec la formule *todo incluido,* vous payez un prix global, incluant la chambre, les repas dans les différents restaurants (certains accessibles seulement sur réservation), les boissons (sauf vins et certains alcools), les activités sportives et nautiques non motorisées. Tous les hôtels ont un accès à Internet (lent ; avec carte *Nauta* vendue à l'accueil).

Où manger ? Où boire un verre et danser sur le cayo Coco ?

Il existe quelques sympathiques restaurants de plage indépendants des hôtels. Ça vous changera des buffets !

Ranchón Las Dunas (*carte Cayo Coco et cayo Guillermo*) : *sur la Playa Larga. Tlj 10h-16h. Pas de panneau : accès depuis le rond-point menant aux hôtels* Tryp, Sol, Melia *et* Pullman *; prendre la branche d'après. Parking payant.* Au cœur de la *zona hotelera* mais pas si facile à trouver, ce petit resto de plage a le bon goût de se nicher dans les herbes hautes de petites dunes, avec quelques palmiers en avant-scène et le large tapis de sable blanc presque à vos pieds. Idéal pour une coco fraîche ! On peut aussi y manger très honnêtement, même si les portions ne sont pas toujours copieuses.

Ranchón Los Flamencos (*carte Cayo Coco et cayo Guillermo*) : *sur la Playa Flamenco, près des hôtels* Memories *et* Pestana. *☎ 33-30-51-49. Tlj 10h-19h30.* Trônant au centre de la plage, ce gros resto rafraîchi par la brise du large se fait une spécialité des grillades : poisson, moules, calamars et langouste bien sûr. Petit choix de vins argentins, chiliens et espagnols. 1 à 2 fois par semaine (selon la saison), une grande fiesta a lieu juste devant, avec *música en vivo* et disco les pieds dans le sable. Bon, on regrettera le service pas trop souriant ni pressé.

Playa Prohibida Bar & Grill (*carte Cayo Coco et cayo Guillermo*) : *sur la Playa Prohibida. 54-24-94-61. À 1,5 km sur la petite route menant à la cueva de Jabalí – ne pas rater l'embranchement un peu à l'ouest de la Clinique internationale.* Beaucoup de gens le connaissent sous le nom de *Lenny's Bar & Grill* – un surnom dû à la fidélité d'un client canadien nommé Lenny ! Le plus discret des restos de plage du cayo Coco s'amarre à l'orée d'un ruban de sable étroit et semé de corail, mais vierge de construction. On s'installe sous la paillote, regard vers le large, pour boire un cocktail ou manger un poisson, des crevettes ou une de ces incontournables langoustes. C'est simple et bon.

Cueva del Jabalí (*carte Cayo Coco et cayo Guillermo*) : *passé la Playa Prohibida, tt au bout de la route. ☎ 33-30-12-06. En journée, tlj sauf dim 9h-18h. En soirée, mar 23h-2h, plus jeu (hiver) ou ven (été) selon affluence.* Cette grotte naturelle creusée par l'océan, où, paraît-il, gîtaient autrefois des sangliers, a été aménagée en bar-discothèque ! Les lieux s'animent seulement 1 à 2 fois par semaine (mieux vaut vérifier avant à son hôtel). *Tarifs incluant transferts et boissons illimitées ; s'adresser à l'agence* Palmares *dans les hôtels.*

Où dormir ? Où manger sur le cayo Guillermo ?

Vous trouverez ici à peu près les mêmes types d'hôtels et gammes de prestations que sur le cayo Coco. Il y a en tout 5 hôtels *todo incluido* : *Sercotel Club Cayo Guillermo* (avec sa section de bungalows réservée à la clientèle italienne...), *Sol Cayo Guillermo, Meliá Cayo Guillermo, Iberostar Daïquiri* et, le dernier-né (à privilégier), l'*Iberostar Playa Pilar.* Il ne compte pas moins de 5 piscines !

Islazul Casa Gregorio : *prendre la 1re rue à droite en arrivant sur l'île (aucun panneau). ☎ 33-30-16-11.* Loger au cayo Guillermo pour le prix d'une *casa particular* ? C'est possible ! Caché derrière la marina, ce motel compte une bonne dizaine de chambres un peu confinées mais plutôt bien équipées (clim, frigo, TV à écran plat). Il y a quelques odeurs d'égouts qui remontent, mais c'est déjà presque un miracle qu'il existe ! Avec un peu de chance, la piscine sera propre.

À voir. À faire

Playa Larga *(carte Cayo Coco et cayo Guillermo)* **:** longue de 2,6 km, c'est la plus importante des plages de la *zona hotelera.* Si l'on ne loge pas dans le secteur, on y accède par une branche partant du dernier rond-point avant d'arriver à l'hôtel *Tryp (parking payant).* En cas de doute, demander la Playa Academia, qui désigne sa partie centrale, où se trouve le sympathique resto *Ranchón Las Dunas* (voir « Où manger ?... »). Au programme : large tapis de sable blanc et petites dunes mangées par les hautes herbes. Nettoyée devant les hôtels, la plage est malheureusement assez sale ailleurs, avec beaucoup de déchets apportés par les marées.

Playa Flamenco *(carte Cayo Coco et cayo Guillermo)* **:** *à l'ouest de la zona hotelera principale ; ne pas rater la bifurcation depuis la route du cayo Guillermo.* Accessible sans le bracelet d'un « club », cette jolie plage de sable blanc, très large et longue (2,7 km), est en grande partie aménagée par les hôtels riverains *(Meliá Jardines del Rey, Pestana, Memories Flamenco)* et donc propre. Venir avec masque et tuba. Agréable bar-resto : le *Ranchón Los Flamencos* (voir « Où manger ?... »).

Parque natural El Bagá *(carte Cayo Coco et cayo Guillermo)* **:** *carretera Cayo Coco, km 17.* Cette réserve naturelle de 769 ha a été aménagée autour d'un ancien aérodrome et d'une vaste lagune fréquentée par aigrettes, flamants et autres hérons bleus. Quelque 136 espèces d'oiseaux ont été répertoriées et il y a même quelques crocodiles (pas garantis !). Seul hic : le parc était récemment à l'abandon... Si vous montrez de l'intérêt, il est néanmoins probable que le gardien vous ouvre la grille d'entrée contre un pourboire... Vous pourrez alors accéder, à pied ou en voiture, à une piste de 3 km : elle traverse la mangrove sur une digue pour rejoindre 2 plages désertes – jolies mais comme partout semées d'ordures déposées par la mer.

Playa Pilar *(carte Cayo Coco et cayo Guillermo)* **:** *tt au bout du cayo Guillermo. La plage est desservie par le bus* hop-on hop-off *depuis le cayo Coco, mais aussi par un petit train circulant slt au cayo Guillermo, tlj sauf dim (payant), à raison de 5 rotations/j. ; 1er départ du delphinarium à 9h15, dernier retour d'El Pilar à 16h30. Parking payant.* Avec son large tapis de sable blanc, ses eaux turquoise peu profondes et sa barrière de corail en contrepoint, cette plage en partie convexe est la plus belle des *cayos.* Elle tire son nom du bateau d'Hemingway : c'était l'un de ses lieux de pêche favoris. Juste en face flotte le cayo Media Luna, où le dictateur Batista s'était fait construire une petite retraite, détruite après le passage d'un cyclone. Location de chaises longues avec parasol. On trouve sur place une jolie paillotte-resto, le ***Ranchón Playa Pilar*** *(tlj 12h-18h).* Dommage que, par moments, la musique qui pulse gâche la sérénité des lieux... Juste en contrebas, à 100 m au nord, vous trouverez un *ranchón* d'où sont organisées diverses excursions sur la barrière (*snorkelling,* catamaran, kayak...).

➢ ***Kitesurf* :** la mode du kitesurf a débarqué au cayo Coco. On le pratique un peu sur la Playa Larga, mais surtout au cayo Guillermo, sur la plage qui fait face aux hôtels *Sol* et *Sercotel.* On y trouve un club avec location de matériel et cours. Pour la plage du *Sercotel,* accès public par la rue de l'hôtel *Islazul,* puis à droite au niveau du plot en béton *Emprestur.*

REMEDIOS

18 000 hab.

• Plan *p. 289*

À 45 km au nord-est de Santa Clara, cette bourgade coloniale offre une escale agréable et tout en douceur sur la route du cayo Santa María. Ce fut l'une des 8 premières cités fondées par les Espagnols à Cuba à l'aube du XVIe s (1515), sous le nom de San Juan de los Remedios. Elle ne vécut longtemps que de contrebande et subit plusieurs fois les attaques des pirates venus de l'île de la Tortue. La partie historique se concentre autour de la belle place principale (plaza Isabel II), flanquée de fiers édifices à colonnade, et dans les rues qui l'encadrent. On peut y admirer quelques élégantes demeures coloniales, avec leurs hautes fenêtres à barreaux de bois, à travers lesquelles on devine de superbes intérieurs. Sur la place, on prend le frais le soir venu, à l'ombre du clocher de l'église, en regardant le lent ballet des belles américaines, des carrioles et des *bici-taxis*. Même si elle est petite et tranquille, Remedios dégage un indéniable charme.

LES *PARRANDAS* : UN CARNAVAL DE NOËL AU RYTHME DE LA POLKA

Traditionnellement, une neuvaine était célébrée à Remedios avant Noël, à des heures pour le moins indues... Confronté à la paresse de ses paroissiens, plus enclins à rester au lit qu'à se lever pour la prière, un curé eut une idée de génie : envoyer ses enfants de chœur dans les rues pour faire du boucan avec pots, casseroles, maracas et autres cornes ! Le succès fut immédiat.
Peu à peu, la cacophonie laissa place à d'authentiques orchestres, puis à une sorte de carnaval. Aujourd'hui, le 24 décembre, les 2 principaux quartiers de la ville (El Carmen au sud et El San Salvador au nord) entrent en compétition avec carrosses, costumes, feux d'artifice à gogo, pétards XXL et autres lampions. Des structures lumineuses sont réalisées pour décorer le parque Martí ; les plus hautes atteignent 20, voire 30 m !
La préparation de ces festivités dure plusieurs mois, et une grande partie des habitants de Remedios y participe. Chaque quartier garde le plus grand secret sur le thème qu'il a choisi au printemps et qui change tous les ans : mythologie, civilisations du monde (Égypte, Inde, Thaïlande...), cinéma, contes ou dessins animés, cirque, opéra, tout est bon pour les *Parrandas*. En 1949, on a même vu la tour Eiffel débarquer sur le parque Martí !
Les parades, qui débutent le 24 à 21h et se prolongent jusqu'au petit matin du 25, par alternance entre les 2 quartiers, se déroulent au rythme de la polka et de la rumba. « Et la messe de minuit ? », nous direz-vous. Elle est célébrée au milieu des pétards et de la musique ! La fête est si populaire dans le cœur des Cubains que, même à Miami, chaque année, le 4 juillet, la communauté cubaine organise des *Parrandas*... On les célèbre aussi dans 35 communes de la région le jour des fêtes patronales.
Hissées au rang de *Patrimoine culturel de la nation* en 2013, les *Parrandas* ont été classées par l'Unesco au *Patrimoine immatériel de l'humanité* en 2018. Moralité, il ne faut jamais se retenir de taper sur des casseroles !

Arriver – Quitter

Remedios est situé sur la ligne *Viazul* reliant ***Trinidad*** au ***cayo Santa María*** et retour, via ***Cienfuegos*** et ***Santa Clara*** (1 bus/j.).

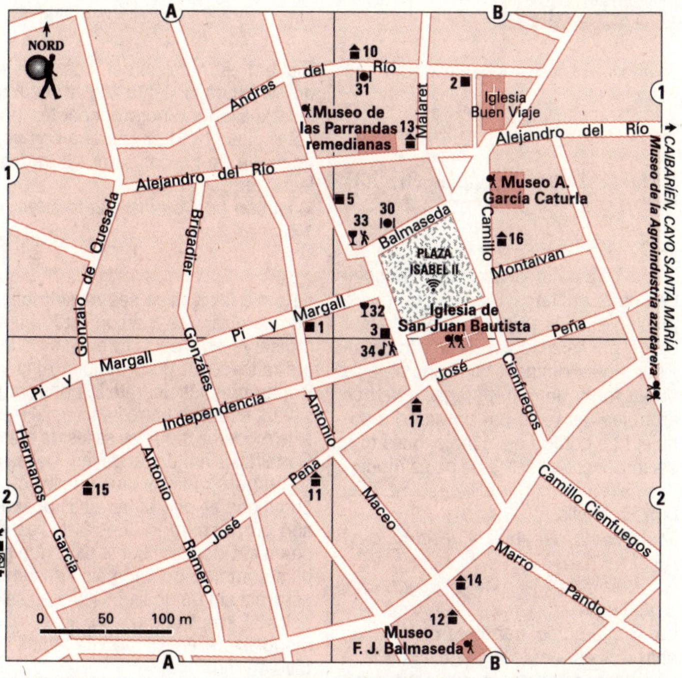

REMEDIOS

Adresses utiles **1** Banco Popular de Ahorro (A1) **2** Banco de Crédito y Comercio (B1) **3** Gaviota Tours (B1) @ **4** Etecsa (hors plan par A2) **5** Cadeca (B1) **Où dormir ?** **10** Hostal Buen Viaje (B1) **11** Hostal Haydee y Juan K (A2) **12** Casa Richard (B2) **13** Hostal La Casona Cueto (B1)	**14** Hostal Villa Colonial (B2) **15** La Rueda (A2) **16** Hotel Camino del Príncipe (B1) **17** Hotel Barcelona (B2) **Où manger ?** **Où boire un verre ? Où sortir ?** **30** Plaza Mayor (B1) **31** La Piramide (B1) **32** Snack-bar El Louvre (B1) **33** Taverna de los 7 Juanes (B1) **34** Centro cultural Las Leyendas (B2)

Adresses utiles

■ ***Banco Popular de Ahorro*** *(plan A1,* ***1****) : Maceo et Pi et Margall. Lun-sam 8h-15h (11h sam).* Distributeur et change.

■ ***Banco de Crédito y Comercio*** *(plan B1,* ***2****) : Andrés del Río. Lun-sam 8h-15h (11h sam).* Distributeur et change.

■ ***Gaviota Tours*** *(plan B1,* ***3****) : pl. Martí, entre le Louvre et Las Leyendas. 53-56-48-22. • yudielmt@nauta.cu • Lun-sam 9h-17h.* Propose des excursions à Santa Clara et au cayo Santa María.

■ **@** ***Etecsa*** *(hors plan par A2,* ***4****) : Independencia, 64 ; angle M. Lemus. En principe, tlj 8h30-19h.* Vente de cartes téléphoniques et internet.

■ ***Cadeca*** *(plan B1,* ***5****) : A. Gomez, 77. Lun-sam 8h30-16h.*

Zone wifi : sur la plaza Isabel II *(plan B1).*

Où dormir ?

Toutes les casas proposent le wifi.

Bon marché

Hostal Buen Viaje (plan B1, **10**) : *Andres del Río, 20 ; entre E. Malaret et Máximo Gómez.* ☎ *42-39-65-60.* 📱 *54-58-41-25.* • *hostal.buenviaje@gmail.com* • La chaleur de l'accueil de Lester et Naty fait écho à un cadre privilégié : sols 1900, patio verdoyant bercé par le glouglou d'une fontaine – sur lequel donnent les 3 chambres – et, au fond, un mini-potager d'herbes aromatiques veillé par un grand manguier ! Le confort est simple, mais tout est impeccable (salles de bains modernes), avec clim et mobilier récent. Très bons conseils.

Hostal Haydee y Juan K (plan A2, **11**) : *José Peña, 73 ; entre Maceo et La Pastora.* ☎ *42-39-50-82.* 📱 *52-70-18-48.* • *haydejk@nauta.cu* • Les 3 chambres, carrelées et fort bien entretenues, ont tout ce qu'il faut. 2, à l'arrière, partagent un minipatio avec petite cuisine extérieure et frigo ; la 3e peut accueillir une famille de 4. Mais ce qui fait vraiment la différence, ici, c'est l'accueil, la gentillesse et les bons repas de Haydee et Juan.

Prix modérés

Casa Richard (plan B2, **12**) : *Maceo, 52 ; entre Fe del Valle et General Carrillo.* ☎ *42-39-66-49.* 📱 *52-94-02-85.* • *hostalcasarichard@gmail.com* • Les 3 chambres de l'adorable Richard ouvrent leurs grandes porte-fenêtres sur un généreux patio-oasis bien aéré, aux murs couverts de plantes. On aime ici l'équilibre entre le caractère colonial de la maison et la sobriété de la décoration, pas encombrée de mille bibelots pour une fois. Spacieuses, les chambres sont très bien tenues et équipées de manière moderne (sèche-cheveux, ligne pour sécher son linge, bonne pression de l'eau chaude...). Celle du centre dispose d'une mezzanine. Richard est musicien et joue dans les hôtels du cayo Santa María. Ajoutons les excellents dîners concoctés pour votre plus grand plaisir, que l'on vous conseille de ne pas rater. Notre meilleure adresse en ville.

Hostal La Casona Cueto (plan B1, **13**) : *Alejandro del Río, 72 ; à l'angle de E. Malaret.* ☎ *42-39-53-50.* 📱 *53-56-40-30.* • *luisenrique@informed.sld.cu* • Le patio fleuri avec ses *rocking chairs* donne le ton. La maison du XVIIIe s a conservé son caractère, mais elle a été rénovée au goût du jour. Ainsi les 9 chambres (assez rare !) montrent un savant équilibre entre l'ancien (le style) et le moderne (pour les salles de bains). Certaines avec 2 grands lits. Celles au 1er étage s'ouvrent sur une terrasse commune et une autre au 2d possède son propre mirador. Les 2 du rez-de-chaussée donnent sur le salon (un peu plus sombres donc), mais l'ensemble est vraiment de qualité. Quant au salon colonial, empli d'images pieuses et de meubles anciens, il raconte toute l'histoire du lieu.

Hostal Villa Colonial (plan B2, **14**) : *Antonio Maceo, 43 ; à l'angle de General Carrillo.* ☎ *42-39-62-74.* 📱 *52-47-57-26.* • *frankarecuba@gmail.com* • *cubavillacolonial.com* • Très beau décor pour cette *casa particular* (maison de 1890) qui offre d'entrée un magnifique salon, ouvert sur la rue (et sur l'antenne locale du Parti !), avec mobilier qui mélange le XIXe s et les années 1940, piano et lustre rococo. Dans la salle à manger sommeillent un beau buffet en caoba, de style Renaissance espagnole, et une collection d'assiettes. Les 6 chambres (dont 2 petites), toutes au rez-de-chaussée, aux lits sculptés ou en fer forgé, donnent au choix sur la salle à manger ou sur le patio. Superbe terrasse avec vue sur les toits de la ville. Frank et Arelys sont accueillants et professionnels. Ils pourront vous donner plein d'infos pratiques et touristiques. Repas le soir à la demande, très bien cuisiné par Arelys.

La Rueda (plan A2, **15**) : *Independencia, 35 ; entre Hermanos Garcia et A. Romero.* ☎ *42-39-59-15.*

• *hostalrueda@gmail.com* • La maison présente un style colonial de bon aloi, avec son classique patio précédé d'un salon en bonne et due forme. Les 2 chambres offrent un bon confort général (l'une avec 2 grands lits et l'autre 1 grand et 1 petit lit). Parfait pour les familles. Ania est aux petits soins et ses repas aux petits oignons.

Très chic

Hotel Camino del Príncipe *(plan B1,* ***16****) : Cienfuegos, 9 ; entre Montalván et Alejandro del Río. ☎ 42-39-51-44. • reservas@mascotte.vcl.tur.cu* • Elle ne manque pas d'allure, cette place centrale, avec ses jolis édifices néocoloniaux à 2 étages. Des 6 hôtels qui l'encadrent, voici notre préféré. Derrière sa façade à colonnes et son curieux lobby en forme de triangle, vous découvrirez une 1re aile aux chambres rénovées et une autre, au fond, nouvellement construite. Tout n'est pas parfait, certaines chambres manquant notamment de fenêtres, mais le lieu dégage un charme certain. Choisir une chambre avec fenêtre sur l'extérieur et dans les étages, plus agréables.

Hotel Barcelona *(plan B2,* ***17****) : José A. Peña ; entre Pastora et Maceo. ☎ 42-39-51-44. • reservas@mascotte.vcl.tur.cu* • Appartenant au même groupe que le *Camino del Principe,* le confort des chambres est identique et le style aussi. Le lobby se veut néocolonial (mais les grands sofas sont bien actuels), et les chambres très confortables. En choisir une des 6 donnant sur la rue (très calme) et à l'étage, car les autres, à éviter, n'ont pas de fenêtre.

Où manger ?
Où boire un verre ? Où sortir ?

Plaza Mayor *(plan B1,* ***30****) : Balmaseda, 5. ☎ 42-39-59-18. Tlj 12h-21h30.* Le meilleur resto en ville, qui n'en compte d'ailleurs pas beaucoup. La haute salle coloniale s'ouvre sur la place, les tables sont nappées de blanc et la cuisine est inspirée, à l'image de ce *congrejo en salsa cubana,* à prix défiants toute concurrence, ou cette *pasta salteada con camarones en salsa pomodoro,* tous deux fort réussis.

La Piramide *(plan B1,* ***31****) : Andres del Río, 9A, entre Máximo Gómez et Enrique Malaret. ☎ 42-39-51-41. Tlj sauf mar.* La petite salle soignée (nappes sur les tables) est perchée au 1er étage, avec juste 6 tables et un aquarium. Pizzas, pâtes, du porc, du poulet, du poisson grillé en sauce. Rien de bien sorcier, autant le préciser. Attention, le soir, pâtes et pizzas ne sont pas proposées et les prix grimpent.

Snack-bar El Louvre *(plan B1,* ***32****) : Máximo Gómez, 122 ; sur la pl. principale. Ouv 9h-minuit.* Le Louvre à Remedios ! Ce n'est pas un gag, mais le nom de ce bar aux boiseries anciennes donnant sur la place. Incontournable aux heures apéritives, il sert aussi une bonne limonade et des pizzas correctes (et bon marché), sur fond de musique cubaine.

Taverna de los 7 Juanes *(plan B1,* ***33****) : Balmaseda ; sur la pl. principale, sur le flanc nord. Ouv 7h30-minuit.* Le soir, c'est ici qu'il y a un peu d'ambiance, sur la terrasse et sous les arcades. Locaux et touristes s'y retrouvent autour d'un plat simple ou d'une bouteille de vin. Pas de vin au verre.

Tout contre le *Louvre,* mais du côté opposé, le ***Centro cultural Las Leyendas*** *(plan B2,* ***34****)* présente des groupes le dim à 17h. Sinon, fait discothèque tous les soirs jusqu'à minuit et ven-sam soir jusqu'au petit matin.

À voir

Iglesia San Juan Bautista *(plan B1-2) : ouv aux heures des messes, sinon, pour la visiter, il faut passer par-derrière, par la sacristie. Tlj 9h-12h, 14h-17h (en théorie).* Consacrée en 1550, cette église est la plus ancienne de Cuba, mais elle a été plusieurs fois restaurée, notamment après un incendie dévastateur en 1690. Sa large et solide façade cache un intérieur baroque. Beau maître-autel doré du XVIIIe s et superbe voûte en cèdre cubain, en forme de coque de bateau retournée, peinte à la main, d'inspiration mauresque du XVIIe. Parmi les saints, vous reconnaîtrez les 2 patrons des *Parrandas,* san Salvador et la Virgen del Carmen. Jetez aussi un œil à la Vierge enceinte du XVIIe s, une représentation assez peu commune.

Museo de la música Alejandro García Caturla : *parque Martí, au nord de la place. Mar-sam 9h-12h, 13h30-16h45 ; dim 9h-11h45. Entrée payante.* Très belle maison de 1875, avec ses murs et ses arcades roses, abritant un salon de réception à l'ancienne, et un patio avec ses colonnes et ses palmiers... Le musée est consacré à l'œuvre d'Alejandro García Caturla (1906-1940), une personnalité locale, à la fois juge, avocat et compositeur (plus de 150 œuvres). Il a vécu 20 ans dans cette maison. Présentation d'instruments (saxo, piano, mandoline,etc.), partitions, objets personnels. Possibilité d'écouter quelques enregistrements sonores.

MÉLODIES ET MÉLODRAME

Alejandro García Caturla était un drôle de personnage : magistrat et musicien, il intégra l'orchestre symphonique de La Havane dès ses 16 ans, jonglant en parallèle entre ses études de droit et son apprentissage à Paris auprès de la compositricice Nadia Boulanger. Attiré par la culture afro-cubaine et les femmes à la peau noire, il fut l'un des 1ers à introduire des rythmes africains dans la musique symphonique de l'île. Père de 11 enfants, il ne put cependant lâcher sa carrière d'avocat, puis de juge. C'est dans ce cadre qu'il fut assassiné, à l'âge de 34 ans, par un joueur qu'il devait juger le lendemain !

Museo de las Parrandas remedianas (plan B1) **:** *Alejandro del Río, 74 ; entre Máximo Gómez et Enrique Malaret. Tlj sauf dim 8h-12h, 13h30-17h. Entrée payante (droit photos en sus).* Tout modeste qu'il soit, ce musée mérite une petite visite pour saisir la fièvre qui s'empare de Remedios lors des *Parrandas,* ces festivités hautes en couleur de la fin d'année (voir plus haut « Les *Parrandas* : un carnaval de Noël au rythme de la polka »). La visite guidée (en espagnol ou en anglais) met en valeur la collection et s'appuie sur les quelques objets en vitrine : affiches, instruments de musique (dont une mandibule de cheval utilisées pour marquer le rythme !), quelques costumes souvent délirants... Photos des différents thèmes année après année.

Museo Francisco Javier Balmaseda : *Maceo, 56. Tlj 8h-12h, 13h-17h (fermé dim ap-m). Entrée payante (droit photos en sus).* Ce petit musée porte le nom d'un écrivain cubain du XIXe s. Il est installé dans une maison du XIXe s, et expose quelques armes (notamment des sabres), des objets anciens, une chambre coloniale,etc. Modeste section paléonthologique. La visite vaut surtout pour ce patio agrémenté d'une belle vasque de 1869 en marbre de Carrare, sculptée d'étranges visages quelque peu diaboliques...

DANS LES ENVIRONS DE REMEDIOS

Museo de la Agroindustria azucarera – Museo del Vapor Marcelo Salado (hors plan par B1) **:** *à 5 km de Remedios, en direction de Caibarién et du cayo Santa María, indiqué sur la gauche. ☎ 42-36-32-86. Lun-sam 9h-16h ; dim 9h-11h. Entrée payante. Visite guidée incluse (env 20 mn, parfois en français) sur demande à l'entrée.* La piraterie, la canne à sucre, le tabac, telles furent les richesses de la région de Remedios du XVIe au XIXe s. Ici, c'est la canne qui est à l'honneur. L'usine sucrière, fermée en 1998 après la chute de l'URSS (principale cliente du sucre cubain), est devenue musée à ciel ouvert, avec son énorme machinerie toujours en place que l'on peut observer avec précision, et une petite expo évoquant l'évolution des techniques extractives. Après la visite de la sucrerie, sur la droite, aller voir la magnifique collection de locomotives à vapeur (une quarantaine en tout), dont 2 sont encore en état de marche ! La plus ancienne date de 1891, la plus récente de 1935. Ceux qui le désirent peuvent faire le parcours jusqu'à Remedios et retour *(payant).* On n'allume la loco que pour 9 personnes minimum. Bon, le trajet lui-même n'est pas d'un intérêt débordant et on est bloqué pour 2h en tout (on reste env 1h à Remedios), autant le savoir. Si vous faites la balade, essayez au moins de grimper dans la loco avec le machiniste, plutôt que dans les wagons sans charme (prévoir un pourboire).

CAYO SANTA MARÍA

Flottant au nord de Cuba, l'archipel des Jardins du Roi (Jardínes del Rey) sème sa multitude d'îles basses à quelques encablures de la côte. Elles sont des centaines, inhabitées pour la plupart, toutes de broussailles, de mangrove et de lagunes saumâtres, bordées pour certaines de plages de sable fin. Quelques-unes ont fait l'objet d'un développement touristique à l'instigation du gouvernement cubain : ainsi en va-t-il du cayo *Las Brujas,* puis du cayo *Ensenachos,* et tout au bout de la route du cayo *Santa María,* qui propose les plus belles plages.

Ce drôle de petit archipel, dédié au seul farniente et totalement coupé de la réalité cubaine, est accessible par une invraisemblable route de plus de 50 km de long, surfant au ras de l'eau d'îlot en îlot. Impressionnant, mais les écolos cubains s'inquiètent : le développement du tourisme met en péril le fragile écosystème des *cayos,* dépourvus d'eau douce. Malgré cela, une quinzaine de grands hôtels tout inclus ont déjà ouvert, et d'autres sont en construction (il y a toujours des grues qui flottent dans le paysage) et un petit aéroport au cayo *Las Brujas* accueille des vols réguliers. Restent, pour les amateurs, des plages d'un blanc cristallin (dont l'accès est cependant payant !) et, de loin en loin (très loin), quelques iguanes, flamants roses et pélicans.

– Infos sur le site : • *cayosantamaria.info* •

LA FOLLE DU CAYO

Une belle statue de femme échevelée, à l'entrée de l'hôtel Las Brujas, *rappelle la légende. Elle raconte qu'un ivrogne disparut un jour sans laisser de traces. Sa femme, passant nuit et jour à l'attendre, en devint folle. On la surnomma la* Bruja *(la sorcière). Elle a donné son nom au cayo. Quant à son mari, il est lui aussi passé à la postérité grâce au cayo* Borracho *(ivre) !*

Comment y aller ?

➢ ***En bus :*** le cayo Santa María est desservi chaque j. par *Viazul* au départ de Trinidad (départ tôt le mat ; trajet 5h30), via Santa Clara (2h30) et Remedios (1h15). Retour dans l'ap-m.

➢ ***En taxi collectif :*** jusqu'à 4 pers, à réserver auprès de votre *casa particular.*

➢ ***En voiture :*** on accède au *cayo* depuis la route reliant Caibarién (à 8 km à l'est de Remedios) à Morón. ATTENTION : à env 4-5 km au sud de Caibarién, prendre la rampe montant sur le pont (pas de panneau) ! Quelques km plus avant, un grand péage-poste de contrôle vous attend. ***Munissez-vous de votre passeport.*** La route de la digue comporte 45 ponts.

Où séjourner ?

Parmi la douzaine de grands hôtels tout inclus, certains tirent mieux leur épingle du jeu que les autres. Pour faire simple, l'entretien n'étant pas le point fort des Cubains, mieux vaut privilégier les établissements les plus récents : ***Gran Aston, Royalton*** (façon bungalows), ***Melia Buenavista, Playa Cayo Santa María*** (parmi les plus abordables). Attention, certains sont interdits aux enfants ! Le ***Villa Las Brujas,*** sur le *cayo* éponyme (à 37 km après le péage), a l'avantage d'être une plus petite structure, avec juste 2 douzaines de bungalows nichés dans la verdure de la mangrove, à l'extrémité d'une jolie plage, mais l'accueil et la restauration y sont médiocres, alors que les prix ont beaucoup augmenté !

À voir. À faire

Excursion à la journée au cayo : la plage est là, mais l'accès est payant ! Le *day use* (formule à la journée) dans l'enceinte d'un hôtel varie selon le standing de l'établissement. On déconseille. Le meilleur plan : la ***playa Las Terrazas*** située presque à l'extrémité du cayo Santa María et bien fléchée. *Accès payant avec transat et 1 boisson incluse.* C'est la plage la moins chère. Relativement moins fréquentée que d'autres et superbe. Petites paillotes et bains de soleil. Resto (pas terrible) dans une sorte de galerie commerçante qui mène à la plage. Autre option, toujours sur le cayo Santa María, la ***Playa Las Gaviotas,*** sise dans une petite réserve naturelle *(accès payant).* Là, pas de resto, pas de paillotte pour faire de l'ombre ni transat à louer.

SANTA CLARA

242 000 hab.

• Plan *p. 295*

Au cœur de l'île, à environ 280 km à l'est de La Havane et 90 km au nord de Trinidad, Santa Clara est la capitale de la province de Villa Clara. Certains en font une ville-étape, le temps de jeter un coup d'œil à sa place centrale, encadrée de bâtiments historiques. D'autres en font un but historique : Santa Clara reste en effet indissociable de Che Guevara, le « *guerillero heroíco* », qui y conduisit une bataille primordiale pour le triomphe de la révolution et y est inhumé. Sur ses traces, on découvre le mémorial des martyrs, le Train blindé et 2 des 3 statues connues du héros.
L'importance de la communauté étudiante et le dynamisme de la vie culturelle valent à Santa Clara une personnalité un peu différente des autres villes cubaines. Dès le début de l'hiver, les festivals s'y succèdent : musique, cinéma, littérature et, plus encore, rock métal fin octobre !

L'ATTAQUE DU TRAIN BLINDÉ

Santa Clara est un haut lieu de l'histoire révolutionnaire cubaine. En 1958, Fidel Castro et ses hommes s'emparent de Santiago, tandis que son frère Raúl prend Guantánamo. Camilo Cienfuegos lutte, lui, dans le Centre à Yaguajay, pas bien loin du Che, qui entre dans Sancti Spíritus à la veille de Noël. Quelques jours plus tard, les troupes de l'Argentin atteignent Santa Clara. Ses 2 colonnes et la ville

SANTA CLARA

Adresses utiles

- Infotur (A2)
- **1** Cadeca (A2)
- **2** Distributeurs (A2 et B2)
- @ **3** Telepunto Etecsa (A2)
- **4** Cubanacan (B2)
- **5** Havanatur (A1-2)
- **6** Cubatur (A2)
- **7** Stations-service (hors plan par A2)

Où dormir ?

- **20** El Castillito (B2)
- **21** Beny and Roberto Hostel (B2)
- **22** Hostal La Casona Jover (B2)
- **23** Hostal Carlos y Belkis (A1)
- **24** Hostal Berenguer 88 (A1)
- **25** Hostal Marilin y Familia (A2)
- **26** Hostal Amalia (A1)
- **27** Hostal Francisco (A1)
- **28** Candelaria 60 (B2)
- **29** Hostal Colibri Azul (A1)
- **30** Hostal D' Cordero (B2)
- **31** Hostal Auténtica Pérgola (A-B1)
- **32** Hostal Fortunae (B2)
- **33** Casa Mercy 1938 (B1-2)
- **34** Hostal Florida Terraza (B2)
- **35** La Casa de Pino (A2)

Où manger ?

- **22** Resto de l'Hostal La Casona Jover (B2)
- **31** La Aldaba (B1)
- **40** El Sol (B2)
- **41** Sabore Arte (B2)
- **42** Paladar Florida (B2)

Où boire un verre ? Où sortir ?

- **50** Café Museo Revolución (B1-2)
- **51** El Mejunje (A2)
- **52** La Marquesina (A2)
- **61** Concerts du Museo de Artes decorativas (A2)

À voir

- **61** Museo de Artes decorativas (A2)
- **62** Teatro La Caridad (A2)

sont pilonnées par l'aviation de Batista et un train blindé, bourré d'armes, envoyé en renfort. Sa prise devient la priorité nº 1 du Che. Une pluie de cocktails Molotov s'abat sur les wagons après qu'un bulldozer a permis de faire dérailler le convoi. Ce fait d'armes se révèle décisif : le moral de l'armée régulière en prend un sérieux coup et, pour la 1re fois, les révolutionnaires se trouvent aussi bien armés qu'elle ! Le 31 décembre, Santa Clara se rend et, 12h plus tard, Batista s'enfuit du pays pour se réfugier à Saint-Domingue. Che Guevara et Camilo Cienfuegos pénètrent dans La Havane le 2 janvier, suivis 6 jours plus tard par Fidel. La révolution a triomphé.

UN, DOS, TRES

Des 3 statues du Che dressées à Cuba, la plus impressionnante (6,60 m), érigée en 1988, se trouve sur la plaza de la Revolución de Santa Clara. Une 2e, grandeur nature, est installée devant le siège du comité provincial du Parti communiste cubain, non loin du Tren blindado, avenida Liberación, 160. Les locaux disent que c'est la plus belle, car le Che y est représenté soutenant un enfant d'un bras, tout en tenant un cigare dans l'autre main... De petits personnages surréalistes semblent sortir de sa ceinture. La 3e se situe dans la zone industrielle de Moa, entre Holguín et Baracoa.

Arriver – Quitter

En train

🚂 ***Gare ferroviaire Marta Abreu*** *(plan B1) : Luis Estévez.* ☎ *42-20-28-95.* Les trains circulent selon un calendrier très approximatif et peu fiable. Les billets s'achètent à 2 guichets différents : au début de la calle Luis Estévez pour les grandes lignes et de l'autre côté des voies pour les trajets régionaux (Cienfuegos et Sancti Spíritus).

➢ ***La Havane :*** min 2-3 départs/sem et selon période jusqu'à 1 départ/j. Trajet : env 6h.

➢ ***Santiago :*** 2-3 départs/sem. Trajet : 12h.

➢ ***Sancti Spíritus et Cienfuegos :*** même ligne, départ 1 j. sur 2. Trajet : respectivement 2h et 3h30.

En bus

🚌 ***Terminal de ómnibus interprovinciales*** *(hors plan par A2) : prolongación de Marta Abreu, à env 2 km du centre-ville, à l'ouest.* ☎ *42-22-25-24* (Viazul). *Mal indiqué, mais en face du grand magasin* La Riviera. *Bureau* Viazul *(en entrant immédiatement à droite) : tlj 8h30-16h (12h dim). Pas de possibilité d'acheter des billets le w-e.*

➢ ***Camagüey :*** env 5 bus/j., dont 3 en début de nuit. Compter 5h. N'importe lequel de ces bus vous déposera à Ciego de Ávila, d'où vous pourrez rejoindre Morón et les cayos Coco et Guillermo en taxi.

➢ ***La Havane :*** 2 bus/j., dont 1 la nuit. Trajet : env 4h.

➢ ***Remedios et cayo Santa María :*** 1 bus/j., dans la matinée. Trajet : 1h et 2h30.

➢ ***Sancti Spíritus :*** 4 bus/j., mais seuls 2 circulent de jour. Compter 1h30.

➢ ***Santiago :*** 4 bus/j., dont 3 de nuit. Trajet : env 12h (600 km).

➢ ***Trinidad :*** 2 bus/j., a priori mat et fin d'ap-m. Trajet : 3h au moins (90 km).

➢ ***Varadero :*** 2 bus/j. Trajet : env 3h30.

Adresses utiles

ℹ ***Infotur*** *(plan A2) : Cuba, 68, entre Machado et Maestra Nicolasa.* ☎ *42-20-13-52.* ● *villaclara.travel* ● *Lun-sam 9h-12h, 13h-18h (16h sam). Fermé dim.* Plan de la ville et de la région. Bon accueil.

■ **Cadeca** (plan A2, **1**) **:** *Cuba, 2 ; à l'angle de la pl. principale. Lun-sam 8h30-17h30, dim 8h30-15h. Service Western Union (ferme 1h plus tôt).*

■ **Distributeurs :** on en trouve sans peine au centre-ville, notamment au **Banco Popular de Ahorro** : *Gómez, 7 et Alfredo Barrero (plan A2, **2**) ; calle Cuba, angle Maestra Nicolasa (plan A2, **2**) ; et encore sur la calle Luis Estévez, entre le parque et Independencia (plan B2, **2**).*

■ **@ Telepunto Etecsa** (plan A2, **3**) **:** *Marta Abreu, angle Villuendas. Tlj 8h30-19h.* Internet, vente de cartes prépayées.

■ **Cubanacan** (plan B2, **4**) **:** *angle de Colón, 101 et de Candelaria. ☎ 42-20-51-89. Lun-ven 8h30-16h (12h sam). Fermé dim.* Services classiques d'une agence de voyage, avec en plus la vente de billets de bus *Viazul* (c'est la seule à proposer ce service), bien pratique.

■ **Havanatur** (plan A1-2, **5**) **:** *Gómez, 13. ☎ 42-20-40-01/02. Lun-sam 8h-16h (12h sam). Fermé dim.* Réservation d'hôtels, excursions, billets d'entrée pour la visite de la manufacture de tabac Constantino Perez (lire « À voir »).

■ **Cubatur** (plan A2, **6**) **:** *Marta Abreu, 10 ; entre Villuendas et Gómez. ☎ 42-20-89-80. Lun-sam 9h-12h, 13h-16h. Fermé dim.* Mêmes services que les autres agences.

⛽ **Stations-service** (hors plan par A2, **7**) **:** *plusieurs sur la carretera Central, qui contourne le centre par le sud-ouest, ainsi qu'à l'entrée de l'autoroute pour La Havane et av. Independencia en sortant vers Remedios.*

Où dormir ?

Attention, certaines rues ont ***une double numérotation*** : elles se divisent entre calles *norte* et *sur* de part et d'autre du parque Leoncio Vidal, ou *este* et *oeste* (de part et d'autre de Máximo Gómez). Bien regarder la situation sur notre plan avant de suivre la numérotation dans la rue. Sachez par ailleurs que les casas à Santa Clara ne débordent pas de charme, mis à part une poignée de maisons vraiment coloniales (que nous indiquons ci-dessous), les autres sont avant tout fonctionnelles.

CHAMBRES CHEZ L'HABITANT

Bon marché

🏠 ☂ **El Castillito** (plan B2, **20**) **:** *Céspedes, 65A (étage) ; entre Maceo et Unión (Pedro Estévez). ☎ 42-29-26-71. 📱 53-56-36-77. • jose.pastor@nauta.cu •* José et Ibonne louent une unique chambre, petite mais très bien équipée (clim, ventilo, sono, frigo) et agréable. Disposant de 2 fenêtres, bien calme, elle ouvre sur une terrasse aérée en partie privative. La cuisine d'Ibonne est tout simplement excellente, la bonne humeur de José proverbiale et le thé, le café et le rhum sont servis à discrétion ! On peut aussi faire laver son linge. En un mot, une bonne adresse familiale, où l'on se sent vite comme à la maison.

🏠 **Beny and Roberto Hostel** (plan B2, **21**) **:** *Bonifacio Martínez, 13 (petite rue partant de Nazareño). ☎ 42-29-92-89. 📱 55-17-64-28. • benyandrobertohostel@gmail.com •* La maison vert pâle se niche dans une petite rue très tranquille, au sud du centre. Au menu : 4 chambres, rose, verte, saumon et violette, ouvrant toutes sur un patio en partie couvert et un salon moderne. Un 2e patio lumineux au fond, avec balancelle. Elles sont super bien tenues (ça sent le propre) et de très bon confort. En prime : un accueil adorable et une salle de resto pour goûter la cassolette de porc dans son jus ou un bon filet de poisson grillé.

🏠 **Hostal La Casona Jover** (plan B2, **22**) **:** *Colón, 167 ; entre 9 de Abril et Nazareño (Serafin García). ☎ 42-20-44-58. 📱 53-56-39-28. • almiqui2009@yahoo.es •* Cette belle maison coloniale de 1896, avec carrelage d'origine et mobilier à l'ancienne, abrite 5 chambres charmantes et de caractère, donnant toutes sur un patio en longueur où se nichent verdure et piscinette

LE CENTRE DE L'ÎLE

(seulement pour faire trempette). Bon confort général, mais comme pour certaines autres adresses, c'est aussi un *paladar*, donc le passage de clients du resto implique un certain manque d'intimité et de bruit en soirée. Cuisine savoureuse (voir « Où manger ? »).

Hostal Carlos y Belkis (*plan A1*, **23**) : *Independencia, 104 ; entre Zayas et Esquerra.* ☎ *42-22-98-38.* 📱 *53-20-55-80.* • *carlos1962@nauta.cu* • Grimper à l'étage par l'escalier en marbre : une noblesse certaine se dégage de cet intérieur colonial, restauré avec attention. Passionné par l'histoire de Santa Clara et de la bataille de 1958, Carlos connaît bien son passé révolutionnaire. Passionnante rencontre ! Ses 2 chambres sont hautes de plafond, patinées par le temps, mais bien équipées (clim, frigo). La plus grande possède son propre salon qui, comme la plus petite (vraiment petite !), donne sur la rue (un peu bruyante donc).

Hostal Berenguer 88 (*plan A1*, **24**) : *Berenguer Oeste, 88 ; entre Zayas et Esquerra.* ☎ *42-20-31-36.* 📱 *53-66-51-47.* • *mariadepilar.aguila@nauta.cu* • La façade crème ornée d'un bas-relief, les sols anciens et les plafonds hauts trahissent l'héritage colonial. Malgré cela, les 2 chambres, bien équipées (avec 1 grand lit et 1 petit), sont modernes, aérées et agréables. Et pour ne rien gâcher, Pilar et Isodoro, d'un naturel chaleureux, se mettront en quatre pour vous agréer.

Hostal Marilin y Familia (*plan A2*, **25**) : *Maestra Nicolasa (Candelaria), 116 ; entre Zayas et Alemán.* ☎ *42-20-76-55.* 📱 *53-95-25-68.* • *marilin1103@gmail.com* • La maison n'est pas bien grande, la rue assez passante mais le patio est au fond, tout comme les 2 chambres, donc au calme. Elles sont fonctionnelles, sans charme particulier. Terrasse bien équipée à l'étage, s'ouvrant sur la rue.

Hostal Amalia (*plan A1*, **26**) : *Lorda, 61 (altos) ; entre Independencia et Martí.* ☎ *42-21-88-36.* 📱 *53-50-32-23.* • *hostalamalia61@gmail.cu* • Non loin de la place centrale, dans un immeuble moderne (années 1940) de petite taille, cet *hostal* niché au 1er étage de l'édifice prend des airs de pension espagnole avec ses 8 chambres sobres, propres et fonctionnelles. Toutes très lumineuses, bien confortables et calmes (éviter simplement celle qui donne sur la rue). Rien de colonial ici, pas de patio ni courette, mais c'est une bonne adresse. Proprios adorables (le père comme le fils). Le petit déj est servi sur l'agréable terrasse fleurie du 2e étage, parfaite également pour un apéro ou un repas.

Hostal Francisco (*plan A1*, **27**) : *Julio Jover, 32 ; entre Máximo Gómez et Luis Estévez.* ☎ *42-27-32-73.* 📱 *52-83-29-31.* • *hostalcasafrancisco@gmail.com* • *franciscohostalsantaclara.com* • Voilà une *casa* bien agréable, spacieuse, aux beaux sols anciens, tenue par un couple affable et pro. Les 4 chambres sont toutes aérées et bien équipées : belles salles de bains, bonne pression de l'eau, coffre. Nos préférées donnent sur le large patio fourmillant de plantes (éviter toutefois celle côté rue). Une autre grande terrasse partiellement couverte tout au fond, avec sa fontaine murale.

Candelaria 60 (*plan B2*, **28**) : *Maestra Nicolasa (Candelaria), 60 ; entre Colón et Maceo.* ☎ *42-29-25-78.* 📱 *54-35-00-13.* • *carmenechevarria68@nauta.cu* • Carmen aime recevoir. Elle dispose d'une unique chambre avec porte-fenêtre donnant sur le patio fleuri, avec salle de bains plutôt spacieuse. Carmen parle quelques mots de français.

Prix modérés

Hostal Colibri Azul (*plan A1*, **29**) : *Martí Oeste, 14 ; entre Máximo Gómez et Zayas.* ☎ *42-22-82-99.* 📱 *53-29-41-42.* • *hostalcolibriazul.com* • Rosario est cubaine et Lucas (qui parle le français) est italien. Pas d'affolement en arrivant : la rue est passante, oui, mais les 3 chambres sont au fond, nichées sur le flanc d'un patio-jardin aux palmes foisonnantes auquel on résiste difficilement. Des ventaux supplémentaires permettent d'y faire entrer la lumière tout en gardant son intimité. Le confort est ici excellent et l'atmosphère tranquille : équipements dernier cri, draps en coton italien, belles serviettes, jolie vaisselle, mobilier de goût, sols anciens... Et la classe italienne du proprio, qui concocte par ailleurs une belle cuisine transalpine (pâtes accompagnées de sauces exquises, poissons cuisinés comme il faut, etc.) complète ce tableau sans défaut.

Hostal D' Cordero *(plan B2, **30**)* **:** *Leoncio Vidal, 61 ; entre Maceo et Unión. ☎ 42-20-64-56. 52-90-80-36. • hostaldecordero@gmail.com • hostaldecordero.com* • Elle est belle cette casa coloniale ! Séduisant mobilier ancien, toiles intéressantes aux murs, hauteur de plafond... le charme opère. Mais si l'on soigne ici le passé, le modernisme est bien présent, notamment dans les salles de bains parfaitement équipées. Les 5 chambres sont spacieuses, de très bon confort, et donnent toutes sur un patio remarquable où la végétation fait écrin à une fontaine. C'est également un très bel endroit pour dîner.

Hostal Auténtica Pérgola *(plan A-B1, **31**)* **:** *Luis Estévez, 61 ; entre Independencia et Martí. ☎ 42-20-86-86. 53-76-46-34. • pergola.booking@gmail.com • hostalautenticapergolasantaclara.com • Voir aussi « Où manger ? ».* Voici une splendide maison de style colonial (1904), avec un élégant patio verdoyant agrémenté d'une fontaine et d'une petite pergola à colonnes. Le dynamique patron, Obregón, loue 5 chambres vraiment charmantes, hautes de plafond, avec salles de bains modernes, larges fenêtres et excellent niveau de confort. Toutes sont au rez-de-chaussée et donnent sur le patio – ce qui peut impliquer une certaine gêne lorsque les clients traversent les lieux pour grimper au restaurant perché sur le toit-terrasse (voir « Où manger ? »). Bon, cela se fait relativement discrètement, mais autant le savoir.

Hostal Fortunae *(plan B2, **32**)* **:** *Vidal (Gloria), 12 ; entre Parque et Maceo. ☎ 42-29-29-90. 53-80-54-68. • yuyu72@nauta.cu* • Derrière cette façade bleue se cache une ancienne demeure coloniale ayant appartenu à un dentiste (voir l'enseigne et les anciens instruments en vitrine). Elle offre 3 chambres s'ouvrant sur le patio, pas bien large certes, mais copieusement fleuri. Chambres impeccables, plutôt spacieuses, pour 2, 3 ou 4 personnes. L'emplacement est l'un des points forts de cette adresse (on est à 100 m de la place centrale). Autre avantage, Marylin, qui vécut longtemps en Italie, prépare une cuisine aux influences transalpines (bolo, carbo et *tutti quanto...*).

Casa Mercy 1938 *(plan B1-2, **33**)* **:** *Independencia, 253 ; entre Isidro et Unión. ☎ 42-29-55-55. 53-56-23-03. • iselmoreno@gmail.cu* • Le colonial de cette demeure n'est guère discutable. Que ce soit la façade crème décorée ou le patio joliment arrangé, on cultive l'ancien avec adresse. Pourtant les 2 chambres offrent un confort général moderne et sont suffisamment généreuses en espace. Équipement bien complet et accueil sympathique.

Hostal Florida Terraza *(plan B2, **34**)* **:** *Maestra Nicolasa (Candelaria), 59. ☎ 42-22-15-80. • florida.terrace59@gmail.com* • Ici, le calme est assuré et le confort bien au rendez-vous, dans un style davantage actuel et épuré que colonial (pas de patio), avec 3 chambres au rez-de-chaussée et 3 autres à l'étage (nos préférées). Toutes ont 2 lits doubles, et le décor est à l'ancienne, ce qui leur confère un charme que la maison en elle-même n'a pas. Ajoutons un bar agréable au 3e et même un solarium avec transats et vue panoramique sur la ville. Seul (gros) bémol : le proprio a tendance à prendre toutes les résas et renvoyer certains clients vers d'autres adresses... Bien préciser que vous souhaitez être là et pas ailleurs lors de votre résa (notamment pas au *Florida Center,* situé juste en face, qui fait resto et où les chambres donnent sur le patio-resto).

La Casa de Pino *(plan A2, **35**)* **:** *San Miguel (9 de Abril), 14 ; entre Cuba et Colón. ☎ 42-20-36-59. 52-44-85-60. • lacasadepino@gmail.com* • À 3 blocs du parque Central, la maison de Pino abrite 5 chambres au confort douillet, impeccables et modernes : clim, douche avec bonne pression, frigo, sèche-cheveux... rien ne manque. Une est au rez-de-chaussée (sans être sombre), avec 2 grands lits ; les 2 autres à l'étage, côté rue, pas très grandes mais agréables, avec chacune un petit balcon sur rue (plutôt passante). Éviter toutefois les chambres 4 et 5 qui donnent... sur un mur. Les mieux sont sans conteste les 2 et 3. Au fond, un patio tout blanc et bien arrangé, lui aussi décoré de manière moderne.

Où manger ?

Bon marché

|●| ☂ En flânant sur le petit ***Boulevard*** *(plan B1)*, la partie piétonne de la calle Independencia, vous trouverez une succession de ***cafétérias, sandwicheries*** et ***bars*** en terrasse, très fréquentés par les étudiants. De la part de pizza au cornet de glace, de quoi se caler à toute heure pour pas cher, même si c'est gras et pas bien bon.

|●| ☂ ***El Sol*** *(plan B2, **40**) : Maceo Sur, 52 ; entre Buen Viaje et Gloria. ☎ 42-27-14-63. Tlj 12h-22h.* Ignorez les petites salles recroquevillées des 2 premiers niveaux et grimpez au dernier étage. Avec un peu de chance, il y aura de la place sur la terrasse – surveillée par une grande Vierge à l'Enfant qui clignote... La carte, inhabituellement riche de propositions, a de quoi séduire : on mange déjà très bien et en quantité pour quelques pesos ! Tous les plats, simples mais vraiment corrects, « riz arrangés » inclus, viennent avec une petite salade. Ne pas s'attendre à des miracles mais on a bien aimé la *ropa vieja* et la *paella El sol*. Service adorable. Une adresse vraiment populaire, où les Cubains aiment à venir en famille.

|●| ***Sabore Arte*** *(plan B2, **41**) : Maceo Norte, 7 ; entre Independencia et Céspedes. ☎ 42-22-39-69. Tlj, de 11h jusque tard.* Les nappes blanches ne sont certes pas toujours impeccables, mais l'adresse est centrale, les portions copieuses, la salle bouillonnante, la cuisine de bonne tenue et les prix réduits. D'ailleurs, de nombreux Cubains y mangent, tout comme les touristes qui ont flairé le bon filon. Au menu : spaghettis, salades, plats de viande et poisson simples.

De prix moyens à chic

|●| ***Paladar Florida*** *(plan B2, **42**) : à l'Hostal Florida Center, Maestra Nicolasa (Candelaria), 56. ☎ 42-20-81-61. Tlj 18h30-22h. Résa conseillée.* Le patio verdoyant de cette belle maison de famille envahie d'objets anciens dégage un vrai charme. Agréable autant pour le déjeuner que pour le dîner (musique *al vivo* le soir). Elle fait également *hostal*, mais on déconseille d'y dormir, à cause du bruit du resto, précisément. La spécialité de la maison, sans hésiter, c'est la langouste, énorme et cuite à la perfection. Elle est proposée grillée ou en sauce tomate, mais notre préférence (une fois n'est pas coutume) va à la recette en sauce, parfaitement réussie. Les plats de crevettes ne sont pas mal non plus... Assiettes vraiment copieuses. Angel, le proprio (qui parle le français), propose aussi un choix de bières et de vins espagnols ou chiliens.

|●| ☂ ***La Aldaba*** *(Hostal Auténtica Pergola ; plan B1, **31**) : Luis Estévez, 61 ; entre Independencia et Martí. ☎ 42-20-86-86. Tlj 8h-21h.* Ce *paladar* est situé sur le toit-terrasse d'un bel *hostal* colonial (voir « Où dormir ? »). La table est bien dressée, les assiettes particulièrement soignées. On vous sert même des amuse-gueules. Spécialité de *cordero* (agneau) *a la Aldaba* (le soir) et de *pollo a lo Carmen*, cuits au charbon de bois. Essayer aussi le *pollo al curry* ou le *cerdo tropical*, plats qui sortent de la grammaire culinaire habituelle. C'est vraiment bon et le service diligent.

|●| ***Resto de l'Hostal La Casona Jover*** *(plan B2, **22**) : Colón, 167 ; entre 9 de Abril et Nazareño (Serafin García).*

☎ *42-20-44-58.* 📱 *53-56-39-28.* Il a presque l'allure d'un vrai resto, avec sa petite salle ouverte sur la rue, ses jolies tables nappées de blanc, son service impeccable. Voici donc un *paladar* de qualité, qui concocte des plats un peu originaux, à l'image de la spécialité de la maison, le poulet au miel, goûteux. Les accompagnements ne sont pas inclus dans le plat.

Où boire un verre ? Où sortir ?

🍸 ***Café Museo Revolución*** *(plan B1-2,* ***50****)* **:** *Independencia, 313 ; entre San Isidro et La Cruz, sur le chemin du Tren blindado. Tlj sauf dim 11h-23h.* C'est un Espagnol, tombé amoureux de Cuba et de sa saga révolutionnaire il y a plus de 2 décennies, qui est à l'origine de ce sympathique troquet aux mini-salles en enfilade (chacune dédiée à un révolutionnaire), véritable petit musée, aux murs couverts de photos parfois assez rares, étagères pleines d'objets historiques originaux et documents relatant l'histoire de la *revolución*. Il y a même 2 mots, l'un signé de Fidel et l'autre du Che, datant des 1ers jours de 1959 et le vieux magnétophone du Che ! Ajouter une vieille pompe à essence, une maquette du *Granma*... Ceux qui ont un petit creux commanderont un bon sandwich pour 3 fois rien et les autres un café frappé ou un excellent cocktail (avec ou sans alcool).

🍸 ♩ ***El Mejunje*** *(plan A2,* ***51****)* **:** *Marta Abreu, 107 ; entre Zayas et Rafael Fabian. Tlj. Entrée payante.* *El Mejunje*, c'est « Le Mélange ». Un sacré cocktail à vrai dire, qui réunit, selon l'heure, les activités enfantines, le 3e âge et... la communauté gay et travestie pour des spectacles hauts en couleur. Tous les soirs (vers 22h) et dim *peña* vers 18h. Trova, musique traditionnelle, *son,* rock ou pop résonnent entre les murs de brique éventrés, au sein desquels poussent les arbres...

🍸 ♩ ⛱ ***La Marquesina*** *(plan A2,* ***52****)* **:** *au rdc du* Teatro La Caridad, *sur la pl. principale. Tlj 12h-23h. Musique en vivo tlj sauf dim à partir de 21h (c'est à ce moment qu'il faut y aller).* Le soir, une terrasse s'installe sur le large trottoir, parfait pour descendre une bière aux heures apéritives, lorsque le soleil déclinant vient lécher les tables de ses rayons. Le soir, on y écoute le *Septeto Los Gímez.* Ce groupe est surtout composé de vieux briscards (doucement remplacés par des plus jeunes), présents parfois depuis les années 1960 ! L'ambiance est là, tout comme les habitués qui entament quelques pas de danse.

👓 ***Concerts du Museo de Artes decorativas*** *(plan A2,* ***61****)* **:** *parque Vidal, 27 ; à droite du théâtre.* ☎ *42-20-53-68. Musique tradi ven à 21h et sam-dim à 18h.* Des concerts de qualité sont donnés dans le patio de cet intéressant musée.

À voir

Dans le centre

🔭 ***Parque Vidal*** *(plan A2)* **:** cœur névralgique de Santa Clara, ce grand square partiellement ombragé est entouré de bâtiments néoclassiques et coloniaux plutôt élégants. En son centre, le joli kiosque à musique de la *Glorieta* accueille des concerts quotidiens, avec notamment des séances de *danzón* pour les plus âgés ou la *peña de los Fakires (dim ap-m).*

🔭 ***Hotel Santa Clara Libre*** **:** *parque Vidal, 6.* Cette tour en béton verte des années 1950 se retrouva prise entre le feu des camps adverses lors de la bataille de Santa Clara, le 29 décembre 1958. Les impacts de balles sur les murs le prouvent encore ! Fidel Castro occupa la « suite » no 414 en 1959, où « Geanpaul Sartre » (Jean-Paul Sartre) a dormi en 1960. D'autres célébrités procastristes y sont descendues, comme la militante américaine Angela Davis et la chanteuse espagnole Lola Flores...

👁👁 ***Museo de Artes decorativas*** *(plan A2, **61**) : parque Vidal, 27 ; à droite du théâtre. ☎ 42-20-53-68. Lun-ven 9h-12h, 13h-18h ; sam 13h-18h, 19h-22h ; dim 18h-21h. Entrée payante. Concerts (en sus) dans le patio ven à 21h et sam-dim à 18h.* Cette belle maison coloniale aux sols en marbre, bâtie entre 1830 et 1840, s'organise autour d'un patio central verdoyant. Elle appartenait à une riche famille sucrière. Si ses biens furent dispersés, la dizaine de pièces qui encadrent le patio ainsi que l'étage a été remeublée comme à l'époque : on y verra pêle-mêle et au gré des salles, un secrétaire avec incrustation d'ivoire, une chambre Empire, un crachoir de porcelaine, de belles armoires en caoba, des vases de Sèvres et d'autres chinois, un salon en rotin du XIXe s, de la verrerie de Baccarat dans la salle à manger, etc. Une balade agréable à travers la période coloniale. L'étage abrite de jolies toiles espagnoles (du XVIIe au XXe s), dont 2 de l'école de Murillo. Quelques scènes de genre intéressantes.

👁👁 ***Teatro La Caridad*** *(plan A2, **62**) : parque Vidal. Visites 9h-16h. Entrée payante. Spectacles en sus.*
Financé par Marta Abreu, bienfaitrice de Santa Clara et de la cause indépendantiste, ce théâtre néoclassique à l'italienne, avec ses 2 balcons, est moins célèbre que ceux de Matanzas et de Cienfuegos, mais tout aussi élégant. Il date de 1885, tout comme ses lustres, sa machinerie et la fresque du plafond, due à un peintre philippin (seuls les sièges sont des copies des originaux). Caruso, Sarah Bernhardt, Lola Flores et le Buena Vista Social Club s'y sont tous produits !
Opéras et drames y sont donnés très régulièrement, un ***festival international de danse*** y est organisé tous les ans en décembre. Le lobby accueille des ***concerts*** chaque jeudi à 17h (gratuit).

👁👁 ***Tobaco Cuba - fabrique de cigares Constantino Perez*** *(plan B1) : Maceo, 181 ; entre Julio Jover et Berenguer. ☎ 42-20-22-11. Lun-ven 9h-13h. Fermé le w-e, ainsi que certaines sem en été. Entrée payante ; en vente seulement auprès des agences Cubatur et Havanatur (pas sur place).* Quelque 200 travailleurs y fabriquent chaque jour 80 à 170 cigares de feuilles entières pour toutes les grandes marques cubaines, sur des airs d'opéra, au son du *son* ou au rythme du phrasé de la lectrice qui bercent les *torcedores* de romans à l'eau de tabac. Dans un coin de la grande salle, on voit les nouveaux *torcedores* à l'œuvre, qui suivent une formation de 9 mois avant d'être en poste. La guide donne quelques infos basiques (espagnol ou anglais) sur la fabrication des *puros,* sans plus. Mais si c'est votre 1re visite de fabrique, cela reste intéressant.
– *Montecristo* et *Romeo y Julieta* sont vendus en face, à la ***Veguita*** *(tlj 9h-19h – 14h dim),* où l'on trouve aussi café, rhum et alcool.

LE CENTRE DE L'ÎLE

À l'est du centre

👁 ***Tren blindado*** *(monument au Train blindé ; plan B1-2) : au niveau de la voie ferrée, en direction de Remedios. Tlj sauf lun 8h30-17h. Entrée payante. Si on ne souhaite pas visiter, on peut toutefois jeter un œil gratuitement aux wagons depuis l'extérieur.* C'est ici que le Che fit vaciller l'armée régulière de Batista en s'emparant d'un train blindé rempli de munitions. La bataille s'est déroulée le 29 décembre 1958 à 15h. Le convoi comportait 2 locomotives, 18 wagons, 408 hommes, des tonnes d'armes et de munitions. Les partisans du Che ne dépassaient guère 300 combattants, mais beaucoup venaient de l'armée régulière. À 16h30, le Che avait l'avantage de la situation. L'action du train blindé, brève et violente, constitue l'un des faits militaires les plus importants de la guerre de libération ; elle a en outre prouvé le talent militaire du Che. À l'entrée du site, posé sur un socle en béton, trône le bulldozer jaune qui a permis de faire dérailler le train en détruisant les rails. 5 wagons ont été conservés et transformés en un – très modeste – musée. Le 1er wagon est sans doute le plus intéressant (quelques documents, photos d'après l'attaque où les révolutionnaires posent devant leur prise). Noter les bouteilles de *Canada Dry* et de *Coca* transformées en cocktail... Molotov. Dans le 2e sont exposés quelques armes et un lit de campagne. Dans le 3e, seulement quelques photos. À quelques mètres de là, la voie ferrée où d'autres trains plus anonymes continuent de circuler...

Loma del Capiro *(hors plan par B1)* : *à 20 mn à pied à l'est du Train blindé. Remonter la rue Eduardo Machado (San Cristóbal) jusqu'au comité provincial du PCC, prendre la 3e rue à droite, puis à gauche derrière l'école Ramón Ruiz del Sol.* C'est sur cette petite colline *(loma)* que le Che organisa la fameuse bataille de Santa Clara. Le point de vue sur la ville n'est pas inoubliable, mais vous verrez en chemin une statue en bronze à l'image du Che devant le siège du PCC.

À l'ouest du centre

Plaza de la Revolución *(hors plan par A2)* : *à l'ouest de la ville, à env 1,5 km, dans le prolongement de la calle Rafael Tristá, sur une vaste place souvent déserte. Musée et mémorial. Tlj sauf lun 8h30-17h. ACCÈS GRATUIT. Photos interdites dans le musée et au mémorial ; obligation de laisser ses affaires au vestiaire (depósito).*

– ***Esplanade*** **:** c'est sur cette immense place que se trouve la grande ***statue du Che...*** Tout en bronze (20 t), haute de près de 7 m, elle fut érigée en 1987 pour le 20e anniversaire de la mort d'Ernesto « Che » Guevara (1928-1967). Son socle porte l'inscription *Hasta la victoria siempre* (« Jusqu'à la victoire, toujours »). Sur la droite, le texte de la fameuse lettre qu'il adressa à Fidel en 1966 avant de partir pour la Bolivie.

– ***Musée*** **:** *situé sous la terrasse, à l'arrière de la statue.* Il est dédié au Che, avec de nombreuses reliques : des souvenirs d'enfance, sa blouse de médecin, son appareil photo Zenit, son dictionnaire Larousse illustré, son jeu d'échecs de la sierra Maestra, les outils de dentiste qu'il utilisait pour soigner ses compagnons d'armes, son diplôme de médecine, ses éperons, sa pipe, sa calebasse pour boire le *mate* (argentinité oblige !), une copie du journal qu'il tenait en Bolivie et, bien sûr, armes, documents et photos du héros. Bref, tout est bien huilé pour alimenter la légende comme il se doit.

– ***Mémorial de los Martires de la Revolución*** **:** *au même endroit que le musée, juste en face.* Il se résume à une unique salle où brûle une flamme éternelle, devant les 39 dalles simples qui honorent la mémoire du Che et de ses compagnons tombés au combat en Bolivie en 1967. Les restes du Che, comme les autres, sont encastrés dans le mur (mais est-ce que se sont bien ses ossements ? la polémique ressurgit régulièrement). Ils furent rapatriés à Santa Clara en octobre 1997, date du 30e anniversaire de sa mort. La cérémonie donna lieu à un rassemblement populaire poignant. D'autres dépouilles ont été rapatriées depuis, au fur et à mesure des recherches, qui se poursuivent. Les dalles sont entourées de plantes tropicales : l'architecte, Jorge Cao, voulait recréer ainsi l'atmosphère de la jungle où vécut et périt le héros national.

– ***Mausoleo Frente Las Villas*** **:** *en contrebas du mémorial, face à l'entrée du musée. Accès libre, tlj sauf lun 8h30-17h.* Inauguré en 2009, ce jardin du souvenir aligne quelque 220 tombes sur 3 terrasses successives. Ses occupants ? Des révolutionnaires tombés dans la région de Santa Clara en 1958-1959, ou ayant participé aux combats et décédés plus récemment. Les tombes sans nom sont réservées pour les survivants, plus tout jeunes... Ceux qui possédaient à l'époque les grades les plus élevés ont eu droit à la terrasse la plus haute. L'ordre, c'est l'ordre !

CAMAGÜEY

322 000 hab.

• Plan *p. 307*

Capitale d'une province essentiellement agricole (importante zone d'élevage et de production de lait), 3e ville du pays, à mi-chemin entre Santa Clara et Santiago, Camagüey est une cité souriante où il fait bon faire escale. Fondée en 1514 par Diego Velázquez en bord de mer, sous le nom de *Santa María del Puerto del Príncipe,* elle déménagea 3 fois en 14 ans, pour finalement se mettre à l'abri des pirates, dans l'intérieur des terres ! Son centre historique, le plus étendu de toutes les villes cubaines (330 ha), dénote : pas de plan quadrillé, ici, mais un réseau de rues plutôt irrégulier, ruelles sinueuses, places verdoyantes et placettes, en partie rendu aux piétons. De loin en loin, dans ce labyrinthe, se dissémine une multitude de demeures néoclassiques, néocoloniales, éclectiques ou même Art déco, sans oublier 9 églises – qui ont valu à la très catholique Camagüey le surnom de « ville des églises ». Ces particularités ont vu le cœur du centre historique (54 ha) classé en 2008 au Patrimoine mondial par l'Unesco. On y déambule avec plaisir, tentant d'apercevoir, dans les patios, les fameuses jarres typiques de la région, les *tinajones.* Le soir, on butine plutôt de patio en terrasse, pour écouter la musique locale, la *trova camagüeyana.* Fin septembre-début octobre, la ville accueille l'important Festival Nacional de Teatro.

HISTOIRES D'EAU

Le tinajón est l'emblème de la ville. Cette grande et belle jarre en terre cuite mesure 2 m de haut et 3 ou 4 m de circonférence. En raison du climat sec de la région et de la nature de la roche, empêchant de creuser des puits, elle fut utilisée afin de conserver l'eau de pluie, comme en Andalousie. En 1900, la ville en comptait plus de 16 000... il en reste environ 2 500 aujourd'hui. Prix de sa rareté, on prêta longtemps à l'eau des tinajones des pouvoirs magiques. D'ailleurs, on dit que celui qui boit de cette eau s'établira ou reviendra forcément à Camagüey !

Arriver – Quitter

En bus

***Gare routière Alvaro Barba** (hors plan par B4) :* *carretera Central Este, à 2 km à l'est de la ville. Billets Viazul vendus seulement à la gare routière ; guichet des ventes ouv 24h/24.*

➢ ***Bayamo :*** env 5 départs/j. (ligne de Santiago). Trajet : 4-5h.

➢ ***Holguín :*** env 5 bus/j. Trajet : 3h-3h30.

➢ ***La Havane :*** env 5 départs/j. (dont 2 ou 3 de nuit). Trajet : 8h30-9h.

➢ ***Playa Santa Lucia :*** pas de bus ces derniers temps.

➢ ***Sancti Spíritus :*** env 6 bus/j. (dont la moitié de nuit) et 3h30 de trajet.

➢ ***Santiago :*** 6 départs/j. Trajet : 6-7h.

➢ ***Santa Clara :*** 3-4 bus/j., (dont 2 de nuit). Trajet : env 4h30.

➢ ***Trinidad :*** 1 bus/j. (départ au milieu de la nuit). Env 5h.

➢ ***Varadero :*** et rebelote... 1 bus de nuit (départ vers 3h). Trajet : 8h30.

➢ ***Baracoa :*** prendre un bus pour Santiago et changer.

En train

***Gare ferroviaire** (terminal de ferrocarriles ; plan B1) :* *Francisquito,* *esq. Avellaneda. Guichet d'info dans la gare ; achat des billets juste à côté, à droite.*

➢ ***La Havane, via Santa Clara :*** env 4 trains/sem. Trajet : 11h. Toujours beaucoup de retard.

➢ ***Santiago :*** idem. Compter 6-7h de trajet.

Adresses et infos utiles

ℹ ***Infotur*** (plan A3) **:** *Ignacio Agramonte, 448, entre les 2 cinémas. ☎ 32-25-67-94. • infotur. • Lun-sam 9h-2h, 12h30-17h30. Fermé dim.* Bon accueil et pas avare en infos.

■ @ ***Telepunto Etecsa*** (plan A2, **1**) **:** *República, 453 ; entre San Martín et San José. Tlj 8h30-19h. Également Agramonte, 442 (plan A3,* ***1****) ; mêmes horaires.*

Notez qu'il existe des zones wifi sur les principales places de la ville (connexion avec carte *Etecsa*).

■ ***Distributeurs :*** *on en trouve facilement à travers le centre-ville, notamment au* ***Banco Popular de Ahorro,*** *República, 294 (plan A-B2,* ***2****) et Cisneros, 224, esq. Hermanos Aguero (plan A3,* ***2****). Autre option au* ***Banco de Crédito et Comercio*** *(plan A2,* ***2****), República, 261.*

■ ***Cadeca :*** *República, 384, esq. Santa Rita (plan A-B2,* ***3****) ; lun-sam 8h30-18h, dim 9h-11h. Autre agence : Maceo, 10 (plan A3,* ***3****) ; mêmes horaires.* Change et retraits au guichet.

■ ***Havanatur*** (plan A2, **5**) **:** *República, 271, esq. Finlay. ☎ 32-28-36-06. Lun-ven 8h15-16h (12h sam). Fermé dim.* Agence de voyages : excursions, transferts, etc.

■ ***Cubatur*** (plan A3, **6**) **:** *Agramonte, 421. ☎ 32-25-47-85. Lun-sam 9h-12h30, 13h-15h30. Fermé dim.* Mêmes services.

■ ***Ecotur*** (plan A2, **7**) **:** *El Bambú, República, 295. ☎ 32-24-49-57. Lun-ven 9h-17h, sam 9h-12h. Fermé dim.* Agence spécialisée dans les excursions nature. Juste à côté, agence ***Cubanacan*** *(☎ 32-29-79-98).*

Où dormir ?

CHAMBRES CHEZ L'HABITANT

Camagüey est l'une des villes où les *jineteros* (rabatteurs) sont particulièrement actifs. Généralement à vélo ou à moto, ils sont postés aux entrées de la ville, prêts à sauter sur les voitures de touristes. Certains attendent même parfois devant les entrées des *casas* pour faire croire qu'il n'y a plus de place et vous emmener chez un « cousin »... Soyez ferme et ne vous laissez pas embobiner.

Bon marché

Hostal La Fuente (A3, **15**) **:** *Cristo, 68 ; entre San Antonio et Hospital. ☎ 32-29-21-52. 📱 55-27-82-06. • jars71@nauta.cu •* Superbe casa coloniale reconstruite en 1916, avec son classique salon à colonnes et ses peintures qui animent les murs, prolongé par son patio envahi de plantes et de fleurs, sa fontaine *(fuente)* et son mobilier de jardin en rotin et fer forgé. Cette très belle adresse, tenue avec gentillesse et dynamisme par Julio (qui parle parfaitement anglais), coche tous les critères de qualité et de sensibilité que l'on peut attendre. Les chambres (au rez-de-chaussée) donnent sur le salon, sont confortables et meublées à l'ancienne (les meubles de la grand-mère). L'ensemble est plein de charme. Une caresse à Margarita (la vénérable chienne de la famille).

Casa Deysi (plan A2, **12**) **:** *Popular, 62 ; entre Padre Valencia et Lope Recio, face au Teatro Tasende. ☎ 32-29-33-48. 📱 53-13-55-30. • casadeysi1998@gmail.com •* Les accueillants Evelyn et Daniel disposent de 2 chambres de bon confort dans leur maison située tout près de la plaza de la Merced – avec clim et frigo. Les 2 chambres colorées sont à l'étage, l'une d'elles avec un lit double et 2 lits simples, l'autre plus petite. Jolie terrasse commune.

Hospedaje Lodging Juanita y Rafael (plan A2, **16**) : *Santa Rita (Solitario), 35 ; entre Republica et Lope Recio. ☎ 32-28-19-95. 53-18-06-33.* Les 3 chambres de cette jolie maison hésitent entre l'ancien et le moderne, mais offrent un confort récent, à l'image des salles de bains, avec malgré tout des détails rappelant le passé. Elles s'ouvrent sur le grand patio, équipées de transats. Atmosphère familiale que l'on aime bien.

Hostal Neira (plan A2, **10**) : *Popular, 119 ; entre Lope Recio et San Esteban. ☎ 32-29-23-04. 52-51-37-62. • rrneira@nauta.cu •* De style colonial, la maison de Rogelio et de son épouse date de 1900. On y trouve 2 chambres donnant sur un très grand patio débordant de plantes, où le couple a placé des *tinajones* (jarres traditionnelles) et aménagé un « recoin d'Adam et Ève » avec bancs, chaises et hamacs. Salles de bains modernes.

Casa Alfredo y Milagro (plan A4, **13**) : *Cisneros, 124 ; entre San Clemente et Angel. ☎ 32-29-74-36. 58-60-98-34. • allan.carnot@gmail.com • Garage clos à proximité.* Ici, les 4 chambres, spacieuses, hautes de plafond et meublées avec sobriété, donnent sur un patio tranquille à défaut d'être remarquable. Les 2 à l'étage s'avèrent plus modernes et s'ouvrent sur une terrasse. Alfredo descend de la famille du président Sadi Carnot (1887-1994), mais aussi du maire de Matanzas, empoisonné sous la dictature... Sa fille, Maylen, parle bien le français. Bonne cuisine cubaine classique et plein de petits services : laverie, achat des billets de bus...

Casa Sonia (plan A-B4, **14**) : *San Pablo, 19. ☎ 32-29-02-24. 53-62-22-17. • soniacisneros@nauta.cu •* Sonia est le maillon fort de sa petite entreprise : la bonne humeur chevillée au corps, elle vous accueille comme un vieux copain. Dans sa modeste maison, elle loue 2 chambres correctes, sans plus, que l'on rejoint en traversant le salon familial. La 1re, donnant sur le couloir, est à l'ancienne. On lui préfère celle du fond, un peu plus moderne, ouvrant sur son propre minuscule patio.

Casa Manolo (plan A2, **11**) : *El Solitario (Santa Rita), 18. ☎ 32-29-44-03. • casamanoloymigdalia@gmail.com •* La gentille Migdalia et sa fille, Maily, possèdent la licence de *casa particular* nº 1 ! L'une de leurs 2 chambres (située au rez-de-chaussée) donne sur un petit

LE CENTRE DE L'ÎLE

Adresses utiles

- Infotur (A3)
- @ **1** Telepunto Etecsa (A2 et A3)
- **2** Distributeurs (A2, A-B2 et A3)
- **3** Cadeca (A-B2 et A3)
- **5** Havanatur (A2)
- **6** Cubatur (A3)
- **7** Ecotur et Cubanacan (A2)

Où dormir ?

- **10** Hostal Neira (A2)
- **11** Casa Manolo (A2)
- **12** Casa Deysi (A2)
- **13** Casa Alfredo y Milagro (A4)
- **14** Casa Sonia (A-B4)
- **15** Hostal La Fuente (A3)
- **16** Hospedaje Lodging Juanita y Rafael (A2)
- **17** Casa Carolina y Reyes (hors plan par A2)
- **18** Casa Yaneva (hors plan par A2)
- **19** CasAlta (A3)
- **20** Casa Caridad (B2)
- **21** Casa Eduardo y Geraldine (A3)
- **22** Hôtel Sevillana et Hôtel El Marques (A3)

Où manger ?

- **30** El Patio (A2)
- **31** El Rincón de Candita (A3)
- **32** Restaurante Isabella (A3)
- **33** La Casa Italia (A3)
- **34** Mélangé (A4)
- **35** Restaurant 1800 (A4)
- **36** Campana de Toledo (A4)

Où boire un verre ? Où écouter de la musique ?

- **35** Restaurant 1800 (A4)
- **36** Parador de los Reyes (A4)
- **40** Café Ciudad (A3)
- **41** El Cambio (A3)
- **42** Casa de la Trova Patricio Ballagas (A3)
- **43** Bodegón Don Cayetano (A-B2-3)
- **44** Club Yesterday (A-B3)

Achats

- **50** Casa del Tabaco El Colonial (A3)

Lieux culturels

- **60** Teatro principal (A2)

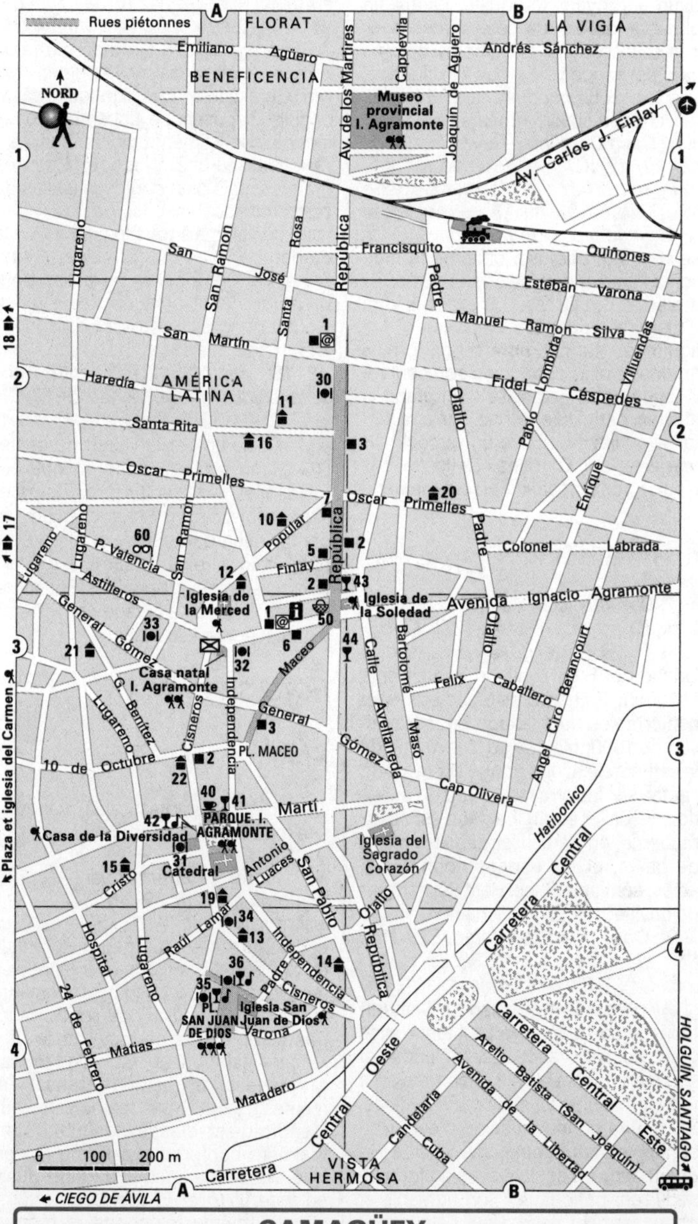

Rues piétonnes
NORD
FLORAT
LA VIGÍA
BENEFICENCIA
Emiliano
Agüero
Andrés Sánchez
Capdevila
Joaquín de Agüero
Av. de los Mártires
Museo provincial I. Agramonte
Av. Carlos J. Finlay
Francisquito
Quiñones
San José
Esteban Varona
Manuel Ramon Silva
Lugareno
San Ramon
Santa Rosa
República
San Martín
Haredía
AMÉRICA LATINA
Santa Rita
Fidel Céspedes
Pablo Lombida
Villuendas
Oscar Primelles
Padre Olallo
Enrique
Popular
Finlay
Colonel Labrada
P. Valencia
Astilleros
General Gómez
Iglesia de la Merced
Iglesia de la Soledad
Avenida Ignacio Agramonte
Maceo
Calle Avellaneda
Bartolomé Masó
Felix Caballero
Ciro Betancourt
Angel
Casa natal I. Agramonte
G. Benítez
Cisneros
Independencia
PL. MACEO
10 de Octubre
Cap Olivera
Hatibonico
Martí
PARQUE. I. AGRAMONTE
Casa de la Diversidad
Catedral
Antonio Luaces
San Pablo
Iglesia del Sagrado Corazón
Cristo
Raúl Lamar
Hospital
Padre Cisneros
Carretera Central
PL. SAN JUAN DE DIOS
Iglesia San Juan de Dios
Varona
Matias
24 de Febrero
Matadero
Oeste
Carretera Central Este
Arelio Batista (San Joaquín)
Avenida de la Libertad
Candelaria
Cuba
VISTA HERMOSA
Carretera
0 100 200 m
CIEGO DE ÁVILA
HOLGUÍN, SANTIAGO
Plaza et iglesia del Carmen
18
17
1 30 11 16 3 20 7 10 2 5 12 60 43 2 1 50 33 21 6 44 32 3 22 2 40 41 42 31 15 19 34 13 14 36 35

CAMAGÜEY

patio verdoyant tranquille, l'autre (la plus grande) sur un couloir rose bonbon, tout comme les chambres, comme ça c'est raccord. En cas d'affluence, Migdalia vous conduira au nº 14 de la rue, chez sa cousine (même prix).

Casa Carolina y Reyes (hors plan par A2, **17**) : *Damas (Sabino Monte), 221 ; entre Horca et Medio. ☎ 32-29-89-07. 52-92-89-29. • rent.room reyes@nauta.cu • Parking payant.* On se sent vite chez soi dans cette maison située à moins de 10 mn du centre à pied. La maîtresse de maison, prof d'histoire, adore les peluches et les figurines... La chambre du haut, plus grande et plus claire avec son couvre-lit jaune canari, dispose d'un grand lit et d'un petit. Elle donne sur une terrasse où il fait bon siroter les cocktails préparés par Carolina. Celle du bas s'ouvre sur le couloir. Bon équipement.

Prix modérés

CasAlta (plan A3, **19**) : *Cisneros, 160 (altos). ☎ 32-27-47-12. 54-66-02-91. • ohgarcel@gmail.com •* Orlando et Elba sont fort accueillants et louent 3 chambres spacieuses et confortables au 1er étage de leur maison de 1900, plantée au dos même de la cathédrale. L'une donne sur le salon, l'autre sur la terrasse, à l'étage supérieur (escalier étroit). La déco est assez moderne, en particulier dans les salles de bains, et les espaces communs, aérés, sont agréables. Petit déj et repas de qualité, ce qui ne gâche rien.

Casa Caridad (plan B2, **20**) : *San Esteban, 310. ☎ 32-29-15-54. 53-93-27-23. • caridadgarciavalera@gmail.com •* Cette maison à l'inhabituelle façade rose et vert est tenue avec grand soin par l'accueillante Caridad et son mari José. Leurs 3 chambres sont fort bien équipées, avec bons matelas, AC et une bonne pression d'eau. Raisonnablement lumineuses, elles s'alignent dans un couloir, avec au fond un séduisant patio-jardin, fort agréable et abondamment fleuri. Petit déjeuner et dîners y sont servis.

Casa Eduardo y Geraldine (plan A3, **21**) : *Goyo Benitez (Principe), 61, entre General Gómez et San Ramón. ☎ 32-29-09-95. 52-71-25-58. • edudelav@gmail.com •* On monte un poil en prix, mais aussi en gamme. Très pro, Geraldine et Eduardo (qui parlent anglais) disposent de 4 chambres dans leur maison joliment colorée (2 au rez-de-chaussée et 2 à l'étage). Pas très grandes mais bien équipées (salles de bains impeccables). Ici, pas de mobilier colonial, mais tous les atours de la modernité, avec du carrelage, coffre, AC et ventilo. 2 belles terrasses pour prendre le petit déjeuner ou le dîner. Goûtez donc les mojitos d'Eduardo !

Casa Yaneva (hors plan par A2, **18**) : *San Martin, 763 ; entre Roosevelt et Bembeta. ☎ 32-29-79-31. 52-71-26-39. • casayaneva@yahoo.com •* Sise un peu à l'écart du centre (10-12 mn à pied), dans un quartier résidentiel, la maison est moderne et impeccable, offrant 3 chambres de bon confort bien que petites (l'une d'elles avec baignoire). L'ensemble s'avère particulièrement propre et le petit salon coquet. Terrasse à l'étage couverte de plantes. Accueil souriant.

HÔTELS D'ÉTAT

Chic

Quelques belles adresses à Camagüey, une fois n'est pas coutume.

Hôtel Sevillana (plan A3, **22**) : *Cisneros, 211. ☎ 32-24-49-37. • ventas@hoteles.cmg.tur.cu •* Elle est bien séduisante cette demeure coloniale du XIXe s, avec balcons et colonnes en façade. À peine 8 chambres s'ouvrant sur un vaste patio où quelques canapés confortables permettent de prolonger l'instant relax. La belle terrasse à l'étage offre quelques transats et même un jacuzzi (pas toujours en eau). L'endroit est classe, les chambres vraiment confortables. Reste le service, souvent un peu à la traîne. Juste en face, l'***Hôtel El Marques*** (même groupe, même téléphone et mêmes tarifs), également colonial, met 6 chambres à disposition, mais elles donnent sur un couloir, et le patio est minuscule.

Où manger ?

Bon marché

🍽 ***El Patio*** (plan A2, **30**) **:** *República, 379 ; entre San Martin et Santa Rita. ☎ 32-24-14-35. Tlj 12h-23h.* Au fond de l'étroit couloir on parvient à un agréable patio empli de plantes vertes. Les prix sont particulièrement doux, l'attente un peu longue mais le service a de la tenue. Plats créoles bien réalisés, assiettes copieuses et prix bas. Un des lieux favoris des cols blancs pour le déjeuner.

🍽 ***El Rincón de Candita*** (plan A3, **31**) **:** *Cristo, 2 ; entre Cisneros et Lugareño. 📱 54-04-99-61. Tlj 12h-23h pour le rdc et à partir de 15h pour la terrasse.* On ne peut louper la porte peinte en rouge vif. Le nom du resto rend hommage à Candita, une fameuse chanteuse de *son*, et le menu met à l'honneur la cuisine cubaine dans ce qu'elle propose de mieux : *ropa vieja, costillitas de cerdo, codero al vino...* La salle, aux murs couverts de graffitis, est bien apprêtée, mais le soir, c'est sur la terrasse à l'étage qu'on se retrouve. Et là, place aux grillades !

🍽 ***Restaurante Isabella*** (plan A3, **32**) **:** *Independencia, 447, angle Agramonte. ☎ 32-24-29-25. Tlj 11h-23h.* La salle de ce resto d'État est thématique (rare !), mariant bobines, photos de films et fauteuils aux noms de réalisateurs. C'est donc au cinéma que le lieu est dédié, car c'est dans ce bâtiment qu'ouvrit le 1er ciné de la ville, en 1908. Les menus, en forme de clap, zooment sur la cuisine italienne : pâtes, lasagnes et pizzas, noyées de fromage et servies en quantité. Quant à la qualité... on n'est pas en Italie, autant le préciser.

De bon marché à prix moyens

🍽 ☂ ***La Casa Italia*** (plan A3, **33**) **:** *San Ramon, 11 ; entre Astilleros et General Gómez. 📱 52-71-26-54. Tlj sauf mar 12h-23h.* Installé dans le patio à colonnes d'un *hostal*, où glougloute une fontaine, ce restaurant est tenu par un Sarde marié à une Cubaine. Les *penne, tagliatelle, lasagna* et autres pâtes sont soit fraîches (préparées par le patron), soit importées d'Italie. Les petits budgets choisiront les pizzas, cuites au four à bois, tandis que si vos finances vous le permettent, foncez antennes baissées sur la langouste, à la cuisson parfaite.

🍽 ***Mélangé*** (plan A4, **34**) **:** *Cisneros, 126 ; angle San Clemente. ☎ 32-24-60-62. Tlj 12h-minuit.* Si la carte est écrite toute simple, le resto se distingue notamment par ses 2 salles à arcades pimpantes, baignées le soir de lumière verte ou rose. L'ambiance vire alors au lounge, autour des simples tables de bois, quelques poufs et banquettes couvertes de coussins : c'est le moment de s'offrir un cocktail (à noter le *mojito* et le *mango daïquiri*). La bande son, elle, joue l'international. Idem côté cuisine, d'où sortent bientôt *empanadas*, agneau fondant *(cordero)*, poisson légèrement apprêté et *costillitas de cerdo a la parilla*. La carte est courte et les portions pas géantes, mais le plaisir est au bout de la fourchette ! Service efficace.

🍽 ☂ ***Restaurant 1800*** (plan A4, **35**) **:** *pl. San Juan de Dios, 103. ☎ 32-28-36-19. Tlj 10h-minuit. Plats env 6-14 CUP. Sam et dim, à partir de 19h, buffet à volonté.* Happy hours *sur les cocktails tlj 17h-18h.* Superbe salle coloniale avec tables nappées, chaises classes et classiques et long bar de bois sombre surmonté par une collection de vénérables postes de radio. C'est dans ce cadre que l'on profitera d'une jolie cuisine, simple et réussie, à l'image de ce *filete de pescado delicias del mar.* La *ropa vieja* n'est pas en reste. Quant au buffet du sam et dim soir (venir tôt ces soirs là), il saura emplir votre panse avec aisance. Il faudra simplement éviter de venir quand les groupes déboulent.

🍽 ☂ ***Campana de Toledo*** (plan A4, **36**) **:** *pl. San Juan de Dios, 18. ☎ 32-28-68-12. Tlj 10h-minuit.* Installé à l'ombre de l'église San Juan de Dios, sur une jolie place confite par le temps, le resto occupe une demeure du XVIIIe s, avec une agréable salle à manger au décor espagnol et une terrasse couverte ouvrant sur un patio verdoyant. Souvent des groupes le midi (venir tôt si vous souhaitez être au calme). Spécialité de *boliche mechado* (bœuf farci au lard et sauce créole pimentée). Pour les amateurs, goûter aussi la piña colada... un délice !

Où boire un verre ?
Où écouter de la musique ?

Café Ciudad *(plan A3, **40**) : angle Cisneros et Martí, pl. Agramonte. Lun-ven 11h-23h, ven-dim 10h-minuit. Groupes ven et dim 17h-19h et sam 21h-23h.* Sur l'une des plus charmantes places de la ville, ce café multiplie les espaces : belle terrasse, patio tout au fond ou grande salle aux hauts plafonds et murs couverts de reproductions de photos anciennes. Pas toujours beaucoup de choix, mais c'est la maison du café à Camagüey : *express, cubano, criollo* (court et fort), *frío* (frappé), etc.

El Cambio *(Casa de la Suerte ; plan A3, **41**) : parque Agramonte (pl. de la Cathédrale), à l'angle de Martí et Independencia. Tlj 10h-2h. Musique ven vers 21h.* Ce vénérable bar fondé en 1909 a conservé ses murs ornés de graffitis et décorés sur le thème de la loterie nationale. En effet, c'est ici qu'on vendit le nº 15922 qui rapporta le gros lot en 1947 !

Casa de la Trova Patricio Ballagas *(plan A3, **42**) : Cisneros, 171 (parque Agramonte). ☎ 32-29-13-57. Tlj 15h-20h (13h-16h dim) et 20h30-1h. Musique en vivo tlj sauf lun 22h-23h.* Le dimanche, de 13h à 16h, ne manquez pas la *peña* de Candida Batista. Pour les amateurs de musique cubaine, le Septeto de la Trova Camagüeyana se produit les vendredi et dimanche soir. Le jeudi, lui, est dédié aux Soneros de Camacho : du *son* 100 % traditionnel ou le *septeto Son Ire.*

La calle República, l'artère principale, ne manque pas de bars et terrasses en tout genre. Citons notamment le très populaire ***Bodegón Don Cayetano*** *(plan A-B2-3, **43**),* où l'on appréciera de prendre un verre en journée, dans la salle ou dans la ruelle piétonne longeant le flanc de l'église de la Soledad (groupes ven-dim 21h-23h). Plus bas, dans la partie non piétonne de la rue, à l'angle du callejón de Castellano, le ***Yesterday*** *(plan A-B3, **44** ; tlj 12h-minuit)* rend hommage aux Beatles. Les Fab 4 y sont d'ailleurs statufiés grandeur nature ! Pas toujours du monde mais aux heures creuses, on diffuse sur grand écran des vidéos de concerts pop.

Parador de los Reyes et Restaurant 1800 *(plan A4, **36** et **35**) : pl. San Juan de Dios. Tlj 10h-23h.* Installez-vous à n'importe quelle terrasse de cette adorable place, la plus esthétique et romantique de la ville, en fonction de l'axe du soleil. Toujours un bon moment pour regarder passer le temps et les gens.

Achats

Casa del Tabaco – Hôtel Colonial *(plan A3, **50**) : Agramonte, 407. Lun-sam 9h-17h. Fermé dim.* Dans le hall sur la droite de ce bel hôtel colonial, boutique de cigares, rhum et café.

À voir

Dans le cœur historique (centro)

Le centre historique de Camagüey, classé au Patrimoine mondial par l'Unesco, s'étend sur 54 ha. Ce n'est pas immense, mais le dédale des rues fait que l'on s'y perd avec plaisir, à pied évidemment.

Iglesia de la Merced *(plan A2-3)* **:** *pl. de la Merced. Ouv en principe, dans la journée.* Son intérieur aux grosses colonnes et maître-autel néogothique (doré) n'a rien de remarquable, si l'on excepte l'élégante balustrade « ondulante » de la tribune et les fresques du plafond de la nef.

Casa natal d'Ignacio Agramonte *(plan A3)* **:** *Ignacio Agramonte, 459 ; angle Independencia. ☎ 32-29-71-16. Face à l'église de la Merced. Mar-dim 9h-16h30 (12h dim). Fermé lun. Entrée payante.* Le rez-de-chaussée, au beau patio doté d'un puits et de 5 grandes jarres en terre cuite *(tinajones)*, est réservé aux expos temporaires. Le musée est au 1er étage. C'est dans cette maison du XVIIIe s qu'est né Ignacio Agramonte, héros de la 1re guerre d'indépendance de Cuba. Il participa à 52 combats et mourut le 11 mai 1873 à la bataille de Jimaguayú. Une succession de petites salles évoque ses engagements, avec notamment la chemise rouge qu'il porta le 1er jour de l'insurrection. Une série d'objets personnels (éperons, pistolet en nacre...). Parmi les meubles coloniaux du XIXe s, seuls le lit dans la belle chambre à coucher et le piano appartenaient à la famille Agramonte. Et encore ici et là de beaux vases (Sèvres notamment), un gramophone, un piano droit anglais, de la vaisselle de Limoges et verrerie de Baccarat.

Iglesia de la Soledad *(plan A-B2-3)* **:** *à l'intersection de República et Agramonte. En principe, ouv 7h-11h.* Massive elle aussi, cette église du XVIIIe s vaut surtout pour son plafond en bois d'inspiration mudéjare. Tout près, rue Agramonte, jetez un coup d'œil au *teatro Avellaneda.*

Parque Agramonte *(plan A3)* **:** voici la plus belle place de la ville, tracée dès 1518. Veillée par une statue équestre d'Agramonte, encadrée de grands arbres et de cafés-bars animés, elle invite à une jolie halte. Côté sud, la cathédrale n'a rien de vraiment remarquable : 3 nefs à larges arcades, une belle charpente et une tour au sommet de laquelle on peut monter pour profiter du point de vue *(lun-sam 7h-17h ; accès payant).*

Casa de la Diversidad cultural camagüeyana *(plan A3)* **:** *Cisneros, 169 (parque Agramonte). Lun-sam 9h-16h30. Fermé dim. Entrée payante ; visite guidée en sus.* Cette ravissante demeure des années 1930 aux tons bleu et blanc, avec pilastres, stucs et toit à balustre, a été fort bien restaurée. Les vitrines abritent costumes, quelques instruments de musique, objets archéologiques... pas grand chose en vérité. La maison en elle-même ne manque pourtant pas d'intérêt, témoignant d'influences modernistes catalanes : entrée en marbre, murs pastel aux fresques florales, beau patio intérieur à colonnade et verrières en demi-lune. Des fresques se cachent jusque dans les immenses toilettes, tant hommes que femmes !

Plaza San Juan de Dios *(plan A4)* **:** Le temps semble ne pas avoir eu de prise sur cette remarquable placette coloniale, veillée par l'église. Les toits de tuiles rousses, les maisons basses aux fenêtres à barreaux en bois tourné ou en fer forgé, les longues façades colorées n'ont guère changé depuis le XVIIIe s. On trouve ici 2 bars-restos et plusieurs studios et galeries d'art intéressants.

Iglesia San Juan de Dios *(plan A4)* **:** *en principe, ouv tlj.* Édifiée au début du XVIIIe s, elle ne comporte qu'une seule nef, veillée par la statue du Padre Olallo. Au centre de l'autel, bel ensemble de bois doré et polychrome sculpté au XVIIIe s, l'une des rares représentations de ce type de la *Sainte-Trinité.* Retable néoclassique.

Plaza del Carmen *(hors plan par A3)* **:** *au bout de Hermanos Agüero (aller vers l'ouest par Martí).* Coiffée par une église rose à 2 clochers, cette place pavée, entourée de quelques maisons anciennes restaurées aux couleurs pastel, n'est pas sans rappeler la plaza San Juan de Dios. Des personnages connus dans la ville y ont leurs statues, dépeints dans leurs activités quotidiennes. Là aussi, plusieurs galeries et studios ont vu le jour. N'hésitez pas à vous attarder sur l'une des terrasses.

Un peu plus loin

Museo provincial Ignacio Agramonte (plan B1) : *av. de los Martires, 2. ☎ 32-28-24-25. Mar-dim 9h-16h30 (12h dim). Fermé lun. Entrée payante.* Bâtie en 1848, cette caserne de la cavalerie espagnole, devenue hôtel, puis musée, s'organise autour d'un beau jardin ombragé par des essences diverses, où l'on peut admirer 2 dizaines d'exemplaires des fameux *tinajones,* ces grandes jarres qui servaient à collecter et conserver l'eau de pluie. Le musée lui-même est l'un des plus complets du pays : variété des collections, nombre d'œuvres et objets présentés et qualité du fond. Et pour une fois une présentation relativement didactique, organisée par thème (on sort du fourre-tout habituel). Au ***rez-de-chaussée,*** meubles et chaises de style coloniaux et néo-coloniaux. Dans la grande salle Betancourt on passe en revue tout un pan de l'histoire, de l'esclavage jusqu'à l'indépendance : vitrines d'armes, éperons, fers à esclaves, poteries, objets de tous les jours, éléments religieux (noter les fouets à flagellation), pharmacie, section militaire, matériel d'impression... Une modeste salle présente une section de sciences naturelles et fouilles précolombiennes. L'***étage*** abrite la 2e collection d'œuvres d'art du pays, avec des peintures cubaines des XIXe et XXe s, jusqu'à l'art contemporain. Du XIXe s, on verra des paysages bien tournés, quelques portraits réussis, ainsi que des scènes témoignant de la vie quotidienne. Le XXe s est moins notable, si ce n'est cette curieuse lithographie Doble-nueve où Hitler (furieux) et les vainqueurs de la Seconde Guerre mondiale jouent aux dominos. Belle section d'arts décoratifs, avec à nouveau un ensemble de mobilier (énorme vaisselier aux pieds en tête de poissons) où domine le style Empire revisité à la sauce cubaine, ainsi qu'une jolie section de meubles Art déco. Noter le grand miroir à bascule. Dans la chambre à coucher, sur la gauche du lit, une tasse avec protège-moustache et urinoir en porcelaine. Dans le couloir, secrétaire incrusté de nacre et filtre à eau.

– En sortant, dans la 2e rue à droite, jetez un œil à la ***synagogue*** de la ville, calle A. Sanchez, 365.

Lieux culturels

Compagnie nationale du Ballet de Camagüey : *quand la compagnie se produit à la maison, achat des billets chez* Paradiso, *Ignacio Agramonte, 409A (plan A3). ☎ 32-28-60-59. Lun-sam 9h-17h30. Fermé dim.* Cette compagnie de danse est la plus importante du pays après le Ballet national de Cuba. Fondée en 1967, elle voyage dans le monde entier. Une quarantaine de danseurs et ballerines donne vie à un répertoire de plus de 250 œuvres, allant du classique au très contemporain. Spectacles au ***Teatro principal*** *(Padre Valencia, 64 ; plan A2,* ***60****).* Ne loupez pas une de leurs représentations, toujours de grande qualité.

PLAYA SANTA LUCÍA

Située à 105 km au nord-est de Camagüey, Playa Santa Lucía s'amarre aux avant-postes de la profonde baie de Nuevitas. On y trouve une petite station balnéaire sans prétention, précédée par un village éclaté, largement endormi sous les cocotiers. La plage, étirée sur 21 km, déroule une frange de sable blanc qui descend doucement dans la mer, malheureusement souvent envahie d'algues et de déchets déposés par les marées – les hôtels nettoient devant chez eux. L'hiver, le vent souffle avec puissance, attirant pas mal de

kitesurfeurs. Aux périodes plus calmes, c'est la plongée qui prend le relai, avec quelques 35 sites répertoriés, notamment sur des épaves et sur le récif corallien, à 2 km de la côte, habité par une cinquantaine d'espèces de coraux et 200 d'éponges. Quelques flamants font escale dans les salines (Santa Lucía a une unité de production de sel marin).

➢ ***En voiture :*** Santa Lucía est fléchée à partir de Camagüey et Las Tunas. Certaines portions de route sont en mauvais état. Possibilité d'effectuer le trajet en taxi.

Adresses utiles

■ ***Station-service :*** *au pied de la tour de l'Etecsa.*

✚ ***Clinique internationale :*** *en bord de mer, 1re branche à droite en arrivant. ☎ 32-33-63-70 (clinique) ou 32-33-62-03 (pharmacie). Ouv 24h/24.*

■ ***Banque :*** ***Bandec,*** *1 bloc à l'ouest de la clinique. Distributeur et change des euros (lun-sam 8h40-15h – 12h sam ; fermé dim).*

■ ***Cadeca*** (change) **:** *au centro comercial situé entre les hôtels* Club Santa Lucía *et* Caracol. *Tlj 8h-19h (16h dim).*

■ ***@ Centre Etecsa :*** *juste après la station-service (se repérer à la tour de transmissions). Tlj 8h30-19h.*

Où dormir ?

CHAMBRES CHEZ L'HABITANT

On en trouve toute une série à l'entrée du village, dans de petites maisons proches du littoral. Certains viennent y passer quelques semaines au chaud. Cela dit, le manque de propreté de la plage ne pousse pas forcément à rester si longtemps...

Casa Martha : *Residencial 32. ☎ 32-33-61-35. 📱 52-97-57-65. • rentasantalucia@gmail.com • À côté de la barre de HLM colorée, peu avt d'arriver à la station-service.* Entourée par un petit carré de pelouse, la maison abrite 3 petites chambres sans chichis (dont 2 triples), chacune avec salle de bains, clim, frigo et moustiquaire. Le tout est propre, la famille est accueillante, la cuisine bonne et la plage à 200 m.

HÔTELS

Il y a 4 hôtels « tout inclus » avec accès à la plage, tous du même standing et tous recevant principalement des vacanciers canadiens (dont beaucoup de Québécois) : le *Brisas Santa Lucía,* le *Gran Club Santa Lucía* (plutôt parmi les meilleurs), le *Club amigo Caracol* (squatté, lui, par les Italiens) et le *Club amigo Mayanabo.* Malgré quelques efforts de rénovation ici et là, on ne peut pas dire qu'on soit vraiment tombés sous le charme... Mais si vous cherchez juste un bout de plage blanche et des températures clémentes, ça peut faire l'affaire – à condition d'acheter un forfait tout compris, autrement moins cher. Le confort est globalement correct et le service généralement bon. Animations plus ou moins réussies et buffets assez ternes et répétitifs pour tous.

Islazul Villa Tararaco : *tt à l'ouest de la plage, au bout de la route. ☎ 32-33-63-10. • recepcion@costablanca.stl.tur.cu • islazul.cu •* C'est une sorte de vieux motel d'État, mais il a l'avantage d'être peu cher et situé en bord de mer. Les chambres sont lumineuses et plus que correctes (clim récente, TV à écran plat), surtout si vous réussissez à en obtenir une côté mer (côté parking, c'est moins bien...).

Où manger ?

|●| ***Dinoco :*** *Residencial area. 📱 53-96-57-98. À 200 m à l'est de la barre de HLM colorée, avt la station-service, près de la* Casa Martha. *Tlj sauf lun*

9h-21h. Simple et assurément local, ce petit resto débite des pizzas personnelles pour pas grand-chose et quelques plats du jour selon arrivage. Poulpe, *enchilado de camaron* et *pollo frito* y sont bons, copieux et bien présentés. Quant à votre *TuKola,* il vous sera servi dans un porte-canette à tête de chien ! Accueil 100 % gentil.

À faire

Plongée : parmi les 35 sites de plongée du secteur, le plus réputé est celui du *Nuevo Mortera,* une épave gisant par 25 m de fond, où l'on va rencontrer le *tiburón cabeza de batea* – en d'autres termes, le peu amène requin bouledogue.

■ ***Shark's Friends Diving Center*** *(Scubacuba) : juste à l'ouest de l'hôtel* Brisas Santa Lucía. *Tarifs à consulter pour les différentes formules de plongée.* Assurez-vous bien des conditions de sécurité et d'encadrement !

➢ ***Kitesurf :*** entre novembre et avril, les alizés soufflent de manière soutenue sur la côte nord de Cuba. C'est la saison du kite ! En été, les infrastructures sont fermées.

■ ***Buccaneer's Beach Kitesurf School :*** *à l'hôtel* Caracol, *côté plage.* *55-16-57-09.* ● *info@buccaneersbeach.eu* ● *Tarifs à consulter.* Tenue par des Italiens, cette école propose locations, cours (possibles en français) et excursions. Le must : la sortie *downwind,* en kite, avec bateau suiveur, puis retour à bord. Des ***sorties en catamaran*** mènent à la belle ***Playa Bonita*** et au ***cayo Sabinal***, plus à l'ouest, difficiles à rejoindre par la route (4x4 nécessaire). L'occasion de voir le ***faro Colón*** (53 m), dressé depuis 1848 à la punta de Maternillos, et le fort San Hilario, bâti par les Espagnols pour chasser les pirates de la région au XVIIIe s.

➢ ***Balade en bateau :*** le *centre Marlín,* juste après l'hôtel *Islazul Villa Tararaco,* propose des sorties en mer jusqu'à la barrière de corail *(env 3h)* ou jusqu'au cayo Sabinal. *Tarifs à consulter.*

DANS LES ENVIRONS DE PLAYA SANTA LUCÍA

Playa Los Cocos : *à 8 km à l'ouest. Env 2 km avt d'arriver à Playa Santa Lucía, prendre à gauche vers La Boca. A/R en taxi possible.* C'est la plus belle plage du secteur. On y trouve quelques bars et restos de plage, dont *El Bucanero* (pour ses bons mojitos) et la maison verte d'*Eduardo,* qui vous préparera poisson et langouste.

L'ORIENTE

• Carte *p. 316-317*

L'Oriente, c'est, historiquement, le tiers est de Cuba, le plus corpulent – organisé depuis 1976 en 5 provinces : Las Tunas, Holguín, Granma, Santiago de Cuba et Guantánamo. Une terre davantage marquée par l'économie de plantation, l'esclavage et... l'immigration française, consécutive à la révolution haïtienne de 1804. Plus sombre de peau, plus musical, plus tropical, plus arrosé à sa pointe la plus avancée, l'Oriente affirme une identité bien à part.
Passé Camagüey, les grandes plaines sucrières et d'élevage perdurent ; la traversée de la province de Las Tunas se révèle même assez ennuyeuse. Ce n'est qu'après Holguín et Bayamo que les paysages s'animent à nouveau. Au loin ondulent bientôt les cimes brumeuses de la mythique sierra Maestra. Le paysage prend définitivement du relief, et l'histoire cubaine un sens plus présent.
Loin des centres de décision, plus pauvre que les autres régions, l'Oriente se résume surtout, touristiquement, à sa belle capitale, Santiago, aux gros hôtels balnéaires de la région de Guardalavaca et au secteur de Baracoa, pour lequel on a une affection toute particulière. Bref, l'Oriente est relativement épargné par le flot touristique.

LA PROVINCE DE HOLGUÍN

HOLGUÍN

300 000 hab.

• Plan *p. 319*

Parmi les plus importantes villes de la province de l'Oriente, Holguín a été surnommée « la ciudad de los parques » en raison de ses 4 places verdoyantes agréablement disposées au centre-ville. Non qu'elle ait beaucoup de charme, mais l'animation y est agréable, surtout en fin de semaine, lorsque la musique semble sourdre de chaque coin de rue, ou presque. On peut éventuellement y faire escale avant de poursuivre vers les plages de Guardalavaca ou vers Santiago de Cuba, mais inutile d'en attendre trop. Chaque année, début mai, s'y déroulent des *Romerías* (fête patronale) très populaires, avec parade de voitures, concerts, etc.

L'ORIENTE

Arriver – Quitter

En bus

Gare routière *(terminal de ómnibus interprovinciales ; hors plan par A3) :* carretera Central, au sud-ouest de la ville, à env 2 km vers Las Tunas. ☎ 24-42-10-55 (Viazul).

➢ ***Baracoa*** via ***Moa :*** pas de bus, seulement des collectivos.

➢ ***Camagüey :*** 4 départs/j., mais la moitié arrive dans la nuit... Trajet : env 3-4h.

➢ ***La Havane :*** 3 départs/j., dont 2 bus de nuit. Trajet : env 13h.

➢ ***Sancti Spíritus :*** 3 bus/j. Trajet : env 7h.

➢ ***Santa Clara :*** 1-2 bus/j. Trajet : env 9h.

➢ ***Santiago, via Bayamo :*** 2 départs/j. Compter 1h20 pour Bayamo et 3h45 pour Santiago.

➢ ***Trinidad :*** 1 départ tlj, vers 23h. Durée : env 8h.

➢ ***Varadero :*** 1 départ tlj, vers 23h30. Durée : 12h.

L'ORIENTE

En taxi

Le taxi peut être une bonne solution quand on voyage à plusieurs (max 4 pers/véhicule). On en trouve sur la pl. principale ; sinon : ☎ *24-42-32-90.*

Adresses utiles

🛈 ***Infotur*** *(plan B2)* **:** *pl. Calixto García, à l'angle de Martí et Libertad, dans l'immeuble Pico Cristal, au 1ᵉʳ étage.* ☎ *24-42-50-03/13.* ● *infotur.cu* ● *Lun-ven 8h-16h (sauf 12h-12h30), plus 1 sam sur 2. Fermé dim.* Bureau accueillant.

■ ***Distributeurs et change :*** *notamment au* ***Banco de Crédito et Comercio*** *(plan B2,* ***1****), parque San José (lun-sam 8h-15h – 11h sam, fermé dim) et au* ***Bandec*** *(plan B2,* ***1****), esq. Maceo y Aguilera (distributeurs).*

■ ***Cadeca :*** *Libertad, 205 (plan B2,*

*2), à 50 m de la pl. Calixto García (lun-sam 8h30-20h, dim 9h-18h). Également calle Frexes, 128 (plan B2, **3**), lun-sam 8h30-16h (11h30 sam) ; femé dim.* Change et retraits d'espèces avec les cartes *Visa* et *MasterCard.*

■ @ **Etecsa** *(plan B2-3, **4**)* **:** *Martí, esq. Maceo. Tlj 8h30-19h.* Téléphone international et achat de cartes de téléphone.

Où dormir ?

CHAMBRES CHEZ L'HABITANT

Bon marché

Hostal Refugio de Reyes *(hors plan par B2 ou B3, **11**)* **:** *Peralejo, 23 (reparto Peralta) ; entre Cervantès et Fomento (face à la Casa de Inmigración). ☎ 24-42-51-75. 53-14-03-91. • refugiodereyes@gmail.com •* On aime bien cette *casa*, certes à l'écart du centre, mais bénéficiant d'un magnifique jardin ombragé par un grand manguier – où l'on prend le petit déjeuner. Sara, botaniste de formation, soigne ses arbres et ses plantes, notamment ces fameux « arbres-éléphants » de Madagascar. Le couple, très accueillant et toujours plein de bonnes infos, dispose de chambres bien propres et équipées : une sur le toit, aérée, très lumineuse, avec kitchenette et terrasse. Les 2 autres sont nichées au fond du jardin, indépendantes et confortables (clim, coffre, salle de bains confortable), dont une avec un lit *king size* et une petite fontaine devant. Il y a même une petite piscine équipée de transats dans le jardin, ce qui est bien rare. Sympathique terrasse commune. Une très bonne adresse.

Villa La Roca 1940 *(hors plan par A-B1, **12**)* **:** *calle 19, 2 ; entre Luz et Río (reparto Luz). ☎ 24-44-11-78. 52-92-79-21. • villalaroca1940@gmail.com •* C'est sûr, la maison est située à près de 15 mn à pied du parque Calixto García. Mais Daniel, le proprio, un homme charmant et dynamique, toujours prêt à aider et à plaisanter, vous fera oublier cet inconvénient. Il dispose de 2 chambres avec lit *king size,* clim et grand frigo. On peut se garer chez un voisin.

Villa Torres & Edholm *(plan B3, **13**)* **:** *Miró, 217 ; entre Aricochea et Cables. ☎ 24-42-26-43. 58-60-57-67. • arnolist86@nauta.cu • torres-edholm.com •* Cette maison, tenue par Celia et Arnolis, abrite 2 chambres bien équipées avec entrée indépendante, présentant un bon rapport qualité-prix. Celle du rez-de-chaussée est un peu plus sombre. Celle de l'étage est assez petite, un peu basse de plafond mais plus sympa. Beaucoup de soin dans la déco et de jolis meubles.

Villa Liba *(hors plan par A1, **14**)* **:** *Maceo, 46, esq. Linia (calle 18). ☎ 24-42-38-23. 52-89-69-31. • villaliba@nauta.cu •* C'est une maison typique des années 1950, bien aérée, habitée par Jorge (d'origine libanaise), sa femme Mariela. Courette agréable et fleurie. Les 2 chambres sont spacieuses, avec sols et salles de bains d'origine (un peu datés, donc). Le soir, Jorge se met volontiers aux fourneaux : il cuisine surtout des produits bio et ne dédaigne pas ses origines libanaises. On dîne dans la belle salle-à-manger ou dans la cour joliment aménagée.

Plus chic

Hotel Caballeriza *(plan B3, **15**)* **:** *Míro, 203 ; entre Caballeros et Aricochea. ☎ 24-42-91-91. • reservas.caballeriza@cubanacanhlg.tur.cu •* Séduisante structure coloniale s'ouvrant sur un lobby sobre et élégant. La poignée de chambres s'organise autour du petit patio. Elles sont impeccables, modernes et d'excellent confort. Un vrai effort de déco, dédiée à l'amour du cheval (belles photos, sculpture et quelques objets ici et là). Dommage, seul le resto nous a laissé sur notre faim (de cheval).

L'ORIENTE

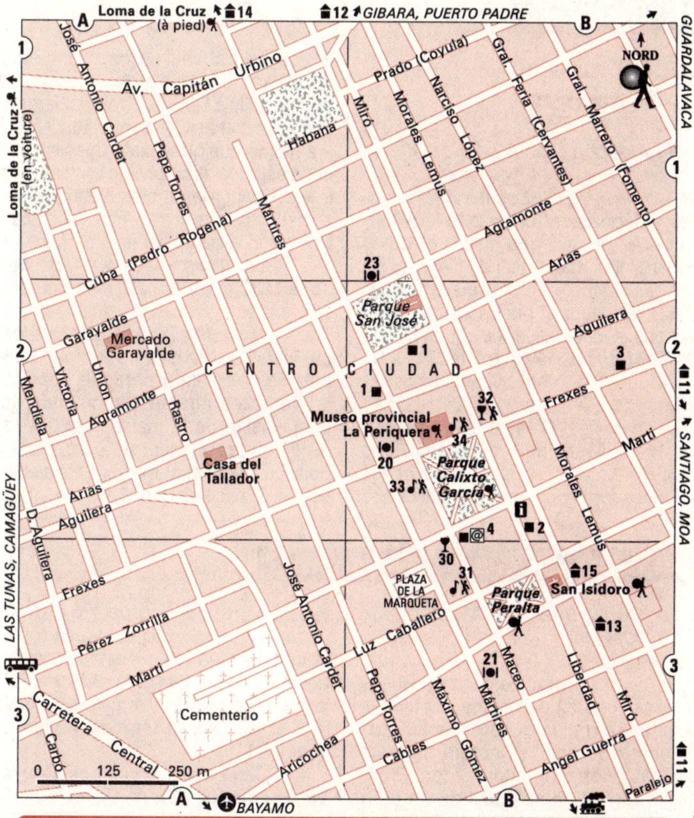

HOLGUÍN

Adresses utiles

- Infotur (B2)
- **1** Distributeurs et change (B2)
- **2** et **3** Cadeca (B2)
- @ **4** Telepunto Etecsa (B2-3)

Où dormir ?

- **11** Hostal Refugio de Reyes (hors plan par B2 ou B3)
- **12** Villa Roca 1940 (hors plan par A-B1)
- **13** Villa Torres & Edholm (B3)
- **14** Villa Liba (hors plan par A1)
- **15** Hotel Caballeriza (B3)

Où manger ?

- **20** El Aldabón (B2)
- **21** Restaurant 1910 (B3)
- **23** Restaurant-bar-parrillada San José 1930 (B1)

Où boire un verre ? Où sortir ?

- **30** La Bodeguita del Medio (B2-3)
- **31** Salon Benny Moré (B3)
- **32** Terrasse du Restaurant 1720 (B2)
- **33** Casa de la Trova Los Guayaberos (B2)
- **34** Casa de la Música (B2)

Où manger ?

De bon marché à prix moyens

|●| ***El Aldabón*** *(plan B2,* ***20****)* **:** *Mártires, 81 ; entre Frexes et Aguilera.* 📱 *52-46-64-25. Tlj 11h-23h.* Les familles cubaines y débarquent en masse le week-end pour profiter des pizzas et pâtes bon marché, mais aussi du filet mignon *en salsa marinera.* Cuisine ouverte, graffiti sur les murs et bonne atmosphère. Nappes, serviettes, le lieu est bien mis.

|●| ***Restaurant 1910*** *(plan B3,* ***21****)* **:** *Mártires, 143 ; entre Aricochea et Cables.* ☎ *24-42-39-94. Tlj 12h-minuit. Résa conseillée.* C'est, à n'en pas douter, le meilleur choix à Holguín. Les hauts plafonds, les sols 1900 et les colonnes font écho au nom, tandis que la cuisine franchit un cap. Crevettes ou *fajitas* de porc flambées au rhum, poulpe grillé à l'ail... le choix est large et le cuistot sait assurément ce qu'il fait. Il y a même quelques plats thaïs sur une carte séparée. Ajoutons un fond musical international, des tables bien nappées et des serveurs stylés. Pas de place ? Prenez un verre au bar en attendant.

|●| ⛱ ***Restaurant-bar-parrillada San José 1930*** *(plan B1,* ***23****)* **:** *Agramonte, 188 (parque San José).* ☎ *24-42-48-77. Tlj 12h-23h.* Quelques tables ont été installées dans la cour d'une belle bâtisse coloniale à portique, repeinte en vert. Les affamés commanderont la spécialité de la maison : la *grillada mixta,* un assortiment de porc, poulet, poisson, crabe et crevettes cuits au barbecue. Service un peu stylé.

Où boire un verre ? Où sortir ?

🍸 ***La Bodeguita del Medio*** *(plan B2-3,* ***30****)* **:** *Martí, 129, entre Maceo et Martires.* ☎ *24-47-44-88. Tlj jusqu'à 23h-minuit.* Avatar des autres *Bodeguita* qui ont fait des petits ici et là, en voici une de plus qui sacrifie au rite : comptoir de bois, signature de stars sur des photos agrandies (dont Françoise Sagan), murs couverts de graffitis et serveurs servant le *mojito* un peu sous-dosé (ne pas hésiter à le faire réajuster !). Le resto attenant est oubliable.

♩ 💃 ***Salon Benny Moré*** *(plan B3,* ***31****)* **:** *angle Luz Caballero y Maceo. Tlj sauf mar 22h-2h. Spectacles de danse certains soirs et salsa 2 fois/sem. Entrée payante.* Voilà un des meilleurs lieux nocturnes de Holguín. La boîte, en partie fermée, ouvre sur une cour en plein air où se produisent les groupes, différents chaque jour.

🍸 💃 ⛱ ***Terrasse du Restaurant 1720*** *(plan B2,* ***32****)* **:** *Frexes, 188, angle Miró.* ☎ *24-46-81-50.* Au rez-de-chaussée de cette belle demeure coloniale, il y a un coin salon (on peut y boire un verre), un patio avec quelques tables et une salle de resto (honnête cuisine et carte variée). Le soir à partir de 21h, la jeunesse se retrouve à l'étage, (sauf mar et jeu), sur la terrasse noyée de décibels !

♩ 💃 ⛱ ***Casa de la Trova Los Guayaberos*** *(plan B2,* ***33****)* **:** *pl. Calixto García, à droite du café* La Begonia. *Tlj 10h-1h. Concerts réguliers le soir, en général tlj vers 21h. Entrée payante.* Groupes et solistes s'y produisent dans un grand patio. On y danse aussi. Mieux vaut arriver tôt en fin de semaine.

♩ 💃 ⛱ ***Casa de la Música*** *(plan B2,* ***34****)* **:** *Libertad, à l'angle du parque Calixto García. Tlj. Entrée payante.* Les *ancianos* filent à la *Casa de la Trova,* les *jóvenes* à la *Casa de la Música...* Incontournable à Holguín, le bar en terrasse, situé sur le toit de l'immeuble, domine la place centrale. Musique *en vivo* vers 23h (consulter le programme sur place).

À voir

🚶 ***Parque Calixto García*** *(plan B2)* **:** c'est la place principale de la ville, la plus grande, très animée le soir avec sa cohorte de bars. Au nord et au sud, la *calle Libertad* est piétonne. Ce ***Búlevar*** commerçant est très animé en fin de semaine.

Museo provincial La Periquera** (plan B2) : Frexes, 198 (parque Calixto García). ☎ 24-46-33-95. Mar-sam 9h-12h, 12h30-17h ; dim 8h-12h. Fermé lun. Entrée payante. Visites guidées en sus. Droit photos payant. Animations régulières (gratuites ou payantes).* Ce vieux palais du XVIIIe s, avec patio à arcades, abrita longtemps la *Casa Consistorial,* l'hôtel de ville. Remarquer, à l'entrée, le heurtoir de porte avec son visage de femme, l'*aldabón de la Periquera,* devenu l'emblème de Holguín. Rien de bien exceptionnel : quelques vestiges archéologiques dont une copie de la ***hache de Holguín, un des chefs-d'œuvre des cultures préhispaniques cubaines, découvert par un militaire espagnol en 1860 et devenu le symbole de la province. Longue de 35 cm, elle est en péridotite couleur vert olive et représente un personnage casqué. Encore quelques jolies petites idoles, des instruments de musique, un peu de mobilier et de modestes instruments agraires. Inévitables souvenirs des martyrs révolutionnaires, avec notamment un morceau de linceul censé avoir recouvert le visage de José Martí, la cartouchière du Che, un uniforme de « brigadiste alphabétiseur » et la gourde utilisée par Cienfuegos dans la sierra Maestra. On tire ici le maximum du jus révolutionnaire à partir de bien modestes reliques.

CAGE À PERROQUETS

Le nom du musée La Periquera vient de l'époque de la guerre d'indépendance. Les soldats espagnols portaient des uniformes particulièrement colorés dans lesquels ils semblaient serrés comme des sardines. On les affubla du nom de periquera *(cage à perroquets), à cause des couleurs (les boîtes de sardines n'existaient pas encore). Au moment le plus dramatique, les partisans de l'indépendance leur hurlèrent à tue-tête : « Soooortez de vos caaaages ! ».*

Parque Peralta (ou *de la Flore* ; *plan B3*) : c'est notre préféré, dominé par l'***iglesia San Isidoro.*** À droite du chœur, la chapelle présente un beau retable peint en bleu et un plafond en cèdre. Sur le flanc ouest de l'esplanade, le *Mural Orígenes* dépeint Cortés et ses conquistadores à l'assaut du Nouveau Monde.

DANS LES ENVIRONS DE HOLGUÍN

***Loma de la Cruz** (hors plan par A1) : à env 2 km vers l'ouest par l'av. Capitán Urbino en voiture (fléché), ou à pied par le grand escalier (465 marches !) grimpant dans le prolongement de la calle Maceo. Accès libre.* De ce perchoir, où les Espagnols plantèrent une croix au XVIIIe s, on profite d'un vaste panorama sur la ville et les environs. Restaurant-bar sur place.

***Birán** : à env 70 km au sud-est de Holguín, sur la route de Santiago (fléché à gauche : Birán 11 km). Éviter la piste venant du nord, en mauvais état. Mar-dim 9h-15h (12h dim). Fermé lun. Visite guidée (env 45 mn) payante (droit photos en sus).*

Ne manquez pas cette visite ! Ce lieu surprenant, classé « lieu historique national », n'est autre que la propriété de la famille Castro et le lieu de naissance de Fidel Castro (13 août 1926) et de son demi-frère Raúl (3 juin 1931). Angel Castro (1875-1956), le père, avait le génie des affaires : il créa de toutes pièces cette petite ville du Far West, implantée sur la piste reliant Santiago à Mayari. Elle était constituée à son apogée de 27 édifices et dépendances et quelque 200 personnes y vivaient. Le domaine, étendu sur 11 000 ha, a été nationalisé en 1959, comme toutes les autres *fincas* appartenant aux grands propriétaires !

La visite guidée permet de découvrir la dernière maison (en bois) habitée par la famille, restaurée en son état des années 1940-1950, avec la cuisine, une TV japonaise de 1957, la chambre d'Angel au coffre-fort éventré (il n'avait pas laissé la

combinaison à sa mort !), et celle de Lina, la *mamá,* encombrée de bondieuseries. L'occasion, aussi, de découvrir des photos rares du petit Fidel, de son frère Raúl et de leurs sœurs, bien mis et bien sages...
À côté se dresse la maison originelle de la famille, détruite par un incendie en 1954 et depuis rebâtie à l'identique. Très aérée avec ses larges balcons sur 3 côtés, elle conserve le berceau où les 7 enfants sont passés et la chambre où Fidel et Raúl partageaient le même lit ! La visite comprend aussi un coup d'œil à l'école, à la boucherie, à la salle de billard, à la poste et au télégraphe, au bar et, enfin, à la magnifique arène pour combats de coqs. Il y a aussi un joli petit hôtel, qui ne sert plus...

GIBARA

16 000 hab.

À 30 km au nord de Holguín, cette petite ville dominée par la *Silla,* un sommet aplati en forme de selle, semble vivre en dehors du monde et du temps. Fondé en 1817, son port fut pourtant au XIXe s le plus important de l'Oriente : il en reste quelques bâtiments notables. Il y avait même une ligne ferroviaire qui arrivait jusque-là...

Infos utiles

➢ Pour Holguín, les ***taxis collectifs*** se prennent sur le Malecón, en allant vers la sortie de la ville.
– Attention, ***aucun distributeur*** à Gibara et pas d'essence *especial* à la station-service locale (il faut retourner à Holguín) !
– En avril, les années paires, Gibara accueille le ***Festival internacional del cine pobre*** (festival de films à petits budgets), qui fut longtemps dirigé par le cinéaste Humberto Solas. Infos : • *festivalcinepobre.cult.cu* •

Où dormir ?

CHAMBRES CHEZ L'HABITANT

De bon marché à prix modérés

Hostal Villa Boquerón : *av. de Rabi, 53 ; entre Peralta et Luz Caballero.* ☎ *24-84-40-87.* *53-13-94-21.* • *isidroramon@nauta.cu* • *De la pl. de Armas, remonter 2 blocs jusqu'au front de mer, puis 1 bloc à gauche.* Juste en retrait du front de mer, cette petite maison bleue, discrète et sans prétention, est tenue par un couple de retraités, honnêtes et aimables. Une des 2 chambres a une fenêtre côté mer ; l'autre, plus sombre mais tranquille et avec entrée indépendante, donne sur le patio à l'arrière (mur de corail).

Hostal Sol y Mar : *J. Peralta, 59, face à la mer.* *52-40-21-64 ou 52-20-62-40.* • *hostalsolymar.gibara@yahoo.fr* • Notre perle à Gibara ! Yvan, qui a vécu en France pendant 7 ans et parle parfaitement notre langue, propose 6 chambres fraîches et assez récentes, la plupart décorées dans des tons bleu et blanc. 3 sont tournées vers la mer qui s'agite juste devant – dont 2, à l'étage, ouvrant sur une terrasse. Il y a encore un mirador au-dessus pour siroter un verre, un coin resto à l'arrière, une petite cuisine où l'on peut se faire chauffer de l'eau et un peu de place pour chacun dans le grand frigo.

Hostal Doble Roble *(Yuliet y Capó) :* *Justo Aguilera, 18 ; entre Maceo et Varona.* ☎ *24-84-47-47.* *53-08-37-72.* • *yuliet.capo@nauta.*

cu • En arrivant à Gibara, tourner à gauche dans Justo Aguilera (attention, il y a 2 rues Aguilera !) ; c'est la 3e après la station-service. S'il n'y paraît guère de l'extérieur, cette maison néocoloniale de 1895 cache un intérieur séduisant, avec carrelage et mobilier anciens. Vous serez accueilli par Capó, le Roméo de Yuliet, et leur fils, jeune réalisateur et artiste plasticien, qui travaille à l'École internationale de cinéma. Nos chambres préférées, lumineuses et dotées d'une terrasse privée, se trouvent à l'étage ; il y en a une 3e au rez-de-chaussée, pour un couple.

HÔTELS D'ÉTAT

Chic

Hotel Encanto Ordoño : *Peralta ; entre Donato Marmol et Independencia. ☎ 24-84-44-48. • cubanacan.com • 1 bloc au sud-ouest de la plaza.* Gérée par l'agence *Cubanacan,* cette belle « pâtisserie » néocoloniale, bâtie entre 1912 et 1927, appartenait à un Espagnol exportateur de fruits de mer. C'est la plus haute construction de Gibara ! Certaines des chambres (dont les nos 314 ou 316), de bon confort, ne manquent pas d'allure avec leur hauteur sous plafond de 6 m, leurs colonnes ioniennes, frises et autres moulures. La terrasse sur le toit domine la bourgade. Resto.

Hotel Encanto Arsenita : *General Sartorio, 22, angle Luz Caballero (parque Central). ☎ 24-84-44-00. • cubanacan.com •* Ce petit hôtel néocolonial rouge pétant, amarré sur le parque Central, est immanquable avec sa double colonnade blanche. Ouvert en 2015, il abrite tout juste 12 chambres bien tenues et bien équipées, avec fenêtre intérieure ou sur rue. Les 2 plus belles (nos 505 et 506) ont une terrasse donnant sur la place (en général calme).

Où manger ? Où boire un verre ? Où sortir ?

Las Terrazas : *Calixto García, 40, angle Céspedes. ☎ 24-84-44-61. De la plaza, aller 2 blocs vers l'ouest et 1 vers le nord. Tlj 11h-22h.* Ce modeste *paladar* est le meilleur du centre-ville. Il occupe le toit d'une petite maison jaune, avec une terrasse couverte aérée. Bonne cuisine familiale copieuse, avec tous les classiques : poulet, porc, poisson, crevettes, langouste en tronçons... tout au même prix.

La Cueva : *calle 2da, 131. ☎ 24-84-53-33. 52-45-07-16. À env 1,5 km au nord par la calle Maceo, en traversant un quartier de HLM délabrées ; demander, c'est un peu difficile à trouver. Tlj sauf lun 12h-19h.* Réputée comme une des meilleures adresses de Gibara, *La Cueva* est une sorte de *ranchón,* aux tables nichées sous plusieurs paillottes, dans une cour-jardin. Pour y accéder, on passe d'abord un discret potager bio et un minizoo où agouti, croco et iguane s'ennuient ferme... Les patrons, aux fourneaux, cuisinent poisson et fruits de mer avec un joli coup de main mais, quand la mer est mauvaise, le choix s'amenuise. Le week-end, beaucoup de familles s'y retrouvent : l'attente peut alors être longue... très longue, parfois.

Centro cultural Batería Fernando Septimo : *à la pointe. Lun-jeu 9h-19h, ven-dim 10h-19h et 21h-1h. Le soir, entrée payante (bon marché).* Dans l'ancienne batterie gardant le port (1816), aux 4 canons pointant encore vers le large, ce bar au mobilier de bois rustique organise des concerts de *son* certains soirs de week-end ; musique enregistrée aussi.

À voir. À faire à Gibara et dans les environs

Balade dans le vieux centre : tout s'ordonne autour de la calle Independencia, la rue commerçante, et de la ***plaza de Armas,*** au centre de laquelle trône l'iglesia de San Fulgencio (XIXe s), à la façade encadrée par 2 tours. Devant se dresse une

statue de la Liberté. Sur le flanc ouest de la place, l'ancien ***palais du gouverneur,*** long et élégant édifice à colonnes, abrite à la fois le siège de la municipalité et le *museo de Ciencias naturales* (où trône un imposant squelette de baleine). Calle Independencia, on trouve le ***museo de Artes,*** installé dans une demeure aristocratique de 1862, qui fut le siège du général Calixto García en 1898. Ce dernier possède de superbes *mamparas* originales, des portes intérieures avec gravures sur verre (ici, des vues de Paris).

Dans les proches environs

Mirador : *on y grimpe par des escaliers ou en voiture ; dans ce cas, en arrivant de Holguín, prendre Narciso López sur la gauche, puis Cavada sur la droite (6e rue).* Vous aurez d'ici un point de vue dominant sur la baie et la ville.

Cuevas de los Panaderos : *à env 2 km du centre. Excursion organisée par les guides du museo de Ciencias naturales (sur la pl. de Armas). 53-97-90-96 (José Corella). Durée : 1h-3h (payant).* Le relief de la région, typiquement karstique, est percé de 29 grottes. On pénètre dans celle-ci sur 720 m, l'occasion de voir quelques draperies, stalactites, insectes cavernicoles et... chauves-souris.

En allant vers Guardalavaca

Playa Blanca : *à env 45 km à l'est par la route, accessible via Santa Lucía (à 9 km), en direction de Guardalavaca.* Une petite plage de sable fin, tranquille et familiale.

GUARDALAVACA

Longtemps victime des attaques des pirates, la région de Guardalavaca, située à une cinquantaine de kilomètres au nord-est de Holguín, n'est vraiment sortie de son isolement qu'au début des années 1990, lorsque Cuba commença à se tourner vers le tourisme international. Son avantage ? Un arrière-plan de jolis paysages aux collines nappées de végétation tropicale et un littoral souligné de belles plages de sable clair pour lézarder au soleil. La station, créée de façon artificielle, se résume à quelques hôtels tout inclus d'un côté (en bord de plage évidemment) et les HLM des employés de l'autre. D'autres établissements ont vu le jour vers l'ouest, aux marges de la Bahía de Naranjo et, plus à l'ouest encore, autour de la belle Playa Pesquero. Si les plages sont belles, l'atmosphère est un peu déprimante dans ces établissements comprenant des centaines de chambres et des milliers de clients. On n'y trouve rarement son compte car on ne rencontre pas de familles cubaines, seulement des employés – adorables par ailleurs – mais qui n'ont qu'une hâte, celle de rentrer chez eux après le boulot. Par ailleurs, autant le savoir, la vie nocturne est inexistante (sauf dans les hôtels évidemment).

GARDE LA VACHE

Drôle de nom ! Mais pourquoi donc Guardalavaca s'appelle-t-elle ainsi ? La plupart des historiens penchent pour une déformation de « Guardalabarca », « garde le bateau », une allusion à l'époque où la côte était largement fréquentée par pirates et corsaires ! D'autres pensent cependant que ces mêmes boucaniers s'attaquaient peut-être aussi au bétail...

Bref, on ne fait le détour pour venir ici, mais si vous êtes dans le secteur et que vous êtes véhiculés, vous pouvez opter pour l'une des quelques *casas particulares* qui se sont ouvertes ces dernières années, offrant une alternative à ceux qui voudraient profiter de la plage sans se ruiner.

Adresses et infos utiles

■ ***Clinique et pharmacie internationales :*** *dans l'hôtel* Club Amigo Atlántico *(à droite de l'entrée).* ☎ *24-43-02-91. Ouv 24h/24.*

■ ***Station-service :*** *env 1 km avt le pôle touristique en arrivant de Holguín. Ouv 24h/24.*

■ ***Banco Financiero Internacional :*** *bien planqué à l'arrière du petit centre commercial* Los Flamboyantes. *Lun-ven 9h-15h. Fermé le w-e.* Change (avoir son passeport), mais pas de distributeur automatique. On peut en revanche retirer de l'argent au comptoir.

■ ***Havanatur :*** *à l'entrée du centre commercial* Los Flamboyantes. ☎ *24-43-04-06. Lun-sam 8h30-17h30. Fermé dim.* Agence de voyages. ***Cubatur*** est juste à côté *(☎ 24-43-04-06 ; lun-sam).*

■ ***Location de voitures :*** *dans ts les hôtels.*

■ ***Bus hop-on hop-off :*** un bus circule théoriquement 2-3 fois/j. entre les hôtels de Guardalavaca et ceux de la Playa Pesquero, via la Playa Esmeralda. Pas très pratique.

Où dormir ?

CHAMBRES CHEZ L'HABITANT

Un petit groupe de casas s'est développé à proximité de l'échangeur, en contrebas du pont. Pas très glamour évidemment, mais la circulation est très faible. Autant le savoir, la plage n'est pas toute proche et sans voiture, ce n'est pas très pratique. Bon, rien de particulièrement transcendant dans le secteur niveau logement. Éviter en tous cas de vous faire refourguer par un loueur une chambre dans l'un des HLM déprimants, ce qui arrive parfois.

Prix modérés

Villa El Castillito : *entrada del Ancla.* 📱 *53-14-27-89 ou 58-39-84-40. • ltejeda@nauta.cu.com • Fléché sur la gauche avt d'arriver à Guardalavaca. Accès par une courte piste sur 200 m.* Ce « petit château » n'a rien de Versailles, mais cette coquette maison propose un appart entier à louer, perché sur la terrasse, avec chambre, salle de bains, salon et double terrasse de part et d'autre, équipée de transats et donnant sur petits champs et bananiers. La déco est kitsch juste comme il faut, mais le tout est bien propre et le proprio fort sympathique. Petit plus : la plage à 5 mn à pied par un sentier. Notre meilleur choix.

Casa Particular Villa Bely : *Los Pozos, 263.* 📱 *52-61-41-92. • villabely@nauta.cu • Sur la droite, 100 m avt le pont qui enjambe la route principale, en arrivant à Guardalavaca. Garage (gratuit).* Située en contrebas de la route, cette maison rose saumon est très visible. Mircella et Asbel y louent 3 chambres bien équipées (clim silencieuse, TV à écran plat), 2 en bas et l'autre à l'étage, plus grande, avec terrasse sur le jardinet (notre préférée). Dans la courette sur le devant, petit resto soigné et de qualité.

M and Y : *Los Pozos, 265.* 📱 *52-39-03-32. • chiang@nauta.cu •* Précédée par un bout de jardin, cette maison offre des atours plutôt agréables. Les 3 chambres sont de bon aloi, sans rien d'ostentatoire. Celle de l'étage s'ouvre sur une terrasse. Sans doute la plus agréable. Le jardin est ombragé et une balancelle attend que vous la balanciez.

Finca La Esperanza : *calle 14.* ☎ *24-43-06-34.* 📱 *52-74-32-13. • victordiver1@gmail.com • En allant vers Banes, après l'ensemble de HLM,*

L'ORIENTE

prendre à gauche, puis tt de suite à droite avt la centrale électrique, c'est à 200 m. Toujours souriants, Victor (qui parle français) et Thania ont peu à peu transformé leur ferme bio en *casa particular.* Oh, ce n'est pas le grand luxe (l'ensemble est assez vétuste et peu entretenu, autant le préciser), mais le couple est sympathique et les chambres proposent l'essentiel. Les repas tirent le meilleur parti des productions maison : tomates, laitue, œufs, canne à sucre, tout est produit sur la *finca.* Pour info, leur fils bosse dans le club de plongée local.

HÔTELS BALNÉAIRES

À ***Playa Guardalavaca*** même, on trouve juste quelques complexes balnéaires côte à côte : le *Brisas Guardalavaca* (plus de 400 chambres), le *Club Amigo Guardalavaca,* encore plus gros (près de 750 chambres !) et l'*Almirante* (super chic et super cher). Les 2 premiers commencent à dater sérieusement. Le 1er donne sur une plage plantée de petits palmiers, pas mal mais un peu étroite pour le nombre de vacanciers. Le 2e, lui, borde pour l'essentiel une côte rocheuse, avec une criquette (bar) et, tout à l'ouest, la plus jolie plage du secteur, semée de raisiniers.

À 3 km à l'ouest, la ***Playa Esmeralda*** est notre préférée. On y trouve 2 établissements : le *Sol Rio de Luna y Mares,* vieillissant mais joliment posé en surplomb du large tapis de sable, et le *Paradisus Rio de Oro,* avec près d'une dizaine de restos, mais réservé aux adultes. De l'autre côté de la baie, le *Memories Holguín* donne sur une plage artificielle souvent envahie d'algues. Mais, pour compenser, on y trouve une jolie piscine à 5 gradins...

Encore un peu plus à l'ouest, la ***Playa Pesquero*** continue de voir se bâtir de nouveaux hôtels. On y trouve l'énorme *Fiesta Americana,* aux pavillons épars bien lumineux, le *Playa Costa Verde* et le plus grand de tous, le *Playa Pesquero* (1 000 chambres !), avec sa section *High Standard Premium.*

Où manger ?

L'ORIENTE

De bon marché à prix moyens

La Maison Sunset : *carretera del Ancla.* ☎ *53-48-08-39 ou 54-08-95-75. Accès, depuis la grande route, par la piste menant au resto* La Ancla *(fléché), à l'ouest de la zona hotelera. Accès possible à pied par la plage depuis le* Club Amigo *(10 mn).* Envie de spaghettis à la langouste ? D'une paella à la cubaine ? De poulpe grillé ? Ce petit resto bien aéré joue le contraste chic avec ses nappes et serviettes en tissu et son personnel aux petits soins. Certains plats sont à des prix un peu élevés, mais le résultat est là.

El Ancla : *carretera del Ancla. Juste 150 m après le resto* La Maison Sunset. La qualité est correcte sans plus, mais la vue depuis la terrasse est extra. Si l'on se contente d'un classique *calamar al vino* ou un *pulpo en salsa criolla,* ça passe. En revanche, éviter la langouste (vraiment chère et congelée).

Restaurante Rico pizza : *en contrebas de l'hôtel* Club Amigo, *face à la plage. Tlj 11h-20h.* Les pizzas sont correctes et à prix écrasés. Pas si mal dans ce secteur où tout est cher. Atmosphère *fast-food* ouvert sur le large.

À voir. À faire

Playa de Guardalavaca : il y a en fait 2 plages, reliées par une promenade littorale. La plus étroite, aménagée, fait face à l'hôtel *Brisas Guardalavaca.* La plus jolie, en partie plus sauvage, est à l'ouest du *Club Amigo,* à l'embouchure d'un petit *río.* Elle est courte mais large, en forme d'entonnoir.

■ ***Centre nautique Marlín :*** *☎ 24-43-04-74 ou 24-43-01-19. Sur la plage, au pied du Club Amigo (tlj 8h30-16h). Tarifs à consulter.* Le kiosque situé au pied de l'hôtel gère les sorties nautiques incluses pour les résidents et propose en plus des excursions au cayo Saetia en bus et catamaran. Le centre de plongée *Eagle Ray* (☎ 24-43-07-74) est situé à l'hôtel *Brisas Guardalavaca. Tarifs à consulter.* On plonge sur 26 sites différents dans un rayon de 10-15 mn en bateau : grottes, épaves, barrière de corail, etc.

À l'ouest de Guardalavaca

Sendero Las Guanas : *dans le parc naturel Bahía de Naranjo, au pied (100 m) de l'hôtel* Sol Rio de Luna y Mares. *Tlj 9h-17h. Accès payant.* Ce sentier didactique d'env 1 km traverse un bois de *guanas* (sortes de fromagers), arbres endémiques de la région, avant de rejoindre un mirador qui surplombe le littoral. On peut y voir des orchidées en fleur en été.

Playa Pesquero : *env 15 km à l'ouest de Guardalavaca.* Un accès public (encore faut-il le trouver !), entre les hôtels *Playa Costa Verde* et *Fiesta Americana,* permet d'accéder gratuitement à cette longue plage dorée en arc de cercle. Les hôtels sont bâtis en retrait et les eaux, calmes, propices à la baignade avec des enfants.

Parque nacional de Bariay : *entre Holguín et Guardalavaca, à Santa Lucía, puis encore 7 km par une bonne route (bien indiqué). ☎ 24-43-33-11. Tlj 9h-17h. Entrée payante (réduc enfants).* C'est dans cette baie qu'aurait débarqué Christophe Colomb, le 28 octobre 1492, en venant des Bahamas. Un modeste fortin espagnol, quelques fouilles peu notables, une habitation rurale reconstituée (noix de coco et café offerts), des huttes indiennes... Bof et rebof. Pour le prix d'entrée, on peut s'offrir 3 mojitos !

À l'est de Guardalavaca

Chorro de Maíta : *à 8 km de Guardalavaca, route de Banes (fléché à droite). ☎ 24-43-02-01. Une navette venant de Playa Pesquero et Guardalavaca y conduit en fin de matinée (en faisant le tour de ts les hôtels !), laissant 1h sur place pour visiter le site. Tlj 9h-17h (13h dim). Entrée payante (visite guidée env 20 mn ou feuillets en français). Droit photos en sus.* En usage entre les XIIIe et XVIe s, cette nécropole découverte en 1986 a livré plus de 180 squelettes, dont 62 ont été conservés *in situ* – plus exactement, beaucoup sont des copies, les originaux faisant l'objet d'analyses. Les corps, pour la plupart en position fœtale, indiquent une inhumation selon les rites de la culture taïno, mais un Africain et un métis afro-caraïbe ont également été mis au jour, de même que quelques artefacts européens. Différents types d'objets ont été découverts et exposés dans les vitrines encadrant le champ de fouilles : vert (cuivre), bleu (coquillage), noir (céramique), jaune (quartz), orange (céramique aborigène), gris (textiles européens), etc. C'est un site assez unique dans les Caraïbes, symbolisant la période de la Conquista et la rencontre entre les mondes amérindien et espagnol.

Aldea Taina : *en face du chorro de Maíta. ☎ 24-43-04-22. Tlj 9h-16h30. Entrée (avec visite guidée) payante.* Reconstitution d'un village taïno d'avant la conquête espagnole avec 3 petites maisons *(caneyes)* et 2 petites huttes *(bahareques).* Des sculptures un peu kitsch représentent les Indiens et leur façon de vivre. Le seul intérêt de l'endroit est le restaurant situé sous une grande paillotte avec terrasse et vue dégagée (si on se contente d'y manger on ne paye pas l'entrée du site). Après la visite du *Chorro de Maíta,* s'il est l'heure de déjeuner, c'est une bonne option. On peut aussi se contenter d'y prendre un verre.

Au sud-est, à Banes

Museo indocubano Baní : *General Marero, 305. ☎ 24-80-24-87. Mar-sam 8h-16h30 (9h-17h l'été). Fermé lun. Entrée payante.* Ce musée est sans doute le plus complet du pays à se consacrer à la culture arawak précolombienne. On y présente près de 7 000 ans d'histoire depuis les origines de Cuba jusqu'à la rencontre entre le monde européen et le monde aborigène. Parmi les 20 000 pièces conservées, on pourra en observer quelques dizaines, bien mises en valeur en vitrine : outils en coquillage, mortiers, dagues en pierre pour cérémonies funéraires, belles haches de pierre polie, bijoux (certains très anciens), pendentifs et colliers à figure humaine, etc. À noter également les nombreuses petites idoles sculptées dans la pierre, ciselées dans des coquillages ou autre support. Au 1er étage, statuettes zoomorphes, vitrines de poteries et même quelques bouts de poteries vernissées témoignant des 1ers contacts avec les conquistadors.

– Juste à côté du musée, voir la plus petite locomotive du monde, la ***Panchito,*** datant de 1888. Elle tirait un train chargé de bananes, qui appartenait à une famille d'origine française, les Dumois, surnommés « les rois de la banane ». L'entreprise fut revendue à la *United Fruit* en 1898.

LE BANISSEMENT DE BANES

C'est dans l'une des églises de Banes que Fidel Castro épousa en 1948 Mirta Díaz-Balart... dont le frère Rafael collabora longtemps avec le dictateur Batista, l'ennemi juré de Fidel. Les époux divorcèrent en 1955 après de violents conflits conjugaux. Aujourd'hui, la famille Díaz-Balart est exilée aux États-Unis et en Espagne. 2 des neveux de Mirta, Lincoln et Mario, ont même été élus à la Chambre des représentants américaine !

LA PROVINCE DE GRANMA

La province de Granma doit son nom à celui du célèbre yacht qui amena, le 2 décembre 1956, le Che, Fidel et leurs compagnons du Mexique à Cuba. Elle inclut une partie de la sierra Maestra où prit naissance la guérilla castriste. On y trouve 2 grands parcs nationaux : celui du pic Turquino et le Desembarco del Granma. C'est donc une province hautement symbolique pour la révolution cubaine.

BAYAMO

148 000 hab.

La capitale de la province de Granma, fondée par l'activiste Diego Velázquez – grand fondateur de villes –, tient un rang plus qu'honorable dans l'histoire du pays. Certes, peu touristique, sans attraits particuliers, elle se glisse dans une tranquille nonchalance. Son centre-ville, bien retapé, est plutôt accueillant. Pour ceux qui ont le temps, une étape sympathique en déambulant dans les rues aux coins desquelles les plaques commémoratives rappellent son riche passé.

UN PEU D'HISTOIRE

Fondée en 1513, c'est la 2e ville historique de Cuba après Baracoa. Bien insérée au milieu des terres et grand centre d'élevage et de production de sucre,

Bayamo échappa longtemps aux raids de pirates, mais pas aux dramatiques conséquences des guerres d'indépendance.
C'est ici que naît ***Carlos Manuel de Céspedes,*** le plus grand leader révolutionnaire cubain, appelé le « Père de la patrie ». Le 10 octobre 1868, l'insurrection contre le pouvoir colonial espagnol est déclenchée. Bayamo est la 1re ville à se soulever. La franc-maçonnerie y étant très influente, les idées indépendantistes y prospèrent naturellement. Carlos Manuel de Céspedes émancipe tous ses esclaves et donne l'exemple à ses compatriotes. Bayamo symbolise alors pendant 10 ans la 1re guerre indépendantiste, devenant la capitale de la république insurgée, lui donnant 20 généraux.
En 1869, sur le point d'être reprise par les troupes coloniales espagnoles, la ville subit l'« incendie révolutionnaire ». Les insurgés y mettent volontairement le feu pour qu'elle ne tombe pas entre les mains des Espagnols. Bayamo gagne ainsi le titre de « ville-monument national ».

LA BAYAMAISE : AUX ARMES, ETC. !

C'est un patriote bayamais, Pedro Figueredo, qui composa La Bayamaise *en 1867, consacrée hymne national cubain en 1902. Très inspirée de* La Marseillaise, *elle débute de la même façon :* « ¡ Al combate ! » *(« Aux armes ! »)... Mais les 4 dernières strophes ont été retirées, sans doute pour ménager l'ancien colonisateur. Il faut dire qu'elles évoquaient les « féroces Ibères, lâches comme tout tyran » et un Cuba libre, puisque « déjà l'Espagne est morte »...*

Arriver – Quitter

En bus

Gare routière : *carretera Central, vers Santiago. ☎ 2342-14-38. Plusieurs destinations desservies par* Viazul *(même si l'enseigne indique* Astro*).* • *viazul.com* •

➢ ***Santiago :*** 5 départs/j. Trajet : env 2h.

➢ ***La Havane :*** 3 départs/j. Trajet : 13-14h.

➢ ***Trinidad :*** 1 bus/j. (le soir). Trajet : 9h30.

➢ ***Varadero :*** 1 départ/j. (le soir). Trajet : 13h.

➢ Les 4-5 bus/j. vers La Havane et Varadero font aussi étape à ***Holguín, Las Tunas, Camagüey, Sancti Spíritus*** et ***Santa Clara.***

En train

Gare ferroviaire : *à 1 km à l'est du centre.* Le train Manzanillo-La Havane y passe ts les 3 j. Connexions locales quotidiennes vers Manzanillo (via Yara), Santiago et Camagüey, à bord d'un matériel roulant qui fait penser aux trains indiens. Carrousel pittoresque de calèches et carrioles autour de la gare.

En avion

✈ ***Aéroport :*** *à 4 km au nord-est de la ville, sur la carretera Central, direction Holguín. ☎ 2342-36-95.*

➢ ***La Havane :*** depuis Bayamo, 2 vols/sem avec *Cubana de Aviación.* S'y prendre longtemps à l'avance.

Adresses et info utiles

Bureau d'infos touristiques ***Infotur*** à l'hôtel *Sierra Maestra.*

✉ ***Correos de Cuba :*** *General Maceo et Libertad, sur le parque Céspedes (pl. de la Revolución). Lun-sam 8h-20h. Fermé dim.*

■ ***Banco de Crédito y Comercio :*** *General García, 101, esq. José A. Saco. Dans la rue piétonne. Lun-ven 8h-15h, sam 8h-11h. Fermé dim.* Change et retrait d'espèces avec les cartes *Visa* et *MasterCard.*

■ **Banco Popular de Ahorro :** *à l'angle de General García et José Antonio Saco. Change lun-sam 8h-19h. Fermé dim.*
■ **Cadeca :** *José A. Saco, 103 ; entre General García et Donato Mármol.* Change les euros.
■ @ **Telepunto :** *General García, 111 ; entre José Antonio Seco et Figueredo. Tlj 8h30-19h.* Téléphone international et Internet.
■ **Stations-service Cupet :** *à la sortie de la ville, vers Santiago ou Las Tunas.*

Où dormir ?

CHAMBRES CHEZ L'HABITANT

De bon marché à prix modérés

José Luis et Amarilis García Bretones : *José Antonio Saco, 275 ; entre Pío Rosado et Capote. ☎ 2342-62-16. • josebretones56@gmail.com •* Très bien placée, cette petite maison verte récente abrite, au fond du couloir, 2 chambres au calme (mais sans fenêtre), joliment parées de pierres apparentes. Salle de bains nickel, eau chaude, clim, frigo, TV et placards. Patio-jardin hyper agréable, doté d'une petite fontaine, où l'on peut prendre l'excellent petit déj à côté du figuier. Repas sur demande. Accueil très chaleureux de José Luis et d'Amarilis, qui vous donneront plein d'infos sur Bayamo et sa région. Un petit coup de cœur.

Villa La Nueva (Norma y Román) **:** *Zenea, 330 alto ; entre Lora et Figueredo. ☎ 2342-43-95. Possibilité de repas.* À 5 mn du centre, une *casa* très chaleureuse qui propose 2 chambres à l'étage, chacune avec salle de bains. Le tout est calme et confortable, avec un salon et une terrasse sur le toit. Román, vétérinaire de formation, et son épouse Norma vous accueillent avec bienveillance et vous donneront toutes les informations nécessaires à votre séjour.

Casa España (Fernando y Lili) **:** *Francisco Vicente Aguilera, 13 ; entre Marmol et Palma. ☎ 2342-32-70.* Dans une maison en dur, jaune comme le soleil, des chambres avec clim et salle de bains. Espaces communs égayés de quelques tableaux. Excellent accueil. Fait aussi *paladar* (voir « Où manger ? »).

El Balcón de Bayamo (José Alberto Fernandez Maillo et Olga Celeiro Rizu) **:** *Parada, 16 ; entre Martí et Mármol. ☎ 2342-38-59. • olgacr@nauta.cu • En face de la Casa de la Trova, au-dessus du bureau de la Cubana de Aviación.* Très bien placé. Parfait pour contempler la jolie place depuis le balcon. Chambres récentes, coquettes même, avec des fenêtres pour y voir clair, salle de bains carrelée, clim et ventilo. Préférer celle côté place, bien qu'elle soit un peu plus petite. Salon agréable, plus 2 terrasses avec du mobilier en fer forgé. Accueil chaleureux de José et Olga.

Où manger ?

De bon marché à prix moyens

PALADAR

Casa España (Fernando y Lili) **:** *voir « Où dormir ? ». Francisco Viconte Aguilera, 13 ; entre Marmol et Palma. ☎ 2342-32-70.* Cette *casa particular* très sympathique fait aussi *paladar.* Très bonne cuisine à déguster depuis la belle terrasse avec vue sur la sierra Maestra. Excellent accueil de Fernando et Lili.

RESTAURANTS D'ÉTAT

La Bodega : *pl. del Himno Nacional, 34. Face au parvis de la cathédrale. Tlj 11h-2h.* L'adresse vaut surtout pour sa situation, une maison coloniale avec un patio ombragé et,

L'ORIENTE

tout au bout, une terrasse couverte en balcon surplombant la rivière Bayamo. Paysage sylvestre avec la sierra Maestria en toile de fond. À privilégier au déjeuner, donc. Cuisine de *comida criolla* honnête mais sans surprise. Service rapide apprécié des autocaristes qui y amènent leurs groupes. Musique en soirée. Spécialité de café au miel.

La Victoria : *sur la pl. principale, le parque Céspedes (pl. de la Revolución), à l'angle de Maceo. Tlj 12h-15h, 18h-21h30.* Un petit restaurant sans prétention, tout en longueur. Sert une honnête *comida criolla,* notamment, du poulet rôti ou en sauce, le tout accompagné d'un *congrí* et d'une salade. Pas très copieux, mais, à ce prix-là, on peut commander plusieurs plats... Ambiance très locale.

Où s'offrir une glace ?

Tropicrema Capuchinos : *parque Céspedes, au croisement de Libertad et de Figueredo. Tlj 10h-22h.* ***Attention,*** *n'ouvre que s'il y a des glaces en stock !* Bar-cafétéria-glacier très populaire, avec une grande terrasse à l'ombre des acacias donnant sur la place principale. On paie son dû à la petite guérite de l'entrée, et une armée de serveuses s'affaire à hue et à dia. Un endroit stratégique pour observer la modeste agitation bayamaise.

Où boire un verre ? Où sortir ?

Casa de la Trova : *dans l'édifice La Bayamesa, Maceo, 111 ; sur le coin de la place à l'angle de Martí. ☎ 2342-56-73. À 2 pâtés de maisons de la pl. Céspedes. Tlj 10h-18h pour le bar. Ts les soirs sauf lun, musique en vivo 21h-1h. Entrée payante.* Beau patio avec tonnelle pour écouter, notamment le dimanche, les *Chacho y sus muchachos,* dont Angel, chanteur octogénaire qui possède une superbe « voix de chocolat ». C'est d'ailleurs son surnom... Également les groupes *Enhorabuena* (les lundi, mardi et jeudi) et *Birama* (le mercredi). Musique traditionnelle : *son,* salsa, merengue, cha-cha-cha et *guajira.* Demandez Julio, le sympathique responsable polyglotte des lieux.

Piano Bar : *General García, 205. ☎ 2342-40-27. Au bout de la rue piétonne. Bar à cocktails tlj 14h-2h.* Toquez à la porte et entrez dans ce bar où l'on concocte des cocktails de très bonne qualité, payables en... pesos. Le daïquiri, le mojito, le *Rón Collins* à 6 pesos, incroyable. Hemingway n'en reviendrait pas ! Pour le reste, service attentionné, musique d'ambiance en sourdine et air conditionné. En soirée, il y a un quintet de 22h30 à 2h. Courez-y vite avant que les touristes ne soient obligés de payer en pesos convertibles !

Centro Cultural Los Beatles : *Zenea ; entre Figueredo y Saco. ☎ 2342-17-99.* Un peu incongru au pays de la salsa, ce centre culturel, annoncé par les statues grandeur nature des membres du célèbre quatuor, fait revivre le week-end, avec le groupe local *Bayam,* le répertoire inépuisable des *Fab Fours,* et cela en espagnol !

Cabaret El Bayám : *carretera Central, sur la gauche en face de l'hôtel* Sierra Maestra. *☎ 2348-52-15. À la sortie de Bayamo, à 2 km du centre. Entrée : env 30-40 pesos cubains/pers. En général, spectacle ven-dim à partir de 23h (de manière certaine sam). Après, la salle se transforme en discothèque.* Une grande salle de spectacle, dans le genre du *Tropicana* de La Havane mais couverte. Shows, strass et paillettes, jolies filles et beaux garçons.

L'ORIENTE

À voir

Parque Céspedes : admirablement restauré, c'est le cœur de la ville, appelé aussi ***plaza de la Revolución,*** épicentre de la vie bayamaise. Terre-plein,

statues de Carlos Manuel de Céspedes et de Pedro Figueredo, auteur de l'hymne national (d'où le nom de la jolie *plaza del Himno,* juste derrière, avec ses pavés anciens). On y trouve la maison natale du « Père de la patrie », le Musée provincial, l'hôtel de ville, plusieurs édifices coloniaux intéressants et la cathédrale juste à côté.
– De là débute la ***calle General García,*** la longue et pimpante rue marchande de la ville. Entièrement piétonne, elle est bordée de magasins. Des bancs publics vous invitent à y faire une petite halte.

👍👍 ***Iglesia parroquial major de San Salvador :*** construite en 1766. Un des rares édifices religieux qui échappèrent en partie au grand incendie de 1869. À l'extérieur, une plaque indique qu'en ce lieu, le 8 novembre 1868, résonna pour la 1re fois l'hymne national cubain. À l'intérieur, très simple, on peut noter la grande toile au-dessus du chœur, représentant Céspedes et ses révolutionnaires au cours d'un événement historique, mêlant étrangement le laïque et le religieux.
Sur la gauche de l'église, la petite ***capilla de Dolorés,*** rescapée des flammes, contient, occupant tout le mur, l'un des plus beaux retables du pays, en cèdre sculpté et doré. Plafond d'origine et chancel en bois précieux. Sur certaines parties du plafond, quelques peintures (faune et flore cubaines). Christ de 1600. À l'entrée de la chapelle, un autre christ en robe violette provenant d'une des 14 églises incendiées de la ville. Celui du baptistère date du début du XVIIIe s. La Vierge de Bayamo et le sarcophage du Christ sont promenés en cortège le Vendredi saint.

👍 Autour de la cathédrale, quelques édifices à l'architecture intéressante, notamment la ***casa de la Nacionalidad cubana,*** fort bien restaurée. Elle abrite le *Centro de estudio de la nación cubana (lun-ven 8h-17h).* Normal, car Bayamo, capitale de la république insurgée, berceau de l'hymne national, s'enorgueillit également d'avoir produit, avec *Espejo de paciencia,* la 1re œuvre littéraire à Cuba. Le *Centro* ne se visite pas vraiment, mais on peut y jeter un œil sans problème pour y admirer le mobilier colonial.

👍👍 ***Casa natal de Carlos Manuel de Céspedes :*** *pl. de la Revolución (parque Céspedes). ☎ 2342-38-64. Mar-ven 9h-17h, sam 9h-13h30, dim 10h-13h30. Entrée payante. Guides disponibles sur place.*
C'est ici que Carlos Manuel de Céspedes vint au monde, le 18 avril 1819. Fière demeure aristocratique bien restaurée, qui échappa à l'incendie révolutionnaire (voir plus haut « Un peu d'histoire »).
Donnant sur le patio, les grandes pièces du rez-de-chaussée égrènent les souvenirs, témoignages et objets liés au « Père de la patrie » (objets, plans, quelques armes, vestiges de l'incendie de 1869, objets personnels de sa 2e femme, boîtes à cigares, boutons de manchettes). Au 1er étage, grand salon meublé d'époque en *coaba* (où l'on prenait place sur les différentes chaises en fonction d'un protocole très précis), et une jolie vue sur la place. Puis une salle à manger et une chambre à coucher où le lit original est composé de 2 panneaux ovales incrustés de nacre.

👍 ***Museo provincial :*** *pl. de la Revolución, juste à gauche du précédent. ☎ 2342-28-64. Mar-ven 8h-12h, 13h-17h ; le w-e 9h-13h, 17h-22h. Fermé lun. Entrée payante (droit photos en sus).* Au rez-de-chaussée d'une jolie maison coloniale, quelques salles qui abritent de modestes collections de souvenirs : vitrine sur la présence indienne (objets et petites figurines), documents en vrac sur l'histoire de la ville, étrange et belle guitare du musicien Oduardo, composée de 19 109 pièces avec incrustation de pierres précieuses, objets personnels de Francisco Aguilera...

👍 Sur la calle Amando Estevez, à côté du monument de Francisco Vicente Aguilera, ruines de la 1re ***église*** construite à Bayamo en 1702, détruite lors de l'incendie révolutionnaire de 1869. Sa tour servit de portique au 1er cimetière urbain de Cuba (déplacé lors de l'extension de la ville).

Fête

– ***Fiesta de la Cubanía :*** cette fête locale se déroule sur la place centrale et calle Saco, le samedi soir, et elle dure jusque tard dans la nuit. La grande fête annuelle a lieu, quant à elle, la semaine du 20 octobre. Là encore, belle animation. À chaque angle de la place, on fait rôtir des cochons et on vous propose de la nourriture dans de petits kiosques proprets, tandis que la musique bat son plein. Très animé.

LA SIERRA MAESTRA

• Carte *p. 334-335*

La sierra Maestra est le 3e massif montagneux de l'île et le plus important. C'est une petite cordillère de 150 km environ sur une cinquantaine de large, servant d'épine dorsale à l'Oriente, à l'ouest de Santiago de Cuba. « Dernier balcon en forêt » avant la mer des Caraïbes, culminant à près de 2 000 m au pic Turquino, elle n'a rien d'une montagne facile. Ce ne sont que canyons abrupts, vallées sauvages, gorges escarpées, grottes obscures et crêtes balayées par le vent. Le *monte,* sorte de petite jungle broussailleuse, couvre les flancs des monts et rend encore plus difficile leur accès. Peu de villages, peu d'habitants. Quelques rares routes, et de pauvres chemins souvent en mauvais état.

Pour une guérilla révolutionnaire, voilà le cadre idéal pour se cacher et harceler sans cesse l'adversaire. « Chaque accès de la sierra Maestra est comme le défilé des Thermopyles, chaque col devient un piège mortel », déclara Fidel Castro, du temps où il se cachait dans ces montagnes impénétrables, de décembre 1956 à novembre 1958. Il y créa le « foyer » *(foco)* de la guérilla révolutionnaire cubaine et, avec à peine 300 hommes, réussit à défier, et finalement à vaincre, les troupes de Batista, évaluées à 10 000 hommes. David contre Goliath, telle est l'histoire de ce combat inégal où le plus faible parvint à terrasser son adversaire.

L'INVENTION DU MYTHE CASTRISTE

En 1957, Castro était donné pour mort après le débarquement du Granma. Perdu dans la montagne avec une poignée de rebelles, il semblait condamné à l'oubli. Mais Herbert Matthews, du New York Times, *allait lui servir de propagande inespérée. En fait, Castro dupa l'Américain en lui faisant croire à un effectif plus nombreux qu'en réalité : lors d'une interview de 3h, échangeant leurs fripes, ses hommes tournèrent autour du journaliste pour lui donner l'impression de leur grand nombre.*

Cette partie de l'Oriente concernera surtout les passionnés d'histoire qui désirent se plonger dans l'épopée de la révolution castriste et réaliser en quelque sorte un pèlerinage sur les traces des *barbudos* : le régime y a balisé les étapes avec les lieux où se sont déroulées les « batailles » (en fait, des escarmouches) opposant les insurgés aux soldats de l'armée de Batista. Force est de préciser qu'en fait, il n'y a pas grand-chose à voir et que le nombre de kilomètres parcourus pour rejoindre le cabo Cruz est inversement proportionnel au degré d'intérêt des bourgades traversées.

En revanche, les sportifs courageux et bien équipés consacreront 2 journées bien remplies à l'ascension du pic Turquino et seront peut-être récompensés, si les nuages ne bouchent pas la vue, par une magnifique vue panoramique sur la mer des Caraïbes.

LA FLORE DE LA SIERRA MAESTRA

La végétation se condense sur les versants des monts : des bananiers, un peu de café, des pins (en altitude) et les palmiers royaux (plus bas), une espèce reconnaissable à son plumet altier couronnant de hauts troncs élancés. Cet arbre majestueux avait déjà été remarqué en 1492 par Christophe Colomb, le « découvreur » de l'île. Son écorce, brune, souple et imputrescible, sert à confectionner des étuis à cigare ainsi que les parois des huttes paysannes *(bohíos).*

Comment y aller ?

➢ ***De Bayamo à Bartolomé Masó :*** env 30 km. En taxi collectif : env 50 mn de trajet. En taxi *Cubatur,* on conseille d'aller directement à Santo Domingo. En voiture personnelle, de Bayamo, faire env 4 km vers Manzanillo, puis à gauche (panneau) pour ***Bartolomé Masó.*** Bien plus direct que de passer par Yara, mais route en état très moyen.

➢ ***De Bartolomé Masó à Santo Domingo :*** 19 km d'une route au

LA SIERRA MAESTRA : l'ouest de l'Oriente

revêtement en plaques de ciment. Dans le dernier tiers, avant Santo Domingo, quelques jolies pentes et virages accentués dans le fond des vallons. Normalement, cette route ne se fait qu'en taxi (même pas de camions). En fait, les Cubains la font souvent à pied. Prenez-les en stop si vous circulez en voiture de loc, car la route est longue et pentue.

➢ ***De Santo Domingo à Alto del Naranjo :*** route difficile, très pentue, ni bus ni camion. Voir « Randonnées... » plus loin.

Topographie de la région

Quand on prend la route de la sierra Maestra, de ***Bayamo,*** prendre la direction ***Bartolomé Masó,*** puis monter vers ***Santo Domingo.*** À partir de Bartolomé Masó, une autre route mène vers le village de ***Las Mercedes*** (où l'on trouve le petit musée du Che). Les randonneurs, surtout s'ils n'ont pas de voiture personnelle, feront en sorte de se loger à Santo Domingo, à l'entrée du ***parc national du Turquino*** et point de départ de toutes les randonnées. C'est là qu'on trouve le bureau des guides (voir plus loin). Si l'hôtel est complet à Santo Domingo, tentez votre chance à Bartolomé Masó.

Où dormir ? Où manger ?

À Bartolomé Masó

Hotel Villa Balcón de la Sierra : *connu aussi sous le nom d'hôtel* El Mirador. ☎ *2356-55-13. À env 500 m à droite de la route en sortant de Bartolomé Masó, en direction de Santo Domingo.* Sur une petite colline dominant un vaste paysage, un hôtel plutôt bien tenu, avec une piscine plus anecdotique qu'olympique mais très agréable, un bar et des maisonnettes en dur de 2 types : les *cabañas familiares* (avec 2 chambres) et *matrimoniales.* Elles sont colorées, nettes et à prix raisonnables à défaut d'être charmantes. Certaines chambres ont vue sur la montagne. Fait aussi resto, mais là, c'est vraiment pas bon !

Entre Bartolomé Masó et Santo Domingo

Campismo Popular La Sierrita : *sur la route entre Bartolomé Masó et Santo Domingo (faire 5,5 km, puis panneau sur la gauche et emprunter le chemin sur 1 km). Résas via* Campismo Popular *à Bayamo :* ☎ *2342-42-00.* On dort dans de petites cabanes en dur et plutôt rustiques (une bonne vingtaine, certaines avec eau chaude) bien disposées au calme et sous les arbres. Aucun charme mais peut dépanner. Restaurant, cafétéria, piscine. Très fréquenté par les jeunes. Point de départ pour des excursions en montagne et baignades dans les rivières à proximité.

À Santo Domingo

Villa Santo Domingo : *sur la gauche avt l'entrée du parc.* ☎ *2356-55-68.* Entre la route (peu fréquentée et calme) et la rivière (un aimable torrent), dans un site ombragé et très agréable, une vingtaine de bungalows noyés dans la végétation. Chambres bien équipées (clim, TV, douche avec eau chaude), propres et tranquilles (un peu d'humidité sur les plafonds). La nº 6 a hébergé Fidel, et sa voisine, la nº 5, est réservée aux couples en lune de miel. Après un rhum *Pinilla* de Manzanillo pris au bar, on se sent plutôt bien ici, malgré la qualité moyenne des repas servis, parfois rythmés par les airs du sympathique groupe *Yaravi.* Un des hôtels de montagne les plus sympas de la région (bien qu'on ne soit qu'à 245 m d'altitude, on se croirait plus haut), pas donné cependant.

À voir. À faire

Las Mercedes : *pour y aller depuis Bartolomé, suivre la direction de Las Mercedes ; 12,5 km plus loin, le village est juste après avoir passé le pont qui enjambe un río.*

– Le « musée » du Che : *à l'entrée du village de Las Mercedes, prendre le chemin de terre le plus à gauche (pancarte « Lugar histórico »). La petite maison verte se situe env 500 m plus loin, sur la droite (drapeau cubain). Lun-sam 8h-16h, dim 8h-11h. GRATUIT.* C'est de cette baraque que le Che dirigea la colonne 8 en 1958. Il y séjourna 20 jours, du 6 au 26 août. Cette cahute frappée de quelques impacts de balles de mitrailleuse a été donnée aux combattants par les paysans, ce qui explique la présence de quelques rares objets dans les modestes pièces, dont la visite ne prend que quelques minutes.

LE TANK DU CHE

Au sortir de la visite du musée du Che, on peut aller voir la tanqueta del Che. *Reprendre la route vers le pont et tourner à gauche : le char est perché sur la colline, à quelques centaines de mètres de là. En fait, ce petit tank américain n'a jamais appartenu au Che. Il a seulement été récupéré par les révolutionnaires durant la bataille de Las Mercedes en août 1958...*

On y trouve, entre autres, le célèbre béret étoilé du Che, sa chemisette, quelques photos, le 1er exemplaire du *Cubano libre* (organe officiel du mouvement rebelle), dans lequel Ernesto Guevara a écrit en tant qu'éditorialiste politique. Dans la guerre qu'il menait, l'info était l'une des priorités. Ce petit journal mal ronéotypé défiera la censure pour convaincre les paysans d'accorder leur soutien. À voir encore, dans une vitrine, son couteau à usages multiples (genre couteau suisse), véritable relique, ainsi que quelques obus de mortier. Dans le jardin, un petit abri souterrain permettait au Che de trouver un refuge lors des mitraillages par l'aviation de Batista.

Santo Domingo : *à 19 km au sud de Bartolomé Masó.* Point de départ des randonnées pour la *comandancia de La Plata* et le pic Turquino, les 2 randonnées les plus prisées de cette région couverte de plantations de bananiers et caféiers. Le village, réduit à sa plus simple expression, se résume à quelques maisons éparpillées dans la vallée. La vie tourne autour des plantations, de l'élevage et du tourisme.

PARQUE NACIONAL TURQUINO

Créé en 1994 sous la tutelle du ministère de l'Agriculture, ce grand parc montagneux et sauvage, de plus de 23 000 ha, abrite une faune et une flore encore mal connues et mal répertoriées. Parmi les animaux qu'un randonneur peut voir, notons les *capronis*, les *jutías* (agoutis), les iguanes (dans la partie sud du parc) et des amphibiens endémiques (environ 35 espèces). Il y a aussi des reptiles et de nombreux oiseaux.
La chasse est interdite, bien évidemment. Les règles de protection étant très strictes, ***les randonneurs doivent obligatoirement être accompagnés d'un guide local.*** Les paysans qui vivent ici peuvent cultiver la terre mais seulement jusqu'à 900 m, pas au-dessus. Alto del Naranjo est à 950 m d'altitude, la comandancia de La Plata à 1 000 m, et le ***pic Turquino*** culmine à 1 974 m.

■ ***Centro de visitantes (bureau des guides) et entrée du parc :*** *à* ***Santo Domingo,*** *tt au bout de la route, un peu après l'hôtel* Villa Santo Domingo *(au niveau de la barrière). Tlj, en général 7h30-17h.* C'est là qu'on paie l'accès au parc. Infos sur les balades dans la sierra Maestra, les randonnées à la *comandancia de La Plata* et, bien sûr, l'ascension du pic Turquino. Elles partent toutes de l'Alto del Naranjo. Pour ces balades, il est obligatoire d'être accompagné d'un guide cubain. Spécialistes de la montagne et de la nature, sympathiques, certains parlent un peu français et anglais. Venez la veille pour prendre les infos et entrez en contact avec votre guide si vous voulez aller à la *comandancia*.

Randonnées, excursions dans le parc

On peut entreprendre des randonnées dans la sierra Maestra toute l'année (risques de pluie toutefois de mai à novembre et de cyclones en juillet-août). Il faut être cependant en bonne forme et avoir un minimum d'entraînement. Les 2 principales randonnées sont celle de la ***comandancia de La Plata*** (sans difficulté, compter une petite ½ journée aller-retour avec la visite) et l'ascension du ***pic Turquino.*** Pour cette dernière, il est nécessaire d'emporter un bon duvet si vous venez en hiver (les couvertures que propose le refuge ne sont pas suffisantes).
De Santo Domingo, on peut grimper quelques kilomètres plus haut jusqu'au ***belvédère d'Alto del Naranjo*** en voiture ou en 4x4 *(accès payant)* par une route assez bien revêtue (plaques de ciment) mais à la dénivellation vertigineuse et aux courbes difficiles. Prudence s'il pleut. Sinon, des taxis attendent les clients à l'hôtel *Villa Santo Domingo*.
➢ C'est depuis l'Alto del Naranjo que partent les 2 randonnées : à droite, un sentier conduit à la comandancia de La Plata ; à gauche, un autre au pic Turquino.

Randonnée jusqu'à la comandancia de La Plata

Une belle randonnée, sur des sentiers rocailleux mais sans difficulté particulière. Compter environ 1h15 de marche aller et autant au retour, au départ du belvédère d'Alto del Naranjo (3 km à pied), et environ 1h pour la visite du site (donc autour de 4h en tout).
– ***Droit d'entrée :*** *payant pour la comandancia (guide obligatoire). Préférable de venir avt 10h au* Centro de visitantes. *De tte manière, l'accès au parc ne se fait plus après 13h.*
➢ De l'Alto del Naranjo, un sentier de montagne mène au ***mesón de Medina*** : c'est le poste d'entrée de la *comandancia.* Il y a quelques chaises sous une grande hutte d'où l'on a une belle vue sur la vallée. Les marcheurs y font une petite pause avant de poursuivre jusqu'à La Plata, ou en en revenant. La visite est rythmée par plusieurs arrêts durant lesquels le guide fournit quelques explications.
➢ ***La Plata*** se trouve à environ 1,5 km après la mesón de Medina (compter 30 mn de marche jusqu'au site). Choisi pour sa relative inaccessibilité, ce fut le campement de Fidel Castro et de ses hommes dans les 1ers mois de la guérilla : « Pour nous, ce fut l'endroit le plus familier, le plus aimé, celui où nous avons connu les premiers et les derniers combats de la sierra Maestra », raconta Fidel. Les soldats de Batista ne découvrirent jamais son emplacement.
Le guide fait d'abord visiter un petit musée présentant des photos, des armes, une maquette du site, 2 machines à écrire et même une machine à coudre.
➢ Après le musée, encore quelques minutes de marche pour arriver enfin au cœur même de la ***comandancia de La Plata,*** c'est-à-dire le quartier général de Fidel Castro, où il séjourna de mai à novembre 1958. Le Che, qui occupait un autre site, ne fit qu'y passer.
Il s'agissait d'une série de huttes éparpillées sur un versant abrupt de montagne et enfouies sous l'épaisse végétation tropicale, afin de ne pas être détectées par l'ennemi. Dans ce pauvre bout du monde, « *Primer territorio libre de America* », comme le qualifiaient les révolutionnaires, néanmoins hostile et sauvage, la guérilla avait reconstitué un minivillage qui devait être l'embryon de cette nouvelle société dont rêvaient Fidel et le Che.

LA CASA DE FIDEL

La hutte du chef de la guérilla est toujours debout (en fait, elle a été reconstruite plusieurs fois). Cette construction en bois possède une porte battante secrète dans le plancher pour échapper rapidement à l'ennemi en cas d'attaque surprise.

Chaque hutte avait un rôle assigné : le point de contrôle (qui fut aussi un hôpital), la cuisine, la cantine, le magasin général, le tribunal populaire (où furent prononcés les 1ers verdicts de la révolution cubaine), la *casa* où l'on écrivait et imprimait sommairement les textes politiques, sans oublier la hutte des hôtes *(invitados)* et celle de *Radio Rebelde,* perchée au sommet de la colline. Au total, il y a 16 installations, mais on les visite rarement toutes, c'est selon l'humeur du guide... Vous pouvez toutefois demander à voir celles que vous voulez. Malheureusement, la plupart de ces huttes ont souffert des cyclones, ce qui rend la visite un peu décevante.

Ascension du pic Turquino

Au départ de l'***Alto del Naranjo,*** voici une randonnée superbe mais difficile. Au total, il faut compter 2 ou 3 jours de trajet avec des guides cubains.
– ***Réservations pour l'ascension du pic :*** à faire plusieurs jours à l'avance par téléphone, directement à l'*Empresa nacional para la protección de la flora y la fauna* à Bartolomé Masó *(☎ 2356-53-49 ; • ffturquino@enet.cu •).* On peut aussi venir directement à Santo Domingo au *Centro de visitantes,* mais il faut savoir que

le nombre de randonneurs acceptés peut déjà être atteint, car seulement 20 personnes par jour peuvent grimper au Turquino. Demander Alexei Ramirez, guide très compétent.

– ***Options de randonnée :*** il y a plusieurs possibilités d'effectuer la randonnée au pic Turquino :

➢ randonnée de 2 jours avec une nuit au refuge *Aguada del Joaquín* ;

➢ randonnée en 3 jours, avec une nuit au refuge *Aguada del Joaquín* puis une autre nuit au refuge de *Las Cuevas* (quand la descente s'effectue côté mer ;

➢ randonnée en 3 jours également, comprenant, le 1er jour, la *comandancia* avec nuit et repas au refuge de *La Platica* – non loin d'Alto del Naranjo –, le 2e jour, la montée et la nuit au refuge *Aguada del Joaquín,* et le 3e jour la montée au Turquino puis la redescente, elle-même avec 2 options, soit directement vers Santo Domingo (point de départ), soit vers Las Cuevas, sur la côte sud. *Compter alors 130 CUP/pers, repas et logement compris (ne pas oublier le guide !).*

Faites-vous tout de même repréciser les tarifs du guide, qui peuvent varier sans crier gare. Quelle que soit la randonnée choisie, le départ se fait le matin.

– ***Ravitaillement :*** il est normalement prévu dans les prix annoncés. Bien se le faire préciser toutefois au moment de la réservation, et ne pas hésiter à compléter avec des vivres de son choix.

– ***Transport des bagages :*** les moins courageux pourront louer des mules pour porter les sacs à dos (à demander au bureau des guides), à condition de faire le circuit qui revient vers Santo Domingo et non celui qui redescend vers Las Cuevas.

– ***Infos pratiques :*** prévoir de bonnes chaussures pour l'ascension et un duvet chaud pour la nuit, surtout si vous venez en hiver. Par ailleurs, si vous êtes venu en voiture et que vous décidez d'entreprendre la randonnée en redescendant par Las Cuevas (côte sud), il est possible de vous faire apporter votre véhicule directement à votre point d'arrivée, ce qui est bien pratique. Renseignez-vous pour savoir si c'est toujours possible auprès du *Centro de visitantes.* Ils vous donneront les dernières infos sur le sujet.

– ***Randonnée :*** le ***pic Turquino*** est une rando réservée aux marcheurs expérimentés. Près de 2 000 personnes entreprennent cette excursion chaque année. Les randonneurs amateurs se contentent en général de la ***comandancia de La Plata.***

Les départs se font de l'Alto del Naranjo (950 m d'altitude), situé quelques kilomètres au-dessus de Santo Domingo, auquel on parvient en voiture. Jusqu'au sommet du pic Turquino, il y a 13,5 km, soit en tout entre 7 et 8h de marche.

Le sentier est bien entretenu et jalonné de panneaux. Des équipements de sécurité (marches, rambardes et échelles en bois) ont été installés aux endroits critiques. Nature totalement sauvage : forêt dense, fougères géantes, orchidées et conifères plus haut. Après 5 bonnes heures de marche (8 km), on parvient au campement *Aguada del Joaquín,* où logent en permanence des employés du parc (reliés par radio avec la vallée). Le refuge *Aguada del Joaquín* accueille les randonneurs pour la nuit. Il y a une source d'eau à proximité.

En haut du pic Turquino, à quelques mètres du sommet, se trouve l'inévitable statue de José Martí. Elle fut montée dans un sac à dos, le 21 mai 1953, par Celia Sánchez, la pasionaria de la révolution cubaine.

Le lendemain, pour accéder au sommet du pic Turquino, il faudra compter encore environ 2h30 à 3h de marche par un sentier très raide.

Le pic Turquino, point culminant du pays à 1 974 m, est souvent dans les nuages. Une superbe végétation (arbustes) cache malheureusement le panorama. À 40 m du sommet se dresse en revanche un mirador naturel d'où l'on a une belle vue sur la région.

On reste là-haut un moment avant d'entamer la descente en 6h jusqu'à l'Alto del Naranjo ou bien côté mer, jusqu'à Las Cuevas.

MANZANILLO

97 000 hab.

À 67 km à l'ouest de Bayamo et à 18 km de Yara, Manzanillo est la 2e ville de la province de Granma. En réalité, sur le plan économique, sa principale activité est l'exportation du sucre (terminal sucrier voisin). Des quartiers résidentiels sur les paisibles collines bordant la ville à l'est jusqu'au Malecón en bord de mer, partout la ville paraît plus propre, plus nette mais aussi plus vide que les autres villes de l'Oriente.
Voilà un port figé dans le temps, à l'image de ce grand boulevard périphérique *(circunvalación Camilo Cienfuegos)* cernant la ville au sud. Manzanillo manque de charme, et une petite heure à faire le tour de la place principale, le parque Céspedes, suffira pour en prendre la température.

UN *SON* PARTICULIER ET L'ORGUE DE BARBARIE

Manzanillo est aussi célèbre pour sa musique et son *son* particulier. Des organistes alsaciens y sont arrivés après 1870. Aujourd'hui, on y entretient encore le célèbre *órgano oriental,* orgue de Barbarie, base de toute une branche de la musique cubaine. En fait, il n'en reste que 2, qui sont souvent hors de Manzanillo. On les sort les jours de carnaval, et alors la ville vit au rythme de la *música molida,* comme disent les Cubains.
– ***Carnaval :*** *4 j. chaque année la dernière sem d'août.* C'est l'occasion de voir et d'entendre les fameux orgues. Fête aussi chaque samedi soir dans la calle Martí et autour du parque Céspedes.

Arriver – Quitter

Il est préférable de se rendre à Bayamo, d'où les liaisons sont plus faciles.

En bus

Gare routière : *à 2 km à l'est de la ville, sur la route de Bayamo.* À noter qu'il est interdit aux touristes de prendre les bus *Astro.* Et *Viazul* n'est représenté qu'à Bayamo. Pratique !
➢ ***Bayamo :*** 2 bus/j.
➢ ***Niquero et Pilón :*** aucun transport officiel pour ce trajet. Taxi ou véhicule de location obligatoire.
➢ ***La Havane :*** 2 bus/j. avec *Astro* (en général à 20h et 21h). Mais ils ne sont pas censés prendre les étrangers. Trajet : 12h. Passe par ***Las Tunas, Camagüey, Ciego de Ávila, Sancti Spíritus...***

En train

Gare ferroviaire : *au nord de la ville.*
➢ ***Santiago et La Havane :*** normalement réservé aux Cubains. Trajet : 6h avec Santiago et 16h avec La Havane. Mais souvent, les trains ne partent pas en raison de problème mécanique.

Adresses utiles

■ ***Cadeca*** (change) **:** *Martí, 168 ; entre Pedro Figuerero et Narciso López. Lun-sam 8h-16h. Fermé dim.* Change les euros. Retrait possible avec les cartes *Visa* et *MasterCard.*

■ ***Stations-service Cupet :*** *aux 2 entrées de la ville.* Peu de stations-service dans le secteur, ne pas hésiter à faire le plein.

Où dormir ? Où manger ?

Quelques *casas particulares* en ville. On en a retenu une, au cas où vous seriez amené à faire étape ici. Pour casser la croûte, plusieurs adresses à prix sages autour de la place principale (parque Céspedes) et sur le Malecón.

Chez Adrián et Tonia : *Martires de Viet-Nam, 49 ; entre Caridad et San Silvestre. ☎ 2357-30-28. • sbertran@golfo.grm.sld.cu • Du parque Céspedes, monter vers la escalinata Celia Sánchez, c'est en face. Repas sur demande.* Dans une maison moderne à la façade blanc et bleu, décorée avec recherche, un appartement grand confort et impeccable, avec salon et salle de bains, frigo, clim, micro-ondes, lecteur DVD... terrasse avec petite tonnelle ombragée, vue sur la ville et la mer. Entrée indépendante. Le jeune couple sait tenir son affaire.

La Lisetera – Cayao Confite : *sur le Malecón. Service en terrasse 12h-23h et en salle 12h-15h, 18h-21h45.* Resto au décor vaguement marin. Vous ne pouvez manquer ce grand établissement blanc puisque l'entrée est surmontée d'une *liseta,* ce poisson de mer dont il tire son nom. Spécialité de *manzanillo,* une sorte de petit merlu qu'on vous sert pané – ou frit – et farci au fromage et au jambon. Grande terrasse. Certainement l'endroit le plus populaire du coin.

Las Américas : *parque Céspedes, angle Martí et Maceo. Sur la pl. centrale. Tlj 12h-14h, 18h30-21h.* Très agréable, avec de grandes portes-fenêtres doublées de colonnettes en bois et ouvrant sur la rue. Jolies petites salles, avec mobilier de style. Cuisine cubaine traditionnelle à prix très bas.

Paladar La Roca : *Martires de Viet-Nam, 68, en face de Chez Adrián et Tonia.* Petite maison sans enseigne à laquelle on accède par un escalier. On déjeune en oscillant entre poulet et poisson en sauce, dans une petite pièce, avec le chant des oiseaux en cage. Bonne cuisine goûteuse et soigneusement présentée. Service chaleureux et attentif.

Où boire un verre ? Où sortir ?

Tout autour de la place principale, le parque Céspedes, sous les galeries, de nombreux petits ***kiosques*** proposent la boisson de l'homme cubain : le *cóctel de ostiones* (jus de tomate, Tabasco et une espèce d'huître que l'on sort de sa coquille pour l'occasion). Le cocktail posséderait 2 vertus : la 1re est de fortifier la mémoire, la 2de... on vous laisse le soin de demander !

Cabaret Costa Azul : *av. 1ro de Mayo y Narciso López.* Entièrement refait, c'est l'adresse la plus animée de la ville en fin de semaine. En général, show vers 22h. On peut y boire, manger (des en-cas), danser et assister à des spectacles dansants. À l'extérieur, une grande terrasse ventilée par l'air du large.

Casa de la Cultura et Casa de la Trova : *parque Céspedes, angle de Masó y Merchan.* Activités en fin de semaine surtout.

L'ORIENTE

À voir

Parque Céspedes : jolie place centrale, célèbre pour son kiosque de style mauresque en son centre, surnommé « La Glorieta ». Autour, quelques édifices de la même veine, dont certains ne manquent pas de caractère.

Museo municipal Manzanillo : *parque Céspedes ; Martí, 226. Mar-ven 9h-12h, 14h-18h ; le w-e 8h-12h, 18h-22h. Fermé lun. Entrée payante.* Petit musée historique de la ville à l'est du parque Céspedes. Un peu de mobilier, quelques armes et les incontournables éléments sur la révolution avec ses quelques objets de culte.

Malecón : assez peu fréquenté, mais beaucoup plus propre et mieux entretenu que celui de Baracoa. Le parapet est agrémenté de plusieurs sculptures féminines réalistes.

DANS LES ENVIRONS DE MANZANILLO

La Demajagua : *à env 12 km en allant vers Campechuela et Niquero. Grand panneau « Parque nacional museo La Demajagua ». Prendre cette petite route sur 2,5 km, c'est au bout. Lun-sam 8h-17h, dim 8h-13h. Entrée payante.*
Possibilité de visiter le site de l'ancienne hacienda de Carlos Manuel de Céspedes où, en octobre 1868, le « Père de la patrie » sonna le début de la 1re guerre d'indépendance. Il libéra tous ses esclaves, démontrant ainsi qu'il ne pouvait pas y avoir émancipation d'un peuple si lui-même en opprimait un autre !
Aujourd'hui, c'est un tout petit ***musée historique et archéologique,*** complément à la visite de sa maison natale à Bayamo. On y voit quelques armes, de modestes éléments sur l'esclavage, des documents sur l'hacienda... Très peu de choses en vérité, on en a fait le tour en 5 mn, et encore sans se presser. Quant à la sucrerie et à l'hacienda, il n'en reste plus rien.
Au bout d'une jolie pelouse parfaitement entretenue, une plaque rend hommage à Céspedes avec des phrases définitives des révolutionnaires Céspedes, Martí et Castro. À côté, on voit encore 2 rouages de la sucrerie emprisonnés par les racines d'un arbre. Dans un vestige de mur, la célèbre cloche (normande, de 1859) qui appelait les esclaves au travail et qui servit à sonner le début de la guerre d'indépendance.

NIQUERO

À 72 km au sud-ouest de Manzanillo, où domine la culture sucrière, voici une bourgade un peu oubliée, avec ses vénérables maisons en bois avec vérandas, d'autres en pierre et colonnades. De l'ensemble, à l'ombre de l'usine sucrière, se dégage un petit côté Far West, complètement hors du temps. Avec son unique hôtel, Niquero peut constituer une halte pour la nuit, dans la perspective de visiter, le lendemain, les sites du parc national Desembarco del Granma ainsi que la Playa Las Coloradas, où Fidel et le Che débarquèrent en décembre 1956 sur le célèbre *Granma.* Mais prévoir de quoi occuper la soirée...

– À ne pas manquer, le ***festival des Orgues de Barbarie*** à la mi-août.

■ ***Station-service Cupet :*** *à l'entrée nord de la ville.* Mais attention, pas d'essence *especial,* seulement de la *regular.*

DANS LES ENVIRONS DE NIQUERO

Le sud de Niquero concentre quelques lieux historiques qui, s'ils ne sont pas particulièrement évocateurs, n'en revêtent pas moins une réelle importance pour la légende révolutionnaire. Les aficionados ne rateront pas cette halte, presque un pèlerinage. Le parc national Desembarco del Granma n'est accessible qu'en voiture. Pas de transports en commun dans ce secteur et prix d'entrée élevé.

Playa Las Coloradas : *à 19 km au sud de Niquero. Depuis la rue centrale, prendre à gauche au niveau de l'hôtel* Niquero *et parcourir 13,5 km ; à Belic, à la fourche, prendre à gauche ; à 5,5 km, la plage est indiquée sur la droite.* En décembre 1956, c'est ici que débarquèrent Fidel Castro, Che Guevara et leurs 80 compagnons du yacht *Granma.* Un haut lieu de l'histoire de Cuba, donc (voir la rubrique « Histoire » dans « Hommes, culture, environnement » en fin de guide). On vous prévient tout de suite, à part son caractère historique, la plage en elle-même n'a aucun intérêt. On ne peut même pas s'y baigner.

CASTRO ET LA MAFIA

Avec la Constitution de 1940, Batista avait créé une coalition avec le Parti communiste. C'était insupportable pour certains mafieux qui offrirent des armes en sous-main à Castro, lors de sa guérilla dans la sierra Maestra. Ce n'est que plus tard qu'ils prirent conscience de l'idéologie castriste.

Parque nacional Desembarco del Granma : *en reprenant la route vers le sud, 1,4 km plus loin, on trouve l'entrée de ce parc national qui couvre plus de 28 000 ha. On peut pénétrer dans le parc en permanence, mais officiellement, il est ouv 8h-18h. Entrée libre avt et après ces horaires ; sinon, prévoir un droit d'entrée.*
Signalons que le site est classé au Patrimoine de l'Unesco pour ses terrasses et ses falaises spectaculaires au cap Cruz, ainsi que certaines des falaises côtières parmi les plus impressionnantes et bordant les côtes américaines de l'Atlantique. Quelques centaines de mètres après l'entrée du parc, sur la droite, sous un abri, la réplique exacte du ***Granma,*** le bateau du débarquement de 1956. L'original est à La Havane, devant le musée de la Révolution. 200 mètres plus loin encore, petit ***musée.*** Pas grand-chose à se mettre sous les yeux à vrai dire, si ce n'est les sempiternelles photos des *barbudos,* quelques objets personnels des révolutionnaires et une carte qui montre le trajet réalisé par le bateau au départ de Tuxpan au Mexique le 25 novembre 1956 pour débarquer à Las Coloradas le 2 décembre. Un autre plan permet de suivre les routes terrestres empruntées par les survivants, qui se divisèrent en 3 groupes (l'un mené par Raúl, un autre par Fidel et le dernier par le Che).
Petite piqûre de rappel pour ceux qui n'auraient pas bien suivi : ils se retrouvèrent au pied de la sierra Maestra le 21 décembre, soit 3 semaines plus tard, avant de grimper se cacher dans la montagne le 25. Là, ils s'organisèrent et constituèrent l'armée rebelle qui ne fit que grossir, avec l'appui des paysans de la sierra. Ils y séjourneront 2 ans.
– À proximité du musée, petite cabane en feuilles de palme où les combattants en guenilles, épuisés par leur traversée de la mangrove, furent accueillis par un paysan (après quelques heures, ils durent filer fissa, car les troupes de Batista étaient à leurs trousses). Bon, ce n'est pas la paillote originale, plusieurs fois soufflée par les cyclones.
➢ Derrière le musée, un ***sentier*** cimenté de 1,4 km mène, à travers l'épaisse végétation et la mangrove, au ***point de débarquement*** exact du *Granma.* En général, un guide du parc se propose de vous accompagner, ce qui n'est pas superflu pour comprendre les détails de l'expédition (compter une petite heure en tout). On imagine bien que la traversée de cette mangrove a dû être assez rude : plus de 5h de marche avec de l'eau jusqu'à la taille et après 1 semaine de voyage en bateau dans des conditions météo pitoyables !

Sendero arqueológico natural El Guafe : *6 km plus loin, en empruntant l'unique route qui traverse le parc, panneau sur la gauche. Accès payant. Compter 1h.* Un intéressant sentier archéologique et écologique de 2 km permet de découvrir la flore du parc ainsi que des grottes contenant quelques vestiges précolombiens. Un guide local est en général là pour vous accompagner.

Punta de cabo Cruz : *encore quelque 2,5 km plus au sud (et à 29 km de Niquero), sur la même route, on aboutit à ce minuscule port de pêche qui marque la pointe ouest de la péninsule.* Un village tranquille, un phare, une toute petite barrière de corail, un port de poche et quelques barques colorées. Pour ceux qui visitent le parc national, ça peut valoir le coup de pousser jusque-là. Pas de *casas particulares* officielles dans le village. Près du phare, un restaurant d'État, *El Cabo,* dont le principal avantage est qu'il est payable en pesos. Pas terrible.

LA ROUTE CÔTIÈRE DE PILÓN À SANTIAGO

La route qui permet de gagner la côte sud se prend 10 km avant d'arriver à Niquero, sur la gauche (panneau). De cet embranchement, Pilón est à 28 km, Marea del Portillo à 46 km et Santiago à 214 km.
– ***ATTENTION :*** ces dernières années, les cyclones ont fortement endommagé la route, et certains ponts sont partiellement – voire totalement – détruits. La route peut se révéler impraticable si on ne dispose pas d'un 4x4. Bien se renseigner sur place sur la praticabilité et se dire que même avec un véhicule approprié, le trajet jusqu'à Santiago peut s'avérer une galère de 7 à 8h en raison de l'état catastrophique du revêtement parsemé de nids-de-poule qui peuvent aisément contenir un élevage en batterie ! En tout cas, éviter de conduire avec le soleil de face (vers l'est tôt le matin et vers l'ouest en fin de journée), le pare-soleil ne suffisant pas à atténuer la lumière et à distinguer la nature du sol.
– ***Conseils :*** l'idéal consiste à passer une nuit en route et à dormir (par exemple) vers Chivirico. Attention, une seule station-service entre Pilón et Santiago à Chivirico. Il est, bien sûr, très fortement déconseillé d'emprunter cette route de nuit. D'ouest en est, il est peut-être préférable de revenir par Manzanillo et Bayamo.

➢ Pour rejoindre la côte caraïbe, la route franchit un col à Sevilla Arriba. Le relief prend doucement de l'ampleur, mais on ne sent pourtant pas la présence de la sierra, seul un léger changement de végétation en témoigne. Puis l'horizon s'ouvre sur la mer. Et là, waouh ! C'est l'une des routes côtières les plus belles de Cuba (avec les réserves évoquées).
De modestes villages s'égrènent le long des flots et se cachent dans les contreforts méridionaux de la sierra Maestra. Il n'empêche : voici la région la plus enclavée de l'île. Il y a une dizaine d'années, elle n'était reliée au reste de l'Oriente que par une seule et unique route défoncée, hérissée de cailloux, coupée par des lits de torrents et parcourue par des troupeaux errants. Hélas, c'est à nouveau le cas, quoique, mi-2012, la portion terminale avant d'arriver à Santiago ait fait l'objet de travaux de rénovation.
La route épouse les contours du relief, passe au pied des hautes montagnes de la sierra Maestra et longe la mer des Caraïbes, presque sans interruption, depuis Pilón jusqu'à 16 km environ avant Santiago. Un spectacle vraiment incomparable. Quelques échancrures, de temps en temps, livrent une multitude de petites plages que l'on choisit en fonction de ses goûts (sable blanc, blond, noir ou galets). Attention cependant, les courants sont particulièrement traîtres et certaines plages sont dangereuses. D'autant qu'au large, ça en donne presque le vertige, les fonds marins atteignent des profondeurs abyssales : plus de 7 000 m !
C'est ce côté « Far West cubain », sauvage, vierge, loin de tout, qui attirera les routards à l'esprit aventureux. Revers de la médaille : on trouve peu de choses pour s'approvisionner dans les villages.

PILÓN

Ville sucrière de 12 000 habitants, à 28 km de l'embranchement de Niquero et à 90 km au sud de Manzanillo. Rien de particulier à voir, si ce n'est une grosse fabrique pas belle du tout et un peu irréelle.

Adresse utile

■ ***Station-service Cupet :*** *sur la route descendant de Sevilla Arriba à l'entrée de Pilón. Ouv 24h/24.* On vous conseille d'y faire le plein, même s'il vous reste encore de l'essence.

Où dormir ? Où manger ?

Prix moyens

🏠 🍽 ***Hotel Punta Piedra :*** *à une dizaine de km de Pilón en direction de Santiago, côté mer. ☎ 23-59-70-62. Petit motel rénové de la chaîne* Cubanacan, *couplé au* Marea del Portillo *et au* Farallón *(voir plus loin), navettes entre les 3 pour profiter des installations des uns et des autres.* Une douzaine de chambres dans un ensemble en rez-de-chaussée, surplombant la mer (plage, non accessible, juste devant). La moitié des chambres donnent sur le devant, avec vue sur la mer. Le reste est à l'arrière. Petite piscine trapézoïdale avec transats dominant la mer et la végétation. Ensemble très propre et confortable, avec un indéniable côté petit luxe (clim, TV câblée, frigo...). Un bon choix. Pas mal de cyclotouristes, c'est en effet le moins cher de la région avant Chivirico. Au resto, plats sans surprise. Soirées dansantes sur la plage.

MAREA DEL PORTILLO

À une quinzaine de kilomètres de Pilón et 4 km après l'hôtel *Punta Piedra,* une superbe plage, large, généreuse, en arc de cercle et protégée des vents par un cirque montagneux. Autant de conditions qui ont appâté les investisseurs et incité le gouvernement à autoriser un groupe hôtelier à construire 2 blocs de béton, dont la hauteur, heureusement, n'est pas trop indécente.

Où dormir ?
Où manger chic ?

Chic

🏠 🍽 ***Club Amigos El Farallón del Caribe :*** *☎ 23-59-70-71, 82 ou 83.* Et ***Marea del Portillo*** : *☎ 23-59-70-08. Formule tt inclus.* Bien plus cher pour *El Farallón,* le grand édifice en W adossé à un pan de montagne et qui s'avère assez bruyant. C'est le plus chic des 2, mais il n'est pas directement sur la plage, contrairement au *Marea del Portillo.* Bref, on conseille largement ce dernier. En général, ces hôtels sont remplis par les tour-opérateurs canadiens anglophones, qui achètent des semaines entières. Cela dit, si le *Marea* n'est pas complet et que le site vous plaît, il est toujours possible de réserver une chambre à la nuit (toujours en « tout compris ») ou même d'y prendre simplement un repas. Chambres spacieuses et bien équipées, qu'affectionne une clientèle de Canadiens. En bout de complexe, des bungalows de 2 chambres en duplex, donnant directement sur la plage de sable noir.

Évidemment, ne comptez pas rencontrer beaucoup de Cubains, sauf ceux qui vous servent le mojito et changent vos serviettes de bain... Ces 2 hôtels présentent malgré tout quelques avantages. D'une part, tout est compris, du petit déj au dîner en passant par les cocktails. D'autre part, ces hôtels sont les seuls à organiser les trajets pour le cayo Blanco. Départ en général à 9h et retour à 15h (déj langouste et boissons compris). On débarque sur une plage de sable blanc où l'on peut faire de la plongée avec palmes, masque et tuba (prêt inclus). Bon, le gros inconvénient, c'est que vous êtes loin de tout, coincé dans votre hôtel avec vos voisins de serviette. Faut aimer !

À voir. À faire

➢ La route est toujours aussi belle et serpente le long du littoral, que les vagues viennent lécher, et après *La Palmita,* de belles plages se succèdent les unes aux autres.

Après le terrain de base-ball et le pont de *La Palmita,* sur la droite, belle ***plage de sable noir*** avant la remontée dans les terres.

LA PLATA

À 50 km à l'est de Pilón, peu avant le pic Turquino. En janvier 1957, les révolutionnaires y remportèrent leur 1re victoire sur les troupes de Batista. Le site historique de la bataille de El Jigüe est accessible uniquement à pied ou à cheval.

À faire

Juste après le pont enjambant le río Palma Mocha, puis l'ensenada de Las Cuevas, on trouve une ***plage de galets.*** Ressac sympa. Attention, le fond tombe rapidement dans les abysses. À Las Cuevas, rien. C'est pourtant là que se termine la descente du pic Turquino pour ceux qui ont choisi d'emprunter cette voie (voir « Ascension du pic Turquino » dans le chapitre « La sierra Maestra » plus haut).

Avant d'arriver à El Ocujal, après le pont, petite ***crique de sable blanc.*** Pour ceux qui prennent l'itinéraire dans le sens inverse, c'est à 109 km de Santiago.
– Avant d'arriver à La Mula, la bouche d'un autre cours d'eau est protégée par la mer. Sur la droite, un petit ***bassin*** mouillé de temps à autre par les flots. Idéal pour les enfants.

CHIVIRICO

À 107 km à l'est de Pilón et 68 km à l'ouest de Santiago de Cuba, sur la route de Pilón à Santiago. Une petite ville nonchalante (environ 4 000 habitants), très couleur locale, coincée entre la montagne et la mer. Le climat y est plus sec qu'ailleurs en raison des faibles pluies. Quelques plages près du village, bien agréable. Populaire et tranquille, voici une halte sympa et authentique qu'on aime beaucoup. Possibilité d'y dormir, heureusement.

L'ORIENTE

Où dormir ? Où manger ?

Chic

Hotel Los Galeones : *à Chivirico. ☎ 23-32-61-60 ou 23-32-64-35. Perché sur une colline dominant la mer de 60 m de hauteur. Dans le centre de Chivirico, prendre à gauche en venant de Santiago et grimper tt en haut. Conseillé d'être véhiculé.* Voici une structure de charme d'une trentaine de chambres-bungalows décorées avec goût et très confortables, la plupart avec vue, ou ourlant une jolie piscine de taille raisonnable. Calme total, car ici, on privilégie la douceur de l'ambiance et l'intimité des clients. Pas de cours d'aquagym bruyant à 10h ni de karaoké le soir, mais un barbecue organisé sur la plage. Bar, sauna, jacuzzi, resto tout à fait convenable, minisalle de gym et billard. *Snorkelling,* à condition d'avoir emporté son équipement.

Hotel Brisas Sierra Mar : *à **Playa Sevilla.** ☎ 23-32-91-10 à 14. À 12 km à l'est de Chivirico et 62 km de Santiago. Pour les non-résidents, buffet possible.* Bien plus grand que *Los Galeones,* il compte plus de 200 chambres, disposées dans plusieurs édifices à flanc de colline. Il jouit d'une vue magnifique sur la montagne et la mer en contrebas, ainsi que d'une très belle plage de sable gris de 4 km de long mais rognée par les dernières tempêtes. Nombreuses activités sportives (voile) et divertissements (cours de salsa, spectacles, soirées au bord de la piscine...). Au bar, le jeune musicien qui se produit au piano est un étonnant virtuose. Très bon accueil. Également un centre de plongée sur la plage (notamment sur une épave d'un navire espagnol coulé par la marine américaine en 1898). Prévoir un bon répulsif antimoustiques.

Vista del Sol : sur la baie de ***Chivirico,*** au pied de la colline qui mène à *Galeones* et au bord de l'eau, un petit *paladar* tout simple, de 5 tables à peine, où officie un jeune chef formé dans les grands hôtels. Bon repas traditionnel avec grillades de poisson, de porc ou de poulet et langouste, le tout arrosé de cocktails, de bière et même de vin.

Cayo Damas : ☎ *23-32-64-66. À 2 km à l'est après Chivirico, on voit depuis la route un minuscule îlot à 200 m du rivage, c'est le **cayo Damas.*** Il s'agit d'une ancienne maison de villégiature de la grande bourgeoisie de Santiago (elle appartenait à la célèbre famille Bacardí). Garez-vous juste en face de l'îlot et klaxonnez, on viendra vous chercher en embarcation à pédales ! Sympa, non ? Pas à proprement parler de plage autour de l'îlot, mais transats au bord de l'eau et possibilité tout de même de se baigner. On peut y passer une partie de la journée en prenant un verre ou en y déjeunant.

LES PLAGES À L'OUEST DE SANTIAGO

Très belle plage ombragée par des arbres à ***El Francés,*** avec une petite cafétéria (ouverte jusqu'à 15h), où l'on trouve des sandwichs payables en monnaie nationale.

La route continue jusqu'à ***Caletón,*** où se trouvent 2 autres jolies plages. On ne peut manquer la plus petite : en effet, 2 canons de bateaux coulés émergent de ses eaux limpides.

Puis on arrive à la plage de ***Buey Cabón,*** bien ombragée elle aussi et très sûre pour les enfants.

Avant cette plage, en arrivant de Chivirico, après un pont sur la rivière Nimanima, prendre un chemin sur la gauche pour aller voir la ***cascade*** (1 km de marche, des jeunes vous y conduisent). Au pied de la cascade, grand trou d'eau fraîche. Les habitants du coin proposent des grillades de *chivo* (chevreau) et de poisson.

SANTIAGO DE CUBA

424 000 hab.

• Plan d'ensemble *p. 350-351* • Plan I *p. 352-353* • Plan II *p. 355*
• Carte À l'est de Santiago *p. 377*

Santiago ne manque pas de casquettes : 2e agglomération du pays, capitale de l'Oriente, elle est aussi le « berceau de la révolution » et la plus caraïbe des villes cubaines ! Elle s'étend dans une sorte de cuvette entourée de collines, descendant à l'ouest vers une baie profonde et très bien protégée, où se niche le port. Ici, pas de gigantisme immobilier ; malgré sa taille, Santiago a gardé une dimension provinciale. Tous les regards convergent vers le parque Céspedes, veillé par les principaux bâtiments historiques (datant pour la plupart du XIXe s) et entouré par un quadrillage de maisons néocoloniales bordées de longues vérandas à colonnes et de petits immeubles patinés par le temps. Au-delà, la calle Enramadas (alias El Búlevar), intégralement piétonne, butine de place en place : petit parque Ajedrez, plaza

Dolores et plaza de Marte. Bourdonnante en son centre, ses rues se font provinciales et tranquilles dès qu'on a fait quelques pas.
Santiago, attachante et vibrante, est le fruit d'un large métissage, puisant aux racines caraïbes, espagnoles et africaines, épicées d'une notable influence française – consécutive à l'installation de nombreux colons chassés par la révolution haïtienne. Le week-end venu, la passion des Santiagueros pour la musique résonne à chaque coin de rue. Et plus encore au moment du Festival del Caribe et du très coloré carnaval de juillet... C'est une halte indispensable pour qui veut mieux percer les secrets de l'âme cubaine.

UN PEU D'HISTOIRE

De la fondation aux guerres d'indépendance (XVIe-XIXe siècle)

Fondée en 1515, Santiago est la 5e des cités espagnoles de Cuba. Très vite, elle s'impose comme la principale, grâce à son ***port stratégique,*** superbement protégé. C'est d'ici que son *alcalde* (maire), ***Hernán Cortés,*** trouvant sans doute sa fonction trop routinière, part à la conquête du Mexique au mépris des injonctions de son chef Diego Velázquez de Cuéllar... Ici qu'est bâtie la 1re cathédrale de l'île, en 1528. Ici que se met vraiment en place l'***administration coloniale*** de Cuba.
Capitale de l'île de 1522 à 1554, Santiago, détrônant Santo Domingo, est non seulement un des principaux camps de base pour la colonisation du continent américain, mais aussi le 1er port de débarquement pour les esclaves africains. Elle est plusieurs fois attaquée par les ***pirates*** et autres coureurs des mers – notamment le Normand Jambe de Bois en 1554, qui pille et occupe la cité durant 1 mois et demi, précipitant son déclin. Une seule catastrophe ne suffisant pas, Santiago est bientôt supplantée par La Havane, mieux située pour les voyages des galions et mieux abritée des cyclones. Contrainte à la contrebande avec les îles voisines, elle est néanmoins dotée de fortifications : à partir de 1638, le castillo de San Pedro de la Roca (El Morro) veille sur l'entrée de la baie. Las, en 1662, une escadre anglaise s'en empare pourtant et de nombreux monuments sont brûlés...
Dans les dernières années du XVIIIe s, une partie de la ***colonie française d'Haïti,*** fuyant les révoltes d'esclaves, se réfugie dans la région de Santiago. Les Français y développent la culture du café. Ainsi le planteur ***Victor Constantin Cuzeaux*** s'installe-t-il avec ses esclaves sur la montagne de la Gran Piedra, dans la fameuse plantation *La Isabélica,* que l'on peut visiter aujourd'hui, à 45 mn à l'est de la ville. À Santiago même, le ***quartier du Tivolí,*** autour de la calle Padre Pico, est le favori des colons français. 2 siècles plus tard, leur apport culturel subsiste : dans les noms propres, mais aussi dans la toponymie, dans l'architecture et à travers la ***tumba francesa,*** une danse inspirée du menuet et réinterprétée par les esclaves haïtiens des Français...
Au XIXe s, Santiago est l'un des principaux foyers de révolte contre la domination espagnole et est très active lors des 2 guerres d'indépendance (1868-1878 et 1895-1898).

Tous les chemins mènent au rhum

C'est à Santiago que les frères Facundo et José Bacardí Mazó, fondèrent la 1re distillerie de la ville en 1862. Ces commerçants qui ne connaissaient rien au rhum eurent la bonne idée de s'associer à un Français, José Léon Bouteiller, un nom prédestiné ! C'est lui qui, après force essais de distillation, mit au point l'arôme, le bouquet et la finesse du fameux rhum Bacardí. Dans les années 1890, Emilio Bacardí, le fils de Facundo, est banni de Cuba pour sa participation à la guerre contre l'Espagne. En 1899, il revient à Santiago, reprend l'entreprise et devient

maire de la ville. À la tête d'un empire industriel et commercial, la famille Bacardí soutient d'abord Fidel Castro en 1959, puis s'en éloigne. Les Bacardí s'exilent alors à Miami et installent le siège de leur multinationale à Hamilton, aux Bermudes. Leurs biens cubains sont confisqués par le gouvernement.
Aujourd'hui, le rhum Bacardí est fabriqué dans de nombreux pays des Caraïbes (Porto Rico), d'Amérique centrale et aux États-Unis... mais plus du tout à Cuba ! La famille est toujours aux manettes et la rivalité demeure avec *Havana Club,* la marque officielle cubaine.

Le 26 juillet 1953...

Ce jour-là, en plein Carnaval, un jeune avocat de 26 ans, Fidel Castro, dirige l'***attaque de la caserne Moncada,*** à la tête d'une troupe de 123 hommes mal armés, pour s'emparer de l'arsenal (pendant que les soldats cuvent leur rhum !). Leur QG est la grange de Siboney, à une dizaine de kilomètres au sud de Santiago. Leur objectif : déclencher un soulèvement général contre la dictature en s'attaquant à la 2e place forte du pays. Malgré les diversions menées par Abel Santamaría à l'hôpital et le jeune Raúl Castro (il n'a que 18 ans à l'époque !) au palais de justice, le rapport des forces militaires se révèle disproportionné. De plus, l'assaut est mené de façon brouillonne par un Castro fatigué d'avoir parcouru la veille les 860 km de route depuis La Havane – où il a oublié ses lunettes... Plus de 400 hommes de Batista, furieux d'avoir vu leurs camarades abattus en pyjama, ripostent de façon sanglante. Exécutions sommaires des blessés, tortures atroces des survivants. Le bilan est lourd côté assaillants : 61 morts.
Castro assure lui-même sa défense, concluant par le fameux : « L'Histoire m'acquittera ! » Malgré l'échec militaire de l'opération, la naissance dans la foulée du mouvement du 26-Juillet (M-26), qui regroupe la plupart des survivants de l'attaque, donne le tempo de la révolution à venir... et l'assise nécessaire à Castro pour réaffirmer son leadership. Condamné à « seulement » 15 ans de prison grâce à l'intercession d'un ami haut placé de son père, il passe près de 2 ans sur l'île des Pins *(isla de la Juventud)* avec son frère Raúl, avant d'être amnistié en mai 1955. Le pouvoir n'avait pas imaginé la suite.
C'est en souvenir de l'attaque du 26 juillet que Santiago a été nommée *ciudad héroe,* « ville héroïque ».

LE CARNAVAL

Le Carnaval de Santiago est le plus populaire et étonnant de Cuba. ***Coïncidant avec la fête nationale, il se déroule fin juillet*** sur une grosse semaine – contre 1 mois avant la révolution...
Comme pour les carnavals brésiliens, ici, on prépare la fête longtemps à l'avance : élaboration des costumes et répétitions s'enchaînent au fil des mois. L'après-midi, près du parque Céspedes, le Carnaval des enfants donne le coup d'envoi. Puis, le soir, avenida Garzón, les chars couverts de fleurs et de belles entament leurs défilés. Musique et rythmes éclatent partout, sur fond de tambours, de crécelles, de *corneta china* (trompette chinoise) et de *farolas* (lampions).
À l'origine étaient les *cabildos.* Ces organisations, représentatives des différentes ethnies africaines du temps de la colonisation, se virent offrir, au

UN CARNAVAL EN JUILLET ?

Le Carnaval de Santiago a lieu fin juillet. Pourquoi ? Parce qu'il découle des mamarrachos, des processions religieuses jadis organisées entre la Saint-Jean (24 juin) et la Saint-Jacques (25 juillet) – le saint patron de la ville. C'était aussi la fin de la zafra, la récolte de la canne à sucre : les « bons » maîtres accordaient alors quelques jours de détente à leurs esclaves...

lendemain de l'indépendance, un rôle social sous le patronage d'une église de quartier et de son saint protecteur. Elles se virent aussi autorisées à participer au carnaval. Les groupes les plus connus sont les *Carabalís Isuama* et *Olugo*.

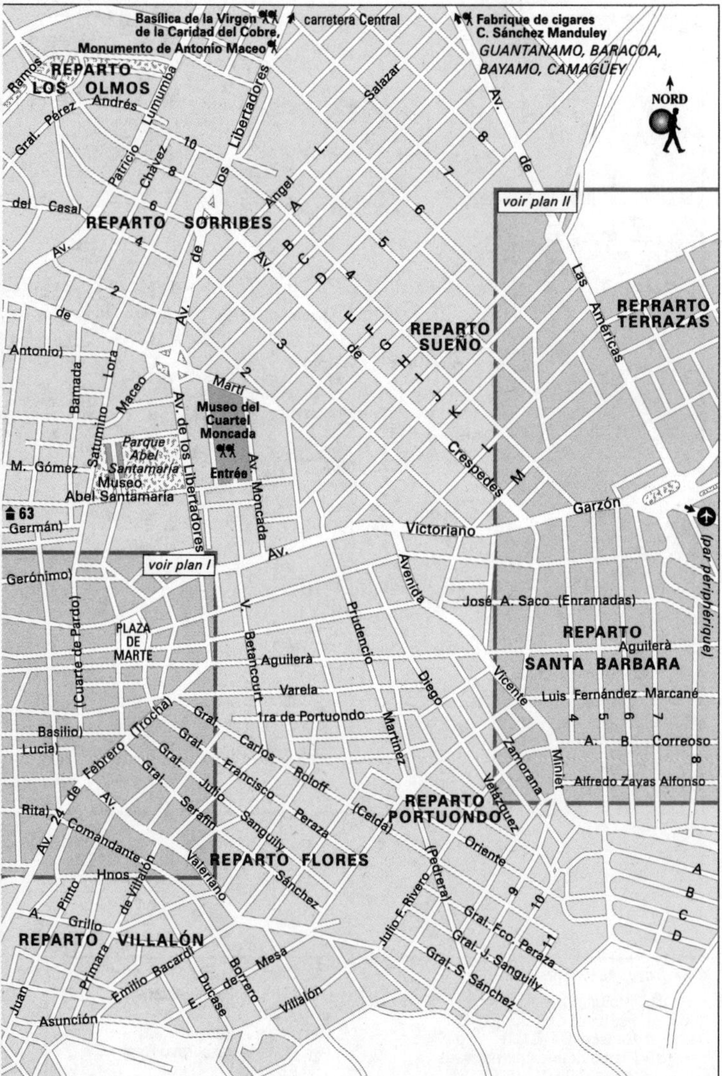

SANTIAGO DE CUBA – Plan d'ensemble

L'ORIENTE

On parle plus généralement de *comparsas*, aujourd'hui, pour désigner les ensembles de musiciens et de danseurs. Il en existe historiquement 2 types : les *congas*, plus pauvres, plus africaines, plus trépidantes, rythmées par les percussions (héritières des *cabildos*) ; et les *paseos*, plus friqués, aux scénographies et danses

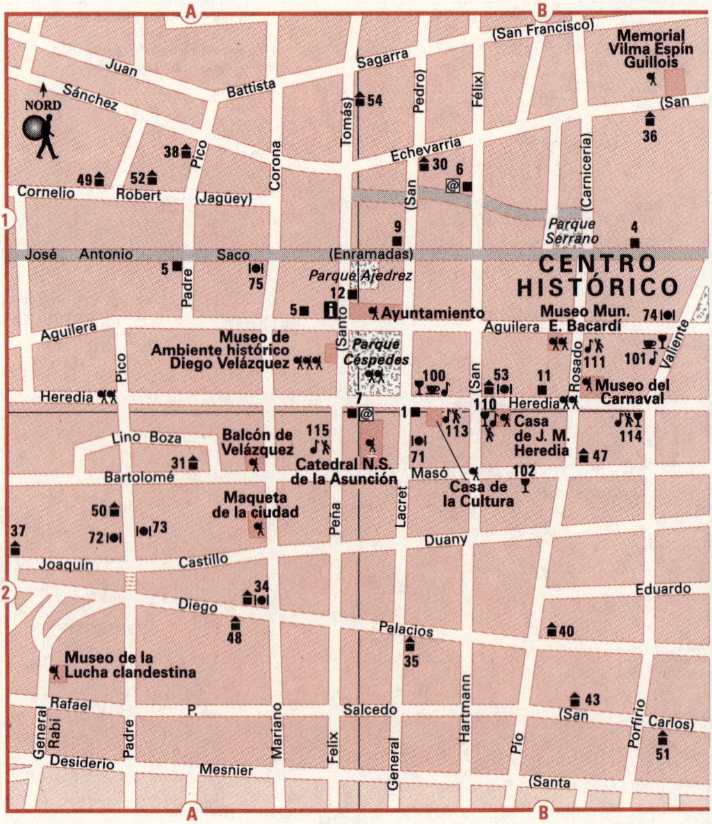

■ **Adresses utiles**

- 🅸 Infotur (A1)
- 1 Ecotur et Cubatur (B1-2)
- 4 Cadeca (B1 et C1)
- 5 Distributeurs automatiques (A1 et C1)
- @ 6 Telepunto Etecsa (B1)
- @ 7 Centro de llamadas Etecsa (A-B1-2)
- 9 Cubana de Aviación (B1)
- 11 Librería La Escalera (B1)
- 12 Turarte (A1)

Où dormir ?

- **30** Hostal Lena y Linet (B1)
- **31** Zoila Mejías Torres (A2)
- **32** Casa Miriam (C2)
- **33** Casa Colonial Susana (C2)
- **34** Roy's Terrace Inn (A2)
- **35** Casa Terraza Pavo Real (B2)
- **36** Casa Nenita (B1)
- **37** Casa Colonial Tania (A2)
- **38** Casa Blanca (A1)
- **39** Casa Dulce (C2)
- **40** Hostal Girasol (B2)
- **43** Amelia Correoso (B2)
- **47** Hostal San Basilio (B2)
- **48** Casa Mirna Zaldivar Vasquez (A2)
- **49** Casa Colonial Laudelina y Niurka (A1)

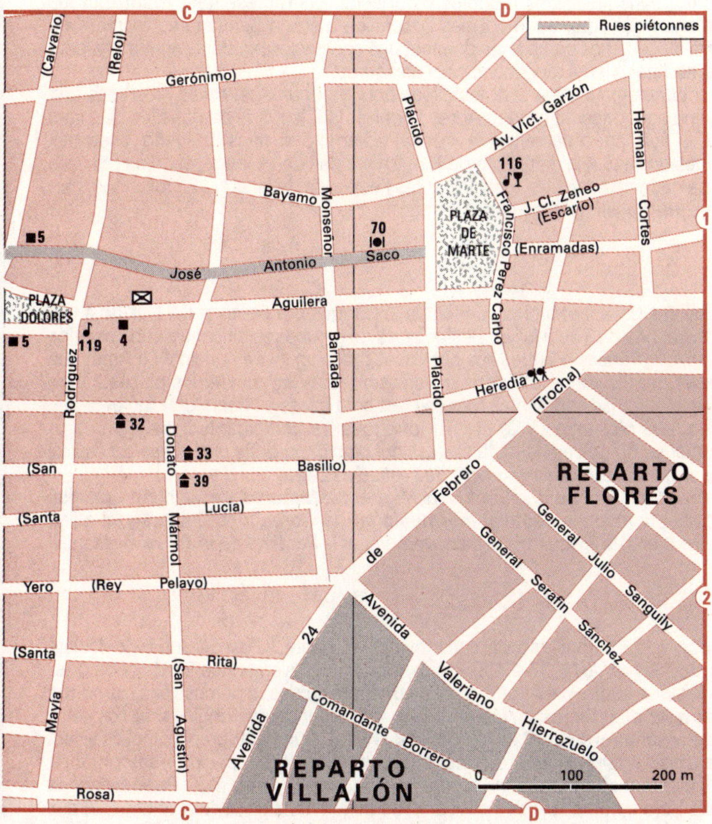

SANTIAGO DE CUBA – Plan I

50 Casa Mabel (A2)
51 Galia – La Rusa (B2)
52 Casa Azul (A1)
53 Casa y Paladar El Holandés (B1)
54 La Casona de Alina (A-B1)

Où manger ?

34 Roy's Terrace Inn (A2)
53 Paladar El Holandés (B1)
70 St Pauli (D1)
71 Thoms y Yadira Restaurant (B2)
72 La Terraza (A2)
73 La Juliana (A2)
74 Matamoros (B1)
75 Casa Micaela (A1)

Où boire un café ? Où boire un verre ?

100 Casa Granda (B1)
101 La Isabélica (B1)
102 1900 (B2)

Où écouter de la musique ? Où danser ?

110 Casa del Queso (B1-2)
111 Casa del Coro Madrigalista (B1)
113 Casa de la Trova (B1-2)
114 Casa Artex (B2)
115 La Claqueta (A2)
116 Patio Los Dos Abuelos (D1)
119 Sala Dolores (C1)

davantage inspirées des modèles européens, qui représentent avant tout les quartiers. Pour ceux qui n'ont pas l'occasion d'être à Santiago au moment du Carnaval, certaines *comparsas* donnent des spectacles pendant l'année ; on peut aussi assister à leurs répétitions pour un aperçu.
Des tribunes (payantes) sont installées pour les touristes, celles réservées aux Cubains sont prises d'assaut. Après le défilé, la fête continue dans les quartiers toute la nuit, spécialement à la Trocha, à Ferreiro et dans le Sueño, avec des groupes *en vivo.* À la différence de Rio, il n'y a pas de violence, et on ne retrouve pas de cadavres dans les rues, ici, après l'euphorie de la fête... En revanche, certains sites touristiques sont alors fermés.

FESTIVALS

– Aussi intéressant et moins connu que le Carnaval, le ***Festival del Caribe*** a lieu chaque année du 3 au 9 juillet. Des dizaines de groupes traditionnels cubains et de délégations venues d'autres îles antillaises (avec un invité principal), d'Amérique latine et parfois même d'Europe envahissent alors les rues et les places. Outre musique et danse, différentes formes d'art sont mises à l'honneur : ciné et vidéo, poésie, arts plastiques... Le dernier jour, tous les participants convergent pour l'apothéose du défilé final et la *Quema del diablo* (on brûle une effigie du diable) – qui a valu au festival son surnom de *fiesta del Fuego.*
– Retenez aussi le ***Festival del Son Miguel Matamoros*** (récemment organisé début septembre), le ***Festival internacional de Coros*** (des Chœurs) qui a lieu tous les 2 ans, la 2de quinzaine de novembre, et le ***Festival de la Trova*** mi-mars.

LE BERCEAU DU *SON*, LA MUSIQUE DES ORIGINES

L'ORIENTE

« Le *son* est né comme moi dans la province d'Oriente, à l'est de Cuba », a déclaré ***Compay Segundo*** (1907-2003), représentant mondialement connu de cette célèbre musique traditionnelle afro-cubaine, mariant cordes et percussions, ***romance espagnole et rythmes africains.*** Selon une légende, les origines du *son* (prononcer « sonne ») seraient dues, à la fin du XIXe s, à un photographe anglais vivant à Santiago, Walter Huma, qui reprocha aux chanteurs locaux de se contenter de décliner des compositions d'origine espagnole. Pris au mot, ***Pepe Sánchez*** se mit alors à composer de nouveaux morceaux dans un style révolutionnaire. Il créa ainsi le boléro *Tristezas* et inventa la fameuse chanson avec 2 quatrains, remplaçant les rengaines stéréotypées articulées autour de 2 syllabes.
Côté instrumental, ce genre musical n'existerait pas sans la guitare *tres,* à 3 doubles cordes. Ce serait un paysan de Guantánamo, ***Nene Manfugas*** qui, en 1892, aurait utilisé pour la 1re fois un *tres,* créant ainsi le *changüí,* le *son* primaire. De là, l'instrument gagna Santiago. Quelques années plus tard, des musiciens de cette ville l'associèrent à la guitare espagnole traditionnelle, inventant le *son maracaibo,* une nouvelle variante.
Paroles à double sens, clins d'œil malicieux, le *son* se répand des campagnes vers les villes et atteint son apogée dans les années 1930 – avant de sombrer dans un relatif désintérêt, jugé trop provincial. L'ouverture de l'île, à la fin des années 1990, l'a vu revenir en force et reconquérir le grand public cubain. Toute une génération de musiciens de *son,* délaissés au profit des groupes de salsa, a alors retrouvé le devant de la scène. Compay Segundo considérait que « ***la salsa manque terriblement de cœur. Le*** **son*****, c'est tout le contraire, tendre et romantique*** ».
Hier comme aujourd'hui, le *son* est interprété et soutenu par les chanteurs *trovadores* dans les salles de Santiago, particulièrement à la ***Casa de la Trova,*** une des bonnes adresses musicales de la ville (voir « Où écouter de la musique ?... »). Ici et ailleurs, on peut notamment entendre ***Chan Chan,*** la plus populaire des chansons de Compay Segundo, enregistrée en collaboration avec le désormais célèbre ***Eliades Ochoa*** (à la tête du *Cuarteto Patria*). Autre groupe fameux, la

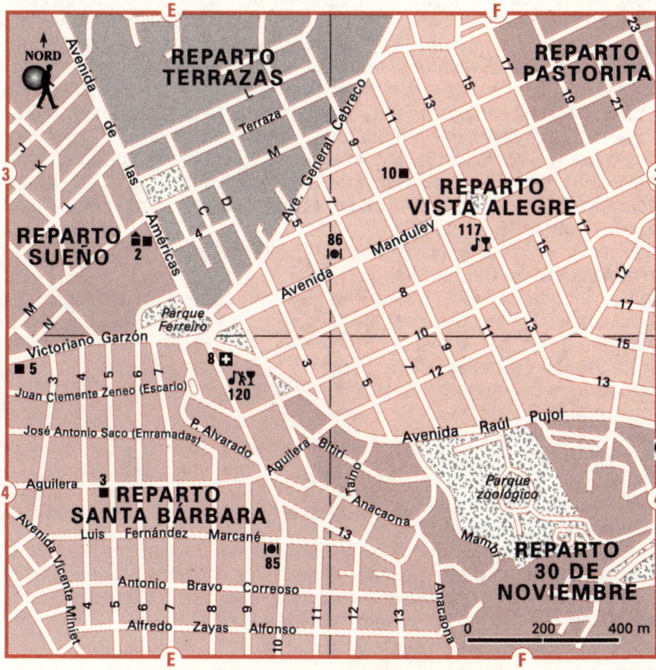

SANTIAGO DE CUBA – Plan II

L'ORIENTE

Adresses utiles

- 2 Havanatur, Cubatur et Cubanacan (E3)
- 3 Immigration (E4)
- 5 Distributeur automatique (E4)
- 8 Clinique et pharmacie internationales (E4)
- 10 Alliance française (F3)

Où dormir ?

- 2 Meliá Santiago (E3)

Où manger ?

- 85 Paladar Salón Tropical (E4)
- 86 Zun Zun Cooperativa (E-F3)

Où écouter de la musique ? Où danser ?

- 117 Casa del Caribe (F3)
- 120 Plaza Juvenil (E4)

Familia Valera Miranda s'est illustrée dans le *son,* de génération en génération, tout au long du siècle écoulé ! Le groupe le plus populaire de Santiago demeure ***Son 14*** et son chanteur moustachu Tiburón. À noter aussi, parmi les valeurs sûres, les « papis » du groupe *Jubilados,* qui cultivent un *son* authentique, et l'orchestre *Chepin Chovén* qui, lui, perpétue la tradition du *danzón* et du *son montuno.* Voir aussi « Musique » dans « Hommes, culture, environnement » en fin de guide.

LA *TUMBA FRANCESA*

En 1804, l'indépendance d'Haïti est consacrée : la 1re république noire du monde est née. Au cours des années précédentes, des milliers de colons français se sont déjà réfugiés dans la région de Santiago de Cuba. D'autres arrivent encore, amenant dans leurs bagages certains de leurs esclaves et de leurs traditions. Parmi elles : les danses de la cour de l'Ancien Régime, menuets, quadrilles et rigodons. Aujourd'hui encore, Santiago et Guantánamo conservent la mémoire de ces rythmes anciens : drôles de *minués* (menuets) métissés, déclamés en *patua francés,* que l'on danse désormais sans flûtes ni violons, mais au rythme des tambours africains, avec cependant tous les costumes d'alors ! C'est la *tumba francesa.* Le mot, d'origine bantoue (congolaise) signifierait « tambour » ou, plus largement « fête bruyante »... En 2003, la *tumba francesa* a été ***inscrite par l'Unesco sur la liste du Patrimoine culturel immatériel de l'humanité.***

Une association, la ***Sociedad de tumba francesa La Caridad de Oriente,*** fondée en 1862, perpétue la tradition et organise des spectacles 2 fois par semaine (voir ***La Tumba Francesa*** dans la rubrique « Où écouter de la musique ? Où danser ? »). Andréa Quiala Venet, qui dirige l'association, est une descendante en ligne directe d'esclaves du Dahomey ayant appartenu aux planteurs français Venet et Danger. Dans une grande salle aux murs couverts de photos anciennes, les membres de la *sociedad* se produisent dans le respect des traditions – à cela près que, désormais, il n'est plus nécessaire d'être lié par le sang pour intégrer le groupe et que les femmes ont le droit de devenir percussionnistes !

LAFAYETTE, NOUS VOILÀ !

À l'origine, la société de danse la Tumba Francesa *de Santiago s'appelait société* Lafayette, *en hommage au grand général français. Celle de Guantánamo, actuellement connue sous le nom* Santa Catalina de Ricci, *avait pour sa part préféré le nom de* Pompadour. *Il est vrai qu'en matière de ronds de jambe, la Pompadour devait s'y connaître...*

Arriver – Quitter

En bus

Gare routière *(terminal d'Ómnibuses Interprovinciales ; plan d'ensemble)* **:** *Alameda (et Martí), tt au nord du port, au niveau de la gare, à env 1,3 km de la pl. centrale (parque Céspedes).* Bureau *Viazul* distributeur et bureau *Infotur.* Billets vendus également par *Cubanacan.*

➢ ***La Havane :*** 3-5 bus/j. Trajet : 15h-16h. Il y a aussi des bus de la compagnie *Transgaviota* qui partent à 6h du mat de l'hôtel *Meliá* (Santiago).

➢ ***Baracoa, via Guantánamo :*** 1 bus/j. le matin avec *Viazul.* Trajet : 5h.

➢ ***Bayamo :*** même bus que pour La Havane. Trajet : 2h. Tous continuent vers ***Camagüey*** (trajet : 6h-7h30), dont 4 passent aussi par ***Holguín*** (env 3h30).

➢ ***Trinidad :*** 1 bus/j. en fin de journée. Trajet : env 12h.

➢ ***Varadero :*** 1 bus/j. en début de soirée. Trajet : env 15h30.

En taxi

On peut aussi affréter un taxi et partager les frais avec d'autres passagers (ou en trouver autour de la gare routière). Possibilité de liaisons vers toutes les villes alentour : Guantánamo, Baracoa, Bayamo, Holguín, etc.

En train

Gare ferroviaire *(terminal de ferrocarriles ; plan d'ensemble)* **:** *Alameda, à côté de la gare routière. ☎ 22-62-28-36. Bureau d'info situé à l'extérieur du bâtiment ; achat des billets jusqu'à 5 j. à l'avance.*

➢ ***La Havane :*** 1 départ tous les 3 j. en moyenne. Un train tout neuf a récemment été mis en service. Départs et horaires aléatoires. Compter env 17h de trajet. Il dessert Camagüey, Ciego de Ávila, Santa Clara et Matanzas. Le bus *Viazul* reste préférable.

En avion

✈ ***Aéroport international Antonio Maceo*** *(hors plan d'ensemble par le sud-ouest)* **:** *carretera del Morro. ☎ 22-69-86-14. À env 7 km au sud de Santiago, sur la route du fort San Pedro de la Roca (El Morro).* Services sur place : bureau *Infotur* en général ouvert à chaque vol (face sortie terminal), agences de location de voitures, bureau de change (taux un peu moins bons qu'en ville) avec possibilité de retrait (mais pas de distributeur). À l'étage, bureau *Cubana.*

➢ ***La Havane :*** 1-3 vols/j. avec la *Cubana de Aviación.* Durée : 1h30-2h. • cubana.cu •

➢ ***Santo Domingo (République dominicaine) :*** 2 vols/sem avec la *Cubana de Aviación.* Durée : 1h25.

Liaisons avec le centre-ville

🚕 ***Taxi officiel :*** tarif à négocier. Pas de bus depuis l'aéroport.

Orientation

La plupart des rues du centre de Santiago portent 2 noms : l'ancien, datant d'avant la révolution cubaine (souvent un saint de l'église catholique) et le nouveau, postérieur (souvent un révolutionnaire), plus rarement utilisé. Exemple : la calle San Basilio a été rebaptisée Bartolomé Masó, mais les habitants de Santiago l'appellent toujours San Basilio... Dans les adresses qui suivent, on vous indique les 2.

Se déplacer

➢ ***À pied :*** même si la ville est très étendue, le centre ancien n'est pas si grand que ça et se parcourt à pied avec plaisir.

➢ ***En taxi :*** de nombreux taxis officiels stationnent près des hôtels. *Un seul numéro d'appel : ☎ 22-65-10-38.*

➢ ***À moto-taxi :*** pratique et pas cher pour des trajets courts. Prix à négocier. Port du casque obligatoire pour les conducteurs comme pour les passagers.

Adresses et infos utiles

Tourisme

🛈 ***Infotur*** *(plan I, A1)* **:** *Santo Tomás (Félix Peña), 362, angle Aguilera (à l'angle du parque Céspedes). ☎ 22-68-60-68 ou 22-66-94-01. • infotur.cu • Tlj 8h-20h.* On y parle l'espagnol et l'anglais, rarement le français. Plan de la ville et modestes infos sur les spectacles, mais n'en attendez rien d'autre...

■ ***Ecotur*** *(plan I, B1-2,* ***1****)* **:** *General Lacret, 701A, juste à côté de Cubatur. ☎ 22-68-72-79. Lun-ven 9h-12h, 13h-16h30 ; sam 9h-12h. Fermé dim.* Une agence de qualité qui se consacre aux excursions axées sur la nature et l'environnement. Sorties à la demi-journée ou à la journée. Guides de qualité.

■ ***Cubatur*** *(plan I, B1-2,* ***1****)* **:** *angle Heredia et San Pedro (parque Céspedes). ☎ 22-68-70-96. Lun-ven 8h30-12h, 13h-17h ; sam 8h30-16h30. Fermé dim.* Vente de billets d'avion, transports, hôtels, excursions...

■ ***Havanatur et Cubatur*** *(plan II, E3,* ***2****)* **:** *calle M, av. de las Américas, dans l'enceinte de l'hôtel* Meliá Santiago, *à côté du resto* La Fontana, *situé dans le patio. ☎ 22-64-44-02. Mêmes horaires pour les 2 agences. Lun-ven 8h30-12h, 13h30-16h45 ; sam 8h30-12h. Fermé dim.* Transferts, réservation d'hôtels, billets d'avion, excursions... Cubatur vend des billets de bus *Viazul.*

■ ***Cubanacan*** *(plan II, E3,* ***2****)* **:** *également à l'hôtel* Meliá. *• cubanacan.cu • Tlj 8h-20h.* Ce groupe cubain gère de nombreux hôtels. Propose les mêmes services que *Havanatur* et *Cubatur.*

■ ***Immigration*** (Inmigración y extranjería ; plan II, E4, **3**) **:** *angle calle Aguilera* *et calle 5. Pas de tél. Lun-ven 8h-12h, 13h30-16h30 ; sam 8h-12h. Fermé dim.* Prévoir de l'attente. Pour renouveler votre carte de tourisme pour 1 mois, venir avec un timbre fiscal *(625 CUP)*, à acheter à la *Banco Bandec* du parque Céspedes, passeport et assurance médicale. Voir aussi la rubrique « Avant le départ ».

Banques, change

Toutes les banques changent les euros et la plupart disposent de distributeurs permettant de retirer des pesos avec les cartes *Visa* ou *MasterCard*. On en trouve un bon paquet sur et autour du parque Céspedes. Les bureaux de change *Cadeca* observent des horaires plus étendus.

■ ***Cadeca*** *(plan I, C1,* ***4****)* **:** *Aguilera, 508 ; entre Reloj (Mayía Rodríguez) et San Augustín (Donato Mármol). Lun-sam 8h30-20h, dim 9h-18h.* ***Autre agence :*** *Enramadas, 409 (plan I, B1,* ***4****) ; entre Carnicería (Pío Rosado) et Calvario (Porfirio Valiente). Lun-sam 8h30-20h, dim 9h-17h (fermé entre 13h et 13h30).*

■ ***Distributeurs automatiques :*** *notamment au* ***Banco Popular de Ahorro,*** *Aguilera, 458, sur la pl. Dolores (plan I, C1,* ***5****) ; sur Enramadas (plan I, C1,* ***5****), à l'angle de Calvario (Porfirio Valiente) ou au* ***Banco de Crédito et Comercio*** *(Bandec), sur Aguilera, entre le parque Céspedes et Mariano Corona (plan I, A1,* ***5****), ainsi que sur Enramadas, angle de Padre Pico (plan I, A1,* ***5****). Également av. Garzón, 338 (plan II, E4,* ***5****).*

Poste et télécommunications

✉ ***Poste principale*** *(plan I, C1)* **:** *Aguilera, 517. Lun-sam 8h-20h. Fermé dim.*

■ ***@ Telepunto Etecsa*** *(plan I, B1,* ***6****)* **:** *Hartmann (San Félix), angle Tamayo Fleites. Tlj 8h30-19h.* Téléphone international et Internet. Vente de cartes *Etecsa*.

■ ***@ Centro de llamadas Etecsa*** *(plan I, A-B1-2,* ***7****)* **:** *Felix Peña, sur le parque Céspedes. Lun-ven 8h30-16h et 1 sam sur 2. Fermé dim.* Service de téléphone et vente de cartes *Etecsa*.

Urgences

✚ ***Clinique et pharmacie internationales*** *(plan II, E4,* ***8****)* **:** *av. Pujol et calle 10 (reparto Vista Alegre).* ☎ *22-64-25-89. Urgence 24h/24 et consultations en journée.* Urgences, stomatologie, laboratoire, radio, pharmacie.

Transports

■ ***Cubana de Aviación*** *(plan I, B1,* ***9****)* **:** *Enramadas et San Pedro (General Lacret).* ☎ *22-65-15-77, 78 ou 79.* • *cubana.cu* • *Lun-ven 8h30-12h, 13h30-16h30. Fermé le w-e.*

■ ***Location de voitures :*** les compagnies *Cubacar, Rex* et *Vía* ont des bureaux à l'aéroport, dans certaines agences de voyages en ville et à l'hôtel *Melía Santiago*. Il est impératif de réserver bien à l'avance (comprenez avant d'arriver à Cuba).

Culture

■ ***Alliance française*** *(plan II, F3,* ***10****)* **:** *calle 6, 253, entre calle 9 et 11 ; reparto Vista Alegre.* ☎ *22-64-15-03. Médiathèque lun-ven 10h-12h et 15h-17h, sam 9h-18h. Fermé dim et 15 juil-fin août.* Installée dans une villa cossue dans le quartier résidentiel de Vista Alegre. Surtout intéressant pour ceux qui séjournent longtemps.

■ ***Librería La Escalera*** *(plan I, B1,* ***11****)* **:** *Heredia, 265. À gauche du museo del Carnaval. Tlj 10h-19h (21h le w-e).* Cette librairie-capharnaüm est l'antre d'Eddy Tamayo, un libraire-bouquiniste heureux de vivre au milieu de ses montagnes de livres ! Ils ne datent pas d'hier et sont presque tous en espagnol et d'émanation gouvernementale (sur la révolution, la musique). Vend aussi cartes postales, monnaies, etc. « *Un museo que se vende* », dit-il !

■ ***Turarte*** *(plan I, A1,* ***12****)* **:** *Santo Tomás, 565 (Altos) ; entre Aguilera et Enramadas, au 2e étage. Aucun panneau.* ☎ *22-68-60-61.* • *direccion@turarte.scu.tur.cu* • *Lun-ven 8h-17h30. Fermé le w-e.* C'est là qu'il faut vous adresser si vous voulez réserver des cours de danses cubaines (salsa, rumba et autres danses des caraïbes).

Où dormir ?

Pour info, sachez que les *casas particulares* de Santiago, sauf exception, sont globalement moins attrayantes que celles que l'on peut trouver dans d'autres villes. Il y a bien quelques adresses coloniales, mais elles n'ont pas la même histoire qu'à Trinidad. Comme dans cette dernière, il arrive que certains proprios prennent votre réservation et vous envoie chez quelqu'un d'autre. Soyez clairs lors de votre prise de contact et précisez que vous souhaitez être dans la *casa* du propriétaire et pas ailleurs !

Dans le centre-ville

CHAMBRES CHEZ L'HABITANT

Bon marché

Galia – La Rusa *(plan I, B2, **51**) : San Carlos, 456. ☎ 22-62-88-36. 53-36-15-62. • rusoencuba@gmail.com* • Cette haute et étroite maison bleue, vers laquelle on grimpe par un long escalier, domine la ville depuis sa grande terrasse-mirador où prospèrent petit palmier et fruit de la passion. Les 2 chambres, bien propres mais pas bien grandes, donnent dessus. L'une d'elles est décorée d'un paysage de forêt automnale bien exotique par ici... Petite nostalgie de Galia, Ukrainienne mariée à un ancien aviateur cubain. Le salon est gentiment kitsch et les dîners... transfrontaliers. Possibilité de prendre des cours de danse traditionnelle.

Amelia Correoso *(plan I, B2, **43**) : San Carlos (Rafael P. Salcedo), 411. ☎ 22-62-01-16. 52-71-78-42. • acmustelier@nauta.cu* • Cette discrète maison verte, précédée d'une grille, abrite un appart (au fond d'un patio au rez-de-chaussée) et 4 chambres (à l'étage). L'ensemble est carrelé, impeccable, et toujours très lumineux, même s'il ne déborde pas de charme. Des passerelles relient étrangement les différentes parties de la maison. En prime : patio-bar sur la grande terrasse avec solarium au 2e étage. Possibilité de faire sa cuisine, de laver son linge et de faire garder sa voiture.

Casa Miriam *(plan I, C2, **32**) : Heredia, 412 ; entre Reloj et Clarín. ☎ 22-62-23-28. 55-33-35-03. • casamiriams@gmail.com* • Miriam et Fernando sont accueillants et de bon conseil. Ils disposent de 3 chambres alignées en rang d'oignon à l'étage, simples mais fraîches, donnant sur un large couloir raisonnablement lumineux. Fonctionnelles, propres mais sans charme particulier. La terrasse est fort bien aménagée, avec chaises longues, tables et chaises en fer forgé. La *casa* communique avec la maison voisine *(Hostal Marieta)*, où l'on trouve 2 autres chambres de plus du même acabit (mais avec fenêtres fumées).

La Casona de Alina *(plan I, A-B1, **54**) : Félix Peña (Santo Tomás), 453 (1er étage). ☎ 22-62-43-97. 54-81-23-48. • alisusyda@gmail.com • Au 1er étage d'un vieil immeuble bourgeois au-dessus de l'enseigne* Luxor. Martha a arrangé sa demeure en adaptant l'héritage du passé au confort moderne pour mieux recevoir ses hôtes. La chambre rose, au plafond à moulures, donne sur le salon mais aussi la rue, assez animée. La bleue, intérieure, affiche de très hauts plafonds et de très grandes fenêtres ouvrant sur un minipatio.

Casa y Paladar El Holandés *(plan I, B1, **53**) : Heredia, 251 ; esq. Hartmann. ☎ 22-62-48-78. 52-99-75-55. • raquelveronica@nauta.cu • Paladar ouv 12h-minuit.* L'adresse est très bien située, à 1 bloc du parque Céspedes, en face de la *Casa-museo José María Heredia* et de la *Casa de la Trova* (on profite des concerts gratuitement...). La grande véranda extérieure de cette maison coloniale communique avec une salle de restaurant agréable et joliment décorée (voir « Où manger ? »). On y passe forcément pour accéder aux 3 chambres situées à l'étage, à l'arrière, lumineuses, tranquilles et agréables. Toutes ont fenêtres et salle de bains (mais séparée pour l'une d'elles).

Hostal Lena y Linet *(plan I, B1, **30**) : San Felix, 503 (près de San Gerónimo. ☎ 22-62-48-94. 📱 54-07-72-85. • yanetcalderin@nauta.cu* • Le salon d'accueil offre une certaine modernité, avec des notes violettes, tandis que les chambres, au fond et donnant sur un large couloir ouvert, sont tranquilles, modernes et spacieuses. Rien de colonial ici, mais, une fois n'est pas coutume, un poil de contemporain ne peut pas nuire. En tout cas, l'ensemble s'avère impeccable.

Casa Colonial Susana *(plan I, C2, **33**) : Bartolomé Masó (San Basilio), 555 ; entre Clarín et San Augustin. ☎ 22-65-31-15. 📱 53-40-52-21.* Bien que cette *casa colonial* ne possède qu'une seule chambre, elle mérite attention. Impeccable, avec son dessus-de-lit rose et froufroutant, elle s'ouvre sur un patio-couloir fleuri et fort bien tenu. Accueil tout en douceur de Susana. Pas de terrasse.

Casa Colonial Tania *(plan I, A2, **37**) : Santa Lucía (Castillo Duany), 101. ☎ 22-62-44-90. 📱 54-60-51-19. • casacolonialtania03@gmail.com* • Dans un quartier très calme, cette maison coloniale verte surplombe la rue, avec un vaste salon richement meublé à l'avant-poste. Conservant son carrelage d'origine, celui-ci se prolonge par un patio envahi de plantes, sur lequel donnent les 3 chambres, calmes et agréables bien qu'assez peu lumineuses, aménagées avec des meubles anciens. Ajoutons une généreuse terrasse avec palmier à l'arrière (et une curieuse baignoire incrustée dans le sol pour que les enfants fassent trempette), une autre immense sur le toit, équipée de rocking-chairs et balancelle (avec vue à 360° sur la ville). À noter, une salle de bains à la disposition des hôtes après l'heure du check-out !

Casa Blanca *(plan I, A1, **38**) : Padre Pico, 56 ; entre San Gerónimo et Jagüey. ☎ 22-62-04-55. 📱 58-56-55-88. • estrellla77@nauta.cu* • Estrella et son mari louent 2 chambres simples et correctes, sans facéties décoratives, l'une à l'étage donnant sur une terrasse semée de plantes en pots, l'autre au rez-de-chaussée ouvrant sur une minuscule courette (plus sombre, évidemment). Celle du haut est bien équipée, lumineuse et dispose d'une cuisine extérieure.

Zoila Mejías Torres *(plan I, A2, **31**) : Bartolomé Masó (San Basilio), 159. ☎ 22-62-49-79. 📱 53-68-70-63. • liudmila54@nauta.cu* • Le vrai plus, ici, c'est l'accueil charmant des femmes de la maison. Les 2 chambres, à l'étage, sont bien propres, avec grandes salles de bains, et une petite cuisine en terrasse à partager. Zoila vous proposera même sans doute de prendre une douche dans sa propre salle de bains si votre bus ou avion part seulement le soir !

Casa Dulce *(plan I, C2, **39**) : Bartolomé Masó (San Basilio), 552 (altos). ☎ 22-62-54-79. 📱 53-73-77-89. • gladys.domenech@nauta.cu* • Gladys vous donnera sans doute du *mi amor* à tout bout de champ en vous conduisant à l'une de ses 2 chambres. Il y a une triple, vaste, propre et bien lumineuse, avec une grande salle de bains ; plus une double sur l'agréable toit-terrasse, plus petite et chaude quand le soleil tape fort. Gladys mitonne d'excellents petits plats et propose une bonne *limonada especial de la casa.*

Prix modérés

Roy's Terrace Inn *(plan I, A2, **34**) : Santa Rita (Diego Palacios), 177 ; entre Corona et Padre Pico. ☎ 22-62-05-22. • roysterraceinn@gmail.com* • Roy et Diego (qui parle superbement le français) ont créé une vraie petite oasis. *Step into real Cuba,* dit leur devise... chaleureux, simple, joli et goûteux. Leurs 4 chambres se partagent entre rez-de-chaussée et 1er étage – où 2 d'entre elles donnent sur un bout de terrasse orné d'une grande fresque en relief. Pas forcément géantes, elles sont parfaitement tenues et équipées (sèche-cheveux, parapluie, fer à repasser...), avec en prime une bouteille de vin offerte ! Cerise sur le gâteau : le resto du 2e étage, noyé dans les plantes et les fleurs (voir « Où manger ? ») et l'accueil *gay-friendly.* Une de nos meilleures adresses assurément.

L'ORIENTE

Casa Azul (plan I, A1, **52**) : *Cornelio Robert (Jagüey), 121.* ☎ *22-62-03-19.* 📱 *52-82-10-57.* ● *norkacabrales2015@nauta.cu* ● Impossible depuis la rue de savoir ce que cache la façade bleu ciel. Voici une maison moderne, entièrement réaménagée par Norka, ex-professeur d'architecture. Il n'y a que 2 chambres, à l'étage, impeccables, lumineuses et de bon confort, avec mobilier de bois sombre des années 1930. Le tout s'organise autour d'un patio calme et aéré. En prime, la cuisine maison est fameuse : velouté aux pétoncles, brochettes de poulet grillé, langouste aux épices... un régal ! Possibilité d'y dîner sans y dormir (sur réservation), sur l'agréable terrasse sur le toit.

Casa Nenita (plan I, B1, **36**) : *San Gerónimo, 472.* ☎ *22-65-41-10.* 📱 *52-61-38-60.* ● *beatriz.vila@nauta.cu* ● *Face au mémorial Vilma Espín Guillois.* La maison, de style colonial, date de 1890. Passé le vaste salon à l'ancienne, on accède au grand patio, où s'accumulent les plantes en pots. Nena et Raúl louent 2 chambres climatisées s'ouvrant sur le patio, meublées à l'ancienne, dont celles du fond a même conservé sa baignoire des années 1930. L'ensemble est un peu daté, mais ne démérite pas. Quelques chaises à bascule en fer forgé pour se relaxer.

Casa Terraza Pavo Real (plan I, B2, **35**) : *Santa Rita (Diego Palacios), 302 ; près de l'angle avec San Pedro (General Lacret).* ☎ *22-65-85-89.* 📱 *53-40-27-93.* ● *juanmarti13@yahoo.es* ● Façade coloniale, salon colonial (avec son antique poste de radio), patio colonial avec fontaine et *rocking chair* en fer forgé... Bref, tout est colonial. Terrasse pleine de plantes sur le toit à laquelle on accède par un étroit escalier en colimaçon. Rien ne manque pour se sentir bien dans l'une des 3 chambres, toutes parfaitement équipées (la 1 est plus petite que les autres).

Hostal Girasol (plan I, B2, **40**) : *Diego Palacio (Santa Rita), 409 ; entre Pio Rosado et P. Valiente.* ☎ *22-62-05-13.* 📱 *53-21-33-42.* ● *hostalgirasol1983@gmail.com* ● La maison est indiscutablement coquette et vraiment soignée, mettant à la disposition des visiteurs 9 chambres, ce qui est rare. Six d'entre elles sont situées dans la maison même et 3 dans celle d'à côté, mais les deux sont reliées par des passerelles métalliques. Modernes, confortables et parfaitement équipées, les chambres hésitent entre le style dépouillé zen et le kitsch-chic (si si, ça existe !). On y perd un peu sa grammaire décorative. Beaucoup de peintures murales et des couleurs différentes partout. Préférer les chambres dans les étages, plus lumineuses, et éviter les 2 du minuscule patio. Celle avec sa terrasse privée est top (même prix). Mais toutes sont bien.

Casa Mabel (plan I, A2, **50**) : *Padre Pico, 354 ; entre Santa Lucía y San Basilio.* ☎ *22-65-53-17.* 📱 *54-20-46-66.* ● *rfiolp@yahoo.es* ● *À l'étage.* Juste en contrebas du balcon de Velázquez, la maison, impeccable, abrite 4 chambres bien équipées, dont une communique avec un bel appartement pour 4 personnes. L'ensemble est lumineux, aéré, avec beaucoup d'espace, une décoration moderne et une grande terrasse sur le toit, aérée et offrant une vue dégagée sur la baie. Laverie. Petit déj et repas vraiment excellents. Bon accueil de Mabel et Radames.

Casa Mirna Zaldivar Vasquez (plan I, A2, **48**) : *Diego Palacio (Santa Rita), 164.* ☎ *22-65-54-67.* 📱 *53-08-94-98.* ● *mirnazv2016@gmail.com* ● Cette imposante maison néocoloniale de 1868 est habitée par 2 aimables sœurs. Un grand piano sommeille dans l'entrée. Les 3 chambres sont spacieuses, propres et sans prétention. 2 donnent sur un patio charmant, au calme et verdoyant et la dernière est à l'étage, prolongée par une terrasse.

Casa Colonial Laudelina y Niurka (plan I, A1, **49**) : *Cornelio Robert (Jagüey), 115.* ☎ *22-65-30-42.* 📱 *53-40-32-05.* ● *niurkastg014@nauta.cu* ● L'élégante façade bleu pâle à pilastres ornementés a fière allure. On est reçu par Niurka, charmante et attentionnée. Une chambre au rez-de-chaussée, qui donne sur un tout petit patio, une autre à l'étage, au fond, plus clair et accessible par son propre escalier. Déco sobre et confort suffisant.

HÔTEL D'ÉTAT

Chic

Hostal San Basilio (*plan I, B2,* **47**) **:** *San Basilio (Bartolomé Masó), 403 ; entre Calvario et Carnicería.* ☎ *22-65-17-02.* ● *comercial@hsanbasilio.tur.cu* ● Bien situé, dans une rue assez tranquille, cet hôtel fin XIXe s-début XXe s, à la remarquable façade jaune-vert, s'ouvre sur une belle réception avec vitrail et azulejos. Les 8 chambres sont toutes au rez-de-chaussée, impeccables, spacieuses et d'un bon niveau de confort (il y a même un parapluie à dispo !). Seul bémol, elles donnent toutes sur le grand couloir, donc assez sombres. Entre nous, c'est plus chic certes, mais pas plus charmant qu'une belle *casa*.

Un peu à l'écart du centre

CHAMBRES CHEZ L'HABITANT

Bon marché à prix modérés

Pilar Palau Bosch (*plan d'ensemble,* **60**) **:** *Pío Rosado, 318 ; entre San Germán et Trinidad.* ☎ *22-65-21-72.* *54-20-31-45.* ● *viridiana@nauta.cu* ● Proche du centre, voici une modeste et gentille *casa* tenue avec soin par un couple accueillant. Madame Pilar propose 2 chambres sobres et simples donnant sur le salon : une plus grande, plus claire et mieux aménagée, avec fenêtre sur rue ; l'autre plus sombre, avec minuscule fenêtre donnant sur le salon et petite salle de bains. Grande terrasse sur le toit avec hamacs et balancelle.

Zaida Moraleza Infante (*plan d'ensemble,* **61**) **:** *San Pedro (General Lacret), 265 ; entre Habana (J. M. Gómez) et Maceo.* ☎ *22-62-21-90.* *58-01-85-37.* ● *casa.zaida.santiago@gmail.com* ● Zaida, la souriante propriétaire, pratique le yoga et parle un bon français, ce qui est un vrai plus. Au rez-de-chaussée de sa maison, elle loue 2 chambres avec chacune 2 lits doubles (l'une bleu ciel, l'autre saumon), salle de bains et clim. Belle terrasse sur le toit, avec vue sur la vieille ville.

Hostal Casa Jardín (*plan d'ensemble,* **62**) **:** *San Germán (General Máximo Gómez), 165 ; entre Rastro et Gallo.* ☎ *22-65-37-20.* *52-82-11-54.* ● *mariaelsaas@gmail.com* ● Le grand avantage ici, c'est cette immense terrasse tranquille agrémentée d'une balancelle à l'ombre de la végétation, ainsi que le patio verdoyant et sa pergola couverte de thunbergias. 2 chambres sont au rez-de-chaussée (donnant sur le salon), mais avec fenêtre, et une 3e, spacieuse, lumineuse, est installée sur la terrasse. La charmante María concocte une excellente cuisine créole et des grillades au feu de bois. Service de laverie.

La Terraza Verde (*plan d'ensemble,* **63**) **:** *Reloj (Mayía Rodríguez), 201 ; à l'angle de Trinidad (General Portuondo).* ☎ *22-62-44-40.* *52-84-54-68.* ● *rsilvacuba2012@gmail.com* ● Cette superbe maison moderne aux murs verts est tenue par le charmant Rafael. Des fresques se répandent un peu partout, ce qui anime joliment la maison. Sur les 3 chambres, on a une préférence pour les 2 du dernier étage, donnant sur une agréable terrasse noyée dans la verdure. Celle du 1er étage est plus petite. Toutes ont une salle de bains impeccable. Rafael, bon cuisinier, propose des repas de qualité.

HÔTEL D'ÉTAT

Très chic

Meliá Santiago (*plan II, E3,* **2**) **:** *av. de las Américas, angle calle M.* ☎ *22-64-77-77.* ● *meliacuba.com* ● Œuvre d'un jeune architecte cubain, cet imposant hôtel moderne (et moche), à l'architecture colorée et métallisée, est le rendez-vous des hommes d'affaires et des groupes. C'est le seul établissement de niveau international en ville (5 étoiles).

Tout confort, évidemment, mais rien d'exceptionnel franchement et on est à l'écart du centre historique, autant le savoir. Préférer les chambres des angles du bâtiment, qui disposent de grandes baies vitrées. Dans le grand patio, on trouve un bureau de change *Cadeca* (tlj 7h30-19h30 sauf déj), une pharmacie (tlj 9h-21h), des agences de voyages, la pizzeria *La Fontana* et plusieurs loueurs de voitures autour de l'hôtel (dont *Rex* et *Cubacar*). Le petit déj est ultra-copieux. Superbe piscine.

Où manger ?

Dans le centre-ville

De bon marché à prix moyens

St Pauli (plan I, D1, **70**) : *Enramadas, 605 ; entre Barnada et Plácido (pl. de Marte). ☎ 22-65-22-92. Tlj 12h-23h.* S'il ne fallait en citer qu'un, ce serait celui-ci. La salle est située au fond d'un long couloir orné d'une jolie fresque urbaine, et la cuisine vitrée où s'affairent les cuistots donne de l'animation à l'ensemble. Tout ici tient dans l'assiette, où s'épanouit une cuisine enfin un peu différente, puisant ses influences au delà de la zone caraïbe. Résultat : un poisson aux tomates et aux olives (assez rare par ici), un steak au poivre, des crevettes sauce teriyaki et toute une panoplie de plats du jour inscrits à l'ardoise. Classique *ropa vieja* de qualité. Le tout est joliment présenté.

Roy's Terrace Inn (plan I, A2, **34**) : *Santa Rita, 177. Voir « Où dormir ? ». Tlj 19h-21h30 (bar jusqu'à 23h).* C'est à la foi une très bonne *hostal* et un excellent restaurant. Soupe, salade de tomates, bananes frites, plat principal et riz... on ne risque pas de ressortir affamé. Mais si la cuisine est bonne, le décor n'est pas en reste, intime et romantique : une adorable terrasse perchée, envahie de plantes et de fleurs, avec bougie sur chaque table et bar à cocktails.

Thoms y Yadira Restaurant (plan I, B2, **71**) : *San Pedro (General Lacret), 705, entre Heredia et San Basilio. 📱 53-55-55-12-07. Tlj 7h-22h.* Depuis l'étroit balcon du 2e étage de cette demeure stratégiquement située, on embrasse une vue extra sur les tours de la cathédrale. Quelques toiles modernes décorent les murs et les oreilles sont bercées par du reggae (ça change de la salsa). Chouette cadre donc pour déguster une cuisine régulière en qualité, que l'on se contente de pâtes (pour une fois cuites comme il se doit), ou d'une bonne paella, *de la tierra* ou *del mar.* Parfait pour un verre en fin d'après-midi également.

Paladar El Holandés (plan I, B1, **53**) : *Heredia, 251, angle Hartmann. ☎ 22-62-48-78. Tlj 12h-23h.* Cette vieille maison coloniale avec véranda dominant la rue a un avantage de taille : sa situation ultra-centrale. On y mange très correctement et à prix doux, dans une salle à manger haute de plafond, avec serveuses en tablier noir. Loue aussi des chambres (voir « Où dormir ? »).

La Terraza (plan I, A2, **72**) : *Padre Pico, 360 (altos) ; entre Bartolomé et Joaquín Castillo. ☎ 22-65-81-07. Tlj 11h-23h.* On traverse la maison pour grimper sur l'une des 2 terrasses couvertes, où se serrent quelques tables entourées de plantes vertes ou sur le petit balcon donnant sur la rue. Nous, on préfère un peu la terrasse située tout en haut. Les plats ne sortent pas du répertoire traditionnel, mais sont plutôt bien cuisinés. Service agréable et prévenant.

La Juliana (plan I, A2, **73**) : *Padre Pico, entre Bartolomé et Joaquín Castillo, juste en face du resto* La Terraza. *Tlj 12h-22h.* Seulement quelques tables dans ce salon colonial simple et sobre, aux murs colorés. Les couverts sont joliment dressés, les plats classiques et on ressort l'estomac plein. Bon service.

Matamoros (plan I, B1, **74**) : *pl. Dolores. Tlj 12h-22h.* La déco intérieure du resto s'inspire de la légende du

L'ORIENTE

fameux trio *Matamoros* fondé en 1929 et originaire de Santiago (portraits des chanteurs, photos). Du coup, les groupes qui s'y produisent épisodiquement le soir ne jouent, en principe, que de la musique traditionnelle. Les tables sont nappées, les serveurs en tenue et les plats, copieux, s'avèrent très correctement exécutés, comme la *paella marinera* ou la *grillada Matamoros* (grillade de porc et crevettes). On peut aussi se contenter de s'accouder au superbe bar en bois sombre pour un simple *mojito*.

Casa Micaela *(plan I, A1,* ***75****) : Corona, 564 ; entre Aguílera et Enramadas. ☎ 22-62-49-27. Tlj 12h-5h du mat !* Ce resto de poche, plutôt joliment apprêté, avec ses lourdes tables de bois et ses parapluies au plafond, se niche au bord d'une rue passante (et bruyante !), mais possède 3 avantages : les assiettes sont bien tournées et joliment présentées, les plats se révèlent très bon marché et surtout ils sont servis toute la nuit (la boîte attenante au resto expliquant cela). Parfait donc pour une faim (une fin) de nuit.

Un peu plus loin

De bon marché à prix moyens

Compay Gallo *(plan d'ensemble,* ***80****) : San Germán (Máximo Gómez), 503, esq. Carnicería. ☎ 22-65-83-95. Tlj 12h-23h.* Plus resto que *paladar*, cet établissement apprécié aussi bien des Cubains que des touristes se perche sur la terrasse d'une maison particulière, où trône un petit bar, une poule empaillée et un aquarium. La cuisine est assurément cubaine et d'excellente tenue. On a bien aimé les *camarones enchilados* légèrement relevés, ainsi que la *zarzuela de mariscos*. Mais le must reste la langouste grillée à prix particulièrement doux et fort réussie. Service pro et gentil.

Aurora *(plan d'ensemble,* ***81****) : Trinidad (General Portuondo), 662 ; entre General Moncada et Calvario. ☎ 22-65-73-86. Tlj 12h-22h (ou 23h).* C'est avant tout une *casa particular* : on traverse le salon de la famille pour accéder au resto, caché à l'arrière, dans un vaste patio verdoyant en partie abrité par un auvent de tôle ondulée. Après une mise en bouche, on vous apportera un bon filet de poisson grillé aux petits légumes, une paella, une fricassée de *pollo*... Tout cela est copieux, fort joliment dressé et servi avec le sourire. Un bon rapport qualité-prix.

À l'extérieur du centre-ville

De bon marché à prix moyens

Paladar Salón Tropical *(plan II, E4,* ***85****) : Fernández Marcané, 310 ; entre calles 9 et 10, reparto Santa Barbara. ☎ 22-64-11-61. À l'étage d'une maison individuelle, à l'écart de l'animation. Tlj 12h30-23h. Résa conseillée.* L'endroit fait plus resto que *paladar*. On y mange très bien, c'est même l'une des meilleures adresses de la ville. Le décor est soigné, le service et l'accueil excellents. On peut s'installer dans la coquette salle avec comptoir, dans le petit salon ou, mieux, sur la terrasse verdoyante dominant la ville. Cuisine traditionnelle créole, avec des spécialités comme le *cordero al vino*, la *ropa vieja* ou la *langosta enchilada*.

Zun Zun Cooperativa *(plan II, E-F3,* ***86****) : av. Manduley, 159 ; entre calles 5 et 7, reparto Vista Alegre. ☎ 22-64-15-28. Tlj 12h-22h.* Au cœur d'un quartier résidentiel verdoyant et calme, la maison jaune, des années 1970, aligne une jolie véranda à balustrades et de petits salons fréquentés par les groupes. Côté cuisine, les menus sont corrects et copieux, mais sans éclats. C'est pourtant bien agréable de déjeuner sous la véranda, au calme, et le service est prévenant. Le 1er menu est suffisant, les autres, plus chers, n'apportent rien de plus. Chanteuse guitariste pour agrémenter l'ambiance.

Où boire un café ? Où boire un verre ?

Ville festive s'il en est, Santiago multiplie les bars et les salles de concerts. On butine de l'un à l'autre, au son de la guitare, des maracas, du *tres* ou de la salsa, selon son envie, sa forme, son budget et surtout les jours de passage de tel ou tel groupe dans telle ou telle salle...

Casa Granda *(plan I, B1,* ***100****) : Heredia, 201. ☎ 22-65-30-21/24. Tlj.* Tôt ou tard, chaque visiteur finit par faire escale sur la terrasse à colonnes du *Casa Granda.* Voilà un lieu idéal pour observer l'animation du parque Céspedes et prendre le pouls de la ville. On y boit un (vrai) *espresso,* on y mange une glace ou un gâteau et y on écoute, en début et parfois en fin d'après-midi, de bons groupes de *son.* Le service est vite débordé et pas toujours chaleureux (resto et bar d'état oblige !). Le mojito n'est pas au top et les consommations chères. Mais c'est une institution et un bon QG. En fin d'après-midi, direction la belle terrasse sur le toit *(accès payant),* afin de profiter de la vue sur la cathédrale, la ville et toute la baie. Un show y est organisé le samedi vers 21h30 (danse, musique, voire transformistes) et, après, tout le monde danse en levant le coude...

La Isabélica *(plan I, B1,* ***101****) : angle Aguilera et Calvario (Porfirio Valiente). Tlj 6h30-22h30. Café espresso très bon marché.* Son nom évoque une célèbre plantation de café de la région de Santiago. Cette vénérable demeure au décor patiné est charmante avec ses poutres de bois sombre et ses lourdes chaises, occupées par une foule d'habitués (surtout des piliers de comptoirs !). Le café tout simple est bon, mais il existe une poignée de variantes (pas toutes disponibles) : à la cannelle, au cacao, à l'ananas, au rhum... Une plongée dans la réalité cubaine, avec quelques *jineteras* en prime.

1900 *(plan I, B2,* ***102****) : Bartolomé Masó, 354 ; entre San Félix et Rosado. Tlj 12h-16h, 18h-23h45 (terrasse ouv seulement le soir).* Cette magnifique demeure coloniale restaurée avec soin a appartenu à la famille Bacardí (le rhum, ça a rapporté gros !). Si le restaurant est quelconque, l'endroit justifie une pause pour un coup d'œil à ses salles solennelles et prendre un café dans le patio où glougloute une fontaine, ou sur la terrasse sur le toit (seulement le soir) surplombant la rue, calé dans un fauteuil en rotin.

Où écouter de la musique ? Où danser ?

Santiago aime la musique. En fin de semaine, elle retentit à chaque coin de rue. Chaque bar, chaque café, chaque salle fait alors le plein, en fonction du groupe. Beaucoup de musiciens tournent d'ailleurs d'un établissement à l'autre... À savoir : tout s'arrête vers 1h ou 2h du matin.

Casa del Queso *(plan I, B1-2,* ***110****) : Heredia, 254, esq. San Félix (Hartmann). Tlj 11h-23h ; musique 20h-22h. Entrée bon marché.* La vieille *Casa del Queso* a perdu sa vocation initiale (on y picorait des fromages cubains) mais en a retrouvé une nouvelle : tous les soirs, un groupe de musique traditionnelle cubaine de qualité s'y produit et le *mojito* met immédiatement dans l'ambiance. Certains soirs c'est presque vide, d'autres plein comme un œuf, c'est selon.

Casa del Coro Madrigalista *(plan I, B1,* ***111****) : Carnicería (Pío Rosado), en face du museo Bacardí. Concerts 2-3 fois/sem. Entrée bon marché.* Parmi nos lieux préférés, cette vénérable demeure se fait le temple du *son,* du *changüí,* de la *guaracha* et du boléro. C'est le quartier général du *Coro Madrigalista,* un chœur très réputé de Santiago. De nombreux groupes et chanteurs aujourd'hui célèbres y ont débuté. La salle donne sur un petit jardin bien agréable. Elle a su garder son authenticité et son ambiance populaire sans protocole (bon mélange entre locaux et touristes).

Un vrai lieu de partage, pour amoureux de la musique et de la danse.

Casa de las Tradiciones *(plan d'ensemble,* ***112****) : Rabi, 154 ; entre Princesa et San Fernando. ☎ 22-65-38-92. Tlj 12h30-16h. Spectacles de musique traditionnelle et activités culturelles ts les soirs entre 21h et 23h. Entrée bon marché.* En plein cœur de l'ancien quartier français du Tivolí, cette improbable et discrète maison, un peu à l'écart du centre, s'est donné pour mission de sauvegarder les traditions – y compris les traces de la présence française à Santiago, en proposant des représentations de *tumba francesa* (la *peña del tabaquero* s'est longtemps appelée Longchamp-Planchet !), mais aussi *son, cha-cha-cha, trova, rumba...* L'endroit n'est pas très grand, ce qui rapproche les visiteurs des musiciens, toujours de grande qualité. Certains soirs, ambiance vraiment débridée. On adore.

Casa de la Trova *(plan I, B1-2,* ***113****) : Heredia ; entre San Félix (Hartmann) et San Pedro (General Lacret). ☎ 22-65-26-89. Tlj 11h-1h.* Modèle de toutes les Casas de la trova du pays, celle de Santiago est certes touristique mais absolument incontournable ! Tous les grands y sont passés. La maison se compose de plusieurs salles, proposant plusieurs ambiances et des tarifs différents selon le moment de la journée. De 11h à 13h, dans la salle donnant sur la rue *(La Trovita),* se produisent les *trovadores* (souvent d'adorables papis-mamies et de toutes petites formations traditionnelles). On les retrouve chaque jour de 15h à 18h. Le *Salón principal (entrée : bon marché),* lui, s'anime dans la foulée, de 18h à 20h, avec des groupes de musique traditionnelle. Même chose à l'étage, dans le *Salón de los Grandes,* avec balcon donnant sur la rue, avec ses concerts quotidiens commençant vers 22h, mais le tarif change selon la programmation et, du coup, il n'y a que des touristes (l'ambiance s'en ressent sérieusement !). On préfère rester en bas.

Casa Artex *(plan I, B2,* ***114****) : Heredia, 304 ; entre Calvario (Porfirio Valiente) et Pío Rosado (Carnicería). ☎ 22-65-48-14. Face au museo del Carnaval. Concerts tlj sauf mer et sam 11h-13h, tlj sauf dim 17h-19h, mer et ven-sam 20h-22h. Entrée bon marché.* La salle évoque plutôt un bistrot ancien. Un bon endroit pour prendre un pot dans la journée et *moverse la cintura* (euh... pardon, se trémousser) le soir. D'ailleurs, les Cubains y vont danser et les touristes... apprendre à danser (des cours de percussions, merengue, salsa et autres danses cubaines sont d'ailleurs proposés) ! Les groupes se produisent au fond du patio à ciel ouvert, cour musicale chaleureuse et vivante. Parmi eux, de très bons artistes, tant *salseros* que *soneros.*

La Claqueta *(plan I, A2,* ***115****) : Santo Tomás (Félix Peña) ; entre San Basilio (Bartolomé Masó) et Heredia (parque Céspedes). Tlj sauf lun 19h-2h. Groupes ts les soirs 21h30-23h30, sauf sam où le lieu devient discothèque. Entrée bon marché.* Ce bar à ciel ouvert draine une foule de Cubains dès que les pieds commencent à les démanger... On se déhanche dans le petit patio de devant, tandis que les groupes se produisent sur la terrasse à l'arrière. Côté son, on balance entre le traditionnel et la salsa. Toujours bien rythmé, en tout cas !

Patio Los Dos Abuelos *(plan I, D1,* ***116****) : Pérez Carbó, 5. ☎ 22-62-33-02. Sur la pl. de Marte. Concerts et chansons traditionnelles tlj 21h-23h. Peña le dim vers 18h. Entrée bon marché.* La courette est assez banale et il n'y a pas la même animation que dans les autres adresses musicales, mais une atmosphère familiale et bon enfant. Et régulièrement des petites formations de qualité. À noter la *peña* du dimanche où l'ambiance monte d'un cran.

Casa del Caribe *(plan II, F3,* ***117****) : calle 13, angle calle 8, 154 ; reparto Vista Alegre. ☎ 22-64-36-09. Tlj, concerts 17h-21h (22h le dim). Le sam, place au show. Le jeu, musique tradi, les autres jours, ce sont les groupes de rumba maison qui officient. Entrée à prix modérés.* Le bar est logé dans l'agréable patio de cette jolie maison, ornée de jolies fresques. C'est le lieu pour assister à des échanges entre la culture cubaine et celles des Caraïbes. Cette maison organise aussi le Festival del Caribe début juillet. Mariachis, rumba, boléro, chaque jour le programme change. Le soir, diverses activités folkloriques, notamment avec les groupes de la maison, *Rumba Aché* et *Folklo Yuma,* qui assurent côté rumba.

♩ ***La Tumba Francesa*** *(plan d'ensemble,* ***118****)* **:** *Carnicería (Pío Rosado), 268 ; entre General Portuondo (Trinidad) et J. M. Gómez (Habana).* ☎ *22-66-94-40. Seulement mar et jeu, vers 20h (jusqu'à 21h15-21h30). Entrée sur donation.* Dans une petite salle chaleureuse, on s'installe tout autour de la pièce pour voir évoluer le groupe de danseurs, habillés comme à l'époque, au son des percussions.

♩ ***Sala Dolores*** *(plan I, C1,* ***119****)* **:** *pl. Dolores (entrée par la calle Aguilera).* ☎ *22-62-46-23. Concerts ven-dim (mais pas régulièrement) vers 16h ou 20h, ça dépend.* Insolite transformation d'un lieu de culte en salle de concerts ! Cette petite église qui surplombe la place, à l'excellente acoustique, se transforme à l'occasion en salle de spectacle. Généralement le week-end, mais surtout pendant les festivals. Excellents concerts de musique classique et de chœurs s'y déroulent. Le programme est parfois affiché à l'entrée, rue Aguilera.

Plaza Juvenil *(plan II, E4,* ***120****)* **:** *pl. Ferreiro. Seulement ven-dim 22h-1h env. En plein air (gratuit).* La jeunesse de Santiago se retrouve là pour danser la salsa. Musique enregistrée, mais parfois aussi un groupe. Kiosques à bière et sandwichs. Chaude ambiance en général.

À voir. À faire

Dans le centre historique

Le tarif des musées comprend en général une visite guidée mais non obligatoire, la plupart du temps en espagnol, plus rarement en anglais et en français.

Parque Céspedes *(plan I, A-B1)* **:** centre de la ville et de l'animation, c'est le *corazón* (cœur) de Santiago. Quelques monuments emblématiques se concentrent autour de cette jolie place : l'hôtel *Casa Granda,* la cathédrale, l'ancienne résidence-musée du conquistador Velázquez, l'*ayuntamiento* (mairie) notamment. On y flâne, on s'y promène, on s'y donne rendez-vous, on y passe et repasse les soirs de week-end, dans le brouhaha des fanfares et des orchestres. Quelques *jineteros* et de *jineteras* hantent aussi les lieux, surveillés plus ou moins discrètement par la police (avec ou sans uniforme).

Museo de Ambiente histórico cubano Diego Velázquez *(plan I, A1)* **:** *Félix Peña, 612 (parque Céspedes). Lun-sam 9h-17h, ven 13h30-17h, dim 9h-15h. Entrée payante (droit photos en sus).*

Bâtie entre 1516 et 1530, c'est la plus ancienne demeure coloniale de Cuba et l'une des plus vieilles d'Amérique latine. Seule une partie des éléments est toutefois d'origine, dont la façade qui donne sur la place, certaines toitures et portes intérieures.

C'est ici, si l'on en croît les guides, qu'aurait résidé Diego Velázquez de Cuellar (1465-1524), conquistador arrivé en Amérique lors du 2e voyage de Colomb, nommé 1er gouverneur de Cuba. Ses appartements se trouvaient au 1er étage, tandis que le rez-de-chaussée abritait la 1re fonderie d'or de la colonie (reste le four). La demeure révèle certaines influences mauresques, notamment à travers son long balcon en bois à moucharabieh et ses énormes citernes d'eau dans le patio.

Le musée, qui occupe cette demeure et une maison voisine d'influence française, abrite une collection de mobilier colonial austère et arts décoratifs présentés chronologiquement. On débute la visite par l'étage (appartements de Velázquez), consacré aux XVIe et XVIIe s, dont les salles sont séparées par des cloisons de bois. Vous y découvrirez un très beau plafond ouvragé en cèdre (en partie restauré après un grave incendie), une belle armoire à demi brûlée, le heaume de

Velázquez et aussi une *Danse villageoise* du peintre flamand David Teniers. Le rez-de-chaussée est, lui, consacré au XVIIIe s, avec notamment une pendule française à balancier. À partir de cette époque, le mobilier, en ébène ou caoba, est fabriqué sur place et non plus importé d'Europe, même si l'influence du vieux continent demeure.
La visite se poursuit, à l'arrière, par ***une 2de maison,*** consacrée aux intérieurs XIXe s. Au programme : marbre de Carrare au sol ; meubles cubains pour l'essentiel et un peu anglais, dont un étonnant lit-gondole ; porcelaines de Sèvres, Limoges et Saxe, cristal de Murano, céramique espagnole, meubles d'angle dans les salles à manger... La cuisine ouverte est dotée d'un *tinajedo,* un filtre à eau en pierre. Ne ratez pas non plus le séchoir à tabac en forme de poivrier géant !

Catedral Nuestra Señora de la Asunción *(plan I, A-B2)* **:** *parque Céspedes. Accès (tlj 8h-19h en principe) par le flanc droit de l'église, calle Santo Tomas.* Consacrée en 1522, elle a été maintes fois détruite et reconstruite – la dernière en 1922. De style néoclassique, sans beaucoup de caractère, elle est surmontée de 2 clochers et entourée d'une terrasse surélevée surplombant les boutiques, ce qui lui donne un aspect presque aérien. On la voit mieux depuis la terrasse du toit de l'hôtel *Casa Granda.* On peut monter sur un ***mirador*** pour embrasser la vue sur Santiago *(lun-sam 9h-13h, 14h-18h ; entrée payante ; attention, les 93 marches sont bien raides, presque une échelle à la fin !).*

Ayuntamiento *(mairie ; plan I, B1)* **:** *parque Céspedes.* ***Ne se visite pas.*** Ce beau bâtiment bleu et blanc a été construit en 1950 d'après des plans datant de 1783. C'est un monument historique car, de son balcon, le 1er janvier 1959, Fidel Castro proclama la victoire de la Révolution.

Casa de la Cultura Josué País García *(plan I, B1-2)* **:** *Heredia, 204. Tlj 9h-22h. GRATUIT.* Ce bel édifice jaune et blanc, de style néoclassique, aligne dans sa grande salle aérée des rangées de colonnes corinthiennes et de lustres en cristal. C'est l'ancien club *San Carlos,* fondé par des Français, lieu de rencontre de la société créole de Santiago au XIXe s. Petites expositions, concerts et activités culturelles le week-end.

L'ORIENTE

Calle Heredia **:** la rue aligne de vieilles demeures de style colonial ornées de longs balcons aux balustrades en fer forgé. Certaines sont occupées par des école, bibliothèque et administrations ou centre culturel. On y trouve aussi la célèbre *Casa de la Trova* (voir « Où écouter de la musique ?... »), et un peu plus loin, le centre provincial de l'***Union nationale des écrivains et artistes cubains (UNEAC),*** au no 266, dont le patio sert de cadre à des spectacles traditionnels *(en théorie, boléro sam à 18h ; entrée payante).*

Casa de José María Heredia *(plan I, B1-2)* **:** *Heredia, 260. Tlj 9h-19h. Entrée payante.*
Le grand poète préromantique cubain y est né le 31 décembre 1803 et y vécut jusqu'à 3 ans. Avocat et partisan de la cause indépendantiste, il dut quitter Cuba et est mort au Mexique en 1839. Ne le confondez pas avec José Maria de Heredia (1842-1905), lui aussi né à Santiago de Cuba, d'un père espagnol et d'une mère d'origine française, qui devint l'un des chefs de file du mouvement parnassien à Paris à la fin du XIXe s.
La maison est aujourd'hui le siège permanent des activités littéraires de la ville et un lieu de rencontre international des poètes pendant le Festival del Caribe, début juillet. Le musée, tout petit, se résume en fait à 3 salles : l'entrée, la chambre où est né Heredia avec son mobilier d'époque et la salle à manger attenante.

Museo del Carnaval (plan I, B1) : *Pío Rosado (Carnicería) et Heredia. ☎ 22-62-69-55. Lun 14h-17h, mar-ven 9h-17h, sam 9h-21h et dim 9h-13h. Entrée payante (parfois un guide parlant français). Droit photos payant. Danses folkloriques lun-sam à 16h et pdt le Carnaval.* Occupant une demeure coloniale de la fin du XVIIIe s, précédée d'une longue véranda surplombant la rue, ce musée présente (assez sommairement) le Carnaval de Santiago. Les explications manquent, mais vous pourrez voir de nombreuses photos en noir et blanc des carnavals d'autrefois, des affiches, instruments de musique, costumes colorés, déguisements et quelques instruments de musique.

Museo municipal Emilio Bacardí (plan I, B1) : *Pío Rosado (Carnicería) et Aguilera. ☎ 22-65-45-01. Lun-ven 9h-17h, sam 9h-19h, dim 9h-15h. Entrée payante.*

Ce musée, inauguré en 1928, a longtemps abrité les collections du 1er maire républicain de la ville, Emilio Bacardí Moreau (1844-1922), descendant de Français par sa mère Lucia Victoria Moreau. Patriote et indépendantiste (il fut banni pour s'être battu dans l'armée rebelle à l'Espagne), chercheur, grand voyageur et grand écrivain, il était le fils de l'un des fondateurs de la célèbre marque de rhum à la chauve-souris, aujourd'hui la plus vendue au monde. Il présida lui-même par la suite aux destinées de l'entreprise familiale, avant que les Bacardí ne s'exilent à Miami. Rappelons que la famille, après avoir soutenu la révolution, s'éloigna peu à peu du régime castriste, puis finit par choisir l'exil.

ÉGYPTO-MANIAQUE

Touche-à-tout de génie, Emilio Bacardí était aussi égyptologue, c'est pourquoi la petite momie qu'il rapporta de ses voyages en Égypte est en bonne place dans le musée qui porte son nom. Au cimetière de Santiago, la tombe de Bacardí est facilement reconnaissable : elle est en forme de... pyramide !

Cette colossale bâtisse de style néoclassique à la façade à colonnes corinthiennes abrite le musée d'Art et d'Histoire de la province de l'Oriente. On commence généralement la visite par la *section de Beaux-Arts* de l'étage, où est exposée une sélection d'œuvres européennes (secondaires), prêtées par le musée du Prado à la fin du XIXe s et jamais rendues ! On peut aussi y voir des œuvres de peintres cubains, notamment contemporains.

La grande salle du rez-de-chaussée présente l'histoire de Cuba de manière chronologique. Dans la section consacrée aux origines, de fort belles haches pétaloïdes (offrandes), quelques céramiques décorées, poteries très simples, bijoux, idoles en pierre et un siège à tête sculptée ayant appartenu à un *cacique* (prêtre aborigène). L'époque de la colonisation se décline à travers armes, objets et costumes militaires, objets liturgiques, chaînes et fers d'esclaves. Urne funéraire de Cespedes. Arrive la guerre d'indépendance, avec un drôle de pantalon en fibres végétales confectionné par les insurgés qui manquaient de tout (!) et une invraisemblable torpille à propulsion électrique, en forme de petit sarcophage, inventée par les forces mambises pour couler les bateaux espagnols ! On finit par la période « néocoloniale » (1900-1950) – l'occasion de voir dans une des vitrines la célèbre chauve-souris de métal qui ornait la façade de la fabrique de rhum Bacardí – et la révolution.

Une minisection ethnographique occupe le sous-sol, avec quelques objets jivaros et... égyptiens !

Balcón de Velázquez (plan I, A2) : *Mariano Corona, esq. Bartolomé Masó (San Basilio). Tlj 8h-18h. GRATUIT.* Un balcon ? Un mirador, en fait. Il s'agit d'une large terrasse surplombant le quartier, qui livre un panorama sur les toits et les montagnes barrant l'horizon. Les Espagnols y avaient installé le 1er fortin pour défendre la ville.

***Maqueta de la ciudad** (maquette de la ville ; plan I, A2) :* *M. Corona, 704 ; entre Santa Lucía (Duany) et San Basilio (B. Maso). Mar-dim 9h-18h. Fermé lun. Entrée payante.* Cette énorme maquette de Santiago, réalisée à l'échelle de 1/1 000, a demandé 12 ans de travail et continue d'être mise à jour en fonction des évolutions de la géographie urbaine. Une mezzanine permet d'embrasser une vue globale sur la maquette. Intéressant pour comprendre l'implantation de la capitale de l'Oriente au bout d'une baie très bien protégée. La cafétéria, au fond de la salle, offre un beau point de vue.

***Museo de la Lucha clandestina** (plan I, A2) :* *G. J. Rabi, 1 ; entre San Carlos (Salcedo) et Santa Rita (D. Palacios). ☎ 22-62-46-89. Tlj sauf dim 9h-16h45. Entrée payante.* Pour l'histoire de la révolution cubaine, il y a 2 lieux à visiter à Santiago : la caserne Moncada (voir plus loin) et ce musée de la Lutte clandestine, installé dans une belle demeure bourgeoise du XIXe s. À l'époque de la dictature Batista, c'était un commissariat de police, que les révolutionnaires castristes attaquèrent le 30 novembre 1956, juste avant le « débarquement » du *Granma* (qui eut lieu 2 jours plus tard). Mitraillettes de Frank País et de ses copains insurgés, cocktails Molotov du type de ceux ayant servi à l'époque et autres drapeaux du mouvement du 26-Juillet permettent de se replonger dans le contexte. De nombreux vêtements et effets personnels des « martyrs » de la révolution jouent aussi leur rôle dans le travail de dévotion offert à la population...
– Juste en face du musée, de l'autre côté de la placette, se dresse une petite maison jaune et bleu où vécut Fidel Castro de 1931 à 1933, dans la famille de la maîtresse d'école de son village natal, Birán, quand il était scolarisé à Santiago.

***Memorial Vilma Espín Guillois** (plan I, B1) :* *San Gerónimo, 473 ; entre Calvario et Pío Rosado (Carnicería). ☎ 22-62-22-95. Tlj sauf dim 9h-12h30, 13h-17h. Entrée payante. Guide (en espagnol seulement) sur demande.* C'est la maison de famille de Vilma Espín Guillois, épouse de Raúl Castro, née à Santiago en 1930 et décédée en 2007 à La Havane. Sa famille s'installa en 1939 dans cette belle maison du XIXe s. Quelques meubles, mais surtout des photos et documents sur la vie de Vilma. On y apprend notamment que sa mère était d'origine française. Quant à Vilma, elle fut la 2e femme cubaine à obtenir un diplôme d'ingénieur chimiste, avant de s'engager auprès du mouvement du 26-juillet, puis de rencontrer Raúl au Mexique. Directrice de *Radio Rebelde* (Radio Rebelle), fondatrice de « l'école pour les paysannes », députée, membre du Conseil d'État, elle fut surtout pendant 47 ans présidente de la Fédération des femmes cubaines – qu'elle défendit avec constance, ainsi que les droits des homosexuels. Nombreuses photos du couple à travers les années, façon *Point de Vue-Images du Monde* (Vilma et Raúl en vacances, Vilma au ski, Vilma en tenue de soirée...).

À proximité du centre historique

***Museo del Cuartel Moncada** (musée de la Caserne Moncada ; plan d'ensemble) :* *av. de Moncada. ☎ 22-66-11-57. Dim-lun 9h-12h30, mar-sam 9h-16h30 (dernière entrée). Entrée payante. Visite guidée possible en français, panneaux explicatifs en espagnol.*
L'entrée du musée se repère aux impacts de balles en façade, reproduits après la victoire de la révolution ! La visite est indispensable pour comprendre l'importance de la ville dans l'histoire contemporaine cubaine : l'attaque de la caserne de la Moncada, placée au cœur du régime répressif de Batista, fut le 1er mouvement insurrectionnel d'envergure à Cuba. Ils étaient 95 hommes, étudiants pour la plupart qui, dirigés par Fidel Castro, tentèrent de prendre cette caserne le 26 juillet 1953, tandis que 2 petits groupes menés par Raúl Castro et Abel Santamaría attaquaient de leur côté le palais de justice et l'hôpital. L'opération, qui avait demandé 14 mois de préparation, se révéla un échec cuisant : au bout de 30 mn, l'assaut était terminé. Bilan : 61 morts du côté des rebelles, dont 55 torturés.

Aujourd'hui, l'essentiel du bâtiment a été transformé en école secondaire, mais une poignée de salles ont été réservées au musée. Dans le hall d'entrée, photos des différents présidents ayant visités la Moncada avec Fidel ou Raúl pour guide. Comme d'habitude, de nombreux panneaux reproduisent des photos en noir et blanc. Des objets, des armes, des vêtements tachés de sang ayant appartenu aux héros révolutionnaires sont exposés comme des reliques – et même des billets de banque « trouvés sur Fidel quand il fut capturé le 1er août 1953 ». Dans la 1re grande salle, une maquette offre une vue d'ensemble du site, tandis que, par une fenêtre, on voit la camionnette Chevrolet dans lequel Fidel fut fait prisonnier dans le massif de la Gran Piedra à la suite de l'assaut manqué, puis ramené à Santiago.

FIDÈLE AUX REBELLES

On dit que Fidel Castro fut extrêmement chanceux... Quand il fut capturé dans le massif de la Gran Piedra, il aurait dû être exécuté. Mais celui qui l'arrêta n'obéit pas aux ordres et le ramena vivant à Santiago. Ce soldat, le lieutenant Sarria, avait des sympathies pour les jeunes rebelles et les rejoignit d'ailleurs bientôt. Il devint même par la suite garde du corps de Fidel Castro !

Suivent des images difficilement soutenables des corps torturés des jeunes rebelles, divers outils utilisés par leurs bourreaux, puis la geôle où fut notamment détenu Frank País. On enchaîne par une chronologie complète de la marche vers la révolution, soutenue par de nombreux plans et photos illustrant les combats dans la sierra Maestra et sur les différents fronts. Maquette du Granma, gilets de sauvetages et sac de couchage. Des armes saisies à l'armée de Batista ou confectionnées par les rebelles voisinent, là, avec le pantalon kaki et le sac (américain) utilisés par Fidel dans la sierra. Photos de la mort de Franck País, exemples de cocktails dans une bouteille...de Pepsi. L'exposition s'achève par le triomphe de la révolution et l'entrée des *barbudos* à Santiago le 1er janvier 1959 et un touchant mur de portraits des 55 torturés de la Moncada.

À l'écart du centre historique

Casa-museo Frank País (plan d'ensemble) : *General Banderas, 226 ; entre José Gómez et Los Maceos. ☎ 22-65-27-10. Lun-jeu et sam 9h-16h30 ; ven 9h-12h30. Fermé dim. Entrée payante ; visite guidée possible (pourboire).*
Le Rimbaud de la guérilla révolutionnaire, c'est lui ! Sa modeste maison familiale est devenue Monument national. Fils de pasteur protestant, né en 1934, nourri de Bible et d'éthique, excellent dessinateur, jeune homme très précoce, rien ne destinait Frank País à devenir l'un des dirigeants urbains du mouvement insurrectionnel du 26-Juillet. Grand organisateur et chef militaire hors pair, il fut « la main droite de Fidel Castro dans la plaine ». Il est mort assassiné dans la rue, alors que la guérilla avançait lentement vers la victoire. Son enterrement à Santiago fut suivi par une foule énorme.
Voir sa chambre (où une cache pour armes et documents secrets compromettants avait été aménagée dans la partie haute). Une autre salle présente son accordéon et son orgue, son bureau de collégien (notez ses dessins plutôt inspirés), la photo de Castro avec País, prise dans la sierra en 1957... Lire le poignant poème, *Carta de amor a la patria,* dédié à la patrie, dans le style d'un poème d'amour. Masque mortuaire et photos de son corps assassiné. Sa mère, veuve avec 3 enfants, se laissa mourir de chagrin.

Museo del Ron Santiago (plan d'ensemble) : *Peralejo, 103 ; entre San Antonio et San Ricardo. ☎ 22-68-64-40. Lun-sam 9h30-16h30. Fermé dim. Entrée payante (incluant la visite guidée de 15 mn et 1 dégustation).* En fait on ne fabrique rien ici, c'est une simple usine d'embouteillage. Visite guidée minimaliste : quelques modestes explications devant des panneaux, on passe dans un couloir vitré devant la chaîne d'embouteillage et hop, un petit verre à déguster, un tour dans la boutique et basta. Intérêt très limité compte tenu du prix d'entrée.

Cementerio Santa Ifigenia *(plan d'ensemble)* **:** *au bout de l'av. Crombet. Tlj 8h-18h (17h en hiver). Entrée payante (pour les touristes). Parking payant (le long de la rue perpendiculaire à l'avenue).*

Cimetière de l'aristocratie coloniale et de la bourgeoisie républicaine, Santa Ifigenia regroupe de grandiloquents mausolées et tombeaux, révélateurs de l'opulence passée des grandes familles de la région. Mais on y découvre, avant tout, les sépultures de héros des guerres d'indépendance (reconnaissables au drapeau national) et ceux de la révolution (avec le drapeau noir et rouge du mouvement du 26-Juillet).

TCHAO CHAN CHAN...

La tombe de Compay Segundo, au cimetière Santa Ifigenia, se trouve dans le secteur « civil », passé celui des héros nationaux. Pour la trouver, il suffit, depuis l'entrée, de prendre l'allée face à vous, laisser sur la droite le grand panthéon vert des Forces armées, puis prendre la 2e allée à gauche. C'est la 2e tombe à gauche, reconnaissable à la guitare, au chapeau du chanteur et aux 95 fleurs métalliques symbolisant ses 95 printemps...

Placez-vous dans l'axe de l'entrée monumentale. L'allée centrale vous mènera très vite à la pyramide renfermant la dépouille d'***Emilio Bacardí Moreau,*** 1er maire de Santiago après l'indépendance de Cuba. Juste derrière reposent Mariana Grajales, la mère d'Antonio Maceo, et sa femme. Elles voisinent avec le grand monument en forme de bastion regroupant les sépultures de 11 des ***généraux des guerres d'indépendance.***
Au même niveau, à gauche, se dresse le très imposant ***mausolée de José Martí,*** sculpté de grandes allégories. La garde d'honneur y veille 24h/24 et la relève de la garde, au pas de l'oie, vaut le coup d'œil ! À côté, le ***Panteón de los Mártires*** est un monument commémoratif aux héros du 26 Juillet. À proximité, la tombe de ***Fidel Castro.*** Grande pierre ocre évoquant un peu un menhir, avec pour seul mot inscrit en lettres d'or : « Fidel ».
Revenez dans l'allée centrale. Plus avant, à gauche, vous verrez encore le monument de ***Carlos Manuel de Céspedes,*** encadré de 4 palmiers royaux. Et si vous avez du temps à revendre, vous pourrez encore trouver ***Frank País,*** un peu plus loin.
Le secteur le plus éloigné de l'entrée, au fond, abrite plutôt les tombes des personnages publics et anonymes. On y trouve notamment les musiciens ***Pepe Sánchez*** (le créateur du boléro) et le dieu du *son cubano,* ***Compay Segundo*** (voir encadré).

Monumento de Antonio Maceo *(hors plan d'ensemble par le nord-est)* **:** *à la sortie nord de la ville, sur la pl. de la Revolución.* Cette immense esplanade aux airs soviétiques est veillée par un imposant hommage au grand général. Sur le terre-plein, au pied de sa statue équestre haute de 16 m (!), 23 *machetes* surgissent du sol, évoquant la date du 23 mars 1878, qui marqua la résurgence du combat indépendantiste après la guerre de Dix Ans. Cette œuvre est due au sculpteur santiaguero Alberto Lescay.

Tabacuba – fabrique de cigares Celia Sánchez Manduley *(hors plan d'ensemble par le nord-est)* **:** *à env 9 km du centre-ville (pas facile à trouver). Prendre l'av. de las Américas jusqu'au bout, poursuivre la route (qui devient plus petite). Prendre à gauche à la 1re fourche, puis 1re à droite et faire env 200 m. C'est sur la droite (aucun panneau, n'hésitez pas à demander). Achat du billet obligatoire au préalable, dans l'une des agences Cubatur, Cubanacan ou Havanatur (voir « Adresses et infos utiles ») ; bien vérifier que la fabrique fonctionne le jour de votre visite. Visite lun-ven 9h-12h (env 20 mn). Entrée payante.* C'est la plus importante des 3 fabriques de cigares de Santiago et la seule qui se visite, située au sein du grand *combinado industrial Textilera,* qui regroupe plusieurs entreprises. Ici, les 220 employés (80 % de femmes) fabriquent environ 20 000 cigares par jour, dont les célèbres Montecristo 1, 3, 4 et 5, ainsi que des Romeo y Julieta, avec des feuilles importées de la région de Pinar del Río.

DANS LES ENVIRONS DE SANTIAGO DE CUBA

AU NORD-OUEST DE SANTIAGO

Basílica de la Virgen de la Caridad del Cobre *(hors plan d'ensemble par le nord) : à env 20 km à l'ouest de Santiago, au village d'**El Cobre,** par la route de Bayamo. Tlj 6h30-18h. Sur place, parking gratuit : au fond en contournant l'église par la droite. Accès possible en bus ou camion depuis le terminal de la calle 4 (devant la station-service Cupet, après la Moncada) ; rotations assez fréquentes. GRATUIT ; ne pas prêter foi aux arnaqueurs qui essaient de vendre de (faux) billets.*

Principal lieu de pèlerinage de l'île, le site d'El Cobre est dominé par une basilique reconstruite en 1927 au sommet d'une colline dominant le village. Elle doit son nom à une ancienne mine de cuivre (*cobre* en espagnol) située à proximité. La statue de la « Vierge de la Charité du Cuivre », si on traduit littéralement, aurait été trouvée en 1612 ou 1613, en pleine mer, par un jeune esclave noir de 10 ans, Juan Moreno, qui se trouvait avec 2 Indiens dans une barque. Vénérée pour ses supposés miracles, la « Cachita » est la sainte patronne de Cuba depuis 1916. Chaque année, le 8 septembre, les Cubains viennent en masse lui rendre hommage. Il faut dire qu'elle cumule les mandats : elle est associée dans la *santería* à Ochún, soit la déesse de l'Amour, de la Sensualité, de la Maternité, des Eaux douces et de l'Or !

AU NOM DU FILS, DE LA RÉVOLUTION ET DU SAINT NOBEL !

La sainte patronne de Cuba est vénérée par tous les enfants du pays. Même par la mère de Fidel Castro, qui la pria de protéger son fils pendant la guerre révolutionnaire ! Fidel fit d'ailleurs une visite à la basilique après son arrivée à La Havane, en janvier 1959. Idem pour Hemingway, qui offrit carrément son prix Nobel de littérature à la Vierge. Avait-il abusé du daïquiri ?

La Vierge trône aujourd'hui sur le maître-autel de la basilique. Si l'édifice en lui-même n'a rien de remarquable, on peut voir, sur le bas-côté droit, de nombreux ex-voto offerts en reconnaissance de guérisons ou de vœux exaucés : béquilles, galons militaires et, dans une vitrine spéciale, gants de boxe, balles et battes de base-ball déposés par des champions sportifs cubains !

Monumento al Cimarrón : *fléché depuis le village d'**El Cobre.** Des guides attendent au pied de la colline.* La grimpette est rude mais, du sommet, on jouit d'une belle vue sur la région et un curieux lac d'eau verte – couleur due à la présence du minerai de cuivre. Le monument a été érigé à la mémoire des esclaves qui travaillaient dans la mine de cuivre, la plus ancienne d'Amérique latine, exploitée de 1558... jusqu'à l'an 2000. Dû au sculpteur Alberto Lescay Merencio, ce monument glorifie la révolte de 1731 et comporte de nombreux symboles des religions africaines. *Cimarrón,* en espagnol, désigne d'ailleurs les *marrons* (esclaves en fuite). C'est l'un des jalons de la *route de l'Esclave* de l'Unesco.

– Le guide (qui se tient dans une guérite au bas des escaliers) peut aussi vous faire visiter la ***casa de Juan Gonzalez,*** consacrée à la religion croisée (mélange de catholicisme et de *santería*), qui est aussi responsable du *cabildo* (groupe folklorique) du Cimarrón.

AU SUD DE SANTIAGO, VERS LE CASTILLO DEL MORRO

2 itinéraires permettent de rejoindre le puissant castillo del Morro posté à l'orée de la baie de Santiago. Soit on prend la route de l'aéroport, par l'intérieur des terres, soit on longe les replis de la baie pour jeter un coup d'œil à la marina de Punta Gorda (bar-resto) et à quelques criques aux eaux turquoise *(snorkelling)*.

Excursion au cayo Granma : *bateaux depuis la marina de Punta Gorda 5 fois/j., 6h20-21h ; ou depuis l'embarcadère (discret) de Ciudamar, plus bas sur la côte, ttes les 1-2h, 5h-0h45 env. Tarifs à consulter.* L'îlot, flottant près de l'entrée de la baie, mesure juste 9,4 ha. Son village de « pêcheurs » conserve pas mal de maisons en bois, certaines sur pilotis, mais les belles résidences que les grandes familles de Santiago y avaient fait bâtir jadis se sont pour la plupart envolées avec les ouragans. Il n'y a pas d'hôtel ni de *casa particular* sur le cayo Granma, mais plusieurs ***paladares*** avec vue sur mer.

Castillo del Morro – château de San Pedro de la Roca : *à 9 km au sud de Santiago. En transport local, bus ou camion entre Corona et Bartolomé Masó, direction Ciudamar jusqu'au terminus (1 CUP). Tlj 8h30-18h30 (19h30 en été). Entrée payante. Droit photos et parking en sus.*
Superbement perchée sur un promontoire rocheux surplombant l'entrée de la baie de Santiago, cette belle et puissante forteresse avait pour vocation de protéger l'accès à la ville – trop souvent menacée par les pirates et autres coureurs des mers aux XVIe et XVIIe s. Le *castillo* a été bâti à partir de 1638 sur les plans de Juan Bautista Antonelli (1585-1649), le « Vauban espagnol ». Néanmoins pris par les Anglais en 1662, il fut renforcé à la fin du siècle. Bien plus tard, il servit de prison pour interner les indépendantistes puis, en 1898, de poste défensif à l'armée espagnole lors de la guerre hispano-américaine.
À l'approche du fort, noter, au sol, les 2 beaux canons de bronze de 1748, qui proviennent des bateaux français *Le Pourvoyeur* et *Le Comte de Provence*. On peut les voir juste après le phare, construit par une société de Nantes en 1842 et qui tourne sur un bain de mercure de près de 3 m de diamètre.
La forteresse a été inscrite en 1997 au ***Patrimoine mondial de l'humanité*** par l'Unesco, en raison de son architecture très particulière inspirée des ouvrages défensifs italiens de la Renaissance. Équipée d'un savant système de défenses, elle est en fait constituée d'un ensemble complexe de fort, fortins, bastions et batteries, dont on devine des vestiges tout autour du promontoire sur lequel s'amarre le *castillo* en lui-même.
Celui-ci abrite aujourd'hui le ***museo San Pedro de la Roca.*** Ses salles, pour la plupart assez vides, évoquent de manière assez sommaire l'histoire de la piraterie dans les parages, celle du château et du système défensif de Santiago, ainsi que la bataille navale entre les armadas espagnole et américaine en 1898. On y voit aussi une maquette du *castillo* et une rampe jadis utilisée pour monter les boulets jusqu'aux bastions. Pour le reste, le mieux est encore le vaste panorama sur la mer, la baie et le cayo Granma qui se révèle depuis les différents bastions.

LES CANONS DU TOURISME

À La Havane, la cérémonie du cañonazo (tir du canon à 21h) repose sur une réalité historique. À cette heure-là, en effet, on fermait le port par une chaîne. En revanche, à Santiago, cette pratique n'a jamais existé. Par ailleurs, les soldats qui tirent les coups de canon au castillo del Morro sont habillés comme les soldats de l'armée rebelle qui lutta pour l'indépendance de Cuba. Or ces insurgés n'ont jamais pris le château. Mais c'est l'occasion pour les touristes de prendre de belles photos au coucher du soleil...

El Morro : *à l'entrée de la forteresse. Tlj 12h-17h.* Sa belle terrasse couverte et ses tables sous velum, avec vue sur la mer et le château, sont ses points forts. On y sert chaque midi un buffet qui attire de nombreux groupes.

À L'EST DE SANTIAGO, GRAN PIEDRA, SIBONEY ET LE PARC DE BACONAO

Pour ceux qui disposent d'une voiture et de beaucoup de temps, voici une agréable balade vers le parc de Baconao et la côte est. Compter une centaine de kilomètres aller-retour (une bonne ½ journée). En cours de route, quelques musées, sites, plages et une ***station-service Cupet*** *(plan À l'est de Santiago).*
Le parc national de Baconao, qui fut rêvé par Fidel Castro du temps où il s'y baladait pour raison forcée, commence à la colline San Juan, dès la sortie de Santiago. Décrété « Réserve de la biosphère » par l'Unesco, c'est le plus grand parc naturel cubain.

Dans les terres, la Gran Piedra

Prado de las Esculturas *(plan À l'est de Santiago)* **:** *route de Siboney ; à env 15 km de Santiago, au village de Las Guásimas, prendre à gauche, c'est 200 m plus loin, sur la gauche. Ouverture aléatoire, 8h-16h en général. Entrée payante (gratuit quand il n'y a pers au guichet !).* Ce grand parc de sculptures monumentales couvre 40 ha sur les flancs d'une colline verdoyante et rocailleuse. Sont plantées là une vingtaine de sculptures réalisées par des artistes cubains, mexicains, argentins mais aussi allemands, japonais et français. Une petite route sillonne le parc et permet d'observer ces œuvres monumentales, qui franchement n'ont rien de remarquables. L'endroit n'est pas entretenu et donne une vague impression d'abandon.

La Gran Piedra *(plan À l'est de Santiago)* **:** *y aller de préférence tôt le mat, avt l'arrivée des nuages. Après le Prado de las Esculturas, poursuivre sur env 14 km par une petite route escarpée mais correcte, avec son lot de nids de poule. En taxi depuis Santiago, prix à négocier pour l'aller-retour, avec 2 à 3h sur place.*
« La grande pierre » est le nom de cette montagne qui culmine à 1 216 m, entre la plaine de Santiago et la mer. Son sommet se termine par un gros rocher, d'où son nom de « grande pierre ». Ne pas monter de nuit ou par temps de forte pluie, risque d'éboulements. Elle mène au pied de la *Gran Piedra* et jusqu'à l'hôtel-resto *Villa Gran Piedra,* dont les bungalows sont éparpillés sous les pins à flanc de montagne. Le site est vraiment agréable en raison de la fraîcheur de la température et la vue est exceptionnelle. À droite de la réception de l'hôtel, un sentier-escalier *(accès payant, à régler à la réception de l'hôtel, incluant 1 boisson)* monte au sommet (452 marches), où se dresse une tour de télécommunications.
L'énorme rocher au sommet de la montagne serait le vestige d'un ancien volcan usé par l'érosion. Il est accessible à pied. On y monte par une longue échelle métallique fixée sur la roche (facile et sans danger, sauf s'il pleut). Du ***mirador,*** on bénéficie d'un panorama exceptionnel. Par temps clair, on dit qu'on peut apercevoir Haïti et la Jamaïque. Sur la route, quelques paysans vendent des fruits.

Un peu moins de 2 km au-delà de l'hôtel, en poursuivant le chemin à pied, possibilité de visiter le ***cafetal La Isabélica*** *(plan À l'est de Santiago). Tlj 8h-16h. Entrée et droit photos payants.*
Ancienne plantation de café fondée par Victor Constantin Cuzeaux, immigrant français d'Haïti. Elle fait partie de l'ensemble des *cafetales* de la Gran Piedra qui,

depuis l'an 2000, sont inscrits au Patrimoine mondial de l'humanité par l'Unesco.
Au rez-de-chaussée, petite exposition d'instruments et d'objets servant à la culture et à l'exploitation du café et au (mauvais) traitement des esclaves. L'approvisionnement s'effectuait par les voies muletières des 60 ha de plantations qui entouraient La Isabélica, un petit bâtiment en forme de forteresse orienté vers le sud. Devant la maison, les séchoirs cimentés permettaient de faire sécher les grains. Juste au-dessus, la maison du maître, avec son mobilier et son décor de l'époque qui font apprécier les conditions de vie plutôt confortables des planteurs. À voir à l'extérieur, le cadran solaire, fondu par la société Giroud (d'origine française), établie à Trinidad. Derrière la maison, à droite, la *tahona,* moulin à rigole de maçonnerie qui servait à dépulper les cerises de café. Sur la gauche, en bas, le petit bâtiment était la cuisine, qu'on avait isolée pour éviter que les odeurs ne se communiquent au café.

MON NOM EST PERSONNE... OU PRESQUE

À Santiago, des gens se revendiquent aujourd'hui encore descendants de Victor Constantin Cuzeaux. Mais bien qu'ayant vécu avec une esclave centenaire, ce monsieur n'a jamais eu d'enfants. Alors, pourquoi cette filiation ? C'est que les maîtres donnaient à leurs esclaves leur propre nom de famille... Il donna même son prénom à la plantation. Elle s'appelait Isabel.

Jardin Ave del Paraíso : *juste avt d'arriver à l'hôtel-restaurant* Villa Gran Piedra, *sur la gauche. Chemin peu carrossable de 400 m qui mène au jardin (on conseille d'y aller à pied). Tlj 7h-17h. Entrée payante. Guide sur place.* Même s'il n'est pas bien grand, ce beau jardin botanique présente quelques parterres d'anthuriums, agapanthes, philodendrons, oiseaux de paradis...

➢ ***Randonnées pédestres aux alentours avec guide :*** *la réception de l'hôtel* Villa Gran Piedra *pourra vous mettre en contact avec un guide pour des petites randos dans le secteur.* La nature conserve tous ses droits dans le massif de la Gran Piedra. C'est un endroit idéal pour des randonnées pédestres et l'observation des très riches faune et flore. Belles orchidées et autres *helechos* (fougères arborescentes) foisonnent dans le secteur.

Où dormir ?
Où manger à la Gran Piedra ?

De prix modérés à prix moyens

Villa Gran Piedra *(plan À l'est de Santiago)* **:** *au sommet de la Gran Piedra. ☎ 22-35-69-19. À 26 km de Santiago (env 50 CUP en taxi). Bungalows avec grande salle à manger (jusqu'à 4 pers) ou chalets pour 2 pers, avec petit déj. Au resto, plats basiques midi et soir.* À 1 100 m d'altitude, l'hôtel consiste en une série de bungalows éparpillés à flanc de montagne, dans une superbe pinède. Bien équipées pour le lieu mais assez mal entretenues (c'est un hôtel d'État). Bon couchage, eau chaude et froide et parfois même une petite cuisine et une cheminée (pour la déco). Une adresse agréable, pour le site et l'environnement montagnard. On y trouve aussi un bar et un restaurant (nourriture pas terrible).

Autour de Siboney

Granjita Siboney *(plan À l'est de Santiago)* **:** *sur la route de Siboney (2 km après avoir rencontré l'embranchement pour la Gran Piedra). ☎ 22-39-91-68. Tlj 9h-17h (13h lun). Entrée payante.*

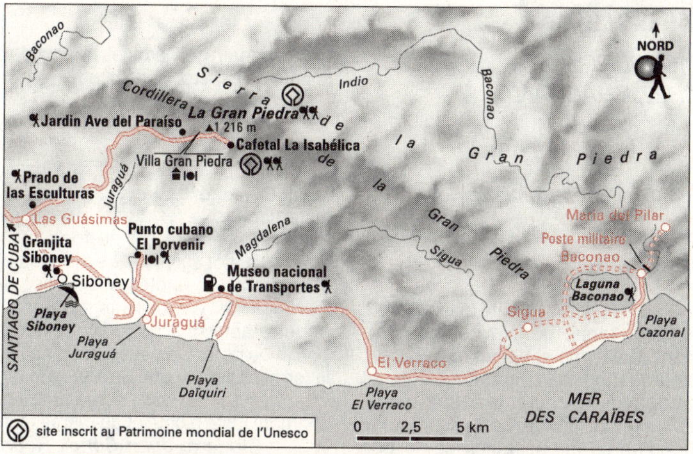

À L'EST DE SANTIAGO : la Gran Piedra, Siboney et le parc de Baconao

Sur la route qui mène de Santiago à Siboney, une bonne vingtaine de monuments commémoratifs (chiffre symbolique en référence au mouvement du 26-Juillet) rappellent inlassablement le martyre des 1ers patriotes qui tombèrent aux débuts de la révolution. Bien indiquée sur la droite de la route, la *Granjita* est une modeste maisonnette blanc et rouge qui revêt un grand sens pour les Cubains. Fidel Castro découvrit cette maison isolée dans la campagne en avril 1953. Officiellement, c'était une ferme pour élever des poulets... Il en fit le quartier général clandestin des rebelles cubains. Dans la nuit qui précéda l'attaque de la caserne de la Moncada (26 juillet 1953) à Santiago, les rebelles se rassemblèrent ici. Noter la façade qui porte toujours les impacts de balles.
On visite quelques petites pièces où sont présentés documents, témoignages, armes, uniformes et souvenirs du mouvement du 26-Juillet. Dans le jardin, une vieille Oldsmobile de 1950 ayant appartenu à Abel Santamaría, l'un des chefs de la rébellion de 1953 aux côtés de Fidel Castro. Photos des combattants assassinés par les militaires, vêtements et quelques paires de chaussures. Voir aussi le petit puits dans lequel les maquisards cachaient leurs armes.

Playa Siboney *(plan À l'est de Santiago)* **:** *à env 10 km au sud-est de Santiago (et à 1,5 km après Granjita Siboney). On peut se rendre de Santiago à la plage de Siboney par le bus n° 214 (quand il fonctionne !) ou avec les limousines ou jeeps collectives qui partent et arrivent au centre de Siboney près du resto Anacaona.*
Siboney, c'est le bourg de la côte sud de l'Oriente où naquit le musicien Compay Segundo, en 1907. Le village a été gravement endommagé par le cyclone Sandy à l'automne 2012. Plusieurs maisons ont été détruites par la violence extrême du vent. On voit encore des ruines le long de la côte.
Située au pied d'un piton rocheux, dans une jolie petite baie plantée de cocotiers (tous n'ont pas été abattus par Sandy), la plage de Siboney attire beaucoup de monde le week-end, ainsi qu'en juillet et en août. Quelques kiosques pour se désaltérer et une rangée de paillote avec transats pour se relaxer. Dommage, la propreté générale laisse un peu à désirer, mais l'ambiance est tranquille et populaire, mi-locale mi-touristique. Quelques *casas* dans le village.

Où dormir ?

CHAMBRES CHEZ L'HABITANT

Bon marché

Guillermo Gonzalez Soto : *Malecón ; entre calle 4 et calle 5. ☎ 22-39-95-18. 53-68-74-11. À 250 m après le carrefour principal, c'est la rue en terre parallèle à l'av. Serrano, une maison bleue face à la mer.* Petite maison blanc et bleu, tenue par un couple charmant, Guillermo et sa femme. Retraité de la marine marchande cubaine, ce baroudeur a bourlingué sur toutes les mers du monde. La maison abrite 2 chambres impeccables et de bon confort, avec salle de bains moderne, clim, TV, frigo. Notre préférée, celle qui a 3 fenêtres. Il y a 2 terrasses, l'une permettant de se reposer à l'ombre en dégustant un jus de fruits frais, l'autre, très vaste, offrant une vue sur la mer et quelques transats. Notre meilleure adresse à Siboney !

Casa Vista al Mar : *av. Serrano (pas de n°). À env 400 m du carrefour, sur la gauche. ☎ 22-39-96-10. 53-96-06-19. • tanja.riveras@yahoo.com •* À l'étage de cette coquette maison vert pastel, on découvre 3 chambres de belle tenue, sobres et agréables, proposées par Tanja (une allemande qui parle anglais et espagnol) et son mari Raúl. Depuis la terrasse, vue sur la mer. Sympathique jardinet et *ranchón* à l'heure de l'apéro. Bon accueil.

Jorge Ascencio Sires : *Obelisco, 13. ☎ 22-39-92-36. 53-38-69-85. • manina58@nauta.com.cu • Tt près du carrefour principal.* Maison basse faisant l'angle de la ruelle de terre, juste derrière le restaurant *Anacaona*. L'unique chambre est au fond de la maison, plutôt agréable. Le propriétaire chouchoute ses hôtes et propose de leur mitonner d'excellents repas : langouste, poissons du jour, crevettes, poulet ou porc. On peut aussi dîner sur la terrasse supérieure. Sa sœur, Beatriz *(☎ 22-39-93-46),* loue également une chambre juste à côté et au même tarif.

Gloria et Juan Carlos Rodriguez : *calle del Barco, 13. ☎ 22-39-91-29. Au carrefour principal, prendre le chemin qui passe à droite du resto* La Rueda-Compay Segundo *et faire 50 m ; c'est sur la gauche, au-dessus d'une maison en rotonde. Grimper tt en haut l'escalier raide entre les maisons.* À flanc de coteau, une maison hyper simple (et franchement un peu vieillotte) avec des chambres indépendantes, confortables mais pas chic (douche/w-c, clim) et propres. Belle vue depuis la grande terrasse commune sur l'anse de Siboney. Repas à la demande. Violeta, la sœur de Gloria, loue une mignonne petite chambre au même prix dans une *casa* juste en dessous : salle de bains un peu vétuste, mais belle terrasse.

Où manger ?

Pas grand-chose dans le village. Prendre un repas dans une *casa* reste la meilleure option. Certaines reçoivent même les touristes qui n'y dorment pas. Allez les voir en arrivant pour savoir s'ils peuvent vous préparer quelque chose. Les bonnes surprises sont souvent au rendez-vous.

De bon marché à prix moyens

Restaurant La Rueda-Compay Segundo : *tt de suite à droite en arrivant, en surplomb du carrefour. ☎ 22-39-93-25. Resto ouv 12h-18h (bar ouv plus tard).* À l'entrée du jardin, au début de l'escalier, on passe sous un portique en bois surmonté d'une pancarte indiquant « Sitio del Compay ». Le resto se trouve à l'emplacement précis de la maison où naquit le chanteur Compay Segundo. Une statue de Compay nous accueille d'ailleurs à l'entrée. Le musicien a lui-même écrit derrière le bar situé sous le resto « *En este sitio nací yo – 1907 – 18 de noviembre* ». Alors on a complété le nom de ce

L'ORIENTE

petit restaurant, qui dispose d'une vaste salle ouverte vers le large. Cuisine sans éclat, même si les prix sont assez bas. S'en tenir aux plats basiques et éviter la langouste. Souvent, un groupe musical anime le resto en jouant les standards (et pas seulement de Compay...).

La laguna Baconao

➢ De Siboney, revenir sur ses pas vers Santiago pour prendre à droite la route qui conduit à la lagune. Soyons francs, cette partie du circuit est assez longue et ne présente qu'un intérêt limité, mis à part quelques bouts de plages sympas.

Sur le parcours, plusieurs petites ***plages,*** comme ***Juraguá, Playa Berraco*** (avec sa petite baie tranquille, sa plage ombragée par les *uva caleta...*), ***Sigua*** *(petit cailloutis)* et surtout ***Cazonal*** (étroite mais sable fin), plus agréables et moins fréquentées que Siboney.

Voici les attractions que l'on rencontre sur la route :

Punto cubano El Porvenir *(plan À l'est de Santiago)* **:** *à env 4 km après l'embranchement de Siboney, sur la route de Baconao, bien signalé sur la gauche puis encore 1,5 km. Tlj 9h-17h. Entrée payante (dont une partie à valoir en consos).* Piscine extérieure assez agréable (à l'eau plutôt propre) et entourée de végétation, alimentée par une petite rivière. Quelques transats à l'ombre et un bar-resto. Une halte pratique aux heures chaudes sur la route de la lagune.

Museo nacional de Transportes *(plan À l'est de Santiago)* **:** *entre Juraguá et Playa Berraco. Sur la gauche de la route, juste après la station-service Cupet. Tlj 8h-16h. Entrée payante.* Pour les amateurs de vieilles voitures. Ce musée abrite une quarantaine de vénérables autos, mais malheureusement souvent en piteux état. Celles qui circulent dans les rues sont dans un bien meilleur état ! On y verra la Cadillac dorée (1958) du chanteur Benny Moré, et à deux pas la Chevrolet grise de 1952 que conduisit Fidel Castro à l'assaut de la caserne Moncada à Santiago en juillet 1953. Voir encore la rare Cadillac Eldorado 1957 dont il n'existe que 500 exemplaires, une Ford T de 1912 (rareté aussi), une Tbird de 1956, une Limousine de 1986, une insolite mini-auto BMW à 3 roues (1957), et une Maya Cuba (1963) rouge cerise. Cette mini-auto cubaine n'a été fabriquée qu'à un seul exemplaire par des artisans cubains. Dans un bâtiment annexe, une exposition de plus de 2 500 modèles réduits de véhicules.

Laguna Baconao *(plan À l'est de Santiago)* **:** à l'extrémité est du parc naturel, à env 35 km à l'est de Siboney, on débouche sur une lagune entourée de collines (panneau sur la gauche). *Accès payant.* Soyons francs, peu de gens poussent jusque-là. Cette grande surface d'eau salée entourée de mangrove forme un joli paysage lacustre. Possibilité de balade de 30 mn en barque *(en sus, 5 pers min).* Un petit sentier pédestre qui longe le lac permet d'accéder à 3 miradors. Sur la rive, près du parking, quelques tristes crocodiles d'élevage dans des bassins.

– Au-delà de la lagune, la route principale est régulièrement fermée, contrairement à ce que laissent supposer les cartes routières, car on arrive dans une zone sensible. Une ***base militaire cubaine*** occupe en effet ce secteur, répondant à la base américaine de Guantánamo qui n'est pas très loin...

Restaurant Laguna « Casa Rolando » *(plan À l'est de Santiago)* **:** *au-dessus de la lagune et des bassins à crocodiles. ☎ 22-35-61-98. Tlj sauf lun 9h-16h30.* Plats *criollo* simples. C'est correct et la terrasse surplombe la lagune.

L'ORIENTE

LA ROUTE DE GUANTÁNAMO À BARACOA

GUANTÁNAMO

208 000 hab.

Guantánamo aux 2 visages... Chacun garde en mémoire la chanson cubaine la plus connue au monde, la *Guantánamera,* inspirée à l'origine d'un poème de José Martí. Infusée de nostalgie, elle semble à 1 000 lieux de l'image actuelle de la ville. Car Guantánamo, aujourd'hui, c'est avant tout cette base militaire américaine, louée depuis 1903 au gouvernement cubain (jusqu'en 2034), et la prison que les *Yanquís* utilisent pour enfermer les islamistes dont ils ne savent que faire...
La province de Guantánamo, occupant tout l'extrême Oriente cubain, est relativement prospère, notamment grâce à la culture de la canne à sucre et à celle du café. Les hautes collines couvertes de plantations de l'intérieur succèdent aux paysages semi-désertiques de la côte sud, balayés par le vent. La ville, elle, ne présente pas un grand intérêt touristique. On y arrive par une *autopista* surdimensionnée et un peu surréaliste, pour découvrir l'ambiance nonchalante du centre, autour du *parque Martí.* Une courte escale, histoire de dire, « je suis allé à Guantánamo », et déjà on repart.

LA BASE AMÉRICAINE DE GUANTÁNAMO

Aucune chance pour le voyageur d'apercevoir cette immense base militaire de 117,6 km², l'une des installations stratégiques les plus étranges au monde. « Gitmo Bay », son surnom dans l'armée américaine, est un monde entièrement clos sur lui-même, entouré d'une ceinture de miradors, de mines, de barbelés – un miniterritoire américain en sol cubain. Pour y pénétrer, c'est l'avion ou le bateau qui sont utilisés. La base, étendue de part et d'autre de l'entrée de la baie, en contrôle entièrement l'accès.

TERRAIN MINÉ

En 1961, pour empêcher les Cubains de se réfugier sur la base de Guantánamo, les militaires castristes plantèrent un mur de... cactus, long de 13 km. Bientôt, quelque 55 000 mines étaient ajoutées de part et d'autre du no man's land, créant le 2d plus important champ de mines au monde... Les Américains les ont finalement retirées de leur côté pour les remplacer par un système plus actuel de détection de mouvement.

Depuis la fin de la guerre froide, tous les experts s'accordent pour reconnaître que le régime cubain ne représente plus une menace pour la sécurité américaine. Alors, à quoi sert cette base ? À surveiller le canal de Panamá et la zone des Caraïbes ? Oui, théoriquement. En fait, beaucoup pensent qu'elle ne sert à rien tout en coûtant une fortune aux États-Unis (en entretien des lieux, du matériel et du personnel). Une drôle d'histoire tout de même. D'autant plus surréaliste que si le bail de 99 ans prévu par le traité de 1934 entre les 2 pays n'est pas résilié, la base de Guantánamo ne fermera ses portes qu'en 2034 !
Sur place, le personnel militaire et civil américain ne manque de rien. La base est autonome en électricité et en eau, obtenue par désalinisation. Tout ce qui fait le style de vie américain est là : un hôtel, une école élémentaire et un collège-lycée, une salle de sport, une dizaine de plages, un bowling, un cinéma, un glacier, des restos, des fast-foods... La base abrite même le seul *McDo* de Cuba !
On l'a déjà presque oublié mais, à la fin du XXe s, la base se mua un temps en centre de réfugiés pour tous les Cubains et Haïtiens repêchés en mer. En 2002, Guantánamo

est revenue sous les feux de l'actualité avec l'arrivée de plusieurs centaines de combattants islamistes capturés en Afghanistan, au Pakistan et en Irak. Arguant juridiquement du caractère d'extraterritorialité de la base (un argument finalement rejeté par la Cour suprême américaine), la 1re démocratie du monde n'a pas hésité à faire quelques sérieuses entorses aux Droits de l'homme les plus élémentaires. La lutte contre le terrorisme rend ici, loin du territoire américain, la lecture des conventions internationales particulièrement élastique... La mandature de Barack Obama devait permettre la fermeture de la prison militaire (une de ses promesses de campagne), mais elle n'a jamais été mise en application. Alors sous celle de Donald Trump...

FIERTÉ CUBAINE

Washington verse tous les ans un loyer (très peu élevé) de 4 085 US$ au gouvernement cubain pour l'occupation du site de Guantánamo. Fidel Castro – et ensuite Raúl – n'ont jamais encaissé les chèques, question de principe. À une exception près : dans le chaos de la révolution, le chèque de 1959 a bien été déposé ! Les autres, le Líder Máximo les conservait dans un tiroir qu'il a montré autrefois à la caméra du commandant... Cousteau.

Arriver – Quitter

En bus

Terminal de ómnibuses interprovinciales : *à 2,5 km au sud-ouest du centre. Agence* Viazul *sur place.*

➢ **Santiago :** 1 bus/j. avec *Viazul,* en fin d'après-midi. Durée : env 1h30. Des bus *Transtur* assurent aussi la liaison tlj.

➢ **Baracoa :** 1 bus/j. avec *Viazul,* dans la matinée. Durée : env 3h30 (160 km).

Adresse utile

Infotur : *Calixto García ; entre Emilio Giro et Crombet. ☎ 21-35-19-93. • infotur.cu • Lun-sam 8h30-12h, 13h-16h45. Fermé dim.* Plan gratuit de la ville, documentation. Bon accueil.

Où dormir ?
Où manger ?

Bon marché

Lisset Foster Lara : *Pedro A. Pérez, 761 ; entre Jesús del Sol et Prado. ☎ 21-32-59-70. 📱 52-83-02-15. • lisset128@gmail.com •* Cette maison verte aux colonnettes jaunes, typique des années 1940, est à 2 pas du parque Martí. Lisset, la proprio, propose 4 chambres très propres et fort bien équipées, avec AC : 3 sont au 1er étage, la dernière sur le toit, avec entrée indépendante. On peut utiliser la cuisine, mais Lisset (qui parle anglais) propose aussi de bons repas.

Restaurant La América de l'hôtel Martí : *Calixto García, angle Aguilera. ☎ 21-32-95-00. Midi et soir.* Sur la place centrale, ce petit hôtel d'État abrite le meilleur restaurant du coin. On y mange souvent en compagnie des groupes de passage – en musique dans ce cas ! La salle est plutôt agréable, les tables nappées, et la cuisine, classique, est bonne. Un bon rapport qualité-prix.

Prix moyens

Hotel Marti : *Calixto Garcia, 820 ; à l'angle d'Aguilera. ☎ 21-32-95-00. • director@hotelmarti.tur.cu •* Une trentaine de chambres impeccables, fonctionnelles mais sans éclat, dans cet établissement central, à la façade crème et aux piliers orange. Certaines chambres avec balcon.

Où boire un verre ? Où écouter de la musique ?

Patrie du *changüí,* une sorte de *son* au rythme plus marqué, Guantánamo est une ville qui bouge bien les soirs de week-end. Toutes les adresses sont à proximité les unes des autres, avec une entrée payante quand il y a un groupe qui se produit.
Bien sûr, il y a l'incontournable ***Casa de la Trova*** sur le parque Martí *(angle Pedro A. Perez et Flor Crombet ; musique ts les soir à partir de 19h30 ou 21h, c'est selon)* et sur Calixto García, le ***Centro cultural La Guantánamera*** *(ts les soirs vers 22h).* Mentionnons aussi le ***Café Cantante América*** *(Calixto Garcia, entre Aguilera et Prado, au-dessus du ciné),* où déferlent tous les rythmes du continent, du *changüí* au jazz en passant par la *trova.* Et encore le classique ***Centro cultural Artex*** *(Máximo Gómez, 1062 ; concerts le w-e surtout)* avec ses concerts de musique traditionnelle et fusion dans le patio.

DE GUANTÁNAMO À BARACOA

– En voiture, compter 2h30 à 3h en roulant normalement. La route est bitumée et en bon état.

À l'est de Guantánamo, la route contourne à distance l'enclave de la base américaine : la présence policière est manifeste et plusieurs villages, en zone militaire, sont inaccessibles. Passé le village de Yateritas, à 40 km, la route commence à longer la côte rocheuse, au pied d'une ligne de collines pelées et de montagnes peu boisées. Il y a même des cactus ! Le long du parcours, de courtes falaises de calcaire, quelques villages de pêcheurs et bourgades isolées. À noter à 43 km de Guantanamo, la ***Playa El Guanal,*** que l'on rencontre quand la route rejoint la mer (fléché sur la droite). En contrebas du kiosque, petite plage de sable bien agréable, protégée au large par un récif. Une chouette petite halte sur la route de Baracoa. C'est sur la ***Playa Cajobabo*** (à 100 km de Guantánamo), une plage grise adossée à une cocoteraie, que débarquèrent José Martí et Máximo Gómez en 1895, au début de la guerre d'indépendance.

Au niveau de Cajobabo, la route quitte le littoral et grimpe dans la ***sierra del Purial,*** serpentant à grand renfort de virages serrés sur des versants couverts d'une végétation tropicale sèche. Ouverte en 1960, la « Farola », comme on l'appelle, offre des échappées et des points de vue remarquables. Elle culmine à 900 m au ***mirador d'Alto de Cotilla*** (panorama). Là et ailleurs, de nombreux paysans et petits vendeurs proposent des clémentines, du café, des bananes, du chocolat ou des *Cucuruchos* (cornets) de pâte de coco, de manière assez insistante. Puis on grimpe vers le col, le ***Paso de Cuba*** (col de Cuba), à une dizaine de km avant Baracoa. Après le col, le paysage change. On quitte la relative austérité du versant sud de la sierra pour embrasser une végétation plus dense.

L'ORIENTE

BARACOA

39 000 hab.

• Plan et zoom *p. 385* • Carte La région de Baracoa *p. 393*

Postée en vigie à l'extrémité orientale de Cuba, à 160 km de Guantánamo, Baracoa ne date pas d'hier : elle est la 1re des cités de l'île à avoir été fondée, en 1511. Investie au tournant du XIXe s par les colons français fuyant la révolution haïtienne et leurs esclaves, elle offre un visage bien à part : plus noir, plus caraïbe, plus nonchalant. L'animation du week-end autour de la petite place de la cathédrale et la folie du Carnaval (célébré en avril), plus encore, en témoignent.

S'il reste fort peu de témoignages des siècles passés, la ville jouit d'un site privilégié, entre mer et sierra. En toile de fond se profile l'étrange silhouette d'El Yunque, une montagne en forme d'enclume qui fait l'objet d'une randonnée sympa. Les alizés y déversent plus d'eau qu'ailleurs, entretenant une végétation profuse. Et, au-delà, les côtes livrent une succession de plages souvent sauvages, qui offrent elles aussi de chouettes échappées. Dernier point : les gens par ici sont adorables, presque encore plus qu'ailleurs. Ils reçoivent beaucoup moins de visiteurs que l'ouest et sont vraiment ravis d'accueillir les voyageurs qui ont poussé jusque là.

UN PEU D'HISTOIRE

Les 1ers découvreurs

Christophe Colomb est le 1er Européen à découvrir la baie de Baracoa, le 27 novembre de l'an de grâce 1492. Il nomme l'endroit Puerto Santo et, 4 jours plus tard, plante une grande croix à l'entrée du port. Il est alors persuadé d'avoir touché à la mythique Cathay (la Chine), et cherchera en vain le port de Quinsay dont parle Marco Polo dans son *Livre des merveilles*...
Chargé par Diego Colón (fils de Christophe) de coloniser Cuba, ***Diego Velázquez de Cuéllar*** fonde Baracoa en 1511 sous le nom de Nuestra Señora de la Asunción de Baracoa. C'est la 1re ville de l'île. Très vite, pourtant, son isolement conduit à privilégier d'autres points d'appui : dès 1522, Santiago devient capitale à sa place. Baracoa s'enfonce dans une douce léthargie, à l'écart des grandes manœuvres de l'Histoire. Pendant plus de 4 siècles, elle ne sera accessible quasiment que par bateau.

CUBA ? C'EST LA CHINE !

Quand Christophe Colomb, lors de son 1er voyage, demanda aux Indiens de Cuba où était le grand khan (empereur de Chine), on lui indiqua Cubanacán... qui était le nom d'une région au centre de l'île ! Jusqu'à sa mort, l'Amiral resta persuadé que Cuba était une péninsule rattachée à la Chine. Il existe d'ailleurs des cartes du début du XVIe s qui la représentent comme telle...

Des réfugiés français et des producteurs de bananes

Lors de la révolte des Haïtiens contre les colons français et l'accession à l'indépendance d'Haïti (1791-1804), de nombreux colons se réfugient à Cuba, notamment à Baracoa, pour échapper aux massacres. C'est ainsi que l'on trouve encore aujourd'hui de nombreuses ***familles aux patronymes français*** : Blancar, Toirac, Duran, Barthelemy, Blet, Lambert, Lafita, Legra...
Après la Première Guerre mondiale, la ville connaît le ***boom de l'« or vert »***. La *Standard Fruit & Steamship Company* exporte par bateaux 90 % de la production de bananes de la région, directement vers les États-Unis. Le climat, favorable, permet aussi de cultiver le ***café*** et le ***cacaoyer*** – on peut d'ailleurs voir, près de l'aéroport, une grande chocolaterie qui fournit toute l'île. Enfin, dans les années 1960, la construction de la route de Guantánamo sort enfin cette ville du bout du monde de son isolement.

ENTRE PLUIES ET OURAGAN

Si l'impression de luxuriance est moins flagrante depuis les destructions de l'ouragan Matthew, la différence de climats entre les versants nord et sud de la sierra encadrant Baracoa reste entière. D'un côté, des pentes nappées d'une végétation sèche. De l'autre, une profusion de cocotiers et plantations. Tournée vers la mer, protégée par cette barrière de montagnes qui lui sert d'écrin, Baracoa jouit d'un microclimat atlantique rafraîchi et arrosé par les alizés. Des pluies diluviennes tombent même en fin d'année (novembre-décembre, voire jusqu'en janvier) – en particulier le matin, les après-midi étant généralement plus ensoleillés. Mai et juin sont fort agréables (époque des récoltes de fruits), tandis que juillet août s'avèrent les plus chauds (au-dessus de 30 °C).

Matthew ou l'apocalypse

Le 4 octobre 2016, Matthew (un ouragan de catégorie 4) déverse sur Baracoa des vents de 205 km/h et des vagues de 5 m de haut, qui éclatent en gerbes au-dessus des quelques immeubles du Malecón... Les débris propulsés font boutoir : les maisons du front de mer sont pour beaucoup éventrées. Des murs, des toits s'effondrent ; beaucoup de terrasses s'envolent. Miraculeusement, aucune victime n'est à déplorer. Encore plus incroyable, le paysage désolé de l'après ouragan a retrouvé en quelques années sa verdeur et sa beauté.

LA RUSA, LÉGENDE DE BARACOA

Le long du Malecón, face à la mer, se dresse un petit hôtel très ordinaire du nom de *La Rusa* (« La Russe »). Le gouvernement cubain l'entretient attentivement. Question de mémoire affective, si l'on peut dire. Fidel et Raúl Castro, alors chefs des rebelles dans la sierra Maestra, n'ont jamais oublié qu'il fut tenu par une aubergiste exceptionnelle, une cantatrice russe exilée à Cuba, ***Magdalena Ménassé Rovenskaya*** (de son nom de jeune fille),

> **SIEMPRE LA RUSA-LUCIÓN !**
>
> *Ironie de l'histoire ! À Saint-Pétersbourg, enfant, La Rusa avait fui la révolution russe. À Baracoa, près de 40 ans après, elle embrassa la révolution cubaine. Elle exécrait les bolcheviks qui avaient tué son père, mais adorait les* barbudos. *La Rusa a soutenu et aidé les rebelles financièrement, matériellement, mais aussi moralement. Sous des dehors de Castafiore d'opérette en exil se cachait une femme engagée.*

Adresses utiles

- Infotur (zoom)
- Gare routière grandes lignes (A1)
- @ 3 Etecsa (zoom)
- 4 Cadeca (B3)
- 5 Banco de Crédito y Comercio (zoom)
- 6 Banco Popular (zoom)
- 7 Hospital Octavia de la Concepción (hors plan par B3)
- 8 Ecotur (zoom)
- 9 Havanatur (B3)
- 10 Gaviota Tours (zoom)
- 11 Cubatur (zoom)
- 12 Location de vélos (zoom)

Où dormir ?

- 20 Casa Colonial, Gustavo y Yalina (zoom)
- 21 Casa Soleluna (A1)
- 22 Casa Buena Vista (A2)
- 23 La Terraza de Baracoa (zoom)
- 24 Casa Yamicel (zoom)
- 25 Casa El Mirador, Srs Antonio y Iliana (A2)
- 26 La Madera-Casa Nilson (zoom)
- 27 Casa Fernando y Natacha (zoom)
- 28 Yamilé y Ramón (zoom)
- 29 Hostal La Moderna (A3)
- 30 Casa La Catedral (zoom)
- 31 Casa Colonial Ykira (zoom)
- 32 Villa Paradiso (A3)
- 33 Casa Tropical (zoom)
- 34 Hotel La Habanera (zoom)
- 35 Hostal 1511 (zoom)

Où manger ?

- 26 Restaurant La Madera-Casa Nilson (zoom)
- 50 Baracoando (A1)
- 51 La Perla del Oceano (B2)
- 52 La Canchánchara (B3)
- 53 La Casona (zoom)
- 54 El Buen Sabor (zoom)
- 55 La Colonial (zoom)

Où boire un bon chocolat ? Où s'offrir une glace ?

- 60 Cafetería Casa del Chocolate et Casa del Cacao (zoom)

Où boire un verre ? Où sortir ?

- 62 Casa de la Trova (zoom)
- 63 Casa de Cultura Municipal (zoom)
- 64 Patio Artex (zoom)

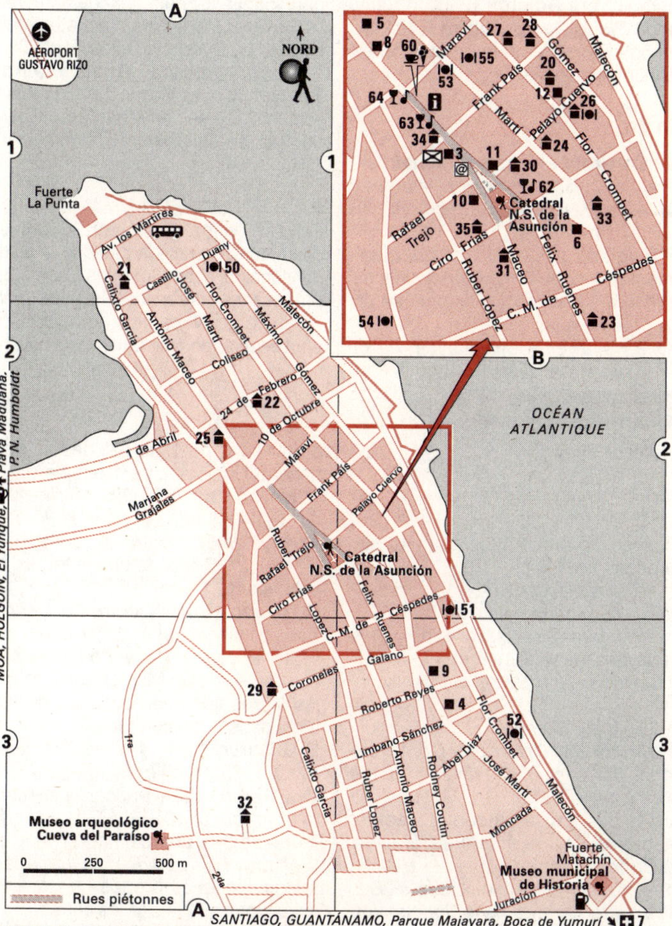

BARACOA

devenue leur 1er soutien logistique à Baracoa. La rencontre avec ces chefs rebelles au charisme étonnant et l'amitié qui en découla furent une révélation humaine autant que politique pour la diva, plus familière des pianos à queue que des tactiques de guérilla. Elle fit don de son hôtel et de ses bijoux à la révolution.

Arriver – Quitter

En voiture

➢ ***Santiago de Cuba :*** 234 km. Trajet : 3h-3h30.

➢ ***Moa :*** route en mauvais à très mauvais état, depuis plusieurs années en travaux sur certaines sections. Compter env 2h pour 70 km. De Moa, on poursuit vers ***Holguín*** (250 km ; env 5h) ou ***Playa Guardalavaca*** (248 km ; env 5h). Passé Moa, les routes redeviennent excellentes.

En bus

Gare routière grandes lignes *(terminal de ómnibuses interprovinciales ; plan A1)* **:** *av Los Mártires, tt au nord de la calle Martí, près du fort de la Punta.*

➢ ***Holguín :*** pas de bus *Viazul.* Seulement des *colectivos.* Autre solution : se rendre à Santiago, puis prendre un bus pour Holguín.

➢ ***La Havane :*** 1 bus/j. avec *Viazul* pour Santiago, puis changement vers La Havane. Possibilité d'acheter le billet pour les 2 étapes. Durée : env 20h.

➢ ***Santiago, via Guantánamo :*** 1 départs/j. avec *Viazul,* théoriquement vers 14h. Durée : env 3-4h pour Guantánamo, 5h-5h30 pour Santiago.

En taxi collectif

On trouve généralement quelques chauffeurs, derrière la catedral N. S. de la Asunción, calle Ciro Frías *(zoom),* qui proposent leurs services. Le matin, vers 7h-8h, lorsqu'il y a plus de monde, on peut espérer pouvoir partager la course.

Adresses utiles

Infotur *(zoom)* **:** *Maceo, 129A ; entre Frank País et Maraví. ☎ 21-64-17-81. • infotur.cu • baracoa.travel • Lun-sam 8h30-12h, 13h-16h45. Fermé dim.* Infos et documentation gratuite sur Baracoa et sa région.

■ @ **Etecsa** *(zoom,* ***3****)* **:** *sur la pl. principale, à côté de la poste. Tlj 8h30-19h.* Appels internationaux, vente de cartes prépayées, service internet.

■ ***Cadeca*** *(plan B3,* ***4****)* **:** *José Martí, 241. Lun-ven 8h30-16h. Sam-dim 8h30-11h30.* Change.

■ ***Banco de Crédito y Comercio*** *(zoom,* ***5****)* **:** *Maceo, 99. Lun-sam 8h-15h (11h sam). Fermé dim.* Change les euros. Ses 2 distributeurs acceptent les cartes *Visa* et *MasterCard.* Ceux du **Banco Popular** *(José Martí, 166 ; zoom,* ***6****)* ne prennent, eux, que la *Visa.*

■ ***Hospital Octavia de la Concepción*** *(hors plan par B3,* ***7****)* **:** *à 1 km du centre, sur la route de Guantánamo. ☎ 21-64-71-00. Urgences 24h/24.* On y trouve l'essentiel des spécialités et une pharmacie.

■ ***Ecotur*** *(zoom,* ***8****)* **:** *Maceo, 107 ; entre 10 de Octubre et 24 de Febrero. ☎ 21-64-24-78. • ecoturcuba.tur.cu •* Agence à vocation environnementale, à privilégier pour les balades au parc national Humboldt, par exemple.

■ ***Havanatur*** *(B3,* ***9****)* **:** *Martí, 225. ☎ 21-64-53-58. Lun-ven 8h30-12h, 13h30-16h30 ; sam 8h30-11h30. Fermé dim.* Billets de bus et toutes les excursions.

■ ***Gaviota Tours*** *(zoom,* ***10****)* **:** *sur le parque (pl. centrale). ☎ 21-64-51-64. Dans la cour du Rumbos. Lun-sam 8h-12h, 14h-18h.* Mêmes services que les autres agences. Location de voitures dans le même bureau.

■ ***Cubatur*** *(zoom,* ***11****)* **:** *Maceo, angle Pelayo Cuervo (pas d'enseigne). ☎ 21-64-53-06. • ericbarrabia@cubaturstgo.tour.cu • Tlj 8h-12h, 14h-18h (horaires très approximatifs, venir de préférence le mat !). Parfois fermé sans raison.* L'agence propose les mêmes excursions que toutes les autres.

■ ***Location de vélos*** *(zoom,* ***12****)* **:** *Flor Crombet, 127A. ☎ 21-64-28-81. 📱 54-25-58-62. Tlj 8h-20h.* Il y en a plusieurs autres dans le centre.

■ ***Station-service Cupet*** *(plan B3)* **:** *une à l'entrée de la ville en arrivant de Guantánamo et une autre à env 2 km en allant vers Moa, sur la gauche. Ouv 24h/24. CB acceptées.*

Où dormir ?

CHAMBRES CHEZ L'HABITANT

Le choix est ici considérable. Sachez que, selon la distance qui vous séparera du petit centre animé, vous serez, en fin de semaine, plus ou moins tenu éveillé par la musique...pour votre plus grand plaisir.

Bon marché

🏠 ☂ ***Casa Colonial, Gustavo y Yalina*** *(zoom,* ***20****) :* *Flor Crombet, 125 ; entre Frank País et Pelayo Cuervo. ☎ 21-64-58-09. 📱 52-81-35-79. • gustavoyyalina2013baracoa@gmail.com* • Cette maison aux murs orange a été édifiée en 1898 par un baron du sucre d'origine marseillaise. On est accueilli par un couple sympathique. 6 chambres d'un excellent rapport qualité-prix, toutes aérées, lumineuses, avec fenêtre(s), clim, coffre et même sèche-cheveux, plus balcon pour 3 d'entre elles et entrée indépendante pour la plupart. L'une d'elles peut accueillir 5 personnes. De la belle terrasse, vue sur la mer. Bonne cuisine à base de légumes de la *finca* des proprios. Une excellente adresse.

🏠 ☂ ***Casa Soleluna*** *(plan A1,* ***21****) :* *Maceo, 22. ☎ 21-64-20-85. 📱 54-19-35-98. • querolsocorro@gmail.com* • Au nord du centre, un peu avant le fort La Punta, la maison peinte en vert pastel, de style moderne néocolonial, est tenue par le sympathique Leonardo et son épouse Aniuska. Ses 2 chambres, hautes perchées à l'étage, sont bien équipées et donnent sur une agréable terrasse privative avec vue sur la ville et la baie. Grande propreté et calme total.

🏠 ☂ ***Casa Buena Vista*** *(A2,* ***22****) :* *José Martí, 87B ; entre 10 de Octobre et 24 de Febrero. ☎ 21-64-22-06. 📱 53-10-49-29. • ramirez2014@nauta.cu* • Facile à repérer, le rouge de la façade ne vous échappera pas. On traverse un couloir improbable, long et étroit, avant de grimper un escalier raide qui vous hisse aux 2 chambres, l'une au-dessus de l'autre (respectivement au 2ᵉ et 3ᵉ étage), chacune avec sa petite terrasse et vue dégagée. Celle tout en haut bénéficie de la meilleure vue et sa terrasse est privée. Les 2 possèdent tout le confort moderne et des fenêtres sur 3 côtés, c'est dire si c'est lumineux. Ménage fait par *El señor limpio*.

🏠 ☂ ***La Terraza de Baracoa*** *(zoom,* ***23****) :* *Félix Ruenes, 29 ; entre Coroneles Galano et Céspedes. ☎ 21-64-34-41. 📱 53-10-49-84. • adiscu10@gmail.com • rafaelyadis.com* • Tout à la fois centrale et tranquille, cette maison tenue par Adis (prof d'anglais) et Rafael abrite 3 chambres bien propres et lumineuses – toutes à l'étage. La plus agréable, aux tonalités bleues, s'ouvre sur un bout de terrasse ; celle de l'arrière est plus petite. Petit déj et dîner sont servis sur la terrasse (spécialité de poisson au lait de coco).

🏠 ☂ ***Casa Yamicel*** *(zoom,* ***24****) :* *Martí, 145A ; à l'angle de Pelayo Cuervo. ☎ 21-64-11-18. 📱 54-25-58-21. • ncc.gtm@infomed.sld.cu* • Façade ocre, huisseries et balustrade en bois bleues, toit de tuiles rousses, la patte coloniale est évidente. Tenue par un couple pro, la maison dispose de 7 chambres impeccables et bien équipées. Éviter juste celle du rez-de-chaussée, très sombre, et privilégier celles des étages, pratiques pour les familles. La plus élevée donne sur le toit-terrasse et son bar, où le boss prépare de bons mojitos.

🏠 ***Casa El Mirador, Srs Antonio y Iliana*** *(plan A2,* ***25****) :* *Maceo, 86. ☎ 21-64-26-47. 📱 52-71-85-89. À côté de l'arrêt des bus* Transtur. Cette demeure coloniale peinte en vert a de l'amplitude. Sonnez, la gentille Iliana tirera la chevillette, et la bobinette cherra par l'astucieux système de corde qui lui évite de descendre pour ouvrir la porte. À l'étage, vous découvrirez un grand salon-salle à manger prolongé par une grande terrasse avec chaises à bascule, sur lequel donnent les 2 chambres, spacieuses et confortables. L'une peut accueillir 4 personnes, l'autre 5. Possibilité d'y prendre ses repas. Antonio parle le français et travaille à *Infotur.*

🏠 |●| ***La Madera-Casa Nilson*** *(zoom,* ***26****) :* *Flor Crombet, 143 ; près de l'angle avec Pelayo Cuervo. ☎ 21-64-31-23. 📱 52-71-85-56. • abadcub@gmail.com* • Une maison sur plusieurs niveaux, abritant 3 chambres dont la particularité est d'être toutes bardées de bois d'essences différentes. 2, très vastes, peuvent accueillir jusqu'à 6 personnes et l'une d'elles abrite 2 douches et autant de toilettes. La 3ᵉ est mignonne aussi, mais plus petite. Excellent confort et plein d'astuces pour optimiser l'espace. Une bonne adresse mais qui a ses petits revers : pas de patio ni jardin, et la présence du resto au 1er étage implique un certain va-et-vient le soir, qui limite un peu l'intimité, autant le savoir. C'est aussi un excellent resto (voir « Où manger ? »).

Casa Fernando y Natacha (zoom, **27**) : *Flor Crombet, 115B ; entre Frank País et Maraví.* ☎ *21-64-38-20.* *53-07-10-43.* • *fernandoaguilera@nauta.cu* • Très centrale, cette *casa* abrite 3 chambres simples (l'une avec un grand lit et 2 petits) et bien équipées, propres et aérées, toutes avec 2 lits doubles. Terrasse avec des fauteuils en bois, et des proprios chaleureux qui mitonnent de bons repas.

Yamilé y Ramón (zoom, **28**) : *Frank País, 6 ; à l'angle de Máximo Gómez.* ☎ *21-64-53-57.* *52-71-85-88.* • *yamile48@nauta.cu* • Yamilé et son mari le facétieux Ramón proposent dans leur maison rose 2 chambres propres et fraîches dont l'une avec vue sur la mer. La terrasse, bien agréable, est le repaire de Ramón, grand lecteur, qui la partage volontiers pour de longues discussions. La cuisine maison sort nettement de l'ordinaire cubain, avec notamment une très bonne glace au chocolat, ananas-orange ou orange-coco.

Hostal La Moderna (*Ysabel Garrido ; plan A3,* **29**) : *Calixto García, 164A ; entre Céspedes et Coroneles Galano.* ☎ *21-64-35-15.* *54-18-73-74.* • *elrayo.13@nauta.cu* • Cette maison assez récente est tenue par l'aimable et joviale Ysabel. 3 chambres bien propres à l'étage accessibles par leur propre entrée et disposant d'un salon commun (non partagé avec la famille). Au-dessus, une terrasse en partie couverte avec transats.

Casa La Catedral (zoom, **30**) : *Pelayo Cuervo, 17 ; entre Martí et Maceo.* ☎ *21-64-54-81.* *52-71-85-64.* • *edwardyyisel@gmail.com* • *casalacatedral.jimdo.com* • Difficile de faire plus central ! Calme malgré tout (la rue étant fermée aux véhicules), la maison dispose de 3 chambres fraîches, aérées et lumineuses, 2 situées à l'étage et 1 au rez-de-chaussée. Les proprios parlent l'anglais, cuisinent (le poisson au lait de coco, évidemment !) et proposent un service de guide (le mari de madame). Bref, c'est un peu la (bonne) adresse à tout faire.

Casa Colonial Ykira (zoom, **31**) : *Maceo, 168A ; entre Céspedes et Ciro Frías.* ☎ *21-64-38-81.* *53-48-61-82.* • *ykiramahiquez@gmail.com* • Ykira doit son nom à celui d'une rivière de Bolivie, mentionnée dans le *diario* (journal) du Che... La jeune femme, charmante, propose 2 chambres. Notre préférée, lumineuse, est à l'étage, avec 2 lits *queen size* et une salle de bains pas géante mais parfaitement tenue ; elle ouvre sur une terrasse tranquille. Au rez-de-chaussée, il y a aussi une sorte d'appartement, spacieux et avec entrée indépendante, mais moins agréable et un rien vieillot. Cuisinière émérite, Ykira mitonne notamment en saison des *tetís* (friture) et propose des cours de cuisine !

Prix modérés

Villa Paradiso (plan A3, **32**) : *Moncada, 92B ; entre Paraíso Abajo et Calle 2.* ☎ *21-64-56-18.* *53-01-90-85.* • *villaparadisobaracoa.com* • On va faire simple : c'est notre meilleure adresse en ville. Des arguments ? Les 3 chambres sont particulièrement soignées, les terrasses (dont une dédiée à la plus petite chambre) dominent toute la ville et la vue sur la baie est extra, le calme est total et l'accueil en douceur et gentillesse de Roberto (qui parle parfaitement français) et de Manuel fait le reste. Ajoutons que l'on y sert des repas de grande qualité où les légumes sont très présents dans l'assiette (assez rare), tout comme les choses de la mer. Plats végétariens et *vegan* également. Ah oui, en fin d'après-midi, on aime à grimper en haut du jardin foisonnant de plantes et d'arbres fruitiers pour s'isoler sous le *gazebo* où quelques fauteuils vous attendent. Et plein de bons conseils à glaner auprès de vos hôtes. Nom d'un mojito qu'on est bien !

Casa Tropical (zoom, **33**) : *José Martí, 175 ; entre Ciro Frías et Céspedes.* ☎ *21-64-50-87.* *52-81-40-25.*

• *karen92@nauta.cu* • Si la rue est très passante, la maison est tranquille. Les 4 chambres se partagent pour moitié entre le rez-de-chaussée (sombre et plus ancien) et l'étage, à privilégier (lumineux et récent). Ces dernières sont logiquement un peu plus chères (n'hésitez pas !).

HÔTELS D'ÉTAT

Ce sont surtout les groupes qui y logent. Vous aurez à coup sûr plus de satisfactions dans une *casa particular.*

Prix moyens

Hotel La Habanera (zoom, **34**) : *Maceo, 126, angle Frank País.* ☎ *21-64-52-73.* • *gaviota-grupo.com* • En plein centre, au cœur de l'animation, ce bâtiment rouge et blanc de 1867 aux atours coloniaux ne compte qu'une dizaine de chambres, réparties à l'étage autour du patio. Propres, fonctionnelles, elles disposent d'un bon niveau de confort (avec baignoire et matelas récents) et sont globalement bien tenues. Service d'État, c'est tout dire.

Hostal 1511 (zoom, **35**) : *Ciro Frias, 161 ; entre Ruber Lopez et Maceo.* ☎ *21-64-53-00.* Pour les amateurs d'hôtels d'État, et si le précédent est complet, en voici un autre, niché dans une demeure coloniale du XIXe s. Avantage : le confort et les matelas sont de qualité et rien ne dépasse. Inconvénient : ça manque de fenêtre, c'est classique (de chez classique) et... rien ne dépasse.

Où manger ?

La cuisine de Baracoa est réputée pour sa diversité et sa touche caraïbe marquée. Ici, le lait de coco est de tous les plats, ou presque ! Goûtez au classique poisson ou poulpe au lait de coco, au *calalú* (poisson ou viande fumée aux épinards), au *bacán* (porc, crabe ou poulet aux bananes cuit à l'étouffée dans des feuilles de bananier) et, en saison (août-décembre), essayez les *tetís,* des alevins de poisson rappelant les civelles, frits et servis avec un filet de citron. Les gourmands s'offriront aussi un chocolat chaud de Baracoa, servi épais comme en Espagne. Attention, cependant : la qualité est inégale et manger dans sa *casa* reste toujours une bonne option !

De bon marché à prix moyens

Baracoando (plan A1, **50**) : *Máximo Gómez (sans n°), près de l'angle avec Duany.* 📱 *52-58-93-19. Tlj 19h-21h30. Sur résa uniquement, la veille ou le mat même. Buffet-repas bon marché.* Ne cherchez pas, il n'y a pas d'enseigne ! Oui, l'accès à cette sorte d'antre est bien à proximité de vilains HLM. Un simple néon permet éventuellement de se repérer. Une fois à l'intérieur (murs de pierre, tables de bois, plantes un peu partout...), on est dans le monde d'Aristides, un sympathique personnage qui coupe, cisèle, mixe, malaxe et mélanges les légumes, herbes et fruits à sa disposition, tous bio ça va de soi. Il prépare une cuisine goûteuse, végétarienne uniquement, servie sous forme de généreux buffet. Original, improbable, chaleureux, le chef vous embarque dans son univers, et on passe un délicieux moment. Routards aventureux, vous êtes arrivés ! Merci qui ?

La Perla del Oceano (plan B2, **51**) : *Malecón, angle Céspedes.* 📱 *53-95-48-15. Tlj.* Ce minuscule *paladar* discret a le bon goût de s'amarrer en vue de son vivier : la mer des Caraïbes. Oh, rien de luxueux mais le lieu, tenu par Tomás, est propret et la cuisine est tout simplement de qualité. Bons et copieux poissons et fruits de mer, présentés avec élégance. *Pescado al ajillo,* poulpe au lait de coco et *calalú.* Commandez un cocktail pour vous aider à patienter.

Restaurant La Madera-Casa Nilson (zoom, **26**) : *Flor Crombet, 143 ; près de l'angle avec Pelayo Cuervo.* ☎ *21-64-31-23.* 📱 *52-71-85-56. Tlj 12h-22h30.* À l'étage de cette étroite demeure, on découvre une salle joliment décorée sur le thème de la Santería Cubana et un adorable balcon. Dans l'assiette, enfin un peu d'original : que ce soit avec le poulet, les pâtes ou la langouste, le chef est tout à son affaire et réalise un travail de qualité dans la régularité. Les cuissons sont maîtrisées et les saveurs présentes. À piocher dans la carte, la *fricassé de ovejo*, le *pollo a la baracuesa* ou *El Yunque* (produits de la mer au lait de coco). Tous les plats sont servis avec soupe et amuse-bouche.

La Canchánchara *(B3, 52) : Malecón, 76 (entre Abel Días et Glicerio Blanco). ☎ 21-64-11-88. Tlj 12h-23h.* La petite salle en longueur est bien pimpante, avec ses nappes colorées. Les classiques sont tous présents à la carte, avec des *enchiladas de pescado*, servis avec riz et *viandas*, un bon *calula a la criolla* au lait de coco... Un vrai effort de présentation, des prix bas, un service diligent. Pas si mal.

La Casona *(zoom, 53) : Martí, 114 ; à l'angle de Maraví. 58-70-40-65. Tlj 11h-23h.* Central, ce resto est niché dans une maison coloniale de caractère. La cuisine ne se distingue guère de la norme locale, mais ce qui est dans l'assiette est généralement frais et plutôt copieux. Côté service, c'est plus aléatoire.

Prix moyens

El Buen Sabor *(zoom, 54) : Calixto García, 134 (altos). ☎ 21-64-14-00. 53-40-00-22. Tlj midi et soir. Résa vivement conseillée.* Au pied de la colline, voici l'un des meilleurs restaurants de la ville, perché sur une agréable terrasse dominant le centre. On y cuisine surtout les produits de la mer : langouste, poisson, poulpe ou crevettes au lait de coco... Sans oublier les *tétis* (au lait de coco également) quand il y en a. Tout est bien préparé et servi avec diligence. Le soir, un duo de papis à la douce voix anime la terrasse. Glace maison, divin chocolat, cocktails et vins espagnols, etc. Service de qualité.

La Colonial *(zoom, 55) : José Martí, 123 ; entre Frank País et Maraví. ☎ 21-64-53-91. Tlj.* Ce fut longtemps le seul *paladar* officiel de Baracoa. Aujourd'hui, le lieu est fréquenté par pas mal de groupes (venez tôt !). La belle véranda à colonnades donne accès à 2 salles hautes de plafond. Le décor est patiné par le temps, mais arrangé avec caractère : nappes, serviettes en tissu, ventilo et mobilier de bois. La carte est classique, le service gentil et la cuisine correcte mais sans magie.

L'ORIENTE

Où boire un bon chocolat ? Où s'offrir une glace ?

Cafetería Casa del Chocolate *(zoom, 60) : à l'angle de Maceo et Maraví. Tlj 7h-18h.* Ici, pas de tablettes, pas de gâteaux, rien que du liquide chaud à boire dans une salle brute de décoffrage éclairée au néon. Le breuvage, épais comme en Espagne, est fabriqué avec le bon cacao de la région et teinté d'un soupçon de vanille. Pour info, il arrive que la poudre de cacao vienne à manquer...

Casa del Cacao *(zoom, 60) : Maceo, 129. ☎ 21-64-21-25. Tlj 8h-23h. À 30 m de la Casa del Chocolate.* Voici la version touristique de la *Casa del Chocolate* ! Grande salle aérée dans une maison coloniale ouvrant sur la rue. On y sert du chocolat chaud un peu plus dense encore que chez le voisin, et des glaces maison.

Où boire un verre ? Où sortir ?

Les endroits où écouter de la musique ne manquent pas, notamment autour de la place de la cathédrale, très animée le week-end. La plupart des salles donnant sur la rue, on choisit facilement ! Ambiance sympathique jusque tard dans la nuit, mêlant allègrement les classes d'âge, les locaux et les touristes.

🍸♪ ***Casa de la Trova*** *(zoom,* ***62****)* **:** *sur la pl. de la cathédrale. Entrée payante.* Petite salle de concerts, très animée le soir, où se produisent des groupes locaux entre 17h et 19h, puis à partir de 21h (et jusqu'à 23h30), notamment les papis de *Maravilla Yunqueña* (sam, dim et jeu). Les concerts débordent souvent sur la rue.

🍸♪ ***Casa de Cultura Municipal*** *(zoom,* ***63****)* **:** *Maceo, 124. Lun-sam vers 21h. Fermé dim. Gratuit.* Bonne musique traditionnelle avec des groupes de *rumberos* et de *nueva trova, son,* salsa, *rumba* et cha-cha-cha. Des cours de salsa sont donnés par Eider Lopez Milian, dit « El Mellizo ». Il parle très bien le français et peut vous en apprendre les rudiments.

🍸♪ ***Patio Artex*** *(zoom,* ***64****)* **:** *Maceo, esq. Maraví ; à 2 pas de la Casa de Cultura. Gratuit. Musique tlj sauf dim, à partir de 21h.* Comme dans la plupart des villes cubaines, cette institution locale fait la part belle à la musique traditionnelle. Ambiance variable selon les soirs.

🍸♪ ***Bars de la place*** *(zoom)* **:** *sur la pl. de la cathédrale. Gratuit.* Dans la soirée, un groupe s'installe souvent sur les bancs devant le troquet de la place. Sympa d'y prendre un verre.

À voir. À faire

Malgré sa longue histoire, Baracoa ne possède pas de patrimoine colonial hispanique : même la cathédrale est récente. Reste une bourgade de style néocolonial, aux édifices modestes révélant quelques influences françaises et néoclassiques, mais surtout une ambiance bon enfant que l'on apprécie bien.

Catedral Nuestra Señora de la Asunción *(cathédrale Notre-Dame-de-l'Ascension ; zoom)* **:** *en principe, ouv 8h-12h, 14h-16h. En réalité, c'est autre chose...* Il ne reste rien de l'église d'origine fondée vers 1512-1513 par Bartolomé de Las Casas, prêtre, missionnaire, écrivain et grand défenseur des Indiens. L'édifice actuel, plutôt modeste, date de 1805. Dans la chapelle de gauche, voir la croix qui aurait été dressée par Christophe Colomb à son arrivée le 1er décembre 1492 (lire l'encadré à ce sujet). Sur ***la place de la Cathédrale,*** véritable centre de la vie sociale de la ville, très animée le soir, se dresse le ***monument de Hatuey,*** 1er héros indien qui s'opposa à la colonisation de l'île par les Espagnols. Une autre statue, en pied, représente Pelu, un vagabond dont l'histoire dit qu'il aurait jeté un sort à la ville !

UN CURE-DENTS POUR UN CURÉ !

La croix de Santa Cruz de la Parra, qui trône dans la cathédrale, fit longtemps l'objet d'une grande dévotion. Elle serait le plus ancien symbole de la chrétienté dans le Nouveau Monde, retrouvée selon la légende sous une vigne (parra). *« Un simple cure-dents du XIXe s », affirment les habitants de Gibara en voyant la croix, convaincus qu'elle est fausse et que Colomb a d'abord débarqué dans la baie de Bariay (près de Holguín) avant d'atteindre Baracoa. Aujourd'hui, la majorité des historiens leur donnent raison, mais sur place, on continue d'affirmer que la légende dit toujours vrai.*

Museo municipal de Historia *(plan B3)* **:** *au bout de la calle Martí. Tlj 8h-12h et 14h-18h, sam 8h-12h, parfois fermé dim. Entrée payante.* Occupant le petit ***fuerte Matachín,*** l'un des 4 forts construits par les Espagnols entre 1739 et 1742 pour lutter contre les incursions des pirates, ce musée local se résume à 2 salles déclinant l'histoire des lieux depuis les origines. Pêle-mêle, on y trouve quelques vestiges taïnos, une microsection d'histoire naturelle (voir les jolis escargots *polymitas,* quelques souvenirs de personnages locaux hauts en couleur, comme le docteur Enrique Faber – voir encadré) ; *La Rusa* (Magdalena Rovenskaya), une ex-cantatrice russe qui tint l'hôtel du même nom ; ou encore Daniel Rafael Huart y Ortiz, magnat de la banane qui contrôla 90 % des exportations de ce fruit vers les États-Unis (si riche qu'il allumait ses cigares avec des billets de 20 dollars !). Et encore José Legra, 2 fois champion du monde de boxe poids plume, alias le « Puma de Baracoa », a aussi droit à sa vitrine.

1ER MARIAGE HOMOSEXUEL À CUBA !

Peu après son installation à Baracoa en 1819, le docteur Enrique Faber, d'origine française, épousa une jolie jeune fille du pays, Juana de León. 3 mois plus tard, on découvrit qu'Enrique était en fait une femme, veuve de médecin, déguisée en homme pour exercer sa profession. Scandale ! Enriqueta fut condamnée à intégrer un couvent, avant d'être autorisée à quitter Cuba.

Museo arqueológico Cueva del Paraíso *(plan A3) : au bout de Moncada, panneau. On emprunte ensuite un petit bout de sentier à pied. Tlj 8h30-17h. Entrée payante (supplément avec guide et/ou droit photos).* Voici une série de petites grottes, où ont été découverts des vestiges d'inhumations taïnos remontant pour les plus anciens au VIIIe s. La principale, drapée de stalactites, abrite des vitrines contenant divers artefacts (dont quelques idoles de quartz et un squelette). Des marches taillées dans le roc et un escalier de bois branlant permettent d'accéder à une autre grotte au-dessus qui renferme encore quelques ossements de plusieurs Indiens enterrés en position fœtale. De l'extérieur, on embrasse un vaste panorama sur la ville et la baie.

DANS LES ENVIRONS DE BARACOA

Enclavée, enserrée par des montagnes, ourlée par la mer, le grand atout de Baracoa, c'est son cadre naturel. On peut se promener à vélo dans les environs, découvrir des plages souvent solitaires, des villages encore à l'écart du tourisme calibré et faire de magnifiques randonnées, notamment dans les parcs de Humboldt et d'El Yunque.

Toutes les agences organisent des excursions dans les environs de Baracoa (voir « Adresses utiles »). Une bonne formule quand on n'est pas véhiculé. Si l'on peut vouloir privilégier *Ecotur,* plus tourné nature, les autres se valent : elles regroupent d'ailleurs généralement leurs clients dans un même bus. *Ecotur* propose un prix plus avantageux que les autres agences sur certaines excursions. Minimum 4-5 participants selon les excursions. En général, départ vers 9h-9h30, retour vers 16h-16h30.

Certaines visites citées plus loin (sendero del Cacao-Finca Duaba, Rio Toa et Playa Maguana) sont vendues en un *package* unique .

AU NORD DE BARACOA *(carte La région de Baracoa)*

Les sites sont décrits ici au fur et à mesure qu'on les rencontre sur la route de Moa, au départ de Baracoa.

El Yunque : *à 3 km de Baracoa en direction de Moa, panneau sur la gauche « Campismo del Yuñque ». Env 300 m plus loin, à la patte-d'oie, prendre à gauche et faire 3,7 km sur une piste en mauvais état (difficile avec une voiture basse) jusqu'à l'entrée du* ***parque Yunque,*** *d'où partent les différentes balades. Attention, la piste et les chemins peuvent être impraticables après de fortes pluies.*

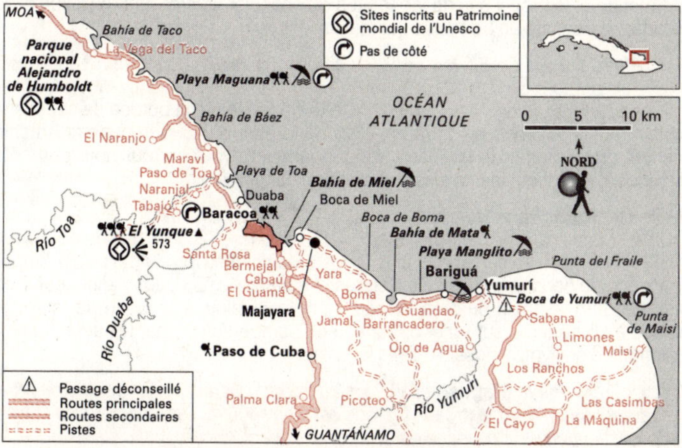

LA RÉGION DE BARACOA

*– **Entrée :** tarif (guide compris) à consulter, selon option de balade choisie.*
– L'excursion au Yunque est proposée tlj par les agences de Baracoa. Elle inclut le transport, l'entrée du parc et le guide. Résa la veille indispensable (4 pers min).

El Yunque (« l'Enclume »), c'est l'étrange montagne au sommet tabulaire qui culmine à 575 m au-dessus de la baie de Baracoa. Un point de repère immanquable depuis que Christophe Colomb le décrivit en décembre 1492. El Yunque fait partie de la grande ***réserve de la biosphère de Cuchillas del Toa*** (2 083 km^2), classée par l'Unesco, qui intègre également le parc national de Humboldt (voir plus loin). Cette zone est reconnue comme la plus riche de Cuba en termes de biodiversité, avec plus de 900 espèces endémiques ! On y rencontre notamment des plantes primitives rares, le pic à bec ivoire (à l'immanquable crête rouge), le bec-en-croc de Cuba (une sorte de buse), dont ne subsistent que quelques centaines d'individus, et l'étonnant *almiquí,* une musaraigne rarissime dont la salive est venimeuse !

➢ ***La Piscina :*** *accès payant (entrée et guide).* Ceux qui n'ont que peu de temps peuvent se contenter d'une courte balade (15 mn) et d'un plongeon à la « ***piscina*** » du *Charco de la Piña.* Le guide reste cependant obligatoire.

➢ Le ***sendero Jutiero :*** *accès payant (entrée et guide).* Mène, lui, à la *Cascada,* une petite chute de 12 m de haut, à 2,5 km (45 mn) du poste des gardes par un sentier facile. Rien n'interdit de se baigner au retour.

➢ ***L'ascension du Yunque :*** *accès payant (réduc si vous achetez l'excursion avec Ecotur ; transport, entrée et guide compris).* Voici l'une des excursions les plus populaires dans les environs de Baracoa. C'est une rando agréable de difficulté modérée, même si la fin est un peu plus ardue (rien de terrible toutefois). Compter 2h-2h30 de montée et un peu moins pour la descente. Il faut à un moment donné traverser le fleuve à pied, l'eau pouvant monter jusqu'à la taille ! Lorsque le niveau est élevé, on peut traverser en radeau de bambou *(payant).*

Sendero del Cacao-Finca Duaba : *sur la piste d'El Yunque, prendre la branche de droite à la fourche. La finca est 800 m plus loin sur la droite. Tlj 8h-16h. Accès payant.* Baracoa est réputée pour ses nombreuses plantations de cacao. Celle-ci propose d'emprunter un petit sentier avec un guide qui vous expliquera la production et le processus de fabrication du chocolat. Intéressant. À l'issue de la balade, on déguste un bon chocolat maison.

Playa Duaba : *à 5,2 km de Baracoa. Depuis la ville, parcourir 3,9 km vers Moa, puis prendre la piste à droite après le pont sur le río Duaba (pas toujours praticable après les pluies) et faire 1,3 km.* Cette immense plage bordée de cocotiers, malheureusement pas bien propre, a vu débarquer en 1895 le général Antonio Maceo, grand héros de la guerre d'indépendance. Vaut surtout pour son côté historique. Attention, les vagues peuvent être dangereuses.

L'embouchure du río Toa : *faire 900 m sur la route principale (après l'embranchement vers la Playa Duaba), puis à droite sur 200 m. Balade en barque (env 1h) payante.* Voici l'un des plus longs et larges fleuves du pays (131 km), le Toa s'écoule dans une vallée classée réserve naturelle. On peut y aller seul si on dispose d'un véhicule ou prendre part à une excursion. Possibilité de faire une balade en barque ou sur un étroit radeau de bambou utilisé par les amérindiens. Baignade bien sympa possible dans la rivière.

Playa Maguana : *à 22 km au nord de Baracoa, sur la route de Moa, prendre un chemin sur la droite ; la plage est à env 600 m. Comme pour les autres, cette destination est proposée par les agences de Baracoa, mais une halte de 1h sur cette plage est souvent incluse avec une autre excursion.* Cette superbe plage de sable blond s'étend sur 2 km et vaut le détour. Attention cependant, en cas de gros temps la mer peut être houleuse et dangereuse malgré la présence du récif à 500 m au large. Prudence donc.

Maguana Beach Paradise *(carte La région de Baracoa)* **:** *juste avt d'arriver à la plage de Maguana, petit panneau sur la gauche et faire env 150 m. 54-07-06-73.* C'est quasiment l'unique habitation du secteur. Son nom est bien pompeux mais les 2 chambres du rez-de-chaussée de cette maison moderne et impeccable, sans grand charme, séduiront ceux qui souhaitent passer 1 ou 2 nuits à proximité de cette belle plage (elle est à 200 m à peine). La terrasse sur le toit serait agréable si une paire de transats la meublait.

Villa Maguana *(carte La région de Baracoa)* **:** *à l'extrémité sud de la plage de Maguana. ☎ 21-62-72-04. ou résas par agence (moins cher).* • *gaviota-grupo.com* • On aime bien cet hôtel d'état (pour une fois !), proposant 16 chambres confortables et bien conçues – pratiquement toutes avec vue sur la mer. Éviter les 4 chambres du bâtiment principal, vraiment vieillottes (qui sont d'ailleurs rarement proposées aux clients). Les autres se situent dans 3 grands bungalows sur 1 étage, joliment bardés de bois (intérieur et extérieur). Tous bien confortables, avec terrasse ou balcon. Seuls les salles de bains datent un peu. Tranquillité totale, agréable intimité et on est bercé par le ressac, face à une adorable plagette de sable blond équipée de transats, à quelques brasses de la plage de Maguana. Beau jardin avec pelouse et cocotiers. Malheureusement le resto est correct, sans plus. Reste que le lieu est parfait pour passer 1-2 jours à se détendre ou à explorer le récif de corail à 500 m au large.

Parque nacional Alejandro de Humboldt : *à 38 km de Baracoa, sur la route de Moa (à mi-chemin), sur la droite de la chaussée. Accès au parc et aux sentiers : tarif selon option de balade, avec guide (obligatoire) compris ; venir le mat de préférence pour être sûr d'en trouver un disponible. À l'entrée, panneaux explicatifs.*

– Excursion proposée par les agences de Baracoa (transport, entrée du parc et guide compris pour une rando). Réserver la veille. Départ vers 9h et retour à 17h. Escale d'env 1h à la Playa Maguana incluse.

– En solo, prévoir un pique-nique. Possibilité de loger sur place dans des cabanes de bois surplombant la baie. Basique, mais draps fournis et très bon marché. Dîner et petit déj possibles également.

Classé au Patrimoine mondial par l'Unesco, ce parc national, créé en 1997, couvre une surface de 711 km² (dont un tiers d'aire marine) et culmine à 1 175 m d'altitude dans une débauche de hautes collines boisées. Formant le plus grand écosystème forestier intact des Caraïbes, il est abondamment arrosé par les alizés soufflant du nord-est, ce qui lui vaut une végétation d'une grande richesse et d'une grande diversité. On n'y compte pas moins de 1 071 espèces de plantes à graines (à 58 % endémiques) et env 300 sortes de fougères – qui, comme toute la région, ont souffert du passage de l'ouragan Matthew. Dans la baie s'ébattent des lamantins *(manatis),* mais il est très difficile de les observer.

5 sentiers sont accessibles (sauf après de fortes pluies) :

➢ Le ***sendero El Recreo*** *(3 km, env 3h ; accès payant)* offre sans doute la meilleure introduction au secteur.

➢ Le ***sendero El Copal*** *(4 km, env 3h ; accès payant)* plaira aux amateurs d'orchidées et à ceux qui voudraient mettre l'accent sur la découverte des arbres de la région. La balade inclut une possible baignade dans une piscine naturelle et petite cascade.

➢ Le ***sendero El Balcón de Iberia*** *(7 km, env 5h ; accès payant)* est surtout emprunté par les groupes en excursion. C'est une balade bien agréable.

➢ Le ***sendero Loma de Piedra*** *(env 8 km, 6h ; accès payant – réduc en passant par* Ecotur*),* de niveau moyen à élevé, n'est accessible qu'aux particuliers, les agences n'y vont pas.

– ***Balade en barque sur la bahía de Taco*** *(paseo en bote)* **:** *tarifs à consulter. Durée : 2h. Seule l'agence* Ecotur *propose cette promenade. On peut aussi l'acheter sur place, sans réserver.* Progressant à la rame sur cette baie quasiment fermée, on découvre la mangrove et ses habitants : hérons, aigrettes, colibris, etc. Même si quelques lamantins résident dans les eaux de la baie, la chance de les voir est infime.

➢ Ceux qui continuent vers Moa doivent savoir que la route est mauvaise jusqu'à cette ville. Après, elle redevient nickel. Tiens, en parlant de nickel, sur env 10 km avant d'arriver à Moa, on traverse des paysages largement tourmentés par l'***usine de nickel Che Guevara.*** On rappelle que Cuba est un très important producteur de nickel.

L'ORIENTE

LA CÔTE AU SUD-EST *(carte La région de Baracoa)*

➢ Sortir de Baracoa en direction de Guantánamo, puis prendre à gauche la route de Jamal et Maisí. Ceux qui ont le mollet efficace peuvent parfaitement parcourir cette côte à vélo.

Bahía de Miel *(Playa Miel)* **:** *juste au sud de la ville. Un chemin longe le stade de base-ball, puis la longue plage.* En saison, l'embouchure du río Miel, soulignée par une large plage de sable gris, est un lieu de baignade populaire, mais à éviter les jours de vent (houle dangereuse).

➢ Voici quelques idées d'***excursions guidées*** dans le ***parque natural Majayara,*** dont un sentier archéologique à la découverte des grottes taïnos.

Bahía de Mata : *à env 20 km de Baracoa. Après avoir fait 3,5 km, prendre à gauche à l'embranchement (panneau « Yumuri 23 km ») ; quelques km plus loin, dans Jamal, prendre encore à gauche (panneau « Yumuri 16 km »). Puis une petite route de 100 m de long part à gauche, juste en face d'un abribus.* Une petite baie tranquille, fermée et adorable, une école locale et un port de pêche minuscule où quelques barques se dandinent. Calme et sérénité dans un environnement préservé.

Quelques 3 km plus loin, la ***Playa Manglito.*** Plage de sable blanc, étroite et très tranquille, lieu idéal pour un pique-nique. On peut aussi se faire griller une langouste sur la plage. Pas mal de jeunes en proposent aux touristes, souvent avec insistance... Bien se faire préciser le prix et demander à voir la bête avant cuisson.

Restaurant Tato : *sur la Playa Manglito. Tlj.* Installé sous les cocotiers, les pieds plantés dans le sable, tout comme les tables, on profite ici d'une cuisine de la mer, où le poulpe (grillé à la perfection), le poisson (pêché du jour) et la langouste se hissent sans conteste sur le podium de la carte. Tato est adorable, sa cuisine exquise. Rien à ajouter. Ah si, n'oubliez pas votre maillot !

Playa Bariguitá : *à env 2 km après Playa Manglito.* Un bout de plage de sable blond, adorable, flanqué d'un petit resto qu'on aime bien.

Restaurant La Flaca : *sur la Playa Bariguitá. Tlj.* Une petite cabane de bois peinte en bleu, quelques tables plantées dans le sable à l'ombre d'un bel arbre, le chant des vagues et une bonne langouste (s'il y en a), ou à défaut des *camarones,* quelques calamars ou un poulpe grillé. Et le sourire de Yuneisi.

Playa Bariguá : *juste après la Playa Bariguitá, en bord de route.* Une autre très jolie plage, de sable noir cette fois, gigantesque et sans ombre.

Boca de Yumurí : *à 27 km à l'est de Baracoa et 4 km après Playa Bariguá. Les agences proposent cette excursion. Tarifs à consulter. Départ à 9h30, retour à 16h. L'excursion comprend alors la visite d'une plantation de cacao, une balade en barque sur la rivière puis au retour un arrêt sur la playa Manglito.* On emprunte la route côtière jusqu'à Yumurí. Éviter le week-end où il y a plus de monde. Le nom du fleuve Yumurí provient d'une légende qui raconte que les Indiens voulant échapper à l'esclavage se jetaient du haut de la falaise en criant « *Yu muri* », c'est-à-dire « Je meurs ». On vous rappelle aussi que les *polymitas* (escargots) qu'on va vous proposer sont protégés. Refusez les offres, ça en diminuera la valeur et les locaux ne les captureront plus.

Pour ceux qui viennent seuls, on se gare juste avant le pont sur la droite (des jeunes vous feront signe). Pour la balade en barque, aller directement à la cabane en contrebas du pont, sans écouter les rabatteurs qui vous sauteront dessus. Au niveau du pont, un panneau indique clairement le tarif des balades. On remonte pendant 20 mn le cours d'eau entre de hautes falaises couvertes de végétation, jusqu'à une petite île située dans le lit de la rivière, la *isla de las Almendras.* Gentille promenade dans une petite vallée, sorte de canyon tropical où prospèrent cocotiers, palmiers, cacaoyers, bananiers et autres plantes aux vertus médicinales. Sympa, mais on peut se contenter de la balade en barque et d'un petit bain.

HOMMES, CULTURE, ENVIRONNEMENT

BELLES AMÉRICAINES

Cuba est le pays au monde qui possède le plus de voitures américaines des années 1950 au mètre carré. Il y en aurait même plus qu'aux États-Unis ! Elles ont débarqué sur l'île sous la dictature Batista, à une époque où l'*American way of life* conquérait le monde avec ses belles bagnoles, ses frigos gros comme des armoires et ses cuisines en formica.

UN MUSÉE À CIEL OUVERT

Les splendides américaines années 1950, surnommées almendrones *(amandes) en référence à leurs formes arrondies, sont interdites à l'exportation : elles sont considérées comme patrimoine national... Les proprios chanceux continuent à faire vivre follement les Studebaker 48, avec capot avant en fusée, Buick rose bonbon, Bel-Air rutilantes, Oldsmobile chromées et Cadillac mythiques des années rock'n'roll.*

Au début des années 1960, Cuba se fâcha très vite avec l'Oncle Sam. Fidel au pouvoir, la plupart des Américains rentrèrent vite au pays... en laissant leurs sublimes bagnoles derrière eux. L'embargo américain ferma la porte aux voitures yankees, favorisant l'importation de Lada et Moskvitch fabriquées chez le grand frère soviétique. Pour les possesseurs de Buick et autres Cadillac, les pièces de rechange vinrent rapidement à manquer : il fallut improviser, faire vivre l'existant, réparer, réparer encore, jusqu'à l'irréparable parfois. Au fil du temps, les moteurs d'origine ont été remplacés par des moulins de Lada, moins gourmands en carburant, avant de se tourner, vers la fin des années 2000, vers des Hyundai et des Toyota, très adaptables et que l'on trouvait plus facilement. Incroyable, ils font le même bruit que les originaux américains.

Il resterait aujourd'hui environ 60 000 belles américaines dans tout le pays (impossible à vraiment comptabiliser). C'est ainsi que l'on assiste à ce spectacle unique, dans les rues de la vieille Havane, de Camagüey, de Trinidad ou de Santiago, d'un *American Graffiti* tropical des plus réjouissant, entre couleurs acidulées et chromes clinquants. Coût moyen d'un de ces chars : quelques milliers de dollars. De nombreux amoureux des fifties ont manifesté le désir d'en acheter et de les rapporter en Europe. Pas question ! décida Fidel, les vieilles voitures américaines font partie du patrimoine de Cuba.

Depuis 2011, les Cubains ont le droit de se revendre leurs voitures. Et, en décembre 2015, une loi a aboli l'embargo sur les véhicules d'importation. On voit donc de plus en plus de voitures japonaises ou européennes « banales », mais les belles américaines, bichonnées et entretenues avec amour, ont encore de beaux jours devant elles.

BOISSONS

– ***L'eau :*** attention, si officiellement l'eau du robinet est potable, elle a souvent mauvais goût. Il vaut mieux s'en tenir à l'eau en bouteille, que l'on trouve presque partout. Elle n'est cependant pas bon marché : comptez 1 à 2 CUP pour

0,5 l dans les hôtels et restos (soit autant qu'une bière de base !), et moitié moins dans les petites boutiques (qui vendent parfois des bouteilles de 1,5 l). Demandez une *agua con gas* si vous aimez les bulles, ou *natural* si vous préférez l'eau plate.

– Le ***café*** cubain est réputé et généralement plutôt bon, même si certaines torréfactions lui confèrent parfois un goût de brûlé. On le trouve dans les bars et restaurants sous forme d'*espresso.* La noisette se dit *cortado.* Certains établissements habitués à la fréquentation de touristes proposent des *cappuccino, frapuccino, turquino...*

C'est dans les régions de Santiago et Guantánamo, où l'on trouve l'essentiel des plantations, qu'il est le meilleur, avec un léger goût de vanille. Les Cubains en sont de gros consommateurs et l'aiment fort et bien tassé.

Après avoir culminé au début des années 1960, la production de café cubain n'a eu de cesse de chuter, passant de plus de 60 000 t à moins de 6 000 aujourd'hui. L'État est ainsi obligé d'importer du café chaque année, un comble !

– ***Le guarapo :*** jus de canne à sucre. Vous verrez en bord de route des stands baptisés *guaraperias.* Essayez, c'est excellent ! Le ***guararón*** est allongé de rhum.

– ***Les sodas :*** les Cubains appellent ça ***refrescos nacionales.*** Préciser ensuite la saveur désirée : *limón* (citron), *naranja* (orange), *cola* (équivalent local du Coca-Cola). Le vrai *Coca-Cola* en canette a fait son apparition, sous licence mexicaine. Il est assez rare et 2 fois plus cher que ses succédanés locaux ! On ne va pas s'en plaindre. S'il y a un pays où l'on peut se passer de Coca, c'est bien Cuba.

– Le pays produit plusieurs bonnes ***bières*** : la plus courante, la *Cristal,* est légère et à prix correct (2 à 3 CUP) ; la *Cacique,* également une blonde légère, et la *Mayabe,* fabriquée à Holguín, sont beaucoup moins faciles à trouver. Celle qui a le plus de caractère est la *Bucanero,* ambrée et plus forte en alcool (5,4 %). Les bières *claras* comme la *Hatuey* (excellente) sont plus souvent vendues aux Cubains qu'aux touristes ; elles sont moins chères et plus artisanales.

– À signaler également, la ***malta,*** une sorte de bière sans alcool sombre, sucrée à la mélasse et servie sur glaçons...

– De plus en plus de *paladares* proposent des ***vins*** importés, généralement espagnols et/ou chiliens. On trouve aussi quelques vins cubains, comme le *Soroa,* qui existe en blanc, rouge et rosé, ou le *San Cristóbal*, tous les 2 pas terribles. Ils sont assemblés et mis en bouteilles à Cuba, mais proviennent de vignes espagnoles ou italiennes... Attention, le mot « vino » peut aussi désigner une sorte de sirop fermenté à base de fruits, très sucré et étrange.

Rhum et eaux-de-vie

Avec le cigare, c'est l'une des gloires nationales. La tradition du rhum cubain, tiré de la mélasse, remonte au XVIe s, mais c'est seulement à la fin du XIXe s qu'il gagna ses lettres de noblesse avec le développement de la double distillation. Il reçut alors l'appellation *superior,* le distinguant des autres rhums antillais, plus « rustres ». Son expansion fut ensuite favorisée par la Prohibition aux États-Unis : des milliers de caisses débarquaient alors clandestinement dans les Keys, en Floride. On le consomme blanc *(carta blanca),* doré *(carta oro)* ou ambré *(añejo),* avec des glaçons *(a la roca)* ou en cocktail. L'histoire a retenu 2 marques principales : ***Bacardí*** et ***Havana Club.*** Propriétaire d'une petite

LE RHUM DE LA CHAUVE-SOURIS

Les étiquettes du rhum Bacardí portent une chauve-souris qui déploie ses ailes noires sur un fond rouge. Pourquoi ? L'épouse du fondateur découvrit en 1862 une colonie de chauves-souris dans la charpente de la distillerie de Santiago. En Espagne, cette bestiole est un porte-bonheur.

distillerie à Santiago, la famille Bacardí s'est battue pour l'indépendance aux côtés de José Martí. Pendant un demi-siècle, la petite marque connut un succès grandissant auprès des Américains, jusqu'à devenir le 1er rhum cubain avant la révolution. Après avoir dans un 1er temps soutenu les *barbudos,* la famille Bacardí s'est réfugiée à Miami, patente et secrets de fabrication sous le bras. Si elle continue à fabriquer des rhums, elle a connu plusieurs procès pour avoir trop joué sur l'imagerie tropicale, au point de laisser croire que ses rhums étaient encore produits à Cuba.
Aujourd'hui, le 1er rhum authentiquement cubain est le Havana Club. Issu d'une fabrique fondée en 1878, il prit en 1934 le nom d'un night-club de La Havane. L'entreprise fut nationalisée en 1960 et réinventée par le gouvernement en figure de proue du rhum « officiel » cubain. Elle connaît un succès non démenti à l'international depuis la signature d'un accord passé avec le groupe Pernod-Ricard en 1993. Certains rhums sont légers et parfumés, parfaitement traîtres pour le non-initié ! Nous conseillerions l'Añejo Reserva et le Barrel Proof, l'un des meilleurs, mais qui vaut nettement plus cher.
D'autres marques moins connues ont leurs aficionados, comme Caney (excellent), qui reste la plus ancienne distillerie en activité (depuis 1862), Varadero, Legendario et Mulata.
Attention si vous rapportez du rhum en France : la franchise douanière est fixée à 1 l par personne.
L'***aguardiente,*** l'eau-de-vie traditionnelle des paysans, titrant 40-45°, est sèche, brutale et souvent servie avec du miel – on parle alors de *canchánchara.* Le très populaire *Santero* (40°), rappelant certains rhums agricoles blancs martiniquais ou guadeloupéens, est souvent utilisé comme base pour le mojito.

Cocktails

Il serait dommage de quitter l'île sans expérimenter les délicieux cocktails cubains, d'autant qu'ils sont plutôt bon marché. Il y a les classiques, ***mojito*** et ***daïquiri*** en tête, les variantes fantaisie, les cocktails d'hiver, les *Havana Club long drinks* et enfin les *short drinks,* les plus nombreux.
C'est Hemingway qui popularisa dès 1934 2 des grands classiques, dans 2 des plus grands bars de la capitale : « Mon daïquiri au *Floridita* et mon mojito à la *Bodeguita* », disait-il. Le barman Constante du *Floridita* inventa pour « Papa » le *Hemingway especial,* un daïquiri glacé... double dose, servi dans un verre conique, avec rhum blanc *silver dry,* jus d'un demi-citron, quelques gouttes de marasquin et glace pilée.

¡ POR CUBA LIBRE !

Le Cuba libre est né en 1898, juste après la guerre d'indépendance de Cuba entre les États-Unis et l'Espagne. Dans un bar, un soldat américain aurait commandé un rhum-Coca et levé son verre en lançant : « ¡ Por Cuba libre ! », cri de ralliement des troupes américaines pendant la guerre. Ce cocktail connut un grand succès notamment à l'époque de la Prohibition, car mélanger le rhum au Coca permettait de camoufler le contenu de son verre plus facilement ! Souvenez-vous la fameuse chanson des Andrews Sisters en 1945, Rum and Coca-Cola. *Il est aussi appelé* mentirita *(« petit mensonge ») par certains Cubains qui ne considèrent pas vraiment le pays libre...*

Le ***Cuba libre,*** mélange de rhum et de Coca, n'est pas né avec la révolution castriste mais bien plus tôt, en 1898, dans les rangs des indépendantistes. La ***piña colada*** (à base de jus d'ananas et de lait de coco), est parfois servie directement dans le fruit évidé. Plus anecdotique, la *crema de vié* (« crème de vie »), servie souvent vers Noël, est un cocktail apporté par des colons français mélange de rhum, lait concentré et œuf, saupoudré de cannelle.

CHE GUEVARA

L'idole la plus vénérée à Cuba n'est ni un dieu... ni même un Cubain ! Il ne s'agit pas de Fidel Castro, mais de son célèbre bras droit pendant la révolution : *el comandante* Guevara. Son portrait a fait le tour du monde et se retrouve partout à Cuba : dans les rues, au bord des routes et dans les maisons... Aujourd'hui, pourtant, le mythe bat de l'aile : au fil de nombreuses biographies et essais, l'histoire cachée de Guevara commence à se révéler. Son idéologie humaniste est largement entachée d'épisodes sanglants et peu glorieux.

CHE BIZARRE !

C'est à Cuba qu'Ernesto Guevara s'est vu affubler du sobriquet de « Che ». En bon Argentin, il ponctuait souvent ses phrases de cette onomatopée apportée dans son pays d'origine par les immigrants italiens. Dans les bas-fonds de Buenos Aires, ce simple ce *(« c'est ») est devenu* che*, interjection destinée à interpeller.*

Un altruiste-né

Ernesto Guevara Lynch de La Serna est né le 14 juin 1928 à Rosario de la Fé, en Argentine. À l'âge de 2 ans, après une baignade dans le Río, il souffre d'une 1re crise d'asthme, un mal tenace qu'il endurera toute sa vie. En grandissant, grâce à une volonté tenace, le jeune Ernesto se lance néanmoins dans le sport, joue au football, au tennis, au golf, à la pelote basque et au rugby. Mais Ernesto affiche surtout un goût compulsif pour les livres. À 15 ans, il connaît déjà Jung, Adler, Marx, Engels, Lénine... Il épuise la poésie française, dévore London, Kipling, Stevenson... À 17 ans, il écrit un essai philosophique inspiré de Voltaire. Il aurait pu devenir écrivain, mais choisit la médecine.

Du routard motard au révolutionnaire zélé

À 23 ans, avec son ami Alberto Granado, Ernesto décide d'aller à la rencontre de son continent. Le 29 décembre 1951, les 2 compagnons quittent l'Argentine sur une vieille moto rafistolée, baptisée « La Vigoureuse ». Durant 7 mois, traversant le Chili, le Pérou, l'Équateur et la Colombie, le jeune aventurier, confronté au quotidien de l'Indien exploité, développe sa conscience sociale et politique. L'épopée a été adaptée à l'écran en 2004 dans un joli film de Walter Salles, *Carnets de voyage (Diarios de motocicleta).* Riche d'expériences, le routard rentre ensuite à Buenos Aires pour achever ses études de médecine. Des diplômes dont l'authenticité est aujourd'hui remise en cause par certains.

C'est à Mexico qu'Ernesto rencontre, en juillet 1955, un dénommé Fidel Castro, jeune activiste cubain en révolte contre le dictateur Batista. Le Che propose ses services de médecin à la troupe rebelle qui doit libérer Cuba. Fidel accepte et le Che s'embarque à bord du *Granma.* Bien vite, le médecin délaissera sa trousse de secours pour les armes ! Le reste fait partie de l'Histoire... Mais au-delà des épisodes de bravoure, son admiration aveugle pour Castro lui fait

« LE PETIT BOUCHER »

Au-delà de l'image christique de celui prêt à mourir pour les autres, le Che possède sa part d'ombre. On attribue notamment au comandante*, nommé « fusilleur en chef » à la forteresse de Cabaña, l'exécution directe de plus de 200 opposants au nouveau régime. Son zèle va jusqu'à organiser des simulacres d'exécution, qui lui valent le surnom de* Carnicerito *(« le Petit Boucher »).*

perdre tout discernement. Guevara lui-même relate dans son livre *La Guerre de guérilla* qu'il s'est porté volontaire pour effectuer la 1re exécution décidée par les guérilleros castristes (les autorités cubaines ont soigneusement censuré ce passage dans les ouvrages édités sur l'île...), après quoi il a présidé aux exécutions sommaires de la *Cabaña*, l'une des citadelles de La Havane reconvertie en prison (voir l'encadré). En 1964, il justifiera d'ailleurs à la tribune de l'ONU le bien-fondé de telles exécutions.

Guevara, ange ou démon ?

Dans les 5 mois qui suivent l'arrivée de Fidel au pouvoir, Guevara est nommé procureur d'un tribunal révolutionnaire qui fait exécuter plus d'une centaine de policiers et militaires du régime précédent, jugés coupables de crimes de guerre. Puis il crée des camps de « travail et de rééducation » dès 1959-1960. Il inspire la ***création des camps de travaux forcés*** « Guanahacahibes », destinés aux ouvriers responsables de « crimes contre la morale révolutionnaire » (sic !). On lui attribue aussi l'initiative des UMAP, des camps de concentration pour... homosexuels, hippies, handicapés mentaux, dissidents... Il qualifie cette entreprise de la révolution castriste de « recyclage des déchets de la société » (re-sic !). On rappelle, pour la petite histoire, que le régime castriste s'offrit sa « nuit des longs couteaux », début 1962 : nommée la ***Nuit des 3 P,*** elle consista à arrêter massivement les *prostitutas* (prostituées), *proxenetas* (proxénètes) et... *pajaros* (« pédés »).

Le 26 novembre 1959, il est nommé à la tête de la Banque centrale et chef de la section industrie à l'Institut national de la réforme agraire. Cet économiste atypique paraphe désormais les billets de banque d'un « Che » ironique et provocateur alors qu'il prône par ailleurs l'abolition de l'argent.

Ernesto vit 6 années au sein du pouvoir. Il peaufine ses vues socio-économiques d'une société idéale, nationalise une partie des terres et développe sa théorie de « l'homme nouveau »... En tant que ministre, le Che s'emploie à démontrer par des actes exemplaires ce qu'il doit être : il consacre régulièrement ses week-ends et soirées au travail volontaire, dans les usines textiles, sur les ports ou à la récolte de la canne à sucre, afin de garder un contact direct entre le peuple et ses dirigeants.

LE CHE... BANQUIER !

Guevara était médecin de profession. Tout le monde fut donc stupéfait quand Castro le nomma directeur de la Banque nationale de Cuba... En fait, lors d'une réunion, Fidel demanda : « Y a-t-il un économiste dans la salle ? » À la stupéfaction de tous, le Che leva la main. Une fois nommé, le Che avouera qu'il avait compris : « Y a-t-il un communiste dans la salle ? » !

Cependant, ses positions théoriciennes et extrémistes ne conduisent qu'à des échecs. En 2 ans, le déficit commercial passe de 12 millions... à 320 millions de pesos ! Le retour à l'économie de monoculture sucrière et la dépendance aux pays « frères » enfoncent l'île dans une situation telle que les conséquences se font encore ressentir de nos jours. Parallèlement, il perd lentement sa foi en son principal allié, l'URSS, auquel il reproche d'avoir plié face aux États-Unis en 1962 et de ne pas avoir utilisé l'arme nucléaire ! Le 24 février 1965, à Alger, il prononce un discours resté dans les annales qui l'« isole » définitivement de la scène politique. Sa franchise et ses aspirations de liberté le renvoient à sa quête improbable de Don Quichotte itinérant.

La lutte finale

Son idylle cubaine consommée, le Che rejoint d'autres luttes, tentant d'appliquer à d'autres pays le modèle de la révolution à la cubaine : entre autres, la théorie des *focos* (peaufinée en compagnie de l'écrivain français Régis Debray), ces multiples foyers révolutionnaires organisés à partir de guérillas rurales. D'abord, il y a l'ex-Congo belge, où le Che parti pour « allumer un nouveau Vietnam » essuie un échec cuisant. Fin 1966, il arrive secrètement à La Paz. Mais, faute de soutien populaire, cette marche pour une guerre de libération en Bolivie se solde par 11 mois de déroute.

1er épisode, la capture par l'armée bolivienne, en avril 1967, de 2 de ses compagnons : Régis Debray et Ciro Bustos. La présence même de Debray (connu pour être un intime de Guevara) sur le sol bolivien renseigne immédiatement le gouvernement et la CIA sur la probable présence du Che. Peut-être, aussi, Debray ou Bustos ont-ils parlé sous la torture ? Tous 2 s'en défendent. Bref, la traque commence et le 8 octobre 1967, le Che est capturé par les soldats boliviens. Blessé à la jambe, il est enfermé dans l'école du village de La Higuera et rapidement exécuté. Cette exécution donne lieu à plusieurs versions de « qui a ordonné quoi » : est-ce une initiative locale ? L'ordre est-il venu du commandement militaire ou de la présidence bolivienne ? La bénédiction de la CIA ou de la Maison Blanche a-t-elle été donnée ? Tout juste mort, Guevara suscite déjà la controverse.

CLICHÉ

La plus célèbre photo du Che est signée Alberto Korda. Un temps oubliée, elle fut diffusée sous forme d'affiche à la mort du Che, en 1967, par l'éditeur italien Feltrinelli, qui en vendit plus de 1 million d'exemplaires ! Mais à l'exception d'un procès gagné contre Smirnoff, le photographe n'a jamais touché le moindre droit d'auteur sur la bobine du révolutionnaire, pourtant objet d'un succès marketing planétaire depuis plus d'½ siècle !

Mort d'un soldat, fabrication d'un mythe

Le 9 octobre 1967, les soldats Mario Terán et Felix Ramos criblent de balles le corps du « *guerillero héroïco* ». Face à ses bourreaux, le Che aurait lancé : « Soyez sereins et visez bien, vous n'allez tuer qu'un homme ! » De cette exécution sommaire va naître le plus grand mythe contemporain d'Amérique latine, entretenu par Fidel Castro qui l'aura au fond toujours instrumentalisé. Ainsi, depuis 1968, les écoliers cubains doivent-ils déclamer en début de chaque journée : « Pionniers du communisme, nous serons comme le Che ! » Ses admirateurs louent son intégrité sans faille, sa rigueur morale jusqu'au-boutiste, l'érigent en icône de toutes les libérations. L'homme est politique, mais l'image est superbement romantique. Tel le Christ, il a préféré mourir pour ses idées : alors qu'il avait été ministre, il est reparti dans la boue en Afrique, puis en Bolivie. Ses détracteurs parlent de son admiration pour Mao et Staline, son acharnement idéologique qui conduisit à la création de camps de concentration et de nombreuses exécutions à Cuba, et rappellent que son aura fut largement orchestrée par la propagande castriste, relayée en Occident par des sympathisants.

DES PIEDS ET DES MAINS POUR IDENTIFIER LE CHE

Après son exécution, le ministre de l'Intérieur bolivien fait amputer la dépouille de Guevara de ses 2 mains pour en faire authentifier les empreintes digitales par des experts argentins. Après quoi, il conserve les mimines 2 ans durant sous son lit (!), dans un bocal empli de formol. En 1970, peu avant sa mort, il confie le secret à un proche : exhumé de sa cache, ce morbide trophée est ramené à Fidel Castro dans des conditions qui s'apparentent au rapatriement des reliques d'un saint. Sur ce coup, le Líder Máximo eut la main heureuse !

La dépouille de Guevara repose(rait) dans un ***mausolée de la ville de Santa Clara,*** au centre de Cuba, depuis l'automne 1997. Du moins, c'est ce qu'affirme la propagande cubaine. Car les restes rapatriés de Bolivie (sous le mandat d'Evo Morales, grand ami des Castro) font aussi controverse. Les Boliviens avaient toujours déclaré avoir incinéré Che Guevara et ses compagnons, puis répandu leurs cendres dans la jungle. Or, en 1995, une tombe secrète est soudainement révélée par la confession tardive d'un officier bolivien. Des restes humains sont exhumés par une équipe cubaine spécialement dépêchée à Vallegrande (en Bolivie). La certification (controversée) du corps est prononcée par un médecin cubain, encadré d'une équipe argentine. Aucune analyse ADN ne sera réalisée, Castro s'y oppose. Le rapatriement est largement mis en scène et l'arrivée à Cuba a lieu juste avant le 30e anniversaire de la mort du Che, qui coïncide (tiens ! tiens !) cette année-là avec le 5e congrès du Parti communiste cubain (8-10 octobre)... Du pain béni pour Castro : en relançant le mythe du Che, la dictature contrebalance les graffitis anticastristes qui commencent à fleurir sur les murs de La Havane.

CIGARES

Le cigare « havane » est l'une des merveilles du monde. À Cuba, il porte le nom de *tabaco* ou *puro* (et non *habano* qui est son nom de commercialisation à l'étranger !). Sa mecque se situe dans la ***vallée de Vuelta Abajo,*** près de Pinar del Río, dans la province du même nom, à l'ouest du pays. Car il existe une terre à *tabaco,* comme il existe une terre pour le cabernet sauvignon ou le pinot noir... Le cigare a de nombreux points communs avec le vin : il lui faut un terroir, un climat, un cépage, mais aussi la main de l'homme. Une alchimie délicate, fragile, imprévisible et non mécanisable. Un autre point commun : il donne du plaisir, essentiellement du plaisir (avec modération, évidemment).

Le cigare : histoire et économie

Aujourd'hui dans le monde, ce sont plus de 100 millions de havanes qui partent en fumée chaque année, sous plus de 28 marques différentes. Les Cubains eux-mêmes, grands consommateurs, fument plus de 200 millions d'unités chaque année. Certes, ce ne sont pas des Montecristo, des Cohiba, des Partagas, des Robaïna ou des Hoyos de Monterrey, mais les « *tabacos del pueblo* », plutôt faits avec du tabac de 2de catégorie et franchement pas terrible.

LE TABAC EST DANGEREUX !

Au début du mois de décembre 1492, un certain Jerez, soldat de Christophe Colomb débarquant à Cuba, fit la découverte d'un Indien taïno avec, aux lèvres, un bâton de feuilles de tabac roulées en feu. Il l'imita sur-le-champ et apprécia. Mais de retour à Madrid, il fut condamné par l'Inquisition à la prison ferme : la fumée sortant de sa bouche ne pouvait être que satanique...

Ancien amateur de havanes, Fidel Castro n'a pas hésité à « créer » sa propre marque : Cohiba. Il en offrait régulièrement des boîtes aux chefs d'État étrangers, notamment l'*Esplendidos* (une grande vitole), en faisant ainsi des adeptes inconditionnels.

Un art, des amateurs

Confectionner un cigare relève de l'art. Quelque 135 opérations méticuleuses (certains disent un peu plus, d'autres un peu moins) sont nécessaires avant de pouvoir fumer un bon barreau de chaise. Tous les choix sont possibles : la longueur, le diamètre, le goût. Moins âpre, plus corsé, moins fort, plus léger, etc. Tout est fonction du mélange des feuilles et du terroir dont elles sont issues. Chaque marque possède des *vitoles* (gabarits) de tailles différentes, qu'on appelle des modules.

L'un préférera le Montecristo n° 3 (comme on dit le « N° 5 » de Chanel), un autre le Lancero de Cohiba, un autre encore un double Corona, un Punch ou un Robusto de Robaïna. Le choix de fumer telle taille et telle puissance de cigare est affaire de moment. Quand, combien de temps et avec qui ? On ne fumera pas le même *puro* en cours d'après-midi au soleil que le soir sous les étoiles en écoutant un groupe de salsa. Là encore, c'est un point commun avec le vin.
Car si l'on est « fumeur » de cigarettes, on est « amateur » de havanes, dont on profite à un moment privilégié. Attention, les amateurs n'inhalent pas la fumée, ils la font tourner dans la bouche, puis l'évacuent délicatement. On ne tire pas sur son cigare comme sur une clope. On prend son temps, tout son temps.

ÊTES-VOUS VITOLPHILE ?

La vitolphilie (de vitola, « bague ») est la collection de bagues de cigare. À la fin du XIXe s, le cigare est considéré comme un objet de luxe qu'il faut valoriser pour mieux le vendre. Apparaissent alors les bagues de cigares et les étiquettes de coffrets, souvent dorées à l'or fin, avec leurs couleurs somptueuses. Certains amateurs se mettent dès lors à les collectionner avec passion.

Secrets de fabrication

La culture du tabac fait l'objet de tous les soins, car les feuilles sont délicates. Leurs ennemis ? Limaces, champignons, fort soleil, manque d'eau. Elles seront d'ailleurs cueillies une par une, comme les grappes de raisin, selon leur position sur la branche. Au fur et à mesure de la récolte, les feuilles sont suspendues, enfilées sur une baguette de coudrier puis entreposées dans les maisons de séchage, jusqu'à ce qu'elles perdent leur couleur verte pour prendre la couleur « tabac ». Elles sont ensuite rassemblées pour former des meules et subiront alors une 1re fermentation lente et naturelle (encore un point commun avec le vin) de 2 à 3 mois dans des ballots faits en feuilles de palmier royal. Côté calendrier, la plantation s'effectue à partir de fin septembre, et la récolte a lieu 3 mois plus tard, selon la maturation.

Tri et fermentation

Dès la ***cueillette*** (selon leur place en hauteur sur le plant de tabac, leur puissance est déterminée), un 1er tri des feuilles est effectué entre le ***seco*** (feuille qui apporte l'arôme), le ***ligero*** (qui donne la puissance) et le ***volado*** (qui assure la combustion). Dans un cigare, ces 3 types de feuilles doivent se compléter harmonieusement. Selon les marques, le mélange sera différent. À nouveau intervient un processus de fermentation avant que l'on procède à l'écotage, c'est-à-dire au retrait de la veine centrale, une opération très délicate, généralement effectuée par des femmes. On mouille à nouveau les feuilles, et c'est reparti pour une nouvelle fermentation (qu'on laisse monter jusqu'à 42-45 °C) dont l'objectif est de brûler les alcaloïdes agressifs. Ensuite vient le ***séchage,*** naturel, sur des claies ou avec des séchoirs en cas de production industrielle. Enfin, les feuilles de tabac sont entreposées pour le ***vieillissement,*** condition essentielle pour l'obtention d'un bon cigare. Elles sont stockées séparément selon leur catégorie et leur origine pour permettre la création de la formule de chaque cigare : la *liga*.

Allez, roule !

L'étape de la fabrication d'un cigare est tout aussi minutieuse. La qualité du module (on appelle ainsi le calibre d'un cigare) dépend de la sélection des tabacs qui vont le constituer. Chaque cigare a sa formule secrète correspondant au nom du cigare (comme pour les parfums). Le goût du cigare dépend de ce que l'on met dedans : différentes terres de culture, type de mélange des feuilles, fermentation,

qualité du roulage. Les tests sont ensuite réalisés par les dégustateurs. Comme pour le vin dans l'assemblage de plusieurs cépages, le but recherché est de maintenir, d'année en année, une permanence dans le goût et la consistance du cigare pour en conserver le caractère, l'identité en quelque sorte, en fonction de la marque et du module.
Il faut savoir que le cigare est composé de 3 parties distinctes : la tripe *(tripa)*, c'est-à-dire le mélange intérieur (composé comme déjà vu d'un ensemble de 3 types de feuilles – *seco, ligero* et *volado*). Celle-ci ne doit pas être trop serrée, mais enroulée d'une certaine manière pour que le mélange soit bien réalisé. La tripe est enveloppée par la ***sous-cape*** (*capote*, prononcer « capoté »), qui sera elle-même entourée par la ***cape*** *(capa)* mais un peu plus tard. Le *torcedor* réalise alors la poupée aux dimensions et au diamètre requis, qu'il place dans un moule de bois, au format. Une fois celle-ci bien formée (environ 30 mn), elle est retirée du moule et le *torcedor* applique la cape. Sa dextérité est alors essentielle. La cape doit être d'un aspect parfait, régulier, tendue et sans pli. L'uniformité de couleur est également importante, c'est pourquoi cette feuille coûte si chère. À l'issue de ces opérations, un contrôleur vérifie la qualité des finitions, la souplesse et la tenue générale du *puro*. Chaque cigare est classé selon sa gamme chromatique, afin de constituer une boîte cohérente.
Avant d'être emballés, les cigares sont conservés durant quelques mois dans un local où règne une forte humidité, ce qui permet aux différents tabacs composant la tripe de se marier, de se fondre au mieux et d'atteindre une parfaite homogénéité. Enfin, les cigares sont bagués, puis emballés... avant de partir en fumée !

L'industrie des faux cigares

À Cuba, la contrefaçon est florissante. Vous y serez forcément confronté. Dans ce cas, le cigare n'a rien de ce qu'il prétend et est vraiment mauvais à fumer puisqu'il ne contient pratiquement pas de bon tabac, mais souvent un ensemble de débris de feuilles, voire... de la feuille de bananier. Dans le meilleur des cas, si vous achetez vos cigares à la sauvette, vous tomberez sur de vrais cigares mais de qualité médiocre, réalisés avec des tabacs de piètre qualité, peu fermentés, issus de régions donnant des feuilles sans caractère. À moins qu'ils n'aient été volés aux grandes fabriques, ce qui arrive fréquemment. Bref, malgré les nombreuses propositions, ***on vous recommande de n'acheter en aucun cas vos cigares dans la rue.*** Et surtout pas à l'extérieur des fabriques à La Havane : arnaque garantie à 100 %, malgré le petit numéro bien rodé des lascars qui s'y prêtent... pour mieux vous enfumer.
Si vous pensez tomber sur un bon plan (extrêmement douteux), demandez à en fumer un avant, et choisissez-le dans le fond de la boîte, qu'il vous faudra inspecter en totalité (ne pas se contenter de jeter un œil aux cigares du dessus car les cigares non présentables seront mis dans la rangée du fond).
Pour distinguer un vrai cigare d'un faux, il faut que la couleur de la cape soit uniforme, sans défaut, et que la taille de tous les cigares soit la même.
– La ***bague en papier*** doit être légèrement en relief et non pas plate et lisse (photocopie). Passez votre doigt dessus, vous le sentirez.
– La ***boîte*** ne peut pas être vitrée et ne peut pas comporter de

ROMEO Y JULIETA OU MONTECRISTO

Dans les fabriques de cigares, des lectrices ou lecteurs professionnels lisent à haute voix des romans pour occuper l'esprit des rouleur(se)s de cigares (torcedores). *Depuis longtemps, l'histoire de Roméo et Juliette ainsi que celle du comte de Monte-Cristo comptent parmi les favoris. Voilà pourquoi les cigares les plus célèbres portent le nom de héros de la littérature.*

planchette en contreplaqué. Attention toutefois, les faussaires volent de vraies boîtes en bois à la fabrique, ainsi que les étiquettes d'homologation.
– Il faut par ailleurs regarder à l'intérieur et vérifier si ***la tripe est faite à base de feuilles roulées*** les unes sur les autres et non pas de tabac haché.
– Une ***tripe mal assemblée*** est la marque d'un faux cigare, mais ce n'est pas toujours si simple à reconnaître. Un bon cigare est uniformément moelleux au toucher sur toute sa surface, il ne doit pas comporter de partie plus dure (mauvais roulage). Par ailleurs, ***la cendre doit être blanche ou gris clair, signe de qualité, et elle doit se maintenir un long moment*** au bout du cigare avant de tomber naturellement.
– Attention, certaines contrefaçons sont techniquement remarquables, probablement réalisées par des *torcedores* en dehors de leur travail (la fameuse « perruque »).
– Bref, si vous n'êtes pas connaisseur, ***vous vous ferez piéger.*** Et si vous êtes connaisseur, vous ne ferez pas la bêtise d'acheter dans la rue. C.Q.F.D.

Douanes

Attention, les lois cubaines et françaises sont assez peu compatibles l'une avec l'autre.
– ***À la douane cubaine :*** on vous autorise la sortie du territoire d'un maximum de 50 cigares par personne sans facture. En revanche, vous pouvez acheter et quitter le pays avec le nombre de vraies boîtes que vous voulez. Les douaniers vous réclameront la facture (et la copie à leur remettre) de vos achats ; n'oubliez pas de l'exiger à la boutique (ils oublient parfois de vous la remettre).
– ***À la douane française :*** la franchise douanière est de 50 cigares par personne (vrais ou faux), pas un de plus. Attention, cette franchise porte sur tous les types de tabacs achetés, c'est-à-dire que si vous achetez une cartouche de cigarettes (200 unités), vous ne pouvez plus ramener de cigares. Mais le panachage est autorisé : vous pouvez par exemple rapporter 100 cigarettes et 25 cigares... Au-delà, on vous fera payer des taxes, plus une forte amende pour non-déclaration en douane !

CINÉMA

Le cinéma cubain a toujours été un instrument culturel et politique pour briser l'embargo américain. Il fut dès 1960 le cinéma le plus primé parmi toutes les filmographies des pays du tiers-monde, avec ce fabuleux instrument – l'expression n'est pas trop forte – qu'est toujours l'ICAIC (Institut cubain de l'art et de l'industrie cinématographique). L'ICAIC a toujours été un lieu de création, un vrai vivier de talents. Même si la censure a parfois frappé de grands réalisateurs, parmi lesquels ***Humberto Solas*** ou ***Sara Gómez,*** qui ont vu leurs films interdits, sans oublier l'internement du documentariste ***Nicolas Guillén Landrian.***
En 1994 vint *Fresa y Chocolate,* film culte de 2 réalisateurs cubains : ***Tomás Gutiérrez Alea*** et ***Juan Carlos Tabío.*** *Fraise et Chocolat* est un miroir de la société cubaine, dans lequel toute une génération s'est reconnue... Il illustre bien les questions qui déchirent le peuple cubain : le respect des différences (tout particulièrement l'homosexualité), le non-alignement de l'art sur la propagande, le monolithisme idéologique de certains et le désespoir d'autres.
Qui dit cinématographie cubaine dit forcément ***Alfredo Guevara*** (pas de parenté avec le Che), maître d'œuvre de la cinémathèque cubaine et l'un des fondateurs du festival du Nouveau Cinéma latino-américain de La Havane. Il est décédé en avril 2013, à l'âge de 87 ans. C'est sous l'impulsion de Guevara que des cinéastes purent mettre le pied à l'étrier ; parmi eux : ***Gutiérrez Alea*** *(Mémoires du sous-développement, Mort d'un bureaucrate, La Dernière Cène),* ***Pastor Vega*** *(Le Portrait de Teresa),* ***Manuel Octavio Gómez*** *(Première charge à la machette)*

et surtout ***Julio García Espinosa*** *(La Vivienda, El Megano, Cuba baila, Juan Quinquin, Le Jeune Rebelle, Reina y Rey)...* Tous imprégnés du néoréalisme italien, de l'école de New York et des *Cahiers du cinéma.*

Il ne s'agirait pas d'oublier l'importance du documentaire cubain, avec pour figure de proue, dès 1959, ***Santiago Álvarez,*** auteur de quantité de petits chefs-d'œuvre, notamment de géopolitique *(Now, Hanoi Martes 13, Hasta la Victoria Siempre).*

Dans les années 2000, le cinéma cubain s'est orienté vers le thème de l'émigration et des aspirations au départ, avec un très beau film sorti en 2001 et dont le titre résume à lui seul la situation : *Nada* (« Rien »). Citons aussi *Miel para Ochún* de ***Humberto Solas*** (2001), qui conte les aventures de 3 Cubains... à Cuba. Et *Hacerse el Sueco* (production hispano-cubaine qui montre avec humour la façon dont les Cubains sont traités comme des touristes de 2de zone chez eux).

En 2003 sont sortis du lot le film de ***Juan Carlos Tabío,*** *Aunque estés lejos,* et un documentaire salué pour son esthétisme, *Suite Habana* de ***Fernando Pérez.*** *Roble de Olor,* la dernière coproduction franco-cubano-espagnole de ***Rigoberto López.*** Au Festival de Cannes 2005, le film *Viva Cuba* de ***Juan Carlos Cremata,*** qui fait parcourir l'île par de jeunes enfants en fugue, a été distingué par le jury. Sorti début 2006, *Barrio Cuba,* de ***Humberto Solás,*** plante l'univers de La Havane fait de mélange d'origines, de croyances et d'espérances, d'histoires tragi-comiques. En 2009, *Los Dioses rotos,* d'***Ernesto Daranas,*** raconte l'histoire du proxénète Alberto Yarini, assassiné à La Havane par des rivaux français au début du XXe s. Une façon de s'approcher de la complexe réalité cubaine actuelle.

Citons aussi le film d'animation espagnol de ***Fernando Trueba*** et ***Javier Mariscal,*** *Chico & Rita* (2011), récit d'un amour passionné entre 2 Cubains, un jeune pianiste de jazz et une belle chanteuse. Leur histoire tumultueuse et la musique les mèneront de La Havane des années 1950 à New York, en passant par Hollywood et Paris. Superbe bande originale composée et interprétée par Bebo et Idania Valdés, et très beaux dessins qui rappellent le trait du dessinateur français Loustal.

En 2013, le film américano-cubain *Una Noche,* réalisé par la New-Yorkaise ***Lucy Mulloy*** (son 1er film), raconte une histoire inspirée d'un fait divers réel. Le portrait émouvant de 2 adolescents cubains qui hésitent entre s'exiler en Floride (à 140 km seulement de Cuba) à bord d'un rafiot construit de leurs mains et rester vivre sur leur île où ils n'ont aucun avenir. Ironie de l'histoire, ce film a été primé aux États-Unis, au festival de Tribeca. À cette occasion, 2 acteurs du film ont demandé l'asile politique aux États-Unis... pour fuir Cuba. La réalité imite parfois la fiction !

En 2014, sortie du film *Melaza* du réalisateur ***Carlos Lechuga,*** qui révèle l'absurdité de l'emprise communiste à Cuba et la misère qui ronge le peuple jusqu'à la honte. À noter aussi, la sortie du film *Papa* de ***Bob Yari.*** Entièrement tourné à Cuba, ce film raconte l'histoire vraie du journaliste américain Ed Myers, admirateur de Hemingway, qui suivit l'illustre écrivain à la fin des années 1950.

La même année sort le film français *Retour à Ithaque,* de Laurent Cantet. Sur la terrasse d'un immeuble de La Havane, les retrouvailles de 5 camarades sont l'occasion de dévoiler leurs blessures. Avec son documentaire *Esto es lo que hay,* sorti au cinéma en 2015, la réalisatrice Léa Rinaldi fait découvrir à un public français *Los Aldeanos,* groupe de rap cubain ultra-populaire, dont les textes n'édulcorent pas la galère quotidienne des Cubains. Exclus de la scène officielle cubaine, ils ont néanmoins été autorisés à voyager... à Miami notamment, où ils vivent désormais !

CUISINE

Autant être francs : Cuba n'est pas une destination gastronomique. Guevara aurait été stupéfait d'apprendre que la langouste fut interdite au peuple cubain (par la loi)... jusqu'en 2011 ! Malgré de gros progrès ces dernières années, la limitation des ressources et sources d'approvisionnement fait que l'on mange souvent la même chose. Poulet et porc sont à la base de la cuisine dite « créole » *(criolla).* On trouve aussi du bœuf *(res)* mais de piètre qualité et souvent trop cuit, trop sec, ou nappé de sauces énigmatiques. Il y a heureusement les produits de la mer : poisson (souvent grillé ou frit), crevettes, poulpe et langouste (voir plus loin).

Les légumes verts sont les grands absents : si vous ne supportez plus le riz, le *congrí* (mélange de riz et de haricots noirs) ou les *moros y cristianos* (haricots noirs et riz blanc séparés), on ne vous proposera guère que des pommes de terre, des bananes plantains frites ou... des frites *(papas fritas)* ! Avec un peu de chance, vous tomberez sur une igname *(ñame),* une patate douce *(boniato),* du manioc *(yuca)* ou du taro *(malanga).* Pour équilibrer vos repas, vous ne pourrez guère que vous rabattre sur les salades, hélas toujours identiques : laitue, tomates (souvent pas mûres), concombre *(pepino)* et chou blanc et plus rarement de l'avocat, mais là, c'est Byzance !

HUMOUR CUBAIN

Question : quelles sont les 3 réussites de la révolution cubaine ? Réponse : la fierté nationale retrouvée, l'éducation et la santé. Question : quels sont les 3 échecs de la révolution ? Réponse : le petit déjeuner, le déjeuner et le dîner...

CASTRO ET LA VACHE NAINE

Le Líder Máximo que rien n'effraie pensa qu'une petite vache élevée en appartement permettrait d'endiguer les disettes. Un peu de foin dans la commode du buffet et voici du lait pour tous les rejetons de la famille. Dès 1985, le voilà à la recherche de vétérinaires un peu sorciers. Échec total. Castro fut vachemment déçu quand quelques années plus tard, il apprit que des vaches naines avaient vu le jour... aux États-Unis.

Restaurants et *paladares*

Cuba compte 4 genres de restos bien distincts. Vous constaterez vite que le service est généralement bon, y compris dans les petites adresses ou les tables d'hôtes. En revanche, dans les restaurants d'État on touche le fond !

– Les ***restaurants d'État*** sont propriété du gouvernement. Les prix y sont fort variables : on peut tout aussi bien y dîner pour 5 CUP ou pour 30 CUP selon l'endroit. La cuisine y est généralement assez moyenne... quand elle n'est pas carrément médiocre (produits congelés, plats ne correspondant pas au libellé du menu, pas de soin dans la préparation, etc.). Si la nourriture des *paladares* (voir ci-dessous) s'améliore à vue de papilles, celle des restaurants d'État reste immanquablement à la traîne.

– ***Les paladares :*** en espagnol, le mot *paladar* signifie « palais », dans le sens buccal du terme... Ce nom a été popularisé par une *telenovela,* un feuilleton brésilien très populaire à Cuba dans les années 1990. C'est à cette époque qu'ont été autorisés au compte-gouttes les ***restaurants privés.*** D'année en année, leur nombre et leur qualité se sont accrus. Depuis fin 2011, ils peuvent compter jusqu'à 50 couverts (12 autrefois) et servir crevettes, poisson et langouste, ce qui leur était auparavant interdit. Et si leur nombre a explosé, c'est qu'ils ne sont plus surtaxés comme autrefois de manière confiscatoire (l'impôt était le même, que le resto soit vide ou plein !), mais sur leur véritable chiffre d'affaires. Résultat : la diversité s'accroît et de nouveaux horizons culinaires se développent. D'ailleurs, les *paladares* ressemblent de plus en plus à de vrais restaurants. Le terme même de *paladar* tend à disparaître, au profit du mot « restaurant ». Côté prix, la fourchette est assez large : on peut profiter d'un plat pour 5 CUP dans les plus petits *paladares* familiaux, ou en avoir pour 30 CUP dans un *paladar*-resto de bord de mer.

De manière générale, c'est dans les *paladares* que la nourriture a fait un bond qualitatif. Fraîcheur des produits (ah ! le marché noir !...), qualité des cuissons, élaboration de sauces parfois inventives, effort de présentation, gentillesse du service... C'est incroyable comme la notion de concurrence a dynamisé la cuisine cubaine !

– ***Les casas particulares :*** les repas proposés par les *casas* à leurs clients s'apparentent à nos tables d'hôtes. Cuisine familiale de qualité mais choix assez limité (on vous demande vos souhaits le matin pour le soir). Là encore, de gros efforts ont été réalisés par les *mamás.* De la cuisine sympathique, familiale et classique, on passe désormais (pas toujours) à des plats plus variés et même parfois créatifs. Là aussi la concurrence joue à plein car votre *casa* aimerait bien que vous dîniez chaque soir à la maison. Certaines adresses ouvrent leur table à tous, se faisant ainsi *paladar.* Compter entre 10 et 20 CUP pour un repas complet selon les lieux.

– Les ***restos et cafétérias « pour Cubains »*** intéresseront surtout les routards au budget serré. Très locaux, on y paie plutôt en pesos *(moneda nacional).* Un plat complet revient à 10-12 CUP. On y mange souvent médiocrement, une nourriture très simple, grasse et bourrative.

– Dernière catégorie : les ***fast-foods*** et autres ***gargotes*** à la cubaine, pour manger sur le pouce un hot-dog *(perro caliente !),* une part de pizza, un sandwich ou du poulet frit. Dans les restos de la chaîne *Rápido,* par exemple, on mange pour moins de 5 CUP. Là encore, ne pas s'attendre à un miracle culinaire, encore moins à un cadre chaleureux.

Les classiques cubains

– ***Le riz et les haricots noirs :*** ce sont les mamelles de la gastronomie créole. Ici, on les mange ensemble et on appelle ce plat *congrí* (vient des mots Congo et riz) ou *moros y cristianos* (maures et chrétiens), en référence aux couleurs blanche et noire ! On s'en lasse vite, mais c'est très bon marché et ça cale.

– ***Le cochinito :*** bien meilleur que le bœuf du pays, le cochon est un mets de choix pour les Cubains. On le prépare de différentes manières : en rôti, grillé ou frit et, à la campagne, sous forme de méchoui *(en púa).*

– ***La ropa vieja :*** cet emblématique plat de viande de bœuf effilochée en longs filaments redevient à la mode et certains restos le préparent merveilleusement. Il est généralement préparé avec oignons et poivrons. Le bœuf peut être remplacé par de la viande de mouton. Avantage non négligeable, c'est bon marché.

– ***Le poisson Canciller :*** très apprécié des Cubains, il s'agit de 2 filets marinés réunis par 2 « tranches » de jambon et de fromage, le tout pané et frit ! C'est aussi « raffiné » qu'un cordon-bleu, dont l'escalope de poulet est remplacée par le poisson... La recette s'applique aussi à certaines viandes. Bon, sur ce coup-là, on passe notre tour !

– ***La langouste*** *(langosta)* ***:*** vous en trouverez dans la plupart des *paladares* et des restos touristiques, entre 15 et 20 CUP en général. Mais sachez que c'est dans les *casas particulares* que l'on déguste les meilleures langoustes et les moins chères (entre 12 et 18 CUP). Elle est au top simplement grillée, avec une petite sauce à l'ail. Certains la servent avec une sauce à base de tomates, d'ail et d'oignons. C'est aussi très bon. Attention, dans les restos d'État, elle est souvent congelée (un comble), très chère et fort mal cuite. Il y a encore quelques années, les Cubains n'avaient pas le droit de servir (ni de manger) de la langouste, réservée à l'exportation et aux restaurants d'État.

– ***Le poulpe*** *(pulpo)* ***:*** on en trouve désormais plus fréquemment en bord de mer, préparé à l'ail ou en vinaigrette.

– Le ***crabe*** *(cangrejo)* qui pullule sur les routes est toxique et bien peu de restos en proposent qui soit comestibles. Vous en trouverez à Caibarién, au centre du pays, qui en a fait sa spécialité... Si on vous propose de la ***tortue*** *(carey),* refusez ! Les tortues de mer sont protégées et en voie d'extinction.

– ***Le crocodile :*** vous n'en trouverez qu'à Guamá et dans quelques restaurants de Playa Girón, sur la péninsule de Zapata. C'est une viande blanche, assez ferme, qui rappelle un peu le congre (chair de veau ou de poulet, mais avec un goût de poisson !).

– ***La banane plantain*** *(plátano)* ***:*** considérée comme un légume, elle est presque toujours servie frite, en rondelles, comme des chips ! Si les tranches sont fines, ce sont des *mariquitas.* Plus épaisses, elles s'appellent *tostones.* Et c'est bon.

– ***Les fruits :*** malgré son climat tropical, l'île n'offre pas une immense variété, même si là encore, on en trouve de plus en plus. Au petit déj, dans les *casas particulares,* on vous servira le plus souvent de la banane (*banana* ou *guineo* dans l'Oriente), de la papaye *(fruta bomba)* et de l'ananas *(piña)* – ce dernier étant souvent peu mûr, peu sucré et sans grande saveur... Selon la saison, vous goûterez aussi à la goyave *(guayaba),* à la sapotille *(mamey)* ou à la mangue (à partir de juin). Les agrumes sont aussi très présents, en particulier le pamplemousse et les oranges, toutefois de qualité moyenne.

DES *VIANDAS* SANS PROTÉINES ANIMALES !

Vous êtes végétarien(ne) ? N'hésitez pas à commander des viandas. Ce plat n'a rien à voir avec la viande, il s'agit d'un assortiment de banane plantain et de tubercules divers : pommes de terre, patates douces, manioc, taro, ignames... Mon tout étant frit et roboratif à souhait !

– Côté ***desserts,*** c'est le grand vide. Les pâtisseries de qualité sont rares. Les restos travaillent de plus en plus sur le ***flan,*** qu'il ne faudra pas mettre de côté. Sinon, on trouve parfois du riz au lait ou des tranches de pâtes de fruits couvrant du fromage à pâte cuite. Les Cubains adorent ça ! Parfois, de la glace vous sera proposée, le plus souvent fraise et chocolat... ou chocolat et fraise, ça dépend.

CURIEUX, NON ?

– Une des 1res choses qui surprend visuellement en arrivant à Cuba, c'est l'***absence de... publicité,*** hormis les slogans de propagande révolutionnaire qui ornent les murs, bien sûr !

– ***¿ Ultimo ?*** Les raisons de faire la queue à Cuba sont innombrables : pour entrer dans une superette de quartier, pour changer de l'argent, pour acheter une carte téléphonique ou Internet, pour attendre le bus, pour... entrer dans certains restos. Les files d'attente n'ont pas la rigueur britannique, aussi est-il impératif, en arrivant de demander « *¿ Ultimo ?* » (« Qui est le dernier ? »), et de repérer ainsi la personne qui est arrivée juste avant. Pas de panique si vous voyez des quidams surgir de nulle part qui semblent passer devant tout le monde : ils sont tout simplement allés vaquer pour tuer le temps et reviennent ensuite prendre leur place dans la queue.

– Cette Cubaine vêtue de blanc et fumant le cigare installée à un angle de rue à La Havane vous rappelle quelqu'un ? De fait, on croise dans la capitale des « ***personnages*** » qui gagnent un peu d'argent en prenant la pose, le plus souvent en tenue folklorique... Et on les retrouve sur toutes les brochures touristiques !

– L'ouverture – toute relative – du pays aux télécommunications offre un spectacle plutôt insolite : des Cubains et des touristes attroupés avec leur téléphone portable autour des ***bornes wifi*** *(hotspots),* désormais disponibles sur les places des grandes villes de l'île.

– ***¡ Mi amor !*** C'est ainsi que certaines Cubaines interpellent les hommes. Pas d'affolement, ce n'est pas une avance, c'est simplement une manière de parler. On a même vu une policière infliger une amende à un touriste pour excès de vitesse en lançant des « *¡ Mi amor !* » à tout-va. Ça, c'est « l'*amor* vache » !

– Vous serez surpris en empruntant les routes de l'île du très ***faible nombre de véhicules.*** Embargo oblige, le parc automobile à Cuba est encore restreint. Il n'est d'ailleurs pas rare de croiser un char à bœufs, un landau bien rétro ou des piétons qui circulent au bord des grands axes.
– Mesdames, il est probable que des inconnus vous lancent des ***piropos.*** Non pas des fleurs, mais des compliments se portant généralement sur votre plastique... Du genre : *Si la belleza fuera un pecado, jamás irías al cielo* (« Si la beauté était un péché, jamais tu n'irais au paradis »). Ou, plus grivois : *Tú con tantas curvas y yo sin frenos* (« Toi et toutes tes courbes, moi sans freins »)...
– ***Los quince de florita :*** le 15e anniversaire des filles est particulièrement célébré en Amérique latine, mais prend à Cuba d'énormes proportions. Pour fêter la fin de l'enfance, les familles les plus pauvres engagent de grosses dépenses, quitte à se priver dans leur vie quotidienne. Pour que ce moment soit pour leur « florita » préférée l'un des 2 événements marquants de sa vie... avec son mariage.
– Le ***1er Cubain dans l'espace,*** Arnaldo Tamayo Méndez, y est arrivé 2 ans avant le 1er Français, en 1980, à bord d'une capsule Soyouz et a effectué 124 fois le tour de la planète avant de rejoindre la terre ferme. Son aventure est évoquée au ***Museo histórico*** de Guantánamo, sa ville natale.
– Le Líder Máximo n'était pas un fils de paysan pauvre... Son père, Ángel Castro, dirigeait une ***finca de 11 000 ha aux airs de vrai village*** avec maisons, école, hôtel, bar-billard, boucherie et même une arène de combats de coqs ! Après la révolution, Fidel fit nationaliser la propriété (donc son héritage)... comme les autres. Chapeau ! Pourtant, plus tard on apprendra que Castro était à la tête d'une vingtaine de résidences, de yachts, et menait un luxueux train de vie.

DROITS DE L'HOMME

L'accession au poste de président de Miguel Díaz Canel, un apparatchik du Parti communiste cubain, a mis fin à la « dynastie » Castro sur l'île depuis 50 ans, Raúl demeurant néanmoins le leader du Parti. Sans surprise, les fondamentaux du régime, eux, n'ont guère changé. En juillet 2018, une nouvelle Constitution a été adoptée, qui, si elle spécifie que l'objectif n'est plus « l'achèvement d'une société communiste », affirme toujours que le « Parti communiste est la force supérieure dirigeante de la société et de l'État ».
Les libertés publiques demeurent toujours étroitement sous contrôle. Des personnes sont toujours placées en détention, le plus souvent à titre « préventif », pour de courtes durée, de manière à faire taire les critiques. Même si ces procédures sont en forte baisse depuis 2 ans, elles demeurent élevées (2024 durant les 8 premiers mois de 2018, contre 3706 durant la même période en 2017), et constituent toujours un frein aux libertés d'expression et de manifestation. En outre, les prisonniers sont souvent frappés et maltraités durant leur détention. Des « actes de répudiation » (manifestations de rue « spontanées »), sont par ailleurs toujours organisées devant les domiciles des opposants, par des membres du parti et des agents de sécurité. La société cubaine est toujours quadrillée par des auxiliaires du Parti, organisés au sein des comités de défense de la révolution, qui ont entre autres missions d'exercer une surveillance politique.
Si les longues périodes de détention de dissidents semblent aujourd'hui en passe d'être révolues, ils seraient encore 120 détenus à purger de lourdes peines pour leurs critiques envers le régime. Les mères, sœurs et filles de ces prisonniers politiques, surnommées « les femmes en blanc », continuent de se réunir chaque dimanche pour réclamer de meilleures conditions de détention.
Par ailleurs, l'expansion de l'usage d'Internet s'est accompagnée d'un accroissement de la censure, avec le blocage de dizaines de sites. Le chantage à l'emploi comme moyen de pression pour étouffer toute critique, même minime, est également utilisé. Des dizaines de licenciements de fonctionnaires ont ainsi eu lieu.

Les personnes visées par de telles mesures ont toutes les peines du monde à s'installer comme indépendants par la suite.
Les efforts de rapprochement entre Cuba et les États-Unis ont été refroidis par l'arrivée de Trump au pouvoir. Le 17 avril 2019 (jour anniversaire de l'attaque de la Baie des Cochon), le Secrétaire d'État américain a même annoncé qu'il allait activer le chapitre III de la loi Helms Botton, pour la 1re fois depuis 23 ans. Il permet à tout ressortissant cubain de porter plainte contre les entreprises étrangères présentes à La Havane. Une nouvelle qui devrait considérablement restreindre les investissements étrangers – déjà faibles – sur l'île, et accentuer les difficultés économiques des Cubains.
D'autre part, rappelons que la prison de Guantánamo (sur le sol cubain mais propriété des États-Unis) est toujours ouverte et active. Ils ne sont plus que 40 prisonniers, à y être détenus, en dehors de tout respect des règles internationales. Certains de ces détenus sont aujourd'hui âgés de plus de 70 ans.

Pour plus d'informations sur les droits de l'homme à Cuba, n'hésitez pas à consulter les sites de :

■ ***Fédération internationale des Droits de l'homme (FIDH) :*** ● *fidh.org* ●

■ ***Amnesty International*** *(section française) :* ● *amnesty.fr* ●

N'oublions pas qu'en France aussi les organisations de défense des Droits de l'homme continuent de se battre contre les discriminations, le racisme et en faveur de l'intégration des plus démunis.

ÉCONOMIE

Une économie révolutionnaire en trompe l'œil

Depuis les années 1960 et jusqu'au milieu des années 1980, Cuba vécut dans une sphère économiquement artificielle. Les échanges avec l'URSS et les pays du bloc socialiste obéissaient aux lois du troc entre pays frères, totalement coupés des mécanismes financiers du reste du monde. Pour faire simple, je te donne mon pétrole, tu me donnes ton sucre ; je te fournis en voitures, mes élites viennent prendre du bon temps sur tes plages, etc. Bon an mal an, cela fonctionna durant quelques décennies, même si l'inégalité des termes de l'échange était flagrante. Mais que n'aurait pas fait l'URSS pour avoir un pied militaro-politique dans les Caraïbes ? Le jour où Fidel refusa de mettre de l'eau dans son rhum et de suivre la perestroïka, il perdit son plus grand soutien économique et financier. Avec l'effondrement de l'Union soviétique, en 1990, Cuba se retrouva dans l'obligation de payer ses achats au prix du marché. Au prix fort. Aïe ! Le PIB du pays régressa alors de 33 % en 3 ans et l'île fut au bord de la faillite. Fidel accusa l'embargo à grands coups de discours, mais l'argument était un peu court. La survie économique ne dépendait plus que des cours mondiaux du sucre et du nickel. Malgré des tentatives de diversification de l'économie (alimentation, médicaments et développement technologique), l'économie cubaine était moribonde.
La dépénalisation du dollar, décidée en 1993, ouvrit la chasse aux devises, seule planche de salut pour les Cubains. Le marché en *pesos cubanos* n'offrait en effet que le strict minimum, la majorité des salaires étant payés dans cette monnaie. Même si les loyers et l'électricité ne coûtent pas grand-chose et que ***l'éducation et la santé sont gratuites,*** les produits importés (lessive, dentifrice, huile, vêtements, produits alimentaires...) se paient à des prix occidentaux. Un exemple parmi d'autres : le prix d'une paire de chaussures pour enfant équivalait au salaire mensuel d'un ouvrier (environ 15 CUP à l'époque). Il fallut se débrouiller, alors tout le monde se débrouilla. On assista au développement de la prostitution (le phénomène des *jineteras*), à l'explosion du marché noir, et au développement d'une économie parallèle (vols dans les entreprises, chapardages dans les stocks des

restaurants d'État, mise en place du troc à grande échelle, apparition d'arnaques diverses auprès des touristes...). Il fallait bien vivre... ou survivre !
La ***libreta*** (livret de rationnement), mise en place en 1962 pour permettre de disposer gratuitement des produits de 1re nécessité, avait bien du mal à combler les manques. D'autant plus que son contenu s'allégea au fil des années. De plus en plus de produits essentiels étaient vendus en pesos convertibles, ce qui contribua à creuser l'écart entre les très pauvres et ceux qui avaient un cousin à Miami et savaient « bricoler ».

Un centralisme d'État poussé à l'extrême

Bien que d'importants investissements étrangers ainsi que des entreprises privées aient vu le jour dans les années 2000, l'économie de Cuba a toujours fait l'objet d'une planification centrale, entièrement contrôlée par l'État. Les moyens de production sont détenus et gérés par le gouvernement, et la grande majorité de la population active est toujours employée par le gouvernement. Les entreprises publiques bénéficient d'un taux de change fortement préférentiel : 1 CUP pour 1 $. Elles paient donc les importations 24 fois moins cher que le taux officiel !
L'embargo américain pèse lourd, mais c'est surtout le dirigisme étatique, la complexité et l'inefficacité du système qui paralysent la vie économique. Une fois au pouvoir, Raúl Castro tente de timides ouvertures et fait de l'efficacité l'un des thèmes récurrents de ses discours. Pour sortir de l'ornière, dès le début des années 1990, le ***tourisme*** devient une « priorité nationale ». Il représente d'ailleurs aujourd'hui plus de la moitié des ressources en devises du pays, loin devant les matières premières et le tabac.
Or, des devises, le pays en a absolument besoin pour maintenir la tête hors de l'eau et notamment pour acheter du pétrole, même si le brut extrait du sol cubain couvre pratiquement 40 % de la consommation nationale. Le pétrole du Venezuela est payé par un échange de services très favorable à Cuba (pétrole contre travail). Environ 20 000 professionnels de santé cubains (dont 5 300 médecins) travaillent ainsi au Venezuela. Mais ces dernières années, ***la crise vénézuélienne et le renforcement des sanctions américaines*** ont compliqué l'approvisionnement de l'île en pétrole, avec à la clé des ***pénuries*** régulières et une hausse des prix. Les conséquences se font cruellement ressentir, et pas uniquement à la pompe : l'État a dû diminuer la fréquence des bus et des trains, et certaines usines en sont réduites à brûler des pneus usagés en guise de carburant « alternatif »...

Et vive le tourisme !

À partir des années 1990, l'État mise donc sur le tourisme de masse pour rétablir la balance commerciale, tourisme largement cantonné tout d'abord à la presqu'île de Varadero. Les décideurs ne voyant dans les « individuels » (les routards, quoi !) qu'une excroissance inutile, économiquement peu rentable et malvenue car trop en contact avec la population. Mais depuis 2014, avec l'assouplissement de la législation sur les *casas particulares* et des *paladares*-restaurants, on change de braquet. Grâce à cette vraie ouverture économique, ***le marché touristique explose*** : 3,5 millions de touristes en 2015, 4,7 millions en 2018. Les Canadiens et les Européens arrivent en masse. Les Italiens et les Français sont en bonne place. Les Russes commencent aussi à (re)fréquenter Cuba. En revanche, *bad news* du côté des Américains. Obama avait ouvert le robinet des visas, mais l'élection de Donald Trump en 2017 a refroidi les candidats. Pourtant, à y regarder de près, le président américain n'a pas vraiment durci la politique touristique envers Cuba. Malgré tout, en 2018 et 2019, le soudain engouement américain pour l'île a fait pschiiiittt !
Étape importante franchie en 2014 : les impôts sur les *casas particulares* et les *paladares* sont largement abaissés, et les Cubains peuvent désormais se lancer

dans certaines activités de commerce ou d'artisanat. Cette relative libéralisation a permis aux dizaines de milliers de familles vivant du tourisme de mettre un peu de beurre dans les épinards.
De son côté, l'État mise toujours sur les investissements étrangers à grande échelle pour construire des terrains de golf, marinas et autres, destinés à une clientèle haut de gamme. Le développement du tourisme de masse fait aujourd'hui clairement apparaître une ***économie à 2 vitesses*** : d'une part, la frange de la population en contact avec les devises (celles des touristes ou des cousins de Miami) et qui vit désormais très correctement, voire confortablement pour certains ; d'autre part, la grande majorité de la population (peu visible des touristes) qui doit se contenter d'un salaire mensuel misérable. En 2019, l'État augmente le salaire moyen des fonctionnaires, qui « bondit » de 25 $ à 40 $/mois ; quant au ***salaire minimum,*** il est fixé à 400 CUP (moins de 17 € !).

Le sucre, le nickel et les agrumes

À Cuba, 50 % des terres sont improductives et 80 % des denrées sont importées. Encore un symbole de l'échec de la révolution castriste. Pourtant, l'île possède un lien profond et historique avec la canne à sucre. Le ***sucre,*** à Cuba – longtemps 1er producteur mondial –, est toujours l'un des piliers de l'économie et, jusqu'à récemment, la 1re source de devises. Une manne céleste apportée par... les Espagnols.
À partir de 1964 – date des accords de Cuba avec Moscou –, le sucre devient la véritable industrie lourde du socialisme cubain, et produire, produire encore constituait l'objectif nº 1. Quand les Soviétiques cessèrent de soutenir artificiellement les cours du sucre en 1989, ***l'économie cubaine s'est effondrée.***
Signe des temps, les centrales sucrières non rentables ont été fermées, et les terres affectées à d'autres cultures, vivrières en particulier. Actuellement, les campagnes sucrières n'atteignent pas 2 millions de tonnes (contre 6 à 8 autrefois).
Cuba possède par ailleurs ***les 2des réserves mondiales de nickel*** et se place au 5e rang comme producteur. On estime que le pays compterait encore 120 ans de réserves au rythme d'exploitation actuel (parmi les plus importantes de la planète). C'est ce minerai, qui, semble-t-il, intéresse beaucoup les Chinois. Mais son cours est instable et ne garantit pas une ressource régulière au pays. Il est aussi, on l'oublie trop souvent, ***3e exportateur mondial d'agrumes*** avec 1 million de tonnes par an.

Implantations étrangères

Malgré le blocus (renforcé sous la présidence de Trump), plusieurs centaines d'entreprises étrangères sont implantées à Cuba (dont une soixantaine d'entreprises françaises). L'Europe demeure un important partenaire commercial de Cuba, mais la ***Chine*** et le ***Venezuela*** restent les partenaires économiques vitaux de Cuba, notamment pour l'approvisionnement en pétrole. Avec la crise que connaît le Venezuela, a impérativement besoin de nouveaux partenaires, d'où l'ouverture actuelle vers des pays comme le Vietnam, l'Indonésie ou l'Afrique du Sud.

Des réformes pour sortir Cuba du marasme économique ?

Raúl Castro affirmait peu de temps après sa prise de pouvoir que « Cuba était le seul pays au monde où l'on peut vivre sans travailler ». Tout en ajoutant : « Cela ne peut plus continuer ! » En 2010, il annonçait la suppression de 500 000 emplois publics (pour 5 millions de fonctionnaires, soit 84 % de la population active). Pour compenser cette décision, il fallait bien ouvrir un peu les vannes d'une économie hyper verrouillée. La nouvelle ***Constitution de février 2019*** va largement dans le sens d'un encouragement à l'entreprise individuelle. Quelques exemples de l'évolution depuis 1 décennie :

– ***En 2009,*** les ***paysans*** obtiennent le droit d'exploiter à leur compte des lopins en friche et de vendre la production non achetée par l'État ;

– ***En 2011,*** la réglementation assouplit l'accueil des touristes par les habitants : plus de limite pour le nombre de chambres à louer dans les ***casas particulares*** (autrefois 2 maximum), les ***paladares*** peuvent proposer jusqu'à 50 couverts (contre 12 auparavant). Les taxes sur ces activités sont largement revues à la baisse, et les impôts perçus le sont en fonction du chiffre d'affaires réel et non plus sur le nombre de chambres (ou de couverts) proposées ;

– ***En 2013,*** le gouvernement autorise l'importation de réfrigérateurs, climatiseurs, micro-ondes, bouilloires, grille-pain et fers à repasser... Leur interdiction avait été décrétée par Fidel Castro en 2005 pour lutter contre la crise énergétique. La même année, le gouvernement légalise l'***importation de voitures étrangères*** sur le sol cubain (tout de même contrôlé par l'État). Mais les prix de vente sont tellement élevés que les Cubains ne peuvent les acheter... Il autorise également la création de près de 200 coopératives, hors du secteur agricole, notamment dans le secteur des transports (les sociétés de taxis peuvent désormais être privées). On peut aussi mettre un « pas-de-porte » commercial en location. Autre révolution majeure : les ***téléphones portables*** ne sont plus réservés aux catégories privilégiées ou débrouillardes ;

– ***En 2014 s'opère un changement majeur,*** curieusement passé presque inaperçu. Il s'agit de la ***légalisation de 178 petits boulots de l'économie informelle,*** qui deviennent de vraies activités professionnelles, parfaitement autorisées. Il constitue dans les faits l'***un des plus grands appels d'air économique*** depuis la révolution. Il signifie le début de l'acceptation de la notion d'initiative personnelle, et donc de secteur privé. Sans dire son nom, cette décision ouvre une vraie brèche dans le système politico-économique « égalitariste », puisqu'il met en place l'idée même de libre concurrence. Fleuristes, coiffeurs, jardiniers, vendeurs de légumes, cireurs de chaussures, manucures, masseurs, mécaniciens, vendeurs de rue, artisans, kiosques à sandwichs, vendeurs de café, chauffeurs... peuvent enfin ouvrir leur boutique et les paysans mettre une carriole dans la rue pour vendre leur excès de production. Il faut bien remplir les caisses de l'État. Car ces revenus sont assez lourdement taxés. On estime aujourd'hui que plus de ***600 000 Cubains sont installés à leur compte*** (on les surnomme *cuentapropistas*).

– ***En 2015, plusieurs zones wifi*** sont mises en place dans chaque ville, où l'on peut se connecter en achetant une carte internet. Internet est toujours loin d'être libre, mais ces zones ne sont pas réservées aux seuls touristes ! ;

– ***En 2018,*** possibilité de se rendre au Panamá et au Mexique (avec autorisation) pour aller acheter 120 kg de matériel (quel qu'il soit) pour sa propre utilisation (frigo, clim, sèche-cheveux, clé de 12... mais surtout des vêtements). Encore faut-il pouvoir se payer le billet ! En revanche, interdiction de les revendre. Une fois rentré, le voyageur-acheteur s'empresse évidemment de revendre les fringues sous le manteau (si l'on peut dire).

– ***En février 2019,*** la nouvelle Constitution reconnaît explicitement l'***économie de marché*** et les ***différentes formes de propriété*** comme la coopérative, la propriété mixte et la propriété privée. Cela ouvre de nouveaux droits aux Cubains, notamment sur la création de petites entreprises, mais aussi sur le statut ambigu de certains droits à la propriété foncière. Un vieux serpent de mer monétaire refait surface : la fusion des 2 monnaies nationales, le CUP et le CUC, pour ne garder que le CUP. Dans certains commerces, les paiements en dollars et en euros sont officiellement autorisés.

– ***2019-2020 :*** assouplissement des autorisations pour l'obtention d'un routeur internet. Une bonne partie des *casas* possède désormais le wifi (chouette pour les touristes !). C'est une amorce de début de commencement d'espace de liberté pour la population, même si l'accès au réseau reste encadré. Le secteur privé continue son essor : 14,5 % des Cubains ne travaillent pas pour

l'État, du jamais vu depuis la Révolution ! Fin 2020, le salaire minimum est doublé, passant d'environ 30 € à 70 € par mois.
– ***Le 1er janvier 2021,*** la fusion monétaire devient réalité : le CUC devient le CUP, tout en conservant le même taux de change. Les Cubains se hâtent de changer leurs derniers CUC, qui disparaîtront définitivement en juin.
– En ***février,*** la réforme de l'économie se concrétise : ***plus de 2 000 activités privées sont autorisées*** (contre seulement 127 jusque-là). Les Cubains peuvent désormais créer leur entreprise : un véritable tournant dans l'histoire du pays !

Sur le plan extérieur

En 2016, la ***Russie*** et le ***Mexique*** effacent la plus grande partie de la dette cubaine. Le ***Brésil*** est aussi un nouvel allié économique. Il a financé (682 millions de dollars) la construction de la « zone spéciale de développement » de Mariel. À 50 km à l'ouest de La Havane, le ***port moderne de Mariel*** peut accueillir pour escale les énormes navires et porte-conteneurs chargés de marchandises et en provenance du canal de Panamá. Par ailleurs, les lignes aériennes directes se mettent en place avec Cuba, notamment avec les États-Unis.
Lors de la ***reprise du dialogue entre les États-Unis et Cuba,*** amorcée en décembre 2014, Barack Obama souhaitait voir ce blocus levé avant la fin de son mandat, en 2017. Malgré de notables assouplissements, l'embargo n'est toujours pas levé. L'arrivée de Donald Trump a clairement sifflé la fin de l'embellie : une rafale de sanctions économiques et politiques fait chuter le nombre de touristes américains visitant l'île, pendant que l'embargo continue de saigner l'économie cubaine et de faire grimper l'inflation. Trump va jusqu'à réinscrire Cuba dans la liste des « pays soutenant le terrorisme », en compagnie de l'Iran et de la Corée du Nord... Fin 2020, la victoire de Joe Biden laisse espérer une amélioration de la situation : il s'est engagé pendant sa campagne à lever certaines restrictions sur les déplacements et sur les transferts de fonds entre Cuba et les États-Unis. Les relations se réchauffent tout doucement, mais la levée de l'embargo reste un sujet épineux aux États-Unis, y compris chez les Démocrates.

ENVIRONNEMENT

Cuba compte une ***vingtaine de parcs nationaux,*** dont près de la moitié ont été créés très récemment, plus toute une panoplie de réserves et zones protégées, couvrant en tout près de 15 % du territoire national. Ils englobent des milieux très variés : forêt tropicale (Alejandro de Humboldt, Cuchillas del Toa, Pico Cristal), îlots coralliens et récifs (Jardines de la Reina, Cayos de San Felipe), zones humides (Ciénagas de Zapata et de Lanier), *mogotes* (collines calcaires) et montagnes (valle de Viñales, sierra Maestra), grottes (Caguanes), etc. Parmi ceux-ci, 5 ont été désignés « Réserves de la biosphère » par l'Unesco (une 6e a été créée) et 2 classés au Patrimoine mondial ! C'est dire la richesse des écosystèmes cubains et leur diversité.

Un fort taux d'endémisme

Une particularité singularise l'environnement cubain : en partie grâce à l'insularité, le ***taux d'endémisme*** y est très important. Dans le parc national Alejandro de Humboldt, tout à l'est de l'île, par exemple, 58 % des 1 300 espèces de plantes répertoriées ne se trouvent qu'à Cuba et 26 % dans ce seul parc !
Cuba est notamment un paradis pour les oiseaux, dont on dénombre quelque 369 espèces, nicheuses, marines ou migratrices. Avec un peu d'attention, vous apercevrez le plus petit du monde, le ***zunzuncito*** (colibri-abeille), qui mesure seulement 5,5 cm pour à peine 2 g ! Vous entendrez le ***carpintero*** (sorte de pic) et verrez le joli ***tocororo,*** ou trogon de Cuba, l'oiseau national, assez corpulent (28 cm environ), dont le plumage rappelle les couleurs du drapeau du pays (bleu,

blanc et rouge). Les ***garzas*** (aigrettes blanches) accompagnent les troupeaux, les ***auras tiñosas*** (urubus à tête rouge, une sorte de vautour) planent à la recherche de quelque charogne, et les lagunes saumâtres des *cayos* (îlots) sont colorées des tâches pointillistes des ***flamants rouges*** (ou flamants des Caraïbes). Beaucoup plus rare, le pic à bec ivoire, le 2e plus grand pic au monde, hanterait encore peut-être les forêts de pins de la sierra Maestra.

Côté mammifères, la récolte est plus ténue : on rencontre surtout le ***jutía*** (agouti), un gros rongeur à l'air bancal, et les chanceux devinent parfois la silhouette d'un ***lamantin*** *(manatí)* dans les mangroves du parc national Alejandro de Humboldt. Il est aussi fort peu probable que vous puissiez observer un ***solénodon*** : seuls subsistent quelques individus de cette musaraigne géante, aux mœurs nocturnes et... à la salive venimeuse (!).

Pour le reste, les espèces dangereuses se limitent à quelques ***crocodiles de Cuba,*** que l'on ne rencontre plus guère que dans les marais de Zapata ; c'est même l'espèce de saurien la plus menacée du Nouveau Monde. Dans les mêmes eaux vit le ***manjuarí,*** ou lépisostée alligator, un poisson fossile qui peut atteindre 1 à 2 m et n'existerait plus qu'à Cuba. On a recensé pas mal d'espèces de serpents sur l'île, mais ils sont inoffensifs ; parmi les plus imposants figure le ***boa de Cuba,*** habitant des forêts sèches. Nettement plus commun : l'iguane.

S'agissant de la flore, l'endémisme ne faiblit pas : avec 7 500 espèces répertoriées, dont près de la moitié endémiques, ***Cuba occupe la 4e place des îles présentant la plus importante diversité végétale au monde.*** Bon nombre de milieux ont néanmoins pâti de l'exploitation historique de l'île, au point que 48 % des espèces végétales cubaines sont aujourd'hui plus ou moins menacées. Et si Cuba conserve les plus grandes étendues de forêt des Caraïbes, moins de 15 % sont intactes.

MARIPOSA

Cette jolie fleur blanche est le symbole de Cuba. Pourquoi ? Parce que, pendant la guerre d'indépendance, les femmes inscrivaient des messages sur ses pétales, destinés aux insurgés !

L'arbre roi à Cuba est, bien sûr, le palmier. Il en existe plus d'une centaine de sortes (90 % endémiques), à commencer par le très élégant ***palmier royal de Cuba.*** Les arbres font la beauté de l'île. Quand ils sont en fleurs, les lauriers, caroubiers et flamboyants sont des splendeurs. L'imposant fromager ***(ceiba)*** est un arbre sacré dans la *santería.* Les fougères arborescentes ***(helechos),*** arbres fossiles, sont relativement répandues dans les zones humides. Les bois précieux ont pour noms : ***caoba*** (acajou), teck, gaïac, ébène et cèdre (qui sert à faire les boîtes à cigares). Les fleurs ne sont pas en reste, qu'il s'agisse de la fleur nationale, la blanche ***mariposa*** (en forme de papillon), ou bien encore des ***poinsettias, orchidées, hibiscus*** et autres ***jasmins*** enivrants.

Un constat contrasté

Peu industrialisée, en particulier dans l'Oriente, Cuba bénéficie globalement d'un faible taux de ***pollution.*** Certaines zones périurbaines sont toutefois touchées. C'est le cas de La Havane, dont la baie s'entoure d'***industries chimiques, métallurgiques et pétrolières*** aux installations antédiluviennes (très éloignées des normes actuelles !), qui crachent leurs fumées polluantes dans l'air et rejettent leurs déchets dans les eaux. Certains

SCOOTERS ÉLECTRIQUES

Étonnant le nombre de scooters électriques que l'on croise dans les rues des villes cubaines ! Entre les vieux camions qui crachent une fumée noire et les deux-roues « écolo », c'est le grand écart. En effet, le gouvernement a autorisé, en 2019, l'importation et l'achat de ces engins, à la condition qu'ils soient électriques. Ledit scooter coûte tout de même environ 2 000 US$... Pas encore démocratique !

jours, selon le sens et la force du vent, la capitale cubaine se retrouve en partie sous un nuage de pollution. Quant aux belles voitures américaines, elles sont aussi pittoresques qu'elles sont polluantes... Côté ***traitement des eaux usées,*** à La Havane, les égouts se jettent directement dans la mer, à 2 pas du Malecón... À l'est du pays, la ville de Moa est, elle, prise sous le feu d'une immense exploitation et zone de transformation du ***nickel.***
L'***agriculture,*** elle, n'a plus d'impact majeur : l'abandon partiel du productivisme dans le sillage de la chute de l'URSS a vu largement remiser pesticides et engrais, au profit de petites coopératives et fermes individuelles favorisant souvent le bio ou des techniques favorables au développement durable.
Le nombre de voitures reste, lui, très peu élevé : on comptait en 2014 environ 20 voitures pour 1 000 habitants, ce qui place Cuba, dans ce domaine, au même niveau que l'Afghanistan ou le Sri Lanka, même si les choses changent rapidement.
Parmi les sujets de polémique, les ***dauphins*** souffrent parfois de très mauvaises conditions de vie dans les delphinariums de l'île. Autre préoccupation : les ***requins.*** Un projet d'alliance entre le Mexique, Cuba et les États-Unis est dans l'air pour limiter leur pêche excessive dans le golfe du Mexique.
Enfin, la ***collecte des ordures*** domestiques reste encore très aléatoire et archaïque, y compris à La Havane. La situation économique chaotique a néanmoins des effets positifs : elle limite la consommation, la quantité de déchets produits et favorise le sens de la récup (recyclage) !

Protéger l'environnement

Les spécialistes l'assurent : si la ***hausse du niveau des mers*** et des océans se maintient au rythme actuel, en 2050, Cuba aura perdu 2 700 km² de territoire. Beaucoup de ses 5 746 km de littoral sont en effet occupés par des côtes basses et sableuses, des marais ou de la mangrove, directement menacés. Le gouvernement a annoncé son intention de placer sous protection jusqu'à 25 % des eaux littorales cubaines ; 104 ***réserves marines*** ont été créées, mais beaucoup n'existent que sur le papier...
Les autorités n'ont pas fait grand cas de l'environnement lorsque, dans les années 1990, la crise économique a poussé le pays à s'ouvrir au tourisme balnéaire pour remplir les caisses d'urgence. Certaines côtes et certains îlots *(cayos),* aux ressources en eau particulièrement faibles, ont alors été largement sacrifiés. Les quelques ponts lancés sur les routes-digues menant à cayo Coco et à cayo Santa María, par exemple, ne suffisent pas pour permettre à la mer de circuler librement, et l'érection constante de nouveaux hôtels ne risque pas d'arranger la situation.
Cela étant, on assiste à une prise de conscience grandissante du gouvernement cubain depuis que Fidel Castro s'exprima, en 1992, au sommet de Rio. De grands travaux ont par exemple été entrepris pour assainir la baie et le port de La Havane. Et l'agriculture urbaine a été développée : elle est même pratiquée à La Havane, où seule la culture bio est autorisée !
La région de la sierra del Rosario, à l'ouest de l'île, déclarée « Réserve mondiale de la biosphère » par l'Unesco, a été l'objet d'un vaste projet de reboisement entrepris dès 1968. C'est aujourd'hui une belle forêt de 6 millions d'arbres, paradis des oiseaux. Plus généralement, le reboisement a permis d'étendre la couverture forestière de l'île, passée de 13 % en 1959 à environ 25 % aujourd'hui. Plus récemment, c'est la production de biogaz à partir de lisier de porc qui a été encouragée.

EXIL

L'histoire de l'exil cubain pourrait s'écrire en 3 chapitres. Le 1er étudierait les 3 exodes massifs (1965, 1980, 1994) qui ont mis Cuba sous les feux de l'actualité (voir « Histoire »). Le 2e évoquerait la fuite continue des Cubains depuis bientôt

6 décennies, en bateau, en radeau, en avion, les musiciens et sportifs refusant de rentrer au pays, etc. Puis, dans un 3e temps, il faudrait s'intéresser à cette masse d'exilés qui, sans faire de bruit, à distance, font bouillir la marmite de centaines de milliers de foyers cubains sur la grande île...

On estime à plus de 1 million de personnes, soit 12 % de la population actuelle, le nombre de Cubains à s'être exilés depuis 1959, les deux tiers d'entre eux aux États-Unis. La plupart ont débarqué un jour dans le chapelet d'îles des Keys, ou à Miami, dans la grande marmite cubaine de *Little Havana* – avant, pour certains, de gagner d'autres cieux. Beaucoup ont fait souche dans le sud de la Floride, donnant jour, pour certains, à de véritables dynasties politiques, comme les Díaz-Balart – famille dont était issue la 1re épouse de Fidel Castro. Marco Rubio, Ted Cruz, tous 2 candidats à l'investiture républicaine pour la présidentielle de 2016, sont d'origine cubaine. Au fil du temps, les choses ont évolué : les Cubains exilés, autrefois traités de *gusanos* (vers de terre, vermine), sont devenus très officiellement pour La Havane « membres de la communauté cubaine de l'extérieur ». Il faut dire qu'ils financent largement l'économie de l'île grâce à leurs *remesas* (transferts), qui avoisinent 2,5 milliards de dollars par an ! Depuis la libéralisation partielle de la loi migratoire en 2014, les Cubains de l'île peuvent obtenir un passeport et rendre visite à leur famille exilée plus facilement, même si les démarches ne sont pas toujours aisées. Ils en profitent souvent pour faire le plein d'achats en tout genre : de terre d'asile, Miami se mue peu à peu en supermarché.

Rien n'y fait, le nombre de candidats à l'exil ne cesse de croître. Ils sont en moyenne 40 000 à quitter l'île chaque année, presque autant qu'après la révolution ! Jusqu'en janvier 2017, les migrants cubains avaient la quasi garantie d'être reconnus réfugiés politiques grâce à la politique dite *wet foot-dry foot,* en vigueur depuis 1994 : ceux qui touchaient terre étaient admis, ceux qui étaient interceptés en mer renvoyés (parfois un peu violemment)... Mais, pour favoriser le rapprochement avec le gouvernement cubain, Barack Obama a abrogé ce régime juste avant la fin de sa présidence – au grand dépit des candidats au départ encore coincés à Cuba...

FIDEL CASTRO

Fidel Alejandro Castro Ruz est le fils bâtard (3e d'une série de 7 enfants) d'un Espagnol de Galice immigré, propriétaire terrien prospère. Il ne sera reconnu officiellement par son paternel qu'à l'âge de 17 ans. Il naît donc, le 13 août 1926, à Birán, près de Holguín, d'une mère qui est la cuisinière créole de son père. Il reçoit une éducation catholique, puis fait des études chez les jésuites. Plus tard, il aura une réputation d'étudiant batailleur et rebelle. Fidel était déjà Castro, avec ses traits de caractère qui ne le lâcheront pas : meneur d'hommes, orateur doué, intransigeant, radical, indépendant, homme d'action, patriote, habile, rancunier, volontaire, démesuré, esprit retors, etc. Décidément, « Chez Castro, y a tout ce qu'il faut ! » On a tout dit sur lui. Tout et son contraire. Entre mille, on pourra se mettre d'accord sur une chose : sa stature historique... il mesurait 1,91 m.

RECORD DU MONDE DE TCHATCHE !

En 1998, devant les députés cubains qui viennent de le réélire, Fidel Castro bat un record des plus original, détenu à l'époque par Mao Zedong : un discours de politique générale sur l'avenir de l'île qui a duré pas moins de 7h et 15 mn, sans une seule interruption !

L'idéalisme jusqu'au bout... ou presque

Son épopée dans la sierra Maestra, son arrivée triomphale à La Havane, sa politique appelée par lui-même « idéaliste » du début de la révolution et l'espoir qu'il représentait pour le tiers-monde vont lui valoir une littérature innombrable, flatteuse jusqu'à l'enflure. Il n'en demandait pas tant. Et pourtant, des révélations tardives mettront au jour certains accrocs personnels aux grands principes qu'il a martelés à grand renfort de logorrhées. En 2014, un de ses anciens gardes du corps révèle que le « Líder Máximo » menait grand train (*La Vie cachée de Fidel Castro,* Jean-Reinaldo Sánchez, éd. Michel Lafon). Il possédait depuis les années 1960, à titre personnel, une flotte de plusieurs yachts, une vingtaine de résidences privées, une île paradisiaque (Cayo Piedra) au sud de la baie des Cochons : ça écorne un peu l'image de probité égalitariste du révolutionnaire.

Fidel, le chanceux

Fidel Castro doit sa longévité à une baraka incroyable. Dans les années 1940, il échappe plusieurs fois à la prison et aux balles des forces de l'ordre de Batista. En 1947, aucun requin ne veut de lui, alors qu'il traverse à la nage une baie de plusieurs kilomètres près de Saint-Domingue ! Alors qu'il est arrêté pour avoir mené l'attaque de la caserne Moncada de Santiago le 26 juillet 1953, il doit la vie à un soldat de Batista, Pedro Sarria. Celui-ci, censé tuer Castro, s'avère être secrètement un sympathisant... Condamné, le guérillero bénéficiera d'une amnistie de la part du dictateur Batista. Après son exil au Mexique et son retour à Cuba, pendant la guérilla il passera au travers des mailles des filets de ce même Batista. Et, une fois au pouvoir, la CIA ne parviendra jamais à l'abattre, malgré des tentatives répétées. Castro ne se déplaçait d'ailleurs jamais sans son goûteur et était encadré en permanence d'une quinzaine de gorilles, dont un sosie et 2 donneurs de sang compatibles : prévoyant, le bonhomme !

Le renoncement

Le 31 juillet 2006, suite à une hémorragie intestinale et à une lourde opération, le Líder Máximo délègue provisoirement tous ses pouvoirs à son demi-frère Raúl, alors âgé de 75 ans, et 2e personnage de l'État cubain.

Durant sa longue maladie, les nouvelles de Fidel se font rares. Peu ou pas de photos et aucune information sur sa santé. Pédale douce sur le culte de la personne alitée. Ce silence est brisé en mars 2013 à la mort d'Hugo Chávez, le « meilleur ami » de Cuba, puis en mai 2015, lors de sa rencontre avec François Hollande.

La mort de Castro est annoncée par son frère, le 25 novembre 2016. Un deuil national de 9 jours est décrété. Pas de musique ni d'alcool dans tout le pays ! Du jamais vu depuis... depuis toujours. Des rassemblements dans toutes les villes, bourgades et villages sont organisés. Des queues de plusieurs centaines de mètres s'étirent partout pour signer les registres de condoléances. Incinéré, Fidel, ou plutôt son urne, défile dans tout le pays jusqu'à Santiago, où il est enterré, réunissant des foules immenses sur son passage. Au-delà de la tristesse du peuple qu'on peut imaginer sincère, le pouvoir met en place une formidable leçon de propagande, réglée comme du papier à musique, avec la diffusion permanente, nuit et jour, sur les chaînes de télévision comme à la radio, de documents d'archives, discours d'anciens révolutionnaires, photos des copains d'avant, témoignages poignants, leçons de géopolitique, interviews d'historiens, commentaires larmoyants. Du grand art, et pas un mot de travers, évidemment.

FIDÈLE À FIDEL

Les 3 frères Castro ne furent reconnus par leur père qu'en 1943. Raúl avait déjà 12 ans et vouait un attachement inouï à Fidel, son frère aîné, qu'il considérait comme son vrai père. Un lien indéfectible, jusqu'à la fin.

Fidel, l'infidèle...

Comme le raconte Serge Raffy dans son livre *Castro, l'infidèle* (Fayard, 2003), le dictateur cubain, bâtard d'un cultivateur de Galice et de l'une de ses servantes, se sentit toujours mal aimé. En 1948, Castro épouse ***Mirta Díaz-Balart,*** issue d'une grande famille aujourd'hui installée aux États-Unis et violemment anticastriste, dont il a un fils, appelé... Fidelito. Mauvais père, mari autoritaire, le divorce est consommé, mais Fidel enlève son fils à sa mère qui, elle-même, paie des hommes de main pour le récupérer en 1956 ! Après la révolution, Castro signe un accord avec son ex-femme et se réapproprie le gamin. ***Fidelito*** obtient un diplôme de docteur ès sciences en URSS et sera un moment projeté à la tête du projet de centrale nucléaire de Juragua (Cienfuegos). Avant d'être violemment débarqué par... son père, en 1992. Il vit ensuite quasiment en résidence surveillée à Cuba avant de se donner la mort en février 2018.

CHASSÉ-CROISÉ

En 1953, Castro se retrouva en prison après l'échec de l'attaque de la caserne de Moncada. Pour vaincre son ennui, il écrivait beaucoup, notamment à sa femme, Mirta (la sœur d'un ministre de Batista !), et aussi à sa maîtresse. Un jour d'inattention, il intervertit fortuitement les enveloppes. C'en est trop : sa femme, furieuse, demande aussitôt le divorce.

Fidel a aussi eu une fille, ***Alina,*** avec une Cubaine travaillant pour une société américaine. Mais il ne reconnaît pas sa fille, ne lui montre aucune chaleur et persécute le Mexicain qu'elle a épousé en secret et qui doit fuir Cuba ! Il traite avec la même « distance » tous ses enfants, souvent illégitimes, à son image... Comme Jorge Ángel, né d'une aventure d'une nuit en Oriente, ou Andrés, le fils d'une vétérinaire allemande, ou encore Francisca, qui vit le jour suite à une liaison furtive dans une voiture près de Santa Clara.

Et puis il y a les 5 fils que Fidel Castro a eus avec ***Dalia Soto Del Valle,*** originaire de Trinidad : Alejandro, Antonio, Ángel, Alexander et... Diego, en hommage à Maradona. Condamnée à la clandestinité pendant 25 ans, Dalia est apparue pour la 1re fois en « *first lady* » en 2001. Leurs enfants ont désormais le droit de ne plus se cacher. De tous, Antonio Castro est considéré comme le « fils préféré de Fidel » : chirurgien orthopédique et playboy à ses heures, il a défrayé en 2015 la presse à sensation à grand renfort de luxueuses vacances en Méditerranée, à bord d'un yacht privé et dans des hôtels ultrachics.

GÉOGRAPHIE

Cuba est la plus grande île des Caraïbes, devant la Jamaïque et Saint-Domingue et la 17e plus grande île au monde. Avec ses 110 860 km², sa superficie équivaut à 3 fois et demie celle de la Belgique, ou à la Bulgarie. Tout en longueur, ce « crocodile » mesure peu ou prou 1 250 km de la tête à la queue, mais à peine 200 km dans sa plus grande largeur. Précisons tout de même que Cuba, ce n'est pas seulement une île mais... des îles. Il faut ajouter au navire amiral la grande île de la Jeunesse ***(isla de la Juventud),*** qui couvre 2 419 km², ainsi qu'une multitude d'îlots appelés *cayos,* qui font le bonheur des amoureux de sable fin et d'eaux turquoise : ***cayo Largo, cayo Coco, cayo Levisa...*** Ces gros radeaux ne sont pas forcément aussi paradisiaques qu'ils le paraissent : largement dépourvus d'eau douce, ils sont enserrés entre la mangrove et des lagunes saumâtres.

L'île principale se divise très grossièrement en 2 : l'Ouest ***(Occidente)*** et l'Est ***(Oriente).*** Environ 80 % du territoire est plat, notamment au Centre, où se regroupent la plupart des villes importantes. La canne à sucre y occupe des surfaces immenses. Les chaînes de montagnes, appelées ***sierras,*** sont peu nombreuses.

La principale, la fameuse sierra Maestra, à l'ouest de Santiago, théâtre des exploits des guérilleros castristes, est dominée par le pic Turquino, point culminant du pays à 1 974 m. C'est là que naît le río Cauto, le plus long cours d'eau du pays, qui s'étire sur 343 km avant de se jeter dans le golfe de Guacayanabo. C'est cependant le río Toa, près de Baracoa, tout à l'est du pays, plus court mais alimenté par des pluies plus soutenues, qui présente le plus fort débit.
Sur le plan administratif, le pays se divise en 15 provinces.

HISTOIRE

La colonisation espagnole

– ***Avant 1492 :*** l'île est peuplée d'Amérindiens, appelés Taïnos et Siboneys.
– ***28 octobre 1492 :*** Christophe Colomb a déjà « découvert » l'île de Guanahani (actuelle Watling dans les Bahamas). Lui et ses hommes avaient quitté l'Espagne 3 mois auparavant, à bord de 3 caravelles, la *Santa María,* la *Niña* et la *Pinta.* A-t-il touché terre à Baracoa (Oriente) ou dans la baie de Bariay, près de Gibara ? La 2de thèse prévaut. Colomb débarque dans ce qu'il croit être Cathay, la Chine.
– ***1493 : Juan de La Cosa,*** maître d'équipage à bord de la *Santa María,* déduit de son voyage que ce lieu est une île et non un continent. Colomb demande à ses hommes d'accréditer la thèse sinisante. En 1500, alors qu'il n'en a pas la preuve tangible (il manque 50 milles de reconnaissance), le tenace Juan de La Cosa trace son remarquable *Planisphère nautique,* où Cuba apparaît comme une île.
– ***1502 :*** 4e et dernière traversée de Christophe Colomb. Il n'en reviendra pas, au propre comme au figuré.
– ***1510 :*** sous la direction de Diego Velázquez et d'Hernán Cortés, la conquête de Cuba commence, avec quelque 300 hommes qui deviennent ainsi les 1ers conquistadors au nom de l'Espagne.
– ***1511 :*** fondation de la 1re ville de Cuba (Asunción de Baracoa, à l'extrême Sud-Est).
– ***2 février 1512 :*** 1re rébellion d'insurgés, avec à leur tête le chef « indien » Hatuey.

> **LE DRAPEAU DE LA FLIBUSTE...**
>
> *Aux XVIe et XVIIe s, flibustiers et pirates sillonnent les mers des Caraïbes. Anglais, Français et Hollandais convoitent les richesses des colonies espagnoles et se livrent, entre les îlots, à d'incroyables batailles navales. Pas étonnant, donc, que ce soit dans les eaux chaudes cubaines, rougies par le sang des cadavres, qu'apparaisse, pour la 1re fois, le redouté Jolly Roger, drapeau noir à tête de mort, flanquée de 2 tibias croisés !*

– ***1513 :*** arrivée à Cuba, en provenance du golfe de Guinée, des 1ers navires chargés d'esclaves africains : des Congos, des Loucoumis, des Gangas, des Mandingues, des Carabalis. À partir de 1523, la traite des Noirs s'intensifie.
– ***1517-1518 :*** la conquête espagnole est terminée, les massacres systématiques d'Indiens commencent. Cuba devient la base de départ des conquistadors. Hernán Cortés notamment, basé à Santiago, part pour le Mexique. Francisco Pizarro pour le Pérou, où se trouvent l'or et l'argent des Incas.
– ***16 novembre 1519 :*** fondation officielle de la ville de La Havane : San Cristóbal de La Habana. Au XVIe s, elle devient la « clé du Nouveau Monde », escale indispensable entre l'Espagne et ses colonies.
– ***1555 :*** le port de La Havane est attaqué et pillé par le pirate français Jacques de Sores.
– ***1576 :*** la 1re sucrerie est fondée à El Cerro.
– ***1607 :*** La Havane remplace Santiago comme capitale.
– ***1697 :*** fin officielle de la piraterie dans la mer des Caraïbes. Les noms de Sir Francis Drake et d'Henry Morgan, corsaire et pirate, sont entrés dans la légende.

– ***1762-1763 :*** les Anglais occupent La Havane. Mais ils l'échangent avec les Espagnols contre la Floride (traité de Fontainebleau du 6 juillet 1763).
– ***À la fin du XVIII*** ***e*** ***s :*** des planteurs de café français débarquent dans la région de Santiago de Cuba, fuyant Haïti et la révolte des esclaves.
– ***1809 :*** 1res manifestations importantes pour se libérer de la Couronne espagnole.
– ***1817 :*** décret de l'abolition de l'esclavage adopté en chœur par la Grande-Bretagne et l'Espagne. À Cuba, il passe pour une fumisterie, l'esclavage continue.

Les guerres d'indépendance (1868-1898)

Alors que, durant la 1re moitié du XIXe s, les autres colonies du continent américain conquièrent leur liberté, Cuba reste fidèle à l'Espagne. Mais cela exige un afflux permanent d'esclaves : environ 430 000 Africains débarquent à Cuba entre 1774 et 1840. Au milieu du XIXe s, les 470 000 esclaves noirs représentent la moitié de la population. Aveuglée par sa prospérité, la riche société cubaine ne voit pas le danger. Elle vit son époque de gloire, loin des terribles révoltes en Haïti et des guerres de libération du reste de l'Amérique hispanique.
Mais dans les années 1860, le cours du sucre s'écroule, l'économie cubaine s'effondre : rien ne va plus et la révolte gronde.
– ***10 octobre 1868 :*** Carlos Manuel de Céspedes, propriétaire terrien dans les environs de Manzanillo, libère ses esclaves et lance l'appel dit « de la Demajagua » (du nom de sa plantation). C'est la ***1re guerre d'indépendance.*** L'armée de Libération est surtout composée d'esclaves affranchis ou fugitifs qui combattent machette à la main. Ils se surnomment eux-mêmes les *mambises.* Finalement, en 1878, ils doivent rendre les armes. C'est un échec, mais le virus de l'indépendance a gagné la population...
– ***1880 :*** abolition de l'esclavage à Cuba, qui deviendra effective en 1886.
– ***1892 :*** José Martí, grand théoricien de la libération, en exil à New York depuis plusieurs années, fonde le *Partido revolucionario cubano.*
– ***1895 : 2e guerre d'indépendance. Antonio Maceo, José Martí*** (voir la rubrique « Personnages ») et ***Máximo Gómez*** débarquent sur l'île et unissent leurs efforts pour se débarrasser du joug espagnol. Martí est tué au cours de sa 1re bataille en 1895. 1 an plus tard, Maceo tombera aussi sous les balles espagnoles. La situation des indépendantistes est critique. Mais déjà, les Américains voient quelque intérêt à rétablir l'ordre chez leur voisin. Alors que la lutte des rebelles contre les Espagnols s'éteint à petit feu, des journaux américains se mettent à jouer les va-t-en-guerre à coup de propagande anti-espagnole.
– ***15 février 1898 :*** le *Maine,* un croiseur américain ancré dans la baie de La Havane, explose mystérieusement. Bilan : 266 morts parmi les *marines.* Pour les États-Unis, c'est le prétexte idéal pour une intervention sur l'île.
– ***18-19 avril 1898 :*** le droit de Cuba à l'indépendance est voté... aux États-Unis par la Chambre des représentants et le Sénat, qui exigent le retrait des Espagnols. C'est le véritable point de départ de la politique américaine à l'égard de Cuba, le 1er d'une longue liste. Le 19 avril, le Congrès vote la guerre.
– ***Juin-juillet 1898 :*** un important corps expéditionnaire américain (dont Théodore Roosevelt fait partie) débarque à Santiago, mettant en déroute les troupes espagnoles. L'escadre de l'amiral Cervera est coulée par les navires américains dans les eaux de Santiago. Le 16 juillet, la ville capitule.
– ***10 décembre 1898 :*** traité de Paris, par lequel Cuba tombe aux mains des Américains. Les États-Unis achètent au passage Porto Rico et les Philippines, ex-possessions espagnoles. Cuba se libère de la coupe de l'Espagne, mais retombe aussitôt sous la tutelle de son puissant voisin du Nord. L'occupation militaire américaine de Cuba va durer 4 ans.
– ***12 juin 1901 :*** l'amendement Platt (il ne sera aboli qu'en 1934) autorise les États-Unis à intervenir à Cuba chaque fois qu'ils le jugeront utile. Ils ne s'en priveront pas, envoyant les *marines* à plusieurs reprises au cours des années suivantes.

– ***20 mai 1902 :*** Tomás Estrada Palma est élu 1er président de la République cubaine.
– ***22 mai 1903 :*** le dispositif américain est complété. Guantánamo passe sous contrôle yankee (de cette époque, il y reste la base militaire américaine). Les avantages économiques sont considérables pour les Américains : le sucre de Cuba sera acheté à un tarif préférentiel par les États-Unis en échange de droits de douane très bas pour les produits *made in USA*.
– ***1904 :*** 1res élections législatives, marquées par des fraudes. À la fin de l'année, 3 partis sont constitués : le Parti républicain conservateur, le Parti national libéral et le Parti ouvrier, issu de la formation politique de José Martí et qui va constituer les bases du futur Parti communiste.
– ***1905 :*** mort du dernier grand survivant des guerres d'indépendance, Máximo Gómez.
– ***1912 :*** les Afro-Cubains, pour la plupart des vétérans de la guerre d'indépendance, veulent créer leur propre parti, mais il est interdit. Ça dégénère en révolte armée *(de los Independientes de color)*, sauvagement réprimée par les *marines*. Bilan : 3 000 morts parmi les anciens esclaves.

Cuba, « bordel de l'Amérique »

À partir de l'époque de la Prohibition, et plus encore après la Seconde Guerre mondiale, l'île va se convertir en lieu de plaisirs pour les gringos : La Havane est le rendez-vous de la jet-set et de toutes les stars hollywoodiennes. Soleil, palaces clinquants, casinos, mulâtres exotiques, alcool, jazz et rythmes tropicaux... tous les ingrédients sont réunis pour en faire la capitale mondiale du sexe et du jeu, autrement dit de la prostitution, de la mafia et de la corruption.
Les présidents corrompus se succèdent alors au rythme des coups d'État ou des fraudes électorales. Durant cette période, une figure se détache, celle de ***Fulgencio Batista.*** Ce jeune colonel de l'armée profite de la déroute du président Machado (qui s'enfuit à Miami avec ses sacs d'or) pour reprendre la situation en main. À partir des ***années 1930*** jusqu'à la révolution, c'est lui qui manœuvre la politique cubaine en sous-main, soit dans l'ombre en agitant des présidents fantoches, soit en pleine lumière en occupant la présidence. Au pouvoir en 1934, Batista reçoit à bras ouverts le gratin de la mafia américaine. Meyer Lansky est même chargé par Batista de relancer les entreprises « sous contrôle militaire », le casino du *Nacional* et le champ de courses de l'Oriental Park, qui marquent le pas depuis la Grande Dépression.
En ***1940,*** Batista, devenu général, se fait élire président de la République pour 4 ans. Il constitue un gouvernement d'union nationale, incluant les communistes qui ont 2 ministres sans portefeuille.
En ***1946,*** un jeune étudiant, Fidel Castro, est élu président de l'Association des étudiants en droit.
De 1948 à 1952, le pays est entre les mains du président Prio Socarras, que Batista renverse par un coup d'État. Avec Batista, les gangs américains renforcent leur mainmise sur La Havane. À peine de retour au pouvoir, le général fait de Meyer Lansky son « conseiller au tourisme » (sorte de ministre officieux). Le grand caïd américain fait nettoyer les maisons « crapuleuses » et les tripots, pas assez

UN BATEAU POUR L'ENFER

Le 23 mai 1939, le Saint-Louis, un paquebot allemand parti de Hambourg, jeta l'ancre dans le port de La Havane. À son bord, 400 réfugiés juifs fuyant le régime nazi. L'escale à Cuba devait leur permettre d'obtenir les autorisations nécessaires pour entrer aux États-Unis. Interdits de débarquer sur le sol cubain, ils furent déboutés par le président Roosevelt, sujet aux pressions de politiciens de Floride. Le bateau revint en Europe. Beaucoup d'entre eux périrent dans les camps de la mort...

chics à son goût. Restent près de 270 bordels qui font de La Havane un haut lieu de la prostitution. Le vice sous toutes ses formes sévit au cœur du quartier américanisé du Vedado, hérissé de grands hôtels et d'immeubles modernes.

De la guérilla à la révolution

En ***1953,*** le jeune avocat ***Fidel Castro*** décide de déclencher une révolte armée contre le régime en place et d'attaquer la ***caserne militaire de Moncada à Santiago*** : en plein Carnaval, le 26 juillet, cette attaque rocambolesque, avec 130 hommes, pour se procurer des armes, se solde par un échec. Fidel est fait prisonnier.
Castro est parvenu à allumer une flamme chez les Cubains, en dénonçant les injustices et la misère, et plaidant pour une réforme agraire et une véritable politique de l'éducation. Le « castrisme » est en marche. Condamné à 15 ans de prison, il est envoyé sur l'île des Pins (aujourd'hui *isla de la Juventud*) où il lit les œuvres de Marx et l'histoire des révolutions réussies. Amnistié en 1955, Fidel gagne le Mexique avec plusieurs de ses compagnons, dont son frère Raúl. Ils y achètent un petit yacht (le *Granma*) et préparent le débarquement qui leur permettra de renverser le pouvoir cubain. À Mexico, Fidel rencontre un certain... ***Ernesto « Che » Guevara.*** Il l'engage comme médecin du commando.

À CHACUN SES RÉFÉRENCES...

Suite à l'échec de la prise de la caserne de Moncada, Castro fut arrêté et jugé. Fort de son diplôme d'avocat, il assure sa propre défense et clôt sa plaidoirie fleuve de 5h par le désormais célèbre : « Condamnez-moi, cela n'a pas d'importance, l'Histoire, elle, m'absoudra. » Jolie citation, non ? Sauf lorsqu'on apprend qu'elle est extraite de Mein Kampf *d'Adolf Hitler...*

Le ***2 décembre 1956,*** le ***Granma*** accoste près de Playa Las Coloradas, à l'est de l'île, avec 82 hommes à son bord. Pourchassés par les troupes de Batista, les compagnons de Fidel se réfugient dans la sierra Maestra, chaîne montagneuse qui surplombe Santiago. La propagande officielle prétend qu'ils ne sont plus que 12 quand les combats commencent (comme les 12 apôtres...) en fait, ils étaient un peu plus nombreux !
Les révolutionnaires mettront 2 ans à gagner du terrain, pas à pas. Conscient de l'importance de la communication, Castro lance le journal *Cubano libre,* fait imprimer une monnaie de la guérilla utilisée dans les zones libérées et accorde une interview au journaliste Herbert Matthews du *New York Times,* qui propage dans l'opinion internationale une image romantique de ces jeunes révolutionnaires luttant pour la justice.
À l'***automne 1958,*** l'armée de Batista recule finalement devant les colonnes de Fidel Castro (vers Santiago), de son frère Raúl, de Camilo Cienfuegos et d'Ernesto Guevara qui marche, lui, sur Santa Clara. Le 3 novembre, Batista est réélu président, mais il s'agit aux yeux de tous d'une « farce électorale ».
Le ***31 décembre 1958,*** la colonne du Che prend Santa Clara. Dans la nuit, Batista s'enfuit pour Saint-Domingue. Le lendemain, 1er janvier, les rebelles, avec Castro à leur tête, se rendent maîtres de Santiago, d'où Fidel Castro fait son 1er discours national. Dès le 7 janvier, les États-Unis reconnaissent le nouveau gouvernement. 425 millions de dollars « volés » par Batista et placés sur des comptes américains sont gelés. Ils ne seront jamais restitués par les banques ! Le ***8 janvier 1959,*** acclamé par la population, Fidel Castro entre à La Havane en héros.
En ***1959,*** lorsque triomphe cette ***révolution cubaine,*** celle-ci n'est ni socialiste ni communiste. Il s'agit simplement de libérer l'île de la dictature de Batista acoquinée avec la mafia américaine. Cuba est alors largement sous domination économique américaine : Wall Street contrôle 90 % des mines, 90 % des plantations, 80 % des services publics et 50 % des chemins de fer.

Dans l'euphorie de la révolution

Castro s'autoproclame immédiatement Premier ministre et décrète une 1re série de réformes : confiscation des industries étrangères, nationalisation des plantations, de l'industrie sucrière, des raffineries de pétrole et des systèmes de communication. Dans le même temps, le gouvernement révolutionnaire augmente les salaires, baisse les prix des services publics. En ***mai 1959,*** c'est la 1re grande ***réforme agraire*** qui limite la taille des exploitations. Les paysans commencent à récupérer les terres grâce à l'expropriation des grands propriétaires. Sur le plan des libertés publiques, la discrimination raciale est déclarée illégale. Mais c'est aussi l'époque de la chasse aux sorcières dans les rangs de l'armée, de la police et dans les administrations... C'est la ***1re vague d'exil vers Miami*** et quasiment plus aucun touriste ne pose le pied à Cuba.
En ***octobre 1959,*** la ***dictature de Castro*** se met en place. Le Líder Máximo rétablit la peine de mort (abolie en 1940). Il écarte aussi du pouvoir ceux qui le gênent, dont 2 de ses compagnons de lutte : Camilo Cienfuegos trouve la mort dans un mystérieux accident d'avion (de nombreux historiens considèrent que Castro lui-même ordonna son assassinat). Hubert Matos, le social-démocrate qui s'est inquiété un peu trop fort de la dérive communiste de la révolution purgera, lui, 20 ans de prison pour « sédition ».
En ***novembre 1959,*** Che Guevara est nommé directeur de la Banque nationale (il sera ministre de l'Industrie le 23 février 1961).
Le début des années 1960 est marqué par les ***réformes de l'éducation et de la santé.*** L'instruction publique est obligatoirement laïque, appuyée par une immense campagne d'alphabétisation. L'accès aux soins est gratuit pour tous. Castro lance le nouveau slogan de Cuba : *¡ Patria o muerte !* (« La patrie ou la mort ! »)
Dès ***juillet 1960,*** c'est la crise entre Cuba et les États-Unis à propos du sucre. En octobre, ***les États-Unis déclarent l'embargo commercial*** (il sera total en avril 1961), et en janvier 1961, ils rompent leurs relations diplomatiques avec Cuba.

La baie des Cochons (Playa Girón)

Une si jolie plage... sur la côte sud de l'île. Dès le ***17 avril 1961*** au matin, après un raid de bombardiers américains maquillés aux cocardes cubaines, quelque 1 400 mercenaires anticastristes, armés jusqu'aux dents, débarquent dans la ***baie des Cochons,*** Playa Girón pour les Cubains. Mission : renverser le régime de Fidel Castro. Pour cette opération planifiée sous le mandat d'Eisenhower et décidée par Kennedy peu après son arrivée au pouvoir, les mercenaires ont été entraînés par la CIA et les *marines.* Précaution : aucun Américain ne figure dans les effectifs de l'expédition. Discrétion oblige, les camps d'entraînement ont fonctionné durant des mois au Nicaragua et au Guatemala. Toutefois, le secret défense n'est pas au point. L'invasion sera annoncée, à Paris, dans *L'Express,* le 14 avril. Et de son côté, Fidel Castro sait depuis le 7 avril qu'une invasion est imminente...
En 2 jours, les mercenaires de la *brigada 2506* sont mis en déroute. Plus de 1 100 d'entre eux sont faits prisonniers. Ils ne seront libérés qu'en décembre 1962, en échange de quelque 53 millions de dollars d'équipement médical, de tracteurs, de médicaments et d'aliments pour les enfants. Mais les combats font aussi des morts parmi les 20 000 Cubains engagés. Ceux-ci sont enterrés le ***25 avril 1961,*** jour historique, puisque ***Castro y proclame le caractère « socialiste » de la révolution cubaine.***

La crise des fusées

En ***1962,*** les 2 super-grands se regardent en chiens de faïence, voire en chiens de fusil ! Moscou n'a pas apprécié le déploiement de missiles américains en Turquie, au sud du territoire soviétique. En outre, en pleine querelle avec Pékin, les

Soviétiques rêvent de défier les Américains, chose que les Chinois n'osent pas faire. Le n° 1 de l'URSS, Nikita Khrouchtchev, passe à l'acte : il fait installer clandestinement à Cuba une série de rampes de lancement de missiles à moyenne portée et... à ogives nucléaires (les SS4 et les SS5). S'ouvre alors la ***crise des fusées,*** appelée aussi crise d'Octobre. La plus grave depuis la fin de la Seconde Guerre mondiale, qui conduira le monde aux portes du gouffre. Déterminé, Fidel Castro écrit aux Russes. Si les Américains décident d'envahir Cuba, « ce sera le moment opportun pour éliminer un tel danger pour toujours au travers d'un acte de légitime défense, si dure et terrible que puisse sembler une telle solution ». Autrement dit, il demande ni plus ni moins à Khrouchtchev d'utiliser l'arme nucléaire en cas d'attaque américaine !

UN HÉROS DE L'OMBRE

En 1962, le monde échappa à une guerre nucléaire grâce à un capitaine de la marine soviétique, Vassili Arkhipov. Son sous-marin, à la limite de la zone d'interdiction fixée par Kennedy, était menacé par les destroyers américains qui le traquaient. Le commandant décida alors de lancer une torpille nucléaire contre les assaillants. Le commandant en second, Arkhipov, s'opposa à cette décision et convainquit les autres officiers de faire surface. On imagine les conséquences effroyables que des représailles en cascade auraient engendrées...

En fait, Khrouchtchev se fait prendre la main dans le sac. Des avions espions U-2 détectent ses installations. JFK adresse alors un « message à la Nation », autrement dit au monde entier. Un ***blocus naval*** est mis en place. Il ne sera levé que le 21 novembre, quand les États-Unis seront sûrs que les rampes et fusées ont été démantelées par les Soviétiques. La crise aura duré à peine quelques jours, mais le monde a tremblé, dans l'expectative la plus complète. Khrouchtchev se mettant finalement d'accord – oralement – avec l'autre monsieur K., celui de Washington, au nez et à la barbe de Fidel Castro. Ce dernier, ni consulté ni informé sur l'issue de la crise, se fâche tout rouge (la scène de ménage sera de courte durée avec Moscou, ouf !). Certes, les États-Unis se sont engagés à ne pas attaquer Cuba, mais c'est insuffisant à ses yeux.

STRIP-TEASE EN MONDIOVISION

La crise des missiles a donné l'occasion d'écrire une page peu glorieuse pour Khrouchtchev : contraint de plier devant les menaces américaines, il a dû se prêter à un petit jeu humiliant pour son état-major. Pour être bien sûr que Moscou évacue tout son matériel, JFK fit survoler les navires russes à basse altitude. Les marins soviétiques devaient à chaque passage écarter les bâches qui cachaient rampes et fusées.

À partir de cette date, pour éviter tout risque de conflagration mondiale, une ligne spéciale de communication (le téléphone rouge) est installée entre la Maison Blanche et le Kremlin.

Les années (peu) glorieuses

Les ***années 1960*** sont celles de la radicalisation de la révolution et du ***rapprochement entre Cuba et l'URSS,*** où Castro se rend en 1963. La pression idéologique se fait de plus en plus forte, soutenue par un système policier qui contrôle tout via les comités de défense de la révolution (CDR). Ceux-ci sont créés dans chaque quartier, en même temps chargés d'appliquer les mesures sociales, mais aussi de surveiller les faits et gestes de tout un chacun. Les croyants et pratiquants, homosexuels, handicapés mentaux, prostituées, proxénètes sont poursuivis et envoyés en ***camps de concentration*** (la dialectique castriste parle pudiquement de « camps de rééducation » : ça consiste en quoi la « rééducation » d'un homosexuel ou d'un trisomique ?)... On assiste à un ***exode massif de Cubains,*** qui se réfugient en Floride.

En ***février 1965,*** Che Guevara prend ses distances. Sa popularité affecte un peu l'égo de Castro, l'ambiance n'est plus à la fête dans ce couple-là... Guevara prononce son dernier discours public à Alger en annonçant qu'il va partir vers « d'autres terres ». Il est envoyé au casse-pipe au Congo puis en Bolivie où il sera capturé et exécuté en octobre 1967.

En ***1968,*** la totalité du commerce et des services privés sont nationalisés.

À l'aube des ***années 1970,*** le pays est « nettoyé », les grandes réformes sont en cours, l'alliance avec Moscou est scellée, l'économie cubaine est soutenue par l'Union soviétique... Ce sont les années du ***castrisme « glorieux ».*** Le pays change à vue d'œil. Le réseau routier se développe, d'immenses cités (façons HLM soviétiques) sont construites pour y loger les masses populaires, l'analphabétisme est éradiqué, le nombre de médecins multiplié par 4, le taux de mortalité infantile baisse considérablement.

Côté politique étrangère, Cuba joue un rôle de plus en plus important sur la ***scène internationale,*** Fidel Castro se faisant le porte-parole des pays en voie de développement. En ***1972,*** Cuba est intégrée au *Comecon,* le « marché commun » du bloc de l'Est. Devenu le chef de l'État en 1975, Castro se paie même le luxe d'envoyer des ***troupes en Angola*** (1975) à la demande du président Neto, menacé par l'Afrique du Sud, puis en Éthiopie (1978) pour soutenir le régime de Mengistu. En ***1979,*** il préside à La Havane le ***6e sommet des pays non alignés.*** Pour toute une génération, Cuba devient le symbole de la lutte contre l'impérialisme américain...

– ***1976 :*** la Constitution socialiste de la République de Cuba est proclamée le 24 février. Fidel Castro est (con)sacré chef d'État.

MISSION IMPOSSIBLE

Castro aurait échappé à 638 attentats ! À l'époque, la CIA disposait d'une imagination débordante mais bien peu efficace. Tout y est passé : égouts piégés, glace empoisonnée, cigares explosifs, tueuse sexy recrutée par la mafia, vêtements recouverts de substances vénéneuses, embuscades à la bombe... Du James Bond de pacotille.

La « Castro-idôlatrie » à la française

Petit aparté sur l'engouement des Français pour Cuba dans les sixties : ***Françoise Sagan*** (partie pour *L'Express*) fut la 1re personnalité française à fouler le territoire cubain révolutionnaire, elle avait 25 ans. ***Jean-Paul Sartre*** partit également s'encanailler à Cuba avec sa compagne ***Simone de Beauvoir.*** À son retour, il publia la somme de 16 grands articles dans le très populaire *France-Soir.* Tous 3 contribuent à construire, avec d'autres intellectuels français, la « légende du paradis castriste ».

Quant à ***Régis Debray,*** il raconte son épopée castriste et guevariste, dès le début des années 1960, dans *Loués soient nos seigneurs* (Gallimard, 1996). Il fut le seul Français à rejoindre Che Guevara et ses hommes dans le maquis bolivien en 1967. On lui prête parfois d'avoir favorisé la capture du Che (lire plus haut la rubrique « Che Guevara »). Condamné à 30 ans de prison, il fut libéré après 4 ans de détention. Régis Debray a laissé une belle littérature sur la révolution cubaine. Jugé sans doute un peu trop critique à l'égard du castrisme, il n'est pratiquement jamais mentionné aujourd'hui à Cuba...

Plus tard, ***Danielle Mitterrand*** fit la connaissance de Cuba et de Fidel Castro en 1974, lors d'un voyage avec son mari, alors 1er secrétaire du PS. En 1995, elle a contribué à la visite du dictateur en France. Elle déclara : « Castro n'est pas un dictateur. » Certes, cette même année, son association « France Liberté » en voyage à Cuba obtint la libération de 6 prisonniers politiques.

Bernard Kouchner interviewa Fidel Castro en 1964, accompagné d'***Una Liutkus*** (depuis, fondateur de l'agence de voyages *Havanatour*).
Ces amours pour Castro furent écornées en août 1968, lorsqu'il approuva l'invasion de la Tchécoslovaquie par l'armée rouge. Elles se reportèrent alors sur Che Guevara. 2 Français à cette époque eurent une vision lucide des réalités cubaines et les dénoncèrent : ***René Dumont*** et ***K. S. Karol.*** Par la suite, le monde continuant de tourner, la classe intellectuelle française se mit à oublier Cuba. Après la lune de miel et les soutiens inconditionnels, le silence, le dégrisement, les remords et la mauvaise conscience...

DROIT DE CUISSAGE RÉVOLUTIONNAIRE

À ses débuts, la révolution cubaine était le modèle absolu de la jeunesse de gauche. En 1964, Bernard Kouchner rencontra celle qui fut plus tard sa 1re épouse, Évelyne Pisier. Un soir de virée nocturne à La Havane, Castro fit irruption avec sa garde rapprochée dans une boîte où Kouchner dansait avec sa fiancée... que convoitait le célèbre barbudo. *Ils manquèrent d'en venir aux mains, mais face à l'escorte de Fidel, notre célèbre médecin ne put que baisser les bras.*

Le désenchantement

Durant les ***années 1980,*** l'économie commence à s'essouffler. La dette de Cuba envers l'URSS croît dangereusement. La productivité est en baisse. Les méfaits du centralisme étatique et de la bureaucratisation se font sentir. Le fonctionnement de l'État est lourd, l'administration brouillonne. Et, pour comble de malheur, la décennie démarre avec de mauvaises récoltes dans les plantations de tabac et de canne à sucre. En 1980, l'opposition se fait si virulente que Castro doit laisser partir 125 000 candidats à l'exil, que des navires américains viennent chercher au port de Mariel.
À l'extérieur, Cuba est montrée du doigt pour ses violations des Droits de l'homme. Aux États-Unis, Reagan est au pouvoir, et la propagande anticastriste monte d'un cran, notamment avec *Radio Martí,* qui émet depuis la Floride vers Cuba. Fidel rencontre Mikhaïl Gorbatchev mais, droit dans ses bottes, refuse la perestroïka.
La décennie s'achève avec le scandale de l'***affaire Ochoa.*** Compagnon historique de Fidel Castro dans la sierra Maestra, Ochoa jouit d'un immense prestige. Il est accusé, avec 6 autres militaires, de trafic de drogue et de corruption. Il avait pactisé avec les narcotrafiquants colombiens pour financer des opérations militaires en Afrique. Au passage, il s'était aussi bien enrichi à titre personnel dans le trafic de diamants en Angola. Le procès et l'exécution pour « haute trahison » de ce « héros de la révolution » provoquent un choc.

La « période spéciale »

De 1959 jusqu'à la fin des années 1980, la révolution cubaine trouve son assise grâce à l'appui politique et surtout économique de l'Union soviétique. Avec la chute du mur de Berlin et l'effondrement de l'URSS, les principaux alliés économiques de l'île disparaissent.
Moscou hors circuit, c'est l'équivalent de près de 5 milliards de dollars, 10 millions de tonnes de pétrole et 6 milliards de dollars

LA LOI « PIEDS SECS, PIEDS MOUILLÉS »

En 1994, l'économie cubaine s'effondre. Le nombre d'exilés qui tentent de fuir vers la Floride sur des radeaux de fortune est considérable. Les Américains instaurent alors une loi. Seuls les Cubains qui auront atteint les plages américaines seront accueillis. Ceux qui seront arraisonnés en mer devront repartir vers Cuba.

d'importations qui partent en fumée. L'embargo américain qui faisait jusqu'alors sourire la dictature castriste devient un vrai handicap.

Cuba vit alors sous le régime de la ***« période spéciale »,*** nom du programme économique d'austérité mis en place. Le pays connaît 5 années flottantes, très difficiles, qui le conduisent au bord de la faillite. Le panier de la ménagère se vide, les usines tournent au ralenti. Tout manque, jusqu'à l'aspirine, l'électricité, les moyens de transport et, bien sûr, la nourriture de base. La *libreta* (carnet de rationnement) devient peau de chagrin. Alors, le marché noir se généralise. Le système D et le troc font fortune. On estime alors à près de 80 % l'économie souterraine de Cuba, à laquelle s'ajoute un accroissement de la petite délinquance. Le pouvoir, dépassé, laisse faire plutôt que de voir la population crever de faim. Manquerait plus qu'elle se révolte !

Mais à partir de ***fin 1995,*** une certaine ***embellie économique*** s'amorce. Il faut à tout prix trouver des devises : le tourisme international va en fournir la plus grande partie. Petit à petit, les autorités prennent des mesures, considérées comme de très légères ouvertures vers une économie de marché, sur le plan national comme international : quelques dizaines de professions sont libéralisées, les voyages à l'étranger rendus possibles, les capitaux étrangers sont les bienvenus... Le régime fait même libérer 300 prisonniers politiques lors de la visite de Jean-Paul II en 1998. Bref, on lâche du lest.

Castro (re)donne de la voix

Après ce léger souffle d'air, alors qu'on croyait Fidel Castro prêt à faire évoluer doucement le régime, il met fin aux illusions et donne un très sérieux tour de vis ***début 1999.*** C'est le retour à la doctrine du Parti. Convaincues que les « concessions » faites au capitalisme ont entraîné des inégalités, les autorités durcissent la législation avec l'introduction de nouvelles lois spéciales et lancent une offensive idéologique tous azimuts. La « formation aux valeurs » est inscrite au programme des écoliers.

D'une manière brutale, l'Assemblée nationale renforce son arsenal juridique contre la dissidence et la presse indépendante. Dans un pays qui reçoit à cette époque plus de 2 millions de touristes, la « délinquance » est devenue l'obsession du régime.

Les ***années 2000*** débutent par une nouvelle tension entre La Havane et Washington à propos de l'***affaire des 5 Cubains*** condamnés à Miami pour espionnage. Castro lance une virulente campagne de propagande antiaméricaine.

L'année ***2003*** voit se déclencher une importante vague d'arrestations de journalistes et d'intellectuels dissidents accusés d'être financés par les États-Unis. On les surnomme le ***« groupe des 75 ».*** En ***2004, George W. Bush renforce l'embargo*** en restreignant les envois d'argent à Cuba et les voyages des Américains d'origine cubaine. Sur l'île, ***le peso convertible remplace le dollar.***

En ***2005, les liens avec le Venezuela d'Hugo Chávez sont renforcés,*** Cuba est moins seule. À travers l'opération *Milagro,* des dizaines de milliers de patients du Venezuela, mais aussi des autres pays des Caraïbes, viennent se faire opérer gratuitement de la cataracte, notamment, dont les chirurgiens cubains se sont fait une spécialité.

Ils ne connaissent pas Raúl !

En ***2006,*** Fidel, malade, cède provisoirement la direction du pays à son frère. Va pour un socialisme castriste et familial ! Après une année et demie de transition, ***Raúl Castro est officiellement « élu » chef de l'État en février 2008*** par l'Assemblée nationale. À l'étranger, c'est un illustre inconnu pour qui n'a pas suivi l'histoire de la révolution cubaine à la loupe. À Cuba, il est surnommé « El Líder Mínimo », par opposition à son charismatique grand frère, « El Líder Máximo ».

Loin de révolutionner le régime en place, Raúl fait juste du ***Castro 2.0...*** Ça se traduit par de modestes avancées : augmentation légère des salaires, fin des règles d'apartheid social interdisant aux Cubains (qui le peuvent !) de fréquenter les hôtels et sites jusqu'alors réservés aux seuls touristes. Le peuple commence à accéder à certains biens de consommation (DVD, portables). Encore faut-il en avoir les moyens. En ***2008,*** Cuba signe le pacte de l'ONU, qui prévoit notamment la liberté syndicale et politique, la liberté d'expression, etc. Dans la pratique, personne ne voit rien venir. La même année, Cuba est admise au sein du Groupe de Rio, qui rassemble tous les pays d'Amérique latine et la majorité de ceux des Caraïbes.

Les célébrations du 50e anniversaire du « triomphe de la révolution », le 1er janvier 2009, se font sans Fidel Castro. La même année, Raúl Castro purge son gouvernement juste ce qu'il faut pour rappeler que le pouvoir est aux mains de l'armée, pas des politiques.

En ***2010,*** décès du prisonnier politique ***Orlando Zapata,*** après une grève de la faim. Cet événement marque une rupture du dialogue entre Cuba et les États occidentaux. Au printemps, la manifestation pacifique quotidienne des *damas de blanco* (dames en blanc), épouses et mères de prisonniers politiques arrêtés en 2003, est réprimée violemment par la police.

Coup de tonnerre à l'***automne 2010*** : l'État annonce la suppression de 500 000 postes de fonctionnaires en 6 mois, qui doit être suivie de plusieurs autres vagues de licenciements, et la distribution de 250 000 permis pour exercer des professions indépendantes (coiffeurs, taxis, réparateurs, restaurateurs, etc.). La *Centrale des travailleurs de Cuba (CTC),* unique syndicat de l'île, évoque aussi l'idée de réduire les allocations de chômage à l'avenir. Mais pas question de parler de « privatisation », il s'agit d'une ***« actualisation du socialisme ».***

Raúl Castro inaugure le 1er site religieux édifié depuis 50 ans, signe de la confirmation du ***réchauffement des relations entre l'État et l'Église.***

Début 2011, assouplissement des lois concernant les* casas particulares *et les* paladares** (chambres et restaurants chez l'habitant). La ***libreta, le carnet de rationnement mensuel octroyé gratuitement à chaque Cubain, s'allège (plus de savon, dentifrice, ni lessive). Ça ne fait pas l'affaire des plus pauvres.

Castro-Obama : « Yes we cannes... à sucre ! » *(Le Canard enchaîné)...*

En ***2012,*** les États-Unis assouplissent les restrictions sur les déplacements et les envois d'argent des Américano-Cubains vers leur pays d'origine. Timides changements dans la politique cubaine : libéralisation du marché des ordinateurs et téléphones portables, des voyages, redistribution de terres... Des éléments d'une économie de marché dans le modèle cubain se mettent en place, sans pour autant afficher un changement de système économique.

Le ***10 décembre 2013,*** lors de l'inhumation de Nelson Mandela en Afrique du Sud, Obama et Raúl Castro se serrent la main. L'image, forte de symbole, fait le tour du monde !

En ***2014,*** une grande partie des pays d'Amérique latine ont des gouvernements de gauche ou centre gauche, et nombreux sont les chefs d'État du sous-continent qui vouent des sympathies à la dictature cubaine. Des accords commerciaux sont signés avec nombre d'entre eux et les relations commerciales avec la Chine ne cessent de croître. Le régime légalise 178 petits métiers, mettant sans le dire le doigt dans l'engrenage de l'économie de marché (voir la rubrique « Économie »).

– ***24 février 2014 :*** Raúl Castro annonce qu'il se retirera du pouvoir en 2018, à la fin de son mandat de 5 ans. ***Miguel Diaz-Canel,*** n° 2 du gouvernement sera le futur président...

– ***Mars 2014 :*** décès de Melba Hernández, l'une des 2 seules femmes ayant rejoint la lutte auprès de Fidel Castro, dès 1953. Elle participa à l'attaque de la Moncada.

– Le ***17 décembre 2014,*** le dégel s'amorce sous les tropiques. Les États-Unis annoncent un rapprochement historique avec Cuba et l'allègement de l'embargo. 54 prisonniers politiques sont libérés côté cubain, les Américains rendant à Cuba 3 de ses espions. L'île est supprimée de la liste des États terroristes.
– En ***avril 2015,*** La Havane et Washington rouvrent leurs ambassades respectives et des discussions techniques s'engagent (contrôle de l'émigration clandestine, protection des territoires maritimes, développement de d'Internet...). On n'en est pas encore à discuter de Guantánamo (Cuba en réclame la restitution) et des Droits de l'homme !
– En ***mai 2015,*** le président français François Hollande est le 1er chef d'État occidental à fouler le sol cubain depuis la révolution de 1959. Il rencontre Fidel Castro. Suivra le pape François en ***septembre 2015.*** Le ***1er février 2016,*** Raúl Castro effectue une visite d'État en France, sur les traces de son frérot, venu à Paris 21 ans plus tôt. À la clé, une douzaine d'accords économiques.
– En ***mars 2016,*** Barack Obama se rend à Cuba. Mais cette visite déçoit. Les réformes sont lentes et le PIB n'a augmenté que de 1,3 % en 2015. Les touristes américains n'arrivent pas en masse comme prévu. La majorité des métiers et activités restent contrôlés, tout comme Internet, et sont soumis à une lourde fiscalité, manière de les autoriser au compte-gouttes. Du côté des Droits de l'homme et de la liberté d'expression, rien ne bouge.

Fidel est mort, vive Raúl !

– Le ***25 novembre 2016,*** le ***décès de Fidel Castro*** met le pays en émoi. Le père de la révolution est mort, reste le frère. Après 9 jours de deuil parfaitement orchestrés (enfin, si l'on peut dire, la musique ayant été bannie durant cette période !), le pays reprend sa vie... normalement. Mais les réformes annoncées font long feu.
– Le ***19 avril 2018,*** à presque 87 ans, ***Raúl passe la main de la présidence.*** Il gardera (quand même) la tête du Parti communiste cubain jusqu'en 2021. Comme annoncé 4 ans avant, le dauphin qu'il a patiemment façonné est élu président par les députés. La veille de son 58e anniversaire, et à l'issue d'un insoutenable suspens, ***Miguel Diaz-Canel*** ne remporte que 603 voix sur 604 députés. Soit 99,8 %. Tant mieux, à 100 % les mauvaises langues auraient dit que c'était du bidon. Son bref discours inaugural, très « dans le moule », laisse les réformistes sur leur faim, réaffirmant le principe du parti unique, pointant du doigt le « puissant voisin impérialiste ».

La Constitution fait « peau neuve »

– En ***février 2019,*** une nouvelle Constitution est votée par référendum avec plus de 86 % des voix, remplaçant celle de 1976 et ouvrant de nouveaux droits sur le plan économique, tout en assouplissant – un peu – les textes de droit. L'élaboration de cette proposition de Constitution est en partie la résultante de plus de 100 000 débats organisés dans chaque ville et village de tout le pays au cours de l'année précédente. Pour la 1re fois depuis 1959, des opposants muselés ou exilés ont pu s'exprimer à peu près librement, sans risquer le pire.
L'opposant Hildebrando Chaviano a toutefois appelé à voter « Non », de même que le dissident Manuel Custra Morua.

EFFETS DE MODE...

Depuis la possibilité d'aller acheter des vêtements au Panamá et au Mexique, on voit une certaine jeunesse cubaine (dans les villes surtout) porter des tenues à la mode : jeans élimés juste comme il faut, chaussures de marques (des copies, ça va de soi), survêtements, etc. Une vraie révolution... vestimentaire. Un papy malicieux nous déclarait goguenard : « ...avant les jeunes portaient des pantalons troués par obligation. Aujourd'hui ils payent pour porter des trous !... ».

Pour eux, c'était la seule manière d'envoyer un message clair au gouvernement. Ils reprochent à ce texte de toujours faire passer le pouvoir du Parti communiste au-dessus de celui de l'Assemblée nationale. Quant à la liberté de s'opposer, elle n'est toujours pas à l'ordre du jour... De fait, on est encore très loin d'un État démocratique.
Quelques exemples (parmi d'autres) repris par le texte final : sur le plan économique, la propriété privée est reconnue et l'économie de marché (libre concurrence) est légalisée dans une centaine de secteurs. Concernant la justice, la présomption d'innocence et le droit de prendre un avocat sont inscrits dans les textes. De même, la discrimination fondée sur le sexe, les origines ethniques ou le handicap sont interdites. Mais politiquement, en réaffirmant le caractère socialiste du système politique et le rôle du PC, l'ouverture atteint rapidement ses limites. Le poste de Premier ministre, supprimé en 1976, est rétabli. Mais disons-le clairement, il ne sert à rien : son seul pouvoir est d'assister le président...
Concernant le volet social, devant le tollé de l'Église face à la proposition de légaliser le mariage homosexuel, celle-ci est retirée du champ constitutionnel.
– L'année ***2020*** est marquée par une chute du tourisme mondial due à l'épidémie de Covid-19. En termes de bilan humain, Cuba est relativement épargnée ; mais l'impact économique est sévère pour un île si dépendante du tourisme.
– ***2021*** est une année charnière pour le pays : fusion des 2 monnaies, autorisation des emplois privés, doublement du salaire minimum, réchauffement des relations avec le voisin américain... À noter : la disparition du peso convertible (CUC), qui était jusqu'à présent la monnaie courante pour les touristes. Le régime s'oriente désormais vers un « socialisme de marché » à la cubaine. Nouvelle méthode, nouveaux résultats ?

MÉDIAS

À Cuba, la Constitution établit que les médias ne peuvent « en aucun cas » être propriété privée et que la liberté de la presse doit être « conforme aux objectifs de la société socialiste » (art. 53). La presse écrite, les radios nationales ou régionales, ainsi que les 5 chaînes de télévision du pays diffusent donc des articles ou des reportages choisis, revus et corrigés selon les intérêts idéologiques du régime. Les journalistes ont l'obligation d'appartenir à l'Union des journalistes cubains (UPEC). Selon le code éthique adopté par la profession : « Le journaliste, par son travail, contribue à promouvoir le perfectionnement constant de notre société socialiste. » Ainsi soit-il !

Presse

Vous serez frappé de ne voir pratiquement aucun kiosque à journaux. Hormis dans quelques grands hôtels, la presse étrangère est complètement absente. Les 2 seuls quotidiens nationaux sont *Granma,* organe officiel du Parti communiste (tirage d'environ 450 000 exemplaires, d'à peine 8 pages – 16 le vendredi), à la maquette austère et publiant les interminables comptes rendus de soporifiques réunions ou colloques officiels, et *Juventud Rebelde* *(• juventudrebelde.cu •),* l'organe de la jeunesse communiste (125 000 exemplaires). Seul grand progrès idéologique : les discours de Raúl ont remplacé les réflexions de Fidel... Pour compléter ce panorama assez morose de la presse officielle nationale, il faut citer l'hebdomadaire *Trabajadores* des syndicats officiels *(• trabajadores.cu •)* et le magazine généraliste *Bohemia* *(• bohemia.cu •).* Il existe également plusieurs publications en province. Tous, frappés par une réduction des tirages due à la pénurie de papier et d'encre dans les années 1990, ont désormais leur site internet. Celui de *Granma* existe en 5 langues, dont le français : *• granma.cu/idiomas/frances/index.html •*

Radio

Parmi les nombreuses stations existantes, les plus importantes sont *Radio Rebelde* (• radiorebelde.cu •), fondée par le Che en 1958 dans la sierra Maestra, et *Radio Reloj* (• radioreloj.cu •), une radio d'information continue. Citons aussi *Radio Habana* (• rhc.cu •), qui diffuse des programmes en 9 langues, dont le français... et l'espéranto ! Il y a aussi, bien sûr, les radios anticastristes émettant depuis les États-Unis. Parmi elles, citons *Radio y Televisión Martí* (• martinoticias.com •), financée depuis 1985 par le Congrès américain pour émettre vers l'île avec la bénédiction de Ronald Reagan, et récemment opposée au processus de rapprochement Cuba-États-Unis. Des stations officiellement brouillées à Cuba, mais comme beaucoup de services publics, ledit brouillage est bien souvent déficient. Par ailleurs, les stations musicales sont nombreuses.

Télévision

Les Cubains disposent de 5 chaînes nationales : *Cubavisión* (généraliste), retransmise par satellite vers le reste du monde sous le nom de Cubavisión Internacional, *Tele Rebelde* (information et sport), *Canal Educativo* et *Canal Educativo 2* (qui, comme leur nom l'indique, diffusent surtout des programmes éducatifs) et *Multivisión.* Cette dernière diffuse essentiellement des programmes étrangers, notamment américains : films, séries, documentaires, dessins animés... Chacune des 15 régions possède également sa chaîne de télévision.
Les émissions d'information fascinent par la pauvreté de leur contenu : interminables plans fixes montrant des réunions ennuyeuses, toujours commentées en off, maigres nouvelles de l'étranger sauf pour démontrer que tout y va mal en dehors des pays frères ! Cependant, il existe, de façon clandestine, bien sûr, un commerce important de petites antennes permettant de capter les chaînes cubaines de Miami. Beaucoup de gens les regardent, car il n'y a pas de vérification systématique... Le seul danger, c'est qu'un voisin « patriote » vous dénonce ! À ne pas rater, en revanche, pour mieux cerner la mentalité cubaine : les feuilletons *(telenovelas),* qui connaissent un succès proprement hallucinant ; personne ne manque le moindre épisode... Autre succès populaire : le sport, comme partout, et les films... américains. Mais les films français sont également appréciés !

Votre TV en français : TV5MONDE, la première chaîne culturelle francophone mondiale

Avec ses 11 chaînes et ses 14 langues de sous-titrage, TV5MONDE s'adresse à 370 millions de foyers dans 198 pays par câble, satellite et sur IPTV et est présent dans plus de 3 millions de chambres d'hôtels. Vous y retrouverez de l'information, du cinéma, du divertissement, du sport, des documentaires...
Préparez votre séjour grâce à son site voyage • *voyage.tv5monde.com* •, et sur place, restez connecté avec les applications et le site • *tv5monde.com* • Demandez à votre hôtel le canal de diffusion de TV5MONDE et contacter • *tv5monde.com/contact* • pour toutes remarques.

Internet ? « Inter-niet » plutôt !

L'accès à Internet est officiellement autorisé depuis juin 2013. La proportion de Cubains munis d'un routeur à domicile est encore faible, mais ne cesse de croître : en 2016, seuls 3 % des Cubains avaient un accès domestique à Internet, un des taux les plus bas au monde. Désormais, plus de 65 % des Cubains sont connectés ! Le gouvernement, qui contrôle tous les organes d'information et s'est toujours méfié d'Internet, a néanmoins compris qu'il ne pouvait pas rester en marge de cette révolution... technologique. Signe des temps, l'informatique est aujourd'hui enseigné dès l'école primaire.

C'est la compagnie publique *Etecsa* qui gère le réseau : plusieurs milliers de bornes relais sont installées à travers le pays. Pour 11 millions d'habitants, c'est encore insuffisant, mais c'est un début... Le problème, c'est qu'il faut parfois patienter des années avant d'obtenir un routeur : les candidats sont placés sur une longue liste d'attente. Autre problème : le coût reste élevé comparé au salaire moyen. Techniquement parlant, il ne faut pas s'attendre à des miracles : ça rame fort, voire ça rame grave, surtout le soir, sur les places, lorsque tout le monde se connecte en même temps... Aux difficultés de connexion s'ajoute une réelle ***censure.*** Certains sites sont inaccessibles (par exemple *Youtube, Netflix, Amazon*), les réseaux sociaux sont étroitement surveillés, et les ordinateurs sont souvent équipés de mouchards plus ou moins discrets. On se dit que le ministère du Tourisme devrait faire de cette incurie un slogan marketing : « Si vous voulez décrocher de l'Internet, venez à Cuba ! »
Cela étant dit, quelques petits poissons réussissent à passer entre les mailles du filet. Personnage emblématique de cette « petite révolution » électronique, la cyberdissidente ***Yoani Sánchez*** a d'abord lancé un espace de liberté d'expression sur son blog, *Generación Y,* où elle racontait les difficultés du quotidien et exprimait les sentiments d'une génération muselée. Rebondissant après l'interdiction de son site, elle a ouvert, en mai 2014, le 1er journal numérique indépendant rédigé et publié dans l'île : ● *14ymedio.com* ● Dans son sillage, les nouveaux guérilleros de l'information libre sévissent sur la Toile, généralement via des mises en ligne effectuées à l'étranger (notamment en Espagne). On recense désormais près de ***3 000 blogs,*** plus une poignée de ***revues indépendantes,*** certaines très pro, à l'instar d'*El Toque* (● *eltoque.com* ●), *El Estornudo* (● *revistaelestornudo.com* ●), *OnCuba* (● *oncubamagazine.com* ●) ou *Periodismo de Barrio* (● *periodismodebarrio.org* ●). Leur combat ? Raconter la réalité cubaine sans fard, sans nécessairement s'opposer frontalement au gouvernement sur la politique. Contrairement aux sites dissidents, bloqués par les autorités, leurs points de vue critiques restent pour l'heure accessibles sur la Toile cubaine. Jusqu'à quand ?

Liberté de la presse

Autoproclamée république socialiste à parti unique, Cuba reste, année après année, le pire pays d'Amérique latine en matière de liberté de la presse, se classant en 2019 à la 169e position sur 180 pays du classement mondial de Reporters sans frontières.
Le décès de Fidel Castro, en 2016, ainsi que l'élection du président Miguel Díaz-Canel en avril 2018 n'ont pas changé la donne : le régime castriste, au pouvoir depuis 1959, maintient un contrôle quasi absolu sur l'information.
Par l'intermédiaire des services de renseignements, le pouvoir fait taire les voix dissidentes. Les médias privés – non autorisés par la Constitution – sont persécutés, et les journalistes et blogueurs sont régulièrement arrêtés ou contraints à l'exil.
Arrestations et détentions abusives, menaces, campagnes de dénigrement, confiscation de matériel et fermeture de sites web sont les formes les plus courantes d'un harcèlement quotidien, renforcé par un arsenal de lois restrictives. Les quelques blogueurs et journalistes indépendants cubains sont maintenus sous pression et reçoivent des menaces, se retrouvant sous la surveillance d'agents du gouvernement qui n'hésitent pas à les interpeller et à effacer les informations en leur possession.
Chaque dimanche, des dizaines de militants et journalistes couvrant les manifestations organisées par le mouvement d'opposition Las Damas de Blanco, dans les rues de La Havane, sont arrêtés et placés en détention provisoire, puis relâchés quelques heures plus tard. Les autorités contrôlent également le travail des journalistes étrangers en octroyant des accréditations de manière sélective et en expulsant ceux considérés comme « trop négatifs » à l'encontre du régime.

L'amélioration progressive de l'accès à Internet sur l'île représente un mince espoir pour l'avenir de la liberté de la presse à Cuba.
Ce texte a été réalisé en collaboration avec *Reporters sans frontières.* Pour plus d'informations sur les atteintes à la liberté de la presse, n'hésitez pas à consulter leur site :
■ ***Reporters sans frontières :*** ● rsf.org ●

MUSIQUE

Plus encore qu'avec son rhum et ses cigares, Cuba a marqué le XXe s par son extraordinaire palette de musiques et de danses : rumba, *punto, tonada, danzón, son, batanga,* boléro, *changüí, guajira,* mambo, cha-cha-cha, *pachanga, songo,* salsa, etc. Elles sont le fruit de la promiscuité tropicale copieusement aromatisée des traditions espagnoles et africaines. Vous côtoierez cette musique au quotidien, car elle est une tradition populaire très ancrée. Les formations, y compris les plus petites, sont souvent bonnes, voire excellentes. Et voilà un (rare) sujet de société qui n'a pas été « castré » par le pouvoir, et ne lui doit pas grand-chose. Tant mieux !

Petit lexique ethno-afro-cubain

Ne commettez pas l'erreur de confondre *bongó,* conga et *okónkolo,* voyons !
– ***Batá :*** 3 tambours constituent la base d'un *batá.* Ils sont principalement utilisés par les descendants des Yorubas et des Lucumís.
– ***Bocú*** *(ou* ***bokú*)** **:** tambour utilisé par les *comparsas* de Santiago et de l'Oriente lors du Carnaval.
– ***Bombo :*** tambour des orchestres militaires espagnols. Son fût est soit en métal, soit en bois, et son diamètre avoisine les 50 cm. On le frappe avec une mailloche ou à main nue.
– ***Bongó :*** 2 petits tambours que l'on disposait, à l'origine, de part et d'autre d'un genou, et joints l'un à l'autre par un morceau de cuir. L'un des 2 est appelé *el macho.* Ce *bongó* est originaire de l'Oriente et son utilisation a été adoptée par la plupart des formations. Au-dessus du *bongó,* une sorte de sonnaille de chèvre, la ***campana,*** bat le rythme de base, frappée soit à main nue, soit avec une baguette.
– ***Charanga :*** groupe de musique populaire où percussions et cordes constituent l'axe majeur du style. On compte rarement moins de 13 musiciens dans une *charanga.*
– ***Conga :*** instrument à percussion d'origine africaine, composé d'une peau de bœuf. L'instrument a donné son nom à un genre musical et au groupe de percussions qui accompagne une *comparsa* pendant le Carnaval.
– ***Guaracha :*** genre musical cubain d'origine espagnole. L'humour dans les paroles y est l'invité permanent.
– ***Güiro :*** calebasse oblongue et striée que le percussionniste vient gratter avec une baguette. Une signature rythmique très spécifique à la musique cubaine (surtout dans le cha-cha-cha).
– ***Maracas :*** instrument typique d'Amérique centrale (on en trouve aussi en Afrique et en Amérique du Sud). Il se compose à Cuba de 4 pièces de cuir oblongues, cousues entre elles (on vous dira couramment qu'elles sont faites à partir des bourses d'un taureau). Mon tout solidarisé à un manche. Des graines *(capachos)* la font « sonner » quand on les agite. Instrument important à la fois dans la salsa, la rumba et le boléro cubain.
– ***Quinto :*** littéralement, « le cinquième ». C'est un tambour plus petit que la conga ou la *tumbadora.* Sa forme est conique et sa taille, lorsqu'il est posé sur le sol, arrive à la hauteur de la ceinture du musicien.
– ***Requinto :*** petit tambour que l'on frappe avec une mailloche.
– ***Timbal :*** double tambour au fût de métal reposant sur un trépied. À l'origine, on l'accordait avec une flamme. C'était l'instrument favori de Tito Puente.

Salsa

La salsa a grandi dans les milieux cubains de New York et s'y est épanouie dès le milieu des années 1970. Plusieurs vagues lui avaient ouvert le chemin. D'abord, le retour à la *charanga,* orchestré par les ensembles de ***Johnny Pacheco*** et ***Ray Baretto*** au début des années 1960. Le *boogaloo,* ensuite, mambo teinté de soul, lancé par ***Joe Cuba, Mongo Santamaría*** et ***Willie Colón,*** jeune prodige du trombone. Enfin, la vogue des orchestres *típicos,* emmenée par ***Eddie Palmieri*** et sa *Perfecta.*

LA SAUCE A PRIS !

La salsa est composée de plusieurs influences (mambo, guaracha ou bomba), sans compter les rythmes africains. Ce mélange rappelle les ingrédients qui composent une sauce. D'où son nom !

La vie nocturne des musiciens de la diaspora latine est intense à New York. Dans les *descargas,* ces *jam sessions latinas,* toutes les influences se mélangent aux variantes afro-cubaines : *bomba* et *plena* des Portoricains, *merengue* des Dominicains, *cumbia* des Colombiens. Transporté par la musique fantastique qu'il y entend, ***Jerry Masucci,*** fondateur avec Johnny Pacheco du label Fania en 1964, décide d'organiser régulièrement des super *descargas* sous le nom de ***Fania All Stars.*** Immortalisées en disques et en films, elles vont promouvoir la salsa, faisant entrer dans la légende les noms de ***Celia Cruz*** (voir la rubrique « Personnages »), ***Cheo Feliciano, Rubén Blades, Luis Ortiz, Ismael Miranda, Papo Lucca,*** en plus de ceux déjà cités, et bien d'autres encore.

Le pilonnage promotionnel fut tel que pour tout un chacun, musique cubaine égale salsa. Grave erreur ! C'est bien à Cuba qu'est apparu le terme « salsa », dans un *son* de 1929, *Echale Salsita* (« Mets du piquant »), puis en 1962, avec l'album de ***Pupi Legarreta*** *Salsa Nova.* Mais ne dites pas à Juan Formell, leader de ***Los Van Van,*** qu'il joue de la salsa, ça ne lui plairait pas... « La salsa est la musique popularisée par la communauté cubano-portoricaine de New York », explique-t-il.

Dans les années 1980, toute l'Amérique hispanophone adopte la salsa. Certains pays révèlent leurs stars. Porto Rico, grand fournisseur de talents pour Fania All Stars ***(Willie Colón, Cheo Feliciano, Héctor Lavoe, Tito Puente, Jimmy Bosch...),*** possède d'excellents groupes. Depuis plus de 30 ans, pour le bonheur des foules, ***El Gran Combo*** ou ***La Sonora Ponceña*** jouent un style coulé, policé, moins afro qu'à Cuba, moins électrique qu'à New York, mais tellement *sweet.*

La Colombie est la plaque tournante des... *salseros.* ***Alfredo de La Fé,*** violoniste émigré de Cuba, a donné forme au style de Medellín, actuellement battu en brèche par celui de Cali. L'un de ses meilleurs représentants, ***Grupo Niche,*** a réussi une belle percée à New York, suivant les traces du grand ***Joe Arroyo.***

Le Venezuela revendique le titre de 3e patrie de la salsa. Si ***El Puma*** ou ***Los Melodicos*** sont des gloires nationales, ***Oscar D'León*** navigue sur l'orbite des légendes entre New York, Tokyo, Londres et Miami.

Avec ***Rubén Blades,*** Panamá possède un représentant à multiples facettes : star de la musique et du cinéma, il est aussi avocat et politicien actif.

À Cuba, aujourd'hui, les messages de la salsa se sont recentrés autour des thèmes de l'amour, du sexe et du fric. L'un des musiciens cubains les plus influents (l'un des plus francs aussi) est ***José Luis Cortés,*** « enfant terrible de la salsa ». Avec son groupe ***NG*** (prononcer « énérhé ») ***La Banda,*** cet ancien boxeur surnommé *el Tosco* (« le Rustre ») considère que sa musique salsa doit refléter le côté jouissif de l'île et pas seulement les difficultés de la « période spéciale ».

Le rap-salsa est aussi très apprécié des jeunes. Un des groupes les plus représentatifs est ***Orishas.*** Le courant rock de la salsa est représenté par le groupe ***Moneda Dura,*** et le courant pop par le duo ***Buena Fé.***

Prendre des cours de salsa

Les meilleures écoles sont à La Havane et à Santiago (se renseigner auprès de votre *casa particular*), mais on en trouve aussi à Trinidad (voir notre rubrique « Où écouter de la musique *al vivo* ? Où danser la salsa ? » dans cette ville) où plusieurs endroits peuvent vous accueillir. Ce n'est pas cher et ça permet de faire le beau (ou la belle) sur les pistes.
– Pour un cours de salsa, compter 10 à 20 CUP de l'heure avec un professeur diplômé, dans une salle dédiée.

Rumba et *son*

À l'origine faite de chants et de percussions, la rumba se compose de 3 styles – la *columbia,* le *guaguanco* et le *yambu* – ayant chacun sa danse. La 1re est pour les hommes, physique et acrobatique. La 2e, plus lente, convient aux couples fatigués. La 3e enflamme les corps : fous de désir et de séduction, les couples se frôlent et se séparent pour se rejoindre enfin dans la fusion de l'acte sexuel. La clé de la rumba est le *montuno,* ce moment où, après une longue partie chantée, le rythme se tend et les percussionnistes rivalisent d'inspiration, en même temps que grimpe le mercure sur la piste.

PRESQUE UN HYMNE NATIONAL !

Guajira Guantanamera *(la « Fille de Guantánamo ») est considérée comme la chanson cubaine la plus célèbre au monde ! Elle fut composée en 1928 par José Fernández Díaz, un musicien de La Havane. Il en avait fait le jingle d'une émission radio où il racontait tous les crimes passionnels, suicides et autres faits divers dramatiques survenus dans l'île. Pas vraiment marrant !*

Au départ, c'est l'orchestre de rumba que l'on appelait *son* : 3 chanteurs accompagnés de percussions, auxquels viendront s'ajouter des instruments à cordes. Le style du *son* s'est défini à l'époque des luttes pour l'abolition de l'esclavage (années 1880) dans la province de l'Oriente, puis répandu avec les forces abolitionnistes.
Dans les folles années 1920-1930, sous le nom de rumba, le *son* fait un malheur aux États-Unis. ***Ignacio Piñeiro*** a eu l'idée lumineuse d'intégrer la trompette à l'orchestre de *son.* Et avec sa rumba aussi hystérique que tirée à 4 épingles, ***Xavier Cugat*** part enflammer les dancings de New York.
Les grandes figures du *son* inventent d'incomparables machines à danser. Le trompettiste ***Felix Chapottin*** fait les beaux jours du Sexteto Habanero. ***Arsenio Rodriguez,*** joueur de *tres* et chef d'orchestre aveugle, définit la formation du *conjunto* : chant et maracas, *tres,* piano, basse, *bongós,* congas, 2 trompettes. Leur influence est décisive sur la musique cubaine des années 1940-1950.
Aujourd'hui, les interprètes du *son* vont du trio rustique (à l'image du célèbre ***trio Matamoros,*** avec lequel ***Compay Segundo*** connut ses 1ers succès) aux orchestres rutilants de cuivres. Tous les grands de la scène cubaine ***(Los Van Van, Sierra Maestra, Orquesta Revé, Adalberto Álvarez y su Son, NG La Banda...)*** ont forgé leur nom dans ce creuset. Grâce à eux, de vieux groupes percent enfin en Europe, comme le fabuleux ***Cuarteto Patria d'Eliades Ochoa,*** la ***Estudiantina Invasora, Los Jubilados*** et les étonnants papis de ***La Vieja Trova Santiaguera.***

La réhabilitation du *son*

Dans la grande famille musicale cubaine, il y a les ancêtres, les parents et les enfants. Le *son* (prononcer « sonne ») est un peu le grand-père campagnard de la salsa urbaine. Si l'on s'en tient à la pure tradition, pour jouer du *son,* les formations musicales n'ont pas besoin de trompette (ça viendra plus tard) ni de piano, et aucun instrument électrique n'est utilisé. Dans les sextets *(sextetos)*, il y a 2 chanteurs (le 1er joue des maracas, l'autre des *claves*), un joueur de *tres* (la guitare à 3 cordes doubles), une guitare espagnole, une contrebasse et un *bongó* (percussions doubles). La mélodie est donnée par les chanteurs, tandis que les instruments ne sont là que pour scander le rythme.

Ce mélange de romance espagnole et de tradition africaine a façonné le *son*, genre musical unique, merveilleuse illustration du métissage afro-cubain.

MALENTENDUS

Nick Gold et Ry Cooder, producteur et musicien anglais, louèrent des studios à La Havane, en 1996, pour enregistrer des musiciens maliens avec des Cubains. Les Africains ne purent jamais décoller de Roissy pour des problèmes de visa. Pour amortir les studios, on dénicha d'urgence Compay Segundo (à la retraite depuis longtemps) et le pianiste Ruben González... Ainsi naquit le Buena Vista Social Club et son incroyable succès.

Le fer de lance du *son* traditionnel, et son plus illustre représentant, était ***Compay Segundo,*** musicien originaire de l'Oriente (de Siboney, près de Santiago), décédé à 95 ans en juillet 2003. Très jeune, il fréquenta le monde des chanteurs *trovadores.* Au début des années 1940, il fut engagé comme clarinettiste dans le groupe de Miguel Matamoros. Puis il laissa tomber la clarinette pour la guitare. Il alla même jusqu'à se bricoler une nouvelle guitare à 7 cordes (le *très* + une autre corde). En 1997, à près de 90 ans, ce vaillant et merveilleux papi a été reconnu comme une valeur nationale cubaine par les autorités culturelles de La Havane. Redécouvert aussi par la jeunesse cubaine après des années d'oubli (il roula des cigares chez *Upmann* pendant 17 ans) et de « salsacratie » (le règne de la salsa), ovationné en Europe à chaque tournée, appuyé par le guitariste américain Ry Cooder, Compay était enfin devenu une star reconnue pour son vrai et authentique génie (voir aussi la rubrique « Personnages », plus loin). Il fut à la musique cubaine ce que les *Cohiba* sont aux cigares : une légende ! Avec lui, à la faveur du film documentaire *Buena Vista Social Club,* ont renoué avec le succès des chanteurs comme ***Ibrahim Ferrer*** (décédé le 6 août 2005, après avoir donné son dernier récital au festival de Marciac en France) et ***Omara Portuondo.*** Dans la foulée, chacun apporte sa marque au style : la ***Orquesta Revé*** un *son changüí,* la ***Orquesta Chepin Chovén*** un magistral *son montuno...*

Mambo et cha-cha-cha

Le mambo qui envahit l'Amérique des années 1940 est né à Mexico, sous la houlette du pianiste cubain ***Damaso Pérez Prado.*** À l'image des formations de jazz de l'époque, il a fondé son big band avec batterie et imposante section de vents. Le rythme du mambo s'inspire du *diablo,* créé par Arsenio Rodriguez, et du *nuevo ritmo,* spécialité de ***Las Maravillas,*** fameux orchestre de *danzón* que dirige le flûtiste ***Antonio Arcaño.*** Son contrebassiste n'est autre qu'***Israel López « Cachao »,*** géant du mambo des années 1950 (voir la rubrique « Personnages ») ; celui-ci convertira les musiciens de son pays à la *descarga, jam session* à la cubaine.

Ainsi, c'est en rivalisant d'invention que ***Machito, Tito Puente*** et ***Tito Rodríguez*** réussissent à rendre la scène new-yorkaise complètement mambo sous leurs assauts puissants. À La Havane, ***Benny Moré*** et ***Bebo Valdés*** sont en train de construire leurs folles légendes, lorsque déferle la vague du cha-cha-cha. Dérivé du *danzón,* ce nouveau style, créé par ***Enrique Jorrín,*** rejoint le mambo à la conquête des pistes de danse du monde entier. Dans les années 1950, l'hégémonie planétaire de la musique cubaine est consommée, imposant une foule de noms, dont ***Celia Cruz*** et ***Alfredo Rodriguez.***

L'après-révolution

Les années 1970 ont vu apparaître la *nueva trova,* liée au mouvement engagé de la *nueva canción* d'Amérique du Sud. Les noms de ***Pablo Milanés*** ou ***Silvio Rodríguez*** ont marqué ce courant, celui de ***Carlos Varela*** (plus rock !) est en vue avec également ceux des jeunes *trovadores* ***William Vivanco*** et ***Amaury Pérez.*** Quant à la salsa, après l'avoir considérée comme un avatar plus ou moins dégénéré de leur musique originale, les artistes cubains ont fini par l'adopter (voir plus haut la rubrique « Salsa »).
S'agissant du jazz latino, son représentant le plus fameux est le pianiste ***Chucho Valdés.***

Le reggaeton ou cubaton

La salsa, musique phare de Cuba ? Vous n'y êtes pas du tout ! Pour être tendance à Cuba, il faut aller danser le ***reggaeton,*** un genre musical que les Cubains se sont tellement approprié qu'ils l'ont rebaptisé ***cubaton.*** Ce style musical né dans les années 1990 mixe allègrement rythmes techno et dance au reggae et au rap des années 1980. C'est devenu LA musique de la jeunesse cubaine : dansée dans les boîtes de La Havane, écoutée partout sur les radios populaires, elle a atteint toutes les strates de la société. Considéré comme un sous-genre du rap dont il s'attribue les codes vestimentaires et linguistiques, le reggaeton – ou cubaton – se danse de façon très hot, en mimant explicitement l'acte sexuel sur fond de basses tonitruantes et souvent, il faut le dire, de paroles machistes... tout un programme !
Pour en savoir plus, un site très complet : • *cubaton.com* •

PERSONNAGES

Nos portraits sont présentés par thèmes et par dates de naissance.

Les militaires et politiciens

– ***Carlos Manuel de Céspedes*** *(1819-1874)* **:** propriétaire terrien du sud-est de l'île et avocat, il libère ses esclaves et appelle à l'indépendance de Cuba et au soulèvement contre les Espagnols. Lorsque les rebelles proclament la république en 1869, Céspedes en devient le président. Mais, en 1874, il tombe au combat, et en 1878, les Espagnols reprennent le pouvoir. Son mot d'ordre : « l'indépendance ou la mort ». Il fut exaucé.

LE 1ER RÉVOLUTIONNAIRE

Au XVIe s, le chef taïno Hatuey résista à l'invasion espagnole dans la région de Baracoa. Finalement capturé après avoir été trahi, il fut sermonné par un prêtre qui lui expliqua les principes de la foi chrétienne afin qu'il se repente. Il demanda alors si, au paradis, il rencontrerait des chrétiens comme ceux qu'il avait autour de lui. Le religieux lui dit que oui. Le chef indien aurait répondu : « Alors je préfère aller en enfer »... Il fut brûlé vif.

– ***Máximo Gómez*** *(1836-1905)* **:** ce général d'origine dominicaine s'associe à Maceo et Martí dans la lutte pour l'indépendance – ils font tous les 3 partie de la légende de la libération de Cuba, et tous les révolutionnaires du XXe s vont constamment s'y référer. Ses combats eurent lieu principalement dans les provinces de l'Oriente, en 1895-1898. La présidence du pays lui est offerte en 1902, mais il la refuse ; il meurt 3 ans plus tard.
– ***Antonio Maceo*** *(1845-1896)* **:** après Céspedes, le général mulâtre Antonio Maceo reprend le flambeau de la lutte et participe aux 2 guerres d'indépendance. Tout un mythe s'est construit autour de ce descendant d'esclaves, surnommé le

« Titan de bronze ». Il aurait perdu 14 frères durant les combats, participé à plus de 900 batailles et aurait été blessé 27 fois... Il tomba finalement sous les balles espagnoles en 1896.

– ***José Martí** (1853-1895)* **:** référence majeure de tous les Cubains, révolutionnaires ou pas, le charismatique Martí fut à la fois rebelle, écrivain, journaliste, orateur et penseur. Il se distingue dès l'âge de 15 ans en écrivant ses 1ers poèmes. Arrêté en 1869, il est envoyé au bagne, puis relégué en Espagne. En France, il rencontre Victor Hugo. Il passe la majeure partie de sa vie en exil, notamment à New York. En 1892, il crée le Parti révolutionnaire cubain, qui appelle à l'égalité de tous, quelles que soient les origines, la couleur ou le sexe. Il tombe, mortellement frappé par une balle espagnole, lors de la 2de guerre d'indépendance, en 1895. Ses restes reposent à Santiago.

– ***Pedro Sarría** (1900-1972)* **:** sous-lieutenant de l'armée de Batista, chef de la patrouille qui arrêta Fidel Castro après l'assaut de la caserne Moncada de Santiago en 1953, il est resté dans l'histoire pour avoir dit à ses soldats, prêts à exécuter les ordres : « Ne tirez pas, ne tirez pas, on ne tue pas les idées ! » Pedro Sarría Tartabulli est mort à La Havane en septembre 1972.

– ***Fulgencio Batista** (1901-1973)* **:** une nuit de septembre 1933, ce petit sergent radiotélégraphiste devient subitement colonel grâce à la médiation d'un diplomate américain ! Chef de l'armée dès la fin de l'année, il dépose le gouvernement, puis dirige le pays en sous-main, avant de se faire finalement « élire » à la présidence de la République en 1940. Battu aux élections de 1944, il reprend le pouvoir à l'occasion d'un coup de force en 1952. La révolution met fin à son aventure brutale, mais le dictateur échappe de justesse aux barbus. À l'aube du 1er janvier 1959, il s'enfuit en avion avec sa famille, ses amis proches, ses généraux, ses policiers et... un grand nombre de valises bourrées de millions de dollars ! Il mourra dans son lit en 1973, en Espagne. Celui qui avait promis de délivrer l'île du « gangstérisme » en fut le truand n° 1.

– ***Celia Sánchez Manduley** (1920-1980)* **:** fille d'un médecin de Manzanillo, elle est la femme qui a le plus compté auprès de Fidel Castro. Révolutionnaire de la 1re heure, 1re combattante dans la sierra Maestra, elle fonda le peloton féminin Las Marianas. Ministre d'État chargée du Secrétariat général du gouvernement, cette femme à la très forte personnalité, souvent originale dans son comportement et ses tenues, ne quitta jamais le Líder Máximo – et vice versa –, dans les bons jours comme dans les pires. Elle fut foudroyée par un cancer en 1980.

– ***Fidel Castro et Che Guevara* :** les 2 artisans de l'histoire cubaine contemporaine ont droit à des rubriques à part. Voir plus haut.

– ***William Morgan** (1928-1961)* **:** destin méconnu et étonnant que celui de cet Américain né dans l'Ohio. Mauvais garçon, fugueur, un peu trafiquant, il rejoint l'armée américaine avant de s'intéresser à la révolution cubaine. Il se rapproche des rebelles qui combattent Batista. Bien que *yankee,* il parvient à se faire accepter par les *barbudos* grâce à son courage. Il prend en charge une colonne, gagne plusieurs combats et sa légende s'installe. Fin 1958, en pleine révolution, Castro tente de s'en débarrasser, en vain. C'est lui qui libérera la ville de Cienfuegos où il entre en héros. En mars 1959, la CIA se rapproche de Morgan pour tenter de renverser Castro. Il joue le jeu. En fait, un double jeu car il prévient Fidel et fait échouer le complot. En 1960, quand le régime se durcit, Morgan prend ses distances. Il est arrêté, jugé pour conspiration et condamné à mort. On lui tire dans les genoux pour l'obliger à se baisser. La révolution mange toujours ses enfants.

– ***Raúl Castro Ruz** (né en 1931)* **:** de 4 ans son cadet, c'est le petit frère de Fidel (ou demi-frère, leur mère aurait « fauté » avec un métis chinois, sergent dans l'armée). Depuis les tout 1ers jours de la guérilla en 1956, Raúl, d'une loyauté et d'une obéissance absolues, en a été l'éternel second, jusqu'à son accession à la présidence en 2008. L'aîné, surnommé « Líder Máximo », le cadet... « Líder Mínimo » : ça place les personnages dans l'Histoire. Réputé pour ses qualités d'organisation, tant dans les FAR (Forces armées révolutionnaires), qu'il dirigea longtemps, qu'au Parti communiste cubain (dont il est 1er secrétaire depuis 2011), il a conduit le pays sur la voie d'une timide libéralisation (Internet, droit de propriété limité). En privé, cet homme, réputé très fidèle (avec un e !) en amitié, peut se révéler pétri d'humour, très amateur de danse et de rhum : ça le rendrait presque sympathique ! Le 19 avril 2018, il transmet le pouvoir à ***Miguel Díaz-Canel*** tout en restant à la tête du Parti et ce jusqu'en 2021.

– ***Camilo Cienfuegos*** *(1932-1959)* **:** après les frères Castro et le Che, c'est le plus célèbre des révolutionnaires qui débarquèrent à bord du *Granma.* La vie de ce fils d'anarchistes espagnols, devenu le fondateur de l'armée révolutionnaire, fut brève. Le 28 octobre 1959, il décollait de Camagüey à bord d'un petit avion qui n'a jamais été revu. Son corps ne fut jamais retrouvé. Aujourd'hui, l'hypothèse la plus probable est qu'il fut éliminé par Castro qui n'appréciait pas ses doutes sur le durcissement de la politique qu'il menait. Cienfuegos fut l'un des 1ers compagnons de route dont il se débarrassa sans hésitation. Depuis, ce beau jeune homme, qui comptait parmi les meilleurs amis du Che, fait l'objet d'une véritable vénération.

– ***Frank País*** *(1934-1957)* **:** dirigeant étudiant, puis instituteur, ce zélateur de Martí, fils d'un pasteur protestant, crée une organisation clandestine hostile à la dictature de Batista, avant d'intégrer le mouvement du 26-Juillet, dont il devient le commandant pour la zone orientale. Il organise le soulèvement qui doit accompagner le débarquement du *Granma.* Arrêté en mars 1957, il est acquitté grâce au soutien populaire et renforce son soutien à l'insurrection dans la sierra Maestra. Il est finalement assassiné par la junte en juillet de la même année.

– ***Benigno*** *(1939-2016)* **:** petit paysan analphabète, sa fiancée est violée et brûlée sous ses yeux par les soldats de Batista alors qu'il n'a que 17 ans. Récupéré par les *barbudos,* Dariel Alarcón Ramirez (de son vrai nom) devient le protégé de Camilo Cienfuegos et de Fidel Castro dans la sierra Maestra, puis se met au service du Che en Bolivie – qui lui apprend à lire. Il sera l'un des rares survivants de la folle équipée bolivienne, après avoir assisté à l'exécution sommaire de Guevara. Il racontera tout cela dans un 1er livre, *Les Survivants du Che* (Éditions du Rocher, 1995). Il est ensuite entraîneur des commandos spéciaux, espion chargé d'infiltrer les contre-révolutionnaires, chef de la police militaire de La Havane, puis responsable de la sécurité de Fidel Castro... Mais après des années au service du pouvoir, il doute, s'exile en France et décide de tout déballer. Il publie alors *Vie et Mort de la révolution cubaine* (voir la rubrique « Livres de route » dans « Cuba utile »). Il est mort en France en 2016.

– ***Arnaldo Tamayo Méndez*** *(né en 1942)* **:** colonel de l'armée de l'air (aujourd'hui général), il s'est envolé à bord du vaisseau *Soyouz 38,* le 18 septembre 1980. Dans la station *Saliout 6,* il a conduit pendant 1 semaine une quinzaine d'expériences, dont une sur le comportement de la cristallisation du saccharose en apesanteur (pour le compte de l'industrie sucrière cubaine, bien sûr). Il fut non seulement le 1er Cubain, mais aussi le 1er Noir et Latino-Américain dans l'espace.

– ***Miguel Díaz-Canel*** *(né en 1961)* **:** avec 99,83 % des voix, le Parlement l'a « élu » président du Conseil d'État le 19 avril 2018. Poste tenu précédemment par l'un puis l'autre des frères Castro. Apparatchik du parti, il entre au bureau politique en 2003, adoubé par Raúl Castro, alors ministre des Forces armées révolutionnaires. Il restera dans son ombre jusqu'à cette transmission de pouvoir. 1er dirigeant cubain civil depuis la révolution castriste, ses déclarations ne laissent entrevoir aucune intention de sortir du sillage castriste, même si la Constitution de 2019 offre des ouvertures.

Les artistes

– ***Wifredo Lam*** *(1902-1982)* **:** cet artiste peintre contemporain, aux origines espagnoles, africaines et chinoises, étudie à l'Académie royale des beaux-arts de Madrid avant de s'engager auprès des républicains contre Franco. Son ami Picasso le fait venir en France, où il fréquente tout le gratin artistique de l'époque : Éluard, Léger, Braque, Leiris, Tzara, Breton et toute la bande. Développant un style métis, mêlant modernisme occidental et symboles afro-caraïbes, il voyage beaucoup mais soutient par sa démarche les idéaux de la révolution. Son œuvre a considérablement influencé la peinture cubaine.

– ***Alejo Carpentier*** *(1904-1980)* **:** né en 1904 à La Havane, de père breton et de mère russe, le plus réputé des romanciers cubains commence sa carrière comme musicologue, en consacrant un livre à l'histoire de la musique cubaine. En 1928, le poète surréaliste Robert Desnos, de passage à Cuba, l'invite à Paris. Carpentier y restera 11 ans ! Il y côtoie notamment Antonin Artaud et Jean-Louis Barrault, sympathise avec Prévert, Queneau, Michel Leiris... Soutien de la révolution castriste, Alejo Carpentier est nommé conseiller culturel de l'ambassade de Cuba à Paris (avec le titre officiel de ministre !). Il poursuit parallèlement sa carrière de romancier, obtenant en France le prix du meilleur livre étranger (1956), puis le prestigieux prix Cervantès, équivalent espagnol du Goncourt. Il meurt à Paris en 1980.

– ***Compay Segundo*** *(1907-2003)* **:** né à Siboney, dans une famille où la musique et les cigares comptaient beaucoup, Francisco Repilado (de son vrai nom) monte à La Havane en 1934 pour jouer de la guitare. Les débuts sont prometteurs : il figure sur le 1er disque jamais enregistré à Cuba ! C'est pourtant au Mexique qu'il devient célèbre, en tant que chanteur du Cuarteto Hatuey. Il est ensuite clarinettiste lors des triomphales tournées de Miguel Matamoros, puis forme en 1948 le duo Los Compadres, qui enchante toute une génération de Cubains. Mais 7 ans plus tard, brouillé avec son compagnon, Compay plaque tout et (re)devient simple rouleur de cigares à la manufacture Upmann ! Dans les années 1970, alors qu'il semble oublié de tout le monde, Eliades Ochoa, musicien en vogue, lui propose d'accompagner son Cuarteto Patria. Compay repart sur la route avec son *armonico,* sa guitare *tres* bricolée à laquelle il a ajouté une 7e corde. Après son 1er succès en Europe en 1995, le succès mondial du film *Buena Vista Social Club,* de Wim Wenders, ses tournées triomphales en France en 1998 et en 2000, Compay s'impose comme le musicien cubain le plus célèbre. Il meurt à l'âge de 95 ans, en juillet 2003, et repose au cimetière de Santiago de Cuba.

– ***Cachao*** *(1918-2008)* **:** de son vrai nom Israel López, ce monstre sacré de la musique cubaine a incontestablement le rythme dans le sang ; on ne compte pas moins de 35 contrebassistes dans sa famille ! Né dans la maison natale du poète José Martí, ce mulâtre aux yeux bleus touche pourtant à tous les instruments et se révèle vite un immense compositeur-arrangeur. En 1939, la chanson intitulée *Mambo* l'impose comme l'un des pionniers du genre, avec Perez Prado. Laissant à d'autres le soin de surfer sur la vague, il innove à nouveau avec la *descarga,* délirante improvisation inspirée du *danzón* et du cha-cha-cha naissant. Après les années 1950, la mode passée, Cachao se retrouve à Miami, ne jouant plus que pour des mariages et des bar-mitsva ! Admiré par la nouvelle génération et encensé par ses compatriotes Gloria Estefán et Andy García, il sort de l'oubli grâce à la réédition de ses merveilleuses *Master Sessions* (Epic).

– ***Alicia Alonso*** *(1920-2019)* **:** voici une incroyable figure de la danse classique, née et morte à La Havane. Formée dans son île, elle part à New-York puis à Londres pour perfectionner sa technique. Quasiment aveugle depuis l'âge de 19 ans, elle connaît ses emplacements scéniques par cœur et se dirige grâce aux nuances d'éclairages de scène. Une prouesse quand on sait que la vue joue un grand rôle pour le sens de l'équilibre. Elle danse avec le *New-York City Ballet* à partir de 1938, où elle est nommée danseuse étoile. Elle s'exprime avec les plus grands chorégraphes du moment et connaît un immense succès. Mais c'est dans son pays d'origine qu'elle retourne en 1948 pour fonder le Ballet de la Havane qui deviendra le *Ballet Nacional de Cuba.* Elle le dirigera quasiment jusqu'à sa mort, à 98 ans, et portera très haut tout au long de sa vie la danse cubaine, classique comme contemporaine, dans les théâtres du monde entier.

– ***Celia Cruz*** *(1925-2003)* **:** la « reine de la salsa » est morte dans le New Jersey, aux États-Unis, où elle vivait en exil depuis 1960. Elle commença sa carrière en gagnant un concours à la radio, puis connut ses 1ers succès avec le fameux orchestre Sonora Matancera. Elle a enregistré plus de 70 albums et tourné dans 10 films. Elle a obtenu 3 Grammy Awards, le dernier en 2002 pour *La Negra tiene tumbao.* Sa disparition a été célébrée en grande pompe à Miami et à New York... mais elle n'a eu droit qu'à 2 petits paragraphes dans le journal communiste *Granma,* qui reconnaissait en elle « une importante interprète cubaine » mais la qualifiait d'« icône contre-révolutionnaire » !

– ***Ibrahim Ferrer*** *(1927-2005)* **:** dès l'âge de 12 ans, à la mort de sa mère, Ibrahim multiplie les petits boulots et chante pour gagner sa vie. Chanteur bientôt reconnu, il explose sur la scène internationale en... 1995. Alors qu'il voulait prendre sa retraite, il enregistre le célèbre album *Afrocuban all stars* avec le Buena Vista Social Club, dont il devient LA voix. Son 1er album en solo sort en 1999 et remporte un *Grammy Latino.* Il enchaîne les tournées dans le monde, dont une très longue en 2004 à travers l'Amérique latine et l'Europe. Il décède quelque temps à peine après avoir enflammé le festival Jazz in Marciac, en France.

– ***Korda*** *(1928-2001)* **:** ce grand photographe, de son vrai nom Alberto Díaz Gutiérrez, a pris une photo universellement connue, reproduite depuis 1967 sous toutes les formes imaginables : affiches, livres, posters, T-shirts, drapeaux, pochoirs, fresques géantes, cartes postales, pochettes de disques et même billets de banque ! Mais si, vous voyez bien de quelle photo il s'agit : celle de Che Guevara, cheveux dans le vent et béret étoilé sur la tête, regard mi-déterminé mi-rêveur... Korda, en bon révolutionnaire, ne toucha pendant longtemps aucun droit d'auteur ; il ne perçut les 1ers arriérés que 2 ans avant sa mort...

– ***Eliades Ochoa*** *(né en 1946)* **:** chanteur, guitariste et compositeur santiaguero, Eliades Ochoa a débuté dans la rue, dès 12 ans, avant de se passionner pour le *son,* la *guaracha* et le boléro. Entamant une carrière professionnelle dans les années 1960, il intègre le Quinteto Oriental, le Septeto Típico, puis le très réputé Quinteto Patria, avec lequel il joue toujours. Membre du Buena Vista Social Club, il a joué avec les plus grands : Compay Segundo, Manu Dibango, Bob Dylan...

– ***Jorge Perugorría*** *(né en 1965)* **:** né un 13 août, comme Fidel Castro, c'est l'acteur phare de Cuba depuis le film culte *Fraise et Chocolat* (dans lequel il jouait le rôle d'un homosexuel). Perugorría, que l'on retrouve ensuite dans *Guantanamera,* est devenu une star internationale : il côtoie Antonio Banderas, sympathise avec Kurosawa et García Márquez, tourne avec Almodóvar, Julio Cortázar et Imanol Arias. En 2008, il a tourné dans *Che* de Steven Soderbergh. Respecté par le régime malgré les petites piques qu'il ne manque pas de lui lancer, il reste dans son pays et expose depuis quelques années ses peintures et sculptures. À La Havane, tout le monde le surnomme « Pitchi » : un *pichi,* c'est un comique et un sympathique fêtard !

Hemingway, le plus cubain des Américains !

Le plus connu des écrivains américains a marqué l'île de son empreinte de géant... Un mythe désormais inscrit dans l'histoire de Cuba. En 1932, Ernest Hemingway débarque à l'hôtel *Ambos Mundos,* au cœur de la vieille Havane. Son copain Joe Russel, tenancier de bar passionné de pêche au gros, lui a révélé que les eaux cubaines fourmillaient de marlins... Bon prétexte pour celui que les Cubains baptisent bientôt « Papa » : sa femme Pauline vient d'accoucher, et l'écrivain macho n'a guère envie de pouponner ! Il y écrit l'un de ses chefs-d'œuvre, *En avoir ou pas.* Et quand l'inspiration lui manque, il échoue dans ses bars favoris : la *Bodeguita del Medio,* le *Floridita,* le *Sloppy Joe's...*

En 1940, il achète la ***finca Vigía,*** à une vingtaine de kilomètres au sud-est de La Havane. Il vient de divorcer de Pauline et épouse dans la foulée une journaliste du nom de Martha. Au fil des ans, il empile les livres (près de 6 000) dans sa *finca,* s'entoure de chats (60 !), de chiens et de coqs de combat... Il y écrit ses romans les plus fameux, dont *Le Vieil Homme et la Mer* qui lui vaut le prix Nobel de littérature en 1954. Mais c'est au large qu'il est le plus heureux, à bord de son bateau, le *Pilar.* C'est d'ailleurs son capitaine, Gregorio Fuentes, originaire du village de pêcheurs de Cojímar, qui lui inspire le fameux personnage du pêcheur de marlins. Pendant la Seconde Guerre mondiale, le *Pilar* est équipé de bazookas : Hemingway, devenu agent de « renseignement », traque les sous-marins allemands ! Hemingway se suicide en 1961 : atteint de paranoïa, il se croyait surveillé à la fois par les Cubains et par la CIA !

CASTRO-HEMINGWAY : À MALIN, MARLIN ET DEMI !

En 1960, Hemingway organisa à Cuba, sur son bateau, un tournoi de pêche au gros et invita Fidel Castro pour qu'il remette la coupe au vainqueur. Le Lider Máximo se prêta au jeu et participa au tournoi. Ironie du sort, c'est lui qui remporta le concours ! C'est la 1re et la dernière fois que les 2 hommes se rencontrèrent. Une célèbre photo, qu'on voit dans certains restaurants de La Havane, en témoigne.

POLITIQUE

Les institutions et la vie politique à Cuba sont régies par la Constitution de 1976, révisée en 1992. Celle de ***février 2019,*** adoptée par référendum par plus de 86 % des électeurs, a pris le relais. Si elle rappelle le caractère « socialiste de l'État », elle en supprime l'objectif suprême « vers la société communiste ». C'est Fidel qui doit se retourner dans sa tombe ! Celle-ci définit Cuba comme un « État socialiste d'ouvriers et de paysans guidés par le marxisme-léninisme » et le Parti communiste cubain comme « la force dirigeante de la société et de l'État ». Parti unique (de ce côté-là, la Constitution de 2019 n'a rien modifié). Ce dernier, né en 1925 et demeuré clandestin jusqu'en 1937, n'est pas une organisation de masse comme les partis communistes européens, mais un parti constitué de membres choisis, comme d'ailleurs l'est aussi la Jeunesse communiste *(Juventud comunista).* Entre 1959 et 1976, les institutions en vigueur étaient officiellement « provisoires ». Le droit de vote s'exerce à partir de 16 ans. La nouvelle Constitution limite l'élection du président à 2 mandats de 5 ans. En revanche, la proposition d'élection du président au suffrage universel direct a été retirée au dernier moment (sans doute trop risquée pour le pouvoir !).

– ***L'Assemblée nationale :*** les députés sont élus au suffrage universel pour 5 ans. Les candidats sont désignés par les assemblées populaires municipales, elles-mêmes élues au suffrage universel. Mais leurs pouvoirs sont très limités.

– ***Le Conseil d'État :*** responsable devant l'Assemblée, il est formé d'une trentaine de membres. Son président (Miguel Diaz-Canel) est à la fois chef de l'État et chef du gouvernement. Il détient le véritable pouvoir législatif.

– ***Le Conseil des ministres :*** élu par l'Assemblée nationale.

– ***Les organisations de masse :*** créées en 1959, elles s'appellent CDR (Comités de défense de la révolution), FMC (Fédération des femmes cubaines), CTC (Centrale des travailleurs cubains), on en passe... Les CDR réunissent plus de la moitié de la population – « un comité par pâté de maisons » fut le slogan de départ. Ils sont en 1re ligne pour mettre en place un programme de vaccination ou un plan d'évacuation lors d'un ouragan. Mais aussi pour fliquer au plus près la population : les libres-penseurs disent en baissant le ton que « à Cuba, la moitié des habitants est surveillée par l'autre ».

POPULATION

Touche pas à mon melting-pot !

« ***Le sucre est blanc, brun ou noir. Ainsi est la population de Cuba.*** » Cette phrase de l'écrivain Pablo Armando Fernández résume un peu vite les multiples métissages du peuple cubain et les appellations correspondantes : *mulato claro, fino, jabao,* etc. Noirs, Blancs, immigrés chinois et japonais : seul le Brésil présente une telle palette de métissages. Indéniablement une réussite de la révolution cubaine qui cassa les castes sociales et permit que naisse un tel melting-pot.

Les statistiques officielles décrivent la population cubaine comme « blanche » à 64 %, « métisse » à 27 % et « noire » à 9 %. Il n'en a pas toujours été ainsi. Avant la Conquista, 3 groupes ethniques amérindiens semblent avoir partagé l'île avec plus ou moins de bonheur : les Guanahatabeyes, descendants des 1ers habitants venus très certainement d'Amérique centrale ou du Nord ; les Ciboneys et les Taïnos, tous 2 des peuples arawaks originaires du nord de l'Amérique du Sud. L'île devait alors sans doute héberger environ 100 000 habitants en tout.

Massacrés ou décimés par les maladies nouvelles, les Amérindiens ont vite cédé la place dans les plantations et les *fincas* aux esclaves noirs. Lors du 1er recensement conduit en 1774, sur 171 620 habitants, 25 % étaient déjà africains, attachés à 4 groupes ethniques principaux originaires de la côte ouest-africaine : Yoroubas (ou Lucumís), Congos, Carabalis et Araras. 2 générations plus tard, ils formaient près de 46 % de la population ! Cuba est (avec le Brésil) l'un des derniers territoires au monde à avoir aboli l'esclavage, en 1886.

À cette époque, déjà, un afflux massif de nouveaux émigrants européens avait touché l'île. Une 1re vague de Français vint d'Haïti au moment de l'indépendance de l'île et s'installa dans l'Oriente (voir plus bas). Suivirent de nombreux Espagnols, notamment après l'indépendance de 1902 venus de Galice, des Asturies, d'Estrémadure ou encore des Canaries.

La population, qui a doublé entre 1925 et 1962, atteint aujourd'hui un peu plus de 11 millions d'habitants, dont 77 % vivent en ville. Elle vieillit doucement, avec 15 % de 65 ans et plus, ce qui a conduit le gouvernement à repousser progressivement l'âge de la retraite à 60 ans pour les femmes – au lieu de 55 – et à 65 ans pour les hommes – au lieu de 60. Sans protestation sociale à la clé (c'est interdit à Cuba).

L'immigration française

Petit zoom sur l'importante immigration française survenue à la fin du XVIIIe s et au début du XIXe s. Fuyant les 1res révoltes d'esclaves conduites par Toussaint Louverture en Haïti, des planteurs français (certains accompagnés de leurs esclaves) trouvèrent refuge à l'est de Cuba, dans les actuelles provinces de Santiago et de Guantánamo. L'exode s'accéléra en 1803-1804 avec l'indépendance d'Haïti et les massacres de Blancs. Encouragés par les autorités espagnoles soucieuses de développer la région, les

LA *HUELLA FRANCESA*

Aujourd'hui encore, l'empreinte française (huella francesa) *à Cuba, principalement en Oriente, se retrouve dans l'architecture, la langue, la musique, la danse* (tumba francesa) *et surtout dans les noms de famille. Ouvrez donc un annuaire de Santiago ! Il s'agit soit de descendants directs, soit de descendants d'esclaves, car les propriétaires leur donnaient leur nom. Ce qui explique la grande quantité de Longchamp, Gachassin, Rigondeaux, Duvergel, Lafite, Boudet et autres Guillois...*

Français s'installèrent dans les zones montagneuses (Gran Piedra et sierra Maestra), où ils introduisirent et développèrent la culture du café. Sous leur impulsion, Cuba devint en quelques années le 1er pays producteur de café au monde. Attirés par cette nouvelle prospérité, d'autres Français, en provenance notamment des ports de Bordeaux et de Nantes, débarquèrent à leur tour à Cuba par vagues successives.
Des Français venus de Bordeaux et passés par la Louisiane fondèrent la ville de ***Cienfuegos*** en 1819. Beaucoup d'autres firent de ***Santiago*** une vraie ville moderne et un grand port de commerce. Les Français y avaient leur quartier (Tivolí), leurs théâtres, leurs clubs, leurs commerces (comme dans la rue d'El Gallo, que l'on appelait d'ailleurs la Grand-Rue !). En 1842, l'homme le plus riche de Santiago, Prudent Casamayor, était originaire de Sauveterre-de-Béarn. 2 Français célèbres sont nés la même année dans la ville : ***Paul Lafargue,*** le gendre de Karl Marx, auteur du *Droit à la paresse,* et le poète parnassien ***José Maria de Heredia.*** La concurrence du café brésilien dans la 2de moitié du XIXe s, suivie des guerres d'indépendance et de l'émancipation des esclaves, précipita la fin des planteurs français. Les *cafetales,* les plantations de café, symboles de la colonisation, furent incendiées, et les planteurs, ruinés, durent à nouveau prendre la fuite...

RELIGIONS ET CROYANCES

Apporté par les conquistadores, le catholicisme a longtemps régné en maître à Cuba. La révolution a naturellement tout changé. Malgré les études de Fidel Castro chez les jésuites, les rapports entre le clergé et le régime castriste furent rapidement tendus. Il faut dire que l'Église cubaine avait été quasi absente de la lutte contre la dictature de Batista.
Plus de 300 établissements scolaires et universitaires religieux furent nationalisés et les bonnes sœurs invitées à quitter les hôpitaux. Cela privait de fait l'Église d'une sacrée source de revenus. Toute instruction religieuse en dehors des lieux de culte fut interdite. Le catholicisme perdit beaucoup de sa force.
Au milieu des années 1980, le régime amorça une 1re ***ouverture en direction de l'Église catholique.*** Des églises furent peu à peu restaurées et rouvertes, la Bible à nouveau autorisée à circuler librement. Une nouvelle étape a été franchie en novembre 1996, lorsque Fidel Castro rencontra le pape Jean-Paul II au Vatican. Celui-ci lui rendit la politesse lors d'une visite très attendue par les Cubains, en janvier 1998, réunissant 1 million de personnes sur la plaza de la Revolución.

LE CARDINAL ET LE RÉVOLUTIONNAIRE

Envoyé par Jean-Paul II, le cardinal Etchegaray vint à Cuba à plusieurs reprises. En 1988, il rencontra Fidel Castro et obtint la libération de 45 prisonniers politiques. Le dictateur aurait confié : « Dans ma vie, il y a 2 choses importantes : le marxisme et l'Évangile... »

Si l'on assiste incontestablement à une certaine ***revitalisation de la pratique religieuse,*** celle-ci reste encore très modeste : seuls 40 % des Cubains seraient baptisés et moins de 2 % suivraient la messe régulièrement... L'Église catholique n'en joue pas moins un rôle politique déterminant. Son dialogue avec Raúl Castro en faveur d'une certaine libéralisation du pays a notamment permis la libération de nombreux prisonniers d'opinion. Le gouvernement s'est en outre montré plutôt favorable à sa demande de restitution d'une partie des biens confisqués en 1961. Après ***Jean-Paul II*** en 1998, ***Benoît XVI*** s'est rendu à Santiago de Cuba en 2012 pour rendre hommage à la *Virgen del Cobre,* la sainte patronne de l'île. Puis, en 2015, c'est le tour du ***pape François*** qui profitera du voyage pour rencontrer le

patriarche orthodoxe – une 1re depuis le schisme de 1054 ! Le pontife jouera aussi un rôle d'intermédiaire essentiel entre Raúl Castro et Barack Obama.
Les temples ***protestants*** sont peu nombreux, mais, comme dans toutes les Caraïbes, les églises d'origine américaine (pentecôtistes, adventistes, etc.) se développent.

La *santería*

La *santería* est, pour Cuba, l'équivalent du vaudou haïtien, du *candomblé* et de l'*umbanda* brésiliens, c'est-à-dire un syncrétisme entre les croyances et pratiques animistes, les rituels africains et le catholicisme. Les esclaves venaient de pays où l'animisme était profondément ancré : le Nigeria, le Dahomey (Bénin), le Cameroun et le Congo. Tribus et familles furent systématiquement dispersées dans les Antilles. On les contraignit d'adopter la religion de leurs maîtres, leur interdisant de parler les langues africaines ou de maintenir leurs coutumes et croyances.
Majoritaires à Cuba, les Yoroubas, originaires de l'ouest du delta du Niger, ont préservé de nombreux éléments de leur riche culture. D'aucuns avancent que les esclaves, n'ayant plus le droit de pratiquer leur religion, dissimulèrent leurs divinités derrière les saints de la mythologie chrétienne. Pour d'autres, le mouvement aurait été inverse : la hiérarchie catholique aurait « adapté » les *orishas* au culte chrétien pour mieux assimiler les esclaves.
Ces divinités, très nombreuses, incarnent des forces naturelles : forêts, rivières, mer, vent, foudre, etc. Des quelque 400 *orishas* répertoriés au Nigeria, une quarantaine sont connus à Cuba et 20 font l'objet d'un culte. Chacun est caractérisé par de nombreux traits : couleur, objets, matières, jour de la semaine, parures, ornementation, bijoux, préparations culinaires, chants, etc.
– ***Ochún :*** c'est la déesse des Eaux douces, assimilée à la Vierge de la Caridad del Cobre (sainte patronne de Cuba). Symbole de la sensualité, de la féminité et de l'amour, sa couleur est le jaune ou l'or.
– ***Chango :*** dieu de la Guerre, du Tonnerre, du Feu. Associé à sainte Barbe (patronne des pompiers et des artificiers), sa couleur est le rouge. Plein de défauts, il adore à l'excès les femmes et l'argent ! Sa fête est le 4 décembre.
– ***Yemayá :*** déesse noire de la Mer, très vénérée, elle symbolise la vie. Identifiée à la Vierge de Regla, patronne des marins, sa couleur est le bleu. Elle est fêtée avec ferveur le 1er janvier.
– ***Elegguá :*** dieu du Destin, il représente la dualité de la vie, comme en attestent ses couleurs (rouge et noir). Gardien des « 4 chemins », on l'invoque au début de chaque cérémonie.
– ***Orula :*** mari d'Ochún, ce cocu bienheureux est l'un des *orishas* les plus demandés et estimés de la *santería*. Associé à saint François d'Assise, il est celui qui prédit l'avenir, que l'on consulte avant d'entreprendre un projet important.
– ***Obatalá :*** c'est un peu le chef de tout ce beau monde. Identifié à la Vierge de la Merced, ce dieu suprême, dieu de la Création, possède beaucoup de qualités. Entre autres, il milite pour la paix et l'harmonie. Sa couleur est le blanc.
– ***Ogun :*** un des plus populaires, c'est saint Pierre, dieu du Fer, de la Sagesse et des Montagnes. Ses colères sont terribles.
– ***Oddua :*** symbolisé par Jésus mais lié à Orula dans l'esprit des gens, c'est le dieu des Morts et des Esprits. On l'invoque pour ressusciter les moribonds.
– ***Olofí** (ou **Olodumare**) :* le dieu suprême, créateur du monde, auquel on ne peut s'adresser que par l'intermédiaire d'un *orisha*.
– ***Babalu Aye :*** dieu des Lépreux, de la Médecine et des Récoltes, il est identifié à saint Lazare et fêté le 16 décembre, en particulier au *santuario nacional San Lázarro*, dans les environs de La Havane. Sa fête est très spectaculaire car il est le plus populaire du panthéon de la *santería*.
On ne peut tous les citer, d'autant que certains sont carrément néfastes et vous porteraient la poisse !

Santería, mode d'emploi

D'abord pratiquée à La Havane et à Matanzas, la *santería* s'est aussi répandue dans l'Oriente. On estime que la moitié de la population à Cuba est impliquée dans la *santería.* Les prêtres, baptisés *santeros* (ou *padrinos*), seraient au moins 10 000 dans le pays, contre moins de 300 curés catholiques ! Le *santero* officie chez lui, mais aussi lors de cérémonies en l'honneur des saints – certaines ouvertes au public (donc aux touristes), d'autres non. Largement teintées de spiritisme, elles s'animent au rythme des percussions et des chants rituels, sur fond des couleurs de l'*orisha* sollicité. On appelle les divinités en leur faisant des offrandes de fleurs, de nourriture, de fruits, etc. C'est alors que certains participants entrent en transe. C'est le signe qu'un esprit a pénétré leur corps, auquel il transmet sa personnalité.

Le culte d'Ifa est une forme supérieure de la *santería,* réservée à une élite dont les « prêtres » sont les *babalaos,* spécialistes notamment de la divination.

Il n'y a aucune contradiction à être bon catholique et adepte de la *santería* en même temps. Au contraire, la hiérarchie catholique s'est complètement adaptée à cette situation. D'ailleurs, devenir *babalao* nécessite d'être... baptisé !

SAVOIR-VIVRE ET COUTUMES

Cadeaux

Une majorité de Cubains manque de tout, et même de l'essentiel. N'oubliez pas que le salaire moyen est de 30-40 CUP (27-36 €) par mois ! Confrontés à la pénurie, certains, dans les lieux touristiques, se sont fait un véritable métier de demander des cadeaux : crayons, savon, shampoing, vêtements, etc. Sachez que dans les secteurs touristiques, les besoins sont moins importants que dans les campagnes, où la pauvreté est criante.

LA QUINCEAÑERA

C'est la fête des 15 ans, célébrée pour les filles, qui symbolise la transition vers l'âge adulte. Rien n'est trop beau, et les parents s'endettent souvent pour acheter une tenue de « princesse » et inviter le maximum de parents et voisins.

– ***Cadeaux les plus appréciés :*** savon, shampoing, dentifrice et lessive (produits retirés de la *libreta,* le « livret » mensuel octroyé chaque mois par l'État), mais surtout vêtements et chaussures. Pourquoi pas aussi des échantillons de parfums. Les musiciens manquent par ailleurs de partitions, cordes, anches... elles seront les bienvenues.

– ***Pour les enfants :*** vêtements, fournitures scolaires (stylos, feutres, cahiers, gommes). Pour les fournitures scolaires, il reste préférable de les donner directement à une école (vous serez toujours bien reçu). Si vous décidez d'apporter ce genre d'articles, prenez-en suffisamment pour pouvoir fournir une classe entière (20 cahiers, 20 stylos...). Les balles de tennis sont également les bienvenues. Ça permet aux mômes de jouer au base-ball, sport national.

– ***Pour les vêtements,*** n'hésitez pas à en emporter un sac plein, que vous, vos enfants ou vos neveux ne mettez plus. Dans les campagnes, arrêtez-vous directement chez des paysans, entamez la discussion et proposez-leur quelques vêtements. Car c'est vraiment dans les campagnes que les gens manquent de tout. Le contact est exceptionnel, et c'est une vraie joie de voir les enfants si heureux de porter de nouveaux habits.

– N'hésitez pas à emporter des ***médicaments*** pour les hôpitaux, où ils font cruellement défaut.

SITES INSCRITS AU PATRIMOINE MONDIAL DE L'UNESCO

En coopération avec le

Organisation des Nations Unies pour l'éducation, la science et la culture · Centre du patrimoine mondial

- Pour localiser les sites, se reporter à la carte générale de Cuba.

Pour figurer sur la liste du Patrimoine mondial, les sites doivent avoir une valeur universelle exceptionnelle et satisfaire à au moins un des 10 critères de sélection. La protection, la gestion, l'authenticité et l'intégrité des biens sont également des considérations importantes.
Le patrimoine est l'héritage du passé dont nous profitons aujourd'hui et que nous transmettons aux générations à venir. Nos patrimoines culturel et naturel sont 2 sources irremplaçables de vie et d'inspiration. Ces sites appartiennent à tous les peuples du monde, sans tenir compte du territoire sur lequel ils sont situés. Pour plus d'informations : • *whc.unesco.org* • À Cuba, ces sites sont :
– la ***vieille ville de La Havane*** et son système de fortifications (1982) ;
– ***Trinidad*** et la vallée de los Ingenios (1988) ;
– le ***château de San Pedro de la Roca (castillo del Morro)*** à Santiago de Cuba (1997) ;
– le ***parc national Desembarco del Granma*** (1999) ;
– la ***vallée de Viñales*** (1999) ;
– le ***paysage archéologique*** des 1res plantations de café du sud-est de Cuba (2000) ;
– le ***parc national Alejandro de Humboldt*** (2001) ;
– le ***centre historique urbain de Cienfuegos*** (2005) ;
– le ***centre historique de Camagüey*** (2008) ;
– le style de musique et de danse ***tumba francesa*** de Santiago et la ***rumba*** ont été inscrits par l'Unesco au Patrimoine culturel immatériel de l'humanité.

SPORTS ET LOISIRS

« Le sport est l'une des activités qui expriment le mieux la révolution » déclarait Fidel Castro en 1974. 1er pays sportif d'Amérique latine et même du tiers-monde, Cuba doit ses succès à la politique de la révolution, née à la fois du goût personnel du Líder Máximo et d'un souci de propagande. Dès 1961, l'Institut national du sport, de l'éducation physique et des loisirs (INDER) était mis en place pour former les sportifs de demain. Résultat ? Entre 1972 et 2016, Cuba, petite nation de 11 millions d'habitants, a raflé pas moins de 202 médailles aux jeux olympiques ! À Barcelone, elle s'est même classée 5e meilleure nation, derrière des géants comme la Russie et les États-Unis. Exit les gros sous : tous les sportifs, sans exception, sont ici « amateurs ». En 2016 à Rio, la *dream-team* s'est essoufflée et Cuba finit à la 18e place.

UN ENLÈVEMENT SUR LES CHAPEAUX DE ROUES !

En 1958, la veille du Grand Prix de F1 de Cuba, un commando révolutionnaire kidnappa et séquestra 26h durant le célèbre pilote argentin Juan Manuel Fangio, sur ordre de Castro. But affiché : attirer l'attention du monde sur le sort des Cubains opprimés par la dictature de Batista. Le Français Maurice Trintignant (le tonton de l'acteur) prit sa place dans la Maserati, au cours d'une course où un accident fit 6 morts et 40 blessés. « Ce rapt m'a peut-être sauvé la vie » dira Fangio.

L'***athlétisme,*** notamment, réussit bien aux Cubains, et plus encore au sauteur en hauteur Javier Sotomayor, recordman du monde depuis plus de 20 ans avec 2,45 m. Auparavant, il y eut Alberto Juantorena, double vainqueur sur 400 m et 800 m à Montréal en 1976. Et puis on pense aussi à la ***boxe,*** avec Robeisy Ramirez, Arlen Lopez, Julio La Cruz... Aux J.O., les Cubains raflent en général la moitié de leurs médailles dans cette discipline (3 d'or et 3 de bronze en 2016) ! Ils brillent en ***lutte gréco-romaine*** également (2 médailles d'or et 1 d'argent aux J.O. de 2016) : c'est la lutte finale, qu'ils disaient...
Cuba s'est aussi prise de passion pour certains sports américains avec, en ligne de mire, un graal : battre l'ennemi yankee. Chose faite en 1992 à Barcelone lorsque les Cubains écrasèrent les États-Unis lors de la demi-finale de ***base-ball*** (*pelota* ou *beisbol*). C'est assurément encore, aujourd'hui, LE sport national, le plus pratiqué et le plus populaire, qui remplace dans le cœur des Cubains le football si communément adoré en Amérique latine. L'équipe nationale continue de collectionner les titres et l'image de Fidel en tenue de joueur de base-ball reste célèbre. Facile de les applaudir : depuis 1967, l'entrée des stades est gratuite pour tous ! En outre, d'autres sports ont été développés à partir de 1959, comme le ***basket,*** le ***volley*** (l'équipe féminine a été triple championne olympique), l'***escrime*** et le ***judo.***
Pas tout à fait une discipline sportive, mais la ***danse classique*** a aussi son importance sur l'île, où l'on trouve partout des écoles de danse. Le *Ballet Nacional de Cuba* fut fondé en 1955 par la *prima ballerina assoluta* Alicia Alonso (voir la rubrique « Personnages »).

les ROUTARDS sur la FRANCE 2023-2024

(dates de parution sur • *routard.com* •)

Découpage de la FRANCE par le ROUTARD

Autres guides sur la France

- Nos meilleurs campings en France
- Nos meilleures chambres d'hôtes en France

Autres guides sur Paris

- Paris
- Paris balades
- Restos et bistrots de Paris
- Le Routard des amoureux à Paris
- Week-ends autour de Paris

Le Routard à vélo

- EuroVelo6
- La Bourgogne du Sud à vélo
- La Flow Vélo
- La Loire à Vélo
- La Vélo Francette
- La Vélodyssée (Roscoff-Hendaye)
- Le Canal des 2 mers à vélo
- Paris Île-de-France à vélo
- ViaRhôna
- Les plus belles escapades à vélo en France

les ROUTARDS sur l'ÉTRANGER 2023-2024

(dates de parution sur • **routard.com** •)

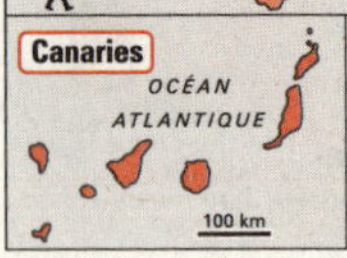

Découpage de l'ESPAGNE par le ROUTARD

Découpage de l'ITALIE par le ROUTARD

Autres pays européens

- Allemagne
- Angleterre, Pays de Galles
- Autriche
- Belgique
- Bulgarie
- Crète
- Croatie
- Danemark, Suède
- Écosse
- Finlande
- Grèce continentale
- Hongrie
- Îles grecques et Athènes
- Irlande
- Islande
- Madère
- Malte
- Norvège
- Pays baltes : Tallinn, Riga, Vilnius
- Pologne
- Portugal
- République tchèque, Slovaquie
- Roumanie
- Suisse

Villes européennes

- Amsterdam
- Berlin
- Bruxelles
- Budapest
- Copenhague
- Dublin
- Lisbonne
- Londres
- Moscou
- Naples
- Porto
- Prague
- Saint-Pétersbourg
- Stockholm
- Vienne

les ROUTARDS sur l'ÉTRANGER 2023-2024

(dates de parution sur • **routard.com** •)

Découpage des ÉTATS-UNIS par le ROUTARD

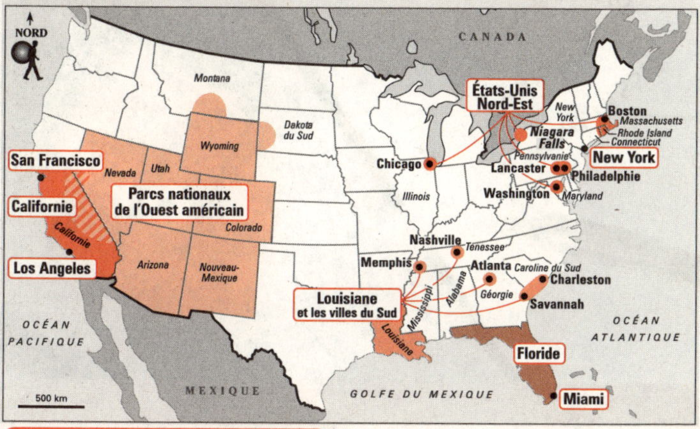

Autres pays d'Amérique

- Argentine
- Brésil
- Canada Ouest
- Chili et île de Pâques
- Colombie
- Costa Rica
- Équateur et les îles Galápagos
- Guatemala, Belize
- Mexique
- Montréal
- Pérou, Bolivie
- Québec et Ontario

Asie et Océanie

- Australie côtes est et nord + Red Centre
- Bali, Lombok
- Bangkok
- Birmanie (Myanmar)
- Cambodge, Laos
- Chine
- Hong Kong, Macao, Canton
- Inde du Nord
- Inde du Sud
- Israël et Palestine
- Istanbul
- Jordanie
- Malaisie, Singapour
- Népal
- Shanghai
- Sri Lanka (Ceylan)
- Thaïlande
- Tokyo, Kyoto et environs
- Turquie
- Vietnam

Afrique

- Afrique du Sud
- Égypte
- Kenya, Tanzanie et Zanzibar
- Maroc
- Marrakech
- Sénégal
- Tunisie

Îles Caraïbes et océan Indien

- Cuba
- Guadeloupe, Saint-Martin, Saint-Barth
- Île Maurice, Rodrigues
- Madagascar
- Martinique
- République dominicaine (Saint-Domingue)
- Réunion

Guides de conversation

- Allemand
- Anglais
- Arabe du Maghreb
- Arabe du Proche-Orient
- Chinois
- Croate
- Espagnol
- Grec
- Italien
- Japonais
- Portugais
- Russe
- G'palémo (conversation par l'image)

Livres-photos/Livres-cadeaux

- 50 voyages à faire dans sa vie (**nouveauté**)
- 52 escapades nature en France
- 52 villes coups de cœur en Europe (city trips)
- 52 week-ends coups de cœur en France
- 120 coins secrets en Europe
- 1 200 coups de cœur en France
- 1 200 coups de cœur dans le monde
- Cahier de vacances du Routard
- Expériences et micro-aventures en France (**nouveauté**)
- La France de Stéphane Bern
- La France à vélo (**nouveauté**)
- Nos plus belles balades et randos en France
- Road Trips Monde
- Road Trips en France
- Sacré : les 100 plus beaux sites de la planète
- Voyages
- Voyages : États-Unis
- Voyages : France
- Voyages : Italie

Nous tenons à remercier tout particulièrement Loup-Maëlle Besançon, Thierry Bessou, Gérard Bouchu, François Chauvin, Grégory Dalex, Fabrice Doumergue, Cédric Fischer, Carole Fouque, Nicolas George, Michelle Georget, David Giason, Claude Hervé-Bazin, Emmanuel Juste, Dimitri Lefèvre, Fabrice de Lestang, Romain Meynier, Éric Milet, Pierre Mitrano, Jean-Sébastien Petitdemange, Thomas Rivallain et Jean Tiffon pour leur collaboration régulière.

Brice Andlauer
Jean-Jacques Bordier-Chêne
Agnès Debiage
Coralie Delvigne
Jérôme Denoix
Tovi et Ahmet Diler
Clélie Dudon
Sophie Duval
Alain Fisch
Bérénice Glanger
Adrien et Clément Gloaguen
Sébastien Jauffret
Alexia Kaffès
Augustin Langlade
Jacques Lemoine
Aline Morand
Louis Nagot
Caroline Ollion
Martine Partrat
Odile Paugam et Didier Jehanno
Céline Ruaux
Prakit Saiporn
Nejma Tahri Hassani
Alice Tonasso
Caroline Vallano

Direction : Sidonie Chollet
Direction éditoriale : Élise Ernest
Édition : Matthieu Devaux, Olga Krokhina, Gia-Quy Tran, Julie Dupré, Pauline Janssens, Amélie Ramond, Margaux Lefebvre et Lucie Léna
Ont également collaboré : Clémence Toublanc, Aurélie Joiris-Blanchard et Muriel Lucas
Cartographie : Frédéric Clémençon et Aurélie Huot
Contrôle de gestion : Jérôme Boulingre et Yannis Villeneuve
Secrétariat : Julia Lorrain
Fabrication : Nathalie Lautout et Liza Sacco
Relations presse : COM'PROD, Fred Papet. ☎ 01-70-69-04-69. • *info@comprod.fr* •, Martine Levens (Belgique) et Maureen Browne (Suisse)
Direction marketing : Élodie Darty
Couverture : le-bureau-des-affaires-graphiques.com
Silhouette du Routard : Clément Gloaguen (d'après Solé)
Maquette intérieure : le-bureau-des-affaires-graphiques.com, Thibault Reumaux et npeg.fr
Contact Partenariats : Jérôme Denoix • *jeromedenoix@gmail.com* •
Contact Partenariats et régie publicitaire : Florence Brunel-Jars • *fbrunel@hachette-livre.fr* •

INDEX GÉNÉRAL

M

LISTE DES CARTES ET PLANS

Remarque importante aux hôteliers et restaurateurs

Les enquêteurs du *Routard* travaillent dans le plus strict anonymat. Aucune réduction, aucun avantage quelconque, aucune rétribution n'est jamais demandé en contrepartie. Face aux aigrefins, la loi autorise les hôteliers et restaurateurs à porter plainte.

Avis aux lecteurs

Le Routard, ce n'est pas comme le bon vin, il vieillit mal. On ne veut pas pousser à la consommation, mais évitez de partir avec une édition ancienne. Les modifications sont souvent importantes.
Les réductions accordées à nos lecteurs ne sont jamais demandées par nos rédacteurs afin de préserver leur indépendance. Les hôteliers et restaurateurs sont sollicités par une société de mailing, totalement indépendante de la rédaction, qui reste donc libre de ses choix. De même pour les autocollants et plaques émaillées.

Avec routard.com, choisissez, organisez, réservez et partagez vos voyages !

✓ Rejoignez la plus grande communauté francophone de voyageurs : **plusieurs millions d'internautes.**

✓ Échangez avec les routarnautes : forums, photos, avis d'hôtels.

✓ Retrouvez aussi toutes les informations actualisées pour choisir et préparer vos voyages : près de 300 guides destinations, une centaine de dossiers pratiques et un magazine en ligne pour découvrir tous les secrets de votre destination.

✓ Enfin, comparez les offres pour organiser et réserver votre voyage au meilleur prix.

Les **Routards** *parlent aux* **Routards**

Faites-nous part de vos expériences, de vos découvertes, de vos tuyaux et de vos coups de cœur. Aidez-nous à remettre l'ouvrage à jour. Indiquez-nous les renseignements périmés. Faites profiter les autres de vos adresses nouvelles, combines géniales... On adresse un exemplaire gratuit de la prochaine édition à ceux qui nous envoient les meilleurs courriers, pour la qualité et la pertinence des informations.
Quelques conseils cependant:
– Envoyez-nous votre courrier le plus tôt possible afin que l'on puisse insérer vos tuyaux sur la prochaine édition.
– N'oubliez pas de préciser l'ouvrage que vous désirez recevoir, ainsi que votre adresse postale.
– Vérifiez que vos remarques concernent l'édition en cours et notez les pages du guide concernées par vos observations.
– Quand vous indiquez des hôtels ou des restaurants, pensez à signaler leur adresse précise et, pour les grandes villes, les moyens de transport pour y aller. Si vous le pouvez, joignez la carte de visite de l'hôtel ou du resto décrit.
En tout état de cause, merci pour vos nombreux mails.

122, rue du Moulin-des-Prés, 75013 Paris

• *guide@routard.com* • *routard.com* •

Routard Assurance

Enrichie au fil des années par les retours des lecteurs, *Routard Assurance* reste l'assurance voyage référence des globe-trotters. Tout y est inclus, même la **Covid** : frais médicaux, assistance rapatriement, bagages, responsabilité civile... Avant votre départ, contactez *AVI* pour un conseil personnalisé. À la recherche d'une attestation Covid ? Vous la recevrez automatiquement après chaque souscription. Besoin d'un avis médical, d'une prise en charge dans un hôpital ? Le plateau d'Assistance *AVI* dispose d'un vaste réseau médical à travers le monde disponible 24h/24 pour une réponse en temps réel. De simples frais de santé en voyage ? Téléchargez vos factures depuis l'espace assuré *AVI*, ils vous remboursent sous une semaine. *Le Colisée Gardens, 10, av. de l'Arche, CS 70126, 92419 Courbevoie Cedex. ☎ 01-44-63-51-00.* • *avi-international.com* • Ⓜ *La Défense.*

Édité par Hachette Livre (58, rue Jean-Bleuzen, CS 70007, 92178 Vanves Cedex, France)
Photocomposé par Luminess SAS (561, rue Saint-Léonard – CS 40003 – 53101 Mayenne Cedex, France)
Imprimé par Dupliprint (Quai n° 2, 733, rue Saint-Léonard, BP 3, 53101 Mayenne Cedex, France)
Achevé d'imprimer : septembre 2022
Collection n° 13 - Édition n° 02
47/1323/8
I.S.B.N. 978-2-01-787127-9
Dépôt légal : août 2021

PAPIER À BASE DE FIBRES CERTIFIÉES